高青县城管志

高青县城市管理和行政执法局 编

方志出版社
Publishing House of Local Records

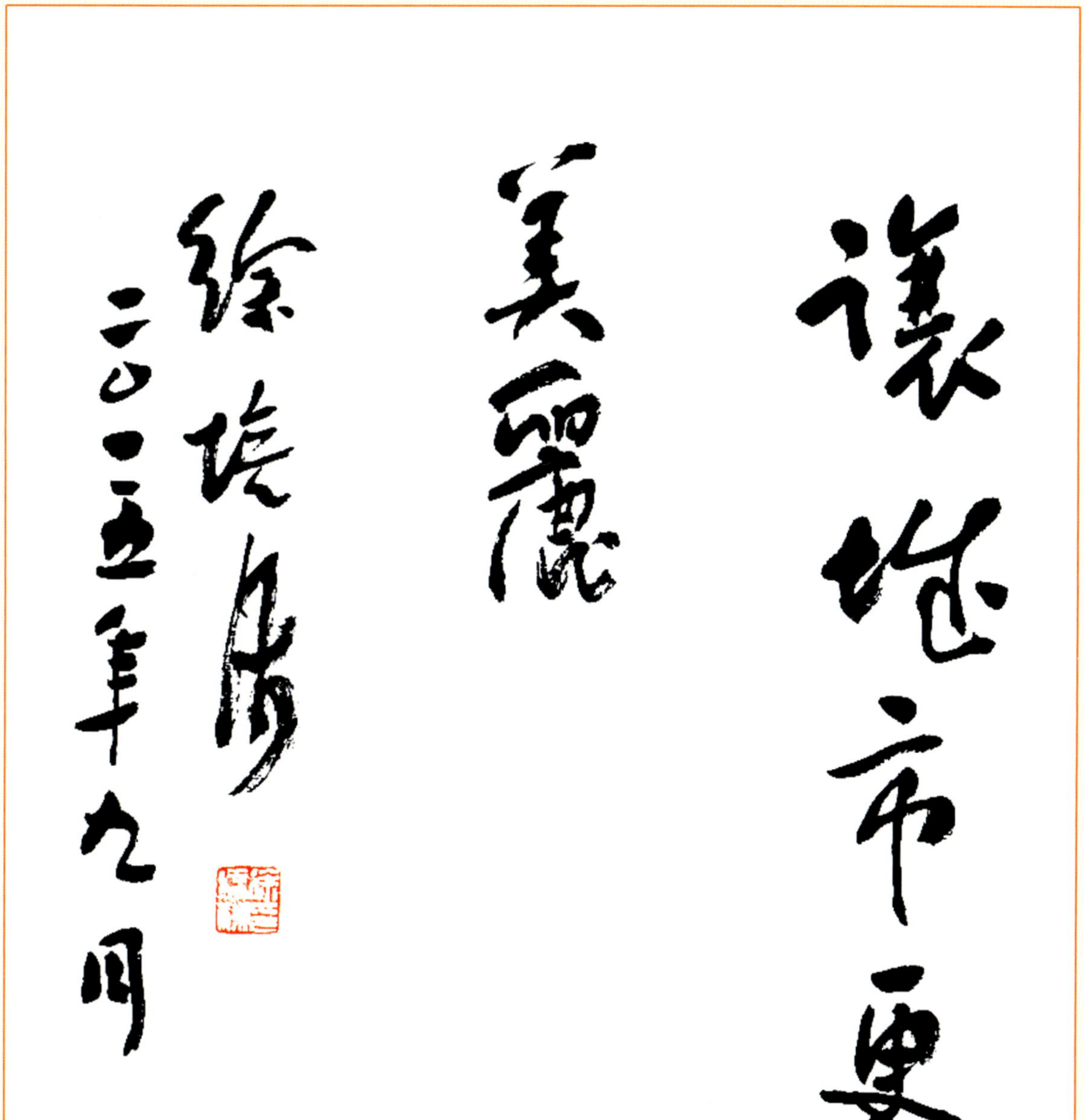

淄博市政协副主席、高青县委书记徐培栋题词

中共高青县委副书记、高青县人民政府县长　刘忠远

序

随着营丘西周古城的发掘，山东城市文明向前推了1000年。

3000年前，齐国创始人姜太公在古济水畔的高青陈庄建立齐国第一个都城营丘，这是已知高青这片土地上最早的城市，高青这片土地升起了齐鲁城市文明的第一缕晨曦。

齐国先人在营丘苦心经营5世173年（约公元前1039～公元前866年），他们分别是太公姜尚（在位25年）、丁公姜伋（位26年）、乙公姜得（在位25年）、癸公姜慈母（在位66年）、哀公姜不辰（位32年）。从考古发现分析，古营丘有城墙、城门，有整齐划一的街道，城市正中还有祭拜上天的天坛——古齐人创造了灿烂的文明。

高青这片土地上，先后设过千乘县、建信县、东邹县、被阳县、乐安县、临济县、梁邹县、长乐县，等。纵观3000年的高青城建历史，颇为复杂，颇为壮观，颇为有趣，且历史沿革清楚，文明一脉相承。

近现代，由于黄河夺大清河入海、小清河河运萧条直至断绝、区划调整等因素影响，高青沦为封闭的农业县，县城经济结构单一，产业人口少，城市建设和管理水平趋于落伍。

20世纪80年代，随着改革开放的不断推进，高青县城迎来了新一轮发展，先后新上了纺织、化工、酿造等企业，县城人口逐渐增加。1985年，成立县城建设管理办公室，县城市容市貌管理开始有章可循；1990年10月，成立县城管理监察中队，负责市容市貌的日常管理工作；2005年10月12日，高青县城市管理行政执法局挂牌成立，标志着高青城市管理工作迈上新征程；2012年2

月14日，县环境卫生管理局划归县城管执法局，初步形成服务、管理、执法“三位一体”的城市管理格局；2014年9月，园林局整建制划转高青县城市管理行政执法局；10月，市政处整建制划转高青县城市管理行政执法局；11月，城管执法局实现与交通、国土等部门的联合执法，高青县在构建“大城管”格局上实现质的跨越。

2015年是高青县城市管理和行政执法局成立10周年。10年来，城管局领导班子团结带领全体干部职工，以创建人民满意城管品牌为目标，牢固树立以人为本、关注民生、促进和谐的理念，团结拼搏，开拓进取，扎实苦干，为全县城管事业做出积极贡献，先后荣获全省文明城市管理监察队伍、全省城管执法系统优秀单位、市级文明单位、市级城乡环境综合整治先进单位、创建全国文明城市工作先进集体、县级先进单位等荣誉称号。县城管执法局为全县人民创造了和谐、整洁、秀美的生活环境，对城管局的工作，高青县委、县政府是满意的，全县人民是满意的。

在长期的工作实践中，城管系统逐步探索出一套成功的工作经验，这是宝贵的财富，在城管局成立10周年之际，编纂出版了《高青县城管志》，非常及时，非常有必要，是一件好事、喜事、幸事，在此表示祝贺。

《高青县城管志》重点记录了高青县城市管理和行政执法局成立10年来所经历的风风雨雨，特别是该志书还上溯到20世纪80年代，成立高青县执法大队、环卫处、园林处之初，系统记录了高青城管执法事业从无到有、从小到大，执法队伍逐年壮大，管理模式不断创新，管理手段不断提升的过程。所以说，《高青县城管志》是高青数十年来城市管理工作的一次大总结，大回顾，大归纳，既有成功的经验，也有深刻的教训；既有现实意义，又有长远的历史意义；是全面展现高青城管事业的工具书，同时为城市建设、规划、国土、环保、房管等事业提供了第一手资料，在全县层面也有非常重要的价值。

该志书的出版发行必将进一步推动高青城管事业的发展步伐，必将在破解城市管理难题、推动城市管理工作科学发展方面产生重要作用。它有利于广大干部群众和在外同乡全面了解高青、认识高青，同时激发大家进一步热爱家乡、努力工作的热忱，为建设开放、和谐、秀美新高青做出更加杰出的贡献。

随着城市规模的不断发展，伴之而来的是一系列城市病，这是向城管人员提出的新挑战。希望高青城管系统全体人员，继续发扬迎难而上、勇于担当、开拓进取的精神，顺应新型城镇化的发展趋势，紧紧围绕县委、县政府决策部署，以“为人民管好城市”为主线，强化管理职能，转变执法理念，创新服务方式，不断提升依法行政能力。要坚持从细节入手，深入推进城乡环境综合整治，扩大数字信息化管理覆盖面，推动城市管理工作取得新突破，为加快建成更高水平、更高质量的全面小康社会做出新的、更大的贡献。

中共高青县委副书记
高青县人民政府县长 刘忠运

2015年10月

淄博市城市管理和行政执法局局长　刘丙伦

序

2015年是高青县城市管理和行政执法局成立10周年，旭光局长给我说要编纂出版《高青县城管志》，想叫我写个序。我想，编纂城管志是一件大事，也是一件好事，在淄博城管系统也是首例。盛世修志，以史为鉴。编写志书对于承前启后，继往开来，推动城市管理在新的历史时期上水平、上台阶，推进城市经济社会又好又快发展，促进全面建成小康社会的伟大实践尽早实现，都具有积极而深远的意义。

城市是人类社会文明进步的重要载体和形象标志。回眸城市的历史，据考古发现，城市从诞生迄今约有6000年左右。随着城市形态和功能的逐步演变进化，现代城市管理也在其初始意义上发生着巨大而深刻的变化，由最初封闭、防卫、专制逐步演变为现代的开放、融合和民主。

2009年，高青陈庄考古发现了山东地区最早的城址——西周古城，发现了夯土祭坛，这在山东地区尚属首次，国内罕见，同时首次在齐国腹地发现西周贵族墓和车马坑。陈庄遗址的考古发掘在许多方面填补了山东周代考古空白，在山东周代考古特别是齐国历史考古方面具有突破性进展，该遗址被评为2009年度全国“十大考古新发现”，特别是据有关专家考证，陈庄西周古城是齐国最早的都城——营丘。没想到这次考古发现，把整个山东的城市文明史提前了1000年，这是高青的荣誉，也是淄博的荣誉。

高青是全市唯一的沿黄县，城市发展起步较晚，基础薄弱，管理起来难度也大，我深知高青城管事业的不易。但高青城管人不气馁、不妥协，迎难而上，开拓进取，特别是近几年，高青城市建设者和管理者在县委、县政府的带领下，以提升市民幸福指数和满意度为目标，始终秉持严格、文明、和谐执法理念，率先创出了“门前五包”经验，认真组织实施城乡环境综合整治，环境卫生、园林绿化、市政管理等工作相继划转城管执法部门，在城市管理方面进行了许多有益的探索和尝试，积极构建“大城管”格局，形成了服务、管理、执法“三位一体”城市管理新模式，摸索出一套行之有效的亲民、利民、便民、惠民的管理办法，城市建设和管理方面取得了一个又一个辉煌的成就，我认为高青城市建设的决策者、建设者和管理者功不可没，高青的城管工作走在了全市前列。

这次，高青又在全市率先编纂出版城管志，对数十年来的城管执法工作进行一次总结、回顾和归纳，对一些珍贵的文字和图像资料进行抢救性整理、保护和挖掘。该志书的编纂为城管战线的同仁和后来者提供一些可资借鉴的东西和力量，在全市城市管理领域添补一项空白，我认为非常及时，非常必要，很有价值。在此，对《高青县城管志》的成功出版发行表示热烈的祝贺。

志书编纂本身不是目的，用志才是目的。希望高青在认真总结过去经验的基础上，发扬优良传统，迎难而上，再接再厉，不断破解交通、垃圾、污水、拆迁、摊贩等城市管理难题，顺应新型城镇化的发展趋势，以“为人民管好城市”为主线，强化管理职能，转变执法理念，创新服务方式，不断提升依法行政能力，建立完善城市管理长效机制，不断巩固和发展已经取得的成果，进一步提高管理效能和服务水平，为加快建成更高水平、更高质量的全面小康社会做出新的、更大贡献。

最后，愿这本志书早日奉献给大家，愿大家共同来关心、关爱我们这座美丽的城市！

是为序。

淄博市城市管理和行政执法局局长 刘雨伦

2015年10月

淄博市委常委、宣传部长毕荣青（右二）来高青视察城乡环境综合整治工作　　(2015年12月 摄)

淄博市政协副主席、高青县委书记徐培栋（左一）视察城管执法工作　　(2015年3月 摄)

县长刘忠远（左四）督导全县园林绿化及城乡环境综合整治工作　　（2013年3月 摄）

县政协主席白明河（左三）一行视察城管执法工作　　（2014年10月 摄）

县人大常委会主任于新华（居中）一行视察城乡环境综合整治　　（2015年5月 摄）

市城管执法局局长刘丙伦（右三）到高青县视察城市管理工作　　（2014年4月 摄）

“爱我家园”协会会长曹国孝一行视察工作　　　　（2013年4月 摄）

市住建局局长王树银（右二）到高青视察工作　　　　（2015年4月 摄）

局班子成员到挂包村田镇西官庄村对接工作　　　　（2015年9月 摄）

县城管执法局领导参加政风行风热线节目　　　　（2015年8月 摄）

局长孙旭光给全体职工上党课　　　　（2015年6月 摄）

深入农村检查环境卫生工作　　　　（2012年3月 摄）

慰问环卫工人　　（2015年8月 摄）

视察创建国家园林城市工作进展情况　　（2015年8月 摄）

检查城乡环境综合整治工作　　　　　　（2015年4月 摄）

参加城区防汛工作　　　　　　（2012年8月 摄）

检查便民市场管理工作 （2014年4月 摄）

接受英模教育 （2014年4月 摄）

党旗下的誓言　　　　(2006年6月 摄)

和谐校园 文明护航　　　　(2011年2月 摄)

全县创建国家园林县城工作会议　　（2014年3月　摄）

“爱我家园”志愿者协会成立大会　　（2012年8月　摄）

维护学校周边秩序　　(2011年2月 摄)

拆除违章建筑　　(2014年4月 摄)

整治占道晒粮　　(2009年8月 摄)

春节慰问贫困户　　　　　　（2013年2月　摄）

演讲比赛　　　　　　（2013年4月　摄）

业余活动　　　　　　（2015年7月　摄）

“黑牛”脚下　　　　（郑宝强 摄）

我为树木着新装　　　　（闫立军 摄）

环卫工人　　（王晓静 摄）

环卫工老翟的一天　　（刘胜三 摄）

关爱环卫工人　　　　　　　　　　　　　　　　　　（2015年3月　摄）

中小学生参加“爱我家园”志愿者实践活动　　　　　　　　（2012年9月　摄）

唱给环卫爷爷奶奶的歌　　（刘胜三 摄）

乐不可支　　（张维堂 摄）

垃圾运输夫妻档　　（李振生 摄）

撒融雪剂保畅通　　（闫立军 摄）

餐厨垃圾运输车　　（2015年9月 摄）

芦湖公园 （张志平 摄）

千乘湖公园　　　　（王跃龙 摄）

人与自然和谐相处　　（闫立军　摄）

自然氧吧　　（闫立军　摄）

黄河

黄河公路大桥　　（毛鹏　摄）

风情周末　　（闫立军　摄）

晨练快行　　（王跃龙　摄）

保护环境　　（王跃龙　摄）

齐东路

高青县首批知识青年上山下乡欢送大会

重修前的青城文昌阁

高青县城（1993年）

城管赋

忆十年前 城管应运而生 集中执法 承载重任 一路走来多艰难

再看今天 城管精兵强将 民生为本 攻坚破难 建功立业人民赞

登高望远 城管重任在肩 综合执法 服务管理 争先创优谱新篇

记高青县城管局成立十周年邢书军于乙未年十月十二日

2015年10月12日，淄博市城市管理和行政执法局副局长邢书军在高青县城管局成立十周年纪念会上作的《城管赋》

凡　例

一、《高青县城管志》坚持辩证唯物主义和历史唯物主义的观点和方法，运用新方志编纂理论、原则和方法，全面反映高青县城市管理和行政执法事业的历史和现状。

二、断限。原则上是2005年10月至2015年10月，在实际编纂中部分内容一直上溯到1985年高青成立县城建设管理办公室之初。

三、体裁。本志采用述、记、志、图、表、录等体裁，以志为主，适当增加图片资料。

四、文体。本志采用语体文、记述体编纂，大事记以编年体记述，其他内容以纪事本末体记述，着重记叙，叙而不论，寓褒贬于史实的记述之中。

五、结构。以事物属性分类，分章、节、目、子目4个层次，共十七章。

六、纪年。纪年采用阿拉伯数字、用公元纪年，个别日期不详者以春、夏、秋、冬季节表示。上下文时间相同者用“是年”“是月”“同日”等表示。

七、本志数字、计量、称谓按国家语言文字工作委员会等七个单位的规定书写。

八、资料来源。资料采用县档案局、城管执法局资料室文书档案以及调查采访记录，同时参考了县委、县政府印制的文件、领导讲话和《高青工作》《今日高青》，各种资料均已考证、审核，文中不再注明出处。

目　　录

第五章　城乡环境综合整治

第六章　网格化管理

第七章　园林绿化

第八章　水系绿化

第九章　创建园林城市

第十章　公园　街头游园

第十一章　市政管理

第十二章　智慧城管

第十三章　“爱我家园”志愿者协会

第十四章 机关建设

第十五章 典型经验 新闻报道

第十六章 荣 誉

第十七章 人 物

综　　述

一

高青县位于淄博市北端，北依黄河，南靠小清河，地理坐标为北纬37°04′至37°19′，东经117°33′至118°04′。黄河过境长度为45.6公里，县境东西最大横距45公里，南北最大纵距26公里，总面积831平方公里，北部、西北部隔黄河与滨州市滨城区、惠民县相望；东部、东北部与博兴县、滨城区接壤；南部以小清河为界与邹平县、桓台县毗邻。南距济青高速公路35公里，胶济铁路40公里，西距济南国际机场120公里。建有黄河公路大桥，滨博高速公路南北贯通全境。地势西高东低，地面坡降为1∶7000；北高南低，坡降为1∶5200；由西北向东南倾斜。西部马扎子地面高程海拔16.5米，东部姚家套海拔7.5米，平均海拔为12米，属河流冲积平原。由于黄河多次改道、决口，致使泥砂沉积，反复冲切，相互迭压，逐渐形成缓岗地、微斜平地和浅平洼地。

高青县属北温带季风大陆性气候，春秋短而冬夏长，光照充足，全年太阳辐射总量为123.5千卡/平方厘米，年平均气温13.1℃，年平均降雨量555.2毫米，年均无霜期198天。夏季多雨，冬春多旱。

自然资源丰富，土地宽满，总面积8.31万公顷，其中耕地6.57万顷。地下水资源可利用总量3.38亿立方米，建有2座引黄闸，年引黄河水5亿立方米。境内有高青油田、正理庄油田、大芦湖油田3个油田，花沟、正南、高北3个天然气田，探明石油地质储量上亿吨，天然气地质储量47亿立方米，是胜利油田南部重点开发区。

2015年，辖田镇、芦湖2个街道办事处，青城、高城、黑里寨、唐坊、常家、花沟、木李7个镇，1个经济开发区，767个行政村，开发区与常家镇合署办公，人口36.6万人，城区面积15平方公里。境内居民主要为汉族，有回族、蒙古族、满族等29个少数民族。

二

尧舜禹时期，本境生活着崇尚鸟的东夷人。少昊时(前2590年)爽鸠氏居营丘(今高青陈庄)。虞夏时本境为季莂氏封国。殷商时为逢伯陵氏封国。太戊五十八年(前1587年)，建成薄姑城，高青为古薄姑国领地。薄姑人崇尚布谷鸟，“负海泻卤”，拥有发达的海盐制作产业，同时也是中国最早掌握植桑养蚕技术的民族。薄姑国经济发达，国家富庶，是东方夷国中强大者。

商朝时，营丘为商王东征和东夷人抵御入侵双方争夺的军事据点。

约公元前1045年，姜太公佐周武王灭商兴周。成王年间，姜太公助周公镇压管叔、蔡叔反叛后，顺势灭薄姑国，对薄姑国施行了“灭国”“毁社”“屠君”“杀民”的种族灭绝政策，薄姑立国460余年后灭国。

约前1039年，66岁的姜子牙封于齐，建都齐

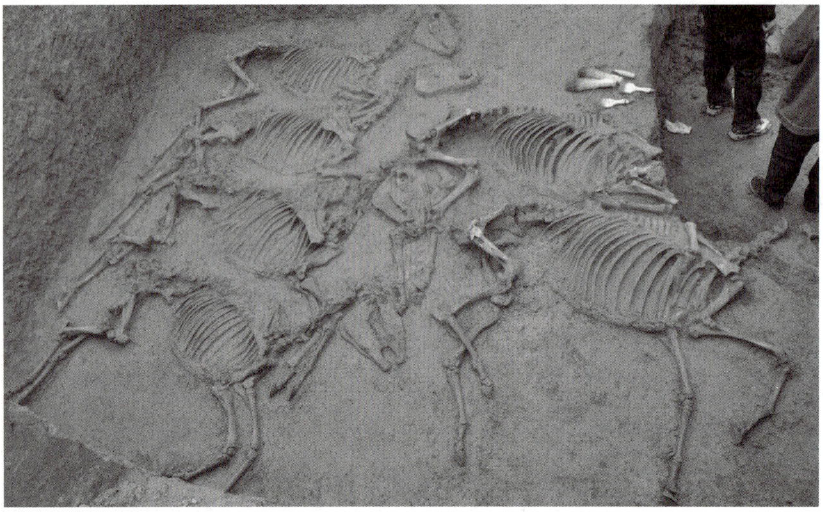

陈庄遗址殉马坑

水(济水)之畔之营丘(今高青陈庄)。太公初到营丘,与东方莱夷联军展开争夺营丘之战争,太公胜,占领营丘,本境属齐国。太公都营丘后,按周人天有九层之理念,在营丘城中建立天体模型——营丘,作为祭拜上天的天坛。约前1021年,84周岁的姜子牙去世,治营丘18年。前866年,周王烹齐哀公,哀公异母弟姜静(胡公)把都城从营丘迁到薄姑,营丘作为齐国都城历时188年。约公元前856年,齐哀公弟名山,率营丘人袭薄姑,杀胡公,自立为齐君,称献公,把国都迁至临淄。

约公元前800年,长狄人迁居于今高青境,在济水北畔建鄋瞒国,都狄邑(今高青县高城镇)。公元前607年,齐王子城父打败长狄,灭鄋瞒国,高青复为齐地。

战国时,齐国在县境东设千乘邑。

秦,在鄋瞒国故地设狄县,县治今高青县高城镇。高青东部属临淄郡,西部属济北郡。

前209年,狄县田儋、田荣、田横兄弟杀狄县县令起义,收复齐都临淄。田儋自立为齐王,田荣为丞相,田横为将军,恢复齐国。汉高祖五年(前202年),田横自杀于洛阳东尸乡驿(今河南偃师西)。

西汉置千乘郡,故城在今高城北25公里(今旧镇)。又置千乘县,治所今唐坊镇孙集。汉高祖封娄敬为建信侯,建信城位于今木李镇内杨村。又置东邹县,治所今花沟镇。汉高祖六年(前201年),刘邦封丙倩为高宛侯,后为高宛县。元朔四年(前125年),汉武帝封齐孝王子燕为被阳侯,后改为被阳县,治所今高城镇。

王莽新政时,狄城更名利居。

东汉初,复置狄县,改高宛县为高苑县。东汉永平三年(60年),千乘郡改名千乘国,翌年复为千乘郡。东汉建初四年(79年),汉章帝封其长子刘伉为千乘王,千乘郡遂改为千乘国。东汉永元七年(95年),千乘国改为乐安国,移治临济(今高城)。

公元108年,狄县更名临济县,乐安国移治临济,质帝时改为乐安郡。千乘县、临济县、高苑县等属乐安郡。时被阳、建信、东邹已废,高青大部属临济、千乘、高苑县。西部为梁邹县地,属济南国。

三国魏时,高青为临济县、千乘县、高苑县地,属乐安郡,乐安郡治高苑,今邹平苑城。青城以西为邹平县地,属济南国。乐安国和济南国皆隶青州。

西晋时废千乘县。高青东部为临济县、高苑县地,属乐安国。西部的青城及花沟、黑里寨沿小清河部分属邹平县,隶济南郡。

十六国时先后属后赵、前燕、前秦、后燕、南燕国地,仍为临济、高苑、邹平县地,分隶乐安郡和济南郡。

南北朝时,南朝宋废高苑县,将临济县迁于县西部刘家镇(今黑里寨刘镇)。复置千乘郡并移治今广饶县境。原临济城更名长乐,置侨长乐县(今河北省冀县、衡水、枣强等县为古长乐地,时长乐人南迁至此,沿用长乐之称,置县)。在今高青、博兴之间,侨置阳信县。此时高青县境为侨长乐县、侨阳信县和临济县地。临济县属平原郡,侨阳信县属侨乐陵郡,孝武帝刘骏在古被阳城侨置渤海郡,属侨冀州,皆隶属青、冀二州。乐安郡已移置广饶境内千乘城。

北朝魏设长乐郡,郡治在长乐城,高青地为长乐县、临济县地。长乐县属长乐郡，隶青州；临济县属东平原郡，隶齐州。北朝东魏，高青地属青州。北朝齐废长乐郡，移长乐县治于被阳故城，改属齐郡，隶青州。

隋统一后，高青初为长乐县、邹平县地，属齐郡，隶青州。隋开皇十八年(598年)，长乐县更名会城县，县治在今博兴南古苑庄。隋大业三年(607年)，改会城县为高苑县，县治移于长乐城，即今高城，仍属齐郡，隶青州。

唐时，本境为高苑县、邹平县地。唐景龙元年(707年)，析高苑一部置济阳县，县治今邹平县旧口。唐元和十五年(802年)，并入高苑县。在今青城镇置青平镇，属邹平县。

五代时，为高苑县、邹平县地，属淄州。

宋时，为高苑县、邹平县地，属淄州，隶京东东路。宋景德二年(1050年)，在高苑置宣化军，领高苑县。宋熙宁三年(1070年)，以县令兼军使。

金，废宣化军，高青仍为高苑县、邹平县地，属淄州，隶属山东东路。金天兴二年(1233年)，金置青城县，隶济南路，后废。

元时，将高苑县小清河以南所属村庄大部分划归新城县、邹平县。高苑初属淄州，公元1265年州废，改属益都路总管府，隶山东东西道宣尉司。元太宗七年(1235年)，复置青城县，初隶济南路，中统时属陵州，至元年间改隶河间路。至元二十四年(1287年)，置般阳路，高苑县西、青城县东、小清河北、大清河南包括田镇在内的区域为般阳路的新城县、蒲台县地。

明洪武二年(1369年)，将青城县并入邹平县、齐东县，青城更名为清池店。明洪武十四年(1381年)，复置青城县，属济南府。高苑县改属青州府。两县皆属山东布政使司。

清雍正十二年(1734年)，高青为三府四县地。东南为高苑县地，属青州府；西南为邹平县，属济南府；西北为青城县，东北为蒲台县，属武定府。

民国元年(1912年)，废府改道，高青为高苑、青城、蒲台、滨县、齐东、邹平县地，隶属岱北道。1914年改属济南道。1925年，山东省分设十道，青城、蒲台、滨县划属武定道。1928年废除道制，各县直属省辖。1936～1942年，高苑县、青城县属国民党第十行政督察专员公署，隶鲁北行署。1945年，高苑县、青城县仍属国民党第十行政督察专员公署，隶鲁北政府办事处。

1948年4月，高苑县、青城县两县合并为高青县，隶渤海行署。

1950年迁县城于青城。同年5月，废渤海行署，高青县隶属惠民专署。1952年，高青县城复迁田镇。1956年3月，高青县与齐东县合并，改称齐东县，政府驻田镇，隶惠民专署。1958年11月，将齐东县析入博兴、邹平县，皆属淄博专署。1961年10月，复置高青县，隶惠民专署。

1990年1月1日，高青县划归淄博市，东北部的旧镇镇划归滨州市。

三

高青钟灵毓秀，人杰地灵，历史文化源远流长。境内有千乘国遗址、狄城遗址、临济城遗址、卫灵公墓、鲁仲连墓、衮龙桥、扳倒井、文昌阁等名胜古迹，诞生过无数著名的历史人物。这里是姜太公封齐的初都营丘所在地，2009年发掘的陈庄西周古城被专家认定为齐国第一个都城营丘，古城遗址被列入2009年度全国十大考古新发现，齐古城项目被列入山东省十大文化旅游项目，计划投资4亿元建设陈庄西周考古遗址公园。义不帝秦、被称为“战国第一人”的鲁仲连，晚年隐居于此，死后葬在这里。秦汉时期的义士田横，与田儋、田荣兄弟从这里起事，纵横山东，复立齐国，与刘邦、项羽分庭抗礼，后遭汉军偷袭，不得已率500徒属远遁即墨海岛，被汉天子征召不肯屈从，横刀自刎于河南偃师，500徒属跟着自刎以殉。田横的气节感天动地，屡被后世文人墨客赞叹吟颂。兵圣孙武，西汉御史大夫、经学大家兒宽，元代散曲名家杨朝英都出自本地。在民间，还广泛流传着董永和七仙女在此地相会和赵匡胤凭神力扳倒水井解大军之渴等传奇故事。在近现代，有京汉铁路总罢工的重要组织和领导者史文彬，抗日英雄孙健萍、韩子恒等无数可歌可泣的革命英烈。在当代，涌现出原全国人大教科文卫副主任张承先，南京军区原政委刘安元，广州军区原副政委王同琢，美学家周来祥，画家乍启典，作家邵永胜，书法家梁修，全国十大杰出青年之一、全国科技练兵好战士李洪涛，武警全国十大忠诚卫士之一的王俊刚等知名人士。

四

国民经济和社会事业健康发展。2015 年实现地区生产总值 185 亿元，人均生产总值突破 5 万元。三次产业比例为 13.1∶49.4∶37.5；公共财政预算收入 12.67 亿元；固定资产投资完成 144.8 亿元，社会消费品零售总额 60.9 亿元，城镇和农村居民人均可支配收入分别达到 23559 元、11648 元；2015 年底金融机构存贷款余额分别达到 127.6 亿元和 120 亿元，储蓄存款人均余额 2.5 万元。

现代农业蓬勃发展。2015 年夏粮实现十三连增，提前两年完成吨粮县创建任务。11 个农产品获国家地理标志商标认定，“五彩农业”品牌知名度进一步打响。山东黑牛实现产业化，规模养殖场达到 185 处，高青县被授予“中国黑牛城”称号，山东黑牛现代循环农业回型产业链高青模式被评为“中国畜牧行业优秀模式”。水产品绿色养殖面积达到 5 万亩，被列为省级现代渔业示范区；西瓜、西红柿等瓜菜播种面积达到 27 万亩；桑园面积 1.4 万亩，获“中国蚕桑之乡”称号。种植、养殖标准化基地达到 410 处，高青农业标准化创建成为省级地方标准，全国农业综合标准化示范县通过国家验收。投资 5 亿元实施三年水利提升工程，初步形成 500 公里旱能浇、涝能排兼顾景观的现代水网体系。完成路域水系绿化 380 公里，建成高标准农田 8 万亩，农业生产基础条件更加改善。

新型工业化加快推进。2015 年完成市级以上工业技改项目投资 43 亿元，实施省级以上科技计划项目 28 项。全面完成“十二五”节能减排任务。国井 1915 酒庄、开泰石化、渤海活塞搬迁改造、金洋医药、布莱凯特肉牛屠宰等一批重点项目建成投产。8 家企业获市长质量奖，高青县被评为“中国白酒名城”，国井扳倒井入选“亚洲品牌 500 强”。2015 年产值过亿元的企业 60 家，过 10 亿元企业 5 家，高新技术产业产值比重达 27%，挂牌企业 16 家，累计实现股权融资 4.5 亿元。经济开发区被认定为省级循环经济示范区，台湾工业园完成三年升级改造任务，2015 年园区经济实现产值 216.5 亿元，占到全县的 73.7%。

城乡基础设施完善。实施城区倍增工程，南部新区起步建设，老城区改造启动实施，县城建成区面积达到 16 平方公里。实施雨污管网分流工程，城区集中供热面积达到 210 万平方米。累计投资 8.35 亿元完成庆淄路、广青路、高淄路等干线公路改造提升工程，改建新建干线公路 65 公里、县乡公路 150 余公里。投资 2.8 亿元实施村级公路网化示范县工程，三年改造村级公路 420 公里、危桥 46 座，500 个村庄、20 余万群众直接受益。省市级示范镇建设成效明显，青城镇、常家镇列入全国重点镇。实施“百村改造计划”，加快小城镇和新型农村社区建设，累计参与改造村庄达 79 个，完成投资 12 亿元，建成及在建社区 37 个、安置房面积 108 万平方米，

扳倒井集团发酵车间　　（耿兴刚　摄）

惠青黄河大桥

进县”。覆盖城乡居民的社会保障体系初步建立，社会保险综合覆盖率超过 85%。城镇和农村低保标准分别提高到每人每月 470 元和每人每年 3150 元。累计建设各类保障性住房 25.5 万平方米。实施农村养老院布局调整，开工建设王字屋、文昌阁两处中心敬老院，建成农村养老互助幸福院 41 处。在全市群众满意度测评工作中，高青县成绩连续四年名列前茅。

已有 7700 名群众喜迁新居。实施“水绿高青”建设，45 公里环城水系基本贯通；建成 105 公里环城绿廊，城区绿化覆盖率达 45%，创建成为国家园林县城、全国绿化模范县。城乡环卫一体化通过建立市场化长效运行机制，实现全覆盖，城乡面貌焕然一新。

现代服务业日趋壮大。全力推动文化旅游业发展，陈庄西周遗址考古公园入选全省首批、全市首个大遗址公园项目。省级以上文物保护单位达到 5 处。统筹黑牛、温泉、国井、早齐文化、黄河生态、“五彩农业”等优势资源，连续四年举办中国(高青)黑牛节。建成 4A 级景区 1 家，3A 级景区 2 家，旅游强镇 2 个，被评为中国健康养生休闲旅游名县和好客山东最具特色乡村旅游目的地品牌，被列为全省首批旅游综合改革试点县。蓑衣樊村被评为第一批中国乡村旅游模范村。成功设立村镇银行，引入中国银行等金融分支机构。民生保障持续改善。全面实现初中进城，顺利通过全国义务教育均衡发展县验收，高考一本上线人数实现“四连增”。稳步实施县级公立医院综合改革，全面执行药品零差价政策。市中心医院、市妇保院分别合作式托管县人民医院、县妇保院；引进社会资本合作办医，县中医院成功实现与新华医疗集团合作。公共卫生服务体系日趋完善，建成省级病媒生物防制先进县、省级慢性病综合防控示范县和省级卫生应急示范县。被评为“全国计划生育优质服务先

五

2005 年 10 月 12 日，高青县城市管理行政执法局正式挂牌成立，至此，高青城市管理行政执法工作掀开了崭新一页。

十年来，在县委、县政府及市执法局的坚强领导和正确指导下，历届局领导班子认真践行“三个代表”重要思想和科学发展观理论，紧紧围绕全县中心工作，以“抓班子、带队伍、建制度、促工作”为总体思路，与时俱进，开拓创新，奋力作为，城管执法工作得到全面提升，逐步实现了管理模式由粗放型、突击型向规范化、长效化转变，为建设开放、和谐、秀美新高青做出积极贡献。高青城管执法局多次荣获全省文明城市管理监察队伍、全省城管执法系统优秀单位、市级文明单位、市级城乡环境综合整治先进单位、创建全国文明城市工作先进集体、县级先进单位等荣誉称号。为高青县争得了国家园林县城、省级园林城市、城乡环境综合整治先进区县、中国最佳改善人居环境范例县、山东省人居环境范例奖、山东省绿化模范县、省级卫生城市、“破硬造绿”示范城市等荣誉称号。

一、加强队伍建设，努力打造过硬的城管执法队伍

城市管理行政执法工作，队伍建设是基础。

高青县委、县政府高度重视城管部门的体制和队伍建设，县城管执法局把队伍建设作为推进事业发展的根本着力点，通过不断的体制机制创新，使城管执法队伍得到了持续的优化和锻炼。按照“政治合格、纪律严明、作风过硬、业务精通、执法严谨、文明规范、廉洁高效、领导放心、群众满意”的队伍管理标准，通过抓班子、带队伍、建制度、强培训、重法制、育文化等措施，大力加强城管执法队伍建设。

一是强化班子建设，增强凝聚力。认真落实党组议事制度和学习制度，对县委、县政府重大决策部署和重要会议精神，及时召开党组会议认真学习，狠抓贯彻落实。坚持民主集中制原则，对事关全局发展的重要事项，集体讨论决定；班子成员之间团结共事，工作分工不分家、补台不拆台，自觉维护班子的团结和统一，增强班子的凝聚力和号召力。坚持领导带班制度，无论是夜间、节假日值班还是重大活动，充分发挥“领头羊”作用，以过硬的作风和实干的精神凝聚人心、推动工作。

二是理顺管理体制。在多方探索努力的基础上，全力推进城市管理体制改革。2014 年 9 月，县里将县园林局整建制划转行政执法局。10 月，市政管理职能划转行政执法局。11 月，实现与交通、国土等部门的联合执法。至此，高青县在构建“大城管”格局上实现质的跨越。根据县城市管理综合委员会的整体部署，成立局工作领导小组，实行“主要领导亲自抓，分管领导靠上抓，基层科室具体抓”，制定具体工作方案，完善监督管理考核制度，分解任务，责任到人，层层抓落实，健全了城市管理机制。

三是强化制度建设，提升执行力。坚持以制度管权管事管人的原则，使规章制度成为加强城市管理工作的助推器。修订完善了局内部规章制度，下发《执法工作十三条禁令》，全面规范执法行为，有效杜绝了滥用职权、违反程序执法、不文明执法现象的发生；印发《公车使用管理规定》，全面规范公务用车、维修养护等，杜绝公车私用现象。

四是强化业务培训，提高依法行政能力。以建设“学习型机关”为抓手，制定年度《学习教育培训计划》，明确学习内容，确保了学习培训工作的持续、深入、有效开展。开展了学习教育培训周活动，分别邀请了市局、上级纪检部门及兄弟单位对执法人员进行全面系统的法律廉政知识、业务技能培训，每年开展为期一周的军训，通过这些措施，提高了执法队伍的整体素质。

二、创新模式，更新装备，提升城市管理水平

城市管理关系到社会发展，民生幸福，高青城管执法局坚持不断更新观念，创新模式，依靠行之有效的管理措施来提高管理质量，实现城市管理工作服务发展、惠及大众的目标。

一是坚持人性化管理，大力开展便民、惠民行动。对占道经营、流动商贩等城市管理难点，认真、耐心劝导，引导他们到允许摊点摆放经营路段。始终把群众投诉工作摆在重中之重，对群众来电、来访，做到有诉必查，有求必应，尤其是对涉及城市管理的人大议案、政协提案，及时组织人员深入实地，认真开展调查研究，掌握第一手资料，积极落实整改措施，人大议案、政协委员提案得到较好落实。10 年来，累计办理人大议案、政协提案 20 余件，代表、委员满意率达 100%。妥善解决群众反映的城市管理“热点”“难点”问题，做到“件件有着落，事事有结果”。设立群众卫生公开投诉举报电话 0533－6712319，自觉接受市民监督，认真处理信访事件，切实解决影响市容环境的卫生突出问题。10 年来，共处理上级转办件、信访件和来电投诉 3700 余件，办结率、回复率、群众满意率均达到 100%。特别是在处理群众投诉多、社会影响大、情况复杂的难点问题上，坚持以维护社会稳定为出发点，以解决群众困难为落脚点，注重与当事人的沟通交流，摆事实，讲道理，从当事人的切身利益考虑，积极帮助他们想办法、出主意，用真诚接近距离，用行动化解矛盾。

二是开展户外广告升级改造及安全检查。实行户外广告统一提升改造，投资 60 余万元完成黄河路中段沿街广告牌升级改造，推进黄河路东段户外广告改造。普查城区各类大型户外广告，对存有安全隐患的 30 余家广告产权单位下达限期改正通知书，责令相关单位进行安全检查。按照“一店一牌、统一设置位置、统一设置高度、统一设置要求”的标准，对获得设置许可，但不符合设置

标准，存在安全隐患的门头牌匾，及时下达《责令整改通知书》，要求户主整改，消除安全隐患。对未经许可擅自设置广告或存在安全隐患不进行整改的，依法进行强制拆除和经济处罚。开展高（中）考期间噪音扰民行为的专项整治活动，向建筑工地下达禁止夜间施工通知，积极处理夜间噪声投诉，确保给广大考生创造安静的应试环境。在麦收期间开展占道晒粮集中整治活动，对所负责路段实行 24 小时错时巡查，确保城区道路畅通，农民顺利生产。

三是强力拆迁促规划，保障建设秩序。坚持依法执法，先后拆除张田路、芦湖路等沿路乱搭乱建 13 处，有力地打击了各类违法建设行为。开展规划大检查活动，对城区所有在建工地进行普查，普查建筑面积近 30 万平方米，对涉嫌违法建设的及时立案查处。坚决按照《中华人民共和国行政处罚法》《中华人民共和国城乡规划法》的要求，规范日常拆违工作，做到定性有据、以法服人，对必须拆除的违法建（构）筑物严格按照法定程序组织实施，维护法律的严肃性。加强联合执法，与各部门加强沟通和协调，形成指挥顺畅、步调一致、配合密切的工作体系，联合执法中真正做到拆建并举、拆管并重，合力共建、合力共管。把集中整治与长效管理结合起来，建立长效管理机制，对已拆违章不留“尾巴”，对新建违章坚决拆除。对县城区域进行每日巡查，提早发现苗头，及时制止，杜绝违法行为蔓延。

四是积极推进建筑渣土规范化管理。成立建筑渣土管理办公室，进一步完善《高青县建筑渣土管理办法》，对渣土运输车辆实行统一管理，加大对违法运输、处置建筑渣土的查处力度。对建筑渣土、工业垃圾生产、处置企业实行登记造册，做到底子清、情况明，从源头上规范各类建筑渣土（垃圾）处置，形成对建筑渣土（垃圾）的动态管理。对全县在建工地和拆迁工地加大管理和整治力度，对工地运渣车辆带泥上路、漏洒污染路面、建筑渣土及生活垃圾私拉乱倒、垃圾焚烧、城区内餐饮油烟污染、露天木炭烧烤等违法行为进行严肃查处。

五是运用现代科技手段，推动“智慧城管”。为实现科技城管目标，高青县城管执法局积极拓展工作思路，让数字化城管建设走在全市前列，筹资 20 多万元在城区主要路口和重点区域安装了十几处电子摄像探头，建成了城管监控指挥中心。聘请专业信息技术团队，结合高青实际，量身设计了数字化办公系统软件，依托网络技术，构建了集信息传达、应用数据存储技术和备份技术于一体的城市管理新模式的基础平台，落实了指挥中心场地，完善了机构框架与人员配置，建立了科学的城市管理指挥和监督考核体系，使城市管理的效率提高了 60%以上，任务下达准确率达 95%以上，同类问题处理时间缩短 50%以上，进一步提高了处理问题的效率，大大降低了城市管理成本。

三、坚持以人为本，全面优化市容环境

高青县城市管理行政执法局始终秉承“恪尽职守，为人民管理好城市”的工作理念，坚持以服务为出发点，以管理为着力点，以执法为突破点，提高标准，创新思路，真抓实干，不断改善市容市貌和民生环境。

一是人机结合，分级管理，提高城区环卫保洁质量。加大机扫力度，每日洒水降尘，出动 7 台环卫作业车对县城区 19 条主次干道施行机械保洁、降尘作业，城区道路保洁率达到 95%以上，洒水降尘作业覆盖率达到 98%，着力打造黄河路、芦湖路等城区道路保洁精品路段。全县所有道路划分三个等级，重点路段实行一日两扫全天保洁，重点区域进行专人管理，全天在位巡回检查，发现问题第一时间解决，确保道路卫生干净整洁无死角。同时，把所有道路划分成七个网格，实行道路网格管理，对区域网格人员、道路卫生清扫及垃圾箱（桶）等设备进行监管。加大投资，配备配齐环卫设施，2014 年新购置各类垃圾桶（箱）200 余个，完成对城区 38 个垃圾收集箱的修整改造。创新管理措施，加强车辆管理，对局属 60 余部车辆安装了 GPS 定位系统，实现对车辆的动态管理，协调建设占地 30 亩的车辆集中停放场地一处，解决了环卫作业车辆停放分散、管理存漏洞等问题。

二是深入推进城乡环境综合整治，城乡环境面貌显著改善。成立高青县城乡环境综合整治办公室，负责对全县综治工作的组织、协调与长效机制的建立与实施，由县城乡环境综合整治办公室

具体负责综治工作。各镇、街道办都成立城管执法中队，主要负责城镇驻地市容秩序治理维护工作和辖区内"双违"建设立案查处工作。建立健全工作协调、经费保障、宣传督导、考核奖惩、队伍建设、督查问责等六大机制，加大明查、暗访、问责力度，加强实施力度，保障全县城乡环境综合治理工作制度化、规范化、长效化，使城乡环境综合治理工作不断向前推进。根据工作需要，配套出台了《加强城市管理工作的意见》《城乡环境综合整治月活动实施方案》《农村环境建设建议方案》《县城区"网格化"管理实施方案》《市容市貌综合整治实施方案》《建立"联勤联动"工作机制建议方案》《建筑渣土管理办法》《城市执法工作宣传方案》等，为深入开展城乡环境综合整治工作奠定基础。将城乡环境综合整治工作纳入年度目标考核，成立工作领导机构，建立工作责任制，形成主要领导靠上抓，班子成员按"属地原则"具体抓，机关干部与村干部共同抓，一级抓一级、层层抓落实的工作格局。健全完善各项工作制度，严格奖惩，实行风险抵押金制度，奖优罚劣，对工作开展不力造成较大影响的，在约谈相关责任人的基础上进行严格处罚。

三是实行网格化管理，突出重点区域治理。按照县网格管理办公室的统一要求，对具体负责的第103网格内的2处市场均配备环卫保洁员与市容协管员，加强市场秩序监管。积极协调相关街道、职能部门，在完成李星耀农贸市场建成投入使用的基础上，投资近20万元对齐东路便民市场进行了提升改造，设置了经营护栏，规范经营秩序，满足县城西部居民生产生活需要。积极推进蒲台路、七号路便民市场建设，改善城市面貌，满足群众生活需要。对城区出入口、城乡结合部、城区重点部位等进行集中整治。2014年清理垃圾死角、建筑垃圾堆60余处、1.8万立方米。强化城区立面整治，重点对各主次道路两侧的乱贴乱画、乱摆乱放、乱拉乱挂等影响市容的违章行为进行整治。

四是稳妥推进城乡环境综合整治及城乡环卫一体化。将全县767个行政村全部纳入整治范围，按照示范村、重点村、一般村三级整治标准，重点对"三大堆"及垃圾死角清理情况、对路域两侧进行修复治理情况等进行检查考核。同时，按照《关于建立和完善城乡环境综合整治长效管理机制实施意见》(高办发〔2012〕27号)的要求，强化属地全责管理原则，落实"日巡查、周督查、月通报"的督查方式，突出重点、难点问题治理，将考核落到实处，提高各镇(街道)常态化治理的积极性。建立环卫保洁长效机制，按照"村集、镇运、县压缩转运"的一体化处理模式，在各镇(办)驻地、村居按人口比例及路域长度合理配备保洁员和垃圾收集设施，实现农村环卫保洁管理长效机制。启用镇生活垃圾中转站，实现城乡环卫一体化，启用芦湖街道办、唐坊镇、花沟镇、高城镇、常家镇、木李镇等6处垃圾中转站，对各镇分别配备生活垃圾运输车1部，按人口配备保洁员1600人，垃圾收集桶3000个，全县城乡环卫一体化处理体系全面建立。

四、加强绿化，精心打造生态宜居园林城市

高青县委、县政府高度重视城市园林绿化工作，以创建国家园林县城为目标，坚持"高起点规划、高标准建设、高质量管理"，不断加大园林绿化、生态环保、节能减排、市政设施的投资建设力度，实施了环城水系、环城绿廊、绿荫行动、城市裸露土地治理等城市园林绿化工程建设，在各项工作中有了突破性进展。2009年被命名为"山东省园林城市"，2012年被授予"山东省绿化模范县"。2015年8月，高青县城建成区面积15平方公里，建成区总人口7.01万人，建成区绿化覆盖面积达521.96公顷，园林绿地面积464.49公顷，公共绿地面积达到155.59公顷，绿化覆盖率达到42.23%，绿地率达到37.58%，人均公园绿地达到22.19平方米。

一是着眼长远，用高起点的规划指导城市园林绿化。结合新一轮城市总体规划的修编，坚持超前性、科学性和以人为本的理念，综合了林业、环保、旅游、文物等因素，编制完成了《高青县城市绿地系统规划》《生物多样性保护规划》，规划建设"一轴一廊三园、一环五湖水润绿城"的绿化网络体系。对每一项规划的设计，既借鉴外地的先进经验，又突出自己的特色，大到一块绿地，小到一

个花坛和植物造景，都考虑到与周围环境的和谐统一，精雕细琢、精益求精，充分体现“绿、水、城、亮”相结合的北方水城特色。

二是提升品位，用高标准的建设打造园林绿化精品。城市道路绿化上，按照“大绿线、大色块、流线型，突出整体性、统一性”的设计理念，对黄河路、芦湖路、高苑路、青城路等街道实施了精品绿化，乔灌花草合理搭配，根据路形地貌选树配草造绿，达到了一街一个特色，一路一道景观。各类行道树达到了4万株，街道绿化普及率达到100%。在公共绿地建设上，先后建设了芦湖公园、千乘湖生态文化园两处综合性公园，其中芦湖公园被授予山东省园林绿化优质工程奖，千乘湖生态文化园2009年被评为国家级水利风景名胜区、“AAA”级风景旅游区。严格按照500米服务半径的要求，建成了文体游园、芦湖景观园、金都景观园、高苑景观园等多处规模适宜的高档次街头游园绿地。在庭院绿化上，将详细的规划设计方案和绿化美化标准分解到各部门和单位，强化业务技术指导和调度督促，搞好了各单位内部的绿化美化建设，省、市级“花园式单位”达32个，市级“花园式居住区”3个。加快生产绿地建设，建成区现有苗圃总面积29.55公顷，注重园林绿化植物引种、育种工作，不断培育和生产适应本地区自然条件，具有特性、抗性优良的品种。扎实做好大环境绿化建设，完成了滨博高速公路高青段两侧26米宽和总长度46公里的小清河高青段北岸40米宽的绿化建设任务，在外环路两侧建有绿化隔离带50多米宽，高青县被评为“中国最佳改善人居环境范例县”“山东省投资环境十佳县市”。

三是健全机制，用高效能的管理确保园林绿化实效。加强绿化行业管理，严格落实城市绿线管制和绿色图章制度，明确了城区道路绿化控制范围，建立了绿化公示制度，严格控制城市规划区内的所有新建、改建、扩建项目。在规划审批、竣工验收时，必须经城市园林部门同意后，加盖绿色图章，否则一律不予办理相关手续。对擅自降低绿化率或达不到规划设计标准的责令限期整改。推行绿化管理的市场化、规范化运作，规范工程立项、审核、招投标、资金拨付等各项工作程序。加大绿化管护力度，对单位所属绿地，按照“包绿化、包管理、包政策”的三包责任制要求，落实管护责任；县园林部门建档立卡，统一监督指导。对公共绿地和林地，在园林部门内部实行责任区挂牌管理，“定岗、定量、定人、定规范、定奖惩”，建立起宝塔式的管理责任制，提高了管理效率。

四是深化园林城市创建活动。按照创建园林城市活动要求，多次组织集中行动，对城区容貌进行综合整治，制作《城区主要道路市容存在问题任务表》，采取规范、处罚、拆除、清洗、粉刷等手段，综合治理主次干道11条，清理乱贴乱画2200余处，粉刷墙壁8000平方米，清理马路市场3处、店外经营732处、占道经营497处，流动摊贩3200余人，规范马路施工作业27处、乱停乱放机动车340余辆，治理店外洗车点28处、店外摩托车维修点11处，取缔城区露天烧烤37处。为增加绿化面积，改善人居环境，在全县范围内深入开展了“破硬造绿”工作，项目实施以来，共完成投资2600万元，动用混凝土切割机、风镐等机械800多台次，补植各类苗木12万株，增加绿化覆盖面积7.7万平方米，被推荐参加“山东人居环境范例奖”评选。

五、坚持专业执法，争先创优，努力完成县委、县政府赋予的工作任务

加大以规划、环保执法为重点的专业执法力度，坚持日常巡查与专项检查相结合，有效遏制县城乱搭乱建、违规建设和建筑扬尘、施工噪音等现象。每年集中组织开展一次对全县规划区内所有续建及新建工程项目规划大检查活动，累计检查建设项目59个，建筑单体180余处，建筑面积217万平方米，依法拆除违规建设面积1.1万平方米。为配合县重点工程建设，成立建筑物立面综合整治领导小组，按照整体整治计划，认真部署，有序推进，重点整治黄河路、青城路、文化路中段及各大商场周边建筑立面环境，累计拆除道路两侧乱搭乱建16处，有力地震慑了违规建设行为。

一是圆满完成了“创城迎审”集中整治任务。高青县城市管理和行政执法局创新思路，将城区划分为26个网格，筛选出26个综合实力较强的部门牵头负责，网格化管理，着力解决城乡结合部、城中村等重点区域环境脏乱差问题。共整治规范便民市场5处，清理占道摊点850余处，规范

店外经营348家，清理各类垃圾10余万立方米。对城区主次干道从每天早上7:00至下午16:30进行循环清扫。城区绿化、硬化、美化以及基础设施建设等方面都取得了巨大变化，城区环境大为改观。

二是大力抓好镇村环境治理，突出解决乱搭乱挂、占道经营、卫生保洁等问题。各镇(办)分别成立城管执法中队，配备了保洁人员，专职负责环境综合整治的组织、协调工作。重点做好高淄路、潍高路等四条省道和唐北路、田翟路等四条县道两侧50米、30米范围内环境整治。重点清理农村"三大堆(粪堆、柴堆、垃圾堆)"和村头、河道、湾边积存垃圾以及村庄主要道路植树绿化等。县综治办采取"日巡查、周督查、月考核"等办法，加强对镇、村环境综合整治工作的监督考核。

三是组织实施了"千百十"为民主题实践活动。紧紧围绕"为民、利民、安民、富民"活动目标，以密切联系群众为核心，以干部包村为载体，研究制订了《城管执法局创新社会管理打造"民生城管"构建和谐社会大格局实施方案》，局13名干部职工陆续与挂包的木李镇杜集管区17个村进行了对接，积极走访农户，耐心倾听百姓心声，热情帮助群众解决生产生活中遇到的实际问题。

四是顺利完成中国(高青)黑牛节市容环境整治工作。对各重点路段沿街店铺进行了逐一提前告知，共发放宣传单1.5万份。先后改造规范黄河路140家店面，整治规范黄河路第二菜市场、青城路蒲台路市场、高苑路绿荫市场及芦湖路15家酒店周边环境秩序，投资50万元对芦湖路12家烧烤店和黄河路中段户外广告进行了全面提升改造。突出抓好节会期间市容管理，动员工作人员放弃休假，加班加点，按照市容管理要求，对部分路段店外经营进行有序规范，科学引导，重点把控，实现市场秩序"繁而不乱"目标，其间还组织30余名"爱我家园"志愿者配合参加了千乘湖10万尾生态鱼放流活动，借社会组织力量助力黑牛节。对城区内果皮箱、公厕进行统一更换整修，累计出动作业车辆90余辆，对重点路段实行24小时不间断清扫、冲洗，提高城区卫生洁净度。

走过风风雨雨的十年，高青城管人更加懂得直面现实，正视不足，面对日益繁重的管理任务，深感责任重大。高青城管人将以只争朝夕的精神，充分发挥城市管理主力军的作用，开拓创新，积极进取，用实际行动诠释"奉献于城管，服务于人民"的城管理念，回报党委、政府的重托和人民群众的期望。

大　事　记

中华民国
1928 年

4 月　国民党青城县临时党部成立。

是年　高苑、青城县知事公署改称县政府。

1935 年

9 月　高苑、青城县国民党区分部被韩复榘撤销。

1937 年

12 月初　日本侵略军炮击黄河南岸，国民党军队撤走。23 日，日军渡河南侵，占张店、周村等胶济线重镇。

是月下旬　国民党高苑县长李子佳携款潜逃，被三区中队长崔宪哲部击毙。徐廷俊继任县长。

冬　孙林庭在黑里寨建立 10 余人的抗日游击队。

1938 年

3 月　李成文被委任为国民党青城县长。

4 月　高苑县士绅推举张循佑（字琪堂）为高苑县长。

5 月 15 日　国民革命军十军团第一梯队司令孟昭进率部入青城，逐李成文。

6 月 15 日　周胜芳率部逼走孟昭进，委任杨云乔为国民党青城县长。

12 月　许醒亚任国民党高苑县长。

1939 年

2 月下旬　驻张店的日军派一个中队侵占高苑县城，建伪政权，高砚秋任高苑县长，成立伪高苑警备队。

3 月中旬　驻惠民日军山根派一个中队侵占青城县城，在青城城墙上修楼，拉铁丝网，成立伪政权，李鼎铭任伪青城县长，同时成立伪警备队。

1940 年

9 月 21 日　杨国夫部于魏家堡歼灭日本一个

小队，伪军一个中队，烧毁汽车2辆，缴获枪弹物资一宗。

10月10日 高苑县抗日民主政府在田镇成立，孙明光任县长。

中旬 中共高苑县委成立，对外称“八路军驻高滨办事处”，马竞生任书记。

1941年

秋 国民党高苑县政府在邢王庄开办乡村简易师范。

11月24日 中共清西地委及高苑县抗日民主政府人员被日伪困于崔张店洼，突围中20余人伤亡。

是年 国民党青城县长董曰信伏杀县党部书记长李荣祥。

是年 国民党高苑、青城、齐东县政府在青城县梨行董村成立“山东省第十六联合中学”，为县内最早的中学。

1942年

1月13日 高苑县抗日民主政府机关及三旅八团二营被日伪困于谢铁村南大洼，伤亡180余人。

3月中旬 日伪政权在青城东街成立简易师范，招生一个班。

1943年

1月15日 日军对高苑抗日根据地实行“铁壁合围”，清西军分区参谋长韩子恒等50余人牺牲。

1944年

1月 清河、冀鲁边区合并，建立中共渤海区党委、八路军山东渤海军区。

1945年

2月 渤海区召开人民武装代表大会，追认高苑县三区丁家民兵陈宝凤为“爆炸大王”。

2月 杨云乔率保安三团起义，与青城武工队、青滨大队、青惠中队合编成青惠独立团，杨任团长，县委书记阎川任政委。

3月 高苑抗日根据地第一次大参军，500余青年入伍。

5月 王乐三任中共高苑县委书记。高苑县大队改编为独立营。

6月30日 杜孝先残部舍弃说约李据点向黄河北溃逃，被高苑独立营、滨五区中队截击。

8月5日 高苑独立营配合渤海军区六分区主力与日伪军激战一昼夜，解放了高苑城。

8月15日 日本宣布无条件投降。青城日军当夜逃往惠民城。

8月25日 国民党军成建基部队偷袭中共青城四区区委，书记董佑民牺牲。

9月10日 渤海军区南、中路大军，在青城、惠民、滨县交界处，歼灭王复成、韩兆坤、成建基部，活捉杜孝先。

9月20日 渤海军区中路大军挺进青城，国民党军弃城北逃，青城解放。

9月 高苑、青城县开展大参军运动，唐坊区和店村党支部书记刘安元带头参军。高苑县1000余名、青城县近700名青年入伍。

10月 青城县伪军政人员向政府自首者390余人，收缴枪29支，子弹700余发。

1946 年

2 月　高苑逃往济南的伪顽分子 1300 余人，在纬五路小学成立“高苑县旅济同乡会”。

5 月　中共青城县委书记闫川调离，肖松甫接任。

6 月　高苑、青城县公安局开始对敌伪军、政、宪、警、特骨干分子进行登记。

10 月 15 日　国民党七十三军分两路由陶唐口、钢斧寨北渡小清河，侵占高苑、青城县部分村庄，军部驻田镇。10 多天后撤退，抓走青年 500 余人，抢走粮食、牲畜等物资。

1947 年

2 月　高苑、青城县开展大参军运动，有 3150 名青壮年入伍。

8 月 7 日　国民党军队第二次进攻高苑、青城。24 日，军部进驻青城。

8 月　国民党特务、反动地主组织“还乡团”“反共自卫队”反攻倒算。

10 月 9 日晚　经国民党青城县长王滨青、县党部书记长耿庆功签字，在青城南门里路西惨杀农民自卫团长、农会会长和积极分子 18 人，在田家庄大庙后活埋 11 人。

中旬　侵占高苑、青城的国民党军队在渤海纵队的反击下南逃，高苑、青城二次解放。

1948 年

4 月 23 日　高苑、青城合并为高青县，王耕野任中共高青县委书记，刘博泉任县长，县委下设秘书室、组织部、宣传部、学委会；县民主政府下设秘书室、民政科、财政科、建设科、司法科、文教科、公安局、粮食局。定田镇为县城，建设事业归建设科负责。

是年冬　省新华书店高青支店在田镇民主街建立。

是年年底　全县农村共有房屋 471676 间。

1949 年

3 月　高青县民主政府改称为高青县人民政府，曲浩然任县长。

7 月中旬　高青县南下常务民工团随军参加淮海战役和渡江战役，历时 3 个月，运送伤员 3100 人，弹药 145 万斤，搬运物资 430 万斤。全团被上级授予模范集体 10 个，评定积极分子 326 名，发展党员 184 人，提拔干部 151 人。

7 月　黄河大水，苦战 3 个月，战胜洪峰 7 次。

10 月　将黄河北董家口等 13 个村划归惠民县。

是年　全县办高级小学 12 处，农民夜校 220 处，在青城昭庆寺建立县文化馆。

中华人民共和国
1950 年

7 月 16 日　驻县治黄办事处改为县黄河修防段。

9 月　建田镇油棉厂，后称县第一油棉厂。

11 月　中共高青县委、县政府机关由田镇迁往青城。

12 月　在农村进行土地确权，颁发土地证。翌年春结束。

是年　青城四门被拆除，城墙被附近群众取土拆除。

是年　第七次维修黄河大堤，次年完工。

1951年

2月　全县开展抗美援朝运动，有1800余青年报名参加志愿军。

3月4日　高青中学在堤上刘招收的第一届学生开学。5月，学校迁往高城，为省立重点中学。

7月　全县城镇登记户口，发放户口簿和户口卡片。

是年　惠民专署在唐坊乡郑家埝筹建师范学校，招生两个班。后迁往博兴。

1952年

春　东刘乡道口村陈凤梧成立全县第一个初级农业生产合作社，有28户。

3月　在县直机关开始反贪污、反浪费、反官僚主义的"三反"运动。两月后结束。

5月　在县内资本主义工商业中开始反行贿、反偷税漏税、反盗窃国家资财、反偷工养料、反盗窃国家经济情报的"五反"运动。历时3月余。

秋　惠民专惠第六速成师范由九户迁至青城镇小北关。招生3个班，学制1年。翌年停办。

是年　高城油棉厂建立，后称县第二油棉厂。

1953年

2月　中共高青县委、县人民政府机关由青城迁至田镇。

7月　全县进行首次人口普查。以7月1日零时为标准时间，全县总人口为256694人。

11月　成立县卫生科。

是年冬　实行粮食统购统销政策。

是年　建立县京剧团。

1954年

7月　中共高青县委设财贸部、工业部。农村工作委员会改为互助合作部。

是年　全县黄河沿岸共植树16.9万棵，基本达到黄河沿岸绿化的设计标准。

1955年

6月　成立县人民检察院。

7月　全县国家机关工作人员实行货币工资制。

10月　按照国务院指示，全县非农业人口实行粮食定量供应。

11月　建立县百货公司。始建县电队。

年底　全县共办农业合作社1096处，入社农户占全县总农户的60.2%。

是年　县广播站建成，翌年元旦正式播音。

是年　全县农村实行粮食"三定"(定产、定购、定销)政策。

1956年

3月25日　高青、齐东县合并为齐东县，田镇为县城。设11个区107个乡(镇)，辖1113个自然村，422670人。

11月26日　将小清河以南大园、高桥、祁家乡20个村划归桓台县。将全县107个乡(镇)合并为41个。

是年　刘春家、大道王虹吸管及灌区工程建成。

1957 年

2月　马扎子引黄涵闸开工，投资 40 万元，翌年 7 月建成。

5月　中共齐东县委对部分群众要粮闹退社事件进行调研处理，予以妥善解决。

10月上旬　接收菏泽地区曹县灾民千余人，分散在各村安置，并号召全县群众捐献棉衣棉被。灾民于翌年春返回。

12月　在田镇建立齐东县酒厂。

是年　人民剧院建成。位于文化路东侧、青城路北，县委、县政府召集的许多重要会议常在剧院举行。

1958 年

3月　全县 41 个乡(镇)并为 27 个。

6月23日　陕西、河南、山东 3 省水利观摩评比团参观刘春家灌区。

6月　县直机关、学校的整风反右斗争达到高潮。至 7 月 8 日，全县有 156 人被定为“资产阶级右派分子”，其中机关干部 60 人，知识分子 89 人，另外 42 人被认定有“右派言论”，分别受到逮捕、开除公职、降职降薪、党纪、政纪处分。

7月　山东省省长赵健民视察马扎子引黄灌溉工程。

8月　根据党的北戴河会议确定的一批工农业生产的高指标，全县开展“大跃进”运动，出现“浮夸风”。提出“人有多大胆、地有多大产”和“夺取亩产万斤粮”等不切实际的口号。

9月10日　为贯彻“还是办人民公社好”的指示，齐东县改称东方红人民公社，同时撤销各乡镇，设 10 个分社。

9月　在“以钢为纲”方针指导下，全县开展土法大炼钢铁运动，发动群众献废铁，不少农户被迫砸烂铁锅等生活用具，拆除铁部件，造成损失。

10月24日　复称齐东县，10 个分社改称人民公社。

10月　“共产风”盛行，全县对生产资料实行“一平二调”，各村大办公共食堂，推行“生活集体化”。在农业生产上瞎指挥，秋种实行大兵团作战，推行不合理密植，种“卫星田”。丰产的粮食、棉花无人收获，损失极大。因“大跃进”“人民公社化”违背了客观规律，1959 年春人民生活发生困难，公共食堂陆续解散。

秋　清河镇至坡庄公路段铺碎砖粒料，成为县内第一条晴雨通车的公路。

11月3日　撤销齐东县。将田镇、旧镇、高城、唐坊公社划属博兴县，青城、花沟、黑里寨、九户、码头、魏桥公社划属邹平县。皆属淄博专区。

1959 年

是年　淄博地区教育局在田镇创办“淄博中等速成师范”，2 年后停办。

1960 年

3月30日　省人委批准建高城林场，占地 2800 余亩。

是年　在刘春家建引黄闸。

1961 年

10月4日　恢复高青县，辖田镇、旧镇、唐坊、高城、花沟、青城、黑里寨 7 个区。15 日正式办公。

11月初　县人委成立生产救灾办公室，设生产、生活、治病、交通、治安 5 个组，发放救济粮(数字不详)、救济款 44 万元。

11月25日　修博兴至高城、田镇至青城公路，总长 44 公里。

11月 建立县卫生防疫站。

是年 全县劝归外流人员1620人。

是年 建立县农机修建厂、面粉厂、印刷厂、针织厂。

是年 由县计划委员会管理城乡建设。

是年 疟疾暴发流行，年发病3292人。

1962年

1月 地区拨农村统销粮指标1232万公斤。

2月8日 中共高青县委决定成立县人民武装委员会。

7月8日 中共高青县委召开工作会议，总结1957年以来农村经济工作的经验教训，制定恢复生产的措施。

7月9日 全县撤销完小12处、初中3处，将四、五、六中并入一、二、三中。

7月～10月 全县4729名国家职工，精减1423人；7055名非农业人口，精减1689人。

10月 成立高青县委统战部。

是年 建立县档案馆。

1963年

1月 县、区成立社员生活检查慰问团，对救济粮、款的发放不当，层层克扣等问题进行处理。

2月15日 复设县水利局。

2月19日 建立县妇幼保健站。

5月 组织民工疏挖支脉沟。

7月2日 成立县财贸办公室和统计局。

12月 维修广青路、张田路、庆淄路。

是年 小清河在高城林场决口。

是年 成立县体育运动委员会。

是年 第八次维修黄河大堤，历时4年完成。

是年 “九二三”厂在唐坊区彭家试钻县境内第一口石油井。

1964年

2月18日 将青城区郑庙、义和两公社划属田镇区，田镇区元河公社划属唐坊区。

7月1日 进行第二次人口普查，以1日零时为标准时间，全县总人口为263691人。

7月28日20日左右 小清河决口于姚家套西南处堤段，洪水漫及高青、博兴、广饶3县，12.6万亩土地成灾，倒塌房屋12万间。

8月8日 在苟士孙村建县农业职业学校。1967年停办。

是年 在田镇区苗家、唐坊区刘家及花沟办林业中学3处，共5个班，2年后停办。

是年 将旧镇区台西刘村划归博兴县。

1965年

1月11日 中共高青县委召开四级干部会，揭“四不清”（政治、经济、思想、组织不清）盖子。会期6天半，与会者2661人。

11月 县医院附设工读卫生学校，培训学员80人。

12月23日 中共高青县委、县人委召开四级干部会，总结一年来全县学习毛主席著作、农业学大寨、工业学大庆的经验，落实1966年生产计划。

1966年

春 省军区批准高青县建民兵师。

7月17日 建立中共高青县委“文化革命小组”。

9月 全县城乡掀起破“四旧”（旧思想、旧文化、旧风俗、旧习惯）浪潮，一些古建筑被毁，不少书画、文物被焚烧，仅县图书馆就焚书6000余册。

是月 学校“停课闹革命”，掀起“大串联”活动，部分学生“长征”到北京，在天安门广场接受毛主席的检阅。

10月上旬 全县开始批判所谓“资产阶级反动路线”，驻各中学的工作组负责人和学校领导被批斗。

11月 县城镇群众组织揪斗所谓“走资本主义道路的当权派”，冲击党政机关。农村也纷纷成立“战斗队”，各级党组织陷于瘫痪，全县处于无政府状态。

1967年

3月25日 “造反组织”召开夺权大会，成立所谓“军、干、群众”三结合的高青县革命委员会，取代中共高青县委和县人委。下设5个办公室。此后，各区、公社党委相继被夺权，成立了革命委员会。

5月15日 地区拨给高青县统销粮618.5万公斤，救济款16万元。

5月下旬 开始“反逆流”，砸“革委会”，群众组织分裂成两派，互相抗衡，武斗不断发生，工农业生产遭到严重破坏。

6月2日 县革命委员会改组。

7月12日 青城露天电影院门口拥挤过甚，亡6人。

8月1日 县公、检、法机关开始由军事管制小组代行职权。

11月4日 部分农民进县城参加武斗，伤亡若干人。

1968年

4月 中学生回校复课。

7月 济南军区6024部队一个营到高青县执行“三支”(支工、支农、支左)、“两军”(军管、军训)任务。

8月 县革命委员会进行调整。

9月 全县开展“早请示”“晚汇报”“唱语录歌”“跳忠字舞”等狂热的个人崇拜活动。

10月21日 县革委决定将中学、工程师范下放到各区领导，小学下放到大队管理。

10月 高青县革委建立农电筹建小组，1970年2月改为农电管理站，1971年10月改称电业局。

12月 济南、青岛、淄博等地一批知识青年响应“上山下山”号召，相继到高青插队落户劳动。

年底 农村公办小学教师回原籍任教，外县籍教师锐减，教学质量和教师生活受到很大影响。

1969年

2月中旬 黄河凌汛，马扎子以上漫滩，干部群众春节防汛。

2月 高青县革命委员会再次调整。

11月 所谓“清理阶级队伍”运动开始，不少干部、群众被划为清理对象，遭到迫害。

12月 高青县革命委员会又一次调整，并成立党的核心领导小组。

是年 全县农村学校进驻“贫下中农毛泽东思想宣传队”，城镇学校进驻“工人毛泽东思想宣传队”管理学校。部分机关及事业单位也进驻了“工宣队”“贫宣队”。1977年撤出。

1970年

2月 建县化肥厂。1981年5月关闭。

7月 全县开展“一打三反”(打击现行反革命，反对贪污盗窃、投机倒把、铺张浪费)运动，突出阶级斗争，扩大了打击面，使大批干部、群众受到错误处理。

10月23日 公安军管组发动群众打击反动“圣贤道”。

11月28日 全县7个区改为人民公社，原53

处公社改为管理区。

12月5日　田镇中学收归县革委政治部领导。

年底　县财政局、税务局、人民银行合并为“财政金融局”。

1971年

春　县造纸厂由青城迁至田镇，翌年投产。

1月～4月　惠民地区拨给高青县粮食统销指标145万公斤。

6月　庆淄路、广青路高青路铺沥青路面。

6月　县工业领导小组改为县革委工业局。

8月　部署清查所谓“五一六”分子，到1973年结束，全县有200多人被错误清查，后予以纠正。

是年　县城烈士陵园建成。

1972年

1月　建县物资局。

2月　全县开展批林整风运动，批判林彪反革命罪行。

9月7日　成立县外贸公司。

9月　开始建马扎子电力扬水站，翌年12月竣工。

12月　中共高青县委召开农业学大寨经验交流会，号召全县人民深入开展农业学大寨运动。

1973年

8月19日　召开县贫下中农协会第二届代表大会。

1974年

2月　筹建县磷肥厂。

春　开展“批林批孔”运动，原派性组织在招待所另立“山头”，形势又有动荡。

中共高青县委组织第一批农业学大寨工作队，到农村蹲点包队。

1975年

5月　在沙高村北建立县火化场。

10月　成立县基本建设局。

11月　召开五级干部大会，县委书记于永洪作《苦战四年建成大寨县》的报告。

12月　县委派出第二批农业学大寨工作队，进驻田镇、高城。

1976年

1月8日　周恩来总理逝世。全县人民自发地举行各种悼念活动。

3月　所谓“反击右倾翻案风”运动波及本县，部分城镇机关和农村出现大字报和大幅标语，但未形成大乱。

5月16日　建立县木器厂。

5月　县委组织204人赴山西大寨参观。

7月28日　唐山地震，本县震感较强。

8月　县医院收治唐山灾区伤员50人，中共河北省委、省革委赠县医院“阶级情谊似海深，抗震救灾为人民”锦旗一面。

9月9日　毛泽东逝世。全县设吊唁堂37处，举行吊唁活动。18日下午，县城田镇和各公社驻地同时收听在北京召开的追悼会实况，沉痛悼念毛泽东主席。

10月20日　全县城乡举行集会游行，热烈拥护中共中央粉碎“江青反革命集团”的伟大胜利。

是年　高青县建筑合作社更名为县建筑工程公司。

是年　县直6个单位分别开办“七、二一”工人大学。翌年停办。

1977年

10月30日　中共高青县委组织第三批农业学大寨工作队进驻高城公社75个大队。翌年10月撤离。

是年秋　县革委组织万名民工在县东部开挖丰收沟。

12月9日　国家恢复考试招生制度，本县有1486人参加高考，3554人参加中专招生考试。

冬　全县在高城大王开展以深翻整平土地为主的农田基本建设大会战，调用劳动力8.38万人，完成土方830万立方米。

是年　县织布厂、县麻纺厂、县工艺美术厂、县水泥预制厂先后建立。青城公社建立丝织厂。

1978年

7月　中共高青县委第四批农业学大寨工业队进驻青城、花沟、田镇公社的48个大队。

8月　成立县广播事业管理局和工商行政管理局。

9月　中共高青县委组织人员开始处理整风反右和“文化大革命”中的冤假错案。到1985年，全县复议案件685起，其中平反422起，部分改变结论104起，未予纠正的159起。

是年　县委组织民工开挖西起青城公社毛家，东至唐坊公社方家的北支新河。翌年完工。

是年　全县公房建筑面积8672.5平方米，每平方米平均造价82元。

是年　县基建局开始拟定县城建设规划。

1979年

1月　中共高青县委、县革委分署办公。

2月13日　中共高青县委召开五级（县、公社、管区、大队、生产队）干部会议，深入学习贯彻中共十一届三中全会制定的路线、方针、政筑。

是年　贯彻执行中央《关于地主、富农分子摘帽问题和地富子女成份问题的决定》，全县有3078名“四类分子”（地主分子、富农分子、反革命分子和坏傻分子）摘帽。

春　花沟公社部分生产队在全县率先实行土地包干责任制。

4月1日　中国人民建设银高青支行正式营业。

是年　筹建田镇35千伏变电站。

是年　县内建筑企业钢管工架代替木竹脚手架。后陆续增加了钢筋切断机、钢筋弯曲机等设备。

是年　恢复一年一度的秋季物资交流大会。

1980年

3月　全县部分农村实行家庭联产承包责任制。

4月11日　成立县标准计量局。

5月17日　中共高青县委组织干部、群众收看（听）首都举行的原中华人民共和国主席、中共中央副主席刘少奇追悼大会实况。

12月　首次发现4只天鹅在艾李湖越冬，之后，每年都有天鹅栖居艾李湖，1984年被省定为自然保护区。

是年　国办中学进行调整，将田镇中学改为第一中学，高城、青城、旧镇、花沟的中学分别为第二、三、四、五中学。

是年　全县公房建筑面积12176平方米，每平方米平均造价98元。

1981 年

8 月　省拨款 1 万元修缮青城文昌阁。

是年　防洪排水设施建设列为县城建设项目之一，县基建局修建地下排水沟 350 米。1985 年，沿黄河路、文化路两侧建成雨污合流型排水暗沟 3700 米。

1982 年

7 月 1 日　进行第三次人口普查，以是日零时为标准时间，全县总人口为 353231 人。

9 月　县政府办公楼建成使用。

12 月 20 日　筹建县老干部休养所。

是年　田镇公社改称田镇镇，后，其他公社陆续改为乡镇建制。

是年　县基建局举办首期专业人员培训班，为建筑企业培训技术骨干 30 余人。

1983 年

3 月　县邮电局开通滨州—高青—邹平的 24 路微波电路。

6 月 29 日　县政府批准注销黄河堤内小新城等 29 个自然村名称。

7 月　完成县城总体规划。规划确定县城城乡建设性质是以农副产品加工工业为主的城镇，城区地质的承载力为 11 吨/平方米，地震烈度为六度区，在工程建设上可不考虑设防。

是年　县政府成立村镇建设领导小组，负责全县村镇建设、规划、管理工作。

是年　成立县爱卫会，负责县城道路清扫工作。

1984 年

4 月　县委办公楼建成。

6 月　全县区划调整，撤销 1 镇 6 个公社，划为 4 镇 15 个乡。各部、委、办、局、公司同时调整领导班子。

8 月　成立县建筑工程质量监督站，对建筑工程质量进行强制监督管理。

9 月　成立县交通队和县环境保护监测站。

10 月　田镇变电站将 35 千伏改建成 110 千伏，并投放运行。

11 月下旬　全县撤销 823 个大队，并陆续建立了 818 个村民委员会。

12 月　全县企业普遍推行经营承包制，初步解决了企业吃国家的“大锅饭”、职工吃企业的“大锅饭”问题。

是年　成立县建筑设计室。

是年　元河乡（后划入唐坊镇）和寨子乡（后划入田镇镇）基本完成村镇规划。

是年　高青县基本建设局改称城乡建设环境保护委员会。

1985 年

3 月　县政府批转执行《山东省征收排污费实施办法》，提出用法律手段强化环境管理，增强人民保护环境的自觉性，促进各行各业提高对环境保护的认识，加强经营管理，节约和综合利用资源、能源，积极治理污染。

11 月 12 日　高青人民商场落成。为惠民地区第一个新型综合贸易市场。

11 月　青城路中段漫街顶棚商场建成，东西长 178 米，宽 28 米，主体结构是钢制框架，顶披玻璃钢瓦，覆盖面积 4058 平方米，两侧有坐商营业室 104 间，中间有行商水泥柜台两排，300 个摊位。

是年　本县排放污水的企业有 24 家，全年排放废水149.17万吨。

是年 县城有柏油路东西4条，南北2条。整个城区北起面粉厂，南至地毯厂，东起农机厂，西至粮食局，面积2.06平方公里。

是年 县政府出台《关于县城建设管理的暂行规定》，成立县城建设管理领导小组，负责县城规划建设管理。成立县城建设管理办公室，负责实施县城建设管理规定。

是年 全县342个村完成村庄规划，经县政府审批260个，168个村完成测绘现状图。

是年 县政府作出《关于加强村镇建设规划管理工作的若干规定》，规定所有乡、镇、村建设规划，在报县政府批准后方可实施，否则不予承认。全县各公社驻地的机关、街道、邮电、工商企业等等公用设施已初具规模；青城镇有1户居民盖起2层的楼房。

是年 居民住房累计占用土地面积24.86万平方米，其中房屋占地面积9.12万平方米。

是年 全县排放污水的企业有24家，年排放污水149.17万吨；排放工业废气的企业有13家，年排放废气9226万立方米；排放废渣的企业有6家，年排放量1340吨。

是年 高青县建桥队更名为高青县水利建筑安装公司。

是年 县水利局工程股更名为水利勘察设计室，翌年，取得水利工程设计丙级资质，建筑工程设计丁级资质，工程测量丁级资质。

1986年

4～6月 高青县拓宽黄河路，修建排水设施（中心路环岛—齐东路），路面由原来的8米拓宽至15米，全长1100米。总投资17万元。

7月 张永鹏任县城乡建设环境保护委员会党组书记、主任。

12月28日 县自来水公司建立，实现城区集中供水。

是年 成立县建筑市场整顿领导小组，开展以工程质量为突破口的建筑市场整顿，规定各建筑施工企业必须持有技术资质证，根据企业资质等级，确定其施工项目种类和施工范围。通过整顿，全县所有53个建设项目中有52个符合标准。

是年 高青县对重点污染源进行治理，县造纸厂整修排水沟400米，建白水回收池2个；县酒厂锅炉改造；县织布厂整修排水沟。三项工程县财政共拨付治理资金7.8万元。

是年 各乡镇配备村镇建设助理员，严格乡村建房审批手续。

是年 县建筑工程质量监督站购置100吨万能试验机1台。

是年 对全县建筑企业首次进行技术资质审查，统考发证，核定三级资质企业2家，四级资质企业15家，五级资质企业6家。

是年 在田镇镇常家村、青城镇田家村、黑里寨镇小王家村、高城镇堤西李村进行规划试点工作。

是年 城区防洪排水设施建成，成为城市建设重要内容，沿黄河路修建地下排水沟。

是年 始对全县大气污染源排放污染物的情况进行监测。

是年 投资200万元，在县城建设水厂，打深井一眼，设有泵房、配电室、清水池等设施。同年正式投入运营，给11个企事业单位供上自来水，日供水能力1000立方米。

是年 沿路单位门前实行“三包”（包规划种植、包绿化管理、包计划更新改造）制度，定期检查。

是年 在中心路以西，建环委院南侧建成全县第一座水冲式公厕。

1986年起，城区内明沟逐步改为暗沟。

1987年

4月 高青县液化气站成立，隶属于县建环委。

4月～7月 高青县拓宽文化路（县政府办公楼到物资局桥），全长720米，路面拓宽至11米，总投资40万元。

5月4日 高青县县城建设管理办公室成立,副科级事业单位,定编5人,隶属于县建环委。

7月23日 县政府出台《高青县基本建设管理实施办法》,规定在建筑队伍资质、建设审批程序及建筑材料质量等方面,加强全县基本建设和建筑市场管理。

是年 建设北环路(朱家粮所—宁家段),长4400米,路面宽8米。

是年 成立县城综合治理办公室,负责整治小贩摊点和瓜果市场。

是年 县黄河水厂投资210万元,挖水库2万立方米,铺设主管线2300米。

1988年

3月8日 高青县城乡建设综合开发公司成立,企业化管理,隶属于县建环委。

4月5日 高青县环境保护局成立,正局级规格。县城乡建设环境保护委员会改称县城乡建设委员会。

10月 龙(桑)蔡(旺)路建成通车,全长16.5公里。

是年 高青县拓宽文化路南段(物资局桥—清河路),总长540米,机动车道拓宽至11米,两边修建人行道各3.5米,毛石砌方沟排水,道路红线27米,总投资37万元。

是年 全县房地产开发工作始起步,着手对居民住房在内的县城建设进行综合开发。

是年 县政府作出《坚决制止乱占乱建,确保全面实施县城总体规划的议案的决议》,规定在县城规划区内进行建设的各类工程、设施都要向城建部门提出申请,由城建部门规划审查,选址定点,签发建设许可证。对沿街建设项目进行审查,规划区内征用土地搞建设,必须按规划审查批准,农民群众在规划区内建房要征得规划部门批准。

1989年

3月中旬~7月 高青县建设黄河路西段(齐东路~唐北路段),长830米,道路拓宽至15米。

4月~7月 高青县拓宽高苑路(文化路—工商局段),长800米,道路拓宽至15米,总投资61万元。

5月1日 建筑面积2891平方米、投资194.4万元的县邮电综合大楼破土动工,翌年11月底竣工。该楼集通信、办公、营业、会议厅于一体。主楼高4层,顶部设置钟楼1座。

6月4日 县政府制定《高青县城镇建设综合开发暂行规定》,规定房地产由开发公司成片、成线综合开发建设、主体建筑与配套建设同步进行、新区开发与旧城改造相结合。

是年 高青县黄河水厂破土动工,设计规模日供水9000立方米,投资400万元,当年征地173亩。

是年 成立市容管理队,对影响市容的临时建筑和影响交通的摊点进行清理、拆除和整顿。

是年 县城建委成立建筑建材管理股,专门管理全县建筑业。是年,对施工企业资质审查登记实行等级(一至五级)管理,改革和整顿建筑企业,引导企业之间搞横向联合。翌年,建筑建材管理股更名为建筑建材管理科。

是年 全县第一个综合开发住宅小区——城西住宅小区开工建设。该小区占地面积16.13公顷,总规划建筑面积15.63万平方米,绿地率12.65%,规划居住总人口6314人,容积率97%。

1990年

4月5日 中心路拓宽工程破土动工。工程投资250万元,全长1260米,路面拓宽至35米。9月2日,召开中心路竣工典礼大会,市委书记王怀远到会剪彩。

4月 成立县城集中供热领导小组，着手进行集中供热建设工作。

5月6日 高青县环境卫生管理所成立，隶属于县建委，兼管县城园林绿化工作。

9月中旬～11月上旬 高青县改建高苑路（文化路—齐东路段），全长310米，路面拓宽至15米，总投资20万元。

10月 县环保局编制完成《高青县环境保护“八五”计划》（讨论稿）。

10月29日 高青县县城管理监察中队和高青县集中供热站成立，均为事业单位，隶属于县建委。

是年 全县开展城市“三上”（规划、建设、管理上台阶）活动，市政设施管理进一步规范。

是年 青城镇完成总体规划编制。

是年 采取建设与整治并重，拆、建、修、补四结合方式，综合整治城区4条主要道路，总长3770米，拆除违章和占压红线旧建筑2595米，新建全透景墙300米，调整路沿石280米，修补人行道3600平方米，粉刷墙壁4000平方米，退出绿化用地530平方米。

是年 县黄河水厂投资210万元，挖水库2万立方米，铺设主管线2300米。

是年 高青县环卫所成立保洁队，有职工18人，道路保洁实行夜扫日保，全日保洁。

是年 针对农民建房用地数量剧增，部分村出现早占、多占、抢占宅基地现象，在全县范围内逐步开展农村宅基地有偿使用工作，加快旧村改造和新村建设。

是年 城西住宅区2号楼竣工。该住宅楼建筑面积2400平方米，砖混结构，共32套，首批20余户居民喜迁新居。

1991年

1月28日 县政府出台《关于整顿建筑市场，发展建筑业的意见》。

4月～6月 高青县拓宽高苑路（工商局—干休所段），修建污水排放设施，总投资50万元，全长218米，道路拓宽至15米。

5月 县交通局筹集资金176万元，成立路面工程队。

6月 田镇旧城改造一期工程竣工。投资145万元，拓宽街道7条，总长7600米，路面拓宽至20米，路两侧建有商品专业市场和批发市场。涉及拆迁户294户，拆迁房屋1993间。

6月5日 县政府出台《高青县环境管理暂行办法》，县建委等部门联合下发《关于县城环境卫生及垃圾清运管理实施办法的联合通知》。是年，高青县环境卫生管理所组建垃圾清运队伍，负责城区生活及公共垃圾清运。

7月10日 县城建委建管科更名为高青县建筑管理处，副局级事业单位。高青县县城管理监察中队改称高青县城市管理监察大队，升格为副局级事业单位。

7月11日 高青县2000门程控电话开通，新装2000门纵横制交换机88台机架，设市话电缆2400对；配套长途交换半自动设备，农话半自动设备。

7月25日 黄河路东段（中心路环岛—张田路）拓宽整修工程破土动工。该段长610米，道路红线35米，投资210万元，11月25日建成通车。

8月 县环保局依据《对建筑施工场地噪声实施超标准排放收费制度》，对建筑业在施工过程中故意排放噪声的行为依法进行管理。

11月 清河镇黄河承压舟浮桥建成通车。该浮桥位于庆（云）淄（川）路惠民县与高青县交界的清河镇黄河公路渡口，是贯穿华东和华北的主要国防公路干线通道之一，省二级战略保障目标。桥长553.8米，桥面宽7米，由50对85型双体承压舟组合而成，是中国当时跨度最长的承压舟浮桥。浮桥工程由山东省黄河造船厂设计并承担建造安装，浮桥承压能力达40吨。该桥由惠民、高青两县投资，并由两县共同管理。

11月 县环保局完成了县城区域环境噪声标准适用区域划分，将县城规划区4.42平方公里的区域划分为居民文教区、混合区和工业集中区三类，经县政府批准后实施。12月，4.42平方公里的区域全部建成噪声达标区。

是月 高青县“一渠两湖”（即引黄济淄干渠、

大芦湖、艾李湖)水质保护市长现场办公会召开。副市长王和先到会,县长邢建主持会议。会议确定大芦湖为“市级水资源保护区”。

是年 成立市政工程队,负责市政工程建设、维修和养护工作。

是年 县政府印发《高青县村镇建设管理办法》,各乡镇设村镇建设管理办公室,负责组织实施村镇规划,整顿管理村镇建筑市场,管理乡镇建安施工队伍。

是年 县政府印发《关于整顿建筑市场发展建筑业的意见》,要求加强基本建设管理、发展施工队伍,促进建筑业和建筑市场正常发展。

是年 全县建安产值首次突破亿元大关,实现产值 1.13 亿元。

是年 县委、县政府成立县城综合治理指挥部,负责县城的规划建设管理、建筑市场管理、摊贩管理、市容卫生管理、交通秩序管理、噪音和社会秩序管理。

是年 县城市管理监察大队配合县城综合治理办公室治理县城脏、乱、差现象,共粉刷房屋 92 间,墙壁 1.2 万平方米,拆迁安置 38 户,拆除有碍市容临时建筑物 63 间,运送垃圾 237 吨。

是年 天鹅商城一期工程完成测量、规划、拆迁、设计等工作。

是年 开展健康教育,推行“门前五包”(包秩序、包卫生、包绿化、包硬化、包美化)和“门内达标”责任制。

是年 改建县建筑管理处,主管全县建筑业。

是年 举办首期中级岗位培训班,建筑工人始实行持证上岗。

1991 年起 每年汛期,县城建委成立城区防汛指挥部,实行城区防汛岗位责任制,建立应急防洪抢险队伍,储备防汛物资,市政处加强管理防洪排水设施,清理和整修排水沟。

是年起 逐步将北起黄河路、南至清河路,纵贯城区南北的排水主干道“田官沟”由明沟改为暗沟,长 1185 米。

是年起 青城镇实施城镇建设,以古建筑文昌阁为轴线,外建 4 门,内拓东、西、南、北四条老街,新开三条商业街,建起建材、服装、粮食、瓜菜四大集市市场。

1992 年

1 月 8 日 高青县房地产公用事业管理局成立,隶属于县城建委,主要负责全县城市(镇)规划区内房地产产权产籍、房屋租赁、抵押、买卖、房屋拆迁、房地产交易市场、商品房预售等行政管理工作。

5 月 27 日～8 月 30 日 县房产局完成房屋普查登记、确权发证工作。普查单位 136 个,房产 202 处,房屋 2627 幢,确权总面积为 646841.90 平方米。

6 月 高青县建设中心路南延段(清河路—中心路小学段)。全长 650 米,宽 14 米,投资 45 万元。同时建设高苑路西段(齐东路—唐北路段),全长 610 米,道路宽 6 米,投资 25 元;建设齐东路北段(黄河路—各平街段),全长 395 米,道路宽 9 米,投资 16 万元。10 月,三项工程全部完工。

8 月 10 日 花沟邮电支局在全县率先开通 112 线自动模拟电话交换机。

9 月 天鹅商城一期工程竣工。该工程始建于 1991 年 4 月,占地 20 亩,总投资 1000 万元,全长 350 米,总建筑面积 12412 平方米。

是年 开展创建卫生城活动,推行岗位目标责任制,与 390 家单位签订“门前三包”(包卫生、包秩序、包绿化)责任书。

是年 全县进行房屋普查,共完成城镇住房房屋产权登记 124.6 万平方米,整理产籍卷宗 7800 余起,共核发权属证件 1.2 万个。全县城镇直管房、自管房、私有房产及股份制房产、合资房产、港澳台房产等都纳入依法管理轨道。

是年 县城建委等部门联合作出《高青县建筑市场管理实施细则》,以建立“公平竞争、健康有序”建筑市场为目标,采取管理、中介、承包单位协调统管办法,从工程报建到发包方行为,减少行政干预,杜绝私下交易,严格执行招投标择优选择施工队伍。

是年 县建筑设计室更名为县建筑设计院,晋升建筑工程丙级资质,可承接建筑行业小型工程的设计。

是年　在高苑路以南、税务局对面建设园林苗圃基地，占地2.64万平方米。

是年　青城镇被省政府命名为“村镇建设新型乡镇”。

1992年起　启用《建设项目选址意见书》，实行“两证一书”（建设用规划许可证、建设工程规划许可证和建设项目选址意见书）与县六大班子会审图纸制度，实行“规划一张图、审批一支笔、建设一盘棋、管理一个法”制度。

1993年

2月16日　县房地产公用事业管理局改为县房地产公用事业管理处。

3月～10月　高青县黄河路西段改建（齐东路—唐北路），长830米，总投资120万元；青城路西段（邮电局—县中行），长350米，总投资50万元；齐东路改建（黄河路—青城路），长310米，总投资22万元。

4月7日　高青县开通人工无线寻呼系统（152、650兆）数字微波。

4月13日　县政府批准成立高青县建筑集团总公司，全民所有制企业，与县建管处一套机构，两块牌子。总公司实行董事会领导下的总经理负责制，自主经营自负盈亏。

7月　成立高青县房地产评估事务所。

10月　高青县招待所与香港华辉实业公司合资兴建的全市第一家中外合资旅游宾馆——淄博华苑旅游服务有限公司建成开业。该公司集旅游、食宿、娱乐一体。下设高青宾馆、华苑酒楼2个实体。公司占地面积2.33公顷，职工95人，固定资产800万元，港方投资388万元。

10月25日　张田路高青段建成通车。该路按国家二级标准设计，于1992年8月13日破土动工，全长14.7公里，将原来宽7米的油面拓宽至15米，此项工程占地38.63公顷，处理各种树木9552棵，拆迁房屋273间，迁移电线110根，通线杆125根，油田计量房5个、贮油罐4个，新建桥涵24座。工程投入民工2万多人次，总工日18万个，完成土方38万立方米，总投资2250万元。

12月14日　孙宝国任县城乡建设环境保护委员会党组书记、主任。县建管处由原副科级升格为正科级事业单位，隶属于县建环委，翟敬平任主任。

同日　高青县环境卫生管理处成立，为副科级事业单位，隶属于县建环委。高青县园林绿化管理处成立，为副科级事业单位，隶属于县建环委。高青县城市管理监察大队改称高青县城市管理监察处，原副科级事业单位不变，隶属于县建环委。

是年　投资53万元修建城西和平街至清河路纵贯城区南北的雨污合流型排水主干道“新一沟”，长1142米，石砌方沟1862立方米。

是年　县政府下发《高青县城市垃圾清运管理办法》，规定各单位可采取有偿服务办法委托县环卫部门清扫保洁。是年，购垃圾清运专用车4部，对县城垃圾做到日产日清，对5座公厕负责清除，日清运垃圾25吨。

是年　在县城西南角建成水上千乘乐园，占地3000平方米，建成兒宽阁、兒宽雕塑、蘑菇亭等景物设施。

是年　县建筑工程公司赴俄罗斯远东海军基地施工，建造海军营房、仓库、办公楼、食堂等工程，施工产值1300万美元。

是年　县政府印发《高青县城市房屋拆迁补偿安置标准》，规定凡在全县城市规划区内国有土地上因城市建设需要拆除房屋及其附属设施的，都依法纳入拆迁管理的范围。

是年　县政府印发《高青县城市住宅小区管理暂行规定》，对住宅小区机构设置、楼房管理、道路交通管理、环境、小区绿化、治安等作了较为详细规定，小区管委会对小区实行有偿服务。

是年　县政府制订《创建省级卫生县城实施方案》，成立创建领导小组，充实调整县爱卫会成员及其办事机构，城区内新建高标准路8条，增设交通护栏2800米，铺装人行道5.02万平方米，改建透景墙3657米，粉刷围墙3625米，栽植乔、灌木72.71万株，城区绿化覆盖率30.1%以上，人均占有公共绿地4平方米。

是年　经山东省省级卫生城市(县城)考核检查组全面考核,高青县各项指标均达到山东省卫生县城标准。

1994年

3月3日　全县城镇住房制度改革工作会议召开。

3月8日　高青县开辟北京、青岛长途客运线路。

3月16日　高青县环境监测站升格为副科级事业单位,编制5人。

3月　青城路东段改建(商城路—县灌溉处),全长800米,道路拓宽至16米,投资155万元。

3月　经县委批准,设立县建环委党委。

4月1日～30日　高青县首批售房工作进展顺利,出售房屋面积17.63万平方米,购房者2709户。

4月7日　高青县开通美国摩托罗拉公司产800兆蜂窝式移动电话,实现全省漫游。

5月11日　市政府批准建立高青黄河公路大桥筹建处,规格为副县级,隶属于县政府。孙代明任主任。

5月　天鹅商城二期工程动工建设。该工程投资1190万元,总建筑面积1.2万平方米。1995年10月建成并交付使用。

7月11日　淄博市政府批复《新一轮高青县县城总体规划大纲》。翌年6月9日,市政府批复《高青县县城总体规划》。近期规划人口6万人,用地面积9平方公里;远期规划人口10万人,用地面积15平方公里;远景用地面积21平方公里,7条东西走向的道路,7条南北走向的道路。

8月　县房地产评估事务所成立,为事业单位,隶属于县房管处。

8月20日　高青县4000门程控电话割接开通。电话号码由5位升6位,并入淄博C3级基地。总投资2200万元。

9月　县城青城路改建工程竣工。

11月1日　高青县住房公积金制度开始运转,规定党政机关、事业单位职工按月工资的5%交纳住房公积金。

11月7日　广青路田(镇)青(城)段改扩建工程竣工通车。该路长11.35公里,油面宽15米,系国家二级标准路,总投资2155万元。改建工程于1994年3月7日动工,拆迁民房132间,建桥涵11座,投工168万个,调运土方36万立方米。

11月18日　县建环委办公大楼竣工并交付使用,总投资359万元,建筑面积3662平方米,局部7层,被评为省级优良工程。

12月3日　高青县进行大规模县乡路域治理检查验收。全县共治理路域169.9公里。

是年　县城东建立垃圾处理场,生活垃圾处理主要采取简埋法,覆盖复耕。

是年　县建环委成立市政管理所,加强市政设施管理和养护,落实每日巡查制度。

是年　城区黄河路、中心路、文化路、高苑路等主要道路完好率100%。

是年　县政府印发《高青县市容环境卫生管理暂行办法》,对县城建成区内市容环境卫生管理的范围、内容、标准、违章处理作了规定。

是年　开展清查处理违法用地和违法建设活动,全面清查处理《中华人民共和国城市规划法》实施以来所有建设用地和建设工程。

是年　县政府出台《高青县园林绿化管理暂行办法》。

是年　高青县爱国卫生工作在环境卫生、公共卫生综合治理和基础卫生设施建设上搞好健康教育,改水、改厕,灭鼠、灭蚊蝇,整治白色污染,开展"爱国卫生月"活动,并以此带动城乡环境卫生全面整治。

是年起　对党政机关和企事业单位部分公有住房进行出售。

1995年

1月　县交通局办公楼竣工。总投资220万元,建筑面积2200平方米。

1月5日　高青县建筑集团总公司更名为高

青县建筑安装总公司。

3月　中心路北延段拓宽(中心路环岛—采油二矿段),全长1380米,机动车道宽14米,总投资300万元;青城路西段拓宽(中行—唐北路),长830米,机动车道宽16米,总投资150万元;把支十一排改成涵管暗沟,用直径1000毫米混凝土圆管排水,长900米,总投资55万元。

4月21日　城东供热站开工,10月18日竣工并投入运营,总投资280万元。

5月1日　县长途汽车站和公用型汽车站建成,并实现两站合署办公。工程于1993年9月破土动工,长途汽车站投资255万元,公用型汽车站投资60万元。工程是在原长途汽车站基础上东扩48米,北扩40米,共新征用地12亩,主站工程建筑面积3000平方米。

同日　高青至北京旅游专线班车开通。

7月25日　高青至张店480路光缆数字传输系统开通,全程52公里,投资400万元。

8月20日　邮电部批准高青县电话号码升7位,并入淄博本地网。

9月　地处齐东路以西、黄河路以南、供热站以北、自来水公司以东的"十二生肖游园"建成,占地面积2200平方米,投资32万元。

11月16日　经市交通局验收,高青县实现村村通沥青路。全县公路通车总里程达754.4公里,其中省道92.7公里,县路233公里,乡村路428.7公里,公路密度达90.9公里/百平方公里,每万人占有公路20.9公里。

12月　孙文宝任县城城乡建设环境保护委员会党委书记、主任。

是年　在绿荫瓜果市场以西建设天鹅商城三期工程,总建筑面积2119平方米,建设90平方米和55平方米商品房,共36套,总投资100万元。

是年　青城镇投资6036万元,完成村村通沥青路工程。同年起,其他乡村也相继建设沥青路。

是年　县政府委托淄博市园林处编制《高青县城市绿化总体规划》和《大芦湖风景区规划》。

1996年

3月18日　山东工业大学8位专家教授对高城镇蔡旺工贸试验区进行考察论证,专家从试验区建设的思路、着眼点、规划设计、项目建设、资金筹措、人才引进等方面提出了指导性意见。

3月　北环路改建工程动工。道路总长4460米,宽15米,按国家二级公路标准设计,概算投资1000万元。

是月　省委、省政府授予高青县"全省建筑业十强县",高青县被省政府授予"建筑之乡"称号。

3月～5月　改建青城路中段(剧院—商城段),长200米,路面拓宽至16米,总投资40万元。

3月～10月　改建清河路(酒厂—星耀村段),长1400米,路面拓宽至16米,总投资280万元。

6月　高青县数字移动通信网(GSM)和无线高速寻呼网建成。

6月13日　县房地产公用事业管理处更名为县房地产公用事业管理局。

是月　县市政所更名为高青县市政管理处,更名后隶属关系不变;建立高青县工程建设监理事务所,副科级事业单位,隶属于县建委。

7月～10月　高青县建设高苑路东段(审计局以东),长188米,宽14米,总投资44.8万元。

9月　县政府出台《关于建立青城、蔡旺工贸试验区的暂行规定》。

10月　高青县成立黄河滩区内村庄搬迁工作指挥部,制定《黄河滩内村庄搬迁实施意见》,由县建委牵头,会同县民政、农委、土管、财政、河务等10个县直部门和有关乡镇具体组织实施。

12月　庆淄路青城至浮桥段10.7公里(按国家二级路标准)改建路基土方工程竣工。

年底　县黄河水厂二期工程建成并投入使用。工程自1992年开始建设,投资80万元。

是年　在中心路转盘东北角建设中心游园,占地2300平方米。

是年　在城西体育场南侧建设文体游园,占

地1500平方米。

是年 县工商局投资10多万元协助田镇镇建成占地6000平方米的城西蔬菜市场。

1996年起 采取有偿服务办法，由县环卫处负责对城区各单位“门前三包”区域的卫生实行统一代扫。

是年起 县城道路绿化、庭院绿化、绿地建设三位一体，全面启动绿化战略。

1997年

1月 县自来水公司投资40万元，新打700米深井1眼。

1月16日 唐坊镇西刘村建成全县第一个“电话村”。

5月17日 县邮电局开通因特网（INTERNET），开办国际互联网络业务。

6月 完成齐东路南延工程（中行—棉纺厂段），总投资70万元，道路总长395米，宽9米。

6月25日 县城北外环路工程全线竣工，全长5.66公里，按二级甲标准设计，油面宽15米，总造价1020万元。

7月 县交通局投资70万元对刘（春）许（管）路进行大修，确保防汛需要。

7月 山东扳倒井集团投资20万元，建成占地3000平方米的厂内游园。

9月30日 高苑路东延段（国税局—张田路）建成通车，总投资190万元，道路总长820米，宽14米。

10月1日 省级干线路庆淄路高青段改建工程竣工。工程总长21.2公里，按一级路标准设计，油面宽12米，总造价3600万元。

10月2日 完成文化路南延工程（清河路—官庄村），总投资20万元，道路总长200米，宽5米。

是年 县造纸厂、织布厂、酒厂三家企业对本企业排放废水进行治理。

是年 对售房价格进行调整，由综合价、标准价改为市场价、成本价和标准价，其中标准价由负担价和抵交价组成。

1998年

6月15日～7月10日 县环保局、公安周、文化局、广播电视局等单位联合下发《关于中高考期间严禁噪声扰民的通知》，违章施工单位和娱乐场所被处罚。

6月26日 县政府出台《县城沿街开发建设管理暂行办法》，以“经营城市”理念为指导，引入市场机制，采取“以地生财”方式，运营县城资源，激活多种投资主体参与县城沿街开发建设。县文化活动中心、县残疾人服务中心、中心路北段开发工程和县宾馆沿街商品楼工程等按规定进行实地操作，通过出让、拍卖等方式筹集社会建设资金，首批1200平方米沿街商品房全部售出，吸纳社会资金1000万元，开发建筑面积1.3万平方米。

是年 投资300万元，完成县城高苑路西延、青苑路南段和齐东路南段工程，青苑路南段工程被评为市级优良工程。

是年 投资30万元，完成县城青西游园建设。该园位于青城路南，齐东路西，占地1.05万平方米，是城区第一处设施完善的休闲娱乐游园。

是年 中心路和文化路部分路段进行沿街开发建设，开发面积1.3万平方米。

是年 县城建委组建建设市场执法稽查中队，当年查处建筑市场违法违规案件4起。

是年 拓宽加深城区齐东路至支脉河横贯东西的防洪排水主干道“支二十三排”。

是年 县政府印发《高青县县城建设管理办法（试行）》，将每年4月定为“卫生突击月”，每周五定为“卫生清洁日”，并作为一项制度坚持落实。县城道路清扫保洁实行划片包干、分工负责、落实到人、全日保洁制度，对垃圾随产随清。

是年 高青县第一家物业管理公司——城建物业管理有限责任公司成立，资质等级为三级。主要经营房地产物业维修、养护、物业服务等业务。是年，受业主委员会委托，正式接管城西住宅小区，对小区实行全方位服务和管理。是年年底，城西小区实行物业管理楼房达17幢。城西住宅小区被评为山东省物业管理优秀住宅小区。

1998年起　对居民和单位产生的垃圾实行统一清运，单位自行清运的，必须到环卫部门办理有关手续，运到指定垃圾场；对建筑施工垃圾，建筑施工单位要在开工前，到环卫部门办理建筑垃圾清运手续。

1999年

1月14日　县委、县政府出台《关于黄河路改造及沿街开发建设的实施意见》。推行"以路养路、以地生财、以道路改造带沿街开发、以沿街开发促道路改造"融资办法，共吸引社会资金3000万元，在黄河路沿街开发建筑面积3.65万平方米。同年，粮油公司综合楼、公路局综合楼等沿街工程先后开发建设。

3月　田翟路开工建设，工程全长10.4公里，二级路标准，油面宽12米（常家镇政府驻地路段宽14米），由县交通局和常家镇承建，总造价1000万元，其中县交通局投资600万元，常家镇投资400万元。9月29日竣工。

3月10日　黄河路改造及沿街开发建设工程开工，9月26日竣工。该工程是1999年全县9项重点工程之一，总投资3252万元，由三部分组成。一是黄河路改造工程。投资652万元。拆除房屋630间、大门39个、各类地下管线5000米，新铺沥清路面5.7万平方米，铺砌彩砖人行道1.6万平方米，完成分车带绿化3200平方米，新植绿化苗木5万株，被评为市级优良工程。二是道路配套设施改建。投资600万元，安装低杆路灯115盏，新设25米灯塔1座、广告灯箱95个，铺设各类管线1.1万米。三是沿街开发建设。投资2000万元，其中民间投资1430万元，新增建筑面积3.5万平方米。

6月1日　县政府出台《关于实施安居工程的意见》，确定1999年安居工程阶段目标是重点解决无房户及人均使用面积9平方米以下的住房困难户。第一期安居工程共40户，总建筑面积3696平方米。安居住宅按成本价向无房户和住房困难户出售，建筑面积价格为720.57元/平方米。

6月25日～9月25日　完成县城黄河园建设。该园位于黄河路以南，张田路以西，投资45万元。后于2005年拆迁。

8月　清河镇黄河浮桥更新改造工程竣工。该桥建于1991年11月，原承压舟浮桥已不能满足迅速发展的交通需要，1999年3月，开始对浮桥进行改造。工程投资670万元，由高青、惠民两县共同筹资建设，桥长553.8米，是当时黄河上跨度最长的承压舟浮桥，由37对97式承压舟构成，桥面宽由7米增加到9米，最大承载能力由原先的40吨增加到80吨。

8月31日至9月20日　开展城市环境综合整治活动，重点解决城区脏、乱、差等老大难问题，为庆祝建国50周年创造清洁、优美的生活环境。累计清理乱贴广告2800张，拆除沿街乱搭乱建房屋83间、遮阳棚（罩）120个，铺装、整修门前人行道1.32万平方米，完成单位门前及院内绿化4.56万平方米，栽植苗木3.97万株，城西开发区粉刷楼房6栋、面积1.3万平方米。

9月29日　翟家寺黄河浮桥建成通车。该工程总造价400万元，由高青、惠民两县共同筹资建设。桥长326米，桥面宽7米，由35对87式承压舟和1个趸船构成，承载力40吨。

10月18日　县政府出台《高青县关于加快城镇职工住房制度改革的实施意见》《高青县职工购房由部分产权向全部产权过渡办法》《高青县职工住房货币补偿暂行规定》。

11月24日　潍高路高青段干线路通车，省交通厅副厅长王裕荣、省公路局副局长王云良、副市长常志钧、县委书记岳华东为通车典礼剪彩。该工程1998年3月开工，改建里程21.7公里，按国家二级公路标准施工，总投资5789.52万元。

11月　成立高青正信工程建设监理有限公司，丙级监理资质。

是年　市政管理处配合公安部门专项整治县城市政设施（井盖、雨水箅等）丢失、损坏比较严重的现象，查处破坏、损盗市政设施案件6起。

是年　芦湖小区始规划。以建设经济适用住房为主，严格按建设部设计规范要求，"三表（水表、电表、气表）”设计户外，强化水、电、暖、宽带网、通讯等配套设施建设，着力改善住房消费外部环境，实行封闭式物业管理。

是年 成立县城管理联合执法办公室，对县城实行经常化、长期性综合管理。是年起，每年4月、9月开展“城镇环境综合整治月”活动。

2000年

3月15日～6月15日 文体游园二期工程建设竣工，总投资38.5万元，占地5000平方米。

3月16日 绿荫市场南延改建工程开工。

3月20日～9月18日 青城路东延工程竣工，该工程总投资160万元。

3月30日～9月28日 文化路拓宽改造工程竣工，该工程总投资450万元。

3月31日 滨博高速公路高青段开工仪式在唐坊镇举行。

4月15日～8月1日 黑里寨镇投资120多万元，将镇中路从交通饭店西延至镇政府驻地，并实现了与商业街、市场街、农贸街三条商贸街道的连接，构筑起小城镇建设的主框架。

6目12日 县政府下发《关于2000年建设2万平方米经济适用住房实施意见的通知》。

6月 中李路樊林段6.5公里拓宽改造工程竣工通车。是月，青城客货运管理站建成。

7月 常家镇对天鹅湖风景区进行开发建设。该风景区由赏景区、垂钓区、餐饮区、浴场区、游亭区、休闲区等几个部分组成。

8月18日～10月6日 唐北路改造工程竣工，该工程程投资60万元，长700米。

8月 李（官）中（店）路蔡旺至樊林段9公里，田（镇）兴（旺）路肖胡家至花沟段5.24公里，前（孙）唐（坊）路唐坊段3.7公里，三路段改造工程竣工通车。该项工程总投资2357万元，为国家二级路标准，总长17.94公里。

是年 实行社会性投资，完成县城文化路中段改造工。

是年 完成县城文化路修建性详细规划编制。

是年 青城镇被省政府确定为省级中心镇。

是年 将城区道路划分为严管路、控制路、规范路，市容市貌分类管理。

是年 完成县政府生活区（青城路以南、县城西开发区内）绿化建设，绿化西积6000平方米，配有自动喷灌系统。

是年 全县第一栋安居工程住宅楼开工建设。是年年底竣工，共完成建筑面积3780平方米。

是年 县政府出台加快路域开发的政策，积极鼓励群众沿省道等交通干线建设商住两用房。全县房地产开发企业发展到20多家。

是年 县建筑设计院在建设项目施工图纸设计中，引入“多元设计、择优录用”机制，设计质量逐步提高。

是年 实施文化路中段、青城路中段、高苑路中段沿街开发建设，开发建筑面积3.1万平方米，县一中沿街商业房拍出每平方米3880元高价，县城沿街开发建设成为全县投资热点和新的经济增长点。

2001年

3月19日 高苑路（文化路—干休所）综合改造工程开工，9月28日程竣工。

3月30日 召开全县城镇建设暨综合整治工作动员大会，就加快城镇建设、搞好城镇综合整治作出具体部署。

4月12日～4月30日 以治理县城“脏、乱、差”为着力点，开展城市环境综合整治活动，重点解决影响县城形象、群众反映强烈的城市市容环境问题。

4月15日～9月30日 在县体育馆以南、青城路以北建成占地1万平方米的文体游园三期工程，投资36万元。

5月5日～7月30日 青苑路排水方沟一期（黄河路—北支新河）工程竣工，长1250米，投资50万元。

5月28日　青苑路中段(高苑路至黄河路)建设工程开工,9月20日工程竣工。该工程长700米,机动车道宽14米,一块板结构,主要实施了机动车道建设,新铺沥青路面1万平方米,投资200万元。

7月1日　首次采取公开拍卖方式,对高苑路沿路58个灯箱广告的经营权进行了有偿转让,获取资金18.6万元,激活了城市无形资产。

8月8日　鲁中摩托城一期工程开工,通过招商引资方式,东营市隆昌房地产开发有限责任公司投资1000万元建设鲁中摩托车城一期工程,开发建筑面积1.35万平方米。2002年12月工程竣工。该工程位于旧镇路,南起支二十三排、北至田镇大街,长370米,占地面积1.18万平方米,共开发城内商业房1.35万平方米,总投资1000万元。9月25日,县政府出台《关于促进鲁中摩托车商城发展和繁荣的暂行规定》。

8月　全县停止住房实物分配和福利分配。是年起,全县按10%向职工发放住房补贴。

9月20日　沙子路三期(绿荫蔬菜市场南首至清河路)路面建设工程开工,11月15日工程竣工,投资30万元。

12月17日　县政府办公室印发《关于在县城范围内实施灯饰工程的通知》。至2002年底,组织实施了县城黄河路、中心路、高苑路等县城主干道30座沿街楼开发。

是年　张佩善任县城建委党委书记、主任。

是年　芦湖小区实施建设。一期工程规划占地面积10.8公顷,设计楼盘20座,规划建筑面积9万平方米。此后,2002年,对芦湖小区二期工程进行规划。规划占地面积8公顷,设计楼盘20座,建筑面积9万余平方米。至2004年年底,芦湖小区一期工程完成建筑面积7.5万平方米,670户居民迁入。

是年　投资1000万元,实施中心路和青城路东段沿街房地产开发,新开发建设农机综合楼等沿街商业房6项,开发建筑面积1.551万平方米。

是年　实施东环路、青苑路、高苑路中段建设和旧镇路改造一期工程。是年,拓宽改造县城路6公里,新增沿街商品房1.51万平方米、绿化面积6万平方米。

是年　实施县城区供水联网工程,即大芦湖水库、黄河水厂水库、李官水库"三库联网"工程。工程投资1600万元,铺设管道20公里。

是年　采用"敞开式"建设模式,组织实施高苑路沿路单位"拆墙透绿"工程,对高苑路东段暂不具备开发建设条件单位,拆除影响县城容貌的沿街院墙、大门、传达室等建筑物、构筑物及其附属设施,共拆除平房等建筑物和构筑物60间(个)、院墙700米。绿化面积6000平方米,成片栽植扶芳藤、金叶女贞、红帽子月季1500平方米,植冷季型草坪4500平方米,完成县委、县政府办公区庭院绿化建设,完成7700平方米,配有自动喷灌系统。

是年　采取公开拍卖方式,县政府先后有偿转让黄河路96盏灯箱广告和高苑路58盏灯箱广告经营权,共获资金23.3万元。

2002年

3月15日～4月30日　青苑路绿化长廊建设竣工,绿化面积5000平方米,投资29万元。

4月23日　文化路南延工程开工。该工程北起清河路、南至县板纸厂,长480米,机动车道宽14米,人行道各宽1.5米。

5月30日　召开创建全国文明城市工作动员大会,县领导岳华东、张建祥出席会议,县长张建祥作动员讲话。

6月11日　召开全县创建全国文明城市市容综合整治工作会议。

6月12日　淄博市市长刘慧晏到高青视察工作,县委书记岳华东代表县委、县政府汇报了城建工作。是年,吸纳社会资金,进行沿街开发和旧城改造,先后改造和新建了黄河路、文化路、青城路、青苑路等主要城区道路,新建沿街商品房2.5万平方米,城市面貌得到较大改观。

6月27日　县城乡建设委员会更名为县建设局。

7月15日　中心路分车带绿化改造工程开工,将原有的大蜀桧、大冬青球、紫荆、木槿等高杆苗木全部移植，改植扶芳藤、金叶女贞、红叶小檗等档次较高的低矮苗木，提高道路绿化档次和沿路可视率，绿化面积6000平方米，投资52万元，9月30日竣工。

8月20日～10月9日　青苑路北延工程竣工。该工程南起黄河路、北至田镇大街，长540米，机动车道宽14米，主要实施机动车道建设，投资200万元。

9月23日　县政府出台《高青县城区垃圾管理暂行办法》。

9月24日　召开全县城镇规划建设管理工作会议，传达贯彻省、市城市规划建设管理工作会议精神，动员全县上下开展环境综合整治活动。县长张建祥代表县委、县政府讲话。

是年　高青县对施工现场实行封闭施工，路面硬化、现场绿化美化、场容场貌取得较大改观。

是年　县丽村热电厂建成投产。

是年　按照《淄博市绿色“十五”计划》要求，筹建高青县城区污水处理厂项目。年底，完成该项目的规划设计工作。翌年，污水处理厂主体工程建设完工，重点水污染企业完成污泥脱出和干化设施建设。

是年　5万平方米经济适用住房开工建设。

是年　县建筑设计院晋升建筑工程乙级设计资质。

是年　随着生活及建筑垃圾增多，县政府作出《高青县城区垃圾管理暂行办法》，实行垃圾统管专运、有偿服务制度。高青县环卫处与380家单位签订垃圾代运协议，占县城单位总数50%以上。

是年起　实行建设项目绿化规划许可证制度，将园林绿化纳入基本建设程序。

是年　芦湖小区新开工建设经济适用房6.3万平方米，投资2350万元。

是年　推行“属地管理、单位负责、失职追究”的城市管理责任制和垃圾统管专运制度，初步建立“统一领导、分级负责、社会监督”的城市管理新体制和长效管理机制。

是年　淄博黄河建工承建淄博火车站改造项目。

是年　实施蒲台路中段、文化路南延和旧镇路建设与改造工程。

是年　实施县城光明工程，完善了县城主干路两侧的灯饰。

是年　实施了沿街单位“拆墙造景”工程和灯饰工程，加强道路绿化、庭院绿化和公共绿地建设，建成青西游园、黄河园等重点绿化工程，新增园林绿化面积4万平方米，县城绿化覆盖率达到30.2%，人均公共绿地面积达到6平方米。

是年　实施县城环境综合整治活动，加强县城出入口和城乡结合部环境整治，规范摊点设置和交通管理，严禁各类集贸市场、早市夜市、摊点等占用城市道路，强城市绿化和亮化，对道路两侧绿化带、道路分车带、沿街门前绿化、游园绿地以及庭院绿地加强管理，及时浇灌、修整、补植。

是年　完成黄河路、文化路、高苑路等县城主要道路改造，城区道路增加到34.2公里，形成了“7纵5横”棋盘式城市路网，县城建成区面积拓展到6.04平方公里，常驻人口3.95万人，开发沿街商业房9万平方米，楼房总数突破700幢。

2003年

是年　完成高青经济开发区控制性详细规划、芦湖小区二期工程、田镇镇民主街众益花园商住小区、金都花园住宅小区、城区东部居住新区修建性详细规划和县城燃气工程专业规划编制工作。

是年　完成高苑路东段改建、蒲台路建设工程。

是年　投资94万元，先后完成高城镇后营村、黑里寨镇杨四村人畜饮水工程，1795人的饮水问题得到解决。

是年　开发沿街商品房9万平方米，开工建设城西、芦湖两个居民小区。是年，县城建成区面积5.85平方公里，人口3.95万人，城镇化率27.7%。

是年　实施县城的“亮、绿、净”工程，完善主干道两侧灯饰，完成绿化面积4万平方米，实施县城综合整治，解决了个别路段脏乱差问题。

是年 实施中心路北段改造和蒲台路中段建设工程，完善县城路网结构，实施沿街开发，新开发沿街商品房1.5万平方米。

是年 实施东部居住新区建设，拉大县城框架，县城建成区面积6.5平方公里，城区人口3.95万人，城镇化率27.7%。

2004年

3月 全县按25%向职工发放住房补贴。

是年 县城区实行每日两次清扫，全日保洁，保洁面积47万平方米。同年，改进环卫作业方式，新上道路清扫车，实现城区道路保洁机械清扫率"零"的突破。

是年 委托省规划院调整县城总体规划，完成《高青县城东部居住新区详细规划》和《高青大芦湖风景名胜区总体规划》编制工作。

是年 投资1087万元完成黄河路西段和东段改造、青苑路北延、中心路北段改造和支二十三排实小段等城市建设工程。

是年 对县城重点明渠暗沟及雨井、检查井进行彻底清理，共清理总长7383米，清理雨井728座，检查井650座。

是年 实施芦湖小区庭院绿化工程，共绿化面积3万平方米，栽植常绿树、灌木、应时花卉等3万余株，草皮绿化2万平方米。设程控喷泉，健身广场、休闲广场。

是年 初步建成以"门前卫生统管"和"垃圾统管专运"为核心的城市管理长效机制。

是年 加强建设工程安全监管，共检查在建工程200项次，下达《隐患通知书》200份，提出整改意见2300余条，新创省级安全文明工地1处、市级安全文明工地17处。

是年 对县城蒲台路、黄河路、中心路等道路进行绿化，栽植行道树（合欢、法桐）、扶芳藤等绿化植物。

是年 实施中心游园、城北公园改造等绿化工程。同年，在青西游园、黄河园种植日本樱花、西府海棠、红瑞木等乔灌木。

是年 投资51万元，在田镇镇南徐家建成占地7.27公顷的垃圾处理厂，新建、改建22处地下垃圾箱，基本实现城区垃圾日产日清及时处理。

2005年

3月 开工东外环路及经济开发区道路两侧绿化工程，绿化面积20万平方米，投资650万元。

3月 开工黄河路东段绿化工程，该工程全长3700米，两侧各宽45米，绿化面积33.3万平方米，投资1210万元。

10月 高青县城市管理行政执法局成立，为正科级行政单位，内设办公室、法制科、执法督察科，下设高青县城市管理行政执法大队，为副科级事业单位。

11月 芦湖公园开工，公园东西长470米、南北宽280米，占地面积13.1万平方米（200亩），园内建有人工湖、树阵广场、水岸广场、滨水广场、儿童乐园、生态岛、水禽岛、健身径、林荫路、绿色气息广场、景廊广场、景石广场、扳倒井、衮龙桥等景观工程，共栽植各类花木1.50万余多株，品种136种，植草坪9.3万平方米。工程总投资3300万元，由天津市园林规划设计院设计，天津市绿化工程公司承建。2006年9月28日竣工，结束了高青没有综合性公园的历史。2007年，该公园被授予山东省园林绿化优质工程奖称号。2008年，被县教育局定为中小学生学习教育基地。

是年 组织实施黄河路东段升级改造工程、东外环路北延、北一路建设、高苑路东延、高苑路中段改造和青城路中段改造等工程，新建改建道路8.21公里。

是年 对黄河路东段进行绿化充实，总长3600米，绿化面积33.3万平方米。绿化过程中注重乔、灌、花、草合理配置，采用大手笔、大色块的设计思路。绿化布局上外高内低，层次分明，展现出绿量饱满、层次错落、色彩丰富的园林景观，成为高青城区一条景观优美的园林绿化景观大道。

是年 对青城路中段和高苑路中段进行排水改造，实施青苑路（北外环—黄河路—唐北路）排水工程，长1620米；实施西一路（西一路—黄河路—唐北路—青城路—青苑路—支脉河）排水工程。全年新修排水管沟1.8万米。

是年　对东外环路及经济开发区道路进行了绿化充实提高，栽植了金叶女贞、红叶小檗、扶芳藤等绿化苗木，全年新增绿地面积60万平方米。同年11月，芦湖公园开工建设。

是年　高标准实施“一线两区”建设，黄河路东西一条线升级改造和经济开发区、东部居住新区道路、排水、绿化等配套设施建设，完成投资9819万元，是城市建设投入最多、变化最大的一年。

是年　增设地下垃圾箱5处，解决了垃圾收集点少的问题。

是年　实施经济开发区配套建设工程，对东外环路、高苑路东延、四号路3个路段进行雨污分流改造，并对青城路中段和高苑路中段进行排水改造，实施了青苑路（北外环—黄河路—唐北路，全长1620米），西一路（西一路—黄河路—唐北路—青城路—青苑路—支脉河）排水工程。同年，共新修排水管沟1.8万米。

是年　为进一步改善城区市容市貌，提升整体形象，县执法局深入开展了城区市容市貌综合整治活动。

是年　县执法局加大了拆违力度，详细制定了年度拆违工作计划，对城区范围内及重点工程项目区域内的违法建筑进行调查摸底、登记造册，做到有的放矢。拆违过程中，严格规范拆违行为，建立和完善拆违方案、应急预案，并多次到当事人家中做深入细致的工作。

是年　为维护学校周边秩序，创造整洁安静的学习环境，县执法局每年分两次开展学校周围环境专项整治活动。集中整治学校周围流动摊贩，规范学校门前车辆停放，改善了学校门前秩序。

是年　县城建成区面积8.65平方公里，常住人口3.2万人，县城绿化覆盖率31.2%，人均公共绿地面积6.3平方米。

是年　县内道路保洁面积65.91万平方米，保洁人员151人，道路保洁实行日扫日清、全日保洁，并对城区主要路段进行机械化清扫。

2006年

3月　芦湖路（北环路—清河路）建设工程开工，长2675米，机动车道宽28米、双侧人行道各宽5米、双侧排水及绿化，将县城主排水渠道由原自黄河路起沿张田路至北支新河，改为自黄河路起沿芦湖路东侧经清河路至北支新河，投资3619万元。是年10月竣工。

3月　为确保芦湖公园早日开工，拆除违法建筑1352平方米。

3月　实施金长江南侧绿化工程，该工程绿化面积1.1万平方米，投资38万元，栽植白蜡、雪松、蜀桧、木槿、紫叶李、美人梅、百日红等乔灌木1498余株，种植三叶草1万平方米，调运土方3476立方米。

3月　实施北一路绿化工程，该工程长1500米，绿化面积5.5万平方米，投资30万元，在道路两侧栽植法桐、白蜡13877株。

3月　实施西环路绿化工程，该工程长660米，绿化面积4.8万平方米，投资65万元，在道路两侧栽植白蜡14800株，种植草坪1.4万平方米，调运土方4878立方米，清理垃圾620立方米。

9月28日　芦湖公园竣工开放，结束了高青没有综合性公园的历史。

是年　实施芦湖公园绿化、北一路绿化、西环路绿化、金长江南侧绿化四项工程，栽植各类乔灌苗木5.5万株，完成绿化面积24.5万平方米，投资2733万元。

是年　实施田镇街东段、清河路升级改造，实施青城路东延、西环路北段、6号路、7号路建设工程，实施东环路排水、绿化工程，全年新建改建道路8157米。

是年　对文体游园、中心游园、青西游园进行绿化改造，栽植各类乔灌木1059余株，对高苑路西段街头游园进行绿化，增加绿化面积1公顷。

是年　配套城区污水干线管网建设，全年共新修排水管沟1.6万米，加快推进城区雨污分流，启动污水处理厂二期工程。

是年 实施东部居住新区建设，开工建设商品房20万平方米。

是年 以治违、治脏、治乱为重点，开展城乡环境综合整治，加强城区主要道路的管理养护。

是年 成立芦湖商城管理办公室。

是年 根据实际对总体规划进行细完善，优化后的规划区南环至北环7.6公里，西环至东环8.4公里，面积增加约14平方公里。同时，对高苑路以南、长江路(清河路以南约1150米)以北、东环路以西、青苑路以东7平方公里的地块编制了控制性详细规划。

是年 组织"建文明高青、城管进校园"活动，对在校学生进行城管执法相关法律法规宣传教育。在实验幼儿园门前设立助学护校岗。

是年 县委、县政府确定奋战三年，到2009年建成省级园林城市的目标。

是年 成立创建省级园林城市工作领导小组，县长徐培栋任组长，县委副书记杨洪涛任常务副组长，县各大班子领导任副组长，有关部门和镇主要负责人为成员，县政府下发《高青县创建省级园林城市实施方案》和《任务分配方案》，确定2009年建成省级园林城市。

是年 实施芦湖路建设、清河路升级改造、青城路东延、七号路建设、六号路建设、田镇街东段改造、西环路北段改造等工程，新建改建道路8157米。

是年 城区面积扩展到7.8平方公里，人口5万人，绿化覆盖率达到32.1%。

2007年

3月 实施清河路绿化工程，该工程长1500米，绿化面积3.6公顷，投资288万元，栽植紫叶矮樱、金焰绣线菊、黑松、法桐、垂柳、蜀桧、臭椿、小龙柏、西府海棠、大叶女贞、红瑞木、扶芳藤等乔灌木68165株。

3月 实施东环路绿化工程，该工程长1200米，路西侧宽30米，路东侧宽15米，绿化面积5公顷，投资400万元，栽植毛白杨、法桐、蜀桧、西府海棠、紫叶李、红瑞木、丁香等乔灌木7096株。

3月 实施高苑路东段绿化工程，该工程长660米，绿化面积2.7公顷，投资216万元，栽植雪松、蜀桧、法桐、臭椿、紫叶李、西府海棠、丛生紫薇等乔灌木4277株。

3月 实施高苑路西段街头游园绿化工程，该工程长500米，绿化面积1公顷，投资128万元。

4月 实施芦湖路中段绿化工程，该工程长1150米，投资150万元。

4月 王智平接替张佩善，任城乡建设局党委书记、局长。

4月 为确保芦湖路、清河路建设工程顺利进行，依法对芦湖路、清河路开展集中拆除，芦湖路两侧共拆除16个违章乱搭乱建业户的34间房屋，面积543平方米，清河路两侧共拆除公共房屋面积2245平方米，私人简易棚3325平方米。

9月 成立高青县芦湖公园管理处，编制2人，隶属于县建设局。

9月 芦湖公园经县编委批准设立，为股级全额事业单位，编制2人，隶属于县建设局。

11月18日 县政府发文《关于千乘湖生态文化园风景名胜区总体规划的批复》(高政发〔2007〕58号)，同意《千乘湖生态文化园风景名胜区总体规划》，要求认真组织实施。千乘湖生态文化园长2260米，宽780米，总占地面积1.76平方公里，外围保护地带面积1.47平方公里。

11月 成立高青县建设局环境卫生服务站。

是年 投资403万元，建成生活垃圾中转站1处，配备载重8吨密闭式专用垃圾运输车3台。同年11月15日正式运行，结束了县内生活垃圾简易填埋的历史，实现了县内生活垃圾无害化处理"零"的突破。

是年 编制完善了排水、排污、环卫等各项专业规划。

是年 芦湖公园补栽各类树木150种、1.5万多株，种植草坪8.6万平方米，达到"三季有花、四季常青"的绿化景观效果。

是年 芦湖公园被授予山东省园林绿化优质工程奖称号，被高青县教育局定为中小学生学习教育基地。

是年 对青西游园、中心游园进行改造，栽植苗木2356株,绿化面积8公顷,对芦湖公园绿化充实栽植苗木2800余株,绿化面积5公顷。

是年 实施清河路绿化、东环路绿化、高苑路东段绿化、青城路东段绿化、芦湖路中段绿化、高苑路西段街头游园绿化工程,栽植各类苗木8.6万株,完成投资1816万元,新增绿地面积30.1公顷。

是年 对支二十三排青苑路至中心路段,长1400米的沟渠进行改造,缓解了县城北部排水不畅问题,全年共新修排水管沟1.2米。

是年 为解决城区范围内季节性露天烧烤、餐饮摊点出现的占道经营、油烟污染问题,同时考虑民众生活习惯,县执法局对城区内露天烧烤、餐饮摊点进行集中整治,划定芦湖路北段为经营场所,既解决了城市管理难题,又方便居民生活。

是年 县执法局按照《高青县户外广告设置管理办法》要求,对高青县城区范围内户外门头牌匾、大型立柱广告、墙体、楼顶广告、立面广告进行统一管理。

是年 芦湖公园被授予山东省园林绿化优质工程奖称号。

是年 在实验中学、实验小学、县直机关幼儿园门前分别设立助学护校岗,确保学生在上学、放学时间段各岗位有2人执勤,有力维护校园周边秩序。

2008年

2月2日～22日 为营造欢乐、喜庆、祥和的春节、元宵节气氛,县政府要求沿街各部门、单位开放楼体的投光灯、轮廓灯以及商业广告灯饰等各类霓虹灯,开放的具体时间为18:00至22:00。

3月16日 高青开通"12319"服务热线,安排专人24小时接听,接到举报,快速出勤,并通过媒介向全县公布"12319"服务热线专用电话。

3月 开展了城管进小区活动,先后在银领世家、齐林家园等小区成立"城市管理行政执法所",由执法所受理小区内群众投诉和小区内各类违反城管工作的案件投诉,所长由执法局派出执法人员担任。

3月 成立高青县春韵园林绿化有限公司和高青馨安物业管理有限公司。

3月 开工建设千乘湖生态文化园一期工程,该公园长2260米,水面约33.33公顷,最宽处300米,水深3米,蓄水约100万立方米。工程建设过程共开挖土方110万立方米,其中湖面面积33公顷、绿地面积67.2公顷,清理污泥40万立方米,种植苗木15万株,完成绿地建设面积100.2公顷,装景观及照明灯具1100多余盏,修建跨河大桥1座,儿童娱乐设施20套,共投资达1.2亿元。同年10月竣工。

3月 对青城路西起齐东路东至中心路段进行改造,该路段长795米,投资889万元。同年,在路两侧设置24盏路灯、26个广告灯箱,6个特色灯柱,对沿路110棵行道树上缠满了"满天星",并安装了56盏树池灯。

3月 开工芦湖路(清河路—南外环路)建设工程,长2427米,机动车道各宽10米,中间绿化带宽8米,两侧铺设人行道、雨污水管道及绿化,投资3530万元。是年10月通车。

3月 开工建设金都景观园、芦湖景观园、高苑景观园等一批便民活动游园绿地,绿化面积2.6公顷,完成投资621万元。

4月17日 县政府下发《关于成立高青县城市综合管理委员会的通知》(高政办发〔2008〕23号),成立高青县城市综合管理委员会,县长徐培栋任主任,副县长孙英涛和县长助理、公安局局长刘志强任副主任,办公室设在县行政执法局,孙光远任办公室主任。

4月 完成城区道路行道树补植,西一路南段、中心路北段、黄河路、潍高路城区段、清河路、蒲台路、田镇大街、官庄经济园区等道路的行道树栽植以及芦湖路南延、西一路、东外环路的绿化工作。

5月6日 在县委五楼召开全县城乡环境综合整治工作会议。

5月6日 召开全县创建文明城市暨实施碧水蓝天行动计划、城乡环境综合整治工作会议,县领导边江风、白明河、孙英涛分别就创建全国文明城市、开展城乡环境综合整治、实施新一轮碧水蓝天行动计划作出了安排部署，县长徐培栋作讲话。

5月6日　召开全县城乡环境综合整治工作会议，县长徐培栋出席会议并作讲话。县里成立县长徐培栋任组长，9个镇、13个县直部门主要负责人为成员的城乡环境综合整治领导小组，具体指导全县城乡环境综合整治活动的开展。

5月7日　县政府下发《关于开展环境优美乡镇生态村创建活动的通知》(高政办发〔2008〕33号)，决定在全县范围内开展环境优美乡镇、生态村创建活动。

5月11日　县政府下发《关于开展环境优美乡镇生态村创建活动的通知》(高政办发〔2008〕33号)文件，确定在全县范围内组织开展环境优美乡镇、生态村创建活动。

5月16日　县政府印发《高青县城区市容和环境卫生"门前五包"责任制管理办法》(高政发〔2008〕22号)文件。

5月19日14时28分　高青县举行向四川汶川大地震遇难同胞沉痛哀悼仪式，防空警报准时长鸣3分钟，沉痛悼念遇难同胞。

5月　邵先伟任县建设局党委书记。7月，王智平调任县油区工委主任。

5月　实施生活垃圾中转站二期工程，中转站垃圾处理能力达到每日400吨。是月，投资285万元，建成工业垃圾填埋场，每月处理量约900立方米。

6月4日　县政府印发《高青县城区市容和环境卫生"门前五包"责任制管理办法》(高政发〔2008〕33号)，要求沿街各责任单位承担划定责任范围的净化、美化、亮化、绿化、秩序化(简称"门前五包")。

9月1日　县政府下发《关于开展城区市容市貌综合整治活动的通知》(高政办发〔2008〕58号)文件，确定在是年9月集中开展县城区市容市貌综合整治活动。

9月6日　在县委五楼会议定召开全县城乡环境综合整治工作会议，县领导徐培栋、侯全明、邢强出席会议，县长徐培栋作了重要讲话，要求迅速掀起城区市容市貌综合整治工作的热潮。会上下发了县政府《关于开展城区市容市貌综合整治活动的通知》。

9月6日　县政府出台《关于进一步明确城市管理各相关部门管理职责的通知》(高政办发〔2008〕57号)文件，明确各相关部门在城市管理工作方面的职责，形成分工负责、齐抓共管格局。

9月12日　县长徐培栋主持召开城区市容市貌综合整治活动调度会，各有关部门主要负责人参加会议，强调要围绕提高市民的城市意识、文明意识、环境意识搞好宣传。会后，县执法局发放明白纸3000余份，向有关单位和个体工商户下达整改通知170余份。

9月17日　城区市容市貌综合整治活动进入集中整治阶段，全县各部门、单位做到人员到位、措施到位、责任到位，积极投入到整治活动。

9月22日　县政府下发《关于做好千乘湖公园防溺水工作的通知》，要求各镇、各有关部门一定要提高警惕，进一步提高安全意识，采取有效措施，严防溺水事故的发生。

9月28日　召开全县城区市容市貌综合整治阶段性总结会议，县委常务、副县长邢强作讲话，要求继续加大市场治理力度、加大拆除工作力度，对市容市貌整治成果进行巩固。

9月　县执法局牵头组织公安、工商、卫生等部门密切配合，开展历时2个月的市容市貌整治活动，重点解决城区"乱拉乱挂、乱搭乱建、乱停乱放、乱贴乱画"行为及多年来未解决的探头市场问题，重新规划设置了蒲台路市场，新设天鹅商城南段停车场一处，并与130余个单位签订《门前五包责任书》。

9月　县执法局出动宣传车，安装展板，在城区内张贴县政府《关于开展城区市容市貌综合整治活动的通告》200余份，发放明白纸3000余份，同时对城区市容市貌存在的突出问题进行调查摸底，向有关单位和个体工商户下达整改通知170余份。

10月11日　县政府下发《关于进一步加强城市管理形成长效管理机制的通知》(高政办字〔2008〕12号)文件，确定建立长效管理机制，加强城市管理。

10月　经县编委批准设立千乘湖生态文化园，为副科级事业单位，隶属于县建设局，划归县园林绿化管理局管理。

10月，田镇镇对老官庄商场、民营经济园进行清理；县广播局、报社及时播发和刊登了《关于开展城区市容市貌综合整治活动的通告》；县建设、公安、交警、工商等部门团结协作、密切配合，营造了强大的舆论声势和良好的工作氛围。

11月 成立高青县千乘湖生态文化园管理处。

12月12日 市城乡环境综合整治考评组宋娟一行来高青检查工作，县长徐培栋代表县委、县政府作了工作汇报。

12月19日 县委常委、副县长邢强组织召开蒲台路市场管理有关事宜协调会，确定蒲台路市场为非盈利性市场，用于解决下岗职工、进城务工人员等家庭困难群众的生计问题。

12月20日 召开全市城市绿化工作会议，高青县分管园林绿化工作的县长代表县政府作了《明确任务、狠抓落实，加快城市园林绿化建设步伐》的发言。

是年 组织实施蒲台路南延、高苑路西段改造、北一路排水人行道、中心路南延，新建改建道路3.3公里。

是年 全县9个镇已全部成立城市管理行政执法中队，城管执法中队由县执法局与当地镇政府双重管理，编制25人，其中行政编制5人，事业编制20人。

是年 实施清河路东西段排水改造工程，新修排水管沟1.6万米。

是年 芦湖公园被县教育局定为中小学生学习教育基地。

是年 以创建省级园林城市为动力，组织实施了8项园林绿化工程，完成投资2633万元。

是年 全县开展城区市容市貌综合整治工作，共取缔占道经营摊点137处、店外经营96余处、各类临时性广告牌20余块、整改广告牌40余块，清理学校周边摊点32处，签订便民服务摊点协议书30余份；取缔占道市场6处，规范2处，安置流动商贩89个，在天鹅商城南端新设立1处停车场。

是年 实施清河路东西段排水改造工程，新修排水管沟1.6万米。

是年 高青县积极打造“环保型、生态化，河环水抱的园林城市”，全年新增绿地面积102.8公顷，累计概算投资9934万元。

是年 实施街头游园绿化工程，建设了金都景观园、芦湖景观园、高苑景观园等游园绿地，绿化面积2.6公顷，概算投资621万元。

是年 投资650万元，对芦湖公园、高苑路西段街头游园、青城路东段、黄河路东段、高苑路东段等游园进行高标准改造充实。

是年 加强城区园林绿地养护管理，从社会上招聘专业性强、素质过硬的技术人员，组成养护队伍。

是年 全县开展城乡环境综合整治活动，为促使城乡环境综合整治工作在全县稳步推进，县政府先后印发了《关于继续深入开展城乡环境综合整治活动的意见》(高政发〔2008〕21号)、《高青县城区市容和环境卫生“门前五包”责任制管理办法》(高政发〔2008〕33号)、《城区固体废物管理暂行办法》(高政发〔2008〕72号)、《关于进一步明确城市管理各相关部门管理职责的通知》(高政办发〔2008〕57号)、《关于开展城区市容市貌综合整治活动的通知》(高政办发〔2008〕58号)等规范性文件。

是年 实施芦湖路南延工程，并对该路段进行高水平绿化配套，该工程长2427米，总投资4300万元，芦湖路成为县城发展的中轴线。是年，城区道路形成“九纵五横”棋盘式格局，总长达76公里。

是年 实施青城路改造工程，该工程总长2045米，投资1165万元，青城路成为县城集购物、餐饮、游览、休闲于一体的标志性地段。

是年 开展城区美国白蛾防治工作，实行分片分段分工负责制，划定责任区，明确责任人，层层抓落实，取得了较好地效果。

是年 开展提升风景名胜区绿化工作，县政府与有关部门、镇签订《城市绿化、风景名胜区工作目标责任书》，推动风景名胜区景区绿化水平。

是年 投资403万元，建设了县环境卫生服务站，全县生活垃圾的无害化处理能力达到了100%。

是年 组织重点突击整治46次，清除卫生死角2566处，清运各类垃圾1.44万吨，城区生活垃圾基本实现了日产日清和密闭化运输。

是年 深入实施城乡环境综合整治活动，全年共清理乱贴乱画2300余处、拆除各类不符合规划和影响市容的广告牌239块，查处建筑施工扬尘污染案件3件、渣土运输污染案件6件、城区露天烧烤案件4件、建筑施工噪音污染案件12件、生活噪音污染案件7件、企业乱倒工业废渣案件3件。

是年 实施街头游园绿化、北支新河城区段综合治理等工程，完成投资9934万元，新增绿地面积102.8公顷。

是年 实施北支新河城区段综合治理工程，该工程东西长2260米，占地面积约100公顷，是一项集环保治污、平原水库、生态恢复、景观建设于一体的综合性工程，完成绿地建设面积100.2公顷，栽植苗木15000多株，概算投资8500余万元。

是年 购置小型清扫机械2台，对沿线主干线路进行日常清扫。

是年 加快园林绿化工作步伐，全年城市园林绿化累计概算投资9934万元，新增绿地面积102.8公顷。

是年 县政府成立城乡环境综合整治领导小组，县长徐培栋任组长，9个镇、13个县直部门主要负责人为成员。是年，领导小组召开了7次调度会，指导全县城乡环境综合整治活动开展。

是年 县政府制定了《各镇城乡环境综合整治活动考核细则》《有关部门责任分工表》《高青县城乡环境综合整治活动督查办法》，将各项具体整治任务逐一量化分解到各单位。

是年 实施环境卫生服务站二期工程建设，日压缩处理垃圾能力200吨。

是年 在青城路、文化路等路段安放了塑料垃圾桶(240升)，购置了8吨压缩式垃圾收集车、1台扫路车、1台洒水车。是年，城区道路保洁长度达45公里，保洁面积达120万平方米。

是年 各镇共新建环卫管理机构4个、城管执法中队6个，配备保洁员344人。

是年 完成芦湖公园工程验收。

是年 组织实施蒲台路南延、高苑路西段改造、北一路排水人行道、中心路南延，新建改建道路3.3公里。

是年 规划设置了蒲台路市场，与130个单位签订了《门前五包责任书》。

是年 建成高城镇大邵家固体废物填埋场，该场占地57亩，开挖坑池15万立方米，采用高密度聚乙烯复合衬层作了防渗处理，计划使用3年，每天消纳工业垃圾30吨。

是年 对城区道路保洁实行四级管理，保洁长度49公里，保洁面积119.31万平方米，道路扫保质量明显改观。

是年 完成城区道路行道树补植，西一路南段、中心路北段、黄河路、潍高路城区段、清河路、蒲台路、田镇大街、官庄经济园区等道路的行道树栽植以及芦湖路南延、西一路、东外环路的绿化工作。

是年 结合创建省级园林城市工作，编制了高青县《绿地系统规划》和《生物物种多样性保护规划》，使专业规划与总体规划相配套，更好地引导城市建设。

是年 环卫处保洁人员为227人，保洁面积为113.41万平方米，购置道路清洗车1台，对城区路段不定时进行清洗降尘，有效提高了道路保洁的洁净度。

是年 县城规划区面积19.12平方公里，建成区面积11.42平方公里，城区常住人口6.79万人，拥有日处理污水达8万吨的两家污水处理厂。

是年年底 高青县城建成区绿化覆盖面积451.32公顷，绿地面积406.21公顷，公共绿地面积122.72公顷，绿化覆盖率、绿地率分别为39.52%、35.57%，人均公共绿地面积18.07平方米。

2009年

1月20日 县政府办公室下发《关于编制高青县城市绿地系统规划征集资料的通知》，要求各有关部门提供创建省级园林城市所需的城市总体规划及绿地名称、位置、面积等相关资料。

2月6日 在县委五楼召开创建省级园林城

市动员大会，提出“争创省级园林城市”的奋斗目标，并把这一任务列为县政府为民办事的九件实事之一。县领导徐培栋、候全明、刘忠远在主席台就坐，会议由县委常委、副县长刘忠远主持，徐培栋作了讲话。

2月6日 成立高青县创建省级园林城市领导小组，县委副书记、县长徐培栋任组长，县委副书记侯全明任常务副组长，领导小组下设宣传组、督导组、实施组。2月14日，召开创建省级园林城市调度会，县委常委、副县长邢县作讲话，对下步工作提出要求。

2月23日 县政府向山东省建设厅、市建委提出《关于申报省级园林城市的请示》，申请考核验收。

2月 制定《高青县创建省级园林城市实施方案》，明确创建省级园林城市的指导思想、主要目标、工程步骤和保障措施。

3月12日 高青县邀请省园林协会专家组组长贾祥云、市园林协会会长郑贵云到高青县指导视察创城绿化工作。

3月31日 在全市城市绿化工作会议上，县委常委、副县长邢强代表县政府作了《明确任务、狠抓落实、努力争创省级园林城市》的发言，全面汇报2008年高青绿化工作完成情况。

3月 实施东外环路绿化工程，该工程长3120米，绿化面积19.2公顷，完成投资360万元。

3月 实施文体游园改造工程，绿化面积2.2公顷，完成投资270万元。

4月21日 淄博市建设委员会推荐高青县申报省级园林城市。

4月 对北支新河城区段进行绿地升级改造，绿化面积10公顷；对黄河路（芦湖路—东外环路）进行绿化充实完善，绿化面积10公顷；对城区沿街门前绿化改造提高，绿化面积4.95公顷。

4月 实施西一路绿化工程，该工程长668米，绿化面积2.8公顷，完成投资138万元。

4月 实施四号路绿化工程，该工程长900米，绿化面积2.97公顷，完成投资150万元。

5月14日 千乘湖水利风景区评审团陈荷生（水利部太湖流域管理局原水资源保护局局长）、李建一（水利部松辽水利委员会处长、教授级高工）、黄河（水利部景区办工程师）、耿敏（省水利厅经管科科长）、杨治军（省水利厅经管科工程师）一行到高青对千乘湖水利风景区进行评审，赵有梅（市水利与渔业局党委书记、局长）、苗其山（市水利与渔业局副局长）陪同，县领导李灿玉、徐培栋、侯全明、邢强、白明河一同陪同。

5月15日 水利部专家评审组到高青进行千乘湖生态文化园水利风景区考察评审，县委副书记侯全明出席评审会并致欢迎词。

5月25日 县政府印发《关于推进城乡生活垃圾处理一体化的通知》（高政发〔2009〕33号），就推进城乡生活垃圾处理一体化工作进行部署。

6月 全县9个镇全部建立城管执法中队。

6月 县政府印发《关于推进城乡生活垃圾处理一体化的通知》（高政发〔2009〕33号），督促各镇完善机构、增加投入、健全设施，对推进城乡生活垃圾处理一体化作出具体安排，并将此项工作列入对各镇政府、各有关部门的目标管理考核内容，尽快实现城乡生活垃圾“村集、镇收、县运、集中处理”。

7月15日 市城乡环境综合整治考核组一行莅临高青检查指导工作，县委常委、副县长邢强代表县委、县政府向考核组汇报高青城乡环境综合整治集中行动工作。

8月29日 在2009年中国重点城镇竞争力年会暨全国重点城镇调查推介仪式上，高青县被评为“2009中国最佳改善人居环境范例县”。

8月31日 县城市管理行政执法局向县政府提呈《关于郭文龙等九人违章（违法）乱搭乱建一案的处理报告》（高执法字〔2009〕20号），就郭文龙等9人的违章违法建筑（设施）事宜进行请示。

8月 由县建设局提出并组织实施的“破硬造绿”行动被省住房与建设厅授予“山东省人居环境范例奖”。

9月1日 县政府给县城市管理行政执法局《关于同意拆除有关违章（违法）乱搭乱建设施的批复》（高政字〔2009〕23号），同意对郭文龙等9人的违章违法建筑（设施）予以强制拆除。

9月15日 省园林城市考评验收组到高青验收园林城市创建工作，县委副书记、县长徐培栋代表县委、县政府就高青县2006年以来高青县创建省级园林城市工作进行汇报。2006年至2008年的三年中，县政府先后投入园林绿化资金1.81亿元。

9月 深入开展城区市容市貌综合整治活动，对主要道路、重点地段进行综合整治，以崭新的面貌迎接十一届全运会。

12月10日 高青县被省政府命名为“山东省园林城市”。

12月10日 高青县被省政府命名为“山东省园林城市”。

是年年初 高青县提出“争创省级园林城市”的奋斗目标，并把这一任务列为县政府为民办事的九件实事之一。同年，完成了城区道路行道树栽植、补植和主要路段的绿化；对千乘湖生态文化园、芦湖公园、部分街头游园及单位庭院进行了绿化充实提高，并采取“破硬造绿”的形式大力开展单位庭院绿化，全年共新植补植各类苗木12万余株，增加绿化面积45.54万平方米。

是年 结合创建省级园林城市工作，编制了《高青县绿地系统规划》和《生物物种多样性保护规划》，使专业规划与总体规划相配套，更好地引领城市建设。

是年 组织实施高苑路西延、文化路改造、田镇大街改造、老张田路改造等道路工程，新建改建道路4250米。

是年 结合道路新建改建工程，新修排水管沟1.2万米。

是年 完成了城区道路行道树栽植、补植和主要路段的绿化；对千乘湖生态文化园、芦湖公园、部分街头游园及单位庭院进行了绿化充实提高，并采取“破硬造绿”的形式大力开展单位庭院绿化，全年共新植补植各类苗木12万余株，增加绿化面积45.54万平方米。

是年 在城区主要路段安置果皮箱300个，解决了居民外出无处放垃圾的难题。

是年 组织实施高苑路西延、文化路改造、田镇大街改造、老张田路改造等道路工程，新建改建道路4250米。

是年 结合道路新建改建工程，新修修排水管沟1.2万米。

是年 成立高青景泰园林绿化有限公司，隶属县千乘湖生态文化园管理处。

是年 高青县被山东省政府正式命名为“山东省园林城市”，并被授予“2009中国最佳改善人居环境范例县”“山东省人居环境范例奖”等称号。

是年 千乘湖生态文化园被评为国家级水利风景区。

是年 对县城文化路、老张田路、田镇大街等几条路段进行了改造，对部分路段进行了挖补维修，概算总投资2312万元。

是年 创建省级园林城市主要绿化工程列入全县6大城建重点工作，实施了8项园林绿化工程，完成投资2633万元。

是年 办理群众投诉76件，办结率为100%，办理简易程序案件1572件，一般程序案件653件，办理人大代表、政协委员建议、提案2件。

是年 加强队伍作风纪律建设，建立完善了《执法人员守则》《执法人员文明用语》《执法局工作量化考核办法》《廉洁自律暂行规定》等39项规章制度，形成了全面、系统、切实可行的管理体系。队伍的作风纪律得到进一步加强，整体素质得到全面提高。是年，局党组与全局干部职工签订了《廉政建设责任书》，杜绝“吃、卡、拿、要”行为。

是年 综合治理主次干道11条，清理乱贴乱画2200余处，乱挂条幅600余条，粉刷墙壁8000余平方米，清理马路市场3处，店外经营732处，占道经营497处，流动摊贩3200余人次，规范马路施工作业27处，乱停乱放自行车800余辆次，机动车340余辆次，治理店外洗车点28处，店外摩托车维修点11处，取缔城区露天烧烤37处。

是年 县执法局制定《户外广告深度治理方案》，对县城规划区内所有的立柱式广告、楼顶广告等大型广告设施进行了专项检查，共检查47处，拆除3处，提交安全检测报告或安全保证书的44处，清理广告牌、灯箱广告260余块，拆除户外广告47块，规范各类广告牌318块。

是年 召开全县规划执法工作会议，县政府出台《关于加强规划治法工作的意见》(高政发〔2009〕39号)，进一步明确各部门的职责和权限，为规划执法奠定基础。

是年 查处建筑工地扬尘污染案件3件，“三大堆”物料场扬尘污染案件26件，垃圾焚烧污染案件7件，撒落物料、污染路面案件15件，擅自破路挖沟案件2件，查处擅自砍伐树木2件，建筑施工噪声扰民案件37件，生活噪音扰民案件8件，取缔废品回收经营点3处。

是年 新组建青城、高城、黑里寨、唐坊、常家、花沟、赵店、木李8个镇的城管执法中队，全县各镇全部建立城管执法中队。是年，县执法局制定《2009年城镇管理行政执法百分制考核工作方案》《2009年城镇管理行政执法百分制考核细则》，加强对镇城管执法工作的指导与考核。

是年 开通城管执法热线“6712319”，把“监控中心”“指挥中心”“投诉举报中心”三个中心整合为一体，实现了受理、发现问题，中心指挥调度，执法人员现场管理“三位一体”的城市管理新模式，接受市民投诉39起，发出指挥调度指令1200余次。是年，制定了《监控指挥调度中心管理规定》《中心指挥调度规定》等相关规章制度。

是年 县城绿地率达到35.92%，绿化覆盖率达到39.52%，均达到省级园林城市标准。

是年 实施北支新河城区段综合治理二期工程，对一期工程向东向西延长3800米的河体进行绿化、景观建设，绿化面积15公顷，进行拆迁、污水淤泥处理、驳岸砌筑等重点工作，完成投资1000万元。

是年 完成芦湖路南延、西一路、四号路北段、东外环路北延绿化工程，共新增绿化面积30公顷，完成投资1090万元；对千乘湖生态文化园进行了充实提高，共栽植各类花灌木10万余株，完成投资1000万元；对芦湖公园、青西游园、中心路游园、县政府门前等街头游园及芦湖路中段绿化进行充实提高，栽植各类花灌木6700余株，绿化面积10公顷。

是年 对丽村热电公司南侧、唐北路路口、众益花园东北角、邮政局门前、芦湖路与高苑路路口、孟李变电站等空闲地段进行绿化，绿化面积3.52公顷。

是年 实施城乡环卫一体化建设，投资200万元，购置压缩式垃圾收集车和高压冲洗车，增建10处地下垃圾中转箱，在文化路、黄河路、中心路等人流密集的路段安放了300个果皮箱。

是年 实施文体游园改造工程，新增绿化面积2.2公顷，完成投资270万元。

是年 实施黄河路（芦湖路—东外环路）充实完善工程，新增绿化面积10公顷。

是年 实施城区沿街门前绿化改造提高，新增绿化面积4.95公顷。

是年 千乘湖生态文化园被认定为省级渔业休闲区、国家AA级旅游景区。

是年 采取“破硬造绿”形式开展单位庭院绿化，动用混凝土切割机、风镐等机械800多台次，补植各类苗木12万株，完成投资2600万元，增加绿化覆盖面积7.7万平方米。

是年 在城区主要路段安置果皮箱300个，既解决了居民外出无处投放垃圾的难题，也解决了行人垃圾无处投放的难题。同年6月，下发《关于加快城乡生活垃圾一体化工作的通知》，督促各镇完善机构、增加投入、健全设施，加快推进城乡生活垃圾一体化进程，尽快实现城乡生活垃圾“村集、镇收、县运、集中处理”。

是年 结合创建省级园林城市工作，编制了《高青县绿地系统规划》和《生物物种多样性保护规划》。

是年 召开全县规划执法工作会议，县政府出台《关于加强规划治法工作的意见》（高政发〔2009〕39号）文件，进一步明确了各部门的职责和权限。

是年 结合道路新建改建工程，新修排水管沟1.2万米。

是年 全县转运市垃圾电厂生活垃圾10800吨，实现垃圾压缩收集、密闭运输、焚烧处理，对扳倒井、钜创等5个较大规模企业产生的工业垃圾进行环保处理，月处理量930立方米。

是年 强化噪声扰民治理，共查处建筑工地扬尘污染案件3件，“三大堆”物料场扬尘污染案件26件，垃圾焚烧污染案件7件，污染路面案件15件，擅自破路挖沟案件2件，查处擅自砍伐树木2件，建筑施工噪声扰民案件37件，生活噪音扰民案件8件，取缔废品回收经营点3处。

是年 组织实施了8项园林绿化工程，完成投资2633万元。

是年 对城区内乱搭乱建行为进行集中治理，共拆除破旧报刊亭9处，违章棚房7处，拆除面积达 572 平方米，对城区范围内 15 处违章(违法)乱搭乱建进行了集中强制拆除，拆除面积达 300 余平方米。确保省级园林城市的顺利验收。

是年底　高青县被授予省、市级“花园式单位”荣誉称号 32 个，市级“花园式居住区”荣誉称号 3 个。

2010 年

1 月　高青县华宇园林有限公司和高青县春韵园林绿化有限公司合并为淄博馨泽园林绿化工程有限公司。

3 月　经高青县委、县人民政府批准组建高青县住房和城乡建设局，将县建设局的职责、县房地产公用事业管理局的行政管理职责，整合划入县住房和城乡建设局，不再保留县建设局。设立县住房和城乡建设局党委。

3 月～5 月　集中开展施工工地、“三大堆”物料场扬尘污染治理活动、油烟污染治理活动、城区道路扬尘污染、带泥上路污染治理活动、市政园林绿化专项执法检查活动。累计综合治理建筑立面粉刷改造 2986 平方米，查处撒漏污染运输车辆 11 辆，查处餐饮油烟治理 6 处，查处露天木炭烧烤 4 处。

4 月 15 日　联合公安、交警、交通、公路、建设、安监、环保等部门，采取集中统一行动，持续强态势对大货车进城行为进行专项整治。

4 月 18 日　省人防办主任张兆启一行在市人防办主任王嗣忠的陪同下到高青县视察人防工程建设情况和应急疏散地域(千乘湖生态文化园)建设情况。

4 月开始　对千乘湖生态文化园进行充实提高，栽植苗木品种国槐、朴树、黄连木、黑松、芦竹等乔灌木 40 余种，苗木数量 1.5 万余株。同时，在城区黄河路、中心路、文体游园等路段、游园种植大规格法桐 1118 株。

4 月　王建永到县执法局任局长职务。

5 月　对城区黄河路、中心路、文体游园等路段、游园进行种植大规格法桐 1118 株。

5 月　设立城东农贸市场，将瓜农菜农引导至东部农贸市场内经营，处理好果菜销售与城市管理的矛盾，实现市容与繁荣的有机结合。

5 月　完成北支新河城区段二期工程，主要进行污泥清理、河道拓宽、地形整理和景观绿化建设，东西长 2000 米，南北宽 150 米，总面积 30 万平方米，其中水面面积 11.2 万平方米。

5 月　实施东环路水系工程，开挖河道 1250 米，宽 110 米，建设面积 13.8 万平方米，其中水面面积 5 万平方米。

5 月　对千乘湖生态文化园进行了充实提高，栽植苗木品种国槐、朴树、黄连木、黑松、芦竹等乔灌木 40 余种，苗木数量 1.50 万余株。同时，对城区黄河路、中心路、文体游园等路段、游园进行种植大规格法桐 1118 株。

5 月～9 月　开展噪音晨查夜查行动，加大对各建筑施工单位噪声扰民的执法巡查力度。

6 月　高青县千乘湖生态文化园疏散基地办公室挂牌。

6 月～8 月　县执法局制定《城区“门前五包”责任制管理考核办法》，对沿街各单位“门前五包”进行检查考核，对存在的突出问题及时反馈，并进行跟踪和督导，为净化、美化、亮化、绿化、秩序化管理形成良好氛围。

6 月、9 月　开展规范城区范围内占路晒粮活动，制定详细工作方案，搞好工作分工，将整治任务落实到人，做到既尊重粮农抢收实际，又不影响市容观瞻、影响交通。

7 月　县城区“门前五包”列入政府管理重点工作，纳入工作目标管理考核。执法局制定了《城区“门前五包”责任制管理考核办法》，对沿街各单位“门前五包”进行检查考核。

8 月　为以整洁、优美的城市市容市貌迎接省运会在高青县的召开，集中开展县城区市容市貌综合整治活动，抽调专人按照城市“六乱”治理内容和整治标准，加强了对户外广告、霓虹灯、门头牌匾的集中整治。

8 月～9 月　在县城规划区内各主要路段、市场入口处设立 20 余块天蓝色城管温馨提示标牌，发放《致广大沿街商户一封信》《致广大驾驶员朋友的一封信》6000 余份。

8月～9月 开展对在建项目的日常巡查和规划执法大检查，集中对规划区内建设项目进行普查，并详细登记造册。在做好日常执法检查同时，多次对规划区内所有在建项目和新建项目进行规划执法大检查，累计综合拆除乱搭乱建16处。

9月25日 省旅游局对千乘湖生态文化园创建国家AAA级旅游景区工作进行初审，该园被评为“国家AAA级旅游景区”。

9月 为迎接省运会召开和中秋节、国庆节，集中开展城区市容市貌综合整治活动，并通过分发宣传材料、出动宣传车等多种形式进行了广泛宣传。

10月底 共累计综合治理建筑立面粉刷改造3486平方米，规范占道集贸市场978处，清理乱贴乱画1324处，拆除乱搭乱建18处，店外经营325处，占道经营1800余处，乱停乱放自行车4200余辆次，机动车1200余辆次，治理店外洗车点11处，店外摩托车维修点13处，规范各类广告牌455块。

12月 县住房和城乡建设局党委书记、局长邵先伟任高青县经济开发区党委书记。

是年 启动3座生活垃圾中转站建设，新设果皮箱、垃圾桶等设施，道路保洁提高了垃圾收集和运输能力。

是年 加强城区主要路段及学校周边环境的整治，在县直机关幼儿园、实验小学、实验中学设立助学岗，强化早、中、晚三个时间段的执法巡查，整治学校周边的占道经营、流动商贩等问题。

是年 开展沿街门头牌匾整治活动，按照“一店一牌、统一设置位置、统一设置高度、统一设置要求”的标准，对不符合设置标准、设置存在安全隐患的门头牌匾当场下达《责令整改通知书》，要求户主进行整改、消除安全隐患。对不办理手续、不按要求设置、存在安全隐患不进行整改的，依法进行强制拆除和处罚。

是年 县执法局被市委、市政府授予市级文明单位、市级城乡环境综合整治先进单位、市城管执法系统行政执法先进单位。被县委、县政府授予目标管理考核先进单位、安全生产建设先进单位、城乡环境综合整治先进单位、依法行政先进单位等荣誉称号。

是年 县执法局在市级以上新闻媒体发稿1篇，县级媒体发稿40余篇，县电台报道12次，悬挂宣传条幅90余条，设置温馨提示60余处，在县城规划区内各主要路段、市场入口处分别设立了20余块天蓝色城管温馨提示标牌，发放《致广大沿街商户一封信》《致广大驾驶员朋友一封信》等宣传材料7000余份。

是年 举行“立足本职创先争优、争做城管执法先锋”演讲比赛，激发广大党员和干部职工的工作热情，展现城管人爱岗敬业、文明执法、热情服务的精神风貌。

是年 投资6000万元完成高苑路西延、文化路、田镇大街、老张田路城区段等道路改造工程，新植、补植各类苗木12万株，增加绿化面积45.5万平方米，被省政府命名为“山东省园林城市”。

是年 完成北支新河城区段二期工程，主要进行污泥清理、河道拓宽、地形整理和景观绿化建设，东西长2000米，南北宽150米，总面积30万平方米，其中水面面积11.2万平方米；对千乘湖生态文化园进行了充实提高，栽植苗木1.5万株。

是年 结合黄河路东段改造等道路新建改建工程，新修排水管沟7367米。

是年 编制了《城市排水及防洪规划》等各项专业规划。是年年底，所有乡镇完成了总体规划，有120多个村编制了村庄规划，县城规划区控规覆盖率达55%。

是年 县委、县政府将环城水系建设工程列入全县重点建设的十大工程。

是年 启动了3座生活垃圾中转站建设，新设了果皮箱、垃圾桶等设施，提高了垃圾收集和运输能力。

是年 组织实施了黄河路东段改造、北二路建设、田翟路学生通道及泵站建设、六号路南延等城区市政道路工程。

是年 县住建局购置了多功能园林养护洒水车。

是年 综合治理建筑立面粉刷改造3486平方米，规范占道集贸市场978处，清理乱贴乱画1324处，拆除乱搭乱建18处，店外经营325处，占道经营1800余处，乱停乱放自行车4200余辆次，机动车1200余辆次，治理店外洗车点11处，店外摩托车维修点13处，规范各类广告牌455块。

是年 积极推进数字化城市管理，数字化城市管理系统运行后，城市处于实时、动态管理之中，共接受市民网络投诉37起，电话投诉650余起，办结率100%，发出指挥调度指令1800余次，办理简易程序案件467件，一般程序案件80余件，大大提高了城市管理效率。

是年 高青县城市管理行政执法局下设3个科室，3个执法中队，编制25人，实有38人。

是年年底 城区道路两侧户外广告已按照规定全部统一。

是年年底 环卫处保洁人员为248人，保洁面积为113.41万平方米。

是年年底 城区共有地下垃圾中转箱36个，有公厕19座，其中环卫处直管7座，其他公厕由其所属单位自行管理。

是年 高青县城区道路总长43.72公里，县城建成区面积由2005年的7.8平方公里扩展到13.06平方公里，城市人口达到7.5万人，绿地率达38.61%，城市环境卫生清扫面积113.41万平方米。

2011年

3月 实施万众路建设，该工程北起支十七排南至黄河路，长600米，机动车道宽9米，人行道两侧各宽2.5米，两侧敷设雨污水管道，两侧绿化及安装路灯，6月30日竣工。

3月 实施齐东路排水工程，该工程北起县教育局南至清河路，建成防洪排水方沟1100米，至5月31日竣工，解决了城区中西部汛期内涝问题。

3月 实施东环路水系景观绿化工程，种植银杏、国槐、樱花、大叶女贞、垂柳、白玉兰等各类花灌木1.5万余株、草坪6万余平方米，进一步完善了环、线、片结合，水、绿、景相融的环城水系格局。

3月～5月 集中开展施工工地、“三大堆”物料场扬尘污染治理、油烟污染治理、城区道路扬尘污染、带泥上路污染治理及市政园林绿化专项执法检查活动，累计粉刷建筑立面2986平方米，责令改正露天存储煤场8家，查处撒漏污染运输车辆11辆，查处餐饮油烟污染6处，查处露天烧烤4处。

4月25日 县人大领导到县执法局调研，局长王建勇汇报城管执法工作。

4月 实施东外环路绿化工程、北二路绿化工程及城区绿化充实提高工程，种植白蜡400亩，栽植草坪2万平方米，种植法桐600余株。

4月 实施滨河路东延工程，从原有路端东延至东环路，长160米，投资60万元，6月30日竣工，为新双语教师学生出行提供了便利。

6月 县执法局成立户外广告普查及大型户外广告牌检测活动领导小组，按各中队所属区域，对县城区内所有的立柱式广告、楼(屋)顶广告、墙体广告等大型广告牌(匾)及沿街门头招牌、字体广告、电子显示屏等进行全面普查，累计检查各类户外广告牌(匾)2850余块，检查率达到100%。

8月 开展对在建项目日常巡查和规划执法大检查，查处乱搭乱建16处，依法拆除12处，查处违法变更审批手续施工企业4家，涉及在建工程13处，违章改建面积2480平方米。

11月 县委、县政府将原县住建局环境卫生管理处升格为正科级县环境卫生管理局，编入城市管理行政执法局，原环卫处的所有人员、设备、职能全部纳入城管局管理。

是年 扎实开展治理“八乱”活动(无乱搭乱建、无乱堆乱放、无乱涂乱画、无店外经营、无占道经营、无乱设广告牌、无乱停放、无乱悬挂)，治理建筑立面粉刷改造5800平方米，规范占道集贸市场4处，清理乱贴乱画1500处，拆除乱搭乱建16处，清理店外经营280处，占道经营1380余处。

是年 成立建筑物立面综合整治领导小组，重点整治华盛商场、黄河路、青城路、文化路中段，拆除道路两侧乱搭乱建、残墙断壁，清理乱堆乱放，对破旧建筑物进行粉刷或改造。积极推进建筑立面综合整治工作，拆除道路两侧破败和非法建筑物、楼顶、楼体及立柱类广告，粉刷或改造建筑物立面，广告牌匾整治等。

是年 围绕“为民、利民、安民、富民”目标，扎实推进“千百十”为民主题实践活动，制定《县执法局创新社会管理打造“民生城管”构建和谐社会大格局实施方案》，局13名干部与木李镇杜集管区17个挂包村进行对接，走访党员群众，了解村情民意。

是年 县执法局制定《关于规范城区占道晒粮行为的建议方案》，达到既能保证县城道路畅通、行人行车安全、方便生活，又能维护市容观瞻，确保广大城郊农民顺利度过秋收的目标。执法局向群众发放宣传单页2800余份，出动300余人次对城区各主要道路进行24小时巡查。

是年 开展户外广告集中普查、大型户外广告集中监测活动，成立由谷可勇任组长，孙海、冯加强任副组长的领导小组，以中队执法辖区为依据，对辖区内的户外广告进行普查摸底，对户外广告设施进行的安全检查，检查率达100%。

是年 县执法局制定了《廉政风险防范管理实施方案》，建立健全内部规章制度，提高执法队员的整体素质。

是年 县执法局制定了《关于进一步推进文明高青建设创建全国文明城市的实施意见》《创建文明城市工作任务分解表》，把创建全国文明城市工作摆上重要议事日程，纳入年度工作计划和目标管理考核。

是年 为加强对各镇执法中队工作的指导，县执法局制定《2011年度各镇(街道)执法中队工作目标考核办法》《2011年城区“门前五包”责任制管理考核办法》。县执法局加强落实“门前五包”责任制，将县城区各沿街单位“门前五包”(净化、美化、亮化、绿化、秩序化)纳入年度岗位目标管理考核，做到县镇两级执法工作齐头并进，对沿街各单位“门前五包”进行检查考核。

是年 开展城管执法“三进”(进社区、进学校、进企业)活动，成立“三进”活动办公室，负责全局“三进”活动的组织协调、监督检查和考核工作。

是年 接受市民网络投诉26起，电话投诉350余起，办结率为100%；综合治理建筑立面粉刷改造2000平方米，规范占道集贸市场2处，清理乱贴乱画3800处，拆除乱搭乱建3处，清理店外经营240处，占道经营3200余处，乱停乱放自行车1200余辆次，机动车800余辆次，治理店外洗车点4处，店外摩托车维修点8处，规范各类广告牌620块。

是年 成立建筑物立面综合整治领导小组，重点整治黄河路、青城路、文化路中段及各大商场周边立面环境，累计拆除道路两侧乱搭乱建16处，清理乱堆乱放50余处，粉刷建筑物墙壁120余座，拆除破损广告牌匾200余块，责令整改楼顶、楼体及立柱类广告30余处。

是年 将县城规划区内路段分为三级标准，实行分级管理，对198名保洁人员实行定岗、定人、定责、定奖惩，发现问题及时整改。

是年 实施农村连片环境整治项目，花沟、唐坊两镇设施设备购置投资777.13万元，其中花沟镇生活垃圾整治工程投资252.11万元，唐坊镇生活垃圾整治工程投资205.12万元，唐坊镇潍高路农业废弃物整治工程投资319.9万元。

是年 视频监控指挥调度中心共接受市民网络投诉56起，电话投诉380余起，办结率为100%。发出指挥调度指令500余次，办理简易程序案件567件，一般程序案件86件。综合治理建筑立面粉刷改造2000平方米，规范占道集贸市场2处，拆除乱搭乱建18处，清理乱贴乱画1524处，店外经营365处，占道经营2000余处，处理乱停乱放自行车3200余辆次，机动车1200余辆次，治理店外洗车点11处，店外摩托车维修点13处，规范各类广告牌669块。

是年 县执法局综合治理建筑立面粉刷改造2000平方米，规范占道集贸市场2处，拆除乱搭乱建18处，清理乱贴乱画1524处，店外经营365处，占道经营2000余处，处理乱停乱放自行车3200余辆次，机动车1200余辆次，治理店外洗车点11处，店外摩托车维修点13处，规范各类广告牌669块。

是年 高青深入开展城乡环境综合整治，加强环卫保洁、绿化养护、市政维护，打造“绿、净、亮、美”的城市容貌，加强城乡综合整治和生活垃圾集中处理，积极推进城市管理信息化。

是年 高青县被省政府命名为“山东省园林城市”，并荣获“全国最佳改善人居环境范例县”称号。

是年 依托千乘湖和西北绕城线建设，推进环城水系建设，实施北支新河综合治理续建工程。

是年 城区绿地率35.69%，绿化覆盖率42.57%，人均公园绿地面积21.05平方米。

是年 县城人口达到7.5万人，建成区面积由2005年的7.8平方公里扩展到13平方公里，城市绿地率达到36%。

2012年

2月13日 将县环境卫生管理处更名为县环境卫生管理局，由副科级升格为正科级，隶属于县城管执法局，初步形成服务、管理、执法"三位一体"的城市管理格局。

2月15日 全市城乡环境综合整治现场会在高青县召开。

2月16日 召开全县建设生态高青工作会议，对城市管理工作提出更高的要求，同时成立城市管理委员会，具体负责研究解决城市管理中出现的重大问题，协调解决城市管理重大工作事项。

2月28日 在县迎宾馆一楼会议厅召开全县城乡环境综合整治工作动员会议，确定将县城规划区划分为80个网格，其中A级网格52个，B级网格28个，建立大城管体制机制，采取部门包村、部门进网格等措施，实施网格化管理，严格落实责任制考核，认真督促组织开展好城乡环境综合整治工作。县城管执法局局长刘国华宣读《深入开展城乡环境综合整治月活动实施方案》，县委常委、常务副县长李勇作讲话。县直有关部门、单位分管负责人，各镇镇长、分管副镇长，各街道办事处主任、分管副主任，有关村居书记或主任参加会议。

2月28日 县委办公室、县政府办公室印发《深入开展城乡环境综合整治月活动实施方案》(高办发〔2012〕号)，决定从2月29日至4月10日，分4个阶段开展城乡环境综合整治月活动。

2月 经县编委批准，芦湖公园由股级升格为副科级，并划归县园林绿化管理局管理。

3月25日 县政府领导带队，分7个组，采取实地查看与听责任单位汇报相结合的方式，对城乡环境综合整治工作进行阶段性现场督查点评，本次督查点评的范围是A、B所有网格以及7个镇各抽查6个村。

4月17日至19日 高青县外聘考核组对全县城乡环境综合整治月活动中涉及的城区网格、镇驻地、221个重点村、4条省道和8条县乡道路整治情况进行全面考核。

4月25日 县委办公室、县政府办公室印发《关于全县城乡环境综合整治月活动考核情况的通报》(高办发〔2012〕26号)，将考核结果向全县通报。

4月20日 县委办公室印发《关于建立和完善城乡环境综合整治长效管理机制实施意见(试行)》(高办发〔2012〕27号)。

5月14日 县委办公室、县政府办公室印发《关于建立和完善城乡环境综合整治长效管理机制实施意见(试行)》(高办发〔2012〕27号)，该意见后附《高青县城乡环境综合整治考核办法》。

5月26日 为挂包村集中整治日，按照《关于建立和完善城乡环境综合整治长效管理机制实施意见(试行)》(高办发〔2012〕27号)要求，5月27日各镇、各街道对县直各部门、单位挂包村进行考核。

5月30日 为进一步搞好大气污染深度治理，切实规范建筑渣土(垃圾)运输管理，防止运输途中撒漏现象和二次污染，保障城区环境卫生和空气质量，县政府印发《关于加强城区建筑渣土运输管理的通告》。

6月6日 县政府办公室印发《高青县规范占用公路打场晒粮行为工作实施方案》(高政办发〔2012〕44号)，决定从6月4日至6月30日分3个阶段开展集中整治活动。

6月20日～30日 在全县开展"麦收"后环境卫生集中整治活动，重点是开展以路域、镇驻地、整治村为重点的"麦收"后环境卫生整治活动。

7月11日 县委常委、副县长李勇在县委四楼会议室主持召开城乡环境综合整治半年工作调度会，县执法局、交通局、公路局及各镇(街道)分管负责人参加会议。会议先赴田镇街道冯郭村、司家村、姜家村现场观察，田镇街道、常家镇、黑里寨镇作典型发言。

7月20日 县委常委、副县长李勇在县城乡环境综合整治办公室负责人陪同下到部分镇(街道)就开展城乡环境综合整治工作进行专题调研，调研组先后到田镇街道、高城镇、唐坊镇及部分村(居)进行调研，听取城乡环境综合整治活动开展情况的汇报，就农村日常环卫保洁、垃圾无害化处理及“三大堆”处置情况等问题进行深入研究，认真分析目前城乡环境综合整治工作存在的问题和困难，并提出具体整治措施和意见。

7月28日 县政府给县执法局发文《关于同意对王国防范卫兵二人违法搭建房屋依法拆除的批复》(高政字〔2012〕90号)，同意对王国防在县城蒲台路市场内西侧搭建的保温板房及范卫兵在县城蒲台路市场内东侧搭建的保温板房予以依法强制拆除。

7月 青城镇生活垃圾压缩中转站投入运营，花沟镇、唐坊镇2座中转站进行土建工程招投标工作，高城镇、黑里寨镇、常家镇、木李镇4座中转站进入项目审批阶段，“村集、镇收、县压缩转运”的城乡生活垃圾一体化体系已初步建立。

8月16日 高青“爱我家园”志愿者协会历经4个月的紧张筹备后正式成立，这是继“六小警务”后，高青县在创新社会管理手段上的又一新举措，为省内独创。

9月上旬～10月7日 开展城区内各主要路段市容再提升整顿工程，确保首届中国(高青)黑牛节期间市容秩序井然，城市形象得到有力改善。

9月15日 实施北支新河以南新区污水主线建设工程。该工程位于高淄路东侧，南起南环路北至污水处理厂，污水主线3000米，投资900万元。2013年5月30日竣工。

9月24日 为迎接中国(高青)黑牛节的成功举办，展示开放、和谐、秀美新高青的良好形象，高青“爱我家园”志愿者协会、县教育局联合组织学校师生开展“爱我家园”志愿者实践活动，主要内容是清扫、捡拾黄河路路沿石外侧垃圾，把垃圾清理到垃圾箱、池或保洁员的垃圾车，冲洗绿化带、路沿石。

9月 千乘湖生态文化园管理处加大养护管理力度，积极准备，制定措施，细化方案，迎接首届中国(高青)黑牛节活动。

10月26日 市考核组在办公室主任荆树楷带领下到高青考核，县委常委、副县长李勇代表县委、县政府汇报全县城乡环境综合整治工作推进情况。

10月 市委办公厅、政研室《决策参考》刊登文章，全面总结高青县城乡环境综合整治工作取得的丰硕成果，充分肯定了成功经验和做法。

11月13日 县政府给县执法局发文《关于同意对银丰五交化公司田镇街道民主街高永晓违法建设房屋依法拆除的批复》(高政字〔2012〕128号)，同意对高青银丰五交化有限公司在县城中心路2号沿街东侧建设房屋及田镇街道民主街高永晓在高青一中西门对面建设房屋予以依法强制拆除。

是年 县政府投入3000万元，用于购置各类环卫车辆30多部，各类垃圾桶(箱)2900多个，为整治村、路域配备了必要的环卫设施。

是年 高青城乡环境综合整治工作取得了历史性突破，在全市综合考评中取得第三名的好成绩，被授予“城乡环境综合整治先进区县”称号。

是年 投资1592万元，建设支二十三排主线工程、南部新区污水主线，新增污水处理配套管网14.21公里。

是年 城区绿化完成投资3623万元，新植各类苗木100多万株，新增绿化面80万平方米。

是年 实施高淄路“绿色长廊”工程，该工程北起南环路与高淄路交叉口、南至(高青界)收费站，长约8.5公里，于2012年4月开工施工，共完成拆迁面积6000余平方米，清运垃圾400多吨，改造各类管线20千米，在道路两侧种植白蜡、青垂、金叶榆、木瓜海棠、国槐等各类苗木7.2万株。

是年 加大对违法建设的巡查及整治力度，累计普查在建工程72处，建设面积345828.73平方米，其中8处171.5平方米未办理规划许可手续，2处14119.5平方米违法变更，均已及时立案调查。

是年 县委、县政府确定“一环两带五湖四脉”的城市布局：“一环”即环城水系，“两带”即千乘湖生态文化园观光带和黄河百里绿色长廊观光带，“五湖”即大芦湖、千乘湖、艾李湖、濯缨湖、妆月湖，“四脉”即水脉、绿脉、文脉、商脉。

是年 县委、县政府确定继续实施北支新河综合治理续建工程，推进环城水系建设，提升园林城市创建成果。

是年 县委、县政府提出创建国家园林城市的奋斗目标，组织实施了“绿阴行动”“万株乔木进县城行动”“鲜花进城”“景石进城”等工作，完成高淄路绿化和城区绿化充实提高等多项城区绿化工程。

是年 开通“0533－6712319”投诉举报电话，将城管工作置身于社会，自觉接受市民监督。

是年 成立县城乡环境整治指挥部，将县城规划区划分为80个网格（A网格52个，B网格28个），实行部门网格化管理，严格落实责任制考核。

是年 县委出台《关于建立和完善城乡环境综合整治长效管理机制实施意见》（高办发〔2012〕27号），组建评委“专家库”，严格考核奖惩，确保综治成效，城乡环境进入常态化管理阶段。

是年 县政府出台《高青县建筑渣土管理暂行办法》（高政发〔2012〕12号）文件，是年，设置建筑渣土消纳场1处，办理建筑渣土清运、处置手续23件，下达限期整改通知书9份，责令停工5家，处罚2家，有效遏制了违规运输、处置行为。在市政府暗访督导检查评比中，高青县渣土管理工作仅次于文昌湖旅游度假区，名列全市第二名。

是年 县执法局出台《加强城市管理工作的意见》《城乡环境综合整治月活动实施方案》《市容市貌综合整治实施方案》《建筑渣土管理办法》《城市执法工作宣传方案》等文件，进一步理顺管理体制。

是年 开展市容市貌集中整治活动，与交警大队联合出台《加强机动车管理的实施意见》，重点解决机动车乱停乱放问题，共设置停车场9处、停车位500多个；与住建局联合，重点解决乱搭乱建、露天洗车等问题；与工商部门联合，重点解决店外经营、马路市场等问题；与公安局建立联动执法工作机制，实行联勤联动。

是年 开展执法宣传“进学校、进社区、进企业”三进活动，累计发放宣传材料3000余份，采纳市民有效建议20余条。

是年 对重点路段沿街广告牌进行升级改造，先后投资60余万元，对黄河路（齐东路—中心路）沿街广告牌进行了统一更换。

是年 开展了“规范化建设年”活动，协调9个镇（街道）全部标准化配备执法中队，组织业务培训，加强镇域执法工作指导，填补了高青县镇（街道）驻地的执法空白。

是年 购置大中型垃圾清运及保洁车辆30台，配备垃圾桶（箱）3000个，购置大型垃圾压缩处理设备2台，全县环卫基础设施、装备累计投资3000万元。

是年 将东部开发区与各背街小巷纳入保洁区域，城区保洁面积达到185.22万平方米，比2011年年扩大25%，其中包括一级道路10条，二级道路18条。

是年 全县环卫基础设施、设备投资3000万元，购置环卫车辆42台，240升垃圾桶2300个，660升垃圾桶320个，3立方米环保型地埋式垃圾桶38个，生活垃圾压缩设备2套，生物处理项目设备1套，农业废弃物处理没备1套。

是年 高青城区路网呈“十六纵九横”的棋盘式格局，主次干道总长52.6公里，建成区面积达到15.07平方公里。

2013年

2月26日 召开全县城乡环境综治月活动动员会议，县委常委、副县长李勇作讲话。

2月27日 县委办公室、县政府办公室印发《城乡环境综合整治月活动实施方案》（高办发〔2013〕12号），决定在全县范围内再次组织开展“城乡环境综合整治月”活动。

2月 实施西北绕城线工程。该工程东起广青路与东外环路交叉口，西至北支新河（西外环路），全长11.8公里，投资2700万元，由江西农大设计院规划设计，淄博中农置业有限公司投资建设。种植垂柳、蜀桧、栾树、青桐、白蜡、金叶榆、樱花、雪松、香花槐等苗木1.8万株，完成绿地浇灌系统配套安装工作，建设面积25公顷。

3月8日 县政府印发《关于开展城区市容市貌综合整治活动的通告》，决定自3月7日至4月20日在县城区内开展市容市貌综合整治活动。

3月17日 中心路改造工程开始施工。该工程南起清河路、北至广青路，全长2576米，绿化隔离带各2.0米，人行道各3.5米，两侧敷设雨、污水管道，设路灯。黄河路以北两侧敷设雨、污水管道，设路灯。工程概算投资2508万元，是年9月20日竣工。

3月19日 县委办公室、县政府办公室印发《城区环境集中整治实施方案》，确定3月20日至4月20日开展为期一个月的城区环境集中整治行动。

3月20日 县委常委、副县长李勇主持召开全县迎接省级卫生县城复审工作会议，认真分析在巩固省级卫生县城方面存在的突出问题，动员全县上下切实统一思想，提高认识，明确任务，营造起迎接省级卫生县城复审的浓厚氛围，全力以赴，确保2013年顺利通过省级卫生县城复审。县委常委、副县长李勇就工作进行安排部署。

3月 县委办公室、县政府办公室联合印发《高青县城乡环境综合整治月督导方案》，在全县成立6个督导组。

3月 县委办公室、县政府办公室联合印发《关于对重点区域环境整治任务分解的通知》，将任务分解到各镇、部门和单位。

3月 县委办公室印发《城乡环境综合整治活动月实施方案》（高办发〔2013〕12号），对全县开展城乡环境综合整治活动月进行安排部署。

3月 为保证城乡环境综合整治月活动顺利开展，县政府印发《高青县城乡环境综合整治督导方案》，在全县成立11个督导组。

3月 召开水绿高青、绿化突击月及环境综合整治动员大会，印发《高青县创建国家园林县城实施方案》《水绿高青建设项目实施方案》《高青县2013年绿化突击月活动实施方案》等文件。

6月5日 县政府办公室印发《高青县规范占用公路打场晒粮行为工作实施方案》，从6月6日至6月30日，分三个阶段开展规范占用公路打场晒粮行为活动。

6月13日 县政府印发《关于严禁在公路上打场晒粮的通告》，禁止任何单位和个人在干线公路和城区主要街道以及主要县乡道路上打场晒粮。

6月 县政府办公室印发《依法规范取缔露天烧烤大排档专项整治活动实施方案》，决定7月1日至7月25日集中开展依法规范取缔露天烧烤大排档专项整治活动。

7月22日 东环路改造工程开始实施。该工程北起黄河路、南至清河路，长1169米，两侧敷设污水管道、路灯，概算投资1333万元。是年9月20日完成。

7月22日 县政府办公室印发《清河路综合整治实施方案》，决定对清河路两侧乱搭乱建及店外乱堆乱放物品、乱停乱放车辆等现象进行专项整治。

8月7日 东外环路改造工程开始实施。该工程北起北一路南至黄河路，道路总长940米，总宽30米，概算投资1114万元。是年10月7日机动车道通车。

9月6日 县政府办公室印发《关于实施放心早餐工程的意见》（高政办字〔2013〕12号），成立县委常委、副县长李勇任组长的高青县放心早餐工程建设领导小组，领导小组办公室设在县城管执法局，刘国华兼任办公室主任。

9月15日 城区排水东延工程开始实施。该工程西起北支新河北岸（橡胶坝），东至东环路以东（污水处理厂），排水方沟总长2112米，完成投资1650万元。是年12月30日竣工。

9月25日 实施长江路雨、污水管网工程。该工程西起干二排东至东外环路，雨、污水管网沿长江路两侧敷设，雨水管网长度7300米，污水管网长度7480米（含过路管），概算投资1650万元。

10月底 全县累计转运处理生活垃圾19725.74吨，较2012年同期每月增加5875.65吨。

11月29日上午 在县政府四楼会议室召开全县城乡环境综合整治工作会议，安排部署迎接市城乡环境综合整治考核工作，县城管执法局、住建局、交通局、林业局、水务局、农工办、公路局、环保局分管负责人，各镇分管综治工作的副镇长，各街道办分管综治工作的副主任参加会议。

12月2日 召开全县违法建筑拆除工作会议，县委组织部、宣传部，县法院、检察院，县政府办公室、县执法局、县住建局等部门，各镇（街道）

主要领导参加会议。

12 月 10 日　县园林局开展古树名木保护活动，技术人员于来到木李镇王家庄村对王家庄民居建筑群院内 2 株树龄百年以上的海棠树、石榴树进行土壤深翻、施有机肥料等保护措施。

12 月 20 日　县委办公室、县政府办公室联合印发《全县违法建筑拆除方案》(高办发〔2013〕67 号)，确定 2013 年 12 月 2 日至 2014 年 2 月 28 日，分四个阶段对全县违法建筑集中拆除。

是年　全长 43 公里的环城水系全部贯通，建成环城绿廊 55 公里，新植各类苗木 340 万株，新增绿化面积 800 公顷，“水绿高青”成为高青县靓丽名片。

是年　实施引黄干渠、广青路、北外环、西外环、东外环、唐北路、高淄路、苗木基地等绿化建设，总长 55 公里，建设面积 841.5 公顷，共栽植国槐、法桐、白蜡、金叶榆、金枝槐、垂柳、雪松、黑松、西府海棠、碧桃、龙柏、木槿等苗木 252.9 万株。

是年　实施六号路、七号路、西一路、青城路西延、高苑路东延(共建林)、高苑路西延、唐北路等 11 条道路及道路节点绿化建设，建设面积 29.7 公顷，共栽植法桐、国槐、白蜡、雪松、蜀桧、西府海棠、碧桃、龙柏、萱草、鸢尾等苗木，共计 67.5 万株。

是年　新建唐北路游园、李星耀游园、李官游园 3 处游园，建设面积 1.3 公顷，修建园路 500 余米，种植法桐、香花槐、蜀桧等苗木 8000 余株。

是年　对文体游园、中心路游园进行提升改造，修建园路 360 余米，广场铺装 4300 余平方米，安装景观灯饰 125 盏，栽植法桐、栾树、雪松、樱花、碧桃、西府海棠、大叶女贞等苗木 16 万余株。

是年　委托济南园林景观设计院对城区东部水系、南部水系、北部水系建设进行规划设计。

是年　县政府下发《2013 年度单位庭院绿化工作任务》，重点对全县 123 家庭院进行绿化，县政府与每家单位签订目标责任书，共栽植法桐、白蜡、国槐、毛白杨、樱花、碧桃、西府海棠等苗木 19 万株。

是年　县执法局制定《执法工作十三条禁令》，全面规范执法行为，印发《公车使用管理规定》，全面规范公务用车、维修养护等，杜绝公车私用现象。

是年　对城区主次干道马路市场、流动摊贩、店外经营等现象进行强化管理，其中黄河路西首马路市场、文化路北首及南段的集市、中心路北段占道经营、汽车站周边综合整治、清河路建材市场等多处城区市容“老大难”问题得到了彻底根治。

是年　开展树木认养活动，全县 138 人在芦湖公园、千乘湖公园认养树木。

是年　在城区高苑路与东外环路、芦湖路与清河路、芦湖路与黄河路、芦湖路与南环路、潍高路与七号路等 10 个主要道路交叉口点缀景石，安装景石 1600 余吨。

是年　实施“放心早餐”工程，田横餐饮管理有限公司投资 600 余万元，购置多辆配餐车，制定景观式销售板房 30 多个，有效解决了城区早餐点随意占道经营、管理不规范的问题。

是年　接管原房管局、文化局和住建局所属的 3 座公厕，直管公厕由原来的 8 座增加到 13 座。大部分公厕由于年久失修已无法正常使用，投资 90 万元对所有公厕进行提升改造，其中 13 座现有公厕整修改造投资 55 万元，新建 2 座公厕投资 35 万元。

是年　将城乡环境综合整治活动与迎接省级卫生县城复审工作相结合，把城区划分为 104 个网格，实行网格化管理，城区环境整治实现无缝隙、全覆盖。

是年　协调推动便民市场建设，星耀便民市场规划面积 5000 平方米，芦湖便民市场规划面积 2000 平方米，由开发商负责建设，是年底交付使用。

是年　实施“水绿高青”建设，全长 43 公里的环城水系全部贯通，建成环城绿廊 55 公里，新植各类苗木 340 万株，新增绿化面积 800 公顷，完成造林 1.2 万亩，林木覆盖率达到 31%。

是年　共受理来访人员 80 余人次，办理各类信访投诉件 4 件(其中政协、人大提案 2 件，群众信访举报 2 件)，政风行风热线投诉问题 10 件，接访率及办结率均达到 100%。

是年　成立了案件审理委员会，共办理执法大队移交案件 8 件(其中规划案件 7 件，市容案件 1 件)，收缴罚金 20 余万元。

是年 在《高青工作》、高青政务网刊登新闻信息110篇，悬挂宣传条幅60余条，循环播放宣传片60余小时，设立咨询台2次，沿街发放宣传资料1.1万余份。

是年 “爱我家园志愿者协会”组织活动9次，制作宣传专题片1部。

是年 稳妥推进“数字城管”建设工作，提出了“数字城管”与“智慧山东”“数字化基础政务”三网合一的目标，提高了方案的设计难度。

是年 共有垃圾清运车31辆，垃圾转运车9辆，其中各镇（办）均配备2辆垃圾清运车及1辆垃圾转运车，全年转运处理生活垃圾19726吨，较2012年同期每月增加5876吨。

是年 加强与交警部门联合，对违法占用城区道路停放车辆行为进行整治，划定各类机动车停车区500余个，规范各类停车行为350余次，处罚违章停车130辆。

是年 实施蒲台路南延工程。该工程北起清河路、南至千乘湖北岸，总长320米，硬化景观铺装10米，道路双侧设雨水管道，单侧设污水管道，路灯、绿化、敷设电力电缆。概算投资800万元。

是年 累计清理各类广告牌340块，乱贴小广告2300余张，占道经营180处，并根据实际规范和设置临时便民市场5处，有效解决了市民需要和城市管理要求的突出矛盾。

是年 加强城区建筑渣土管理，召开全县建筑企业专项工作会议，出台《高青县建筑渣土管理暂行办法》，组织各建设项目负责人、渣土清运单位负责人、房地产开发商等相关责任人学习《高青县建筑渣土管理暂行办法》等文件，共查处带泥上路车辆80台（次），运输建筑垃圾沿街撒漏车辆30台（次），办理渣土清运及处置手续30件，渣土处置量5万立方米。

是年 加强规划执法，坚持和谐拆违，累计普查在建小区12处，在建工程60余处，建设面积20余万平方米，对其中14处违法建设均已立案调查，对广青路两侧、田翟路两侧、青苑路东侧、西一路两侧、清河路南侧、芦湖路两侧的30余处乱搭乱建，坚决依法拆除。

是年 城乡环卫一体化建设实现全覆盖，新建唐坊、花沟、高城、木李、常家、芦湖街道6处生活垃圾中转站。

是年 以建设“学习型机关”为抓手，制定年度《学习教育培训计划》，明确学习内容，确保学习培训工作的持续、深入、有效开展。

是年 购置660升垃圾桶175个，240升垃圾桶4000个，总投资120万元。同时，对城区38个垃圾收集箱进行修整改造，结合迎接省级卫生城市复审，购置3立方米垃圾箱40个，更新果皮箱203个。投资10余万元，对县城21处地下垃圾池进行了加盖遮挡改造。

2014年

1月14日 召开全县生态高青建设动员大会，研究部署2014年生态高青建设任务，县领导徐培栋、刘忠远、白明河、于新华、边江风、李勇、孙英涛、满军、耿庆玮、张守伟、刘军、于双胜、张欣欣、王福春出席会议。

3月6日上午 在县迎宾馆一楼会议厅召开“三城同创”工作会议（全县创建国家园林县城工作会议、全县创建国家卫生县城工作会议、全县创建全国绿化模范县工作会议），县委常委、副县长李勇安排部署2014年创建国家园林县城有关工作，副县长于双胜安排部署创建国家卫生县城有关工作，副县长刘军与高城镇、经济开发区管委会签订责任书，县长刘忠远作讲话，会上下发了《城市裸露土地绿化整治活动月实施方案》等文件。参加会议的有：县政府各副县长，各镇镇长、各街道办事处主任，县直各部门、各直属机构、各垂直管理部门主要负责人，部分企业主要负责人。

3月7日 在县迎宾馆召开全县创建国家卫生县城、国家园林县城、全国绿化模范县动员会议，确定“三城同创”工作，县委副书记、县长刘忠远主持会议，副县长刘军、于双胜，县政协副主席王福春出席会议。

3月21日 召开全市城市管理长效机制建设工作会议，县委常委、副县长李勇代表高青县政府作了题为《创新管理、重心下移、全员参与，以城市管理长效机制提升高青城市新形象》交流发言。

4月10日 淄博市市政环卫处副处长牟守峰一行到高青调研市政设施养护管理工作，充分肯定高青市政设施管理工作。

5月27日 县长刘忠远在县政府二楼会议室主持召开会议，专题研究县体育局住宅楼地块住宅户拆迁安置有关事宜。

6月25日 市政府市容环境专项整治活动领导小组对高青县市容环境专项整治情况进行考核验收，本次考核的重点是主要干道、沿线加油站厕所及城乡结合部。

6月27日 县委常委、副县长李勇视察北支新河综合治理三期工程，要求各相关单位立足职能，积极行动，密切配合，确保按时竣工。

7月21日 召开网格牵头单位城市管理工作座谈会，全县107个网格以片区为单位进行座谈，汇报第二季度网格整治工作经验，就辖区内的难点、重点问题进行分析，县领导李勇、于双胜出席座谈会。

7月31日 在市政府采购网发布高青县数字城管基础平台建设项目竞争性谈判资格公告，确定竞争性谈判时间为8月5号上午，竞争性谈判分为三个包，包一：大屏显示系统、网络及安全系统、配套设备、支撑软件、数据普查、应用软件及云计算中心系统；包二：土建工程及装修、综合布线；包三：办公家具采购。

8月19日 召开县执法局领导班子专题民主生活会，县人大常委会副主任刘金峰出席会议，县委第四督导组成员、县执法局领导班子全体成员参加会议，孙旭光主持会议。

8月30日 组织城区内烧烤、餐饮业主召开以“整治露天烧烤、规范夜市大排档摊点”为主题的会议，传达了《淄博市餐饮业油烟污染防治工作实施方案》，将烧烤摊点向城区外引导，以黄河路以北芦湖路段两侧为重点规范区域，并开拓广青路以北田翟路以东区域。

9月3日 开展经营业户沿街墙面的“即时贴”整治活动，对沿街经营业户门窗玻璃上张贴、粘贴的广告进行清理。

9月28日 城管执法局执法人员沿县城芦湖路、黄河路等占道晒粮比较严重的路段开展集中整治，出动执法车辆4台，铲车2台，劝导、帮助清理打场晒粮场所60余处，整治路段3000余米。

9月 县园林局整建制划转县城管执法局，10月市政管理职能划转城管执法局，11月实现与交通、国土等部门的联合执法，高青县在构建“大城管”格局上实现质的跨越。

10月20日 黄河路北侧(五号路至老气象局段)水系景观一期工程动工建设，该工程全长450米，建设面积2.02公顷，主要建设广场园路、灯饰景观、水景工程和绿化美化等内容，是环城水系建设的重要组成部分。

10月28日 举行庆祝第20届环卫工人节最美城管环卫工·园丁表彰暨“爱我家园”摄影展览仪式，县委常委、副县长李勇，县执法局局长孙旭光，“爱我家园”志愿者协会会长曹国孝，协会副会长陈国华、曹建民、王智平、邵珠军及“爱我家园”协会成员单位参加会议。李勇、曹国孝分别讲话。这次活动是与县机关工委、县“爱我家园”志愿者协会、县摄影家协会联合举办的。

10月31日 召开党的群众路线教育实践活动总结大会，第四督导组副组长赵新国、于爱军出席会议，局领导班子成员及全体党员干部参加会议，局长孙旭光作教育实践活动总结报告。

11月7日 由市城管执法局、市规划局、市公安局、市监察局组成的全市城乡规划普查工作领导小组到高青检查规划普查工作。

12月30日 县委、县政府为加强城市管理，完善城市管理机制，构建大城管，将县市政管理处管理职能由县住建局移交县城市管理执法局。

是年 累计报道、刊登新闻信息110篇次，悬挂宣传条幅360条，循环播放宣传片2400余小时，出动流动宣传车80余次。

是年 “爱我家园”志愿者协会组织环境保护调研活动2次，参与生态宣传1次，发放宣传材料6000余份。

是年 投资20万元对齐东路便民市场进行提升改造，投资100余万元筹建七号路便民市场。

是年 拆除张田路、芦湖路等沿路乱搭乱建13处，对城区所有在建工地进行普查，普查建筑面积近30万平方米。

是年 成立建筑渣土管理办公室，进一步完善《高青县建筑渣土管理办法》，全年累计办理建筑渣土清运、处置手续18件，渣土处置量16万立方米。

是年 投资60余万元完成黄河路中段沿街广告牌升级改造，推进黄河路东段户外广告改造，对存有安全隐患的30余家广告产权单位下达限期改正通知书。

是年 对局属60余部车辆安装了GPS定位系统，实现对车辆的动态管理，建设占地2公顷的车辆集中停放场地1处。

是年 成立建筑渣土管理办公室，完善《高青县建筑渣土管理办法》，办理建筑渣土清运、处置手续18件，渣土处置量16万立方米。

是年 出动7台环卫作业车对县城区19条主次干道施行机械保洁、降尘作业，城区道路保洁率达到95%以上，洒水降尘作业覆盖率达到98%。

是年 购置各类垃圾桶(箱)200余个，对城区38个垃圾收集箱进行修整改造。

是年 将全县767个行政村全部纳入整治范围，坚持"日巡查、周督查、月通报"的督查方式，落实城乡综治常态化管理机制，启用芦湖街道等6处垃圾中转站，对各镇分别配备生活垃圾运输车1部，按人口配备保洁员1600名，垃圾收集桶3000个，全县城乡环卫一体化全覆盖。

是年 实施干二排景观水系等9个项目，建设面积195.79公顷，概算投资3.9亿元，完成土方量201万立方米，种植各类苗木1.9万株，完成投资4880万元。

是年 建成林荫路16条、林荫停车场17处，安装花容器或摆放花坛、花箱、花树422组。

是年 对黄河路等21条道路和所有公园、游园进行绿化充实改造，种植各类苗木150万株。

是年 对城区内道路、公园、庭院等73块裸露土地进行绿化，绿化面积18.62公顷，完成投资2500万元。

是年 投资40万购置了道路养护灌缝机，投资80万引进了小型路面养护设备。

是年 投资210万元对现有城区市政设施进行逐条拉网式养护维修，完成补缝3.6万余米，修补破损路面720余平方米，修补网裂路面1.6万余平方米，调整和更换人行道砖1.68万平方米、路沿石3930米、镶边石520米，对城区内2100套排水井盖安装防坠网。

是年 投资180余万元，完成城区雨水篦子清理约3500个，排水管道清淤2.8万米。

是年 投资150万元对千乘湖下游河段进行了彻底清淤。

2015年

1月8日 千乘湖生态文化园管理处召开保安人员工作会议，总结2014年全年工作，每位保安签署了遵守千乘湖生态文化园管理处规章制度及规定承诺书。

1月23日 县长刘忠远在《政府工作报告》中提出，以争创国家卫生县城为目标，完善"大城管"体制机制，深入推进城乡环境综合整治。

2月16日 在局办公楼会议室举办以"携手共进、欢度佳节"为主题的迎新春联谊会，城管、环卫、园林、市政管理等行业的工作人员表演歌曲、舞蹈、朗诵、书法等节目。

2月24日 在全县干事创业工作会上，县委书记徐培栋给予县城管执法局以肯定和好评。

3月3日 副局长孙海带队一行3人到无棣县住房和城乡建设局数字化城市管理指挥中心学习数字化城市管理工作，参观了该县数字化城管指挥大厅和机房等硬件设施，详细了解案件办理流程和数字化城市管理流程、视频监控系统。

3月24日 县执法局局长孙旭光在局四档会议室主持召开《高青县城管志》编纂、培训工作会议，各分管负责人、文字供稿人参加会议，孙旭光就志书编纂工作进行安排部署，要求同年10月完成初稿工作，这次会议标志着《高青县城管志》编纂工作起动。

4月3日 召开县政府常务(扩大)会议专门研究部署城乡环卫一体化工作，实行县政府班子成员挂包责任制，县政府印发《关于实行县长挂包镇(办)推进城乡环卫一体化工作的通知》。

4月20日 对青城路进行专项综合整治，共出动执法人员30余人，出动执法车辆4台，市容市貌宣传车1辆，治理店外经营200余处、劝导经营商户300余家、清理乱贴乱画20余处。

4月24日　县政府召开全县创建国家卫生县城工作推进会议，把城乡环卫一体化与创建国家卫生县城相结合，统筹谋划，统筹推进。

4月30日　田镇街道办西官庄村在县执法局派驻的“第一书记”带领下，出动30余人，各类机械3台，对村内各主次道路、卫生死角、沟渠进行清理，县执法局还积极筹资，对村内的街道立面进行统一粉刷。

4月　8个生活垃圾压缩中转站建成并投入使用，各镇(办)均配备1辆垃圾收集车，各镇办按比例配发垃圾收集桶共3500个，加上各镇办自行购置的垃圾桶，总计数量达到5500个，基本达到全县行政村全覆盖，覆盖率达90%以上，在全省城乡环卫一体化农村群众满意度电话调查数据排名中，全市各区县唯独高青名次上升，其他区县均有下降，综合得分上升1.99分，为全市上升分数最高。

5月1日～2日　县长刘忠远到各镇(办)、村(居)实地督导城乡环卫一体化存量垃圾集中整治工作。

5月1日　县委常委、副县长李勇主持召开全县城乡环卫一体化百日攻坚战工作调度会议，各镇(办)镇长(主任)、县委宣传部、县城管执法局等部门参加，会议传达市城乡环卫一体化会议精神，对全县各镇(办)电话测评情况、工作进展情况等进行了分析，要求全县在5月10日前完成农村存量垃圾集中整治工作。

5月2日　县长刘忠远召开全县城乡环卫一体化调度会议，研究采取“以奖代补”方式对各村主街外立面进行统一粉刷，新购置15辆垃圾清运车分发到各镇(办)，解决垃圾及时清运问题。

5月4日　县长刘忠远召集分管副县长、县财政局、县城管执法局专题研究城乡环卫一体化成效机制建设工作，对城管执法局起草的《高青县城乡环卫一体化市场化运作方案》进行了研究和讨论。

5月14日　召开《绿地系统规划》专家评审会。

5月16日　副市长刘东军主持召开全市国家卫生城市迎审暨城乡环卫一体化工作推进会议，县委常委、副县长李勇代表县委、县政府作典型发言。

5月　芦湖公园编制2名，人员35人，其中在编2人、劳务派遣人员1人、借调企业人员3人，保安、保洁、养护等长期临时工29人。

5月　实行县委常委挂包责任制，全力督导推进农村存量垃圾整治攻坚战。是年，全县完成投资5000余万元，配备保洁员1600人，配备垃圾桶8560个，清运积存垃圾18万吨，新购农村垃圾清运车辆15台，环卫收运设施配备进一步完善。

6月24日　在青城镇召开全县乡村文明行动城乡环卫一体化工作现场会议，会期半天，各镇、街道、经济开发区镇长、主任，分管负责人参加会议，唐坊、花沟、芦湖、青城等4个镇办分别就“百日攻坚战”活动开展情况及取得成效作典型发言，县委常委、副县长李勇讲话。

6月30日　在县政府五楼会议室召开全县城乡环卫一体化工作会议，各镇(街道)、经济开发区管委会分管城乡环卫一体化工作的负责人及各管区书记参加会议，唐坊镇和店管区、花沟镇榆林管区、芦湖街道道堂李管区作典型发言；经济开发区台李管区、高城镇李官管区、黑里寨赵济明管区作表态发言。

7月6日　切实履行为人民群众办好民生实事的承诺，县城管执法局制定《关于做好民生实事工作的实施方案》。

7月7日　县执法局在三楼会议室召开《高青县城管志》推进调度会，各篇章负责人、供稿人参加会议，孙旭光在会上就编纂工作提出要求。

7月　县执法局制定《餐厨垃圾集中清运工作落实方案》。

8月28日　山东建筑大学处长李瑞杰、威海市园林局副局长宋协明一行到高青县视察指导国家园林县城创建工作。市园林局局长户新军、县城管执法局局长孙旭光、县园林局局长魏学峰等人陪同调研。

11月7日　市委常委、宣传部部长毕荣青到高青视察城乡环境综合整治工作。

第一章　法制工作

2005年10月，成立高青县城管执法局法制科。

2007年，对县城户外广告设置进行管理，对高青县城区范围内户外门头牌匾、大型立柱广告、墙体、楼顶广告、立面广告进行统一管理。

2008年，开展户外广告集中整治行动，按照“美化城市、保证安全”的原则，建立健全户外广告管理制度及资源开发、安全监测体系，促进广告管理规范化，提高了户外广告设置水平。

2009年，在全县9个镇(办)建立城管执法中队；制定《户外广告深度治理方案》，采取调查核实、责令自行拆除、强制拆除、加强巡查等措施，对各类广告进行整治，进一步美化、靓化了城市景观；整治立柱、楼顶等大型广告牌，对县城规划区内所有的立柱式广告、楼顶广告等大型广告设施进行专项检查，共检查47处，拆除3处，提交安全检测报告或安全保证书的44处，达到了安全无隐患的要求。

2010年，按照“一店一牌、统一设置位置、统一设置高度、统一设置要求”的标准，开展沿街门头牌匾整治活动，对不符合设置标准、设置存在安全隐患的门头牌匾当场下达《责令整改通知书》，要求户主进行整改、消除安全隐患，对不办理手续、不按要求设置、存在安全隐患不进行整改的依法进行强制拆除和处罚。

2011年，加强对各镇执法中队工作的指导，制定《2011年度各镇(街道)执法中队工作目标考核办法》等文件，做到县、镇两级规划执法齐头并进，逐步实现城乡规划执法一体化；为提高城市品位，提升城市形象，县城管执法局组织开展户外广告普查活动及大型户外广告牌检测活动，成立由谷可勇任组长，孙海、冯加强任副组长的领导小组，以中队执法辖区为依据，对辖区内的户外广告进行普查摸底，对大型户外广告进行检测的同时，健全安全检查、安全检测的文书资料，做好检查记录，检查率达100%。

2012年，积极开展执法宣传“进学校、进社区、进企业”三进活动，印发城市管理相关规定，宣讲有关法律法规知识，与管理相对人进行面对面的交流，及时了解市民对当前城市管理的要求和看法，虚心听取意见和建议，累计发放宣传材料3000余份，采纳市民有效建议20余条；实施城管与媒体互动宣传，通过报纸、电台、电视等媒体宣传城市管理和行政执法工作的政策法规，及时反映城市管理工作动态和工作成效；加强教育培训，提高执法人员业务素质和能力水平，坚持每周一上午学习制度，定期组织集中学习，学习城市管理工作法律法规知识、执法技巧及外地先进经验。

2013年，以建设“学习型机关”为抓手，开展学习教育培训活动，邀请市执法部门、纪检部门及兄弟单位对执法人员进行廉政教育和业务技能培训，提高了执法队伍的整体素质。

2014年，开展户外广告升级改造及安全检查，继投资60余万元对黄河路中段沿街广告牌升级改造后，实施黄河路东段户外广告改造；普查城区各类大型户外广告，对存有安全隐患的30余家广告产权单位下达限期改正通知书，责令相关单位进行安全检查。

2015年3月2日～13日，开展为期两周的执法业务培训及军事达标训练活动，对新录用的城市

新进队员进行军事队列训练　　（2013 年　摄）

管理工作人员和部分合同制工作人员进行培训，到检察院廉政教育基地参观学习；发放印刷宣传材料 1000 份，制作公益围挡广告 2 处、LED 电子屏 4 块，加强《山东省行政执法条例》宣传，播放“讲文明树新风”公益宣传内容；完成《高青县城管执法局责任清单》编制工作，共计 5 万字。

2015 年年底，有工作人员 7 名，郭凯担任法制科科长。

第一节　案件审核把关与工作流程

一、案件审核把关

违法行为发生地执法中队负责违法行为的查处工作。执法机构对案件的发现、立案、调查取证、处罚决定、文书送达、案件执行、结案归档全部流程全权负责。法制机构对案件的发现、立案、调查取证、处罚决定、文书送达、案件执行、结案归档全部过程负责法律审核。

二、工作流程

1.立案。①执法中队发现违法行为线索，填写《受理案件呈批报告》，经办案机构、执法机构负责人审核签署处理意见；②由案件承办单位填写立案审批表并确定案件编号，经执法大队、分管领导审核同意批准立案。准予立案的，按照法律程序办理，直至结案。

2.调查取证。①案件承办人员应当对案件进行全面、客观、公正地调查，收集有关证据。法定代表人或主要负责人以外的人接受调查处理的，应当办理授权委托手续。②案件调查取证必须两名以上执法人员参加，出示行政执法证件并记录在案。③调查取证过程中，当事人拒绝接受调查，或者无法找到当事人，或者当事人及有关人员拒绝在相应执法文书上签名、盖章或者以押印等其他方式确认的，案件承办人员必须在执法文书或者其他有关材料上注明原因，并以录音、录像等视听资料加以证明。必要时，案件承办人员可以邀请第三方有关人员作为见证人。

3.调查报告。案件承办机构制作案件调查报告，提出法律适用和处理建议。

4.审核。案件调查终结，案件承办机构必须将立案审批表、现场勘验笔录、调查询问笔录等全部案件材料及案件调查报告，提交法制科进行审核。法制科对案件进行集体审核后（重大行政违法案件由案件审理委员会集体审议审核），提出意见。审核合格的由法制科、分管领导及主要领导审批。审核不合格的退回案件承办机构重新制作。

审核内容主要包括：①对案件是否具有管辖权；②违法主体认定是否准确；③办案程序是否符合法定要求；④案件事实是否清楚，证据是否确凿充分，执法文书是否规范；⑤适用法律依据是否准确；⑥处理建议是否合法、适当；⑦处罚裁量是否合理、公正；⑧违法行为是否涉嫌犯罪，并需要移送司法机关。

5.告知。需要给予行政处罚的，由案件承办机构制作行政处罚告知书或者听证权利告知书。法制科对法律文书格式进行审核后，案件承办机构

执法人员队列展示　　　　　　　　（2014 年　摄）

报局领导审批，并向当事人下达。同时告知当事人拟作出行政处罚决定的事实、理由、依据及依法享有的权利。

6.听证。当事人要求听证的，必须以书面形式提出听证申请。当事人口头提出申请的，必须将当事人基本情况、听证请求事项以及事实和理由记录在案，并由当事人签名、盖章或者以其他方式确认。当事人逾期未提出听证申请的，视为放弃听证的权利。

法制科按照《山东省行政处罚听证程序实施办法》及《淄博市城市管理行政处罚听证程序暂行规定》的要求组织听证工作。

7.陈述申辩。当事人有陈述申辩需求的，案件承办机构对当事人的陈述、申辩应记录在案，法制科进行复核。理由成立的，应减轻或撤销拟作出的行政处罚决定。

8.作出行政处罚决定。案件承办机构拟定行政处罚决定并填写《呈请作出行政处罚决定报告书》，经执法大队、分管领导签字，报局主要领导批示。领导批示同意的，制作《行政处罚决定书》，向当事人下达。对情节复杂或者重大违法行为给予较重的行政处罚的，局领导应集体讨论决定。

9.催告。当事人在规定期限内未履行行政处罚决定的，案件承办机构制作履行行政决定催告书，经法制科对法律文书格式进行审核后，向当事人下达。催告当事人如期履行行政处罚决定，并告知当事人依法享有的权利。

10.陈述申辩。当事人再次提出陈述申辩需求的，案件承办机构对当事人的陈述、辩解应记录在案，法制科进行复核。理由成立的，应减轻或撤销拟作出的行政处罚决定。

11.强制执行决定和公告。当事人经催告仍未履行行政处罚决定的，案件承办机构申请人民法院强制执行或县政府责成有关部门强制执行。

案件承办机构拟定强制执行决定和公告，案件承办机构填写《呈请强制执行报告书》，经执法大队、分管领导，报局主要领导批示。领导审批同意，向当事人下达。对情节复杂或者重大违法行为给予较重的行政处罚的，局领导应当集体讨论决定。

12.执行。当事人逾期不履行强制执行决定的，案件承办机构移交人民法院强制执行，或者由行政机关依法组织强制拆除。

13.结案。行政处罚决定执行完毕后，案件承办机构制作结案报告，经法制科审核，由主要领导

县领导视察城管执法局成立十周年成果展　（2014 年　摄）

批准结案。案件承办机构整理案卷材料提交法制科归档。

14.行政复议、应诉。当事人提出行政复议或提起诉讼的，案件承办机构应当将全部案件材料提交法制科，由法制科进行复议答复或应诉。

三、案件审核把关工作要求

1.案件从受案、立案、调查、审核、审批到法律文书制作、送达、执行均实行流程式管理。对于审核、审批案件，实行“办案人员初审—法制科复核—局领导最终审批”三级审核机制，层层把关，确保案件质量。

2.办案人员所承办的案件在呈报审批前，须对全案进行全方位审查。

3.各单位承办的各类案件在上报法制科审核、局领导审批前，先由本单位就下列问题进行审核。

4.办案人员审核后认为承办案件实体、程序、法律文书制作、卷面等均无问题，方可上报，法制科把关。

5.法制科依照法律、法规、规章等规定就实体及程序合法性进行审核。

6.在一定范围内影响较大、群众反映强烈或上级领导批办、督办的案件，以及案情重大复杂、有疑点或难定性的，由办案人员提出，部门领导召集或邀请有关人员一起集体讨论定案。

附：典型案例

高青县城管执法局以司法介入推动城管执法
——行政强制执行胜诉案

高青×××有限公司（简称甲方）在未取得规划审批手续的前提下，在县城中心路2号沿街楼东侧建设南北长27米，东西宽5.6米房屋一处。

2012年9月4日，高青县城市管理和行政执法局（简称乙方）接到群众举报，对违章建设行为立案调查，在查清事实并履行了告知处罚和听证义务后，于2012年9月19日做出了《城市管理行政处罚决定书》。甲方在法定期限内既未申请行政复议，也未提起行政诉讼，该处罚决定已经发生法律效力。乙方因甲方未按期履行行政处罚决定书，于2012年10月11日给甲方下达了《城市管理行政执法履行行政处罚催告书》并告知其陈述申辩权及申辩期限，但甲方没有在法定期限内行使陈述申辩权。

2013年4月3日，乙方依法做出《城市管理行政执法强制执行决定书》，责令甲方于2013年7月4日前自行清理将被强制拆除的建筑物内的财物。

甲方不服乙方做出的行政强制执行决定，在法定复议期内向高青县人民政府申请复议。高青县人民政府于2013年7月19日作出行政复议决定书，维持了乙方做出的行政执法强制执行决定书，甲方（原告）此时仍不服，以乙方（高青县城市管理和行政执法局）为被告向高青县人民法院提起行政诉讼。一审法院（高青县人民法院）在对案件进行审理后，做出了维持被告的强制执行决定。

一审宣判后，原告仍然不服，向高青县人民法院提起上诉，请求依法撤销原审判决，依法改判或者发回重审。被上诉人高青县城市管理和行政执法局辩称：答辩人具有行政执法主体资格，对行政处罚相对人高青×××有限公司的处罚事实清楚，适用法律法规正确，程序合法，作出行政决定符合法定职权，请求二审法院维持原判决。

二审法院（淄博市中级人民法院）对案件进行审理后，认为上诉人高青×××有限公司的上诉理由不能成立，不予支持，原审判决认定事实清楚、证据充分、适用法律正确，予以维持。据此，二审法院作出判决：驳回上诉，维持原判。（二审判决为终审判决）

2014年1月，高青县城市管理和行政执法局在收到二审维持行政强制执行决定判决后，协调×××有限公司在2014年4月底前自行拆除了违法建筑。这一群众反映强烈的违法建设在历经行政复议、行政诉讼后得到了妥善的处理。高青县城市管理和行政执法局以司法介入成功推动了城管执法工作的顺利开展。

第二节　执法文书制作与送达

行政执法文书是指行政机关在行政执法过程中，按照法定程序，就具体行政行为或法律事务适用法律规范制作的具有特定法律效力或者法律意义的文书。

一、立案的条件

1. 有明确的违法嫌疑人。

2. 有确定的违法事实(包括初步证据和可能违反的法律条款)。

3. 属于本行政机关的管辖范围。

以上三个条件缺一不可。

二、案件受理登记表

案件受理登记表，是执法人员依据案件来源，经核实，案件属于本部门管辖，需受理案件作进一步调查处理，报请执法机构负责人确定案件处理意见的文书。

适用范围：执法人员依据案件来源，经核实，案件属于本部门管辖，需受理案件作进一步调查处理，报请执法机构负责人确定案件处理意见的文书。

高青县城市管理和行政执法局责令改正通知书

高青县城市管理和行政执法局
责令改正违法行为通知书

高执责字〔20××〕第××号

高青县××运输有限公司：

经查，你(单位)于20××年1月10日23时，在运输高青县×路×号写字楼工地工程渣土时，车辆未采取密闭措施，进行工程渣土运输，污染××路面的行为，违反《山东省城镇容貌和环境卫生管理办法》第××条第××款第××项的规定。

现责令你(单位)对上述第××项违法行为立即整改；对第××项违法行为于20××年1月10日(12时)前整改完毕，接受复查。(逾期不整改的，依法给予行政处罚。)【或者现责令你(单位)停止上述行为，听候处理。】

行政执法人员(签名)：王××　证号：SDC×××

(签名)：苏××　证号：SDC××××

被检查单位负责人(签名)：×××

高青县城市管理和行政执法局

20××年1月9日

本文书一式两份，一份行政执法部门留存，一份交被检查人(单位)。

三、调查询问笔录

(一)适用范围

询问笔录是指为查明案件事实，收集证据，而向相关人员调查了解有关案件情况的文字。

(二)填写说明

询问笔录应当记录被询问人提供的与案件有关的全部情况，包括案件发生的时间、地点、情形、事实经过、因果关系及后果等。

询问时应当有两名以上执法人员在场，并做到一名被询问人一份笔录，一问一答。询问人提出的问题，如被询问人不回答或者拒绝回答的，应当写明被询问人的态度，如“不回答”或者“沉默”等，并用括号标记。

四、行政处罚事先告知书

（一）适用范围

行政处罚事先告知书是指行政执法机关在作出行政处罚决定前，告知当事人拟作出的行政处罚决定的事实、理由、依据以及当事人依法享有的权利的文书。

（二）填写说明

告知权利是作出行政处罚决定之前必须履行的一项法定的前置程序，如果执法人员未履行该项法定义务，将导致行政处罚无效，再现诉讼或复议，也会导致案件败诉或被撤销。

行政处罚事先告知书应当写明当事人的违法事实、违反的法律条款、拟作出行政处罚的种类、幅度及法律依据，并告知当事人享有的陈述和申辩的权利、要求举行听证的权利及法定期限，并注明联系人、联系电话和行政处罚机关地址等。

对违法事实的描述应当完整、明确、客观，不得使用结论性语言。

行政处罚事先告知书示例

高青县城市管理和行政执法局
行政处罚告知书

高执罚告字〔20××〕第××号

高青县××建筑工程有限公司：

本机关依法查处的______占道堆放物料______一案，现已调查终结。根据《中华人民共和国行政处罚法》第三十一规定，现将本机关拟做出的行政处罚决定的事实、理由及依据告知如下：

你（单位）于20××年1月9日，在××路××号承建写字楼工程工地外人行道，进行堆放物料的行为，违反了《山东省城市市容和环境卫生管理条例》第××条的规定，根据《山东省城镇容貌和环境卫生管理办法》第××条规定，本机关拟对你（单位）作出罚款壹仟元的行政处罚。

你（单位）如对上述认定的违法事实、处罚依据及处罚内容有异议，有权在接到本告知书之日起三日内向本机关陈述、申辩（提出要求举行听证），逾期视为放弃权利。

联系人：　　　　联系电话：

地址：高青县青苑路39号　　　　邮政编码：256300

高青县城市管理和行政执法局

20××年1月××日

本文书一式两份，一份行政执法部门留存，一份交被检查人（单位）。

五、行政处罚决定书

（一）适用范围

行政处罚决定书是指行政执法机关依法适用一般程序，对当事人作出行政处罚决定时使用的文书。对公民处以 50 元（含 50 元）以上的、对法人或其他组织处以 1000 元（含 1000）以上的罚款的处罚决定适用一般程序。

（二）填写说明

1. 作出处罚决定所依据的法律、法规、规章应当写明全称，列明适用的条、款、项、目。

2. 有从轻或者减轻情节，依法予以从轻或者减轻处罚的，应当写明。

3. 告知法律救济渠道，未履行处罚决定的法律后果。

4. 填写作出行政处罚决定的日期，由执法人员签名，加盖县城市管理和行政执法局公章。

行政处罚决定书示例

高青县城市管理和行政执法局
行政处罚决定书

高执罚字〔20××〕第××号

被处罚人：　　　性别：　　　年龄：　　　联系电话：

家庭住址：

被处罚单位：高青县××建筑工程有限公司

地　址：　高青县××路××号　　　　　邮政编码：256300

法定代表人（负责人）：×××　职务：总经理　联系电话　×××××××

违法事实及证据：

你（单位）于 20××年 1 月 10 日在×路×号施工过程中，有未征得市容环卫管理部门同意和相关部门许可，擅自在城市街道两侧堆放物料。以上违法事实有如下证据：《调查询问笔录》《证人证言笔录》《现场检查笔录》《陈述申辩笔录》《行政处罚听证笔录》等证据。

20××年 1 月 10 日你（单位）收到行政处罚事先告知书后，于 20××年 1 月 12 日向本机关进行陈述申辩，称初犯，施工人员按照执法人员下达的《责令改正通知》书要求减轻或不予处罚，本机关认为不符合《中华人民共和国行政处罚法》第二十七条规定，不予采纳。20××年 1 月 12 日向本机关提出听证要求，经听证，声称施工人员按责令改正通知进行了整改，减轻了违法行为危害后果。经调查，当事人未在规定的时限内彻底恢复道路，所述与事实不符，本机关不予以采纳。

上述行为违反了《山东省城市市容和环境卫生管理条例》第××条第一款的规定，依据《山东省城市市容和环境卫生管理条例》第××条第××项的规定，本机关决定给予 1500 元的行政处罚。（罚款自收到本决定书之日起 15 日内缴至　　，到期不缴纳的，每日按罚款数额的 3%加处罚款。）

如不服本处罚决定，可以在收到决定书之日起 60 日内依法向高青县人民政府申请行政复议，或者在三个月内依法向高青县人民法院提起行政诉讼。

高青县城市管理和行政执法局

20××年××月×日

六、执法文书的送达

送达是有关机关按照法定的一定方式，将法律文书、诉讼文书交付给应当收受文书的当事人和其他诉讼参与人的诉讼行为。

（一）直接送达

城管执法人员将执法文书直接交给当事人的送达方式为直接送达。但以下情况也属于直接送达：

1. 当事人是公民的，本人签收是直接送达，本人不在交其同住的成年家属签收的，也是直接送达。（例如妻子代丈夫签收也属直接送达，但需备注两者的家庭关系）

2. 当事人是法人或其他组织的，应当由法人的法定代表人、其他组织的主要负责人或者该法人、组织的办公室、收发室、值班室等负责收件的人签收。（需备注签收人员在该单位、公司的职务）

3. 当事人有代理人的，行政机关可以向当事人送达，也可以向其代理人送达。

4. 当事人已向行政机关指定代收人的，送交代收人签收。

在送达回证上签收的日期以当事人或与当事人同住的成年家属、法人或其他组织的负责收件的人、代理人或代收人在送达回证上签收的日期为送达日期。

（二）留置送达

留置送达是指当事人或者他的同住的成年家属拒绝签收向其送达的执法文书时，行政机关执法人员依法将文书留在当事人住所的送达方式。适用留置送达必须同时具备以下几个条件：

①必须是将文书送达到当事人的住所。

②当事人或其同住的成年家属拒绝接收执法文书。

3. 必须邀请当事人所在的基层组织或者所在单位的代表在场或有拒绝接收的摄像资料。

4. 必须是在当事人或与其同住的成年家属在场的情况下，把执法文书留在其住所。

留置送达不仅适用于对公民送达，也适用于对法人或者其他组织的送达。送达人向法人或者其他组织送达执法文书，“应当由法人的法定代表人、该组织的主要负责人或者办公室、收发室、值班室等负责收件的人签收或盖章，拒绝签收或盖章的，适用留置送达”。

（三）委托送达

委托送达是指城管执法机关直接送达执法文书有困难，委托有关执法机关代为交给受送达人的送达方式。委托其他执法机关代为送达的，委托单位应当出具委托函，并附需要送达的执法文书和送达回证，以受送达人在送达回证上签收的日期为送达日期。（备注：村委会、居委会为非执法机关，所以县执法大队不能委托其送达文书）

（四）邮寄送达

邮寄送达是指城管执法机关直接送达执法文书有困难，通过邮局将执法文书用挂号邮寄给受送达人的送达方式。邮寄送达应当附有送达回证。挂号信回执上注明的收件日期与送达回证注明的收件日期不一致的，或者送达回证没有寄回的，以挂号信回执上注明的收件日期为送达日期。

（五）转交送达

转交送达是由执法机关将执法文书交受送达人所在单位代收后转交给受送达人的送达方式。

转交送达是在不便直接送达时采用的一种送达方式。主要适用以下三种情形：

1. 受送达人是军人的，通过其所在部队团以上单位的政治机关转交；

2. 受送达人被监禁的，通过其所在监所或者劳动改造单位转交；

3. 受送达人被劳动教养的，通过其所在劳动教养单位转交。

代为转交的机关、单位收到执法文书后，必须立即交受送达人签收，以在送达回证上的签收日期，为送达日期。

（六）公告送达

公告送达是指执法机关以登报、张贴公告等方式告知受送达人执法文书的内容或通知其到执法机关领取文书的一种送达方式。

公告送达是一种推定送达，所以，执法机关必须严格按照法定程序进行。有下列情况之一的，才能适用公告送达：

1. 受送达人下落不明。所谓下落不明，是指受送达人现在何处无从知晓。

2. 采用直接送达、留置送达、委托送达、转交送达、邮寄送达等五种送达方式均无法送达的。

不符合这两种情况，就不得采取公告送达方法。

县城管执法局纪律作风整顿暨2015年重点工作动员会议 （2015年 摄）

第三节 法制建设

一、法制建设目标

1. 学习法律，加强培训。每年集中学法不少于4次，各种形式的学法不少于40学时，组织开展《中华人民共和国行政强制法》学习、培训活动，加强对行政机关领导干部和执法工作人员的培训，准确理解和熟练掌握各项规定。

2. 建立健全重大行政决策机制。进一步完善行政决策机制，把公众参与、专家论证、风险评估、合法性审查和集体讨论决定，作为重大行政决策的必经程序，并严格执行，强化跟踪问效。

3. 完善行政决策风险评估机制。加强重大决策社会稳定风险评估机制建设，确定决策风险点，设定决策风险考量指标，完善决策风险评估程序，提高决策质量，避免引发社会不稳定因素。

4. 加强重大决策跟踪反馈和责任追究。确定专门机构、指定专门人员，定期对决策的执行情况进行跟踪和反馈，全面评估决策的执行效果，并根据评估结果适时对决策予以调整或者停止执行。对超越法定权限、违反法定程序、出现重大失误的决策行为，按照谁决策、谁负责的原则严格追究责任；对依法应当作出决策而不作出决策、玩忽职守、贻误工作的行为，要追究责任。

举办法制讲座 （2014年 摄）

5. 深入开展行政审批制度改革。认真贯彻落实省、市《关于深入推进行政审批制度改革工作要求》以及县委、县政府相关要求，深化行政审批制度改革，促进审批提速、工作提效。开展行政审批事项清理工作，减少和调整行政审批事项，把行政审批名称、审批依据、审批主体、审批内容、审批条件、审批程序和监督办法等审批流程图对外公布，加强对审批项目的管理。

6.规范城管行政处罚自由裁量权。结合行政权力清理规范工作，进一步细化、量化裁量标准，出台《县城市管理局行政执法自由裁量权办法》，严格规范行政处罚自由裁量权的行使。

7.加强内部层级监督。把预防、查处、纠正违法行政行为的制度建设，作为治本措施，着力推进，使内部层级监督程序更加完备，措施更加有力，方法更加灵活，效果更加突出。

8.强化对行政执法内部监督。定期评查行政执法案卷，并将其作为监督执法过程、提高执法规范化水平的重要手段，评查结果与年终评先挂钩。

9.完善行政调解制度。加强行政调解工作机构和调解员队伍建设，建立“一把手”负总责、分管领导具体抓、法制科牵头、相关业务科室为主要调解力量的工作体制，积极开展行政调解工作。

10.加强组织领导。做到“一把手”亲自抓、分管负责人具体抓、其他负责人协力抓的工作格局，为推进依法行政工作提供坚强的组织保证。

二、法制建设工作

高青县城管局作为城市管理的主管部门，积极打造探索“大城管”模式，把“法制城管”建设放在第一位，彰显依法管理城市的理念。主要开展了以下工作：

1.建立和完善城管法律法规。充分发挥立法对城管工作的规范、引导、保障和促进作用，按照城市管理的内容、范围、对象，分部门建立健全各项管理法律法规，使城市管理法律法规更为全面、具体、明确，做到有章可循，并具有很强的可操作性。

2.加强宣传，增强市民的城管法律意识。通过组织形式多样、内容丰富、群众喜闻乐见的宣传活动，大力宣传城管法律法规，使市民理解和支持城管执法工作。

3.加强城管执法监督。在执法全过程中，严格执行行政监察法、公务员法、公务员处分条例等各项规定要求，局监察室不断加强检查、督导力度，加强执法监督，坚持有错必纠、有责必问，规范城管队员的执法行为，随时发现问题，随时纠正，确保城管执法的严肃性。

4.不断提升城管队伍素质。通过法制讲座、法制培训、法律知识测试、业务能力测试等网上网下多种学习培训手段，对执法人员的法律知识、执法能力进行培训和考核，加强城管人员法律知识培训，提高法律知识水平，使城管队员最大限度利用法律条文、法律规定来保证工作开展，维护城管形象。

5.坚持依法执法，规范城管执法行为。通过立法，明确城市管理的管理职责、管辖范围、执法程序，建立详尽的城管执法程序，完善城管执法的内部监督制约。

6.优化服务水平，打造良好城管形象。秉持“民生为先”理念，推出“便民服务卡”，通过数字化平台、局长进大厅等活动载体，主动为群众解难题简化民生诉求办理机制，更加高效地处理民生问题，提高群众满意度，提升“百姓城管”品牌。

7.创新工作机制，规范公正文明执法。开展行政权力清理，健全完善行政许可、行政处罚、行政征收、行政强制程序规则，完善执法运行流程，规范执法文书制作，严格规范裁量权行使，健全行政执法调查规则，规范取证行为。

三、法制建设服务承诺

1.接待来办事、咨询或反映问题的群众，热情

开展普法教育活动　　（2014年　摄）

周到、文明礼貌，认真听取和记录，耐心做好解释工作。

2. 对群众反映的问题，属本科室办理的及时办理，不是本科室办理的及时移交相关部门，不推诿、不扯皮。

3. 执行公务时，坚持原则，不护短、不回避，不搞人情工作，不厚此薄彼。

4. 严格遵守职业道德规范，忠于职守，通晓业务，秉公办事，公正办理涉法事务，自觉纠正违法或不当的行政行为，切实维护群众合法权益。

第四节　法制宣传

一、法制宣传指导思想

以科学发展观为统领，以“服务大局、服务发展、服务民生”为主旨，按照县委、县政府有关城市管理的要求，本着“贴近实际、群众配合、全社会参与”的理念，营造积极向上、文明和谐的舆论氛围，努力将城市管理宣传提高到一个新水平。

二、工作目标

通过宣传，引导广大居民和社会各界关注城市管理，了解城市管理的法律法规，改变城市管理方面的错误认识，配合、支持城市管理工作，开创城市管理工作新局面。

向群众普及法律知识　　（2013年　摄）

三、宣传内容

1. 有关城市管理方面的各项法律法规内容的宣传。

2. 城市管理、执法工作中涌现出的先进人物和典型事迹。

3. 城市管理及执法的各项职能，重点是与市民生活相关的事项。

4. 县城容貌标准以及市民业户应遵守的规定、规范和标准。

5. 城市管理审批事项的申请方式、应准备的材料、审批流程等。

6. 城市管理、执法阶段性工作以及市容市貌等专项整治活动的宣传。

7. 麦收、秋收、高（中）考试等特殊时期专项活动整治的宣传。

8. 对工作动态进行宣传。

四、宣传方式及时间

1. 利用大型户外广告宣传。在县城主要出入口和城区繁华地段设置大型户外广告牌，图文宣传城管执法新理论、新形象。

2. 利用主流媒体，做好宣传工作。与新闻媒体联系与合作，宣传城管工作动态。利用报纸、广播电视、政务信息网等新闻媒体进行宣传报道，及时向报社、政务信息网投送稿件。在广播、电视台循环插播有关城市管理的公益广告。

3. 积极协调，组织开展城市管理执法征文活动，鼓励写作爱好者投稿。

4. 麦收、秋收季节开始前，印制严禁占道晒粮的宣传材料，到城区周边村庄、田间地头发放，提前告知村民不要占用城区道路打场晒粮。

5. 高中考前，印制严禁噪声扰民的宣传材料，到学校、考场周边，居住小区周围及沿街高音喇叭宣传业户处发放，为学生创造良好的学习考试环境。

6. 向沿街经营户和新开发

加强行政执法宣传　　（2011年　摄）

竣工的沿街店铺发放广告审批流程图和明白纸，告知办理广告的要求和沿街经营中要遵守的相关规定。

7.瓜果、蔬菜集中上市时期，印制规范经营的提示，到城区主要入口处发放给进城瓜农、菜农，引导进城销售瓜农到规定的市场摆摊设点。

8.到新开工和正在建设的施工工地发放文明施工宣传材料，告知各施工单位在建筑垃圾清运，施工噪音、车辆带泥行驶、文明施工等方面遵守相关规定和要求。

9.利用标语口号宣传。在城区人口密集、人流量大的街头、广场和游园，宣传城管理念。

10.利用村（居）设置的广播宣传。在环境综合治理、麦收、秋收期加大对综治标准、占道晒粮等的宣传力度。

11.利用大型移动式电子显示屏，循环播放城市管理宣教片和公益广告。

12.编印《城管动态》，每月出一期，内容为城管工作重点、典型人物事迹、法律法规知识、案例分析等。

13.在环卫保洁工人三轮车车体、保洁人员统一配发服装上，印制宣传标志标语。

14.利用小区、学校、企业的橱窗、宣传栏等将城市管理的各项职能，城市管理的各项法律法规进行宣传，实现宣传“进小区、进学校、进企业”。

五、开展法制宣传工作

2009年，通过报纸、电视、网络、悬挂宣传条幅、设置温馨提示、分发宣传材料等多种媒介、多种形式进行执法宣传，增强了广大市民守法意识、城市意识和文明意识。在县级媒体发稿60余篇，电视报道12次，悬挂宣传条幅60余条，设置温馨提示30余处，发放宣传材料《致广大沿街商户一封信》《致广大驾驶员朋友一封信》6000余份。

2010年，在执法行为中要求执法人员面对面做工作，耐心细致解说城市管理法律法规，提高实际案例的宣传教育作用，将城市管理中经常出现的违法违章行为告知附近民众，达到以点带面的积极意义。

2012年，积极开展执法宣传“进学校、进社区、进企业”三进活动，印发城市管理相关规定，宣讲有关法律法规知识，与管理相对人进行面对面的交流，及时了解市民对当前城市管理的要求和看法，虚心地听取意见和建议，累计发放宣传材料3000余份，采纳市民有效建议20余条。

开展法制学习活动　　（2013年　摄）

2013年，利用广播电视、《高青工作》、高青政务网、内部《简报》和LED电子大屏幕等载体，宣讲城市管理政策法规，报道工作动态，增强市民群众了解、参与城市管理意识。全年共累计报道、刊登新闻信息110篇(次)，悬挂宣传条幅60余条，循环播放宣传片60余小时，设立咨询台2次，沿街发放宣传资料1.1万余份，整体上营造了浓厚的舆论氛围。

2015年，开展宣传《山东省行政执法条例》活动，设置展板并发放印刷宣传材料1000份，落实《关于进一步明确"讲文明树新风"公益广告宣传具体要求的通知》，督促制作2处公益围挡广告、4处户外LED电子屏播放"讲文明树新风"公益宣传内容。

第五节　法律培训与学习

一、培训目标

1. 城管法制教育深入开展，实现普法教育的规范化、制度化。城管行政执法人员特别是领导干部的法律意识和法律素质显著提高，形成尊重法律、遵守法律、维护法律权威的良好氛围。

2. 行政执法人员全年在职业务培训学习不少于40课(含日常工作中的自学、讲座、案件研讨和法律法规学习时间)，全体执法人员受训覆盖面达100%。

3. 加强干部职工培训管理，增强培训成效，提高各级干部思想政治素质、业务能力、建设一支"眼界宽、思路宽、胸襟宽"的队伍。

4. 通过培训，进一步强化服务意识，依法履行职责，执法效能和水平进一步提高。行政违法案件的处罚符合法律、法规的规定，行政执法行为规范、文明、公正。

二、培训任务

1. 学习法律、法规。认真学习新颁布的法律、法规，做好学习和辅导工作。

2. 中层干部培训。局系统中层开展以提高领导协调、沟通合作能力为内容的培训，党组书记党务工作培训。

3. 宣传工作讲座。分别以新闻报道、摄影为主题讲座，同时举办比赛，提高通讯员业务素质。

4. 机关公文培训。根据局实际安排机关常用公文写作、文件处理等内容讲座。

5. 举办法制讲座。根据工作需要并结合新的形势要求，每年组织针对性的法制讲座5次。

6. 开展日常军事队列训练和体能训练。通过开展日常军事队列训练和体能训练，锻炼强健的体魄，培养坚强的意志、优良的作风和严明的纪律，全面提高城市管理行政执法队伍的综合素质。

7. 抓好在职自学工作。规定中队和队员的自学时间和内容，定期进行检查笔记，年度内组织2次相关知识考试。同时鼓励行政执法人员积极参加法律专业学历教育，不断提高自身的法律素养。

三、培训形式

1. 各科室、各中队、各站根据实际情况组织自学活动。

2. 每半年举办一次法制讲座。

3. 封闭式集中理论研讨培训，学习新知识、新理论，交流执法疑难问题、执法经验。

4. 新进队员轮训。对新进队员，进行2天～3天的集中培训。

5. 开展军事队列训练和体能训练。每年开展执法队员集中轮训活动，同时各中队自行组织训练，每周不少于1小时。

6. 每年组织2次全体执法队员的考试，考试结果与奖惩挂钩。

第六节　行政许可

行政许可主要包括户外广告审批、占道审批、园林与建筑渣土等其他行政审批事项。

2010年，开展沿街门头牌匾整治活动。按照"一店一牌、统一设置位置、统一设置高度、统一设置要求"的标准，对不符合设置标准、设置存在安全隐患的门头牌匾，当场下达《责令整改通知书》，要求户主进行整改，消除安全隐患。对不办理手续、不按要求设置、存在安全隐患不进行整改的，依法强制拆除和处罚。全年共拆除户外广告 47 块，规范各类广告牌 318 块。

2011 年，实行“一门受理、转告相关、并联审批、过程监督、责任追究”的工作机制，对简单的行政许可事项，当场办结，提高了行政许可效率，优化了经济发展环境。

2013 年，全年共审批各类广告牌 210 块，各类宣传活动 45 处，收取审批费用 10 万余元，对县城规划区内大型户外广告进行摸底排查，下达安全检测通知书，检测 20 余处，对新建沿街楼及天鹅商城的门牌进行了统一规划。完成“行政权力清单工作”，共疏理出行政处罚类 220 项，行政审批类 10 项。

认真开展“两集中、两到位”工作，对照部门行政审批、服务事项，认真梳理，做到底子清、情况明，积极推动“行政服务进中心”工作，全面规范户外广告及其他审批事项管理，打造服务型机关新形象。

2014 年，开展户外广告升级改造及安全检查。实行户外广告统一提升改造，投资 60 余万元完成黄河路中段沿街广告牌升级改造，推进黄河路东段户外广告改造；普查城区各类大型户外广告，对存有安全隐患的 30 余家广告产权单位下达限期改正通知书，责令相关单位进行安全检查。

2015 年，加强行政审批和行政许可工作，审批户外广告设置 69 件，审批城市占道设置 49 件，审批建筑垃圾处置 14 件。

一、户外广告审批流程

1. 申请人到行政大厅提交申请，领取表格，工作人员告知需填写提交的相关资料。

2. 申请人持填写的表格和相关资料到行政服务大厅窗口，工作人员受理申请。

3. 工作人员审核申报资料，通知局相关责任单位进行现场勘验。

4. 现场勘验合格后，报局领导审批。

5. 审批合格，到行政服务中心缴纳相关费用，领取户外广告审批证。

6. 按审批内容设置广告牌。

户外广告审批具体流程

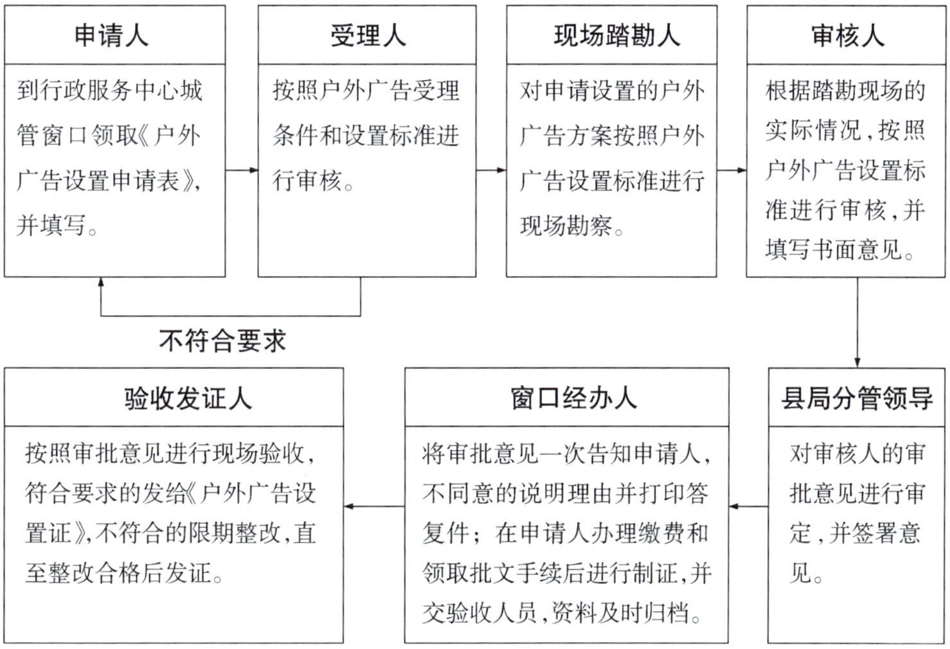

二、占道审批流程

1.申请。从事临时占道活动的公民、法人或者其他组织向县城市管理局提出申请。

2.受理。承办人对申请条件或材料进行审核,申请材料合格的决定受理;申请材料不合格或不全的,通知申请人补齐、补正材料;不予受理的,向申请人阐明理由和投诉渠道与时限。

3.勘察。承办人3日内进行现场勘察,并提出意见。

4.审批。在城市管理和行政执法局审查合格后,由分管副局长或局务会审定签批。

5.反馈。项目审批后,将批件通知到相应的中队及队员。

6.办理时限。自受理之日起7个工作日内作出许可决定。

占道审批流程图

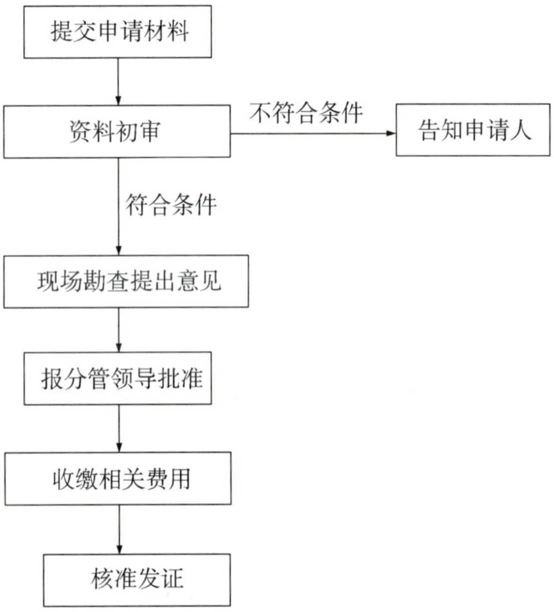

三、园林行政审批

(一)临时占用城市绿化用地、挖掘绿地审批

1.法律法规规章依据。国务院《城市绿化条例》第二十条规定,任何单位和个人都不得擅自占用城市绿化用地;占用的城市绿化用地,应当限期归还。因建设或者其他特殊需要临时占用城市绿化用地,须经城市人民政府城市绿化行政主管部门同意,并按照有关规定办理临时用地手续。

2.工作流程

①申请人备齐材料后到中心报送,窗口工作人员接收、核对申请材料,申请材料合格且符合法定形式,出具"受理通知书";不合格的,当场一次性告知清楚需要补正的内容和标准等;

②由窗口2名工作人员现场踏勘并签署意见;

③报分管领导审核及主要领导签批办理;

④由窗口工作人员发放核准通知单;

⑤由窗口2名工作人员到现场监督管理、组织验收。

(二)移植(砍伐)、修剪城市树木审批

1.法律法规规章依据。《山东省城市绿化管理办法》第二十三条规定,严禁擅自砍伐和移植树木。确需砍伐或移植的,必须按下列规定审批:

①一处一次砍伐或移植树木10棵以下的,由县(市)城市绿化行政主管部门审批;

②一处一次砍伐或移植树木10棵以上50棵以下的,由市、地城市绿化行政主管部门审批;

③一处一次砍伐或移植树木50棵以上的,由省建设行政主管部门审批。

2.工作流程

①申请人备齐材料后到中心报送,窗口工作人员接收、核对申请材料,申请材料合格且符合法定形式,出具"受理通知书";不合格的,当场一次性告知清楚需要补正的内容和标准等;

②由窗口2名工作人员现场勘查并签署意见;

③报分管领导审核及主要领导签批办理;

④由窗口工作人员发放核准通知单;

⑤由窗口2名工作人员到现场监督管理、组织验收。

(三)改变绿化规划、绿化用地的使用性质及移动绿化设施审批

1.法律法规规章依据。国务院《城市绿化条例》第七条规定,城市人民政府城市绿化行政主管部

门主管本行政区域内城市规划区的城市绿化工作。

第十九条　任何单位和个人都不得擅自改变城市绿化规划用地性质或者破坏绿化规划用地的地形、地貌、水体和植被。

2. 工作流程

①第一步：申请人备齐材料后到中心报送，窗口工作人员接收、核对申请材料，申请材料合格且符合法定形式，出具“受理通知书”；不合格的，当场一次性告知清楚需要补正的内容和标准等；

②由窗口 2 名工作人员现场踏勘并签署意见；

③报分管领导审核及主要领导签批办理；

④由窗口工作人员发放核准通知单；

⑤由窗口 2 名工作人员到现场监督管理、组织验收。

（四）城市古树名木迁移审批

1. 法律法规规章依据。《山东省城市绿化管理办法》第二十八条规定，城市的古树名木由城市绿化行政主管部门实行统一管理，有关责任单位和公民负责养护。严禁砍伐或移植古树名木。确因特殊需要迁移的，按下列规定报批：

①300 年以上和特别珍贵稀有或者具有重要历史价值和纪念意义的古树名木，由省建设行政主管部门审查，报省人民政府批准。

②其他古树名木由所在地城市绿化行政主管部门审查，报同级人民政府批准。

2. 工作流程

①申请人备齐材料后到中心报送，窗口工作人员接收、核对申请材料，申请材料合格且符合法定形式，出具“受理通知书”；不合格的，当场一次性告知清楚需要补正的内容和标准等；

②由窗口 2 名工作人员现场踏勘并签署意见；

③报分管领导审核及主要领导签批办理；

④由窗口工作人员发放核准通知单；

⑤由窗口 2 名工作人员到现场监督管理、组织验收。

四、行政服务大厅

2013 年 10 月，县执法局行政许可科进驻高青县政务服务中心，共有工作人员 2 名，分管领导邵峰，科室负责人郭凯。

主要业务。行政审批管理制度落实工作，户外广告空间资源运营、环境卫生、园林绿化、城市占道、渣土处置、市政等相关行政许可审批事项的办理。

城管执法局工作窗口始终坚持“以人为本、为民服务”的执法理念，顺应群众期待，力争把窗口打造成服务群众的“阵地”，展示形象的“舞台”，联系群众的“桥梁”，接受监督的“平台”，优化行政审批流程，对临时占道、门头标牌等项目审批缩短了工作日，方便了服务对象。

2013 年，审批户外广告 116 件。

2014 年，共审批 144 件，其中户外广告审批 64 件。

2015 年 7 月，共审批 111 件，其中临时户外广告审批 77 件，建筑渣土审批 23 件。

第七节　镇执法中队建设

一、中队建设

2006 年 6 月 23 日，在沂源县召开淄博市建制镇城市管理相对集中行政处罚权试点现场会，副市长刘有先建议在田镇镇设立混合式执法中队，中队负责人由镇政府提出人选，县执法局任命。各镇城市管理执法中队由县编委行文，为股级事业单位，均编制 5 人，所需人员编制从各镇事业单位人员编制中调剂。

2007 年 4 月，成立田镇镇城管执法中队。

2008 年，县城管局积极推进相对集中行政处罚权工作向镇延伸，完善县、镇管理网络，下移城管重心，提高城市管理覆盖面。是年，在青城、高城、唐坊、常家、赵店、木李 6 镇组建了城管执法中队，高青县城管局在 7 镇组建了城管执法中队，共有城管执法人员 18 人，全部为事业编制。

2009 年 6 月，全县 9 个镇（街道）全部建立起城管执法中队。

2015 年 10 月高青县镇(街道)城管执法中队机构一览表

表 1—1

镇名称	机构名称	机构性质	人员编制	人员身份
田镇街道	田镇中队	事业	3	事业
芦湖街道	芦湖中队	事业	3	事业
青城镇	青城中队	事业	3	事业
高城镇	高城中队	事业	3	事业
黑里寨镇	黑里寨中队	事业	3	事业
唐坊镇	唐坊中队	事业	3	事业
花沟镇	花沟中队	事业	3	事业
常家镇	常家中队	事业	4	事业
木李镇	木李中队	事业	3	事业

二、执法人员着装要求

1. 执法人员标志服装(包括帽子、肩章、臂章、胸章、领花、领带等)由县局统一式样和定制。工作服分夏装、春秋装和冬装。

2. 执法人员应当爱护和妥善保管好制服、肩章、臂章、胸章、领花等,不得出租、抵押或擅自更改,不得转借给非城管行政执法人员。

3. 执法人员在工作时间必须着制服,并按规定佩带执法标志(包括帽徽、肩章、臂章、胸章、领花、领带等)。办公室内,可不带大檐帽,应统一挂放整齐。

4. 执法人员非因公外出以及其他不宜或者不需要着制式服装的,不得着制服。下班时间禁止着制式服装出入公共场所。

5. 执法人员着装时,应按照规定穿着,不同季节服装不得混穿。着春秋装时,内着制式衬衣(下摆系于裤腰内),扎系制式领带;着夏装长袖衬衣时下摆系于裤腰内,扎系制式领带。执法人员应按照时令着制式服装,换装时间由县局统一规定。

6. 执法人员执法时,必须保持仪容端庄、整洁,不得歪戴大檐帽,不得披衣、敞怀、挽袖、卷裤腿。冬装、春秋装内着毛衣(衫)或者衬衣内着内衣时,毛衣(衫)、内衣不得外露;不得在外露的腰带上系挂钥匙或者饰物;不得赤脚穿鞋或者赤足。

三、执法人员文明执法要求

1. 执法人员应当举止端庄,谈吐文明,精神振作,姿态良好。

2. 执法时应着制服,做到先敬礼,后亮证,文明礼貌,严肃认真。

3. 外出时,必须遵守公共秩序和社会公德,自觉维护城管队伍的形象。

4. 非因公务执法车辆严禁停放在酒店、舞厅等其它娱乐场所,严禁执法标志车辆公车私用。

四、执法中队管理

1. 出台相关文件,加强对镇执法中队管理。2006 年 11 月 27 日,县执法局制定《高青县城市管理行政执法局关于建制镇中队管理办法》(高执法字〔2006〕]20 号),各镇成立执法中队,人员不少于 2 人,受县城市管理和行政执法局的委托,以县城市管理和行政执法局名义实施行政处罚与执法活动。2011 年,制定《2011 年各镇办事处执法中队工作目标考核办法》等文件,做到县镇两级执法工作齐头并进,全面提高了各镇、办事处行政执法工作水平。

2012 年 12 月 6 日,为进一步加强对镇(街道)城管执法队伍管理,更好地规范执法行为,提高镇(街道)执法水平,县执法局制定《高青县镇(街道)城管执法中队管理办法》(高执法字〔2012〕48 号)。

2. 县执法局加强对各镇(街道)中队业务指导,不断提高执法人员的执法水平。

3. 县执法局对各镇(街道)中队执法人员进行交流,相互学习。

4. 各镇(街道)中队执法人员定期培训,加强理论学习、法律法规学习、规章制度学习。

5. 对各镇(街道)中队每年年底进行一次案卷评比,评选出优秀案卷,予以表彰奖励。

6. 各镇(街道)中队每月 5 日前以书面形式向县局督察科汇报上月工作情况及下月工作重点,每月向县局法制科上报 2 篇信息。

7. 各执法中队执法人员要经过统一的专业法律知识培训,经考试合格取得执法证件后方可上岗执法,各中队至少有 2 名持证上岗人员。

第二章　监察工作

2008年3月，开展城管进小区活动，以小区物业公司为依托，先后在银领世家、齐林家园等小区成立城市管理行政执法所，由执法所受理小区内群众投诉，所长由执法局派执法人员担任。

2009年，制定《2009年重点工作任务分解落实方案》，做到分工明确、责任到人。建立领导一线工作机制，实行带班执法，做到以身作则，率先垂范。建立领导考核制度，对班子成员日常工作进行月度考核，增强班子成员能干事会干事的积极性。

2009年，制定《2009年城镇管理行政执法百分制考核工作方案》《2009年城镇管理行政执法百分制考核细则》，加强对镇城管执法工作的指导与考核。

2009年，建立《执法人员守则》《执法人员文明用语》《执法局工作量化考核办法》《廉洁自律暂行规定》等39项规章制度，形成全面、系统、切实可行的管理体系，有效地约束和规范全体执法队员的行为，队伍的作风纪律得到进一步加强，整体素质得到全面提高。

2009年，县城管执法局党组与全局干部职工签订了《廉政建设责任书》，强化规范执法行为，杜绝"吃、卡、拿、要"行为的发生。

2010年，积极开展"创先争优"、民主生活会、"两带一创"主题学习、纪律作风检查等活动，举行"立足本职创先争优、争做城管执法先锋"演讲比赛。

2011年，制定《2011年城区"门前五包"责任制管理考核办法》，对沿街各单位"门前五包"进行检查考核，对存在的突出问题及时反馈，跟踪督导，在全县倡导"把街道当作自家客厅来打扫，把小区和单位庭院当作自家卧室来整理"，努力打造整洁的城市环境。

县执法局党的群众路线教育实践活动动员会议召开　　（2015年　摄）

2011年，制定《廉政风险防范管理实施方案》《高青县城管执法工作纪律》规章制度，提高执法队员的整体素质。

2011年，加强对各镇执法中队工作的指导，制定《2011年度各镇（街道）执法中队工作目标考核办法》，做到县、镇两级规划执法齐头并进，逐步实现城乡规划执法一体化。

2012年，开展"规范化建设年"活动，重心下移，创建和谐城管。按照"属地管理、双重领导"

的原则，协调9个镇（街道）全部标准化配备执法中队，组织业务培训，加强镇域执法工作指导，填补镇（街道）驻地的执法空白。

2012年，加强执法队伍管理，完善《学习制度》《工作纪律》等19项机关规章制度，形成严密的责任考核体系和责任追究制度，强化了干部职工认真履职和干事创业意识。

2012年，加大效能督查考核力度，建立局领导督查、局督察科专职督查等一整套督查制度，对督察中发现或群众举报的执法队员给予处理。

2013年，坚持以制度管权管事管人的原则，修订完善内部规章制度，下发《执法工作十三条禁令》，有效杜绝了滥用职权、违反程序执法、不文明执法现象的发生。印发《公车使用管理规定》，全面规范公务用车、维修养护等，杜绝公车私用现象。

2014年，落实信访接待制，及时查处反馈落实信访案件。对接到的信访举报件、部门转办督办件，在半小时内都及时安排科室进行调查，细心取证，做到件件有着落，反馈有实效，保证举报案件落实的客观性和公正性。共受理来访人员80余人次，办理各类信访投诉件4件（其中政协、人大提案2件，群众信访举报2件），政风行风热线投诉问题10件，接访率及办结率均达到100%。

2015年8月，开展考勤及在岗情况大检查，监察科组织人员对全局上下班考勤、在岗情况大检查，利用电子考勤系统，对4月到7月的所有考勤记录进行整理，将全局所有工作人员的每月出勤天数、旷工情况、加班情况进行分类统计。对各个科室、各下属单位，以及城市协管员、道路保洁员进行在岗情况大检查，到工作地点进行逐一检查、记录。

2015年，完善《行政执法督察人员工作职责》，对督察范围、督察方式、督察内容做了详尽的规定和布署，使工作有目标、有标准、有要求、有奖惩，在日常工作中由监查科专人定期、不定期开展效能督察，并将督察结果及时通报。

2015年，开展对各个科室、各下属单位的监察督导工作，每天按时统计各个科室及下属单位的外出登记情况、请销假人员以及每天上班登记情况，加强监督上班人员着装情况。

2015年，开展县城区公厕卫生大检查行动，组织工作人员对县城区15座公厕的灯、墙面、卫生工具、地面等配套设施进行检查，对存在的问题进行现场拍摄，并将所有资料及时整理、总结、反馈。

2015年，编写《考核细分责任书》，对工作的方方面面制定具体考核标准，为工作开展提供强有力的政策保证。

第一节　作风纪律监察

一、监察内容

1.思想作风方面。重点解决工作责任心不强、被动应付，服务意识淡薄和纪律涣散、自由散漫等问题，强化能力意识、责任意识、服务意识和奋发有为意识，做到主动作为、敢于担当、遵章守纪、令行禁止。

2.廉洁勤政方面。重点解决以权谋私、人情案、关系案，滥用自由裁量权，失职渎职等问题，认真贯彻执行中央“八项规定”，提高廉洁自律、风险

参观焦裕禄纪念馆，进行纪律作风教育　（2014年　摄）

参加警示教育活动　　（2014 年　摄）

防范意识，做到公正、清廉、勤政，干干净净做事，清清白白做人。

3. 工作作风方面。严格遵守行政执法制度、考勤制度、会议制度、卫生制度、着装规定、夜间值班制度、车辆及驾驶员管理等规章制度，重点解决酒后上班、在工作时间内上网玩游戏、打牌、聊天、炒股，重点解决不按要求统一着制服、佩戴标识、标志、披衣、敞怀、挽袖、卷裤脚、歪戴帽子等仪表不整等问题，树立良好的城管队伍形象。

4. 行为举止方面。重点解决举止不端，执行公务时吸烟、吃零食、叉腰、插手、搂肩搭背、随处倚坐、嬉笑打闹等问题，做到举止得体、行为严谨，养成良好的个人行为方式。

5. 文明执法方面。重点解决在执法过程中态度粗暴，用语不文明，不尊重当事人，甚至与当事人发生口角等不良行为，做到文明用语、规范执法，树立执法为民的理念。

6. 文明服务方面。重点解决在文明服务中使用文明用语，礼貌待人，热情服务。认真开展咨询服务，热情接待来访人员，设立投诉信箱，公布监督电话，对投诉信件、电话，认真对待，妥善处理，及时反馈。

7. 车辆管理方面。重点解决执法车辆标志不完整，外出执勤时乱停乱放，违反交通法规以及其他违反车辆管理规定等问题，做到车容整洁，确保车辆安全、有序。

二、监察方法

1. 认真学。认真学习中共中央《关于改进工作作风、密切联系群众的八项规定》《中国共产党领导干部廉洁从政若干准则》、习近平总书记在十八届中央纪委四次全会上的重要讲话及其他有关作风纪律、勤政廉政的制度规定。学习采取集中和分散自学相结合的方法，集中学习不少于 10 个小时，分散自学不少于 30 个小时，撰写学习笔记不少于 5000 字。

2. 仔细查。以各事业单位、机关各科室为单位，重点针对管理制度、办事流程、办事效率，从工作职责、工作质量、工作态度、工作纪律等方面，深入查找自身在作风纪律方面存在的突出问题，要形成问题自查报告。

3. 深刻摆。对查找出的作风纪律方面的突出问题，要认真进行梳理分类，明确重点，找出难点，深刻分析问题存在的原因，剖析根源，统一思想，提高认识。

4. 扎实改。针对查找出的突出问题和薄弱环节，制定整改措施，有针对性地完善制度建设，增强制度的约束力和可操作性。整改措施要突出重点，立足实际，切实可行。

三、三个责任制

1.“五包”责任制。针对城管局的实际，在纪律作风整顿中，城管局对班子成员实行“五包”责任制。即：包文明行政执法，包精细环卫保洁，包提档园林绿化，包办公室作风建设，包严格财务管理，经过“五包”，明确班子成员的工作职责，推动各项工作的开展。

2. 责任追究制。县城市管理和行政执法局承载着市容市貌、环卫保洁和园林绿化等工作，是委托执法单位，为了提升城管执法形象，改变作风，要求执法人员在行政执法中必须做到不乱收费、不吃、拿、卡、要、不拉关系户、不办人情案，对有违规违法及乱收费行为，一经发现一律严惩不贷。

所有干部职工做到“人在岗心在岗”，办公室人员工作期间不玩游戏、不上网购物等、不做与工作无关的事情，认真工作，兢兢业业，严格执行“十个严禁、八个不准和八个做到”，严肃工作纪律改变工作作风。

3.考勤考核制。根据整顿工作纪律作风的要求，对工作人员实行影像签到制，严格上、下班纪律。对迟到、早退、脱岗的人员，实行严厉的责任追究。力求通过纪律作风整顿，改变各单位的纪律状况，树立良好的工作作风。

第二节　投诉信访受理

一、信访接待

（一）接待时间与方式

局领导接待日实行定期接待方式，固定接待时间、地点，公开接待来访。每月的10号、25号为局领导信访接待日（如遇节假日、双休日则为顺延后的第一个工作日），时间为半天。领导主要实行直接听取、预约接待、牵头会办、现场办案等四种方式，领导按日程安排轮流接待处理信访。

（二）接待制度

1.实行局领导每人定期参加接待工作制度，每月保证二次，固定时间、地点，公开接待来访，时间为半天。

2.领导信访接待主要实行直接听取、预约接待、牵头会办、现场办案的方式。

3.参加接待的领导，要妥善安排好工作，因各种原因不能按时接待的，要预先调整安排，确保接待日不出现空档，取信于民。

4.局领导在信访接待中要认真倾听群众的意见、建议，努力为群众排忧解难。

5.本着高度负责精神，对接待受理的事项，领导同志要认真了解情况，积极协调，主动跟踪、督查，切实解决问题，维护群众合法权益，能答复当场要答复，对一时办不到的要做好解释，对不合理要求要耐心做好思想工作。

6.对领导接访日批办的事项，各承办部门要在一月内办结上报，做到事事有结果，件件有答复。

7.接待日中如需相关部门负责人参与的必须准时参加。

8.认真做好接待日情况的登记，资料归档等工作。

二、投诉

投诉，是老百姓对城市管理行政执法工作最直接的反馈，也是最深切的信任。高青县城市管理和行政执法局高度重视信访投诉工作，成立投诉处理中心，公开投诉举报热线（6983603），通过三步走不断提升投诉处理效率，切实提高群众满意度。

（一）专人记录，立时流转。根据历年处理经验，城市管理相关信访投诉的路径共有4类12种，分别为转发类投诉电话、直接类投诉电话、互联网信件投诉和信访类投诉，每1类下分3种，可谓点多面广。城管投诉中心设专人畅通投诉路径，详细记录投诉内容，立时流转至投诉处理人员，加快投诉接收流转进程。

（二）及时出动，分流归类。投诉处理人员接收流转信息后，及时出动，第一时间赶至现场调查核实、取证处理，实现投诉回应零延迟。分流归类，能当场解决的积极协调、当场解决，不能当场解决的按一般程序立案查处，确保案件执行到位，推动投诉反馈处理进程。

（三）追踪进度，后续回访。投诉进入一般程序立案查处阶段后，下发责令限期改正通知书，追踪违法行为整改进度，督促当事人及时整改，加快被投诉行为整改处理进程。同时，定比20%抽样回访已结案的投诉，遏止反弹回潮现象，有效降低后期重复投诉率80%以上，群众满意度上升一个台阶。

第三节 内部考核

为全面提高城市管理执法水平，加强城市管理执法队伍建设，完善和落实责任制，规范各项管理工作和执法活动，提高工作人员的综合素质和工作效能，高青县城市管理和行政执法局加强对各科室的量化考核，量化考核以公开、公正、公平为原则，实行标准统一、逐级考核的办法，突出重点，量化任务，体现规范性、合理性、导向性，注重实绩和可操作性。量化考核适用于局各科室、中队、站。

一、组织机构

城管执法局成立考核领导小组，负责对考核标准的制定、修改及重要数据、重要事项的核定以及对任务目标完成情况进行综合评定考核；局监察科负责日常工作的协调和对各科室、中队、站及重点工作的考核。

二、考核内容

1. 制度建设。严格执行《城市管理和行政执法局规章制度》，主要包括学习、例会、考勤、考核、请销假、车辆管理等制度的实施和完善。

2. 纪律作风。主要包括遵章守纪、队容队貌、执法形象、爱岗敬业、廉洁自律等。

3. 业务管理。主要包括政务管理、执法业务、行政处罚、信访接待、机关各科室履行职责情况、各中队执法情况与管理效果等。

4. 内部管理。主要包括内务卫生、资产装备、文书文档的管理等。

5. 阶段性重点工作和专项治理活动，根据活动安排，专项考核。

考核领导小组根据以上内容制定《工作目标量化考核实施细则》，监察科根据本考核规定和《工作目标量化考核实施细则》进行严格考核和督察。

三、考核方式

1. 监察科采取日督察、周通报、月考核总结的方式进行定期与不定期检查和督察。月考核总结要结合领导干部带班督查结果。监察科要及时将督察情况和领导带班督察情况，反馈到各科室、中队、站，做到发现问题随查随改。

2. 监察科督察考核到单位，各单位将所扣分值落实到相关的责任人，并将结果于每月 3 日前书面监察科。

3. 监察科每月将集体、个人考核情况报局领导审查，同意后于次月 5 日前在局门厅电子显示屏上进行公示。

4. 每季度根据考核情况评选出一个先进单位和一名业务标兵予以表彰。

5. 科室、中队、站在一个年度内评比中累计两个季度排名倒数第一的，局党组对相关科室、中队负责人实行诫勉谈话，给予一定的经济处罚并追究分管领导的责任。

6. 设立集体、个人考核基金。集体基金按 30 元/人·月设立，个人基金按 100 元/人·月设立。集体、个人基础分值均为 100 分。

7. 协管员实行末位淘汰制。年度考核最后一名，进入三个月内的淘汰观察期，观察期间认定不合格的予以淘汰。

8. 环卫局司机实行动态管

加强职工学习教育工作 （2012 年 摄）

理。

四、考核奖励

1. 各科室、中队(法制、宣传科除外)信息发表被县级、市级、省级、国家级采用的每篇分别加 0.5 分、1 分、3 分、5 分。

2. 执法工作人员见义勇为、助人为乐、拾金不昧、为民排忧,受到群众表扬(以锦旗、表扬信为准)或受到县级以上政府、新闻媒体表扬的,酌情予以在月度考核中加 2～5 分。

3. 因工作成绩突出经局领导研究决定可以嘉奖的,月度考核中酌情加 1～3 分。

4. 执法人员在执法过程中,秉公执法遭暴力抗法致人身伤害或遭受委屈,仍能维护城管良好形象的,月度考核中酌情加 2～5 分。

5. 经局党组认定具有其他加分因素的给予适当加分。

第四节　执法队伍建设与管理

队伍建设是城管工作的生命线,高青县城市管理和行政执法局始终坚持把城管队伍建设摆在突出的位置,做到队伍建设与执法管理两手抓,两手都要硬,努力建设一支群众满意的城管队伍。

一、四个强化

1. 强化教育、提高整体素质。按照"抓一流管理、建一流队伍、创一流业绩、树一流形象"的要求,首先加强局领导班子自身建设。领导成员率先垂范,团结务实、廉政高效、敬业奉献,与同志们同甘共苦。要求同志们做到的,领导首先做到,一级带着一级干,一级干给一级看,使全局上下真正做到了风正、气顺、心齐,营造了团结紧张和谐的工作氛围,形成了强有力的领导核心和战斗集体。其次,开展以"权力观、人生观、价值观"为内容的教育活动。教育执法人员树立正确的权力观、人生观、价值观,大事讲原则,小事讲风格,认真执行廉洁自律各项规定,提高廉洁勤政的自觉性。同时注意加强学习,面对城管执法工作的复杂性,要求执法人员必须有较高的政治素质和业务水平,为此,每周组织全体人员学习,通过学习,政治素质和业务素质有了明显的提高,办案程序都能熟练掌握。开展了军事训练达标活动。按照省市要求于 2015 年 3 月份开展了军训达标活动,聘请人武部领导为教官,进行了严格的训练。通过军训以及日常教育,整个队伍纪律严明、动作规范、作风过硬。

2. 强化内部管理,加强制度建设。建立健全了各项规章制度,制定了"目标量化考核实施办法",对各科室、中队纪律作风、内部管理、制度遵守、业务管理等方面进行每月考核,考核结果与工资奖金挂钩,用制度规范每个执法人员的行为,实现制度管人、制度管事,促使执法队员严格遵守各项规章制度,文明执法。

3. 强化责任落实,合理定岗配员。根据城区管理难易进行定人;根据路段管理需求进行定岗;根据管理工作对象的运行时间特点进行定时;做到人员、岗位、时间相统一,人员主要分布在城市广场、市场周边、学校及重点街道等地方。

4. 强化监督、规范执法行为。局监察科不定期对执法人员的队容风纪、人员到位、履行职责等方面进行全方位考核监督,对到岗不尽责的将严格按照规定进行处理,通过考核切实改变干与不干一个样、干多干少一个样现象。实行日检查,周通报制度,每天都有督察日记,每周印发一期督察通报,每时每刻给每位执法干警敲响警钟,在执法过程中要时刻注意文明执法,注重执法细节,做到一切依法律法规办理,依程序规范运作。

二、正规化建设

正规化建设是城市管理行政执法的建队之基、兴队之策。城市管理行政执法队伍承担着艰苦的城市管理任务,工作的繁重性、实施行政处罚的严肃性、执勤时限的不确定性,决定了城管执法队伍必须实行严格的组织管理、整齐划一的规范要求和严肃的组织纪律,达到政令统一、令行禁止。高青县城市管理和行政执法局以正规化、专业化、规范化管理为切入点,学习和借鉴军队建设和管理的经验,确立统一的队伍管理标准,做到纪律严明、指挥高效、作风优良、举止规范、办公有序,

执法人员进行队列训练　　（2015年　摄）

培养顽强的作风、锤炼坚强的意志，把城管执法队伍建设落实于各项执法工作中，打造一支敢于承担急、难、险、重任务的铁军。

主要做法：

1.加强队列训练。按照军事化管理的总体要求，不断创新军事训练的内容和方式，养成城管执法队伍令行禁止、统一高效的战斗作风，在作息时间、集会纪律、请示报告等环节上严格要求，养成执法人员姿态规范、令行禁止的军人作风。

2.严格规范着装仪表和行为举止。县城管执法局从着装仪表的细微之处抓起，从规范行为举止的非理性习惯入手，严格遵守着装管理规定。通过着装仪表和行为举止勤抓严管，使行政执法人员行为规范、待人礼貌、举止大方，内在素质不断提高，保证城管执法队伍外在形象、社会影响良好。

3.完善激励约束机制。客观翔实记载执法人员的工作成绩、突出贡献及失误、错误，以此作为个人评先、评优、提职的主要依据。要大树奉献光荣之风，切实推行罚懒治散的约束机制，遏制不思进取、得过且过的不良习气。引导广大执法人员把心思放在事业上，把精力用在工作中，为队伍正规化建设和执法工作提供强大的人力基础。

三、法律业务培训

法制建设是城管执法队伍建设的重中之重，是正确履行职责、依法行政、规范执法的基础和保障，要切实加强法制工作制度建设，落实执法责任制，教育和培养执法人员依法办案、熟练掌握相关法律、法规，并能在实际工作中严格按照法定程序准确实施具体行政行为。

高青县城市管理和行政执法局通过各种有效方式对执法人员进行法制培训，提高调查、取证、立案、处罚能力，适用法律条款准确，严格依照城市管理行政处罚程序办案，提高办案质量。认真落实重大案件报批备案制度，自觉接受社会监督、舆论监督和层级监督，扎实做好内部监督，不断增强城管执法队伍履行法定职责、秉公执法、依法办事的能力。

主要做法：

1.严格按法定程序执法办案。严格按照法定程序实施具体行政行为，具有法定的强制性，也是城管执法队伍实现依法行政的客观要求。县城管执法局强化按法律程序办案的观念和意识，通过正确引导和剖析案件等有效方式，使执法人员了解按程序执法的极端重要性及违反程序执法的现实危害性，增强执法人员按法定程序执法的自觉性。通过集中培训、在办案实践中锻炼、案卷范本展示、不规范案卷解剖等方法，使执法人员熟练掌握简易、一般案件的适法程序及听证的法定组织程序。

2.准确适用法律法规条款。准确适用法律法规条款决定着具体行政行为能否成立，是依法实施行政处罚的关键所在。县城管执法局采取学习与实践相结合的方式，不断提高执法人员正确运用法定条款的能力，通过复杂案件适用法条专题研讨等方式，增强适用法律法规的准确性和可操作性。结合执法工作实际制定行政处罚幅度权限规定，认真抓好贯彻实施。执法人员熟知城市管理行政执法职能权限，严禁越权执法。不断提高城市管理行政执法队伍正确履行法定职责，依法实施行政处罚能力和水平。

3.扎实做好案卷档案管理工作。县城管执法局加强对执法案卷档案管理的组织领导和专门指导，做到填写认真、立卷及时、分类归档、妥善保管，达到一案一卷、页序规范、装订工整、摆放有序、查阅方便。

第五节 安全生产监察

一、总体要求

通过全面、深入的检查，进一步健全安全管理各项规章制度，彻底排查治理各项安全隐患，有效防范和遏制事故的发生。

二、检查范围

局属各事业单位、局机关各科室，重点检查环卫运输车辆、市政公用设施、大型户外广告牌的管理、特种设备的维护、千乘湖公园与芦湖公园公共设施情况。

三、检查内容

1.安全生产责任制落实情况；

2.隐患排查整改情况。安全生产重要设施、设备的完好状况及日常管理维护、保养情况；环卫运输工具的完好状况及检测检验情况；

3.城区大型户外广告牌的安全监督、检查和整改情况；

4.城区内排水沟盖板、污水井盖等市政公用设施的维修维护情况；

5.公园内设施用电、坑塘的检查和设立警示标志情况；

6.“智慧高青”指挥中心设备安全运转情况；

7.执法局下属各单位及局机关各科室车辆日常维护、维修、保养情况；

8.执法局下属各单位及局机关各科室办公场所用水、用电及办公设备维护情况；

9.城区内建筑渣土运输车辆监管情况；

10.执法人员按照法律、法规执法情况；

11.垃圾中转站设备安全运行情况。

四、检查方式

1.执法局成立督查小组，对执法局下属各单位及局机关各科室进行全面安全检查。

2.城管系统所有生产管理科室要立即组织安全自查，发动每一名员工参加检查，检查到每一个工作岗位、作业场所，不留死角，不放过任何一个隐患。

3.督查小组在全面检查的基础上，要集中力量对重点领域、重点环节和重点部位开展重点检查，特别是对重点目标、重点部位和重要作业场所实施严格监管，严防各类安全生产事故发生。

4.通过各种检查活动，强化督查督办、督促和推动生产管理单位抓好整治，确保隐患治理到位。

五、工作要求

局下属各单位及局机关各科室要认真组织传达学习安全生产精神，深刻领会、全面把握精神实质，充分认清当前安全生产形势的严峻性，对大检查活动迅速做出工作部署，层层动员、明确目标、细化方案、全力以赴推进检查工作。

局下属各单位及局机关各科室要把安全生产纳入重要工作，并严格落实安全生产“党政同责、一岗双责、齐抓齐管”的有关规定，认真履行职责，加强督促检查，确保责任落实到人，不出纰漏。

第三章　行政执法

1985 年，县政府作出《关于县城建设管理的暂行规定》，成立县城建设管理办公室，县城市容市貌管理开始有章可循。

1987 年，成立县城综合治理办公室，负责综合治理全县小贩摊点和瓜果市场。

1988 年，县政府作出《坚决制止乱占乱建确保全面实施县城总体规划的议案的决议》，规定在县城规划区内进行建设的各类工程、设施都要向城建部门提出申请，由城建部门规划审查，选址定点，签发建设许可证。

1988 年，县政府作出《坚决制止乱占乱建确保全面实施县城总体规划的决议》，规定在县城规划区内进行建设的各类工程、设施都要向城建部门提出申请，由城建部门规划审查，选址定点，签发建设许可证。

1989 年，成立市容管理队，对影响市容的临时建筑和影响交通的摊点进行清理、拆除和整顿。

1990 年 10 月，成立县城管理监察中队，负责城市市容市貌的日常管理工作。同年，采取建设与整治并重，拆、建、修、补四结合方式，综合整治城区 4 条主要道路 3770 米，拆除违章和占压红线建筑 2595 米，建全透景墙 300 米，调整路沿石 280 米，修补人行道 3600 平方米，粉刷墙壁 4000 平方米，退出绿化用地 530 平方米。

1991 年 7 月 10 日，高青县县城管理监察中队改称高青县城市管理监察大队，升格为副科级事业单位。

是年，县委、县政府成立县城综合治理指挥部，负责县城的规划建设管理、建筑市场管理、摊贩管理、市容卫生管理、交通秩序管理、噪音和社会秩序管理。

是年，县城市管理监察大队配合县城综合治理办公室治理县城脏、乱、差现象，共粉刷房屋 92 间，墙壁 1.2 万平方米，拆迁安置 38 户，拆除有碍市容临时建筑物 63 间，清运垃圾 237 吨。

1993 年，县政府制定《创建省级卫生县城实施方案》，成立创建领导小组。增设交通护栏 2800 米，铺装人行道 5.02 万平方米，改建透景墙 3657 米，粉刷围墙 3625 米。

1994 年，县政府出台《高青县市容环境卫生管理暂行办法》，县城市容和环境卫生管理步入规范

清除店面玻璃上的即时贴　　（2014 年　摄）

马路市场造成交通堵塞　　（2011 年　摄）

化、法制化轨道。

1995 年～1997 年，先后采取集中整治与日常巡逻相结合、单位包路段方式整治城区乱贴、乱摆、乱挂、带有污染源进城车辆和马路摊点、店外经营等现象。

1998 年，县政府出台《高青县县城建设管理暂行办法（试行）》，对城区市容市貌管理作出详细规定。

1999 年，成立县城管理联合执法办公室，对县城实行经常化、长期性综合管理。开展城市环境综合整治活动，清理乱贴广告 2800 张，拆除沿街乱搭乱建房屋 83 间、遮阳棚（罩）120 个，铺装、整修门前人行道 1.32 万平方米。是年起，每年 4 月、9 月开展城镇环境综合整治月活动。

2000 年，将城区道路划分为严管路、控制路、规范路，市容市貌分类管理。

2002 年，县委、县政府作出《关于加强城镇规划建设管理的意见》，加强规划的集中统一管理，县城规划区及其边缘地带各类开发区、经济园区、工矿区以及大芦湖生态风景区的规划建设纳入县城统一规划和管理。

2002 年，建立“属地管理、单位负责、失职追究”的城市管理责任制，初步建立“统一领导、分级负责、社会监督”的城市管理新体制和长效管理机制。

2003 年 8 月，县政府出台《高青县城市市容和环境卫生管理办法》，改“门前五包”为“门前统管”。

2004 年，初步建成以“门前卫生统管”和“垃圾统管专运”为核心的城市管理长效机制。

2005 年，根据省法制办要求，高青县住建局城管执法大队升格为正科级县城市管理行政执法局，行使相对集中的行政处罚权。

2005 年 7 月，筹建高青县城市管理行政执法局。

2005 年 9 月 23 日，召开全县城市管理相对集中行政处罚权工作会议，高青县城市管理行政执法局与相关部门协调对接，完成职能交接。

2005 年 10 月 12 日，高青县城市管理行政执法局成立，为正科级行政单位，内设办公室、法制科、执法督察科，下设高青县城市管理行政执法大队，为副科级事业单位。

2006 年 6 月 23 日，在沂源县召开淄博市建制镇城市管理相对集中行政处罚权试点现场会。副市长刘有先建议在田镇镇设立混合式执法中队，中队长由县执法局派出，以便于规划区各项工作的

原蒲台路露天市场　　（2012 年　摄）

密切配合和协作，其他人员由田镇镇委派。其他各镇视积极性而定。

2007年4月，成立田镇镇城管执法中队。

2007年，《高青县户外广告设置管理办法》开始实施。

2008年，在青城、高城、唐坊、常家、赵店、木李6镇组建了城管执法中队，至此，全县9个镇已全部成立城市管理行政执法中队，城管执法中队由县执法局与当地镇政府双重管理，编制25人，其中行政编制5人，事业编制20人。

2009年，召开全县规划执法工作会议，县政府出台《关于加强规划治法工作的意见》(高政发〔2009〕39号)，进一步明确各部门的职责和权限，为今后规划执法奠定了良好基础。

2014年11月，高青县城管执法局实现与交通、国土等部门的联合执法，高青县在构建“大城管”格局上实现质的跨越。

第一节 占道经营管理

一、占道经营的概念

占道经营是指经营者占用城市道路、桥梁、城市广场等公共场所进行盈利性买卖商品或服务的行为。特征：一是经营者从事的行为具有盈利性；二是经营者行为必须有一定的过程，即买卖行为的发生；三是占用和利用城市公共道路资源，具有一定的利己性。

二、占道执法

20世纪50年代和60年代以及“文化大革命”期间，摊贩被一律取缔，县城内绝少有占道经营现象。

改革开放后，县城规模小、人口少，来往车辆也少，占道经营情况比较少。这一期间，对占道经营现象基本上不管不顾，占道经营处在放任状态。

1985年，县政府出台《关于县城建设管理的暂行规定》。

1992年，治理整顿马路市场，把文化路、黄河路、沙子路路边的个体户，统一组织到天鹅商城、田镇四街、官庄商城等地营业，组织流动商贩定点、定位营业。是年，共定点、定位190个。

20世纪90年代后，随着县城规模扩大、人口增加，占道经营现象逐步增加，高青县成立县城管理监察中队，负责占道经营管理，有效维护了市容市貌。

2000年，成立城管办与城市综合执法大队，加大对占道经营的治理力度。

2006年，高青县城黄河路全段定为“严管街”，对黄河路进行集中整治，印发了《致县城各沿街经营业户的一封信》，对整治的目的、要求、标准等进行宣传。在加强宣传的基础上，严格执法程序，即“一告知、二警告、三处罚、四取缔”，加大执法力度，经过整治，黄河路面貌大为改善，成为一条管理到位、秩序井然的样板街。

2007年3月，开展市容市貌集中整治月活动，做到24小时随时接听群众投诉，及时处理违法违规现象，及时反馈处理结果，全力整治占道经营，共查处占道经营675处，清理流动摊点150余处，清理店外经营80余处。

10月，为提升城市整体形象，以优美、整洁的城市环境迎接农产品专项整治现场会的召开，县城管局开展城市环境集中整治活动，重点整治占道

加强宣传，提高群众对占道经营危害的认识（2014年 摄）

马路市场造成交通堵塞　　　　(2011年　摄)

户进行安置。本次活动取缔占道经营摊点137处、店外经营96处，清理学校周边摊点32处，取缔占道市场3处，规范2处，安置流动商贩89个。

2009年4月，县城管局制作“为了他人的出行方便，请不要占用人行道、快车道”“为了市容整洁，请不要乱拉乱挂、乱贴乱画、乱摆乱放”等温馨提示20块，安装在县城主次道路的醒目位置，起到事先告知的作用，提醒广大市民维护城市环境，让市民在温馨中感受到执法者的“良苦用心”。

5月，发放《致县城沿街经营业户的一封信》，对城区沿街经营业主进行宣传教育，号召大家理解、支持、配合城管执法工作，共同营造整洁有序的城市环境。发现有违反规定进行店外经营、占道经营的，县城管局将按有关规定严格执法，并公布了投诉热线，欢迎各经营户举报违章违法行为。

6月，各类瓜果蔬菜上市，大量瓜农、菜农涌入城区，出现占道经营现象。县城管局结合实际，早研究、早调查、早规划，在广泛征求民意的基础上，设立城东农贸市场，县执法人员每日凌晨4:00上班执勤，规范城东农贸市场秩序。城东农贸市场的设立，方便了群众，缓解了青苑路早市的市场压力，解决了早市外围青城路、高苑路占道经营现象

经营，共整治占道经营100余处。

2007年，县城管局与部分流动商贩签订便民服务摊点协议书，向他们发放太阳伞和垃圾桶，引导规范，限时、定点经营，以达到既美化环境又方便群众的目的。本次活动与130余户摊点签订便民服务协议书，无偿发放统一标准遮阳伞50余把、塑料垃圾桶50余个。

5月，划定专门区域，允许摆设摊点，让瓜农、菜农、果农来县城销售安心、放心。实行首违免罚制，首次违章、违法的以批评教育为主，免予处罚。

2008年1月，为迎接春节到来，县城管局开展“迎元旦、春节市容环境整治月”活动，组织开展了为期一个月的市容环境整治活动，共清理占道经营214处，流动商贩50余处，取缔探头市场1处，安置烟花爆竹销售点18处，清理6处，与168家店商签订春节期间店外临时摆放样品协议。

9月，县城管局组织开展市容市貌综合整治活动，全局工作人员打破8小时工作制，实行错时工作制，双休日不休息，早、中、晚加班加点，每天工作长达13小时以上，整治了文化路南首、县委东门等占道经营现象严重的场所，对蒲台路市场进行重新规划设置，对有意进市场的商

整治占道水果摊　　　　(2014年　摄)

严重的问题，还为进城瓜农、菜农提供了便利，得到社会各界的一致好评。

7月，高青县政府门户网站上的“政府信箱”收到一封表扬信，表扬高青县城管局执法人员及时清理违规占道小摊，为出租车正常通行提供方便。

2010年春节前夕，县城管局规范管理烟花爆竹销售摊点，对烟花爆竹销售摊点进行统一安置、规范管理。一是确定地点，规范位置，对前来登记的烟花爆竹摊点，规范位置，定点经营销售，严禁超越界经营。二是加强管理，对经审批的销售摊点进行现场查看，做到划线定位、摆放有序，防止出现占道经营及超审批范围经营。

9月，县城管局依法整治占道经营，制止个别商贩占用公共场所，侵犯公共利益。一是宣传为先，提高认识。加大宣传和教育力度，引导人们自觉抵制占道经营行为，也让占道经营商贩认清其行为的危害性。二是执法为民，疏堵结合。针对占道商贩大都是下岗失业工人、农民或外来务工人员，属低收入人群的现状，高青县城管局主动了解情况，帮助困难群众联系经营场地，办理审批手续，解决困难群众生计问题。三是协助相关部门做好便民市场建设，既方便市民生活，又规范市场建设，杜绝占道经营现象。

11月，县城管局开展夜市占道经营专项整治行动，执法队员每天18时上路巡查，对夜市摊点、大排档进行登记造册，宣传占道经营的危害和文明经商的重要性。对个别经常占道经营的“钉子户”，集中力量重点整治，一处一处取缔，形成高压态势彻底清理。

2011年1月，县城管局开展“迎新春”环境整治月活动。此次集中整治月活动从1月16日开始，至2月26日结束，重点解决城区主次干道、窗口地段及重要公共场所周边突出存在的占道经营、店外经营、流动摊点等问题。同时，做好城区烟花爆竹销售摊点的规划布局，依法清理、查处乱设销售摊点，消除安全隐患。在集中力量进行综合整治的同时，县执法局对城区重点路段采取定点值班、错时上下班、加大巡查力度和密度等措施，确保防止治后反弹。

6月，县城管局细化责任考核，采取“统一领导，分级负责，中心下移，网格管理”的工作方法，实施大队包面、中队包片、队员包路段，明确职责，对所辖区域各路段实行定岗、定人、定责、定标准、定奖惩，实施错时管理，强化早、中、晚三个时间段的执法巡查，重点做好市容反弹现象的防控，做好重点、难点问题的治理，重点路段和重点时段的守点巡查工作，清理占道摊点453处、店外经营190处、流动商贩180个，保障了城区环境的整洁有序。

12月，县城管局专项整治占道经营，重点对县城区主次干道两侧，公园广场、施工工地、学校医院、商商场夜市、汽车站周边区域进行整治，专项行动结束后，建立长效管理机制，不间断开展整治行动，遏制商贩占道经营等违章行为。

2012年5月，县城管局组织开展以县城主要道路为整治重点的市容市貌专项整治活动，重点开展黄河路、芦湖路为主的市容整治，着力解决第二菜市场探头经营、占道经营问题，解决车站周边占道经营问题，累计出动执法力量200余人次，处理群众投诉3起，规范各类店外经营320余处。

2012年6月6日，县政府办公室印发《高青县规范占用公路打场晒粮行为工作实施方案》(高政办发〔2012〕44号)，决定从6月4日至6月30日分3个阶段开展集中整治活动。

女子中队整治黄河路商铺店外经营　（2013年　摄）

2012年6月20日～30日，在全县开展“麦收”后环境卫生集中整治活动，重点是开展以路域、镇驻地、整治村为重点的“麦收”后环境卫生整治活动。

执法大队整治店外经营　　(2013年　摄)

6月，县城管局创新管理模式，在学习外地成功经验的基础上，积极协调，合理规划，科学设置一批便民服务点，实现管理与服务并重，市容与繁荣并进。在城区道路交叉口、市场周边等人流量较大地段，对馒头摊点、修鞋点、修车点等选择性地设置统一外观、样式的便民服务点围挡，划定经营区域，规定经营时限，达到既方便群众生活需要，又有效解决摊主无序经营的效果。本次活动设置便民服务点35处，规范经营摊主60余人次。

11月，县城管局开展市容环境专项整治活动，重点治理城区主干道、学校、农贸市场周边的占道经营，狠抓夜间占道摊点的专项整治，坚决取缔市民反映强烈、影响交通、严重扰民的各类夜市排挡和流动饮食摊点。

2013年5月，县城管局针对占道经营反复性强、容易反弹的特点，制定三项措施巩固整治成果、防止反弹。一是分区分片，落实责任。对于占道经营行为的易发地、多发地及经常出现反复的重点部位或路段，划定责任区域，实行“定人、定位、定责、定标准、定奖惩”的责任管理。二是加强宣传，营造氛围。三是加强日常监管，集中行动。

2013年9月6日，县政府办公室印发《关于实施放心早餐工程的意见》(高政办字〔2013〕12号)，成立县委常委、副县长李勇任组长的高青县放心早餐工程建设领导小组，领导小组办公室设在县城管执法局，刘国华兼任办公室主任。

12月，县城管局发挥部门联动机制的积极作用，通过实行层次管理、网格化管理、轮班制执法以及开展集中整治活动等形式，对城区主次干道马路市场、流动摊贩、店外经营等现象进行强化管理，其中黄河路西首马路市场、文化路北首及南段的集市、中心路北段占道经营、汽车站周边综合整治、清河路建材市场等多处城区市容“老大难”问题得到根治。治理过程中，累计清理占道经营180处，并根据实际规范和设置临时便民市场5处，有效解决了市民需要和城市管理要求的突出矛盾。

治理占道经营　　(2013年　摄)

2014年5月，正值各类果蔬上市时节，县城管局多举措治理占道经营。对县城区内少数果农占道经营现象，县城管局合理安排，多措并举，专项部署，扎实开展专项整治，力争还路于民，确保市容整洁。一是采取错时值班，精心计划，加班加点，通过对流动摊主的正面说服教育，使经营商贩充分认识到占道经营给社会环境带来的不良影响，从而自行改正；二是管控结合，实行教育与处罚相结合，对屡教不改的，按相关规定给予处罚，坚决打击各类违章占道行为。本次活动劝导20余处流动经营商贩迁入学府路便民市场经营，依法处罚13起违章行为。

8月，县城管执法局坚持“以人为本、执法为民”的原则，以教育引导为主，群民共建，形成互动，建立了“摊主自治、执法督导”的机制，在一些商贩比较集中的道路，遵循不影响居民正常生活的原则，实行规定经营区域，规定经营时间，规定经营范围的管理方式，为商贩统一制作带有编号的便民摊点服务牌，利用摊主们“行业自律”的办法，实行统一督导管理。通过实施新的管理办法，让商贩们提高了合法经营的自觉性，为附近居民的早餐、买菜提供了便利，改变了县城街道脏乱差的状况，改善了交通堵塞、交通不安全的状况，不但保障了居民的“安全通道”，还让下岗失业人员从新获得了谋生条件，保障了农民的“绿色通道”，维护了社会的稳定和谐，拉近了城管部门与群众间的距离。实现了管理成本最小化、管理效果最大化的目标，而且还广泛赢得了管理对象实际行动的支持与参与。

10月20日，县城管局对青城路等商业繁华路段进行专项综合整治，出动执法人员30余人，出动执法车辆4台，市容市貌宣传车1辆，采取劝导为主的方式对青城路沿线的店外经营、占道经营、乱贴乱画、乱摆乱放进行专项整治。本次活动共治理店外经营200余处、劝导经营商户300余家、清理乱贴乱画20余处。

11月，县城管局采取多项举措整治占道经营，强化“三城同创”。一是疏堵结合，占道经营现象得到有效治理。二是多措并举，实施占道经营长效措施。加强日常巡查的频率，结合群众举报投诉，科学安排执法力量，在黄河路、青城路、高苑路、中心路、文化路、芦湖路等主要路段设立流动巡逻岗，错时上下班，治理规范占道摊贩。三是提高效率，不断提升管理水平。严防松懈麻痹的思想，实行长效严管的措施，结合创城迎评工作，切实解决长期存在的重点、难点、热点问题，提高执法效能，提升市容环境质量。

11月18日，淄博市委对高青县进行年度点评考核。为顺利做好此次迎检市容保障工作，县城管局精心安排、认真部署，采取多项措施，切实改善市容环境秩序和卫生质量，创造干净、整洁、和谐的城市环境。一是成立机构，加强领导。局班子高度重视，从全县大局出发，将此项工作作为当前全局大事来抓，召开专题会议进行部署。成立由“一把手”任组长的考核保障工作领导小组，负责统筹安排考核保障各项工作，加强调度，合理部署。二是明确各下属单位（科室）职责，强化分管领导负责制，一级抓一级，层层抓落实，确保各项工作落到实处。三是多措并举，全力保障市容环境秩序。先后组织执法人员40余人，开展了市容环境整治行动，采取错时值班、定岗执勤等方式，重拳治理城区“六乱”，尤其对城区各主次道路两侧店外经营、活动广告牌等实行“零容忍”，坚决取缔。

2015年3月，开展为期2周的市容环境综合整治“春季行动”，执法大队每日出动执法人员50人，早上7:30至晚上8:30，对黄河路、青城路、高苑路、中心路、文化路、便民市场、天鹅商城及县城主次干道的流动摊点、占道经营、露天烧烤、城市六乱问题进行整治，通过发放各类通知书和宣传车宣传等方式，积极营造“人民城市人民管，管好城市为人民”的良好城管氛围。本次活动累计清理占道经营、店外经营、流动摊位76处。

2015年上半年，县城管局以改善城区经营秩序为目的，采取日常管理与综合整治相结合的方法，特别在加强日常管理方面，大队采取综合整治与中队治理相结合的方法，开展巡回执法和人员定岗定位，以说服教育为手段劝纠违规违章经营行为。加强县城市容环境宣传工作，组织人员上街，以宣传车、发放资料等方式加强宣传。截至6月份共计查处流动摊点和占道经营行为390余起，纠正越门出摊322次。规范进城瓜农、菜农有序经营，并帮助其积极协调经营地点，保障其生计。

2013 年重点区域整治任务分解表

表 3－1

序号	整治区域	整治范围	整治内容	完成时间	挂包领导	责任单位
1	芦湖路及北环路环境整治	1. 芦湖路：黄河路至北环路段。2. 芦湖路与北环路路口西至田翟路路口、向东延伸 500 米。	1. 取缔、规范洗车点、汽车整形维修点。2. 规范建立烧烤市场。3. 配备保洁员，提高路面清扫保洁力度；清理道路两侧 50 米可视范围内垃圾及白色污染。4. 硬化平交路口。5. 取缔、规范北环路沿路煤炭、石碑经营点及废品收购点。6. 统一用米黄色涂料粉刷道路两侧 100 米可视范围内的实体墙、电线杆、桥体。	4 月 20 日前完成	县委副书记 县长 刘忠远	县府办、芦湖街道办、田镇街道办、常家镇、县住建局、县城管执法局、县交通局
2	青苑路环境整治	黄河路至北环路段	1. 道路两侧进行高标准绿化。2. 加大清扫力度、提高路面清扫保洁质量。3. 做好平交路口硬化。4. 取缔沿路废品收购点、煤炭销售点进行规范遮挡。5. 拆除沿路两侧乱搭乱建。	4 月 20 日前完成	县委常委 副县长 李　勇	县住建局、田镇街道办、县城管执法局
3	青城镇驻地环境整治	青城镇驻地	1. 规范沿街经营店铺物品摆放，取缔落地广告牌，拆除乱搭乱建。2. 提高道路清扫保洁质量。3. 清除镇驻地内积存垃圾，清理卫生死角。4. 拆除沿街乱搭乱建。5. 镇驻地配齐保洁人员，建立日常保洁考核制度。6. 按照省级示范镇要求，制定小城镇建设规划，完善功能配套，逐步实施“绿化、美化、亮化、硬化”工程。	4 月 20 日前完成	县委常委 副县长 李　勇	青城镇、县公路局
4	潍高路唐坊段环境整治	过清沟以东唐坊段	1. 提高路面清扫保洁质量。2. 清除沿路两侧边沟及 50 米可视范围内的积存垃圾、白色污染物和“三大堆”。3. 按照省级示范镇要求，制定小城镇建设规划，完善功能配套，逐步实施“绿化、美化、亮化、硬化”工程。4. 规范沿街经营户物品摆放，取缔落地广告牌，拆除乱搭乱建；搞好镇驻地“六乱”治理。5. 做好高速路出入口的周边环境治理。6. 取缔规范沿路废品收购、粮食、煤炭、沙石料经营点。7. 统一用米黄色涂料粉刷道路两侧 100 米可视范围内的实体墙、电线杆、桥体。	4 月 20 日前完成	县委常委 组织部长 满　军	唐坊镇、县房管局、县公路局、滨莱高速高青收费站

续表 3—1

序号	整治区域	整治范围	整治内容	完成时间	挂包领导	责任单位
5	高淄路蔡旺路口周边环境整治	以路口为中心各延伸500米	1.搞好沿街建筑物立面整治，广告牌匾统一。2.配齐保洁员，提高路面清扫、保洁质量。3.整治驻地“六乱”现象，取缔落地广告牌，拆除乱搭乱建。4.取缔集贸市场占路经营，规范驻地夜市时间。5.统一用米黄色涂料粉刷道路两侧100米可视范围内的实体墙、电线杆、桥体。	4月20日前完成	县委常委副县长崔玉栋	高城镇、县公路局、县交通局
6	潍高路环境整治	过清沟以西至城区	1.提高路面清扫保洁质量。2.清除路两侧边沟内积存垃圾，规范沿路垃圾箱、垃圾池的垃圾倾倒。3.规范店外经营，取缔沿街店面落地广告牌，拆除乱搭乱建。4.清理道路两侧50米可视范围内垃圾堆、柴草堆。5.统一用米黄色涂料粉刷道路两侧100米可视范围内的实体墙、电线杆、桥体。	4月20日前完成	县委常委纪委书记耿庆玮	常家镇、芦湖街道办、县公路局、县房管局
7	中心路小学周边环境整治	以中心路与清河路交叉路口为中心各延伸200米	1.提高路面清扫保洁质量。2.清理周边流动摊贩。3.充实提高绿化水平。4.整治大型出租车辆占道停放。5.规范沿街店铺物品摆放、清理落地广告牌。	4月20日前完成	县委常委宣传部部长张守伟	田镇街道办、县住建局、县城管执法局、县交通局
8	北环路环境整治	田翟路至青苑路段	1.拆除沿路两侧乱搭乱建。2.取缔、规范沿路经营户和二矿东门处早餐摊点，杜绝白色污染。3.清理沿路两侧积存垃圾。4.提高路面清扫保洁质量。5.硬化平交路口和经营户门前路面。6.取缔规范沿路的洗车点及汽车维修点。	4月20日前完成	副县长刘　军	田镇街道办、县住建局、县城管执法局、县房管局
9	高淄路与南外环交叉路口周边环境整治	以路口为中心各延伸500米	1.绿化补植、充实、提高。2.规范、取缔店外修车和店外经营。3.清除周边垃圾、白色污染。4.拆除周边乱搭乱建和落地广告牌。5.加强保洁力度，提高路面保洁质量。6.统一用米黄色涂料粉刷道路两侧100米可视范围内的实体墙、电线杆、桥体。	4月20日前完成	副县长于双胜	田镇街道办、芦湖街道办、县公路局、县房管局、县住建局

续表 3-1

序号	整治区域	整治范围	整治内容	完成时间	挂包领导	责任单位
10	田翟路、常家镇驻地环境整治	田翟路至常家镇驻地	1.提高路面清扫保洁质量。2.规范沿路店外经营，取缔废品收购点。3.清除沿路两侧边沟内积存垃圾，拆除乱搭乱建。4.搞好驻地"六乱"治理，取缔落地广告牌。5.统一用米黄色涂料粉刷道路两侧100米可视范围内实体墙、电线杆、桥体。	4月20日前完成	副县长张亮云	田镇街道办、常家镇、县住建局、县房管局、县交通局
11	双语学校周边 环境整治	1.双语学校门口周边各延伸200米。2.老张田路路域环境治理(清河路—温泉花香段)	1.拆除乱搭乱建，用米黄色涂料粉刷沿街墙体。2.清理学校周边建筑垃圾、生活垃圾及白色污染。3.老张田路段配备保洁员，清理边沟内积存垃圾，清理平整沿路两侧土堆。4.学校周边及老张田路两侧进行绿化。5.采取措施，禁止大货车通行。6.规范清理司官村沿街经营户，取缔废品收购点。	4月20日前完成	副县长张欣欣	县教育局、芦湖街道办、田镇街道办、县房管局、县城管执法局、县住建局、县交警大队

三、主要做法

1.加强领导，健全机构。县城管局班子高度重视，从全县大局出发，将此项工作作为全局大事来抓，多次召开专题会议进行部署。成立由一把手任组长的考核保障工作领导小组，负责统筹安排考核保障各项工作，加强调度，合理部署。明确各下属单位(科室)职责，强化分管领导负责制，一级抓一级，层层抓落实，确保各项工作落到实处。

2.多措并举，全力保障市容环境秩序。每年开展几次市容环境集中整治行动，采取错时值班、定岗执勤等方式，重拳治理城区"六乱"，尤其对城区各主次道路两侧店外经营、活动广告牌等实行"零容忍"，坚决取缔。加大巡查力度，对违规占道行为依法进行查处，对不听劝阻、仍然违规占道经营的，发现一起、查处一起。将违法占道行为的发现、取缔、处罚与集中性整治行动紧密结合起来，每两天不定时开展1次集中行动，确保占道经营整治工作长效化。

3.循序渐进，"堵"与"疏"结合。针对占道经营商户、业主大多是城市下岗失业、农村进城务工等生活困难群体的实际，为避免引发社会矛盾，一方面通过"堵"的方式，即加大城区主要街道占道经营的查处力度，采用严管重罚的方法，控制新增占道经营摊点，对在监管过程中屡劝不听者，依法依规采取教育与处罚相结合的措施；另一方面通过"疏"的方式，利用城市改造、农贸市场修建等契机，开辟一定场所，引导和督促占道经营的业主进入市场规范经营。

4.以人为本，实现"双赢"。县城管局坚持"以人为本、执法为民"原则，以教育引导为主，群民共建，形成互动，建立了"摊主自治、执法督导"的机制，着力构建"管理、服务、执法"三位一体城市管理工作格局。在一些商贩比较集中的道路，遵循不影响居民正常生活的原则，实行规定经营区域，规定经营时间，规定经营范围的管理方式，为商贩统一制作带有编号的便民摊点服务牌，利用摊主们"行业自律"的办法，实行统一督导管理。瓜果上市季节时，县城管局划定专门区域，允许摆设摊点，让瓜农、菜农、果农来县城销售安心、放心。

5.创新方法，不断开拓新途径。在重要节点、路段、时段实行专人负责，严格落实定人员、定路段、定时间、定责任“四定”制度。实行首违免罚制，对违章行为轻微或初到县城的经商业户，违反有关城管法律、法规的，以批评教育为主，首次违章、违法的免予处罚。组织执法相对人、群众代表座谈，倾听民意、宣传法规、阐明违章带来的危害，换位思考，为经营户协调解决一些实际困难，

6.加大宣传力度，强化引导作用。通过设立公益广告、悬挂条幅、发放公开信、出动宣传车等多种形式，进行全方位、覆盖式的宣传发动，引导经营户自觉遵守相关规定，共同维护好城市形象。发放《致县城沿街经营业户的一封信》，对城区沿街各经营业主进行宣传教育，号召大家一如既往的理解、支持、配合好城管执法工作，共同营造整洁有序的城市环境。

四、典型案例

李师傅是个水果商贩，长期占道经营，执法队员对他进行多次说服教育，劝他进入便民市场经营，他都置之不理，成为名副其实的“钉子户”。2013年9月，在集中整治行动中，执法队员按照程序对他采取强制措施，强行让他进入市场经营，他跟执法队员们“翻了脸”。后来，执法队员了解到李师傅家里十分困难，一家3口都靠卖水果维持生计。了解到这一情况后，执法队员找到李师傅，想办法为他办了一个合法摊位，执法局这种“违章要管，有困难要帮”的精神使李师傅深受感动，他说：“过去我不理解管我的人，心里不服气，现在再让我到马路上去卖东西，我也不去了。”

第二节　户外广告管理

一、户外广告设置

户外广告设置是指单位或者个人利用公共、自有或者他人所有的建筑物、市政设施、场地、道路等载体，设立户外电子显示牌（屏）、广告牌、灯箱、霓虹灯、招贴栏、充气物、彩旗、条幅、实物模型等设施发布广告的行为。

户外广告设置，应当根据城市规划确定的区域功能、道路特点和所在区域的风貌、格局等统一规划，整体设计，分区控制，合理布局，保持城市容貌的整体美观。户外广告设施的设计风格、造型、色调、位置、高度、材质应当与周围环境相协调。

不得利用交通安全设施、交通标志、人行道、行道树或者损毁绿地设置户外广告，不得利用危房、违法建筑物设置户外广告，不得在国家机关、文物保护单位和名胜风景点的建筑控制地带内设置户外广告。设置户外广告，不得影响市政公共设施、交通安全设施、交通标志和无障碍设施使用；不得危及建筑物安全。

二、户外广告执法

“文化大革命”结束后，按照上级要求，高青县革命委员会组织机关干部、学校师生对文革中涂写的过时的、错误的、反动的残缺标语口号进行涂刷，主要是派性口号和反映“三忠于、四无限”为内容的“红海洋”宣传标语。

20世纪90年代，高青县成立县城建监察中队，开始对户外广告实施规范化管理。对违规户外广告、牌匾标识、山寨指路牌、临窗广告以及占道车身广告等违法行为进行执法检查。对于牌匾标识存在残旧、破损、霓虹灯断亮等问题的，责令停止使用，限期维修或更换，并依法处罚。对于占道车辆利用车身违规设置户外广告的，协调交管部门联系车辆所有人和使用人，督促改正违法行为，属于违章停车的，移送交管部门查处违章停车行为。拒不改正违法行为、清除违规车身广告的，依法清除并处罚。户外广告牌匾的管理进一步规范化、正规化，违规设置户外广告的行为明显减少。

2000年后，随着城市的发展，商业的繁荣，高青县城各类户外广告逐渐丰富起来，违规设置户外广告与不及时修复破旧广告牌匾的行为也越来越多。高青县城管办及城市综合执法大队全面负责对全县户外广告牌匾进行管理，加大对户外广告牌匾的管理力度。一是登记造册。调查摸清辖区户外广告设置情况，逐幅对户外广告进行拍照取证，并对广告内容、广告审批情况、广告业主联系方式、广告发布地点等进行登记造册。二是加大宣传力度。宣传城市管理方面的法律法规及广

《淄博市户外广告设置和建筑物外立面保持整洁管理条例》宣传　（2014年　摄）

告设置管理条例，增强市民的知法守法意识。三是加强巡视排查。执法大队加强对城区广告牌匾的巡视排查，杜绝各类违规设置广告牌的行为。

2005年8月，开展城市环境综合整治月活动，规范街道7条，户外广告牌匾53块。

2006年1月，县城管局开展城区广告牌匾集中整治活动，按照《高青县户外广告管理办法》的要求，对需要整改的广告牌匾业主下达《责令限期整改通知书》，本次活动拆除违法、超期、破损广告牌匾800处，共计2680平方米，处罚100余块，规范260余块。

2006年，针对县城区户外广告既多又乱的现状，县政府出台《高青县城市户外广告设置管理办法》，县城管局编制了县城户外广告设置规划和技术规定，将户外广告、门头牌匾纳入规范化管理。本着“规范、整齐、美观”的原则，分期分批对城区户外广告进行整治，高苑路东段、中心路南段基本达到要求。

2007年8月，开展城区户外广告集中整治行动。一是对县城主次干道两侧的广告牌匾进行录像，摸清户外广告的底数和基本情况。二是按照“视觉通畅、昼夜兼顾、规范美观”原则，坚持全面整治与突出重点相结合，领导包路与个人具体负责相结合，集中整治与长效管理相结合，对陈旧、破损且不符合规划的户外广告进行强制拆除，共查处大型户外广告7起，清理各类门头牌匾290余处，规范各类户外广告160余块。通过治理，县城主次干道两侧各类广告得到有效治理，各类户外广告逐步趋于规范。

2007年11月，高青县城管局开展户外广告专项整治，对19处存在安全隐患的户外广告督查整改。

2007年开始，县执法局按照《高青县户外广告设置管理办法》要求，对高青县城区范围内户外门头牌匾、大型立柱广告、墙体、楼顶广告、立面广告进行统一管理。按照减量、规范、安全的原则对户外广告进行审批验收，加大对城区内已设门头牌匾广告的升级改造，逐步提升门头牌匾广告材质、造型、美观方面的设置要求，提升原有户外广告档次，逐步使户外广告量少精致、靓丽而安全。同时积极开展户外广告及大型立柱广告、墙体、楼顶广告、立面广告的集中整治活动，对严重影响市容市貌、存在安全隐患的各类广告牌进行规范、清理及拆除。至2010年年底，城区道路两侧户外广告已按照规定全部统一。

2008年4月，县城管局对城区主要道路两侧

拆除违规广告牌　（2014年　摄）

的广告牌进行排查摸底，并对户外广告、牌匾所涉及单位、业户进行宣传动员，对不符合规定和要求的户外广告、牌匾业户下达拆除（整改）通知。此次整治活动共规范户外广告 43 块，拆除不符合标准和陈旧、破损的广告 13 块，整治活动成效显著。

拆除违规户外广告　　　　（2014 年　摄）

7 月，开展户外广告综合整治活动。一是整治城区主次道路两侧的户外广告、门头牌匾，对陈旧破损、严重影响城市容貌的广告牌，缺字、断肢、显示画面不完整的广告集中拆除，部分广告牌使用高档质材制作，安装霓虹灯，达到亮化、美化效果。对不符合标准的门头牌匾下达整改通知书，并派专人靠上做工作，促其整改。共拆除广告 12 块，整改 57 块。二是整治楼顶大型广告牌。对县城规划区内所有的立柱式广告、楼顶广告等大型设施进行专项检查，共检查 52 处，提交安全检测报告或安全保证书 52 处，达到安全无隐患的要求。三是整治小立柱广告牌、灯箱广告、落地活动广告牌。对县城主要道路两侧占用人行道和绿化带设立的广告牌，以及单个电线杆上的灯箱广告进行集中清理，共清理 40 余块。

10 月，县城管局将户外广告综合整治作为日常工作的重点，组织执法人员对陈旧破损以及严重影响城市容貌的楼顶广告、墙体广告、立式平面广告等大型广告牌进行清理，并按照“一店一牌、统一设置位置、统一设置高度、统一设置标准”的要求，对沿街门头牌匾进行规范管理。共拆除大型立柱式广告 2 处，规范墙体、楼顶平面广告 18 处，规范门头广告 216 块，整治小立柱活动式广告 38 块。

2009 年 4 月，开展户外广告深度治理活动。一是继续加大对城区立柱广告牌的清理整治力度，全面拆除无规划设置手续和存在安全隐患的大型立柱式广告，无规划手续的完善规划手续。二是开展楼顶、墙体、立面广告专项清理整治工作。三是按照“一店一牌、统一设置位置、统一设置高度、统一设置要求”标准，加大城区沿街门头牌匾整治力度，对个体门头牌匾免除空间资源费，对不办理手续、不按要求设置的依法实行顶格处罚。四是严格控制临时性户外广告的设置，禁止悬挂过街条幅，彻底清除乱摆牌匾行为。

拆除违规设置的拱门　　　　（2014 年　摄）

8 月，县城管局开展城区户外广告集中整治行动，拆除未经审批擅自设置、存在安全隐患的楼顶广告、所有横幅广告、影响城市容貌的广告。按照“统一设置位置、统一设置尺寸、统一使用材质、统一量化标准”的“四个统一”要求，规范主要街道沿街

整齐划一的广告牌设置　　（2014 年　摄）

店面广告，共拆除大型广告 620 平方米，拆除横幅 110 余条，拆除灯箱 25 只。

11 月，按照“拆、整、换”要求，开展户外广告专项整治活动。一是拆，拆除破旧的、多余的、违规的广告，共拆除广告牌 200 余块、条幅 120 余条、拱门 50 余处。二是整，整改不规范门头招牌。三是换，换上公益广告。本次活动，工地围挡换上公益广告“外衣”500 平方米，设置灯箱公益广告 30 余个。

2010 年 5 月，对城区户外广告牌匾进行调查摸底，对喷绘类牌匾进行分类统计，对牌匾的规格、材质、色调、内容做出规定，要求达到“上下一线、前后一面、左右一体、色彩协调”标准，对破旧不堪、存在安全隐患的广告牌匾予以取缔。

9 月，县城管局发扬“和谐、坚韧、争先、创新”城管精神，突出人性化执法，实施精细化管理，强力推进户外广告执法，拆除户外广告 47 块，规范各类广告牌 318 块。

12 月，按照《关于开展全县安全生产专项督察专项整治活动的通知》（高安委发〔2010〕9 号）文件要求，对户外广告进行安全检查及综合整治。对不符合城市容貌标准的各类门头牌匾下达整改通知书，派专人靠上去做工作，促其整改，共拆除 12 块，整改 57 块，对县城规划区内所有的立柱式广告、楼顶广告等大型设施进行了专项检查，共检查 52 处，提交安全检测报告或安全保证书的 52 处。

2011 年 2 月，开展春节后户外广告治理活动，根据网格化管理模式，各执法中队对辖区内户外广告设置进行拉网式检查，对破旧广告下达整改通知书，对假日期间未办理审批手续的户外广告，补办手续。

7 月，对未经审批擅自设置的大型户外广告进行专项整治。此次整治范围主要是道路两侧建筑立面、建筑物屋顶、城市公用设施等不按规定设置的各类大型户外广告，严格取缔不符合规划要求、影响市容市貌、与周边环境不协调的广告，全面清理没有经过行政审批及设施存在安全隐患、陈旧、设计不规范的各类大型户外广告。对广告牌与楼梯连接部位松动、锈蚀、焊点不完好、框架不结实牢固的广告牌进行重点检查。此次整治共拆除存有严重安全隐患广告牌 2 块，修复问题广告牌 8 块，下达限期整改通知书 15 块。

10 月，开展户外广告牌匾专项整治活动，对存在安全隐患及违规设置的广告灯箱牌匾，督促相关权属单位个人进行自拆、维修或更换。

2012 年 5 月，开展户外广告集中整治活动，共拆除大型立柱式广告 2 处，规范墙体、楼顶平面广告 18 处，规范门头广告 216 块，整治小立柱活动式广告 38 块。通过治理，主次干道两侧范围内的各类非法广告已基本清除，乱设广告牌等现象得到有效治理，县城各类户外广告逐步趋于规范，城市形象得到明显提升。是年，实施黄河路（齐东路—中心路）沿街广告牌治理工程，先后两期工程共投资 60 余万元，对黄河路沿街广告牌进行统一更换，美化城区立体环境。

2013 年 6 月 13 日，县政府办公室印发《门头牌匾和户外广告整治活动实施方案》，成立高青县门头牌匾和户外广告整治领导小组，按照“减量、规范、美观、提升”的要求，从 6 月 13 日～7 月 5 日分 3 个阶段开展门头牌匾和户外广告整治活动。

2013 年 7 月，县城管局对县城内户外广告牌开展专项安全监督检查，检查重点主要针对大型户外广告牌、楼顶广告设施等各类户外广告牌的安全状况问题，对户外广告设施(含招牌)进行安全检测和防雷检测，对存在安全隐患和不按规定进行安全检查的户外广告牌予以拆除，督导各广告牌业主至少每六个月对各自的户外广告设施进行一次安全检查。

2014 年 1 月，县政务服务中心城管局窗口(户外广告管理办公室)组织开展迎新春户外广告设施安全检查。

7 月，县城管局对陈旧破损以及严重影响城市容貌的楼顶广告、墙体广告、立式平面广告等大型广告牌进行清理，对设置手续不全或者设置手续超期的立柱式户外广告牌依法拆除，及时清理各类小立柱、活动式广告牌以及临时宣传广告。投资 60 余万元完成黄河路中段沿街广告牌升级改造，推进黄河路东段户外广告改造。对存有安全隐患的 30 余家广告产权单位下达限期改正通知书，责令相关单位进行安全检查。本次活动共拆除大型立柱广告 1 处，清理规范大型墙体、楼顶广告 7 块，规范门头牌匾 47 块，清理各类活动广告牌 31 块，清除各类条幅等临时性广告 50 余处。

7 月 25 日至 8 月 7 日，为响应“三城同创”工作，对县城主次干道门窗玻璃上的即时贴和破损广告牌进行清理整治，本次活动历时半个月，出动执法队员及城市管理志愿者 30 余人，拆除破损广告牌 50 余块，清理即时贴约 2 万余条，面积近 1 万平方米。

2015 年 4 月，为根除户外广告“破、旧、乱、差”等不良现象，县城管局行政审批科开展户外广告管理秩序活动。一是提前介入，上门服务，发放宣传单，向需要设置户外广告的业主讲解设置户外广告的具体规定和审批程序，解释统一户外广告设置标准的必要和意义。二是全面巡查，一经发现户外广告存在字体模糊、主体破损、腐蚀、生锈、倾斜等问题，要求业主限期整改修复，排查安全隐患。

6 月，县城管局行政许可科在全县范围内开展户外广告设施安全检查活动。检查范围包括各类户外广告、牌匾，重点是大型立柱式广告、楼顶广告(含字体式单位名称)、墙体广告等以及在人口稠密地区设置的各类户外广告牌匾。

7 月，针对暑期各类辅导、招生、培训广告“遍地开花”的现象，县城管局开展辅导机构违规宣传专项整治活动。本次活动出动执法车 5 辆，执法人员 30 名，加大巡查力度，重点巡查学校周边、居民区附近、交通要道、广场、商业街等招生广告发布频发地段，对未经审批，乱摆、乱散、乱发招生广告的行为，及时发现，及时处理。共整治违规宣传的辅导机构 29 家，治理噪声污染 17 处，清理宣传旗帜 56 条，收缴各类招生宣传资料 2000 余份。

三、户外广告设置标准要求

2012 年，根据所处位置不同，对户外广告设置样板路、示范路、标准路三个标准要求。

1. 样板路：黄河路、芦湖路、文化路(检察院门口至清河路)、中心路(转盘以南路段)。

标准：①一店一牌、统一设置位置、统一设置标准、字体高度不超牌高 3/5，色彩协调。②广告牌底板达到彩扣板以上材质，主要字体达到夜间亮化。③拆除沿街墙体广告、落地广告。④清理门窗粘贴广告。

2. 示范路：青城路、高苑路、青苑路、清河路。

标准：①一店一牌、统一设置位置、统一设置标准。②广告牌材质主要用丙烯酸质标牌(亚克力)，广告牌内主要字体达到夜间亮化。③提倡照明材料以节约能源、使用寿命长的 LED、CCFL、太阳能灯具为主。

3. 标准路：中心路(转盘以北路段)、蒲台路、齐东路、唐北路、六号路、七号路、西一路及开发区各路段。

标准：①一店一牌、统一设置位置、统一设置标准。②广告牌淘汰喷绘布材质，提倡使用彩扣板以上材质。

户外广告审批工作流程

申请人到户外广告管理办公室提交申请，并领取表格，工作人员告知需提交的相关材料

↓

申请人持填写的表格和相关材料交执法局户外广告管理办公室，工作人员受理申请

↓

工作人员审核申报材料，进行现场勘验

↓

现场勘验合格后，报局领导审批

↓ 审批合格的

接工作人员通知到财务科交纳相关费用，领取户外广告审批表

↓

按审批内容设置广告牌

监督电话：6983603

四、工作措施

1. 坚持广泛宣传与摸清底数相结合。县城管局一方面通过报纸、电台、发放明白纸等形式加强宣传，将整治的意义、标准和政策交给群众，取得社会各界的理解和支持，使各单位、各业主自觉支持整治活动。另一方面对整治范围内的所有广告进行调查摸底，实物录像，存入微机，详细登记基本信息，建立电子管理档案，及时掌握经营业户的变更、门头牌匾的变换情况，确保不漏查任何一处违法违章广告。

2. 坚持全面整治与突出重点相结合。县城管局对县城各主要道路两侧各类广告进行全面整治，重点整治主要道路两侧的门头牌匾、陈旧广告和各类大型户外广告，达到“一店一牌、统一设置位置、统一设置高度、统一设置要求”的标准，陈旧破损、影响城市容貌的全部清理，无手续和检测报告的大型户外广告全部拆除。狠抓重点区域、重点项目的整治，做到以点带面，全面推进，对主要道路两侧占用人行道和绿化带内单个电线杆上的各类小立柱广告牌、灯箱广告、落地活动广告牌等进行清理。

3. 坚持集中整治与长效管理相结合。整治行动中，对不符合容貌标准的破旧广告强制拆除，确保整治一片、巩固一片、规范一片。完善现行的设置标准，对各种户外广告有计划、有步骤地进行整治，对不符合规划的户外广告进行拆除，符合规划的纳入空间资源长期运营。

4. 坚持规范管理与安全检查相结合。按照“一店一牌、统一设置位置、统一设置高度、统一设置标准”的要求，本着减量、规范、安全的原则，县城管执法局开展户外广告升级改造及安全检查，对沿街门头牌匾进行规范管理。一是整治城区主次道路两侧的户外广告、门头牌匾，对陈旧破损、严重影响城市容貌的广告牌，缺字、断肢、显示画面不完整进行了集中拆除，对不符合城市容貌标准的各类门头牌匾下达整改通知书。二是整治楼顶等大型广告牌，对县城规划区内所有的立柱式广告、楼顶广告等大型设施进行了专项检查，达到安全无隐患的要求。三是整治小立柱广告牌、灯箱广告、落地活动广告牌，重点清理主要道路两侧占用人行道和绿化带内设立的广告牌以及单个电线杆上的灯箱广告。

高青县门头牌匾和户外广告整治领导小组

组　长：李　勇（县委常委、副县长）
副组长：孙旭光（县城管执法局局长）
成　员：刘元阁（县委宣传部常务副部长）
马立华（县信访局副局长）
周克建（县公安局指挥中心主任、城管执法局副局长）
张玉刚（县财政局副局长）
李　宝（县交通运输局副局长）
窦昭阳（县工商局副局长）
王宗明（县公路局副局长）
李卓文（县规划局副局长）
李振江（田镇街道党工委委员、人武部长）
李海兵（芦湖街道办副主任）
樊　涛（青城镇党委委员、副镇长）
刘宝山（高城镇党委副书记）
王鹏飞（黑里寨镇党委委员、副镇长）
刘安社（唐坊镇人大副主席）
管　德（常家镇党委委员、副镇长）

王仕军（花沟镇党委委员、副镇长）

成云三（木李镇党委委员）

领导小组办公室设在县城管执法局，孙旭光同志兼任办公室主任。

第三节　占道晒粮管理

一、占道晒粮

夏收、秋收季节，县城周边农民在城区街道两侧晒粮，造成道路堵塞、交通不畅，影响行车安全，增加事故隐患。为加强城市管理、维护群众利益，确保城区道路规范有序和群众夏收、秋收顺利，高青县城管局坚持“行政手段和法律手段相结合、规范力度与社会可接受程度相结合、依法行政与服务群众相结合、宣传先行与稳步推进相结合”的原则，规范城区占道晒粮行为。

二、管理规范

高淄路（包括东外环）、潍高路（包括西南外环）、广青路（包括西北外环）、庆淄路四条省级干线公路及县城黄河路、中心路、文化路、芦湖路、高苑路、青城路、清河路、西环路、青苑路、齐东路、董柏路、建信路、学府路、东环路（黄河路南）和各镇（街道）驻地中心路段禁止打场晒粮。其他路段仅限慢车道晒粮，且不允许摆放石块、木头、秸秆等障碍物，晒粮结束后必须清扫现场，不留任何杂物。

三、占道晒粮整治

2006 年 6 月，为消除打场晒粮引发的各类事故隐患，县城管局积极部署，迅速行动，启动清理占用城市道路打场晒粮工作预案，严格管控占用城市道路打场晒粮现象，确保城区道路安全畅通。一是加大宣传教育力度。本着早部署、早发动、早宣传的原则，及时成立禁止在城区道路打场晒粮工作领导小组，并召开专题会议，周密部署、精细安排，狠抓工作落实。印发《禁止在城区道路打场晒粮的通告》180 余份，教育、劝阻村民不要在道路上打场晒粮。二是疏堵结合抓落实。为从源头上治理占道打场晒粮问题，采取集中巡查、各中队机动管理和重点地段盯点管理相结合的方式，落实早间、晚间值班巡查措施，实施无缝隙管理，对违章晒粮户发现一户、清理一户，维护了城区环境卫生和良好的交通秩序。三是以人为本，文明执法。工作中注意方式方法，以疏导管理和教育为主，防止激化矛盾，做到文明执法，严格管理，对在公路上打场晒粮的农民，执法人员首先做深入细致的思想工作，使他们真正认识到在公路上打场晒粮的危害性，促使他们自觉不在公路上打场晒粮。对个别年龄较大、行动不便的老年人，执法人员在对其说服教育的同时，主动帮助他们将小麦运送到适当地点凉晒，得到群众称赞。

2007 年 10 月，占道晾晒秋粮现象普遍，高青县执法大队采取疏堵结合的方式，大力整治占道晾晒粮现象，组织执法人员到各路段巡查，发现问题，及时制止。遇到孤寡老人和行动不便的群众，执法队员找来木锨、袋子，帮他们一起堆粮、装粮，并为其寻找合适的晾晒场地，解决晒粮难问题。

采取人性化手段取缔占道晒粮　　（2013 年　摄）

2008 年 6 月，为实现夏粮抢收和道路安全畅通兼顾，高青县城管局开展占道打场晒粮综合整治工作。一是提前介入，强

帮助占道晒粮农户转移粮食　　　　（2013 年　摄）

19 点，加大城乡结合路段的巡查力度，发现有打场晒粮企图的及时制止。三是及时纠正。执法队员随身携带铁锹、扫帚等工具，在巡查中发现打场晒粮，对当事人耐心劝离，帮助当事人将占道粮食转移。

2010 年 9 月，随着玉米陆续收获，城区范围内占路晒粮现象逐渐增多，为规范广大农民季节性占道晒粮行为，正确处理好占道晒粮与城市管理的矛盾，高青县城管局遵循“关注民生、真心帮助粮农、合理规划、认真引导、依法照章、严格管理”的原则，做到既尊重粮农抢收实际，又不影响市容观瞻和交通安全，特作如下规定：一是县城黄河路以南、芦湖路以西、清河路以北、青苑路以东区域内严禁占道晒粮。二是芦湖路景观桥以北（桥南护栏为界）严禁占道晒粮。三是其他路段可适当占道晒粮，但不得占用快车道，保障来往车辆相向通行。四是加大巡查力度，对超出规范区域占道晒粮的群众，及时制止，将粮食转移。

2011 年 9 月，高青县城管局明确了县城及各镇道路的规范标准，规定在县城黄河路、中心路、文化路、芦湖路、高苑路、青城路、清河路、青苑路、齐东路、六号路、七号路、南外环、北外环、西外环、东环路及各镇驻地中心地段严禁打场晒粮，其他

化宣传。在麦收到来之前，在电视台播放《关于禁止在城区道路上打场晒粮的通告》，出动宣传车，发放宣传材料，大力宣传马路晒粮的危害性，营造良好的社会舆论氛围。二是坚持疏堵结合，城区中心路段坚决杜绝，中心道路之外较为宽阔的路段，有辅路的一律不得占用主路，打场晒粮可占用一条机动车道，实现夏收与道路安全畅通兼顾。三是加强整治，全天候巡查。各值班小组统一上班时间，从凌晨 6:00 到晚上 21:00，全天候巡查，发现违规占道打场晒粮，耐心劝导，限时自行清理。本次活动共清理整治占道打场晒粮 200 余处，治理效果明显，实现道路交通和夏收工作的安全有序。

2009 年 5 月，针对夏收时节城区占道打场晒粮现象剧增的情况，县城管局采取“三个及时”措施严控占道打场晒粮，取得良好效果，共纠正占道打场晒粮 79 起。“三个及时”：一是及时宣传。在夏收时节到来之前，提前开展宣传活动，抽调专人与社区工作人员一起挨家挨户宣传占道打场晒粮的危害，在各社区醒目位置张贴告示，告知社区居民城区内禁止占道打场晒粮。二是及时巡查。各执法中队分别组成专班，从早上 6 点到晚上

动用机械设施帮助占道晒粮农户　　　　（2013 年　摄）

路段仅限慢车道晒粮，且不允许摆放石块、木头、秸秆等障碍物。晒粮结束后必须清扫现场，不留任何杂物。通过规范整治，既保证了县城道路畅通、行人行车安全，又保证广大城郊农民顺利度过夏收、秋收。

还道于民——整治占道晒粮 （2013 年 摄）

2012 年 6 月 6 日，县政府办公室印发《高青县规范占用公路打场晒粮行为工作实施方案》（高政办发〔2012〕44 号），决定从 6 月 4 日至 30 日分 3 个阶段开展集中整治活动。

6 月 20 日至 30 日，在全县开展"麦收"后环境卫生集中整治活动，重点是开展以路域、镇驻地、整治村为重点的"麦收"后环境卫生整治活动。

2012 年 6 月，针对城区道路沿线部分农民为图方便，占用城区道路及公共交通场地打场晒粮现象，县城管局开展占道打场晒粮集中整治宣传活动，通过张贴通告、悬挂条幅、发放《致农民朋友的一封信》等形式，宣传占道打场晒粮的危害，引导群众自觉维护城区道路正常秩序，增强群众的法制意识和安全意识。此次活动制作宣传展板 2 块，悬挂宣传条幅 40 余条，印制宣传彩页 1800 份，出动执勤人员 80 多人次，引导晒粮车辆 50 余辆次，清理违规占道晒粮 23 处，维护了城区道路的有序畅通。

2012 年 6 月，县政府办公室印发《关于规范占道晒粮行为的通知》，成立规范城区占道晒粮工作领导小组，确定 6 月 4 日～6 月 30 日，分三个阶段开展规范占道晒粮行为活动。

2012 年麦（秋）收期间，出动 600 余人次开展占道晒粮集中整治活动，实行 24 小时错时巡查，确保城区道路畅通，农民顺利生产。

2013 年 6 月 5 日，县政府办公室印发《高青县规范占用公路打场晒粮行为工作实施方案》，从 6 月 6 日至 6 月 30 日，分三个阶段开展规范占用公路打场晒粮行为活动。

2013 年 6 月 13 日，县政府印发《关于严禁在公路上打场晒粮的通告》，禁止任何单位和个人在干线公路和城区主要街道以及主要县乡道路上打场晒粮。

整治占道晒粮现象 （2013 年 摄）

2013 年 6 月，开展城区占道打场晒粮整治活动，清理占用城市道路打场晒粮行为 130 多起。

2014 年 5 月 24 日，县政府印发《高青县规范占用公路打场晒粮工作实施方案》，确定从 6 月 5 日至 6 月 30 日开展规范占用公路打场晒粮集中活动，实行部门责任制，将工作任务落实到各相关部门。

2014 年 9 月，县城管局向

群众宣传公路打场晒粮的危害性及相关法律法规，取得沿路群众的理解和支持。整治行动开始后，对打场晒粮比较严重的路段制定巡查计划，合理安排人员，延长错时巡查时间，加大巡查密度，对县城各路段实行不间断巡查，发现一起处理一起，县城及周边公路上打场晒粮现象大幅度减少。

9月28日，执法人员沿着县城芦湖路、黄河路等占道晒粮比较严重的路段进行集中整治，出动执法车辆4台，铲车2台，执法人员及志愿者50余人，劝导、帮助清理打场晒粮60余处，整治路段3000余米。

2015年6月，县城管局开展占道打场晒粮集中整治行动，积极部署，迅速行动，严格管控占用城市道路打场晒粮现象，保证县城道路畅通、行人行车安全。一是广泛宣传，营造氛围。充分利用电台广播巡回播放宣传，出动执法宣传车3辆，悬挂宣传条幅22条，大力宣传有关法律法规和占道晒粮的危害，提高群众对违规占道晒粮危害的认识，营造杜绝占道晒粮的良好氛围。二是强化领导，落实责任。执法大队本着早部署、早发动、早宣传的原则，及时成立整治占道晒粮领导小组，出动执法车5辆，执法队员32人，对芦湖路、广青路，各街道十字路口、重要路段实行人员定岗定位，分工、分段管理，全天候上路值班巡查，对占用城市道路主车道的打场晒粮农户，及时发现，及时制止，维护城区环境卫生和良好的交通秩序，清理占道晒粮20处，整治路段1400米。三是规范程序，文明执法。对于占道打场晒粮的村民，本着“执法为民，服务社会”的理念，进行说服劝离。

四、责任分工

成立以县政府分管副县长为组长，有关部门、单位主要负责人为成员的领导小组，各相关部门、单位抽调专人具体负责占道晒粮整治工作，确保各项任务落到实处。各部门加强协作，密切配合，形成工作合力，务求取得实效。

高青县规范城区占道晒粮工作领导小组

组　长：李　勇（县委常委、副县长）
副组长：孙旭光（县城管执法局局长）
成　员：刘东吉（县公安局局长）
徐培华（县住建局局长）
邵先伟（县交通局局长）
李桂庆（县公路局局长）
孙奇珠（县交警大队队长）
李　永（田镇街道办事处主任）
王建泉（芦湖街道办事处主任）
孙秀娟（青城镇镇长）
冯　斌（高城镇镇长）
王晓飞（黑里寨镇长）
高　辉（唐坊镇镇长）
董振利（常家镇镇长）
王其凯（花沟镇镇长）
高　平（木李镇镇长）

高青县规范占用公路打场晒粮行为责任分工表

表3—2

责任单位	负责路段	配合单位
县城管局	芦湖路（清河路以北、黄河路以南段）、文化路、中心路	县公安局 田镇街道办 芦湖街道办
县住建局	高苑路、齐东路、青城路	
县交警大队	黄河路、青苑路	
田镇街道办	清河路、芦湖路（清河路以南段、黄河路以北田镇街道属地路段）	县公安局
芦湖街道	东环路、4号路（黄河路以南）、芦湖路（黄河路以北芦湖街道属地路段）	
各镇（街道）	高淄路（包括东外环）、潍高路（包括西南外环）、广青路（包括北外环）、庆淄路	县公安局 县公路局 县交警大队

续表 3—2

责任单位	负责路段	配合单位
各　镇	驻地主要路段	县公安局 县交通局 县交警大队

附：

高青县人民政府
关于严禁在公路上打场晒粮的通告

为确保道路畅通和交通安全，营造良好的路域和城乡环境，根据《中华人民共和国公路法》、《中华人民共和国道路交通安全法》和国务院《城市道路管理条例》、《城市市容和环境卫生管理条例》等有关规定，特通告如下：

一、禁止任何单位和个人在干线公路和城区主要街道以及主要县乡道路上打场晒粮。禁止在公路两侧路肩边沟和城区道路两侧堆放秸秆杂草、杂物及倾倒垃圾，确保道路畅通、整洁、卫生。

二、高淄路（包括东外环）、潍高路（包括西南外环）、广青路（包括北外环）、庆淄路四条干线公路，县城黄河路、中心路、文化路、芦湖路、高苑路、青城路、清河路、青苑路、齐东路、四号路（潍高路南）、六号路、七号路、东环路（黄河路南）及各镇（街道）驻地中心路段禁止打场晒粮。其他路段仅限慢车道晒粮，且不允许摆放石块、木头、秸秆等障碍物，晒粮结束后必须清扫现场，不留任何杂物。

三、在道路上打场晒粮等阻碍交通的行为是严重危害公共安全的违法行为。保障道路畅通，维护公共安全是每个公民应尽的法定义务。每个公民都应自觉遵守严禁在干线公路和城区主要街道以及主要县乡道路上打场晒粮的有关规定。

四、按照“属地管理”和“谁主管谁负责”的原则，各镇、各街道办要对本辖区内麦收期间的安全生产负总责。公安、住建、交通、公路、城管执法、交警等部门要认真履行各自职能，联合成立稽查队伍，沿路巡回稽查，对违反规定者，出现一户，清理一户，处罚一户。对拒不服从管理、妨碍执行公务的，由公安机关依法予以严肃处理，以维护正常的道路交通安全秩序。

五、各镇、各街道办要迅速做好宣传教育工作，帮助沿路及城区周围各村解决好农民打场晒粮场地问题，建立长效管理机制，从根本上杜绝在干线公路和城区主要街道以及主要县乡道路上打场晒粮现象。

六、本通告自公布之日起执行。

高青县人民政府

2012年6月1日

第四节　学校周边秩序管理

中小学、幼儿园上学、放学时段，一些商贩在学校周边叫卖，接送学生的车辆乱停乱放，不仅影响市容，而且造成车辆拥堵，容易诱发交通安全事故。高青县城管局结合日常管理和工作实际，调整勤务布岗，安排各中队在上学、放学高峰时段在各学校定岗固守，及时处置流动性违章和各类突发事件，全力优化校园周边环境。

一、学校周边环境整治

2005年后，每年分两次开展学校周围环境专项整治活动，维护学校周边秩序，创造整洁安静的学习环境。集中整治学校周围流动摊贩，规范学校门前车辆停放，改善学校门前秩序。

2006年，高青县城管局组织“建文明高青、城管进校园”活动，实施学校周边环境专项整治，集中整治学校周围流动摊贩，规范学校门前车辆停放，改善了学校门前秩序。高中考期间，专门安排一个执法中队进行夜间噪声监督检查，为中高考学生创造安静的学习、考试环境。

2007年，在实验中学、实验小学、县直机关幼儿园门前分别设立助学护校岗，确保学生在上学、放学时间段各岗位2人执勤，维护校园周边秩序。高考、中考期间，开展噪声扰民专项整治检查，对建筑施工单位施工时间、娱乐场所经营做出时间限制，并安排执法人员24小时轮岗对夜间噪声监督检查，为参加高中考的学生创造安静的学习、考试环境。将原来位于实验中学门口的早市迁至青苑路中段，并定点定时值班，实行长效管理，防止反弹。

和谐校园　文明共建　　(2010年　摄)

2010年9月1日，为了维护好学校周边的市容秩序和环境卫生，保证学校正常教学秩序，高青县城管局采取多项措施，加强学校周边秩序管理，做到工作到位，责任到人。一是对校园周边市容环境秩序管理进行全面调查摸底，根据情况调整城管执法人员上岗或巡逻的时间和地点，增加执法力量投入，加强对学校周边巡查力度，发现并及时纠正各类违章行为。二是延长工作时间，在每天上学、放学高峰时段，在各学校周边安排2至4名执法人员定点设岗，禁止店外经营，劝离流动摊贩，监察保洁情况，引导非机动车有序停放。三是加大宣传力度，主动与学校协调，通过学校向学生和家长宣传城市管理法规，取得学生及家长对城管执法工作的理解与支持，引导其自觉规范停车，有效缓解家长接送学生时对学校周边造成的交通压力。

2011年2月21日，在实验幼儿园门口开展“建文明高青、城管进校园”专题教育活动，通过开展专项整治活动和设立“助学护校岗”等有效措施，重点规范接送学生车辆停放秩序，清理学校周边违规零食摊点，共清理乱摆摊点300余起、跨门经营店60余户、收缴宣传单2000余张、乱堆乱放30起。在集中清理整治的同时，督促学校加强学校内部环境管理和对学生的教育，提高师生遵纪守法的自觉性。

2012年高(中)考期间，组织开展对街面流动宣传车、沿街高音喇叭及夜间施工等噪音扰民行为的专项整治活动，确保给广大考生创造安静的应试环境。

校园周边安全宣传　　(2013年　摄)

2012年9月15日至19日，县城管局对中心路小学、实验中学及幼儿园、双语学校、一中等学校周边交通拥堵问题和环境问题进行专项综合整治，每日出动执法人员30余人，采取专人定岗与巡查相结合，严禁随意摆放商品，严禁占道经营，清理占道行为100多处，依法处罚10余起，整治效果明显。

2013年，中、高考期间加大巡查力度，发现一起查处一起，为考生创造良好的应试和休息环境。全年共接到关于噪音污染投诉电话326个，问题办结率为100%。

2013年9月，为维持学校周边秩序，高青县城管局制订管理方案，全力做好学校周边环境秩序保障工作。一是提前部署，强化管理。从开学前三天起，高青县城管局重点加强对校园周边越门经营、违章设摊、乱停乱放等行为的治理力度，加强规范管理，在上下学高峰时段实行定人定岗定时巡查，减少时间空隙和管理空白。此外，还督促学校周边社会单位、商户等落实“门前三包”责任制，确保校园周边整洁卫生，为新学期开学营造良好的校园环境。二是接到在学校周边擅自摆摊设点的举报投诉后，执法中队第一时间赶赴现场进行处理，并将处理结果及时回复举报人，对不听劝阻、不服从管理的商贩，根据有关规定实行上限处罚，没收经营用具。三是做好道路交通引导工作。针对开学当天报到人数多、集中密度大的情况，县城管局与交通局联合执法，共同维护学校周边交通秩序，努力营造和谐就学氛围。

2014年9月，高青县城管局针对高青县实验中学门口商贩占道经营严重影响交通安全及市容环境等情况，开展了学校周边市容环境整治专项行动，依法取缔校园周边占道经营摊贩200处、乱发教育资料等宣传品行为6起。

2015年3月，为净化校园周边环境，高青县城管局执法大队针对学校周边流动摊点、乱停乱放、垃圾遍地、噪音污染等问题进行整治，在整治过程中，执法大队采取错时巡查与设置高峰岗定点管理相结合的办法，在学生上学和放学商贩占道易出现的时段，实现定人、定岗、定时间，共出动执法车辆3辆，执法人员32名，取缔流动摊点29处，规范校园周边越门经营19户，纠正在学校门口乱发教育资料等宣传品现象多起。

6月，中高考期间，高青县城管局执法大队制定中高考期间管理工作方案，加强市容环境管理，强化服务保障，向全县所有建筑企业及相关业户发放《关于加强中高考期间环境噪声管理的通知》，严格管控对占道、流动经营，重点保障考点及其周边环境秩序。执法大队每日出动执法车5辆，执法工作人员49名，加强校园周边巡查力度，禁止出现流动商贩，禁止鸣笛，杜绝一切噪声污染。

二、采取措施

1.加强学校周边静态交通治理。市容中队按照“属地管理”原则，联系各路段学校负责人，与其共同制定出校园周边环境整治方案，并遵照实施。县城管局抽调专人，采取定岗政策，在学生上下学之前，到学校周边疏通车辆，将车停放到停车泊位里。

2.加大宣传力度，营造良好舆论氛围。执法人员本着“敬礼在先、亮证在先、违法告知在先”的原则，首先做好有关法律法规宣传教育，请沿街经营业户守法经营、文明经营，告知市民按停车位整齐停放车辆、严禁占道阻碍交通。

3.注重环境整治，洁化净化校园周边环境。以迎接“高考、中考”为契机，开展以“治乱、治噪”为主要内容的市区校园周边环境秩序整治行动，各中队落实定人定点管理制度，重点加强早晨、中午、傍晚学生上学、放学时段管理，查处学校周边的食品、书刊、玩具等违章摊贩，对于定点设置的便民摊位，督促经营人员按照规定的地点和时间设置，

维护学校周边秩序　（2014年　摄）

不得移位和延长设摊时间，及时督促校园周边商户落实“门前三包”责任制，从严查处校园周边人行道违法停车行为，确保道路交通安全。

4.注重督查监管，确保责任落实。加强对校园周边管理督察，发现问题及时督促整改。城管队员在管理当中讲究方式方法，以宣传教育为主，上学放学的人流高峰期间一般不实施大规模的执法活动，以疏导为主，防止安全事故。建立校园周边秩序管理信息报告制度，对发现的安全问题及时向局维护办反映，做到及时反映、迅速处置。针对部分商贩“你来我走，你走我来”和执法队员打游击的特点，执法队员采取错时延时管理，确保整治效果。包段执法中队延长工作时间，错时执法，及时疏导交通堵塞，对重点路段重点治理，切实解决“城管下班、流动摊贩上班”的管理难题。

5 注重安全排查，确保安全隐患早发现早处置。针对县城各中小学校周边经营商户较多，人流量较大，秩序管理相对较为复杂的情况，坚持“防治结合、以防为主”的原则，以执法中队区域为单位，对县城中小学校周边的沿街商户、户外广告设施、施工单位进行详细排查，向群众宣传安全防范知识，对检查中发现的商户占道经营促销、人行道违法停车、施工噪声扰民、占道堆放物料等问题，当即责令当事人做好整改工作。

6.规范学校周边各类施工现场。着力规范学校周边建设施工，确保建设行为在批准的区域和时间内进行。加强部门联动，依法查处运输建筑垃圾车辆撒漏行为，确保学校周边道路整洁顺畅。

第五节　噪声污染防治

一、噪声污染

噪声污染主要包括在商业经营活动中使用高音喇叭，或者车载锣鼓队上街宣传；建筑噪音污染；文化娱乐场所、加工行业产生的噪声污染。

噪声污染治理工作，首先要理顺执法主体与执法部门的关系，明确各自的执法责任。其次要严格程序，让“仪器说话”，依据有关法规规定的不同区域、不同时间的声音分贝值标准，判断其是否达标，依据《中华人民共和国环境噪声污染防治法》做到该罚的要重罚，该规范的要严格规范，该取缔的要坚决取缔。

二、防治标准

1.在噪声敏感建筑物集中区域内，禁止产生噪声污染的夜间建筑施工作业。但因特殊需要必须在夜间连续施工作业的，应当有环境保护行政主管部门出具的证明，并采取有效的防治措施。

2.在居民住宅区从事商业贸易、餐饮娱乐、体育以及组织旅游、培训等活动使周围居民受到环境噪声影响的，应当采取有效的防治措施。

3.任何单位和个人不得在城市建成区内实施下列行为：一是在在夜间和午间高声喊叫；二是使用高音喇叭或者通过其他高噪声的方式招揽顾客；三是未经公安部门批准使用车载高音喇叭巡回播放；四是在午间和夜间从事产生噪声污染的装饰装修、货物装卸、生产加工等活动；五是饲养动物产生噪声干扰他人正常休息、生活。

4.在经营活动中安装使用空调器、冷却塔、抽风机、鼓风机、发电机、水泵等产生噪声污染设备的，其边界噪声不得超过国家规定的限值。

5.使用伴唱机、乐器、健身器材等进行家庭娱乐活动、身体锻炼或者其他活动的，应当控制音量或者采取其他有效措施，不得对周围环境造成噪声污染。安装家用空调器室外机的，应当符合房间空气调节器安装规范。

三、噪声污染执法

2007 年 11 月 27～28 日夜间，开展噪声污染集中执法活动，活动中发现众益花园工地夜间施工，经查实当事人未取得夜间连续施工作业证明，也未提前公告周围居民，属违章行为。依据《山东省环境噪声污染防治条例》第三十七条之规定，给予当事人罚款人民币 3000 元的处罚。

2008 年 7 月，为有效防治环境噪声污染，保护和改善城市生活环境，提升城市品位，高青县城管局在全县开展为期一个月的噪声污染专项整治活动，严厉查处户外宣传、开业庆典、电子广告屏设置等噪声污染，严厉查处商家、门店和经营摊主使

加强噪音防治宣传　　　　　　（2014 年　摄）

用高音喇叭产生的噪声污染，严厉查处早夜市摊点和临时摊贩沿街叫卖噪声扰民行为。

2009 年 4 月，围绕群众关注的早夜市、建筑噪声扰民等热点、难点问题，开展专项治理活动。具体开展以下活动：1. 集中治理早市。提前印发了关于规范早市的通知 200 余份，通知各摊主做好配合早市规范工作的准备，并于 4 月 9 日起对早市进行规范，执法人员每早 6:30 开始规范清理早市，将早市控制在县城青苑路（青城路与高苑路之间）两侧，经营时间控制在每早 8:30 以前。本次活动清理各类摊点 100 余处。2. 集中整治上下班期间市容和夜市。为确保整治活动取得实效，制定了详细的计划，安排执法人员在上下班高峰及学生上放学期间进行定点执勤，维持市容秩序。对夜市，每晚 18:00—22:00 专人值班，督促规范各类摊点按规定时间地点摆摊。本次活动共清理各类流动经营和占道经营摊点 60 余处。3. 开展建筑噪声晨查、夜查行动。为了给县城居民创造一个安宁的生活环境，县城管局安排专人在 6:00 以前和 22:00 以后进行建筑噪音专项检查，共查处各类噪音扰民案件 17 件。4. 完善执法机制，实施长效监管。为方便和鼓励群众投诉举报各类违反城市管理法律法规行为，进一步创造良好的城市环境为广大市民服务，县城管局设立了“6712319”投诉电话和 24 小时服务热线，制定了《违法行为投诉举报奖励办法》，成立应急小组，专门处理班后、节假日和夜间发生群众投诉的案件，确保群众投诉件件有落实、事事有回音。

2010 年 6 月，为给中高考考生创造良好的学习、休息环境，县城管局早部署、早防范，严密排查噪声污染源，加大对噪声污染行为的查处力度。具体开展以下活动：1. 强化宣传，营造氛围。在整治噪声污染过程中，县城管局利用电视、网络等媒体连续播放通告，提醒市民在生活、工作中自觉消除噪声污染，为广大学子营造安宁的环境；向各建筑工地及考点周围商铺、经营户发放通告；高考、中考期间考点周边 200 米以内的建筑工地停止施工。2. 加强巡查，防治结合。县城管局对市区范围内所有可能存在的噪声源进行仔细排查，重点做好考点、考生居住区噪声敏感区域的检查工作，对高、中考考点周边市容环境秩序进行提前集中整治。3. 加大夜间查处力度。实行“错时管理、夜间值班”制度，努力从源头上把好噪音扰民关，确保管理措施到位。4. 从严查处，强化监督。县城管局每天安排专人负责对噪

高考期间进行噪音污染治理宣传　　　　（2011 年　摄）

声污染等不良行为进行查处，接到举报后迅速行动，用最短的时间到场及时处理，将不良影响降低到最小。对在中、高考期间出现的有损考生休息、考试的行为，依法从严从重处罚，发现一起，查处一起。

治理暑期辅导机构宣传噪音　　(2013 年　摄)

2010 年 9 月，为迎接省运会召开，开展集中整治活动，共查处建筑工地扬尘污染案件 2 件，垃圾焚烧污染案件 2 件，车辆带泥上路案件 3 件，撒落物料、污染路面案件 3 件，建筑施工噪声扰民案件 9 件，生活噪音扰民案件 2 件。

2011 年 9 月，高青县城管局下大力气整治城区噪声污染，实行 24 小时值班制，成立夜间巡查队伍，负责处理夜间环保投诉及巡查工作，要求建筑施工单位必须合理安排施工进度和时间，施工过程中选择低噪音设备，禁止晚 22 时至晨 6 时之间的建筑施工作业。对商业促销噪声整治，主要取缔商业经营活动中使用高音广播的促销活动及占道经营摊点和沿街叫卖、卖艺行为，共取缔 30 多起。对社会生活噪声整治，配合小区物业、居委会对小区内装修等噪声污染进行查处。本次活动共处理噪声投诉、噪声扰民问题 96 起。

2012 年 6 月，高青县城管局执法大队多举措整治噪声污染。1. 以控建拆违为抓手，对建筑市场实行每月两次的拉网式大检查，对所有新开工的建筑工地，进行报建登记，严查建设工程许可证，对手续不全者，责令停止建设，坚决从源头上遏制噪声污染源。2. 对城区机关办公区、居住区、文教区、医院等区域周边的建筑工地，实行全天候、全方位的执法监察，责令施工单位采取有效措施，把施工声响降低到最小分贝。3. 加强夜间施工监管，严厉查处夜晚 22 点至次日 6 点时间段进行的施工活动。向建筑工地周边居民告知举报电话，借助群众力量，齐抓共管建筑市场，全面遏制建筑噪声扰民行为。4. 加大城区巡查力度，规范整顿商家各类促销、演出宣传活动和店外铝合金加工行为，对未经审批擅自搭台演出或音响过大的活动，坚决予以取缔，对店外加工业主责令其进店施工。本次活动查处建筑施工噪音扰民现象 5 起，夜间强行施工工地 4 个，取缔占道商演 3 个，规范使用高分贝音响夜间经营活动 4 起，城区环境得到有效净化。

2013 年 6 月，高青县城管局执法大队采取昼巡夜查的形式，对噪音扰民现象进行专项治理，特别是在中、高考期间加大巡查力度，发现一起查处一起，为考生创造良好的应试和休息环境。全年共接到噪音污染投诉电话 326 个，问题办结率为 100%。

2014 年 8 月，高青县城管局执法大队开展噪声污染专项整治工作，破解噪声扰民难题。整治重点为夜间施工工地噪声污染、广场舞噪声污染。执法人员对建筑工地、渣土工地、广场舞加大巡查力度，适时召开施工企业及工地周边代表座谈会，要求施工单位加大噪声污染防治投入。为根治广场舞噪音污染问题，县城管局与街道办合作，共同监督管理广场舞，划定固定区域，规定合理分贝，坚决杜绝噪声污染。

2015 年 6 月，为保证广大考生在中高考期间有一个安静的学习、考试和休息环境，高青县城管局执法大队采取有力措施，加强中高考期间环境噪声管理，全力护航学子应考。6 月 1 日至 6 月 21 日中高考期间，在学校周边、考场附近、居民区、考生食宿地严禁商贩使用高音喇叭，严禁使用高音广播，严格控制广场舞等社会生活噪声污染。向所有建筑企业发放《关于加强中高考期间环境噪声管理的通知》，要求6月1日至6月21日中高考期间，除抢修、抢险等工程外，所有建设工程禁止夜间施工。6月7日、8日两天，城管执法部门集中投入执法力量，保证考点周边500米范围内的施工工地无产生噪声的施工作业。同时，城管执法局会同住建部门对建筑工地实行24小时监控，对施工现场实行全时段监控。

附：

高青县城市管理和行政执法局
关于加强中高考期间环境噪声管理的通知

为保证广大考生在中高考期间有一个安静的学习、考试和休息环境，根据《中华人民共和国环境噪声污染防治法》及国家、省、市有关规定，现就加强中高考期间环境噪声管理通告如下：

1.6月1日至6月21日中高考期间，除抢修、抢险等工程外的所有建设工程禁止夜间施工；6月7日至8日高考期间及6月18日至20日中考期间，学校周边、考场附近、居民区、考生食宿地旁全天24小时昼夜均禁止施工。

2.高考、中考期间，居民区、学校、中高考考场、考生食宿地等噪声敏感建筑物集中区域周边500米以内，严禁进行使用高音广播喇叭等其他发出高噪声的活动，严格控制广场舞等社会生活噪声污染；相关营业性饮食、服务单位和娱乐场所的边界噪声必须符合国家有关环境噪声的排放标准。

3.各单位和个人必须自觉遵守《中华人民共和国环境噪声污染防治法》及本通告规定，积极配合有关管理部门做好中高考期间的环境噪声污染防治工作，为广大考生提供良好的学习、生活、休息和考试环境。

特此通告。

高青县城市管理和行政执法局
2013年6月1日

第六节 油烟排放污染防治

一、油烟排放污染

油烟排放污染主要是饮食业油烟污染，露天烧烤的污染。

二、防治标准

1.严格执行“进店、进场、进院”管理模式，对未使用无烟烧烤炉具或油烟污染的摊点，坚决依法取缔。

2.无固定经营场所，随意占用城市公共空间的露天烧烤、大排档一律取缔，有固定店铺的经营业户一律进店经营。

3.进场、进院符合露天烧烤、大排档经营的区域以不影响周边居民生活、不阻碍交通、不破坏市容市貌为前提。

4.经营业户需自备污水及垃圾、泔水收集容器，保持经营场所卫生整洁，营业结束后须将生活垃圾袋装化，不得随意堆放经营物品，严禁将废弃物随意倾倒。

5.操作台下及餐桌摆放处地面要铺设防污油毡，保持地面洁净，餐桌摆放小型加温炉的必须采用符合要求的油烟净化炉。

6.严禁挪用、破坏市政和环卫设施，不得占用或损坏园林绿地。

7.严禁私自搭建棚亭、摆放各类落地灯箱广告等。

8.严禁在人口密集区、商贸集中区及人口居住区等重点区域经营露天烧烤。

9.销售的食品必须符合有关食品安全法律法规要求。

三、防治重点

1.加强露天烧烤摊点的治理。严肃治理露天木炭烧烤，鼓励使用无烟烧烤设施和燃料，避免产生油烟污染。

2.突出油烟污染的源头治理。对治理难度

执法人员整治露天烧烤　　（2014 年　摄）

大、花费时间多的排放点，依据《中华人民共和国大气污染防治法》，对产生油烟的宾馆饭店、食堂、小酒店、夜市、大排档等加强治理，进行不间断摸底调查，建立档案，在规划设计时将餐馆与住宅楼分开，增设油烟环保设施。

3. 加大垃圾焚烧污染治理。加强废品收购点管理，严格禁止各类垃圾焚烧，杜绝焚烧电线和用橡胶垃圾作燃料的污染现象，坚决制止焚烧枯草、树叶等行为。

四、油烟排放污染防治

2007 年 10 月，按照市、县“碧水蓝天行动计划”要求，高青县城管局执法大队组织开展环保专项执法，重点查处露天烧烤、油烟污染等行为。本次活动查处城区露天烧烤案件 9 件，油烟粉尘污染案件 12 件。

2007 年，为解决城区范围内季节性露天烧烤、餐饮摊点出现的占道经营、油烟污染问题，同时考虑民众生活习惯，县执法局对城区内露天烧烤、餐饮摊点进行集中整治，划定芦湖路北段为经营场所，既解决了城市管理难题，又方便居民生活。

2008 年 5 月，高青县城管局执法大队对城区主干道两侧的烧烤摊点进行整治。1. 5 月中旬，对城区的烧烤摊点进行集中摸底统计。2. 结合实际情况制定整治露天烧烤方案，主要对烧烤业主的经营时间、烧烤炉具的摆放位置、禁止占道经营、维护店前路面、绿化带卫生等方面做了具体规定。3. 加大宣传，安排执法队员逐户发放露天烧烤整治通告，通过宣传车对此次整治行动进行宣传。

2009 年 3 月～5 月，集中开展施工工地、“三大堆”物料场扬尘污染治理活动、油烟污染治理活动、城区道路扬尘污染、带泥上路污染治理活动、市政园林绿化专项执法检查活动，共综合治理建筑立面粉刷改造 2986 平方米，查处撒漏污染运输车辆 11 辆，查处餐饮油烟治理 6 处，查处露天木炭烧烤 4 处。

6 月，高青县城管局执法大队秉承“执法为民”思想，紧紧围绕群众高度关注的热点、难点问题，加大环保执法力度，有针对性地对露天烧烤进行了专项治理，向社会公布投诉举报电话，及时受理群众投诉，成立应急小组，专门处理班后、夜间和节假日发生的露天烧烤群众投诉。此次活动共处理露天烧烤案件 21 件。

2010 年 7 月，开展餐饮业油烟整治活动，通过实地调查，对不符合排放标准的餐饮企业下达整改

执法人员帮助露天烧烤摊贩清理现场　　（2014 年　摄）

通知，重点督促经营效益好的大中型餐饮企业率先整改，达到示范效应。

2011 年 5 月，按照“突出重点、先易后难、疏堵结合、规范有序、便民服务、分步推进”的总体思路，县城管局执法大队联合公安、工商等职能部门，开展露天烧烤整治活动，对擅自排放油烟造成环境污染及扰民的，严格查处，直至取缔。要求露天烧烤经营摊点必须在室内或院内经营，经营时间限定在 18 时至 24 时，每张餐桌需配备垃圾桶，在经营区域覆盖地膜，防止地面污染，烧烤产生的垃圾也要到指定地点倾倒。

2012 年 7 月，为进一步改善、提升空气质量，高青县城管局执法大队多措并举在城区开展油烟排放专项整治行动。1. 餐饮行业达“五化”，即达到加工就餐分开化、布局流程合理化、地面墙壁瓷砖化、灶台厨具不锈钢化、室内环境整洁化。2. 城区餐饮经营单位油烟排放达到“两安装”标准，即安装油烟净化器，变无处理为有处理排放；安装油烟管道，变无组织排放为有组织排放。3. 强化长效管理，县城管局定期联合工商、环保等部门，对城区重点餐饮单位、美食烧烤街及学校、居民住宅区等群众反映强烈的环境敏感区域开展联合检查。

2013 年，根据城区内烧烤店（点）的分布及经营状况，将烧烤市场迁至田翟路以东、广青路以北区域，对全部 50 余家烧烤店（点）进行专项规范和整治，坚决取缔城区内的露天烧烤，杜绝油烟污污染。采取昼巡夜查的形式，对噪音扰民现象进行专项治理。

协助烧烤商贩搬入市场内经营 （2014 年 摄）

2014 年 3 月 18 日下午，县长刘忠远主持召开会议研究烧烤市场建设，确定 5 月 1 日前，完成广青路北侧烧烤市场建设工作，由田镇街道负责。5 月 5 日前，完成芦湖路北首烧烤经营业户清理搬迁，由县城管执法局负责。

2013 年 6 月，县政府办公室印发《依法规范取缔露天烧烤大排档专项整治活动实施方案》，成立高青县露天烧烤专项整治活动领导小组，确定从 7 月 1 日～9 月 29 日，分三个阶段开展露天烧烤大排档专项整治活动。

高青县露天烧烤专项整治活动领导小组

组　长： 李　勇（县委常委、副县长）
副组长： 于双胜（县政府副县长）
成　员： 刘东吉（县公安局局长）
徐培华（县住建局局长）
袁　伟（县环保局局长）
王　学（县食品药品监督管理局局长）
刘国华（县城市管理行政执法局局长）
郭晓东（县国土局局长）
王洪升（县工商局局长）
陈　慧（县地税局局长）
孙奇珠（县交警大队大队长）
刘　博（县供电公司经理）
李　永（田镇街道办主任）
董振利（芦湖街道办主任）

领导小组办公室设在县城管执法局，刘国华兼任办公室主任。

2013 年 6 月，高青县城管局执法大队根据城区内烧烤店（点）分布及经营状况，科学规划，合理布局，将烧烤市场迁至田翟路以东、广青路以北区域，对 50 余家烧烤店（点）进行专项规范和整治，坚决取缔城区内的露天烧烤，杜绝油烟污染。

2014 年 7 月，为全面落实县委、县政府关于大气污染防治工作精神，高青县城管局执法大队迅速行动，对辖区内的露天烧烤、餐饮业油烟排放进行整治，要求做到“四明确一要求”，即明确任务、明确责任单位、明确责任人、明确整改时限，要求“达到大气污染治理目标”的标准要求。

2014 年 8 月 30 日，县城管执法局组织城区内烧烤、餐炊业主召开以“整治露天烧烤，规范夜市大排档摊点”为主题的会议，传达了《淄博市餐炊业油烟污染防治工作实施方案》，并就相关法律法规进行了详细解释。2015 年 6 月，推广无烟烧烤，提高市容质量。根据《淄博市城区扬尘污染防治专项行动实施方案》要求，按照高青县委、县政府统一安排，高青县对城区露天烧烤（包括大排档）进行规范治理，推广使用无烟烧烤炉具，提高城区市容环境质量，打造整洁、优质生活环境。向所有从事烧烤、夜市大排档等经营业户发放《无烟烧烤炉具安装补助通知》，对使用无烟烧烤炉具的商户进行补助，对达不到目标要求的商户，按照相关规定查处。

2015 年 8 月，城区有露天烧烤点 78 处，大排档 81 处，大多分布在居民小区周边、主次干道两侧及城乡结合部，个别烧烤点脏乱差、油污重、噪声扰民现象突出。高青县执法局积极开展露天烧烤整治行动。①对城区露天烧烤进行拉网式排查，对露天烧烤经营户登记造册，建立管理台账。②向露天烧烤经营户发放《关于加强城区夜市管理的通告》，在露天烧烤周边张贴该通告，发放、粘贴城区夜市管理通告 180 余份。③对 78 家露天烧烤和 81 家大排档进行登记管理。④对责任区经营户集中治理，下达责令整改通知书 50 余份，取缔露天烧烤 5 户。⑤召集烧烤经营户开会，展示、推荐烧烤炉，烧烤经营户依据各自经营规模，选择相应尺寸自行订购。是月定购 8 台。

附：

高青县人民政府
关于加强城区夜市管理的通告

为进一步加强夜市管理，维护经营秩序，方便市民生活，创建整洁有序的居住环境，根据《中华人民共和国道路交通安全法》、国务院《无照经营查处取缔办法》《山东省城镇容貌和环境卫生管理办法》等法律法规，现就加强夜市管理有关事项通告如下：

一、严格执行“进店、进场、进院”经营标准，对未使用无烟烧烤炉或不具经营条件的摊点，坚决予以取缔。符合经营条件的，由业户提出申请，有关部门依法审批，做到证照齐全、规范经营。

二、禁止在城区内占用人行道或城市公共场所摆设夜市摊点。

三、有固定门店的经营业户，一律进店经营，从事餐饮的经营户不得在店外加工制作、出店设桌。

四、禁止露天制作大排档、烧烤及其它直接加工入口食品的经营行为，禁止私设各类小烤炉，严控噪声，油烟等环境污染。

五，严禁夜市摊点挪用、破坏市政、环卫设施，不得占用或损坏园林绿地。

六，严禁私自搭建棚亭、摆放各类落地灯箱广告等。

七、违反本通告的，由城市管理主管部门依据有关法律、法规进行劝导、批评教育，情节严重的，暂扣其经营工具。对阻挠执法人员依法执行公务的，由公安机关依法处理。

八、本通告自 2015 年 6 月 10 日起执行。

高青县人民政府

2012 年 6 月 4 日

第七节　扬尘渣土污染防治

一、扬尘渣土污染

扬尘渣土污染主要是渣土运输过程中及建筑工地施工造成的污染。

二、防治标准

1.“六个一”标准

①一条硬化路。工地出入口路面必须采用水泥或沥青硬化，出入口内外延伸长度不得少于 15 米，宽度不得少于 6 米。施工时在工地出入口路面铺设不少于 20 米的毛毡防止车轮带泥上路。

执法人员到施工工地巡查 （2013年 摄）

②一组管理保洁人员。建设、施工、运输单位各派不少于一名管理人员履行施工时段的管理责任。严格要求运输车辆按标准装载，封盖严密，配备足够的保洁人员做好出入口及运输沿途保洁，防止渣土污染路面。

③一个清洗站（点）。配备足够的冲洗设备，落实工地周围路段定时洒水降尘及车辆车轮、车体的冲洗。

④一本车辆登记簿。做好建筑渣土运输车辆管理日志的登记。

⑤一份双向签单。具备条件的工地要安装电子监控系统，运输单位落实自施工工地至倾倒场（点）的双向签单，车辆运输记录和双向签单作为运输车辆结算运输费用的依据。

⑥一块车辆标识牌。运输车辆必须有渣土管理单位统一核发的运输车辆准运标识牌。

2.“四不开工”标准

①建设、施工、运输单位未落实建筑渣土倾倒场点不得开工。

②未使用核准运输单位及车辆不得开工。

③未签订建筑渣土规范处置承诺书并交纳保证金不得开工。

④现场管理人员不到位不得开工。

3.“四不出门”标准

①未落实现场保洁人员的不能出门。

②车辆密闭不严的不能出门。

③车体不整洁带泥上路的不能出门。

④手续不齐全的不能出门。

4.“抓两头、控途中、把三关”要求

①“抓两头”即狠抓工地源头和渣土倾倒场，在工地源头管理上，一是制定一系列加强建筑渣土管理、土石方工程纳入建设程序等措施办法，为根治建筑渣土市场混乱状况提供制度上的保障。二是由住建部门严把源头审批关，将建筑渣土处置办结手续作为办理工程报建、项目招投标、施工许可等建设审批手续的前置条件。三是相关部门在规划论证的基础上合理划定渣土处置场地。

②“控途中”即在途中管理上公安交警部门负责对渣土运输车辆不按照指定路线行驶、无牌无证、套牌假牌、逆行、超速、闯红灯、沿路乱倒、未经审核擅自运输等违法违规行为进行查处；

③“把三关”即加强运输单位、车辆及驾驶员的管理。一是司机入口关，从事建筑渣土运输的司机上岗前要进行培训；二是运输单位及车辆审

巡查施工工地渣土运输情况 （2013年 摄）

核准入关，从事建筑渣土运输的单位及车辆经审核准入后方可从事渣土运输；三是途中检查关，使途中检查成为常态管理手段。

“八大”防治扬尘污染要求

①要求施工现场设置符合要求的围挡和防尘网，对施工区域实行封闭或隔离，并配备洒水设备，由专人负责洒水降尘和清扫。

②施工工地及出入口要按照标准进行硬化。

③施工现场堆放的建筑渣土必须有防护措施并及时清运。

加强渣土管理 （2013年 摄）

④风速4级以上易产生扬尘时，要求施工单位暂停土方开挖、渣土运输、房屋拆迁等易产生扬尘的作业，并采取有效措施，防止扬尘飞散。

⑤严禁抛洒垃圾。拆除或修建高度6米以上建筑物的建筑垃圾，必须采取集装密闭方式吊运。

⑥施工现场必须配备车辆冲洗设施，施工运输车辆驶出工地前必须将车辆漕帮和车轮冲洗干净，防止将泥土带出工地。

⑦施工过程中易产生扬尘的物料必须密闭保存或封盖，要配置洒水设备，及时洒水、清扫。工程项目竣工后要及时平整场地，并清除积土、堆物。不能及时清运的，在施工工地设置临时密闭性垃圾堆放场地进行保存。

⑧运输沙、石、水泥、土方、建筑垃圾等易产生扬尘物质的车辆，必须封盖严密，并按照批准的路线和时间到指定场地消纳处理。

三、扬尘渣土防治

2006年11月，对中心路北段东侧露天煤场进行处罚。该煤场占地面积100平方米，未采取任何防尘措施。依据《中华人民共和国大气污染防治法》第64条第1款第4项之规定，对业主处以人民币2000元的罚款。

2007年6月4日，对摩托城三期施工现场进行处罚。该施工现场未硬化路面，致使施工车辆带泥上路，污染路面，给予当事人五日内硬化出入工地路面并处人民币3000元罚款。

2007年9月，开展城区建筑工程现场扬尘污染防治活动，要求所有在建主体工程都使用防尘网，所有工地车辆出入口建设水冲洗装置，防止车辆带泥上路，严格控制夜间施工作业，防止建筑噪声扰民，对建筑施工造成的各项污染进行严格控制。该次活动查处建筑施工扬尘污染案件3件，渣土运输污染案件6件，建筑工地不规范围档案件5件。

严把工地出入口关，杜绝渣土撒漏 （2014年 摄）

整治渣土污染 （2012年 摄）

2009年6月，高青县城管局执法大队开展施工工地、“三大堆”物料场扬尘污染集中治理活动，对城区储煤场、建筑渣土混凝土料场、大型粉性物料场等“三大堆”和建筑施工工地防尘措施进行检查并提出整改要求，查处建筑工地扬尘污染案件3件，“三大堆”物料场扬尘污染案件26件。

2009年8月，高青县城管局执法大队开展城区道路扬尘污染、带泥上路污染集中治理活动，加强对进出城区主要道路、建筑施工工地出入口的执法巡查力度，本次活动查处带泥上路案件7件，撒落物料、污染路面案件15件。

2007年，召开全县文明施工现场会议，来自全县19个房地产公司和建筑公司的50名施工单位负责人参加会议，高青县城管局通报各建筑工地存在的主要问题，要求各负责人认真整改，并与各建筑单位签订《全县文明施工现场工作责任书》。

2008年2月20日，当事人在高青县城清河路东首北侧原张田路段，未办理任何手续擅自倾倒建筑垃圾，建筑垃圾占地7平方米，给予当事人限期改正并罚款人民币200元的处罚。

2008年3月23日，对芦湖小区二期工程施工企业处罚。该建设工地车辆带泥驶出工地，造成路面严重污染，污染路面面积432平方米，给予当事人罚款人民币1.9元处罚。

2008年9月，高青县城管局制订《关于加强扬尘污染防治工作的实施方案》，向各建筑工地发放《关于加强建筑施工扬尘污染防治工作的实施意见》，要求施工单位在施工或拆除作业时设置防尘网，对使用的粉尘逸散性工程材料进行密闭处理，工地周边设置1.8米以上的围挡，共查处建筑施工扬尘污染案件3件，建筑工地不规范围档案件5件。

2008年11月，高青县城管局执法大队秉承“执法为民”思想，紧紧围绕群众高度关注的热点、难点问题，加大环保执法力度，有针对性地组织开展了晨查、夜查等专项执法行动，共查处建筑施工扬尘污染案件3件，查处渣土运输污染案件8件，建筑工地不规范围档案件5件。

2009年，高青县城管局执法大队为全面掌握城区周边各类建筑渣土（垃圾）处置及乱拉乱倒情况，组织人员进行统一摸底、排查，全面掌握建筑渣土处置情况。对建筑渣土、工业垃圾生产、处置企业实行登记造册，做到底子清、情况明，从源头上规范各类建筑渣土（垃圾）处置，形成对建筑渣土（垃圾）的动态管理。是年，查处违规堆放建筑渣土（垃圾）31处，约12.58万立方米，其中300立方米以上的27处。

2009年，共查处建筑工地扬尘污染案件3件，“三大堆”物料场扬尘污染案件26件，垃圾焚烧污染案件7件，污染路面案件15件，擅自破路挖沟案件2件，查处擅自砍伐树木2件，建筑施工噪声扰民案件37件，生活噪音扰民案件8件，取缔废品回收经营点3处。

2010年，本着“执法与服务并重、突出服务”原则，认真履行管理职责，热情服务，严格执法，积极推进建筑渣土管理工作步入正轨。高青县城管局执法大队对全县在建工地和拆迁工地加大管理和整治力度，对工地运渣车辆带泥上路、漏洒污染路面、建筑渣土及生活垃圾私拉乱倒、垃圾焚烧、城区内餐饮油烟污染、露天木炭烧烤等违法行为进行严肃查处。是年，为2家企业办理“建筑渣土处置许可证”“建筑渣土运输核准证”等相关许可证件，涉及渣土处置数量3000立方米，对1家无审批手续违规处置建筑渣土的企业给予严肃处理。

2011年，县城管局执法大队加大对各工地出入口的硬化标准考核和管理，形成城管、住建的联动配合机制。加强渣土运输管理，对不覆盖、不遮挡的运输车辆给予处罚，确保渣土、建筑垃圾运输无遗漏、无污染。

2012年2月27日，县政府出台《高青县建筑垃圾管理暂行办法》（高政发〔2012〕12号），对建筑垃圾管理作出明确规定。

2012年5月30日，为进一步搞好大气污染深度治理，切实规范建筑渣土（垃圾）运输管理，防止运输途中撒漏现象和二次污染，保障城区环境卫生和空气质量，县政府印发《关于加强城区建筑渣土运输管理的通告》。

2012年5月，高青县城管局执法大队开展以县城主要道路为整治重点的市容市貌专项整治活动。对各类违法乱搭乱建行为和违章进行建筑渣土、工业垃圾清运的行为，"发现在一线，处理在萌芽"，形成对各类违法违规行为的高压态势，确保规划控制区内乱搭乱建和渣土清运、处置的零漏查、全处理。本次活动查处各类乱搭乱建房屋15处，查处违章建筑渣土处置2处。

2012年，按照《高青县建筑渣土管理暂行办法》（高政发〔2012〕12号）的要求，加大对建筑渣土、工业垃圾的规范化管理，积极与相关职能部门进行对接，对建设、施工单位建筑渣土运输、处置明确施工场地"六个一""四不出门、四不开工"的规范管理标准，从源头上规范建筑渣土运输、处置行为。设置建筑渣土消纳场1处，办理建筑渣土清运、处置手续23件，下达限期整改通知书9份，责令停工5家，处罚2家，有效遏制了违规运输、处置行为。在上半年市政府暗访督导检查评比中，高青县渣土管理工作仅次于文昌湖旅游度假区，名列全市第二名。

2013年6月，召开全县建筑企业专项工作会议，组织各建设项目负责人、渣土清运单位负责人、房地产开发商等相关责任人学习《高青县建筑渣土管理暂行办法》等文件，严格执行渣土处置审批程序，规范渣土运输和倾倒场所，加大监察力度，对城区建筑工地进行巡查，发现违规行为的一律停工，并从严处罚。本次活动查处带泥上路车辆80台（次），运输建筑垃圾沿街洒漏车辆30台（次），办理渣土清运及处置手续30件，渣土处置量5万立方米，有效规范了城区建筑渣土清运、处置等管理秩序。

是年，开展对含有病毒、病菌和放射物质等医用废弃物的专项检查活动，督促医疗单位按规定处置医疗废弃物，防止倒入垃圾容器、任意排放遗弃。执法局不定期组织晨查、夜查，在下雨、大风等易发生扬尘污染时段，组织执法人员集中检查，最大限度地降低污染事件的发生。共查处渣土运输污染案件8件，车辆沾泥带土上路案件39件，乱倒垃圾案件5件，向规划区水体乱倒废弃物案件2件。

2014年5月，开展城区道路扬尘污染、带泥上路污染集中治理活动，对进出城区主要道路、建筑施工工地出入口，加大执法巡查力度，对即将清运物料、垃圾的施工单位做到提前掌控，对已发现的带泥上路、洒落物料行为进行围追堵截，责令相关单位及个人停止违章行为，采取整改措施，对污染严重、造成恶劣影响的单位及个人加重处罚。

2014年9月10日，县政府印发《高青县城市建筑垃圾处置管理办法》（高政发〔2014〕44号），确定成立高青县建筑垃圾处置管理办公室，配备正

封闭渣土运输车启动仪式　　（2013年　摄）

式在编执法人员，2012 年 2 月 27 日实施的《高青县建筑垃圾管理暂行办法》（高政发〔2012〕12 号）同时废止。

2014 年，高青县城管局成立建筑渣土管理办公室，共有 4 名工作人员，马兴任办公室主任。是年，进一步完善《高青县建筑渣土管理办法》，对渣土运输车辆实行统一管理，加大对违法运输、处置建筑渣土的查处力度。全年累计办理建筑渣土清运、处置手续 18 件，渣土处置量 16 万立方米。

2015 年 5 月 19 日，为进一步规范建筑渣土清运及处置管理，高青县城管局渣土管理办公室召开建筑渣土整治专项工作会议，全县各建筑工地承运方负责人参加会议。会议指出，目前渣土运输存在证件不全、违章行驶、缺乏覆盖等问题，必须从严整治渣土运输车辆违法行为。一是建筑工地承运方加强对驾驶员的管理，严格遵守交通规则，杜绝无证驾驶、野蛮驾驶；二是渣土运输必须证件齐全，及时办理渣土处置证；三是责权清晰，责任到人，承运方提交行车证、驾驶证复印件，随身携带处置核准证。会上，高青县城管局与各建筑工地承运方签署了《建筑渣土处置规范责任书》。

2015 年 7 月 1 日，高青县城管局渣土管理办公室联合县交警大队召开车辆专项整治行动会议，城管执法大队、交警大队相关负责人出席会议，各工地负责人及车辆所有人参加会议。会议强调，渣土车需按规定线路、地点运输，承运方需安排专人清理撒漏渣土，加强对工地出入口与运输沿线渣土的清理。城管局严格查处违章行驶、渣土撒漏、私自开工、偷倒乱倒、超出核准土方量的行为。加大对三类车的整治力度，坚决杜绝渣土车、散装物料运输车、商砼车带来的安全威胁及环境污染危害。

7 月 9 日，为进一步规范高青县渣土运输作业秩序，严厉打击渣土运输违章行为，切实解决渣土运输作业污染城市环境、危害交通安全、影响城市形象、群众反映强烈的突出问题，高青县城管局建筑渣土管理办公室联合高青县公安、交警部门，对进入城区的渣土清运、商混搅拌、散装物料运输车辆进行专项整治，在主要路段设置卡点，检查来往渣土运输车辆，重点整治渣土车辆超载、超速、闯红灯、撒漏等违规行为。

2015 年 8 月，县城管局渣土管理办公室加大对渣土运输的整治力度，对县域内 45 个工程进行了扬尘治理检查，重点检查工地现场、出入口、运输沿线，杜绝建筑渣土与扬尘污染。所有工程都严格按照建筑工地的扬尘治理要求在施工现场出入口处设置洗车平台、减速带、沉淀池，主要道路及材料堆放地进行硬化，配备专用洒水车并有专人负责每天至少 2 次进行洒水降尘，现场裸露土地及容易产生扬尘的散装物料都进行了有效的绿化或覆盖，雍翠园小区工程、银座购物广场、金都杰座等工程均配备了降尘设施并取得很好的降尘效果。通过采取严格措施，加大扬尘整治力度，有 11 处在建工程工地顺利通过了市级安全文明工地的验收，建筑施工现场扬尘整治工作取得了显著成效。

2015 年 8 月县城区各工地渣土清运情况

表 3－3

序号	工程名称	工程地址	工程进度	备注
1	体育家园小区	黄河路南侧体育场内	基础工程完工	
2	众成国际商住楼	青城路中段南侧原党校院内	基础工程完工	
3	银座国际购物广场	高苑路与芦湖路西南角	基础工程完工	全封闭车辆
4	城西开发区道路提升改造工程	高苑路西段北区	基础工程完工	全封闭车辆
5	文化路（青城路—黄河路）路面整修工程	青城路—黄河路段	基础工程完工	全封闭车辆
6	蒲台路提升改造工程	高苑路—黄河路段	路基清理施工中	全封闭车辆
7	支十三排道路施工	青苑路北段和平家园前	路基清理施工中	全封闭车辆

续表 3－3

序号	工程名称	工程地址	工程进度	备注
8	雍翠园小区	大悦路东段芦湖公园对面	基础工程完工	全封闭车辆
9	颐阳文化园商业楼	高苑路东首南侧	未开工	
10	芦湖名郡三期	高苑路东建信路西	基础工程完工	

第八节　城市“六乱”治理

一、城市“六乱”

城市“六乱”治理是指对乱搭建、乱堆挖、乱摆卖、乱拉挂、乱张贴、乱停放行为的整治。按照先主要道路、后次要道路，先窗口地段、后居民小区的步骤，采取规范、处罚、拆除、清洗、粉刷等手段进行治理。

“乱搭建”是指未经批准，在城区街道两旁、公共场所、闲置空地和其他城市空间搭建房屋、棚架、临时建构筑物，或放置铁皮屋、木屋等行为。

“乱堆挖”是指未经批准，在城区道路两侧和其他公共场所堆放沙、石、砖、瓦、水泥、钢材、木料、废物等建筑材料、垃圾和生活垃圾，或擅自开挖城区道路、绿化带及其他公共场所等行为。

“乱摆卖”是指未经批准，在城区道路、人行道以及车站、广场等公共场所设摊摆卖商品的行为。

“乱拉挂”是指未经批准，在城区道路、交通护栏、绿化树木、建筑物外墙或其他市政设施上拉挂横幅标语、宣传广告、宣传彩旗，在街道两边拉挂遮阳篷布、支撑太阳伞等行为。

“乱张贴”是指未经批准，在城区建筑物外墙、电线杆、树木、围墙等张贴喷涂广告、海报、启事、简章等行为。

“乱停放”是指未经批准，在城区指定的地点和划定的区域以外停放车辆的行为。

二、“六乱”整治要求

禁止任何单位、工商经营户和个人实施城市“六乱”行为。

1. 严禁在城区范围内的街道两旁、公共场所、闲置空地和其他城市空间内搭建临时房屋、棚架和其他临时建构筑物。对符合规定，需要临时搭建的临时房屋、棚架和其他临时建构筑物的单位和个人，应到城市规划主管部门进行报建并自觉接受监管。

2. 严禁在建成区范围内的街道两旁、公共场所、闲置空地和其他城市空间内乱挖掘城市道路、绿化带安装铺设各种管线、设置出入口，乱堆放沙、石、砖瓦、水泥、钢材、木料、废物、生活垃圾和其他物料。

3. 严禁在建成区范围内的街道两旁、公共场所、闲置空地和其他城市空间内设置沙、石、灰油、钢材、建筑预制件等建筑材料生产制作、经营销售点，

4. 城区严管街严禁室外经营。未经批准，任何单位和个人不得在城区道路、人行道以及车站、广场等公共场所摆摊设档。

治理建筑材料乱摆乱放　　（2013 年　摄）

5.禁止在城区道路、交通护拦、绿化树木、建筑物外墙以及其他市政设施上擅自设置拉挂横幅标语、宣传广告、宣传彩旗、充气彩虹门、悬空气球等物体；城区范围内严禁利用汽车等工具发布有碍城市市容的流动宣传广告。

6.严禁在城区建筑物外墙、线杆、绿化树木、围墙或其他公共设施、公共场所擅自张贴喷涂广告、海报、启事、简章等行为。

7.城区范围内的机动车辆应按指定的地点和划定的区域停放整齐，禁止在停车点以外的公共场所乱停乱放机动车辆。

清除城市“牛皮癣”　　（2013年　摄）

三、“六乱”执法

2006年6月，高青县城管局执法大队深入开展市容环境“六乱”整治，重点对小广告乱贴、车辆乱停、“门前三包”责任不落实的问题进行解决。执法大队通过加强日常巡查和集中整治相结合的方式对全县的市容环境“六乱”进行综合治理，对群众投诉的难点、热点问题逐一进行规范整治，取得了明显成效，经过近三个月的整治，城市市容“六乱”得到有效治理，市容面貌在短期内有明显改观，人民群众对市容环境的满意度有了明显提升。

整治乱拉乱挂　　（2013年　摄）

2007年11月，高青县城管局立足于打造整洁优美城市环境、提升城市品位职责职能，创新方法，多措并举，大力实施城市环境综合整治，集中治理乱搭建、乱堆挖、乱摆卖、乱拉挂、乱张贴、乱停放等城市顽疾，实行局班子成员街头值班制，当班领导带领执法人员，每天深入街头巷尾进行察看，现场办公、现场点评，发现问题，督促整改。对于存在的突出问题，按照责任分工，严格落实责任，集中进行解决，要求提高管理标准，强化治理措施，始终保持对“六乱”整治的高压态势。本次活动规范车辆停放300余辆次，取缔乱摆乱放摊点410个，拆除不规范门头牌匾290块，收到明显成效。

2008年，高青县城管局执法大队开展城市“六乱”专项整治活动，加大对乱搭建、乱堆挖、乱摆卖、乱拉挂、乱张贴、乱停放的整治力度。一是加大乱搭建治理力度，对城区内各类乱搭乱建建筑物进行调查摸底，限期自行拆除，逾期不拆除的依法强制拆除，共拆除乱搭乱建13处，合计600余平方米。二是开展规划大检查活动，对全县规划区内所有2007年续建及2008年新建工程项目进行规划大检查，共检查建筑单体47处，建筑面积

整治乱搭乱建　　（2013 年　摄）

116.6 万平方米，查处违法违章建筑 12 处。三是对沿街 15 个报刊厅进行整治。针对 15 个沿街报刊厅规格不统一的现状，县执法局开展报刊亭专项整治活动，首先对报刊厅业主做思想工作，动员各业主自行拆除，经过耐心细致的说服引导，有 2 户自行拆除，剩余 13 户不听劝解，立案后强制拆除。四是集中整治乱停放、乱摆卖、乱堆挖。针对机动车和非机动车乱停乱放现象严重的实际情况，在不影响交通的路段划定停车位，引导规范各类车辆有序停放，加大对占道摊贩和流动商贩的治理力度，维护道路交通秩序，组织执法人员对县城文化路和高苑路中段的夜市进行集中清理，将其迁移到不影响交通的高苑路西段、芦湖路北段等地段，并安排专人晚上值班，确保整治后不反弹。整治随意堆放沙、石、砖、瓦、水泥、钢材、木料、废物等建筑材料、建筑垃圾和生活垃圾的违规行为，共清理乱停乱放 258 处，取缔占道集贸市场 2 处、占道摊点 240 余处、流动商贩 500 余个、乱堆放 320 余处。五是加大乱张贴、乱拉挂整治力度。对各类橱窗广告，高青县城管局向县城主要街道两侧的商家店铺逐一下达整改通知书，要求各商家店铺将店面橱窗上张贴的文字、图形等商业宣传广告贴纸统一清除，督促限期整改。组织专业人员对各类城市“牛皮癣”进行集中清理，确保每早 8:00 前清理完毕，共清理各类橱窗广告及门头即时贴 70 余处，清理粉刷乱贴乱画 270 余处，县城主要道路两侧“牛皮癣”问题得到有效治理，县城容貌得到明显改善。

2009 年，高青县城管局实行横到边、纵到底的网格化管理，按照精细化、标准化、长效化管理的要求，提升常规管理标准，打造整洁、优美、有序的市容环境。细化责任考核。做到“统一领导，分级负责，中心下移，网格管理”，采取大队包面、中队包片、队员包路段，对所辖区域各路段实行定岗、定人、定责、定标准、定奖惩，对全县主次道路乱贴乱画、乱拉乱挂、乱停乱放等情况展开执法巡查，达到执法全方位，管理全天候、责任无缝隙，考核无盲区。为规范市容秩序，结合高青县城市管理实际情况，实施错时管理，强化早、中、晚三个时间段的执法巡查，重点做好市容反弹现象的防控，同时做好重点、难点问题的治理，重点路段和重点时段的守点巡查工作及投诉电话接听工作，城区范围内做到处处有人管、事事有人管、时时人在岗、人人有责任，确保市容整洁，秩序规范。是年共累计综合治理主次干道 11 条，清理乱贴乱画 2200 余

整治大型占道堆物　　（2013 年　摄）

处，乱挂条幅600余条，粉刷墙壁8000余平方米，清理马路市场3处，店外经营732处，占道经营497处，流动摊贩3200余人次，规范马路施工作业27处，乱停乱放自行车800余辆次，机动车340余辆次，治理店外洗车点28处，店外摩托车维修点11处，取缔城区露天烧烤37处。

2009年高青县“六乱”治理情况表

表3—4

“六乱”内容	具体治理情况	数量
	拆除大型立柱广告牌(块)	1
	清理或规范大型墙体、楼顶广告(块)	7
	清理乱贴乱画乱挂(处)	270
乱搭建	清理规范外表破损、影响城市容貌、内容不健康、影响城市形象的广告牌(块)	11
	清理各种活动广告牌(块)	31
	清理或规范门头牌匾(块)	47
乱堆挖	清理广告条幅、气球、彩旗、招牌、充气物及其他临时性户外广告(条)	48
	取缔占道集贸市场(个)	1
	取缔占道经营摊点(个)	124
乱摆卖	清理店外摆摊经营(个)	26
	清理规范洗车点(个)	2
	清理规范摩托车维修点(个)	1
乱拉挂	取缔各种占道修车、加工铝合金、广告加工制作(处)	1
	取缔占道集贸市场、劳务市场(个)	1
	清理乱停乱放(处)	38
乱张贴	清理流动商贩(个)	88
	查处擅自改变临街房屋使用性质、破墙开店、违法装修改建店面(件)	2
	查处乱堆乱放(件)	1
乱停放	拆除乱搭乱建(平方米)	480
	查处抛洒建筑垃圾(处)	1
	查处建筑扬尘污染(件)	3
	查处向雨水管道排放污水的行为(件)	2

2010年4月15日，针对大量运送沙石料的大货车从县城城区通行，严重损坏城区道路，造成空气和噪音污染，影响城区居民生活的情况，根据县委、县政府要求，县执法局联合公安、交警、交通、公路、建设、安监、环保等部门，采取集中统一行动，对大货车进城行为开展持续强态势的专项整治。

7月，县城区“门前五包”列入政府管理重点工作，纳入工作目标管理考核。执法局制定了《城区“门前五包”责任制管理考核办法》，对沿街各单位“门前五包”进行检查考核，对存在的突出问题及时反馈，并进行跟踪和督导，有效增强了各单位参与城市管理的主动性与积极性。

8月，为以整洁、优美的城市市容市貌迎接省运会的召开，集中开展了多次县城区市容市貌综合整治活动，抽调专人按照城市“六乱”治理内容和整治标准，加强了对户外广告、霓虹灯、门头牌匾的集中整治，有针对性地组织开展了晨查、夜查等专项执法行动，重点查处建筑施工扬尘，施工噪音扰民，违规处置、清运、抛洒建筑、生活垃圾及施工渣土、露天烧烤、油烟污染、大货车进城等行为。改善了学校周边环境，在县直机关幼儿园、实验小学、实验中学设立助学岗，整治学校周边占道经营、流动商贩等问题。

执法人员清除即时贴　　（2014年　摄）

9月，为迎接第22届省运会召开，按照环境整治工作要求，组织多次集中行动，扎实开展“六乱”治理活动，对城区容貌进行综合整治。强化城区主次道路、省运会“赛、住、行、游”等涉及的重点区域以及城区出入口、城区“窗口”地段的整治力度，对早夜市进行集中清理整治，对施工工地、拆迁工地规范化管理，组织“三车”清洗、维修集中整治活动，对城区店外洗车、摩托车、自行车维修等管理难点进行治理，对拒不整改、不能店内作业的清洗、维修点，进行取缔和立案查处，共治理主次干道11条，清理乱贴乱画1600余处，乱挂条幅70余条，清理马路市场1处，店外经营35处，占道经营180处，流动摊贩1200余人次，取缔城区露天烧烤9处。

2011年，实施定人员、定岗位、定职责、定标准、定奖惩，对重点地段市容进行集中整治，错时管理，对黄河路、青城路、文化路等街道打造“八无标准”（无乱搭乱建、无乱堆乱放、无乱涂乱画、无店外经营、无占道经营、无乱设广告牌、无乱停放、无乱悬挂）。累计综合治理建筑立面粉刷改造5800平方米，规范占道集贸市场4处，清理乱贴乱画1500处，拆除乱搭乱建16处，清理店外经营280处，规范各类广告牌455块。

2012年8月1日，为迎接中国（高青）甲骨学暨高青陈庄西周城址重大发现国际学术研讨会和“中国（高青）黑牛节”两个盛会在高青县隆重召开，高青县城管局召开全体干部职工会议，对城市管理工作做出详细安排，动员全体干部职工认清形势，鼓足干劲，以优异的成绩迎接盛会的到来。是年，打造了黄河路、芦湖路2条高标准、严要求的市容严管街，彻底杜绝城市“六乱”。

9月上旬至10月7日，实行全员参与，开展城区各主要路段市容再提升整顿工程，管控结合，重点突破，确保首届中国（高青）黑牛节期间市容秩序井然，城市形象得到有力改善。结合时令果蔬集中上市的实际，对蒲台路、高苑路便民市场进行了规

清理占道摊点　　（2014年　摄）

范治理，及时疏导进城瓜农菜农到规定区域经营，实现“市容”与“繁荣”双赢。

2012 年，通过部门联动，齐抓共管，着力解决影响市容秩序的城市“六乱”问题。与交警大队联合出台《加强机动车管理的实施意见》，重点解决机动车乱停乱放问题，共设置停车场 9 处、停车位 500 多个；与住建局联合，重点解决乱搭乱建、露天洗车等问题；与工商部门联合，重点解决店外经营、马路市场等问题；与公安局建立联动执法工作机制，实行联勤联动，确保城管执法顺利进行，形成执法合力。

2013 年 3 月 8 日，县政府印发《关于开展城区市容市貌综合整治活动的通告》，决定自 3 月 7 日至 4 月 20 日在县城区内开展市容市貌综合整治活动。

2013 年 3 月 19 日，县委办公室、县政府办公室印发《城区环境集中整治实施方案》，确定 3 月 20 日至 4 月 20 日开展为期一个月的城区环境集中整治行动。

2013 年 10 月，高青县城管局多措并举，全力保障市容环境秩序，先后组织执法人员 20 余人，开展市容环境整治行动，采取错时值班、定岗执勤等措施，重拳治理城区“六乱”，对城区主次道路两侧店外经营、活动广告牌等实行“零容忍”，坚决取缔。本次活动共整治店外经营 200 余起，清理广告牌 90 余块、条幅 160 余条、拱门 20 余处、小广告 1500 余处。是年，通过实行层次管理、网格化管理、轮班制执法以及开展集中整治活动等形式，对城区主次干道马路市场、流动摊贩、店外经营等现象进行强化管理，其中黄河路西首马路市场、文化路北首及南段的集市、中心路北段占道经营、汽车站周边综合整治、清河路建材市场等多处城区市容“老大难”问题得到根治。累计清理各类广告牌 340 块，乱贴小广告 2300 余张，占道经营 180 处，并根据实际规范和设置临时便民市场 5 处，有效解决市民需要和城市管理要求的突出矛盾。

2013 年，县城管局协同交警、交通、公路等部门，对城区内机动车乱停乱放、大货车进城等违法行为加大管理力度，实行联动执法，划定各类机动车停车位 800 余个，规范各类停车行为 1700 余次。

2014 年 3 月，开展主要道路两旁占道经营、市场摊点不规范、乱拉乱挂整治行动，为确保此次整治行动取得实效，县城管局制定切实可行的整治方案，安排 30 余名执法人员不间断巡查，督促整改，整治占道经营、清理户外违章广告牌、悬挂物等，帮助商户及时清理物品，累计整治占道经营 67 起，清理违章广告牌 36 块，清理乱拉乱挂 120 余处。

4 月，为巩固“省级卫生县城”成效，推动城市环境卫生管理步入规范化、科学化、长效化轨道，提升城市品位，优化人居环境，县城管局结合党的群众路线教育活动，在县城区重点路段开展以治理“六乱”为重点的综合整治行动，吹响“争创国家卫生县城”冲锋号。

5 月，县城管局再次集中力量，对所属第 103 网格的占道经营、乱贴乱画、乱设门头牌匾、乱摆灯箱广告等不良现象进行整治，县执法局坚持“统一组织、分级负责、依法整治、突出重点、整体推进”的原则，对蒲台路、齐东路等便民市场的市容秩序、环境卫生、户外广告等进行集中治理。针对蒲台路市场、齐东路市场占道经营、乱搭乱建、乱摆乱放现象严重，采取划线规范占道经营，要求将物品一律摆放到线外，同时对乱搭乱建、乱摆乱放的摊点和沿街商户进行集中治理，加强对该地段的监管，采取定人、定点、定责方式，建立长效管理机制。累计清理乱贴广告、纸张 8500 余处，乱拉绳索 460 处，规范店外摆放 260 余家。

2015 年 7 月，高青县城管局将开展城区市容环境综合治理工作作为重要民生工程来抓，以治理城市“六乱”为重点。充分利用电台广播巡回播放宣传，出动执法宣传车 3 辆，悬挂宣传条幅 22 条，宣传城市“六乱”的危害及正确的做法，累计清理城市“六乱”1500 余处。

第九节　城市规划管理

违法建筑是指未经规划土地主管部门批准，未领取建设工程规划许可证或临时建设工程规划许可证，擅自建筑的建筑物和构筑物。高青县城市管理和行政执法局对违法建设行为始终保持高压态势，形成了“宣、管、查、拆”四位一体的工作模式。

拆除违建　提前告知　　　　（2014年　摄）

119平方米，未取得建设工程规划许可证，给予当事人责令限期改正并罚款4000元。

2008年，对全县规划区内所有2007年续建及2008年新建工程项目进行规划大检查，共检查建筑单体47处，查处违法违章建筑12处。

2009年2月14日，巡查时发现当事人在中心路酒厂西院建设房屋，未取得临时建设工程规划许可证，给予限二日内拆除违法建设房屋并处罚款3000元。

2009年3月18日，巡查时发现当事人在田镇镇胜利街其原住宅房屋西侧建设房屋，经查实未取得建设工程规划许可证，给予当事人责令改正并罚款4000元。

2010年3月9日，巡查时发现当事人未办理规划审批手续在文化路中段高青迎宾馆院内原二层楼上加盖三层简易房，建筑面积170平方米，给予当事人限5日内改正并处1500元罚款。

2011年8月，对城区在建项目进行普查，共普查在建工程72处，建设面积34.6万平方米。在普查中发现8处171.5平方米未办理规划许可手续，2处14119.5平方米违法变更规划，对违法违规行为立案调查，及时处理。

2012年4月17日，在规划检查中发现千乘园

一、查处违章建筑

2006年10月，县城管局抽调执法人员，分两个专业小组对县城北环路、青苑路建房户进行全面排查，共排查建房户13家，建筑面积2000平方米。经进一步调查了解，建房户均未办理相关手续，属违章建设，执法人员依法向建房户下达《城市管理行政执法责令停工通知书》。

2007年11月30日，田翟路东文昌嘉苑院内部分建筑未取得“规划许可证”，该房屋建筑面积121平方米，土建工程造价15730元，对其立案调查，属违章建筑，给予当事人1570元的罚款。

2007年，对县城规划区内所有2006年续建及2007年新建工程项目进行规划大检查，共检查建设项目19个，建筑单体120余处，建筑面积116.6万平米，对其中9个违法建设项目进行查处。

2008年4月10日，当事人未办理相关手续在县城潍高路田镇镇孟李村段北侧，高青虹桥热电有限公司东侧新建房屋一处，建设面积66.24平方米，给予当事人1500元罚款。

2008年12月9日，巡查时发现当事人在县城芦湖路西侧、兴隆路北侧建设房屋，建筑面积

依法组织拆除乱建房屋　　　　（2014年　摄）

小区23#、24#住宅楼阁楼在建设中有增高行为，且未取得规划审批手续。该建筑为砖混结构，违法面积931.78平方米，责令30日内限期改正，并处3.6万元罚款。

执法人员询问查看工程图纸　　(2013年　摄)

2012年11月1日，在规划检查中发现，温泉花乡1#、2#、3#、5#、6#、8#、9#、10#、11#、12#、26#楼建设中存在闷顶增高行为，经调查未取得规划审批手续。该建筑为砖混结构，违法面积共5111.28平方米，给予责令限30日内改正违法行为，处19.43万元的罚款。

2013年4月16日，县城管局会同田镇街道办、县公安局等单位出动50余人，大型机械车辆4部，对清河路东首南侧违法建设的板房进行拆除，共拆违法建筑17处，有效遏制了乱搭乱建的势头。

2013年7月10日，在规划检查中发现，千乘园小区内25#住宅楼阁楼在建设中有增高行为，该建筑为砖混结构，违法面积315.4平方米，给予责令限30日内改正违法行为，处1.2万元罚款。

2013年，开展规划联合大检查活动，累计普查在建小区12处，在建工程60余处，建设面积20余万平方米，对其中14处违法建设立案调查。

2013年，开展规划联合大检查活动，累计普查在建小区12处，在建工程60余处，建设面积20余万平方米，对其中14处违法建设立案调查。对广青路两侧、田翟路两侧、青苑路东侧、田翟路两侧、清河路南侧、芦湖路两侧的30余处，乱搭乱建，调查取证，规范执法程序，坚决依法拆除。

2014年，对城区所有在建工地进行普查，普查建筑面积30万平方米，对涉嫌违法建设的立案查处。

2015年1月～6月，对巴黎小镇、温泉汤、翰林家园、温泉花乡、红橡树、维纳锶、文昌嘉苑、银岭家园、福邸家园、大悦城商业街、石坡庄、国井南苑、芦湖名郡、曼尔顿财富广场、干休所15个项目进行逐栋检查，对发现的问题按程序处理；对2010年至2015年的130个建设项目进行规划手续的普查，完善案件3起，立案4起，拆除违建5处700平方米，放线、验线项目3个，与其他部门开展联合检查活动3次。

执法人员审查工程建设情况　　(2013年　摄)

二、拆迁

1990年，采取建设与整治并重，拆、建、修、补四结合方式，综合整治城区4条主要道路，总长3770米，拆除违章和占压红线旧建筑2595米，新建全透景墙300米，调整路沿石280米，

执法人员实地测量　　（2013年　摄）

修补人行道3600平方米，粉刷墙壁4000平方米，退出绿化用地530平方米。

2006年，县城管局会同有关单位，组织精干人员，依法对芦湖路开展集中整顿治理活动，对16个违章乱搭乱建业户的34间房屋等临建设施进行强制拆除，共拆除违章建筑500平方米。对拒不履行拆迁任务、阻挠拆迁的张某某、董某某由公安机关给予行政拘留。

开展清河路两侧拆迁工作，共拆除房屋面积2200平方米，私人简易棚3000余平方米，圆满完成了清河路两侧的拆迁任务，确保县城市政建设工程的顺利完工。

6月，县招商局投诉两个体私营业户私自在县经济园区搭建房屋200余平方米，进行烧烤和经营饭店，既影响园区市容市貌，又影响鲁泰纺织有限公司棉花仓库的安全，在多次说服教育无效的情况下，于7月4日依法进行强制拆除。

2007年，强制拆除中心路南段西侧乱搭乱建房屋。现场指挥谷可勇，根据工作需要分为五组：

一组：蔡杰年、李政（大），负责现场告知。

二组：孙海、马兴，负责召集工作人员开启房门，安排电工切断室内电源。安排公证人员进行室内物品公证，并召集工作人员将房内物品搬到指定地点堆放。

三组：冯加强、芦传辉、马德康，负责机械的调度。

四组：董保国、张吉顺、艾长胜、王瑞、李政（小）、宋海涛、周昕、刘霞、王芳、张超、石磊、郭凯、樊晴，负责拆除物周围的警戒工作。经现场指挥同意，四组负责把室内人员抬到警戒线外，有病人员抬上救护车。

五组：殷雷、陈宁，负责现场录像拍照取证工作。

强制拆迁工作流程。强制拆除全体工作人员到达现场，待公安局划出警戒线后，迅速下车到各组岗位待命→镇、街道工作人员将房屋内物品搬出，组织好机械，若户主不主动搬出物品，根据现场指挥指令，由二组召集工作人员开启房门，同时安排电工将电源线拆除→五组进入屋内对室内布置物品进行录像取证→二组安排公证人员进入屋内对屋内物品进行登记公证→二组安排工作人员将屋内物品搬运到指定地点（搬放过程中注意不要损坏物品）→二组确认房屋内无任何人员、物品和断电后向现场指挥报告→四组确认警戒区内无任何人员后向现场指挥报告→现场指挥向三组下达强制拆除命令，三组迅速召集机械车辆强制拆

执法人员查看工程图纸　　（2013年　摄）

除→五组搞好现场录像资料→拆除完毕。拆除过程中如遇严重阻挠强制拆除行为的人员，及时向现场指挥汇报，任何人不得擅自答复或处理。强制拆除结束后，任何人不得擅自离开岗位，原地待命。

2007年累计强制拆除违规建设面积1032余平方米。

2008年，组织执法人员对城区内各类乱搭乱建建筑物进行调查摸底，限期自行拆除，逾期不拆除的依法强制拆除，共拆除乱搭乱建12处，合计600余平方米。

2009年，对在建项目开展规划执法大检查，对15处违章建筑强制拆除，拆除面积300余平方米。

2010年，拆除乱搭乱建18处。

2011年，拆除乱搭乱建16处。

2012年7月28日，县政府给县执法局发文《关于同意对王国防范卫兵二人违法搭建房屋依法拆除的批复》(高政字〔2012〕90号)，同意对王国防在县城蒲台路市场内西侧搭建的保温板房及范卫兵在县城蒲台路市场内东侧搭建的保温板房予以依法强制拆除。

2012年11月13日，县政府给县执法局发文《关于同意对银丰五交化公司田镇街道民主街高永晓违法建设房屋依法拆除的批复》(高政字〔2012〕128号)，同意对高青银丰五交化有限公司在县城中心路2号沿街东侧建设房屋及田镇街道民主街高永晓在高青一中西门对面建设房屋予以依法强制拆除。

2012年，拆除乱搭乱建12处。

2013年4月，对广青路两侧、田翟路两侧、青苑路东侧、西一路两侧、清河路南侧、芦湖路两侧的30余处乱搭乱建依法拆除，有力打击了违法建设行为。

2013年7月22日，县政府办公室印发《清河路综合整治实施方案》，决定对清河路两侧乱搭乱建及店外乱堆乱放物品、乱停乱放车辆等现象进行专项整治。

2013年12月2日，召开全县违法建筑拆除工作会议，县委组织部、宣传部，县法院、检察院，县政府办公室、县执法局、县住建局等部门，各镇(街道)主要领导参加会议。

2013年12月2月～2014年2月28日，全县开展拆除违法建筑集中行动，共分四个阶段进行，县政府成立全县拆除违法建筑集中行动领导小组。

2013年12月20日，县委办公室、县政府办公室联合印发《全县违法建筑拆除方案》(高办发〔2013〕67号)，确定2013年12月2日至2014年2月28日，分四个阶段对全县违法建筑集中拆除。

2014年1月25日，县政府作出《关于同意张登刚、高继林、崔保康违法建设房屋依法拆除的批复》(高政字〔2014〕5号)，同意县城市管理行政执法局对张登刚在县芦湖路中段66号楼后建设保温板房、高继林在田镇街道民主街田兴建筑公司北邻建设房屋及崔保康在县自来水厂东，旧公路北侧建设房屋予以依法强制拆除。

2014年10月30日，县政府作出《关于同意依法拆除杨学军违法建设房屋的批复》(高政字〔2014〕90号)，同意对杨学军在县城黄河路以南、县妇幼保健院以东民主街189号后院内违章建设房屋(18平方米)予以依法强制拆除。

2014年5月27日上午，县长刘忠远在县政府二楼会议室主持召开会议，专题研究县体育局住宅楼地块住宅户拆迁安置有关事宜。

2014年11月7日，县政府办公室印发《全县

执法人员审查建设情况　　　(2014年　摄)

城乡规划联合执法检查工作方案》(高政办发〔2014〕53号),决定11月7日～30日对县城规划区内的在建工程项目实施规划执法联合检查,并成立全县城乡规划联合执法检查工作领导小组。

2014年,依法拆除各类违章搭建棚户43处,共计300余平方米,组织和协助拆除影响城市形象的实体围墙2处,共100余米。拆除张田路、芦湖路等沿路乱搭乱建13处。对辖区在建工程进行现场规划普查,共查处14处,建设面积55万平方米,乱搭乱建2200平方米,依法拆除。

2015年7月6日,切实履行为人民群众办好民生实事的承诺,县城管执法局制订《关于做好民生实事工作的实施方案》。

高青县城乡规划联合执法检查工作领导小组

组　长:李　勇(县委常委、副县长)

副组长:刘卫东(县纪委副书记、监察局局长)

孙旭光(县城管执法局局长)

周克建(县公安局副局长)

李卓文(县规划局副局长)

成　员:赵宗新(县城管执法局副局长)

邵　峰(县城管执法局副局长)

刘安社(田镇街道办人大副主任)

李海兵(芦湖街道办副主任)

郑卫国(青城镇党委委员、副镇长)

刘宝山(高城镇党委副书记)

张加玺(黑里寨镇党委委员)

王仕军(唐坊镇党委副书记)

管　德(常家镇党委委员、副镇长)

闫　华(花沟镇副镇长)

成云三(木李镇党委委员)

郭　凯(县城管执法局法制科科长)

董保国(县城市管理执法大队副大队长)

领导小组办公室设在县城管执法局,孙旭光兼任办公室主任,周克建、李卓文任办公室副主任。

三、工作措施

1.加强宣传抓控违。通过宣传有关的法律法规知识,上门宣讲教育等形式,组织队员深入重点区域给群众说道理,讲政策,分析利害关系等方法,提高市民的守法意识。

2.严格依法抓查违。坚决按照《行政处罚法》《城乡规划法》的要求,规范日常拆违工作,做到定性有据、依法服人。对需强行拆除的违法建(构)筑物严格按照法定程序组织实施,维护法律的严肃性。

3.联合执法抓拆违。进一步加强与各部门的沟通和协调,形成指挥顺畅、步调一致、配合密切的工作体系,联合执法中真正做到拆建并举、拆管并重,合力共建、合力共管。

4.注重后续抓防违。把集中整治与长效管理结合起来,建立长效管理机制,对已拆违章不留"尾巴",对新建违章坚决拆除。对县城区域进行每日巡查,提早发现,发现苗头,及时制止,杜绝违法行为蔓延。

5.加强组织领导。县政府成立相关领导小组,由县政府主要领导任组长,分管领导任副组长。县城管执法局把拆迁任务分解到各科室中队,明确目标任务,责任到人,根据迁的具体内容加大督查力度,协调对接工作,建立抓拆迁、抓推进、抓落实的工作机制,形成全面推进拆迁的浓厚氛围。

高青县拆除违法建筑集中行动领导小组

组　长:刘忠远(县委副书记、县长)

副组长:李　勇(县委常委、副县长)

成　员:李祥奎(县委组织部副部长)

付会民(县委办公室副主任、考核办主任)

刘元阁(县委宣传部副部长)

张循山(检察院副检察长)

薛明亮(法院副院长)

张鲁刚(县信访局局长)

刘东吉(县公安局局长)

刘卫东(县监察局局长)

杜丽娥(县民政局局长)

王新城(县司法局局长)

成学礼(县人社局局长)

郭晓东(县国土局局长)

徐培华(县住建局局长)

张玉江(县卫生局局长)

袁　伟(县环保局局长)

孙旭光（县城管执法局局长）
何　峰（县房管局局长）
王洪升（县工商局局长）
张兆军（县交警队大队长）
李树新（县消防大队党委书记）
吕福海（县法制办主任）
李　永（田镇街道办事处主任）
张明光（芦湖街道办事处主任）

领导小组下设办公室，设在县城管执法局，孙旭光任办公室主任，付会民任办公室副主任，具体负责组织各有关部门的执法行动。

第十节　园林市政设施管理

2007年6月18日，巡查发现中心路农机局开发楼前缺失行道树1棵。经查实，是某店店主于6月16日清晨将一棵直径15厘米的行道树擅自砍伐，其行为违反了《淄博市城市绿化管理办法》，给予其人民币3500元罚款的处罚。

2007年6月，某烧烤店老板在文化路中段西侧其烧烤店前的绿化带内堆放物品并打井一口，致使绿化带被毁坏。依据《淄博市城市绿化管理办法》第三十四条第七项之规定，给予其人民币500元罚款的处罚。

2007年12月8日，县城管局执法人员在巡查时发现，某公司在县城黄河路油区工委东侧和县计划委沿街房之间占用、挖掘城市道路，未办理相关手续，当即下达责令停止违法行为通知书，但当事人未按要求停工。12月10日对其立案调查，制作现场勘验笔录并拍照取证，12月29日制作调查（询问）笔录。其行为违反了《城市道路管理条例》，给予当事人罚款人民币8000元的处罚。

2007年，县城管局开展园林绿化专项执法检查活动，共查处擅自破坏占用城市绿地案件3件，计167平方米，查处擅自砍伐树木2件，共查处擅自破路挖沟案件13件。

2008年3月4日，县城管局执法人员在巡查时发现，某公司在高青县城黄河路西首南侧的气井工地无正规出口，进出工地车辆将黄河路人行道破坏，经调查系某公司对该气井维修作业时将黄河路人行道破坏，破坏总面积为24.5平方米，其行为违反《城市道路管理条例》。3月4日对其立案调查，制作调查（询问）笔录、现场勘验笔录并拍照取证，给予当事人罚款人民币3000元的处罚。

2008年，县城管局共查处擅自砍伐树木2件，擅自破绿毁绿案件3件。

2008年，查处擅自破路挖沟案件4件。

2009年，县城管局共查处擅自砍伐树木2件。

2009年，查处擅自破路挖沟案件2件。

第十一节　联合执法

一、工作机制

（一）成立领导小组

2014年11月，高青县城管执法局实现与交通、国土等部门的联合执法，高青县在构建“大城管”格局上实现质的跨越。

为加强对联合行政执法的组织领导，及时协调联合行政执法争议，研究解决执法过程中出现的重大、疑难、复杂问题，成立部门联合行政执法工作领导小组，统一领导联合行政执法工作。联合行政执法领导小组下设办公室，办公室设在城市管理和行政执法局，孙勇兼任办公室主任，翟恩友、李玉国兼任办公室副主任。领导小组下设交通、国土2个联合执法办公室，具体负责联合行政执法相关事宜。

联合行政执法领导小组人员名单

组　长：孙旭光（县城市管理和行政执法局局长）
副组长：于光雷（县国土资源局副局长）
卢传宏（县交通运输局党委成员）
邵　峰（县城市管理和行政执法局副局长）
孙　勇（县城市管理和行政执法局副局长）

成　员：王艳玲（县国土资源局执法大队副大队长）
孙国明（县交通监察大队大队长）
李　政（县行政执法大队副大队长）
翟恩友（交通联合执法办公室主任）
李玉国（国土联合执法办公室主任）

（二）职责分工

部门为本行业、领域的执法主要机关，同时互为执法协助机关。执法主要机关负责申报本行业、领域的联合执法工作计划，包括执法事项、具体任务、实施时间、协助机关以及后勤保障等主要内容，工作计划按季度制定，于上季度末报联合执法办公室。

执法协助机关负责配合主体机关，安排所需人员及装备；依法履行各自职责，查处联合执法中相关违法行为。

公安部门负责联合行政执法的秩序保障，依法查处妨碍公务的违法犯罪行为。

领导小组办公室负责联合执法的日常事务；召集执法联动会议；确定部门工作计划，修订联合执法实施意见；执行领导小组的有关决策部署。

交通、国土联合行政执法办公室负责联系联合执法部门；承接、整合部门联合执法计划；落实协助机关人员及装备；组织、宣传联合执法行动；协调解决联合执法行动中相关事宜。

（三）联动事项

1.多部门集中开展的执法事项。

2.部门无法独立完成的执法事项。

3.共同处置突发事件的执法事项。

4.群众投诉需联合执法的执法事项。

5.智慧高青指挥中心巡查发现的执法事项。

6.其他需要联合执法事项。

（四）实施程序

1.执法主体机关提报联合执法计划议案。

2.联合执法办公室整合拟定方案，并送达协助机关。

3.执法协助机关确定协助人员及装备等事项。

4.召开联合行政执法会议，确定实施方案。

5.执法主体机关对行政管理相对人进行依法检查，依据法定程序查处违法行为。违法案件属于执法协助机关权限范围的，由执法主体机关填写案件移交登记表，移交协助机关依法进行处罚。

（五）工作制度

1.建立联席会议制度。领导小组每季度召开1次联合执法部署会议，每月召开1次工作协调会议，总结联合执法工作经验，查摆存在的问题，研究解决具体执法工作中的热点、难点，确保联合执法行动顺利开展。

2.建立联络畅通制度。各部门指定1名局领导负责分管联合执法工作，确定执法科室，指定专人负责，统一指挥、协调、处理联合执法中出现的各类情况。领导小组成员要畅通联络渠道，确保24小时联系畅通。

3.建立快速处置制度。联合执法要快速妥善处理违法案件，特别是发生暴力抗法或其他方式干扰、阻挠、威胁执法工作事件时，执法人员要保存证据、保护执法现场，城管警察大队要快速、妥善进行处置，避免事态扩大，引发次生负面影响。

4.建立执法培训制度。各部门要定期邀请纪

县城管执法、交通、国土等部门成立联合执法队伍　（2015年　摄）

开展联合执法行动　　（2015 年　摄）

委、公安、检察、法院、法制等部门在执法调查取证、处理程序、行政诉讼等法律法规方面进行专题培训，不断提升执法人员业务素质和处理问题的能力。

5.建立案件移交制度。各部门要充分发挥自身优势，在开展本行业执法工作中，互通信息，及时移交相关案件。联合行动要充分发挥“一支执法队伍，一次集中行动，处理多类案件”的行政效能，形成齐抓共管、优势互补的联合执法模式。

6.建立定期宣传制度。高度重视宣传工作，积极协调新闻媒体，定期宣传联合执法行动，让群众及时了解特别是涉及民生方面取得的执法成果，理解支持联合执法行动。

二、工作要求

1.提高思想认识，确保整体推进。部门联合执法是整合执法资源，解决执法力量薄弱的新模式，是提高执法效能，改善城市文明和城市秩序的新方法，各部门要高度重视，从维护社会稳定和提升城市形象的高度，量化细化工作任务，确保联合执法工作整体推进。

2.形成执法合力，体现联动优势。联合执法部门要相互支持，密切协作，执法主体机关要落实各项保障措施，协助机关要确保执法力量，积极配合执法主体机关开展联合执法行动，形成执法合力。在执法过程中，要体现联合执法优势，确保机制措施到位、资源信息共享、程序事项互联，实现无缝隙对接。对工作中存在的热点、难点和执法争议要及时沟通协调，必要时报请领导小组联席会议决定。

3.坚持依法行政，廉洁高效便民。执法工作事关群众切身利益，关注度高、公益性强，应当依法进行；要坚持原则、坚持标准、严格执法；应当遵循公平、公正的原则，平等对待行政管理相对人，不偏私、不歧视，文明执法、人性化执法；要严格遵循法定程序，做到有理有据有节，依法保障相对人和利害关系人的相关权利；应当遵守法定时限，提高办事效率，提供优质服务，确保联合执法工作高效便民。

4.实施全面监督，规范机制运行。对联合行政执法工作实施全面监督。加强部门之间的内部监督，对在执法程序、工作机制等方面出现的问题要及时提出改进建议和意见；要自觉接受纪检、检察部门对联合行政执法工作的效能监督、法制部门对联合执法实施的过程监督、县人大的法律监督、县政协的民主监督以及群众、舆论媒体等社会监督；要主动征询意见并积极采纳，尽快转化为工作措施。

5.拓展宣传渠道，扩大宣传效果。积极创新宣传工作思路，充分利用微信、报刊、电视、广播等媒体，营造的良好执法氛围。宣传内容要体现“实效性”，及时宣传工作开展情况；宣传方式要贴近群众、贴近民心、贴近生活，有针对性地选择宣传形式；要形成长效机制，使宣传工作制度化、规范化。

三、工作开展情况

2015 年 3 月 19 日，县城管执法局与县交通局共计 19 名执法人员组成联合执法队伍，在县城高淄路与南外环路口处设点，对过往大型运输车辆进行检查。此次行动，是城管执法局与交通局大部制改革后的首次联合执法，共检查大型运输机动车 72 辆，查处超载超限 8 辆，撒漏车辆 15 辆，对其中轻微撒漏的 12 辆车主进行口头告诫，对严重撤漏的3辆车进行处罚。

4月7日～5月19日，由城管执法、交通、公安、交警4部门组成联合执法队伍，发挥联合执法办公室的联勤联动作用，在高淄路收费站、庆淄路、广青路赵店高速路口、潍高路唐坊高速路口采取固定与流动相结合的方式进行检查，对治超行为实行全区域、全时段监控，做到共同取证，证据、资源共享，提高了执法效能。

8月17日，为进一步规范城区各建设单位和施工单位的建设行为，县城管执法局与国土联合执法办公室人员向县建设单位和施工单位发放《关于全县开发建设工程项目规划管理的通知》，共向23个建设单位和200余施工单位发放规划管理通知。通过这次联合执法规范了建设市场秩序，提高了执法效率。

9月1日～3日，根据县《重污染天气应急预案》Ⅰ级响应，为保障中国人民抗日战争暨世界反法西斯战争胜利70周年纪念活动期间空气质量，有效解决渣土、沙石运输车辆在运输过程中产生的扬尘、撒漏等问题，县城管执法、交通、国土3部门组成联合执法队，对超载、渣土运输、黄标车、无环保标志车辆进行突击检查。此次联合执法行动共出动执法人员27人，执法车辆6辆，以城区、省道和城乡结合部为重点，在高淄路天地车行、广青路与庆淄路交叉路口设置固定检查点，在高淄路、庆淄路、广青路赵店高速路口、潍高路唐坊高速路口，采取固定与流动相结合的方式进行检查。共查处车辆32辆，其中违章车辆6辆，对不符合标准的车辆责令停运整改，严禁渣土、沙石运输车辆、黄标车、无环保标志车辆、拖拉机和蓬盖不严的散装物料运输车营运，对违法违规现象易发的工地、路段进行重点监控，做到及时发现及时处理。

四、工作成效

2014年11月城管执法、交通、国土3部门实施联合执法以来，截至2015年8月共组织联合行政执法45天677人次，其中夜间执法43天，共检查大型运输机动车384辆，查处超载超限车辆289辆，撒漏车辆47辆，客车超员2辆，客车不按规定路线行驶6辆，制止大货车通行城区6辆，卸载沙石等超载货物7225吨，上缴财政罚没收入50万元，联合行政执法取得阶段性成效。

一是解决了部门执法人员少、力量单薄，执法难度大、空隙多的问题。二是能够形成执法合力，实现“一支执法队伍，一次集中行动，处理多类案件”的行政效能，优势互补效果明显。三是公安部门的参与，消除了部分人员谩骂、投掷物品以及其他抗拒执法的现象。四是交通运输部门的参与，有利于城市管理工作，尤其是规范城区渣土运输工作，在查处违章、源头管理工作中发挥积极作用。五是通过部门联席会议，统一联合执法意见和分工，确定执法人员和装备，明确执法事项和程序，确保了联合行动顺利实施。六是通过集中行动，逐步解决了部门联络衔接、协调配合等问题，进一步完善了工作程序和制度，为形成“资源共享、优势互补、分工明确、高效协作”联合执法长效机制奠定了基础。

第十二节　便民市场管理

便民市场的建设与管理关系到千家万户的生活，关系到商贩的生计，也关系到市容环境的优化。

新天地农贸市场　（2015年　摄）

执法人员在便民市场内整治占道摊位 (2014 年 摄)

高青县城管局坚持以人为本、疏堵结合、便民利民的原则，以不影响市容、不影响交通、不污染环境、方便市民生活为前提，在城区部分居民聚居区统一规划设置一定数量的便民市场，解决农民进城卖菜难的问题，最大限度地方便、服务广大市民群众的日常生活需要。城管局工作人员深入群众，倾听百姓心声，充分调研论证、科学决策，持续开展归行划市、建设便民市场工作，参与李星耀便民市场、齐东路第二便民市场、蒲台路便民市场、学府路南首便民市场的建设管理。

2008 年 12 月 19 日，县委常委、副县长邢强组织召开蒲台路市场管理有关事宜协调会，会议确定蒲台路市场为非盈利性市场，用于解决下岗职工、进城务工人员等家庭困难群众的生计问题，委托县商贸中心对该市场进行管理，由商贸中心负责该市场的环境卫生、日常保洁和绿化、公共设施维护。市场管理办公室可雇人打扫卫生、进行市场基础设施维护，向业户所收管理费不得高于原工商管理费标准，所雇人员的工资不得高于其他同类市场管理人员工资。

2013 年 5 月，星耀便民市场完成规划设计、地质勘探工作，报市审图办审批。该市场规划面积 5000 平米，可容纳摊位 350 个。

是年，协调推动便民市场建设，星耀便民市场规划面积 5000 平方米，主体工程已完成，年底交付使用。芦湖便民市场规划面积 2000 平方米，由开发商负责，已完成土地招标拍卖手续，田镇街道为蒲台路便民市场进行土地迁占工作。

2014 年，提升改造齐东路、蒲台路等 2 处便民市场，筹建学府路便民市场，配备环卫保洁员与市容协管员，加强市场秩序监管。

是年，投资 20 万元对齐东路便民市场进行提升改造，投资 100 余万元筹建七号路便民市场。

是年 3 月 18 日，县长刘忠远在县住建局五楼会议室主持召开专题会议，研究市场建设事宜，县财政局、住建局、城管执法局、房管局、工商局、田镇街道主要负责人参加会议。

是年 4 月 15 日前，关闭绿荫菜市场活禽水产市场，组织动员活禽水产摊主及其他经营业户搬迁至李兴耀农贸市场，由县工商局负责。

是年 5 月 10 日前，县城管执法局完成蒲台路市场、学府路市场经营业户的清理搬迁工作，并启用学府路临时市场安置搬迁经营业户，田镇街道开展蒲台路便民市场土地迁占工作。

蒲台路市场设置挡板及施工警示牌 (2014 年 摄)

是年，投资 20 万元对齐东路便民市场进行提升改造，投资 100 余万元筹建七号路便民市场。

2015 年 5 月，实施蒲台路便民市场修路改造工程。

6 月，李星耀便民市场、齐东路第二便民市场竣工，实施蒲台路便民、学府路南首便民市场建设。

8 月，蒲台路便民市场进行修路改造。蒲台路便民市场建设面积 1500 平方米，投资 200 余万元，在蒲台路两侧建设砖混结构市场，摊位 135 个，采用砖混结构。

在蒲台路市场铺设管网　　（2014 年　摄）

9 月，新天地农贸市场（学府路便民市场）进行钢桁架施工。该农贸市场建筑面积 4951 平方米，建筑高 5.7 米，单层钢桁架结构，预算投资 700 万元，营业区面积 4680 平方米，摊位数量 120 个，营业房 48 个，主要经营水果、蔬菜、干货、家禽、百货、熟食、杂粮等。

天鹅商城作为 1990 年代高青县最早的一条商业街，是高青县商脉与文脉的重要传承地，见证了高青县商业化建设之路自改革开放以来从无到有、到兴盛的商贸繁荣。天鹅商城一期北至黄河路，南至青城路，东临中心路。天鹅商城二期北至青城路，南至高苑路。2014 年 12 月 1 日，天鹅商城的管理职能由高青县住建局移交县城管局。高青县城管局负责天鹅商城的水、电、卫生、安全、公共设施的检修维护，维持天鹅商城的经营秩序，杜绝店外经营、违章设置户外广告、使用落地广告牌等现象。

高青县便民市场基本情况

表 3—5　　单位：平方米

市场名称	位置	建设时间	竣工时间	建设单位	建筑面积	投资金额	摊位数量	配套设施	建设类型	收费情况	县城管局职责
李星耀便民市场	青苑路中段	2013 年 10 月	2014 年 5 月	田镇街道办和李星耀村委会	南北长约 320 米，市场用地宽约 20 米（含停车场）	400 余万元	600 余个	公厕、垃圾箱等	新建	不收费	便民市场摊位管理
齐东路第二便民市场	齐东路	2014 年 12 月	2015 年 2 月	县城管局	1400 余平方米	10 余万元	100 余个	水电设施、公厕、垃圾箱等	升级改造（重点修整了市场棚壁、设立经营区域及摊位）	不收费	市场日常管理，严禁占道经营，取缔落地广告牌，维护市场卫生。

续表 3-5

市场名称	位置	建设时间	竣工时间	建设单位	建筑面积	投资金额	摊位数量	配套设施	建设类型	收费情况	县城管局职责
蒲台路便民市场	蒲台路中段	2015 年 9 月 7 日	拟于 2015 年 11 月	县城管局	1500 平方米	200 余万元	135 个	水电设施、垃圾池、公厕等	新建(砖混结构和框架结构)		前期宣传蒲台路市场建设前景,与各经营业户协商临时安置摊点并督促商户搬迁。后期建设管理。
学府路南首便民市场	学府路南段	2015 年 5 月		官庄村	南北长 210 米,东西长 54 米,总用地面积 11340 平方米(含停车场及道路用地)	先期混凝土施工铺设路面共计投入 100 余万元,后交与官庄市场管理办建设管理	220 余个		新建		提出建设规划并进行场地平整

第十三节　执法大队

一、历史沿革

1985 年,高青县政府作出《关于县城建设管理的暂行规定》,成立县城建设管理领导小组,负责县城规划建设管理工作。

1987 年,成立县城综合治理办公室,负责综合治理小贩摊点和瓜果市场。

1989 年,成立市容管理队,对影响市容的临时建筑和影响交通的摊点进行清理、拆除和整顿。

1990 年 10 月,成立县城管理监察中队,负责市容市貌的日常管理工作。

1991 年,县城管理监察中队更名为县城市管理监察大队。县委、县政府成立县城综合治理指挥部,负责县城的摊贩管理、市容卫生管理、交通秩序管理、噪音管理等。

党旗下宣誓　　(2009 年　摄)

执法队员军训　　（2013年　摄）

1992年，县城市管理监察大队队长孙光远。

1993年，县城市管理监察大队更名为县城市管理监察处。

1999年，成立县城管理联合执法办公室，对县城实行经常化、长期性综合管理。

2003年，成立城市综合执法大队，下设四个综合执法中队。一中队队长：赵保清；二中队队长：马兴；三中队队长：董保国；四中队队长：冯加强。

2004年，孙海任城管执法大队副大队长。

2005年10月12日，高青县城市管理行政执法局暨高青县城市管理行政执法大队、高青县城市管理警察大队正式挂牌。高青县城市管理行政执法局系正科级行政单位，下设高青县城市管理行政执法大队，为副科级事业单位。

2006年，大队长谷可勇，副大队长冯加强、董保国。

2014年，大队长冯加强，副大队长董保国、马兴。一中队队长马海港，副队长刁忠俊；二中队队长殷雷，副队长秦峰；三中队队长董保国，副队长李拥军；四中队队长李政，指导员艾长胜。

2015年2月12日～3月6日，一中队加大巡查力度，清理占道经营流动摊点10处；二中队对辖区市场10家商户逐一进行调查摸底；四中队清理青城路流动摊位4处，黄河路流动摊位4处，文化路中段流动摊位2处；五中队组织人员对县城规划区内建设单位部分施工现场出入口进行了全面检查。六中队全体人员对所辖区域内的1处在建楼盘进行了初步的调查摸底。

2015年5月，为全面打造“清洁、整齐、优美、舒适”的人居环境，以崭新的城市面貌迎接“五一”国际劳动节的到来，县城管执法大队组织开展了为期一周的市容市貌集中整治活动。

二、职能

1.负责行使县城市管理和行政执法局委托大队行使的有关城市管理和行政执法工作；

2.对本辖区内违反城市管理的各类行为进行查处；及时上报违法案件有关材料，组织相关对准予立案案件的调查取证工作并提出合理化处理意见；

3.负责对辖区内违反市容环境卫生、城市规划、城市园林绿化、市政、环境保护、工商、食品卫生、公安交通等违法违章行为的调查取证工作；

4.负责向法制科提供完整的证据资料，现场勘查笔录、证据保全、物品暂扣通知单等相关法律资料；

5.接待处理好来电、来信、来访工作，对举报、交办查处的违法、违章案件以及督办事项，及时处理，及时落实，及时反馈；

6.制定落实大队考核制度，加强队伍日常管理工作；

7.完成县城市管理和行政执法局交办的其他工作任务。

三、机构设置

执法大队下设综合科和六个综合执法中队，共有执法人员47人。

大队长：冯加强。副大队长：李政、周昕、马德康。

综合科：负责各中队的业务保障及对外宣传、人员考勤。综合科副科长：李雷。

一中队：负责市容环境卫生、园林绿化、市政行政执法。中队长：马海港；指导员：刁忠俊。

二中队：负责市容管理、市场管理。中队长：马德康。

三中队（女子中队）：负责市容管理。中队长：秦峰。

四中队：负责市容管理、户外广告监管。中队长：张勇；副中队长：王瑞。

五中队：负责建筑垃圾与渣土管理。中队长：王圣津；副中队长：陈刚。

六中队：负责规划管理。中队长：李拥军。

四、执法

执法大队实行“五零五导向”工作法，正确处理执法者和民众的关系，使执法行为得到规范，执法方式受到群众欢迎，执法效果得到群众肯定。

1. 执法态度零粗暴，以文明执法为导向。每月定期开展主题培训学习，提升法律素养和业务水平，规范执法行为，牢固树立“服务意识、程序意识、效率意识、形象意识”。领导带头开展交心谈心，建立中队帮扶机制，及时减少和消除不良情绪对执法工作的影响。加强执法效能考核，建立不文明行为处理制度。

2. 行政处罚零偏差，以公平执法为导向。建立行政处罚案件审核审批制度，规范立案审核审批程序，建立自由裁量权基准监督检查长效机制，杜绝人情执法、区别执法等行为。

3. 投诉建议零遗漏，以群众诉求为导向。始终把群众的呼声和愿望放在执法工作第一位，坚持群众利益即根本，群众诉求即方向，做到依法、及时、有效地处理执法投诉。

4. 服务沟通零距离，以民生民权为导向。结合群众路线教育实践活动，以责任执法人员为主体，了解民情民意，力所能及的为服务对象解决一些实际问题。耐心宣传城市管理法规，主动纠正违法行为，与服务对象建立起良好的互动关系。

5. 违法违规行为零容忍，以上档升级为导向。将徒步巡查与集中联合整治相结合，对乱停乱放、占道经营、乱摆乱排、乱贴乱挂等行为发现一起、教育一起、整改一起。着力解决城市形象的重点、上下关注的热点、各种矛盾的焦点、久攻不下的难点，全力促进县容环境上档升级。

第十四节　公共自行车服务系统

在某个区域内，隔一定距离规划出一些停放自行车的点（如公园、车站、社区大门口），一个租赁点放置20辆左右的自行车，很多的自行车租赁点共同组成一个网络，并通过公共自行车管理系统来管理这些自行车。每辆自行车都单独有一个可以锁自行车的装置和读卡租车、还车的读卡器（固定在地上，不能移动）。每次租车把卡放到上面读一下，锁就开了，自行车就可以骑走了。骑到任何一个其它租赁点都可以还车，因为系统是联网的。还车时把车放到锁的位置，把卡靠近读卡器读一下，车就锁了，还车成功。

一、高青县公共自行车系统项目

高青县公共自行车系统项目是由常州永安公共自行车系统股份有限公司建设，高青县公共自行车项目于2015年8月开始试运行，试运行期间主城区共设置8个服务站点，在历时4个月的公共自行车试运行工作结束后，2015年12月，高青县城区公共自行车服务系统正式启动运行，开始对外办理租车卡手续。

高青县公共自行车项目是高青县城管执法局为方便群众，解决县城居民出行“打的浪费，走路太累”的情况建设的便民项目。为避免重复建设，全县整个公共自行车的后台管理控制系统已一次性安装到位，网点布局按照每300米～500米设一个服务站点要求，覆盖主城区面积16平方公里。这次统一采购的每辆公共自行车车体造价在千元以上，车体全身由纯钢塑打造而成，不怕雨淋、不怕生锈。车身轻巽，骑行舒适度优于普通家庭自行车。车胎采用创新无内胎设计，不必担心扎胎和轮框挤压造成的麻烦，同时还利用超低胎压增加轮胎与地面的抓地力，创造比传统内外胎车体更为优秀的骑行效果。

2015年年底，主城区设置服务点达53个，单车总数1120辆。各服务站点以群众需求为出发点进行设置，主要选址在旅游景点、汽车站、住宅小区、医院、学校、公园、大型农贸市场、商场、主干道公交站点，以及几个大型广场等重要交通节点部位和关乎民生的重要场所，让公共自行车真正发挥其利民便民的作用。

二、收费

1. 借车卡每天使用不限次数，每次 1 小时内免费。

2. 单次超时按 1 元/小时收取超时费。

3. 超过 24 小时未还车视为违约并追究违约责任。

公共自行车方便市民出行　　（2015 年　摄）

三、公共自行车的特点

1. 公共自行车将使用最新的物联网技术，来对整个公共自行车租用系统进行智能化管理，各自行车站点真正实现 24 小时无人值守和通借通还功能，调度管理中心实时监控和调度各站点的使用状态。

2. 无线通讯技术的应用，使得公共自行车站点的建设变得简单，无需再开挖路面，同时可节省大量的建设费用和建设周期。

3. 系统远程实时监控和实施调度，也可以进行远程维护和故障处理。一台随身笔记本电脑就可取代投资巨大的大屏幕监控摄像系统。

4. 实时账号管理，挂失解挂即时生效。

5. 公共自行车实心车胎，不会漏气和爆胎，可调节座椅，带保护盖的自行车挂篮。

第四章　环境卫生管理

1978年，县城道路保洁主要靠沿街单位自行清扫，县城垃圾靠单位和家庭自行处理。

1983年，成立县爱卫会，负责县城道路清扫工作。

1984年，县爱卫会清洁队负责县城街道保洁。

1985年，县政府成立县城建设管理办公室，县城环境卫生归县城乡建设环境保护委员会城建科管理。

1987年，高青县成立城市环境卫生保洁队，有职工18人，道路保洁实行夜扫日保，全日保洁。

1990年5月6日，高青县环境卫生管理所成立，隶属于县建委，兼管县城园林绿化工作。是年，县环境卫生管理所组建垃圾清运队伍，负责城区垃圾清运。

1990年，采取建设与整治并重，拆、建、修、补四结合方式，综合整治城区4条主要道路，总长3770米，拆除违章和占压红线旧建筑2595米，新建全透景墙300米，调整路沿石280米，修补人行道3600平方米，粉刷墙壁4000平方米，退出绿化用地530平方米。

1990年，根据国务院颁发的《关于加强爱国卫生工作的决定》，高青县开展创建省级卫生县城活动。

1990年，县环境卫生管理所组建垃圾清运队伍，负责城区垃圾清运。

1991年6月5日，县政府出台《高青县环境管理暂行办法》，县建委等部门联合下发《关于县城环境卫生及垃圾清运管理实施办法的联合通知》。是年，高青县环境卫生管理所组建垃圾清运队伍，负责城区生活及公共垃圾清运。

1991年，县委、县政府成立县城综合治理指挥部，负责县城的规划建设管理、建筑市场管理、摊贩管理、市容卫生管理、交通秩序管理、噪音和社会秩序管理。

1991年，推行“门前五包”（包秩序、包卫生、包绿化、包硬化、包美化）和“门内达标”责任制。

1993年12月14日，高青县环境卫生管理处建立，为副科级事业单位，隶属于县建环委。高青县园林绿化管理处建立，为副科级事业单位，隶属于县建环委。高青县城市管理监察大队改称高青县城市管理监察处，原副科级事业单位不变，隶属于县建环委。

1993年，开展创建省级卫生城活动，县政府制订《创建省级卫生县城实施方案》，成立创建领导小组，推行岗位目标责任制，实行“门前三包”（包卫生、包秩序、包绿化），增设交通护栏2800米，铺装人行道5.02万平方米，改建透景墙3657米，粉刷围墙3625米。

1993年，县政府下发《高青县城市垃圾清运管理办法》，规定各单位可采取有偿服务办法委托县环卫部门清扫保洁，并制定具体收费标准。

1994年，县建环委成立县市政管理所，加强市政设施管理和养护，落实每日巡查制度。是年，城区黄河路、中心路、文他路、高苑路等主要道路完好率100％。

1994年，县政府制定《高青县市容环境卫生管理暂行办法》，对县城区内市容环境卫生管理的范围、内容、标准及违章处理办法作出规定。

1996年起，采取有偿服办法，由县环卫处负责对城区各单位“门前三包”区域的卫生实行统一代

高青县环境卫生服务站　　　　（2015年　摄）

2004年，初步建成以门前卫生统管和垃圾统管专运为核心的城市管理长效机制。

2004年年底，全县共有环卫职工150名，垃圾清运专用车9部，日清运生活垃圾130吨。

2007年11月，投资907万元建设高青县环境卫生服务站，占地面积35200平方米，设计规模为日处理垃圾200吨，采用垂直式压缩处理方式。

2008年，高青县洁美环境卫生服务中心、高青县顺通市政设施维护有限公司、高青县金典建设工程质量检测站等8个企业实行市场化运作，在职人员31人，专业技术人员4人。

2010年年底，绿地率达38.61%，城市环境卫生清扫面积113.41万平方米。

2011年12月26日，县委、县政府根据城市管理的需要，将原属县住建局的环境卫生管理处编入高青县城市管理行政执法局。原环卫处的所有人员、设备、职能全部纳入高青县城市管理行政执法局管理，初步形成服务、管理、执法"三位一体"的城市管理格局。

2012年2月13日，县里将县环境卫生管理处更名为县环境卫生管理局，由副科级升格为正科级，隶属于县城管执法局。

2012年2月3日，县政府出台《关于开展2012

扫。

1998年，县政府制定《高青县县城建设管理办法（试行）》，将每年4月份定为"卫生突击月"，每周五定为"卫生清洁日"，并作为一项制度坚持落实。是年，县城道路清扫保洁实行划片包干、分工负责、落实到人、全日保洁制度，对垃圾随产随清。

1998年起，对居民和单位产生的垃圾实行统一清运，单位自行清运的，必须到环卫部门办理有关手续，运到指定垃圾场；对建筑施工垃圾，建筑施工单位要在开工前，到环卫部门办理建筑垃圾清运手续。

2002年，随着生活及建筑垃圾增多，县政府制定《高青县城区垃圾管理暂行办法》，实行垃圾统管专运、有偿服务制度。

2002年，清扫保洁面积36.3万平方米，保洁率98%。

2004年，保洁工实行每日两次清扫，全日保洁，保洁面积47万平方米。同年，改进环卫作业方式，新上道路清扫车。

2004年，投资51万元，在田镇镇南徐村建成占地7.27公顷的垃圾处理厂，新建、改建地下垃圾箱22处，基本实现城区垃圾日产日清。

环卫工人　　　　（2014年　摄）

年市容和环境卫生综合整治的实施意见》，配套出台了《高青县市容和环境卫生综合整治考核办法》。

7月，青城镇生活垃圾压缩中转站投入运营，花沟镇、唐坊镇2座中转站进行土建工程招投标工作，高城镇、黑里寨镇、常家镇、木李镇4座中转站进入项目审批阶段，“村集、镇收、县压缩转运”的城乡生活垃圾一体化体系已初步建立。

新购置的环卫车辆　　（2013年　摄）

是年，城区保洁面积达到185.22万平方米，比2011年年扩大25%，其中包括一级道路10条，二级道路18条。

2014年，出动7台环卫作业车对县城区19条主次干道施行机械保洁、降尘作业，城区道路保洁率达到95%以上，洒水降尘作业覆盖率达到98%。

是年，购置各类垃圾桶(箱)200余个，对城区38个垃圾收集箱进行修整改造，对执法局属60余部车辆安装GPS定位系统，实现对车辆的动态管理，协调建设占地30亩的车辆集中停放场地一处，实现集中管理。

是年，将全县767个行政村全部纳入整治范围，坚持“日巡查、周督查、月通报”的督查方式，落实城乡综治常态化管理机制，启用芦湖街道等6处垃圾中转站，对各镇分别配备生活垃圾运输车1部，按人口配备保洁员1600人，垃圾收集桶3000个，全县城乡环卫一体化全覆盖。

2013年，累计收集清运23663.12吨生活垃圾。

2014年10月28日上午，举行庆祝第20届环卫工人节最美城管环卫工·园丁表彰暨“爱我家园”摄影展览仪式，县委常委、副县长李勇，县执法局局长孙旭光，“爱我家园”志愿者协会会长曹国孝，协会副会长陈国华、曹建民、王智平、邵珠军及“爱我家园”协会成员单位参加会议。李勇、曹国孝分别讲话。

2015年2月15日，高青美雅环卫有限公司成立。9月，美雅环卫公司在全县9个乡镇(街道)设有项目部，负责垃圾收集清运、村庄保洁、村与村连接路保洁、路域保洁、镇驻地保洁。

2015年4月，8个生活垃圾压缩中转站建成并投入使用，各镇(办)均配备1辆垃圾收集车，各镇办按比例配发垃圾收集桶共3500个，加上各镇办自行购置的垃圾桶，总计数量达到5500个，基本达到全县行政村全覆盖，覆盖率达90%以上，在全省城乡环卫一体化农村群众满意度电话调查数据排名中，全市各区县唯独高青名次上升，其他区县均有下降，综合得分上升1.99分，为全市上升分数最高。

2015年5月，实行县委常委挂包责任制，全力督导推进农村存量垃圾整治攻坚战。

截至2015年7月，开展垃圾清理、粉刷墙壁、拆除小型广告牌、公路绿化等工作，公路路域道路整治开展的扎实有效，各镇(办)、经济开发区共清理垃圾及堆积物17500立方米、粉刷墙面46357平方米、拆除或粉刷美化残墙、断壁6028平方米、拆除小型广告牌234处。

第一节　公厕管理

一、基本情况

2015年年底，城区有公厕28座，分布在黄河路、文化路、齐东路、中心路、蒲台路、芦湖路、经济园、千乘湖生态文化园、芦湖公园内，分属不同部门管理。由县城市管理行政执法局直接管理的有25座，其中县环卫局管理15座，园林局管理10座。由汽车站管理的1座，在黄河路汽车站院内。由房管局芦湖物业管理的1座，位于城西开发区北侧居民区内。由王府井商业区龙瑞物业管理的1座，在王府井商业区内。

二、县城公厕

1. 黄河路西段公厕。位于油气公司住宅区东南角，建于2006年，系砖混结构水冲式，有专人负责日常卫生保洁，设有公厕标志牌、导向牌，使用正常。服务半径为周边350米内居民、沿街经营户及流动人口。

2. 黄河路公路局宿舍处公厕。位于黄河路转盘东北角，建于1999年，系砖混结构水冲式，有专人负责卫生保洁，设有公厕标志牌、导向牌，使用正常。服务半径为周边450米内居民、沿街经营户及流动人口。

3. 蒲台路北段公厕。位于活塞集团居住区，1993年建成，系砖混结构水冲式，有专人负责日常卫生保洁工作，使用正常。服务半径为周边300米范围内居民，沿街经营户及流动人口。

4. 齐东路北段公厕。2012年5月建成，系免水冲环保板房式公厕，有专人负责日常卫生保洁工作，正常使用。服务半径为周边350米范围内沿街经营户、居民及流动人口。

5. 中心路中段公厕。1986年8月建设，系砖混结构水冲式，有专人负责保洁，正常使用。服务半径为周边500米范围内居民、沿街经营户及流动人口。

6. 文化路北段公厕。1987年10月建成，系砖混结构水冲式，有专人负责卫生保洁，正常使用，服务半径为周边500米范围内居民、沿街经营户及流动人口。

7. 文化路南段公厕。1994年9月建成，系砖混结构水冲式，正常使用，服务半径为周边500米范围内居民，沿街经营户及流动人口。

8. 经济园公厕。建于2008年12月，系砖混结构水冲式，正常使用，服务半径为周边500米范围内居民，沿街经营户及流动人口。

9. 芦湖公园内公厕。公园内有2座公厕，分别位于公园北侧和西南侧，砖混结构水冲式，设有残疾人坐便器，服务范围为园区内游客。

10. 千乘湖公园公厕。公园内有公厕8座，其中砖混结构的水冲式2处，地面为卫生瓷砖，冲洗及排水设施齐全；另外6座为板房结构，5处为水冲式，1处为免水冲。服务范围为游园内游客。

11. 天鹅商城内公厕。商城内有2座公厕，分别位于一期工程中部东侧和二期工程中部西侧。其中一期工程中部东侧公厕，建于1991年10月，结构形式为上下两层设置，与周围建筑同体，2013年4月前，厕内地面、墙壁、门窗，破损严重，大便槽垃圾、粪便堆满，供、排水设施损坏严重，排污池容积小，上层男、女公厕已完全停用。2013年升级改造，现一层公厕正常使用。二期工程中部西侧公

黄河路西段街头公厕　　（2014年　摄）

芦湖公园公厕 （2013年 摄）

厕系砖混结构，与周围建筑同体，建于1994年10月。2013年4月前，门窗损坏严重，天花板脱落，供水、冲洗设施损坏严重，蹲台、小便池损坏，内墙墙体部分脱落，排污不畅，于2013年4月升级改造，服务范围为商城内经营户及流动人口。

12.芦湖商城公厕。2003年建成，系砖混结构，水冲式，服务范围为商城内经营户及流动人口。

13.汽车站院内公厕。1992年建设，系砖混结构，水冲式，由汽车站管理，服务范围为站内工作人员、乘客、附近经营户。

14.青城路文体游园公厕。1996年6月建设，系砖混结构，水冲式，2013年升级改造，现正常使用。服务范围为周边500米内居民、沿街经营户及流动人口。

15.城西开发区北侧公厕。1992年10月建设，砖混结构，水冲式，内部设施损坏严重，现已封闭停止使用。

16.青城路文化广场公厕。砖混结构，水冲式，服务范围为周边经营户、游人及流动人口。

17.王府井商业区内公厕。砖混结构，水冲式，由王府井物业管理，服务范围为商业区内经营户及流动人口。

18.芦湖路公厕。建于2014年，系板房结构，水冲式，6蹲位，服务半径为周边500米范围内居民、沿街经营户及流动人口，同年投入使用。

19.青苑路公厕。建于2014年，板房结构，水冲式，6蹲位，服务半径为周边500米范围内居民、沿街经营户及流动人口，同年投入使用。

造型别致的街头公共厕所 （2013年 摄）

县城公厕基本情况一览表

表4—1

编号	位置	具体位置	蹲位数(个)		占地面积(m²)	建筑面积(m²)	洗手盆数量(个)	类型(水冲式或生物式)	结构形式(砖结构、木结构、金属结构等)
			男(包括小便池)	女					
1	黄河路	油气公司宿舍	7	4	145.5	101.5	2	水冲	砖结构
2	齐东路	粮食局西侧	4(不分男女)		14.2	8.82		环保泡沫	一体式

续表 4—1

编号	位置	具体位置	蹲位数(个) 男(包括小便池)	女	占地面积(m^2)	建筑面积(m^2)	洗手盆数量(个)	类型(水冲式或生物式)	结构形式(砖结构、木结构、金属结构等)
3	文化路	检察院南邻	7X2	6X2		142.1		水冲	砖结构
4	黄河路	公路局宿舍	8	5	64.5	55.1	1	水冲	砖结构
5	蒲台路	活塞集团	6	5		46		水冲	砖结构
6	芦湖路	经济园西侧	13	7		159.14	6	水冲	砖结构
7	中心路	住建局南侧	14	8		110	2(外部)	水冲	砖结构
8	文化路	兰骏集团	5	4		55.44		水冲	砖结构
9	青城路	文化广场	5	3	54.64	43.24	2	水冲	砖结构
10		天鹅商城一期	6	4	73.8	67.8X2(两层)		水冲	砖结构
11		天鹅商城二期	3	2		31.2		水冲	砖结构
12		芦湖商城	7	6	63.75	55.25		水冲	砖结构
13	青城路	房管局西			86.5	66.15		水冲	砖结构
14	青苑路	青苑路南段	6					水冲	板房结构
15	芦湖路		6					水冲	板房结构
16		王府井内	10	4				水冲式	砖混结构
17		车站	10	10				水冲式	砖混结构
18	芦湖公园	东北角	10	5	72	45	2	水冲式	砖混结构
19	芦湖公园	西南角	10	5	72	45	2	水冲式	砖混结构
20	千乘湖生态文化园	广场西侧	11	5	180	85	2	水冲式	砖混结构
21	千乘湖生态文化园	广场南首	4	5	55	30	1	水冲式	砖混结构
22	千乘湖生态文化园	停车场	3	2	22	12	3	水冲式	木结构
23	千乘湖生态文化园	南岸东首	2	1	20	12	2	水冲式	木结构
24	千乘湖生态文化园	南岸西首	2	1	20	12	2	水冲式	木结构
25	千乘湖生态文化园	南岸中部	4	1	22	12		生物式	木结构
26	千乘湖生态文化园	大桥东侧	1	1	10	13		生物式	板式结构
27	千乘湖生态文化园	大桥北岸	1	1	10	5		生物式	板式结构
28	开发区	北部小区内		1				水冲式	砖混结构

三、公厕建设

1986 年，在中心路西侧建环委院南侧建成全县第一座水冲式公厕。

1987 年～1989 年，分别在文化路西侧检察院南侧和县医院内新建两座标准式水冲式公厕，专人管理。

1991 年～1996 年，新建高标准水冲式公厕 6

自动装载垃圾筒　　(2015年　摄)

座，同时制定“三净三无”(地面净、墙壁净、蹲位净，无虫、无蝇、无恶臭)标准，坚持每日清扫、除臭。

1998年～2001年，新建高标准水冲式公厕3座。

2004年，城区共有水冲式公厕13座，其中环卫部门直管公厕6座，其他公厕由其所属单位自行管理。

2006年，在黄河路西段油气公司住宅区东南角建公厕。

2008年12月，在个体私营经济园开工建设公厕。

2012年5月，建成齐东路北段公厕。

2013年，大部分公厕由于年久失修无法正常使用，根据公厕改造计划，投资55万元对公厕进行改造整修。3月，县城管局接管了房管局、文化局和住建局所属的3座公厕，投资35万元新建2座公厕，直管公厕由原来的8座增加到13座。

2014年，分别在芦湖路、青苑路建2座公厕。

2015年，新建3座公厕，分别是：①蒲台路中段东侧，审计局西院墙外。因此处受地下天燃气管线影响，计划建设一座移动板房式公厕，面积10米×3米＝30平方米，估算资金10万元。②高苑路与齐东路交叉路口西南角，消防大队北院墙外。此处计划建设一座砖混结构公厕，面积18米×7.4米＝133.2平方米，估算资金30万元。③中心路南首东侧，中心路小学西院墙外。此处计划建设一座砖混结构公厕，面积20米×7.3米＝146平方米，估算资金30万元。

2015年8月，完成公厕平面图设计、了解地下管线情况、绘制拟建公厕位置地形图、联系住建局测绘公司、办理相关手续、将相关材料报规划局审批、同审计局、消防大队、中心路小学等相关单位进行协商等工作。

2015年12月，全面完成公厕建设，投入使用。

四、公厕指示牌分布

1.中心路住建局处公厕：在路西侧公厕以北140米处设置了不锈钢导向牌一处。

2.文化路检查院处公厕：在路东侧公厕以南50米处设置了不锈钢导向牌一处。

3.文化路兰骏公司处公厕：在路西侧公厕以北90米处设置了不锈钢导向牌一处。

4.黄河路油气公司宿舍处公厕：在路北侧公

专人负责垃圾池保洁清理工作　　(2012年　摄)

厕以东 50 米处设置了不锈钢导向牌一处。

5.黄河路公路局宿舍处公厕，在路北侧公厕以东 80 米处设置了不锈钢导向牌一处。

6.芦湖路经济园处公厕，在丁字路口南、北分别设置了不锈钢导向牌两处。

五、公厕管理标准

公厕保洁要达到“六净、六无、两好”标准。

1.六净：地面净、蹲台净、(含便槽两侧壁)隔断净、门窗净、小便池净、周围环境净。

2.六无：蹲坑便槽无杂物，厕内外无乱写、乱画、乱堆乱放，定期消毒无蝇蛆，厕内无明显臭味，自来水管道及排污管道畅通无堵塞，化粪池无外溢。

3.两好：公厕保洁人员对公厕设备管理好、维护好；对入厕人员服务态度好。

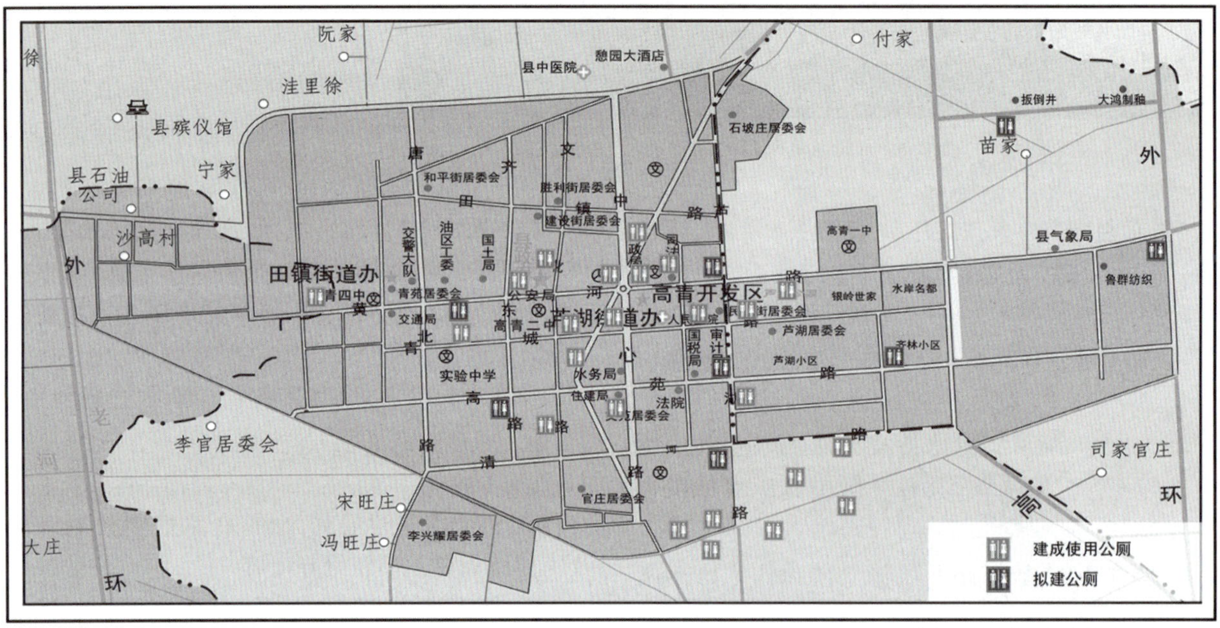

图 4—1　城区公共厕所示意图

六、管理要求

1.严格按照“六净、六无、二好”标准做好公厕管理工作。

2.公厕内通风、照明良好，设置防蝇、防蚊和除臭设施，内外墙及天花板、门窗整洁、无损坏及剥落。

3.夏季应做到公厕内每天全面冲洗一次，并做好日常的保洁工作。

4.严格执行公厕开放时间，坚决执行制定的各项管理标准，杜绝推迟开放或提前关闭。

5.公厕开放时间：5 月至 10 月，早 6:00 至晚 22:30；11 月至次年 4 月，早 6:30 至晚 21:30(此规定时间，仅限有管理间的公厕)。

七、公厕考核标准

1.公厕内地面应光洁无积水，无纸屑、烟头、痰迹和杂物，如发现每次每处扣 2 分。

2.公厕蹲位应整洁，大便槽两侧无粪便污物，槽内无积粪，洁净见底，如发现问题每次每处扣 3 分。

3.公厕小便池内无水锈、尿垢和杂物，沟眼、管道保持畅通，如发现问题每次每处扣 2 分。

4.公厕内墙面、天花板、门窗和隔离板应无积灰、污迹、蛛网，无乱贴乱画，墙面光洁，厕内无明显恶臭味，如发现问题每次每处扣 3 分。

5.公厕外墙面整洁，无乱贴乱画，如发现问题每次没处扣 1 分。

6.公厕内灯具、洗手器具、镜子、水冲设备完好，无积灰、污物，如维修不及时每次每处扣5分，保洁不干净每次每处扣2分。

7.公厕外环境整洁，不乱堆杂物，保洁工具放置整齐，公厕四周5米范围内无垃圾、粪便、污水等污物，如发现问题每次每处扣3分。

8.公厕水电用量按规定进行控制，但不能影响正常使用，如有影响使用的节约情况，每次扣10分～50分。

9.公厕管理房按规定时间开放，如发现问题每次每次扣3分，在上级检查考核中出现较大失误或上级领导提出批评意见的，每次扣10分～50分。

10.公厕管理人员上班时间应穿戴标志服装，如发现不穿戴，每次每人扣3分。

11.公厕管理人员应注意人身安全，发生安全事故、与人谩骂、被投诉情况，责任在管理人员的，每次每人扣10分～50分。

12.公厕内设备、设施如因管理不善造成损坏的，按损失大小扣分，或自行修复。

第二节　处置费征收

一、生活垃圾处置费

城市生活垃圾处理费是指对城市生活垃圾实行无害化集中处理过程所需的费用，主要包括垃圾收集、运输和集中处理所需的费用，这之中不包括清扫保洁费用。根据国务院有关规定，依法征收的城市生活垃圾处置费实行收支两条线管理，专款专用，不得截留挪用。城市生活垃圾处理费按照“谁生产、谁付费”的原则征收，对于增强市民的环境意识，建设资源节约型社会，维护城市形象，促进经济与环境的可持续发展都具有重要意义。

二、处置费征收

1992年6月28日，国务院于通过《城市市容和环境卫生管理条例》(国务院令第101号)。

1992年8月1日，实施《城市市容和环境卫生管理条例》。

1995年5月2日，山东省政府发布《山东省实施〈城市市容和环境卫生管理条例〉办法》(鲁政发〔1995〕49号)。

1996年10月15日，山东省建设委员会、山东省物价局、山东省财政厅联合印发《山东省城市环境卫生收费管理办法》(鲁建城发〔1996〕350号)。

1998年11月19日，省建委、物价局、财政厅联合下发《关于城市环境卫生收费有关问题的补充通知》(鲁价费发〔1998〕383号)。

2002年6月7日，国家发改委、财政部、建设部、环保总局联合下发《关于实行城市生活垃圾处理收费制度促进垃圾处理产业化的通知》(计价格〔2002〕872号)文件。

2003年，淄博市物价局、财政局下发《关于调整城市生活垃圾处理费收费标准的通知》(淄价字〔2003〕272号)文件。

2005年，淄博市物价局下发《关于明确城市环卫收费有关问题的通知》(淄价字〔2005〕23号)文件。

2007年4月28日，建设部下发《城市生活垃圾管理办法》(第157号)文件。

环卫清扫车辆　　(2015年　摄)

2011年4月19日，国务院同意并批转住房城乡建设部等部门《关于进一步加强城市生活垃圾处理工作的意见》（国发〔2011〕9号），并要求健全收费制度，按照“谁生产、谁付费”的原则，推行城市生活垃圾处理收费制度。

2011年12月13日，山东省人民政府下发《进一步加强城市生活垃圾处理工作的意见》（鲁政发〔2011〕53号），要求尚未开征生活垃圾处理费的市、县尽快开征，确保2011年年底前征收标准达到城市家庭10元/户·月，单位职工4元/人·月。

2012年8月28日，淄博市物价局做出《关于高青县城市生活垃圾处理费收费标准的批复》（淄价字〔2012〕130号），对高青县生活垃圾处理费收费标准和征收范围作出明确规定。

2012年11月19日，高青县城市管理行政执法局成立生活垃圾处置费征收办公室，负责高青县生活垃圾处置费征收工作，隶属于县环卫局。

2014年，环卫局办公室、公厕管理办公室、生活垃圾处置费征收办公室合并为环卫局综合科，生活垃圾处置费征收工作由综合三科负责，2015年有工作人员7人，负责人张道新。

环卫节日中的环卫工　　（2014年　摄）

三、收费标准

1. 居民。6元/户·月，其中对已实行物业管理的居民小区居民按4元/户·月收取，享受最低生活保障的城市居民，凭《特困职工证》或《城市居民最低生活保障证》给予优惠照顾，按3元/户·月收取。

2. 城市暂住人口。2元/人·月。

3. 各级国家机关、驻军、事业单位和非企业组织。按在职职工人数3元/月收取（已缴纳医疗废物处理费的医疗单位，不再缴纳生活垃圾处理费）。

4. 企业（商业服务业除外）。按在职职工人数2元/人·月收取。

5. 商业服务业、娱乐场所及工业品市场。营业面积在100平方米以下（含100平方米）的按30元/单位·月收取，超过100平方米的，超出部分按0.05元/平方米·月收取。

6. 农贸、集贸市场。1元/摊位·天。

7. 交通运输工具。客运出租车2元/车·月；中巴（30座及以下）10元/车·月；大客（30座以上）30元/车·月；货运车辆按核定吨位1元/吨·月收取。

8. 建筑垃圾。基建工地的建筑垃圾，用于就地回填、异地填垫再利用的一律不缴纳垃圾处理费；凡进入垃圾处理场的，按照省物价局、财政厅、建委《关于城市环境卫生收费有关问题的补充通知》（鲁价费发〔1998〕383号）规定每立方米2元收取垃圾处理费。

四、征收范围

高青县城市建成区范围内的国家机关、企事业单位、个体经营者、社会团体、城市居民和城市暂住人口等产生生活垃圾、建筑垃圾的单位和个人。

第三节　道路保洁

一、历史沿革

1978年，县城道路保洁主要靠沿街单位自行清扫。

1983年，成立县爱卫会，负责组织县城清扫工作。

1985年，县城环境卫生工作由县城乡建设环境保护委员会城建科管理。

1984年，县爱卫会清洁队负责县城街道保洁。

1985年，县城环境卫生归县城乡建设环境保护委员会城建科管理。

1990年，高青县环卫所成立保洁队，实行夜扫日保，全天保洁。

1992年，开展创建卫生城活动，推行岗位目标责任制，与390家单位签订“门前三包”责任书。

1990年，县环卫所成立保洁队，有职工18人，道路保洁实行夜扫日保，全日保洁。

1993年，开展创建省级卫生城活动，推行岗位目标责任制，实行“门前三包”（包卫生、包秩序、包绿化）。是年，成立县环境卫生管理处，清扫保洁面积15.37万平方米，保洁率90%以上。

1994年，县城道路实施划片包干、分工负责、全日保洁制度，垃圾随产随清。

1994年，县政府制定《高青县市容环境卫生管理暂行办法》，对县城区内市容环境卫生管理的范围、内容、标准及违章处理办法作出规定。

1996年，城区各单位“门前三包”区域由县环卫处统一代扫，实行有偿服务。

1998年，县政府制定《高青县县城建设管理办法（试行）》，将每年4月份定为“卫生突击月”，每周五定为“卫生清洁日”，并作为一项制度坚持落实。是年，县城道路清扫保洁实行划片包干、分工负责、落实到人、全日保洁制度，对垃圾随产随清。

2002年，清扫保洁面积36.3万平方米，保洁率98%。

2004年，保洁工实行每日两次清扫，全日保洁，保洁面积47万平方米。同年，改进环卫作业方式，新上道路清扫车，实现机扫保洁零的突破。

2012年，城区保洁面积达到185.22万平方米，比2011年年扩大25%，其中包括一级道路10条，二级道路18条，机械化作业面积93%。

2013年，县城主次道路28条，其中保洁道路23条，清扫车4台，冲洗车3台，洗扫车2台，机械化清扫率和冲洗率达到95%和100%。

2013年，针对人员年龄普遍偏大的问题（县城内共有保洁人员200人，其中65岁以下105人，65～70岁61人，70岁以上34人），年初对70岁以上和体弱多病的人员进行稳妥清退，优化保洁人员年龄结构，吸纳周边村居农民工、下岗职工充实保洁队伍，健全环卫保洁进退机制。

2013年，把全县所有道路划分为3个等级，重点路段实行一日两扫全天保洁，重点区域进行专人管理，全天在位巡回检查，发现问题题第一时间解决，确保道路卫生干净整洁、无死角。把所有道路划分成7个网格，实行道路网格化管理，对区域网格人员、道路卫生清扫及垃圾箱等环卫设施进行动态监管，实现网格化精细管理。加大机扫，每日洒水降尘，出动7台环卫作业车对县城区19条主要干道实行机体保洁、降尘作业，城区道路保洁率

高压冲洗车在冲洗路面　　（2013年　摄）

举办最美城管环卫工·园丁表彰暨"爱我家园"摄影展览仪式（2014 年　摄）

达 95%以上，洒水降尘作业覆盖率达到 98%，着力打造黄河路、芦湖路等城区道路保洁精品路段。

2014 年，出动 7 台环卫作业车，对县城区 19 条主次干道施行机械保洁、降尘作业，道路保洁率达到 95%以上，洒水降尘覆盖率达到 98%。

二、保洁道路情况

2015 年，城区有管理路段 28 条，分别是黄河路、潍高路、青城路、高苑路、清河路、中心路、文化路、齐东路、曼顿生产路、青苑路、唐北路、西一路、西环路、芦湖路、七号路、六号路、东环路、五号路、四号路、东外环、北一路、北二路、蒲台路、广青路、田镇四街、田镇私营经济园、老官庄商场、温泉花香，其中保洁道路 23 条，根据路段地理位置和环境卫生设施建设情况，分为三个等级进行管理考评。

1. 一级路段。为严格管理路段，共 10 条，包括：黄河路、潍高路、青城路、高苑路、清河路、中心路、文化路、青苑路、芦湖路、广青路。主要是商业网点集中、道路旁商业店铺较多；车站附近所在的主干道及其所在的路段；娱乐、展览等主要公共场所所在路段；主要领导机关、外事机构所在地；人员流动量大的路段。

2. 二级路段。重点管理路段，共 13 条，包括：西环路、齐东路、西一路、蒲台路、六号路、七号路、东环路、东外环、田镇四街、田镇私营经济园、老官庄商场、北一路、北二路。主要是城市主、次干路及附近路段；商业网点较集中；公共文化娱乐活动场所的路段；有固定的公共交通线路的路段；人员流量相对较多的路段。

3. 三级路段。一般规范管理路段，共 5 条，包括：唐北路、四号路、温泉花香、曼顿生产路、五号路。主要是商业网点较少的路段；成效结合部的主要交通路段，人流量、车流量一般的路段；居民区和单位相间的路段。

高青县城区保洁道路基本情况表

表 4－2

序号	路段名称	级别	起止点	长度（米）
1	黄河路	一级	西起西环路东至东外环	6150
2	青城路	一级	西起唐北路东至东环路	3550
3	高苑路	一级	西起李官桥东至东外环路	7050
4	清河路	一级	西起青苑路东至东环路	3500
5	中心路	一级	南起中心路小学北至广青路	3075
6	文化路	一级	南起官庄新村北至广青路	2925
7	青苑路	一级	南起清河路北至广青路	2625
8	芦湖路	一级	南起南外环北至广青路	5175

续表 4—2

序号	路段名称	级别	起止点	长度(米)
9	广青路	一级	西起西环路东至东外环路	7650
10	西环路	二级	南起黄河路北至广青路	600
11	齐东路	二级	南起清河路北至田镇路北	2175
12	西一路	二级	南起高苑路北至广青路	2100
13	蒲台路	二级	南起清河路北至司法局	1470
14	六号路	二级	南起清河路北至青城路	1050
15	七号路	二级	南起青城路北至潍高路	1265
16	东环路	二级	南起清河路北至广青路	4050
17	东外环	二级	南起南外环北至广青路	6900
18	田镇四街	二级	和平街(西起青苑路东至芦湖路)	2055
			胜利街(南起田镇路南北至广青路)	900
19	田镇私营经济园	二级	南起清河路北至高苑路	500
20	老官庄商场	二级	南起清河路北至高苑路	200
21	北一路	二级	西起东环路东至东外环	1500
22	北二路	二级	西起东环路东至东外环	1500
23	唐北路	三级	南起高苑路北至四中东门	1720
24	四号路	三级	南起布莱凯特北至北一路	2070
25	温泉花香	三级	南起南外环北至清河路	2250
26	曼顿生产路	三级	南起清河路北至高苑路	480

三、道路保洁标准

1.一级路。①主路、副路、人行道,每日两扫,全日保洁,达到“五净”“五无”。五净即路面净、路沿石根净、人行道净、树根净、设施设备净(地下垃圾池5米内须清扫干净、果皮箱擦拭干净、箱内清理干净);“五无”即无烟蒂、纸屑、塑料袋、无果皮核、无砖瓦块、无污水污物、无垃圾。②雨雪后及时清理积水积雪。③对路面上丢弃的废弃物15分钟须捡拾干净,不得随意向水篦子及绿化带中丢放垃圾,违者按保洁条例扣分。④对绿化带、绿化池内的污物及时清理,人行道距墙根之间不见垃圾堆。⑤发现意外污染及突击事件,本路组无法处理时,组员半小时内上报,一小时内由环卫局或执法局现场处理。

2.二级路。①对主路及人行道实行一日两扫、全日保洁。达到“五无”“五净”。②雨后、雪后、积水、积雪及时清扫。③路面行人丢的废弃物,20分钟内清理干净(因二级路路段较长,每人约300米)。④有绿化带、绿化池的路段,做好绿化维护,对污染及时清理,并不得随意往水篦子里扫土,违者按条例扣分,人行道距墙根正面不得见有垃圾堆。⑤如发现意外污染本路组无法处理时,半小时以内上报环卫局,并1小时内由环卫局或执法局现场处理。

3.三级路。①主路及人行道每人两扫、全日保洁(无行道的以路岩石外1.5米为界及路面的保洁)。②雨雪后及时清理积水积雪。③有地下垃圾池的保洁周围5米清扫干净。④路上车辆污染及时清理,半小时清理不完者及时上报。⑤对意外污染本路组无能力清理的,半小时内上报环卫局,由环卫局或执法局1小时内现场处理。

撒融雪剂保畅通　　　　（2013年　摄）

4.废弃物控制指标。保洁等级果皮（片/1000平方米），纸屑、塑膜（片/1000平方米），烟蒂（个/1000平方米），痰迹（处/1000平方米），污水（平方米/1000平方米），其他（处/1000平方米）。

一级路＜4＜4＜4＜4无无。

二级路＜6＜6＜8＜8＜0.5＜2。

三级路＜8＜10＜10＜10＜1.5＜6。

四、路段环境卫生作业标准

（一）一级路

保洁质量标准1人/3000平方米。

1.对人员流量大的繁华路段，全天巡回保洁路面应见本色，实行错时保洁（早中晚组）。道路包括：黄河路（芦湖路至齐东路）、芦湖路（黄河路至高苑路）、高苑路（芦湖路至文化路）、文化路（高苑路至黄河路）、青城路（文化路至芦湖路）、中心路（黄河路至高苑路）。

2.主路、副路、人行道，每日两扫、全日保洁，达到“五净”“五无”标准。“五净”：路面净、路沿石根净、人行道净、树根净、设施设备净（地下垃圾池5米内须清扫干净、果皮箱擦拭干净、箱内清理干净）。“五无”：无烟蒂、纸屑、塑料袋、无果皮核、无砖瓦块、无污水污物、无垃圾。

3.对路面上丢弃的废弃物，15分钟捡拾干净，不得随意向水篦子及绿化带中丢放垃圾，违者按保洁条例扣分。

4.对绿化带、绿化池内的污物及时清理，自人行道距墙根之间不见垃圾堆，当天垃圾当天清运。

5.雨雪后及时清理积水积雪。

6.发现意外污染及突击事件，本路组无法处理时应逐级上报环卫办公室，由办公室进行处理。

7.果皮箱、垃圾桶每天擦拭清理。

8.做到经营商户门前垃圾及时清理。

（二）二级路

保洁标准1人/3500平方米。

1.主要道路应巡回保洁，路面基本本色。

2.对主路及人行道实行一日两扫、全日保洁。基本达到“五无”“五净”标准。

3.路面行人丢的废弃物，20分钟内清理干净。

4.有绿化带、绿化池的路段，做好绿化维护，对污染及时清理，并不得随意往水篦子里扫土，违者按条例扣分，人行道距墙根正面不得见有垃圾堆。

5.雨后、雪后、积水、积雪及时清扫。

撒盐除雪　　　　（2013年　摄）

6.发现意外污染及突击事件，本路组无法处理时应逐级上报环卫办公室，由办公室进行处理。

7.果皮箱、垃圾桶每天擦拭清理。

8.做到经营商户门前垃圾及时清理。

（三）三级路

保洁标准1人/4000平方米。

1.道路主要定时保洁，主要及人行道每日两班全日保洁（无人行道的路沿石外1.5米为界）。主要干道基本达到“五净”“五无”标准。

2.有地下垃圾池的保洁周围3米清扫干净。

3.雨雪后及时清理积水积雪。

4.发现意外污染及突击事件，本路组无法处理时应逐级上报环卫办公室，由办公室进行处理。

5.做到经营商户门前垃圾及时清理。

五、道路保洁员岗位职责

（一）坚持例会

1.每月召开一次全体组长以上人员会议，学习有关文件和政策，学习环卫工作的先进经验，提高保洁人员的政治素质和业务素质。

2.及时公布本月街道检查结果，切实做到奖罚分明。

（二）任务和要求

1.保洁人员必须按照自己承包路段进行清扫和保洁，实行“两普扫，全天保洁”制度，清扫时间为早上七点前必须清扫完毕，上午8:00—11:00，下午13:00—17:00。

2.保洁人员必须穿戴整齐，佩戴标志，不准串岗、迟到、早退。

3.保洁人员必须坚持夜捡日保制度，做到五无五净：无垃圾、无杂物、无积泥、无积水、无污渍、路面干净、绿地和树圈干净、侧角侧石干净、下水沟眼畅通干净、果皮箱、地下垃圾箱等环卫设施干净。

4.保洁人员必须服从检查人员的监督和管理。

5.公共垃圾做到日产日清、清运及时、车走路净、不留残渣、清运人员做到爱护机械设备、热爱环卫工作。

6.管理人员做到检查及时，做好检查记录，全天在路上检查，每天上午和下午下班前30分钟集中检查保洁人员早退情况，检查结果将在开组长会时公布，并和年度先评挂钩。

六、卫生巡查检查

1.巡查检查主体。环境卫生监督员是社区环境卫生巡查、检查的责任人，根据职能分工，明确巡查、检查的责任区和责任人。

2.巡查检查内容。巡查、检查人员按照有关规定认真开展工作，认真落实“日巡查、月检查、季考核、年终总评”制度，即监管清扫、保洁的质量、时间，监管垃圾收容点、收容器的清洗、清洁，监管保洁人员到位、着装情况；解决上级工作安排部署的任务落实，协调解决现场作业引发的突发性事件，协调解决群众反映的问题。

3.巡查检查方式。巡查、检查人员实行不间断、流动式、全方位的监督检查，现场接受投诉，现场处理问题。各责任区的责任人应结合实际，对重点范围与重点区域加强日常巡查，提高巡查的次数和频率，做到一巡多查。

4.巡查检查记录。巡查、检

环卫工陈庆芳 （2013年 摄）

查人员必须认真履行巡查、检查职责，按时对责任区域进行巡查、检查，做好巡查监督管理记录和巡查日志的记录，完成好巡查、检查任务。

5.巡查检查考核。环卫主管部门要随时抽查巡查、检查人员的巡查记录和巡查日志，进行现场情况的检查、抽查，防止巡查流于形式，确保巡查人员到位、巡查范围到位和巡查内容到位。巡查记录、巡查日志和现场检查抽查情况，将根据有关规定，作为社区环境卫生考核奖惩的主要依据。

6.巡查人员路段分工。城区主要道路共分7个片区：

第一片区：公园区，包括青城路东延段、潍高路西段、六号路、七号路、北一路、四号路、高苑路东延段、东环路、东外环路、潍高路东段。负责人：崔保康。

第二片区：芦湖路、中心路全段。负责人：孟现刚。

第三片区：黄河路东段、黄河路中段、齐东路、蒲台路。负责人：吕传武。

第四片区：青城路、文化路全段。负责人：姚振洪。

第五片区：高苑路、清河路全段。负责人：王国岐。

第六片区：黄河路西段、青苑路全段、唐北路、西一路。负责人：耿国忠。

第七片区（早中晚组）：黄河路2人、青城路2人、文化路1人、芦湖路1人、高苑路1人、中心路1人。负责人：张济华。

夫妻环卫工　　（2012年　摄）

七个片区实行轮班制度，每月月底的最后一天进行交接，交待注意事项。

第四节　门前五包

一、“门前五包”责任区范围划定

街道两侧的责任单位有围墙的，以围墙外墙根至人行道路沿石为责任区域；无围墙的，以左右相邻交接中心线为界，门前墙根至人行道路沿石以内为责任区域。冬季清雪一律以道路中心线为界。

二、“门前五包”内容

1.包净化。①保持责任区内（包括树穴、花坛、绿化带）环境整洁，做到无烟头、纸屑、瓜果皮核、痰、便等污物，无散落或者悬挂的塑料袋等废弃物，无污水污物乱排现象。②责任区内不得随意倾倒垃圾，逐步实行垃圾袋装化，由环卫人员按规定时间统一收集。③保持责任区内环境卫生设施完整整洁，及时制止各类破坏环境卫生设施的行为。④落实清扫冰雪责任制，积极履行积雪清扫义务。白天降雪，停雪后迅速组织清扫；夜间降雪，次日上午上班前组织清扫。

2.包美化。①门头装修、装潢雅观，橱窗、灯箱装饰美观、整洁；户外广告及各类标识牌应规范设置。临街建筑工地设置围挡。②生产、经营活动在店内进行，不得擅自占用城市道路（包括机动车道、非机动车道、人行道、街头空地、广场、道路绿地、隔离带及其附属设施）。禁止乱堆乱放、乱设摊点、私搭乱建、乱挂条幅（灯饰、电线）、晾晒衣物等。③责任区内无乱写、乱画、乱贴等现象。一旦发现，应于当日清除，发现嫌疑人送交执法机关处理。④无违章搭建现象，残缺、危旧及有

清除道路积雪　　（2012年　摄）

间以及节假日需要延长开启时间，按有关通知精神执行。

4.包绿化。①负责责任区范围内绿化苗木的栽植、成活和管理工作，做好苗木的浇水、修剪、施肥和病虫害防治等养护管理。②安排专人负责责任区内绿地的监管工作，禁止践踏绿地，迁移树木、花草，禁止在树干上刻字、拴系物品，严禁就树搭棚和架设电线。③为美化沿街建筑物，各责任单位应按园林部门的规划按期完成绿化任务。④各责任单位在重大节日和重要活动时，有条件的应在门口摆放盆花，以渲染节日气氛。⑤县园林部门做好绿化技术服务工作。

碍市容观瞻的建筑物应及时整修或拆除。沿街建（构）筑物应及时清洗粉刷，做到无表皮破损、脱落褪色、蒙尘污垢等现象。⑤门前禁止乱停、乱放各种车辆，确保行人通行。车辆一律停放在指定地点。

3.包亮化。①城区黄河路、中心路、高苑路等主要路段沿街单位、商店应设置装饰灯光。②各种灯具灯饰与周围环境和建筑物整体风格相协调，构图雅观，显亮功能完好，如有损坏于当日修好。③户外装饰灯平时与路灯同时开启，关闭时

5.包秩序。①禁止车辆乱停乱放。沿街单位责任区内设立停车位的，应督促驾驶员按规定停放整齐；没有停车位的，应安排在就近允许的停车区顺向依次停车。②摩托车、自行车经批准在门前停放时，应摆放整齐有序。③沿街经营业户送货时间应避开上下班的交通高峰期，其车辆应选择不妨碍交通的地点停放，卸货后尽快离开。

“门前五包”单位名称

表4—3

路　段	责　任　单　位
黄河路	交通局汽车修理厂、国家电网田镇变电站、晟晋天然气公司、执法局、体育局、河务局、环保局、交通局、县社、新华书店、中联商厦、二矿、众益花园、自来水公司、管委会、妇幼保健院、建设银行、活塞厂、司法局、实验小学、民政局、汽车站、华盛商厦、行管局、公安局、粮食局、家得利商场、土管局、农业局、金太阳饺子城、科技局、丝绸公司、移动公司、油区工委、交警队、瑞丰园、高青一中、田镇镇府、第四中学、弄潮儿服饰、农行、维纳锶、万众集团
青城路	实验中学、农信社、文化局、兴隆大观园、锦绣家园、党校、广播电视局、芦湖小区、农业发展银行、技术监督局、房产局、邮政局、教育局、农机局、中信商场、华盛商场、双杰物业、烟草公司、二中、县医院、药监局、银铃小区、田盛园小区、众益花园、灌溉处、芦湖公园、供电公司、体育局、市政公司
高苑路	县城派出所、消防队、建设银行、供热站东、兰骏、流云纺织、兴隆建工、银铃建工、残联、商贸局、工商银行、高青建总、乡企局、经贸局、住建局、工商局、保险公司、人民银行、法院、卫生局、地税局、国税局、审计局、东岳家具城、财政局、水务局、黄河建工、县农行、亚细亚酒店、老干部活动中心

续表 4－3

路　段	责　任　单　位
文化路	劳动局、行政服务中心、网通公司、第二中学、迎宾馆、检察院、兰骏集团、畜牧局、电影公司
中心路	华联汽修厂、林业局、盐务局、轿车修理厂、华夏酒店、田兴建工、中心路小学、住建局、民政局、扳倒井、苏州街、长途汽车站、供电公司、流云纺织、农机局
齐东路	供热站、青苑纸业
清河路	侨牌集团、金立汽配汽修、公路局、千乘湖公园、计生局、武装部、地税局、扳倒井
广青路	中医院、二矿
青苑路	丽村热电、谦津电子、交警队、兰骏服装、钜创集团、执法局
芦湖路	众益花园、国井苑、千乘湖公园、瑞景园小区
园区	宏业纺织、永盛油脂、邦德陶瓷、鑫盛源木业、玉博林纺织、和信纺织、园区派出所、汪洋纸业、德元制革、孟李变电站、鲁群纺织、大鸿制釉、虹桥热电、滨海投资、寨子变电站、金海针织、气象局、鸿丰纺织

三、工作开展情况

2008年，高青县第五次政府常务会议研究同意，县城区“门前五包”列入政府管理重点工作，纳入工作目标管理考核。为了进一步督促落实“门前五包”责任制，使县城区沿街各责任单位切实承担起指定的净化、美化、亮化、绿化、秩序化管理任务，根据《高青县城区市容和环境卫生“门前五包”责任制管理办法》和《高青县城区市容和环境卫生“门前五包”责任书》的规定，制定《高青县城区市容和环境卫生“门前五包”责任制管理考核办法》。

2008年6月4日，县政府下发《关于印发〈高青县城区市容和环境卫生“门前五包”责任制管理办法〉的通知》。明确县城市管理行政执法局是“门前五包”责任制的主管部门，具体负责“门前五包”责任制日常监督管理工作。县公安、建设、工商、新闻等部门按照各自的分工切实履行职责，对“门前五包”落实情况进行监督管理。城区范围内沿街党政群机关、田镇镇政府、企事业单位、经营业户（住户）、居（村）委会、住宅小区及各类建筑施工工地为各自“门前五包”责任单位。其中，住宅小区由物业公司管理的，责任单位为物业公司；由住户单位管理的，责任单位为该单位；沿街经营用房的承租单位（人）为该房屋的责任单位（人）；街头绿地、广场、电杆、公话亭、报刊亭、候车亭、垃圾池（桶、箱）等公共设施由产权单位负责管理。

2010年9月6日，高青县城市综合管理委员会组织相关单位，对全县建城区内116个单位“门前五包”工作落实情况进行了全面检查。对已纳入工作目标管理考核的“门前五包”单位根据本办法予以考核加分；对未纳入工作目标管理考核的门前五包”单位依据本办法将检查结果通过新闻

清除路面积雪　　（2013年　摄）

媒体公布，年终作为单位各类评先依据。

2011 年 12 月 27 日，高青县城市综合管理委员会下发《关于对城区市容和环境卫生“门前五包”单位考核的通知》，于 2012 年元月 4 日至 6 日对已签订高青县城区市容和环境卫生“门前五包”责任书的单位进行“门前五包”年度考核。采取现场查看与日常考核相结合的方式，确定各单位得分。

2014 年 11 月，县委、县政府与县行政执法局签订《城市综合执法与城乡综合整治工作目标责任书》，其中要求采取措施推进网格化治理。加快推进数字平台建设，高效运行，将“门前五包”与考核相结合，严格奖惩，激发各网格牵头单位参与度。

第五节 环卫保障

一、垃圾箱、垃圾池

1991 年，高青县环卫所组建垃圾清运队伍，负责城区生活垃圾及公厕垃圾清运。为了便于清理、方便人民生活和改善居住环境，专门设置了 15 个垃圾池，结构为砖泥平地垒的砖池。

1994 年，增设垃圾池 10 处，解决了垃圾固定堆放点少的问题。

2003 年，新建地下垃圾箱 22 处（含单位自建），改进了垃圾清运方式，解决了垃圾二次污染难题。

2005 年，增设地下垃圾箱 5 处，解决了垃圾收集点少的问题。

2007 年，在黄河路、青城路、高苑路、芦湖路等县城主次干道设置分类回收垃圾箱 234 个，垃圾无害化处理率 100%。

2009 年，投资 200 万元配置 5 台生活垃圾专用运输车，在城区增建 10 处地下垃圾中转站，在文化路、黄河路、中心路等人流密集路段安放 300 个果皮箱，在田镇、青城、高城等镇新建 21 处地下垃圾中转箱，解决了居民外出无处投放垃圾的难题，解决了行人垃圾无处投放的难题。

2010 年，城区共有地下垃圾箱 36 处，基本实现了地下垃圾箱城区全覆盖。

2012 年，县政府投入 3000 万元，购置各类环卫车辆 30 多部，各类垃圾桶（箱）2900 多个，其中 3 立方米地下垃圾桶 38 个，660 升垃圾桶 320 个，240 升垃圾桶 2300 个。

是年，村、居环境卫生整治纳入整治的 231 个村已基本按标准配备配齐保洁人员，垃圾桶均已发放到位，垃圾收集车辆已投入运行。

2013 年，环卫局根据城区环卫保洁面积扩大及环卫设施配备标准，加大投资力度，累计购置 660 升垃圾桶 175 个，240 升垃圾桶 4000 个，总投资 120 万元。同时，对城区 38 个半地下垃圾收集箱进行安装改造，并结合迎接省级卫生城市复审，购置 3 立方米垃圾箱 40 个，更新果皮箱 203 个；投资 10 余万元，对县城 21 处地下垃圾池进行了加盖遮挡改造，避免了二次污染和垃圾暴露。

是年，全县 767 个行政村、6 条干线路、各镇（街道）驻地共配备垃圾收集箱 3181 个，专兼职保洁人员 1075 人。

是年，对全县 30 个省级扶贫村及 10 个市级扶贫村进行扶贫项目建设。其中省级扶贫村常家镇 11 个，配备 240 升垃圾桶 129 个，人力三轮车 23 辆，保

环卫车辆停车场　　（2015 年　摄）

环卫工爱心驿站　　（2015 年　摄）

桶 24 个；单位、小区院内放置钩臂垃圾箱 8 个，地下垃圾箱 26 个。配备保洁员 1600 人，配备垃圾桶 8560 个，清运积存垃圾 18 万吨，新购农村垃圾清运车辆 15 台，环卫收运设施配备进一步完善。

7 月，完成整修果皮箱及补充内桶 50 个，整修各类垃圾箱 22 个，补充钩臂式垃圾箱 2 个。

是年，随着全县城乡环卫一体化工作的开展，全县按照相应标准进行配套设施，对全县 30 个省级扶贫村及 10 个市级扶贫村配备 240 升垃圾桶 200 个，治理农村存量垃圾 4600 方，累计投入资金 200 余万元。

洁员 29 人；芦湖街道办 4 个村，配备 240 升垃圾桶 35 个，人力三轮车 7 辆，保洁员 9 人；木李镇 14 村，配备 240 升垃圾桶 99 个，人力三轮车 19 辆，保洁员 17 人。市级扶贫村黑里寨镇 5 个，配备 240 升垃圾桶 38 个，保洁员 7 人；青城镇 4 个村，配备 240 升垃圾桶 35 个，保洁员 6 人；唐坊镇 1 个村，配备 240 升垃圾桶 10 个，保洁员 1 人。扶贫环卫设备（中转站、垃圾收集清运车辆、人力收集车、垃圾桶）共计投资 2003.79 万元。

2014 年，购置各类垃圾桶（箱）200 余个，对城区 38 个垃圾收集箱进行修整改造，给各镇（街道）发放 240 升垃圾桶 3490 个。

截至 2015 年 6 月，全县完成投资 5000 余万元，共放置 240 升垃圾桶 9111 个，其中田镇街道 866 个、芦湖街道 807 个、常家镇 817 个、高城镇 1439 个、青城镇 880 个、唐坊镇 938 个、花沟镇 1350 个、木李镇 894 个、黑里寨镇 1120 个。城区沿路放置 240 升垃圾桶 33 个，660 升垃圾桶 31 个，钩臂垃圾箱 38 个，地下垃圾箱 18 个，半地埋

省道、县道 660 升垃圾箱放置明细表

表 4—4

路域名称(数量)	布置模式
田兴路（19 个）	道路两侧
庆淄路（59 个）	道路两侧
唐北路（20 个）	道路两侧
李中路（11 个）	道路两侧
张田路（20 个）	道路两侧
老张田路（4 个）	道路两侧
潍高路（37 个）	道路两侧
广青路（41 个）	道路两侧
田翟路（19 个）	道路两侧
柳许路（10 个）	道路两侧
合计 240 个	

2015年高青县城区垃圾桶放置明细表

表4—5

设备名称	路 段	材 质	数量	备 注
240升垃圾桶（沿路）	唐北路	玻璃钢	4	33个
	支二十三排		4	
	田镇大街(中心路以东至芦湖路)		11	
	天鹅商城一期		6	
	天鹅商城一期		7	
	齐东路		1	
660升垃圾桶（沿路）	田翟路	铁质	5	31个
	东环路		1	
	老张田路		5	
	广青路		20	
钩臂垃圾箱(沿路) 38个	芦湖路	不锈钢	4	钩臂垃圾箱共计47个
	中心路		6	
	北环路		2	
	西一路		2	
	北一路		2	
	黄河路		3	
	青城路		6	
	文化路		4	
	唐北路		1	
	高苑路		1	
	大悦路		2	
	青苑路		4	
	支23排		1	
钩臂垃圾箱(院内) 8个	众益花园	不锈钢	2	
	市政公司		1	
	侨牌生活区		1	
	华盛后院内		1	
	水利灌溉处生活区		1	
	田盛园		1	
	县城派出所		1	

续表 4—5

设备名称	路　段	材质	数量	备　注
地下垃圾箱(沿路)18个	执法局	铁质	1	地下垃圾箱共计44个
	粮食局		1	
	经济园		1	
	振兴化工		1	
	曼顿		1	
	公路局		1	
	二矿		1	
	御泉香墅		1	
	东外环		1	
	国井苑		1	
	侨牌		1	
	审计局		1	
	西一路		1	
	消防队		1	
	检察院		1	
	活塞厂		1	
	兰骏		1	
	田盛园		1	
地下垃圾箱(院内)26个	三中(2)、泰威油脂(大庄东南侧)、众益化工(大庄东北侧)、芦湖一期、西开发南区、芦湖二期、迎宾馆、扳倒井、千乘园(官庄)、流云小区(中心路以东)、县医院、一中(2)、丽村(2)、文昌嘉苑、谦津电子(2)、西开发区北、银岭小区(2)、老流云小区(高苑路兰骏苑西侧)、瑞景园(芦湖路)、德元、鸿丰(维高路以南4号路以西)			
半地埋桶(沿路)	广青路(宁家)	不锈钢	4	24个
	青苑路		3	
	六号路		4	
	东环路(司官桥)		4	
	四号路		5	
	高苑路		4	
半地埋桶(未启用)		不锈钢		24个

二、垃圾池看管和清运

1.地下垃圾池管理要求。①垃圾池20米范围内保持清洁禁止存在各类垃圾。②池满及时通知驾乘人员清运垃圾。③负责池内垃圾整平、四角填实等,禁止池内垃圾外溢。④夏季及时灭蝇除臭。

2. 垃圾池清运要求。①垃圾池运输前，先将池内污水倒控于池内。②禁止将污水溢漏在路面及垃圾池周围。③垃圾运输要篷盖，禁止洒漏。④池内垃圾用时清运。⑤及时清除池内污水。

新购置的环卫车辆　　（2014 年　摄）

三、环卫机械

1991 年，购置小型铲车 1 辆，130 型清运车 1 辆。

1992 年，购置吸粪车 1 辆，翻斗车 1 辆，建起了从垃圾收集到垃圾运输处理的专业化环卫保洁队伍。

1993 年，购垃圾清运专用车 4 部，对县城垃圾做到日产曰清，对 5 座公厕负责清除，日清运垃圾 25 吨。

2003 年，购置摇臂式垃圾运输车 1 辆。

2004 年，购置摇臂式垃圾运输军 1 辆。2005 年，购置旧堆土机 l 台，道路机扫车 1 辆。

2007 年，购置小型铲车 1 辆，翻斗车 1 辆，密封式垃圾运输车 3 辆，密封式垃圾收集车 l 辆。

2008 年，购置多功能洒水车 1 辆，摇臂车 1 辆。

2010 年，共有垃圾清运、收集、保洁机械设备 13 辆，道路保洁逐步走上专业化、精细化、机械化的发展轨道。

2012 年，投资环卫基础设施、设备 3000 万元，购置环卫车辆 42 台，投资数额之大、设施及装备水平之高均创历史之最。①购置 5 吨侧装式垃圾收集车 11 台，8 吨后装式垃圾收集车 6 台，8 吨密闭垃圾转运车 4 台，10 吨吊装式垃圾收集车 2 台，大型扫路车 3 台，大型洗扫车 1 台，多功能道路冲洗洒水车 3 台。②购置大型垃圾压缩处理设备 2 台，分别配置在花沟、唐坊两镇。③花沟镇示范区积极探索生活垃圾资源化利用，投资 300 万元，购置生物处理项目设备 l 套、农业废弃物处理没备 1 套，将生活垃圾转化为昆虫饲料，实施了生活垃圾资源化利用项目。

2012 年～2013 年新增环卫车辆设备统计表

表 4－6

车　型	数量		投资金额(万元)	
	2012 年	2013 年	2012 年	2013 年
大型扫路车	3		149.4	
大型洗扫车	1	1	59	59
洒水车	2		75	
后装垃圾车	3		100.8	
侧装垃圾车	11	3	148	41.1
餐厨垃圾车	1		33	
转运垃圾车	4	2	112	56
吊装自卸垃圾车	2		196	
厢式平板垃圾车		2		31
钩臂垃圾车		3		29.4
装载机	1		15.5	
小　计	28	11	888.7	216.5
3 立方地埋垃圾桶	38		228	
4 立方地下垃圾箱	3	10	2.7	10
3 立方钩臂垃圾箱		30		34.5
660 升垃圾箱	360	175	43.2	21
240 升垃圾桶	1840	4000	49.7	106
小　计	2241	4215	323.6	171.5
合　计	2269	4226	1212.3	388

街头垃圾筒 （2013年 摄）

实现对车辆的动态管理，建设占地30亩的车辆集中停放场地1处，实现集中管理。

2015年6月，根据全县城乡环卫一体化市场化运作实施方案，新购置垃圾收集车15辆，由美雅环卫有限公司托管。是年，高青县环卫局保障科管理环卫车辆共计68台，其中散装垃圾收集车辆5台，负责散装、零星垃圾收集；中转箱垃圾收集车30台；餐厨车1台，负责城区餐厨垃圾收集；道路保洁车辆9台，负责县城区道路清扫、冲洗与洒水降尘；吸污车1台，负责垃圾转运站污水清理；转运车9台，负责将各镇(街道)垃圾中转站生活垃圾转运至淄博市发电厂焚烧发电；托管车辆12台(山东丽村电厂11台、高青县公路局1台)；农用翻斗1台(报废处理)。

2013年7月30日，县城管执法局向县政府提出《关于农村环境连片整治配套资金的申请》(高执法字〔2013〕36号)，申请垃圾中转站配套工程资金及中转站建设前期费用374.6万元。

2014年，全县环卫设施投资1841.78万元，共购置环卫车辆42台，其中10吨吊装式垃圾运输车2台，8吨密闭式垃圾转运车4台，8吨后装式垃圾清运车4台，8吨密闭式垃圾收集车2台，5吨侧翻垃圾清运车11台，中型密闭式运输车6台，3吨装载机6台，大型扫路车3台，大型洗扫车1台，多功能道路冲洗洒水车3台。接收环卫车辆2台(餐厨式垃圾车1台、洗扫车1台)，与乡镇签订车辆托管协议，移交侧装式垃圾收集车9台。对城管局属环卫车辆全部安装GPS定位系统，

高青速捷运输有限公司 （2014年 摄）

2015年环卫车辆明细表

表4－7

序号	类别	车型	用途
1	散装垃圾收集车辆(5台)	翻斗车9	散装垃圾收集
2		压缩车1号	
3		铲车	转运站使用
4		铲车6号	零星垃圾收集
5		厦工铲车	

续表 4—7

序号	类　别	车　型	用　途
6	中转箱垃圾收集车(28 台)	压缩车 73980	镇(办)省、县道 660 升垃圾桶收集
7		压缩车 75095	
8		压缩 75075	
9		摆臂车 3	7 立方米地下垃圾箱收集
10		摆臂车 4	
11		摆臂车 5	
12		钩臂车 ix127	3 立方米钩臂垃圾箱收集
13		钩臂车 620	
14		钩臂车 782	
15		钩臂车 720	
16		侧翻车 73992	镇(办)240 升垃圾桶收集
17		侧翻车 73985	
18		侧翻车 73990	
19		侧翻车 73997	
20		侧装车 75195	
21		侧装车 75175	
22		侧装车 75185	
23		侧装车 75155	
24		侧装车 75085	
25		侧装车 75065	
26		侧装车 75123	
27		侧装 75039	
28		侧装 75206	
29		侧装 75190	
30		平板 75300	镇(办)240 升垃圾桶收集
31		平板 73710	
32	中转箱垃圾收集车	吊装压缩式垃圾转运车 75165	吊装垃圾桶收集
33		吊装压缩式垃圾转运车 75083	
34	餐厨车(1 台)	餐厨车	城区餐饮垃圾收集

续表 4—7

序号	类　别	车　型	用　途
35	道路保洁车辆(9 台)	清洗车 73991	县城道路冲洗、洒水
36		清洗 75116	
37		清洗车 14	
38		洗扫车 75139	县城道路冲洗清扫
39		新洗扫车	
40		清扫车 73959	县城道路降尘清扫
41		清扫车 73995	
42		清扫车 73993	
43		清扫车 72775	
44	吸污车(1 台)	吸污车 75336	转运站污水清理
45	转运车(9 台)	转运车 71805	转运垃圾到发电厂
46		转运车 71813	
47		转运车 71820	
48		转运车 73936	
49		转运车 73919	
50		转运车 73929	
51		转运车 73958	
52		转运 75160	
53		转运 75261	
54		农用翻斗	报废处理
55	托管车辆(12 台)	清洗车 73916	公路局托管
56—61		密闭式垃圾车(6 台)	丽村电厂托管
62—66		厦工铲车(5 台)	丽村电厂托管

四、环卫车辆管理

1. 驾驶车辆时，须持证上岗。证件审验不合格者，不准驾驶车辆。证件不得转借、涂改和伪造。

2. 驾驶车辆时，要做到遵章守纪，礼貌行车。不准开赌气车、英雄车。

3. 严禁酒后开车。驾驶车辆时不准吸烟、饮食、闲谈或有其他妨碍安全行车的行为；患有安全行车的疾病或过度疲劳时，不准驾驶车辆。

4. 不准擅自将车辆交给他人驾驶。不准超速行驶，严禁空挡滑行，不准直流供油。

5. 如因操作驾驶不当或违犯交通法规出现的安全责任事故或交通安全事故，要根据有关规定，按责任认定追究经济责任。

6. 出车前，要做好润滑油、冷却液及轮胎气压的检查。

7. 收车后，打扫车辆机械内外卫生，检查、紧固各部位螺丝。

8. 每月对车载设备的各润滑点或链接部位至少进行一次润滑脂加注。(后装及侧装垃圾车滑轨应不定期加注)

9.强制保养。东风系列8000公里至10000公里,其他系列5000公里。

10.不定期清理水滤器污垢(清扫车、清洗车),排除储气筒积水(气制动车辆)和污水箱积水(压缩车)。

11.清洗车和清扫车,在冬季来临之前,一定要排尽水罐(箱)、水泵及所有管路阀门的积水并清洗水滤器。

12.车辆机械发生故障时,应停止作业进行排除。需专业修理的,要逐级汇报经确认后持派修单到指定地点进行维修。

五、环卫车辆驾驶员管理

1.工作时间实行八小时工作制,特殊情况下,另行通知。

2.个人有事月内允许请假一天,前提是自己找好替班,替班人员仅限同岗位工作人员。一般情况应提前一天请假(突发情况除外)。应尽量避免一日内同岗位两人以上同时请假。

3.处理个人事务需一日以上者,除按规定请假外,还要扣除当事人离岗期间的报酬(驾驶员需上缴车辆钥匙)。正常工作时间未经批准,擅自不到位者,发现一次按旷工一日处理。

4.任何时间,不准驾驶作业车辆做与本工作岗位无关的一切事情,发现一次罚款50元,其间若发生交通事故责任自负。若偷放油料一经发现立即辞退。

5.工作结束后的车辆停放,除指定停车场地外,不得停于它处,否则,发现一次罚款20元。

6.必须时刻保持通讯畅通。遇有紧急工作安排联系不上,每次扣罚10～50元。

7.因工作不到位,被市民投诉至局以上领导的,驾驶员每次罚款30元,垃圾收集员每次罚款20元。被投诉至科室的每人每次罚款20元。(以上均为核查属实)

8.机械车辆作业时,非作业要求造成的违章,影响车辆年审的责任自负,因此致使车辆不能年审的予以辞退。

9.年内有违章驾驶或造成交通事故或者因工作不到位被投诉至局以上领导的取消评先树优资格。

10.违反规章制度、管理规定所列事项,造成的后果责任自负。

2015年环卫保洁车辆作业情况统计表

表4—8

<table>
<tr><th>道路名称</th><th>道路长度(米)</th><th>作业时间</th><th>车牌号</th></tr>
<tr><td>芦湖路(黄河路以南)</td><td>5100</td><td rowspan="2">8:00—11:15</td><td rowspan="4">洗扫13号</td></tr>
<tr><td>中心路(转盘以南)</td><td>2000</td></tr>
<tr><td>清河路</td><td>3600</td><td rowspan="2">14:00—17:00</td></tr>
<tr><td>齐东路</td><td>1300</td></tr>
<tr><td>黄河路</td><td>3300</td><td rowspan="2">8:00—11:15</td><td rowspan="7">洗扫75139</td></tr>
<tr><td>维高路(芦湖路—富欣科技)</td><td>3200</td></tr>
<tr><td>西一路</td><td>2300</td><td rowspan="5">14:00—17:00</td></tr>
<tr><td>六号路</td><td>900</td></tr>
<tr><td>七号路</td><td>1200</td></tr>
<tr><td>唐北路</td><td>300</td></tr>
<tr><td>芦湖路(黄河路以北)</td><td>1200</td></tr>
</table>

续表 4—8

道路名称	道路长度(米)	作业时间	车牌号
东环路	4200	8:00—11:15	机扫 73959
东外环(园区派出所—广青路)	5100		
北一路	1500	14:00—17:00	
北二路	1500		
四号路	700		
青城路	3900	8:00—11:15	机扫 72775
高苑路	5100		
青苑路	2700	14:00—17:00	
中心路(转盘以北)	1200		
黄河路	3300	8:00—11:15	清洗 73991
青城路	3900		
高苑路	5100	14:00—17:00	
清河路	3600		
芦湖路	5200	8:00—11:15	清洗 75116
中心路	3200		
文化路	1300	14:00—17:00	
齐东路	1300		
青苑路	2700		
芦湖路	5200	02:00—06:30	清洗 14 号
黄河路	3300		

第六节　运管工作

一、垃圾收集清运

1990 年以前，高青县没有专门的垃圾清运队伍，垃圾由单位和家庭自行处理。

1991 年，县建委等部门联合印发《关于县城环境卫生及垃圾清运管理实施办法的联合通知》，高青县环境卫生管理所组建垃圾清运队伍，负责城区及公共垃圾清运。为了便于清理，专门设置了 15 个垃圾池。

1993 年，高青县政府印发《高青县城市垃圾清运管理办法》，规定各单位可采取有偿服务办法委托县环卫部门清扫保洁，并制定具体收费标准，购置垃圾清运专用车辆 4 部，对县城垃圾日产日清，对县城 5 座公厕进行垃圾清运，日清运垃圾 25 吨。

1978 年～1993 年，县城区生活垃圾的处理方式是集中于城区外闲置洼地，简易填埋。

1993 年，购垃圾清运专用车 4 部，对县城垃圾做到日产日清，对 5 座公厕负责清除，日清运垃圾 25 吨，清扫保洁面积 15.37 万平方米，保洁率 90%以上

1994 年 4 月，在县城以东建立垃圾处理场，生活垃圾的处理主要采取简易填埋法，实现覆盖复耕。

餐厨垃圾专用车　　　　（2014年　摄）

1998年起，对居民和单位产生的垃圾实行统一清运，单位自行清运的，须到环卫部门办理有关手续不，运到指定垃圾场。建筑施工垃圾在开工前，到环卫部门办理建筑垃圾清运手续。

2002年，随着生活垃圾、建筑垃圾的增多，县政府印发《高青县城区垃圾管理暂行办法》，实行垃圾统管转运、有偿服务制度。高青县环卫处与380家单位签订垃圾代运协议，占县城单位总数50%以上。

2002年年底，全县有环卫职工105人，垃圾清运专用车辆8台，日清运生活垃圾45吨。

2003年，新建地下垃圾箱22处（含单位自建），改进了垃圾清运方式，解决了垃圾二次污染难题。

2004年，投资54万元，在田镇镇南徐村建成占地7.27公顷的垃圾填埋场，基本实现了城区生活垃圾及时处理，日产日清。

2005年5月，在高城镇十里铺村，建成占地70亩的垃圾填埋场，增设地下垃圾箱5处，解决垃圾收集点少的难题。

2007年年初，根据市政府对全市生活垃圾无害化处置的要求，高青县开始建设县城生活垃圾压缩中转站，并于11月15日正式投入运行。同时配备了载重8吨密闭式专用运输车3台，实现了生活垃圾无害化处理"零"的突破。11月，生活垃圾填埋场关闭，结束了生活垃圾简易填埋的历史。

2008年5月，实施生活垃圾中转站二期工程，中转站转运能力达到每日400吨。同月，投资285万元，建成工业垃圾填埋场，每月处理量约900吨。

2009年，在城区主要路段安置果皮箱300个，解决了居民外出无处投放垃圾的难题。

2009年之前，农村生活垃圾无专门的清运管理部门和队伍，农村居民自行处理生活垃圾。6月，根据省、市工作部署，按照市政府办公厅《关于全面实施城乡生活垃圾清扫集运和处理工作的通知》要求，高青县政府印发《关于推进城乡生活垃圾处理一体化的通知》，提出了"村集、镇收、县运、集中处理"的目标，督促各镇完善机构，增加投入，健全设施，加快推进城乡一体化工程。县环卫部门据此编制并实施《高青县城乡生活垃圾一体化管理规划》。根据此规划，县环卫部门负责全县环境卫生管理和各镇环卫工作的指导、监督、检查和考核。

2011年度，农村生活垃圾收集及转运工程预算资金共计857.74万元，共执行预算资金775.65万元。所有项目均在2012年上半年全部实施完毕，受益村庄50个，受益人口约2.9万人，初步建立起"村集、县运、市处理"的生活垃圾一体化处理模式。

2012年～2014年高青县垃圾清运情况表

表4—9

年度	垃圾产生量（吨）	垃圾清运量（吨）	垃圾处理量（吨）	处理率（%）
2012	19986	13078.22	13078.22	100%
2013	20896	16850.56	16850.56	100%

续表 4—9

年度	垃圾产生量(吨)	垃圾清运量(吨)	垃圾处理量(吨)	处理率(%)
2014	25272	23663.72	23663.72	100%

2013 年 1 月 8 日,省、市考核验收并通过高青县农村生活垃圾收集转运工程。

是年,全县共有垃圾清运车 31 辆,垃圾转运车 9 辆,其中各镇(街道)配备 2 辆垃圾清运车及 1 辆垃圾转运车。

2015 年,县政府印发《高青县城乡环卫一体化实施方案》,县城管执法局深入推进城乡环卫一体化工程实施,改变过去“村集、镇收、县运、集中处理”的生活垃圾处理模式,推行“统一收集、统一清运、无害化处理、资源化利用”的城乡生活垃圾收集清运模式。在全县推行市场化运作,将全县 9 个镇(办)的城乡生活垃圾收集清运工作托管给美雅环卫公司。

是年 6 月,新配备垃圾收集车 15 辆,全县累计拥有垃圾收集车辆 24 辆,大大提高了全县城乡生活垃圾处理能力。

截至 2015 年 7 月,累计清运 24617.12 吨生活垃圾。

县城区生活垃圾收集清运作业分工

表 4—10

车型	车号	作业项目	垃圾箱	
			道　路	院　内
压缩车	73980	660L 桶装垃圾	1. 省道 4 条:高淄路、维高路、广青路、庆淄路。 2. 乡镇 5 条:刘许路、田翟路、唐北路、田兴路、李中路。	
压缩车	75095	660L 桶装垃圾	田翟路(北外环以南)、东环路、老张田路、广青路(大李～宁家南)、高淄路(压缩站以北)	民主街、建设街、胜利街、和平街
吊装车	75165	地埋桶	北环、高苑路、青苑路、六号路、老张田路、四号路	
摆臂车	3 号	地下垃圾箱	执法局、粮食局、振兴化工、曼顿、经济园	三中(2)、泰威油脂(大庄东南侧)、众益化工(大庄东北侧)、芦湖一期、西开发南区、芦湖二期、迎宾馆、扳倒井、千乘园(官庄)
摆臂车	4 号	地下垃圾箱	公路局、二矿、玉泉香墅、东外环、国井苑、桥牌、审计局	流云小区(中心路以东)、县医院、一中(2)、丽村(2)、文昌家园、谦津电子(2)、西开发区北
摆臂车	5 号	地下垃圾箱	西一路、消防队、检察院、活塞厂、兰骏、田盛园	银铃小区(2)、老流云小区(高苑路兰骏苑西侧)、瑞景园(芦湖路)、德元、鸿丰(维高路以南 4 号路以西)
侧装车	73985	城区垃圾	和平小区、沙高小区、李官村、星耀村、苗家小区、石坡庄、气象局、污水厂、园区派出所、政务中心、检察院、地毯厂、齐东路农信社住宅、黄河路西首净化站北、温泉花香、西外环油气站、拖拉机站、天鹅商城、支 23 排、中心路(圣马丁自助餐厅)。	

二、垃圾填埋场

1978年～1993年，城区生活垃圾在周边闲置洼地倾倒，简易填埋。

1994年4月，在县城以东建立垃圾处理场，生活垃圾的处理主要采取简易填埋法，实现覆盖复耕。

2004年，投资54万元，在田镇镇南徐村，建成占地7.27公顷的垃圾填埋场，基本实现城区垃圾日产日清及时处理。

2005年5月，在高城镇十里铺村，建成占地70亩的垃圾填埋场。

2007年11月，随着生活垃圾中转站的启用，实现生活垃圾无害化处理"零"的突破。同月，生活垃圾填埋场关闭，结束了生活垃圾简易填埋的历史。

三、农村环境连片整治示范项目

1.唐坊镇生活垃圾整治工程。2011年，根据山东省环境保护厅关于对《高青县2011年农村环境连片整治示范项目实施方案》的批复，按照"村集、县运、市处理"的生活垃圾一体化处理模式，对唐坊镇农村环境连片整治涉及的30个村(居)生活垃圾实行定期巡回收集，送往唐坊镇生活垃圾中转站，经过压缩、脱水、打包装车，再运至市中心城区环保电厂进行焚烧处理。该工程按每80人配备1个240升垃圾桶，辖区内省道、县乡道路按每3公里设置1个660升垃圾箱，每1万～1.2万人配备1辆垃圾收集车，按总人口的3‰配备专职村级保洁员的标准，共配置8吨密闭式垃圾转运车3台，8吨后装式自卸垃圾清运车2台，5吨侧装式自卸垃圾清运车3台，240升垃圾桶205个，660升垃圾箱64个。工程计划预算资金205.12万元，实际完成203.64万元。2012年3月投入运行，2015年设施设备运转良好，解决了长期困扰农村的垃圾围村问题。

2.花沟镇生活垃圾整治工程。2012年，实施花沟镇生活垃圾整治工程。该工程是对花沟镇农村环境连片整治涉及的20个村(居)按相应标准设置垃圾桶(箱)，实行定期巡回收集，全封闭化运输至淄博科通生物科技有限公司，利用生物系统进行处理。工程共配置8吨密闭式垃圾转运车1台，8吨后装式自卸垃圾清运车1台，5吨侧装式自卸垃圾清运车3台，扫路车1台，240升垃圾桶196个，660升垃圾箱31个，生物处理垃圾设备1套。工程计划预算资金252.62万元，实际完成252.11万元。2012年5月投入运行，至2015年设施设备使用正常，开辟了利用生物技术转化处理农村生活垃圾的新途径。

3.唐坊镇潍高路沿线农业废弃物整治工程。2012年，实施唐坊镇潍高路沿线农业废弃物整治工程。该工程是对唐坊镇潍高路沿线周围村庄农业废弃物进行收集、粉碎、临时储存、密闭化运输等，最终运往山东丽村热电有限公司利用秸秆焚烧发电，以达到农业废弃物的再利用。工程共建设农业废弃物收购点4个，配置中型密闭式运输车6台，3吨装载机6台，秸秆破碎机设备7台，打包机1台，变压器3台。工程计划预算资金400万元，实际完成319.9万元。2012年6月投入运行并运转良好，开辟了农业废弃物再利用新途径。

四、垃圾中转站建设

2007年年初，高青县开始建设县城生活垃圾压缩中转站，并与11月15日正式投入运行，结束了生活垃圾简易填埋的历史。

高城镇垃圾中转站 (2015年 摄)

环卫站垃圾压缩　（2014 年　摄）

2008 年 5 月，实施生活垃圾中转站二期工程，中转站转运能力达到每日 400 吨。

2010 年，根据全市统一开展城乡环卫一体化的工作安排，高青县分别在田镇街道、芦湖街道、青城镇驻地，同时启动 3 座生活垃圾压缩中转站建设。

2011 年 9 月，田镇街道、芦湖街道、青城镇驻地 3 座生活垃圾压缩中转站竣工，全部投入运行。2011 年累计收集清运生活垃圾 13078.22 吨。

2012 年 7 月，花沟镇、唐坊镇 2 座中转站进行土建工程招投标工作，高城镇、黑里寨镇、常家镇、木李镇 4 座中转站进行项目审批工作。

2012 年，各镇（办）垃圾压缩中转站建设进展顺利，“村集、县运、市处理”的城乡生活垃圾一体化体系已初步建立。根据城乡生活垃圾一体化处理需要，购置了中转站配套垃圾压缩机 6 台，密闭式垃圾转运车 2 台，侧装式自卸垃圾清运车 8 台，后装式自卸垃圾清运车 3 台，吊装式自卸垃圾清运车 2 台，钩臂式自卸垃圾清运车 3 台，桶装垃圾运输车 2 台，大型扫路车 2 台，多功能道路冲洗洒水车 3 台，大型洗扫车 1 台，人力三轮保洁车 250 辆，240 升塑料垃圾桶 5439 个，660 升铁质垃圾箱 440 个，3 立方米铁质垃圾箱 30 个，3 立方米地埋式垃圾桶 38 个，7 立方米铁质垃圾箱 10 个。共完成中转站建设资金 1686 万元，配套设施、车辆购置资金 1630.15 万元，工程预算资金 3504.66 万元，实际完成投入 3500 余万元。6 个中转站建成后，整治省道、县乡道路 137 公里，全县农村实现环境集中连片整治，767 个行政村实现全覆盖，受益人口达到 30 万人。

2012 年，累计收集清运 16850.56 吨生活垃圾。

2013 年 3 月，花沟、唐坊垃圾中转站完成手续办理工作，3 月中旬开工建设；高城镇、芦湖街道垃圾中转站完成项目选址工作，完成可研报告、环评和立项手续；木李镇垃圾中转站完成施工图设计；黑里寨镇垃圾中转站选址位置较偏远，重新选址。

2013 年 6 月，花沟镇、唐坊镇建成垃圾中转站并投入使用；木李镇完成招投标工作。

2013 年 12 月，建成花沟镇、唐坊镇、高城镇、常家镇、木李镇垃圾中转站，生活垃圾压缩设备全部到位，全县城乡环卫一体化处理体系初步建立。

是年，新建唐坊、花沟、高城、木李、常家、芦湖街道 6 处生活垃圾中转站，已全部竣工，6 处中转站的建成使用完全满足全县农村生活垃圾处理需

吊装式垃圾收集车　（2014 年　摄）

转运车辆作业　　　　　　（2014 年　摄）

要，“村集、县运、市处理”的城乡环卫一体化体系建设已基本到位，全年收集清运 23663.12 吨生活垃圾。

2014 年，启用唐坊镇等 6 处垃圾中转站，对各镇分别配备生活垃圾运输车 1 部，按人口配备保洁员 1600 名，垃圾收集桶 3000 个。2014 年，累计收集清运 25959.76 吨生活垃圾。

2015 年 4 月，8 个生活垃圾压缩中转站运行正常，各镇（办）配备 1 辆垃圾收集车，按比例配发垃圾收集桶共 3500 个，加上各镇（办）自行购置的垃圾桶，总计数量达到 5500 个，基本达到全县行政村覆盖率达 90%以上，在全省城乡环卫一体化农村群众满意度电话调查数据排名中，全市各区县唯独高青名次上升，其他区县均有下降，综合得分上升 1.99 分，为全市上升分数最高。

2015 年 7 月，黑里寨镇垃圾中转站完成主体工程，进行设备安装调试。

2015 年 8 月，黑里寨镇垃圾中转站试运行。

五、生活垃圾中转站管理

（一）运行模式

按照“村集、县运、市处理”的生活垃圾一体化处理模式，由各镇（办）垃圾清运车辆对所辖村居生活垃圾实行定期巡回收集，分别送往各镇（办）垃圾中转站，经过压缩、脱水、打包装车，再运至市中心城区环保电厂进行焚烧处理。

（二）日常管理

①各中转站严格按照工作标准进行生活垃圾的接收和转运工作。各镇（办）垃圾清运车辆按照作业时间将各自负责片区内村（居）的生活垃圾收集清运干净，保证无垃圾遗留、无污水、无刺鼻异味，日产日清，全程密闭化运输。

②加强各生活垃圾中转站内部管理与考核，严格遵守作业时间和工作纪律，明确责任分工。环境卫生服务站安排专人负责各中转站的日常检查督促工作，组织人员定期对各垃圾中转站人员工作、设施设备运转及垃圾收集清运情况进行巡查考核，发现问题、立即整改。

③加强垃圾清运车辆管理与维修保养，定期进行车辆检查，严守出车守则，文明驾驶、安全作业。

④是建立健全生活垃圾中转站长效管理运行机制，通过全县各级财政为城乡生活垃圾清运工作提供经费保障，全方位落实全县城乡环卫一体化工作。

（三）垃圾清运车辆管理规定

1. 出车守则

①司机在行车过程中，必须严格按规定的起止路线行驶，严禁私自捎拉无关人员，如遇特殊情况改变行车路线，返回后司机要将情况详细汇报，否则一切费用及后果自己承担。

②严禁司机私自出车，对外借车等，凡因私自出车发生问题的，司机要负完全责任，并视情节轻重给予批评教育、停职检查、调离工作岗位等处分，触犯法律的要承担法律责任。

③出车必须有本车司机驾车，严禁私自将车交给无证人员驾驶。

④驾驶员违章驾驶或酒后驾驶发生交通事故的，除保险公司赔偿部分外，其余经济损失按执法部门制定的责任比例，由驾驶员按比例承担，在工

资中扣除，触犯法律的承担法律责任。

⑤上班期间，驾驶员如不经请示批准私自开车外出耽误工作，或在下班后、晚上、节假日非工作原因，未经批准私自开车外出的，每发现一次罚款100元，并在当月工作中扣除。

2.燃修、维修规定

实行定点加油、维修制度。如出车在外确实需要加油、维修的，应事先打电话向领导说明情况，经同意后方可在外加油、维修，否则不予报销。

3.安全规定

①司机要精心维护车辆，定期检查、清洗车辆，保持车辆整洁和完好率。

②站内车辆一律停放在站内车库，未经批准，车辆不得在外过夜、停放，违者造成车辆损坏、丢失的，责任有司机自责。

③每天下午收车后，车斗内严禁存放材料、设备、工具，要将其放到车头或仓库内，一旦失窃，一切损失有司机个人承担。

④司机要自觉遵守交通法规，严禁酒后驾车，不违章开车，不开快车，不开故障车，不开没有安全把握的车，确保行驶安全。凡因责任心不强，人为造成车辆损失的，要视情节轻重予以经济处罚和其它必要的处罚。

六、餐厨垃圾

(一)餐厨垃圾处置工作

2012年前，县城区所有餐饮企业、单位食堂餐厨垃圾由各单位自行处理。

2012年8月，按照淄博市市政环境卫生管理处《关于在全市开展城市餐厨垃圾调研工作的通知》要求，对县城区范围内大、中、小、微型餐饮企业每天的餐厨垃圾的产生量及处置方式进行调查，累计调查大型餐饮企业1家，中型餐饮企业9家，小型餐饮企业17家，微型餐饮企业17家，部队、学校、企事业单位食堂7家，路边餐饮摊点70个。

2012年9月，购置餐厨垃圾清运车1辆。

2014年4月1日，施行《山东省餐厨废弃物管理办法》，该办法规定，设区的市、县(市、区)环境卫生主管部门负责本行政区域内餐厨废弃物的监督管理工作，在城市、县城和有条件的镇(乡)施行餐厨废弃物分类投放、专业收集运输、同一处置制度。根据此办法和市环境卫生管理处要求，高青县加快推进餐厨废弃物处置工作。

2014年12月，根据市环境卫生管理处要求，配置餐厨垃圾清运车1辆。

2014年12月，淄博市住房和城乡建设局印发《淄博市餐厨废弃物运输和集中处置工作方案》，根据方案要求，确定了高青县2014年～2016年餐厨废弃物处置的总目标，要成立专门收运队伍，配置收运车辆和收集桶，制定收运方案，建立较为完善的餐厨废弃物专业收集、运输管理体系，全面推广餐厨废弃物资源化利用和无害化处置工作。

2015年3月起，高青县将餐厨废弃物收集工作进展情况每月汇报市环境卫生管理处。

2015年，对城区180家较大餐饮饭店、食堂进行调查摸底。是年6月，配备专用收集车1台，司机1人，跟车工作人员2人，收集桶60个，与高青县第三中学、高青县迎宾馆、田横食府等5家单位签订餐厨垃圾收运协议。

2015年7月，县执法局制订《餐厨垃圾集中清运工作落实方案》。高青县餐厨废弃物收集和运输处置工作由县环卫局保障科具体负责，并成立专门稽查队伍，严格规范餐厨废弃物清运，积极查

餐厨垃圾处理　　(2015年　摄)

处擅自违法收集、运输、处置餐厨废弃物的行为。

（二）2015 年餐厨垃圾清运处理方案

1. 餐厨垃圾清运处理范围。高青县城区饭店、企业食堂及学校餐厅，逐步将城区及有条件的镇、农村社区餐饮单位纳入集中清运处理范围。

2. 餐厨垃圾收集容器。为便于餐厨垃圾收运车辆收集运输以及方便搬运，餐厨垃圾收集容器统一选择 120 升容积桶，加盖密封，防止异味外溢，并在桶体正面喷涂监管部门名称及监督电话。

3. 餐厨垃圾清运车辆。餐厨垃圾清运车辆为全市统一配置的专业密闭式餐厨垃圾运输车。

4. 餐厨垃圾清运时间。鉴于清运单位多、清运量大且时间相对集中，餐厨垃圾清运时间为每日两次，即午餐高峰后和晚餐高峰后，具体时间大致为 14：30—17：00；19：30—22：00。

5. 餐厨垃圾清运模式。餐厨垃圾清运采用直运方式，按照“桶等车”模式，餐厨垃圾产生单位在餐厨垃圾清运车辆按指定时间到达前，提前将餐厨垃圾专用收集桶放置指定位置，实现快速、高效收集。

6. 餐厨垃圾清运路线。在对餐厨垃圾产生单位进行逐一摸底调查的基础上，按照大型餐饮饭店、企业食堂、学校餐厅优先收运的原则，逐步将收运路线扩展至有条件的镇、农村社区餐饮单位。

7. 餐厨垃圾清运队伍。餐厨垃圾清运车司机1 人，工作人员 2 人。

8. 餐厨垃圾清运职能部门。餐厨垃圾具体清运工作由高青县环卫局综合科三科、保障科负责。

处理餐厨垃圾　　（2014 年　摄）

第七节　城乡环卫一体化

城乡环卫一体化是按照科学发展观的要求，将城市与农村的环卫工作放在同等重要的位置，通过统一规划，统一安排，科学有序地开展城乡环境卫生一体化工作，彻底解决农村环卫事业发展滞后、垃圾围村、环境脏乱差的问题。实施城乡环卫一体化是新农村建设的一项基础性工程，是实现村容整洁的有效手段，也是贯彻落实科学发展观，实现城乡统筹、构建和谐社会的重要环节，能从根本上治理农村脏乱差的现状，改善农村人居环境。

一、实施过程

2008 年 4 月 10 日，市政府办公厅发布《关于印发全面实施城乡生活垃圾清扫集运和处理工作的通知》。

2009 年，按照市政府通知要求，高青县政府印发《关于推进城乡生活垃圾处理一体化的通知》，提出城乡生活垃圾“村集、镇收、县运、集中处理”的目标，县环卫部门据此编制《高青县城乡生活垃圾一体化管理规划》，县环卫部门负责全县环境卫生管理和对各镇环卫工作的指导、监督、检查和考核。

2009 年，加快城乡环卫一体化建设，购置了压缩式垃圾收集车和高压冲洗车，增建 10 处地下垃圾中转箱，在文化路、黄河路、中心路等人流密集的路段安放了 300 个果皮箱，在田镇、青城等 6 镇新建 21 处地下垃圾中转箱，实现城乡生活垃圾“村集、镇收、县运、集中处理”的目标。

全县乡村文明行动城乡环卫一体化工作会议召开　　（2014 年　摄）

2011 年，在全县 231 个村开始城乡环卫一体化建设。

2012 年 3 月，唐坊镇农村环境连片整治工程完成并开始运行，工程预算资金 205.12 万元，实际完成 203.64 万元。

5 月，花沟镇农村环境连片整治工程完成并投入运行。

6 月，唐坊镇潍高路沿线农业废弃物整治工程完成并投入运行。

是年，根据山东省环境保护厅《2012 年高青县农村环境连片整治示范项目实施方案的批复》（鲁环函〔2012〕604 号）文件要求，确定 231 个行政村实施农村环境连片整治，实行县直部门挂包责任制，80 个部门挂包 9 个镇（街道）、231 个村居及 8 条省县道路，集中整治“三大堆”及垃圾死角。

2013 年 4 月 10 日，县政府出台《关于调整农村环境整治项目设备购置工作小组》（高政办发〔2013〕27 号）文件。

是年，将全县 767 个行政村全部纳入整治范围，按照示范村、重点村、一般村三级整治标准，重点对“三大堆”及垃圾死角进行清理，对路域两侧进行修复治理，实施绿化美化。同时，按照县委办公室《关于建立和完善城乡环境综合整治长效管理机制实施意见》（高办发〔2012〕27 号）的要求，按照属地全责管理原则，落实“日巡查、周督查、月通报”的督查方式，突出重难点问题治理，将考核落到实处，提高各镇（街道）常态化治理的积极性。

是年，对纳入省级扶持的 30 个贫困村、10 个市级扶持贫困村，全部按照要求分别配备垃圾收集箱和人力三轮车等设备，组织镇（街道）相关部门对各村环境卫生进行集中清理，建立长效工作机制和考核机制。

是年，县城管执法局研究制定《高青县城乡环卫一体化实施方案（讨论稿）》。

2013 年起，全省组织开展乡村文明行动，加快推进城乡环卫一体化工作，并且每半年组织一次群众满意度电话调查。12 月，高青县全省排名 111 位。2014 年 7 月，高青县排名 109 位。2014 年 12 月，排名 102 位（共有 132 个区县参评），名次一次比一次靠前，但总体成绩不理想。

2014 年年初，市委宣传部等 8 部门联合下发《淄博市城乡环卫一体化管理工作实施细则》（淄建发〔2014〕149 号）文件，要求 2014 年年底前全市所有镇、村完善环卫机构、配齐环卫管理作业人员、足额配备生活垃圾收集转运设施设备、健全环

美雅环卫公司环卫保洁长效管理工作大会召开　　（2015 年　摄）

卫日常管理制度，2015年底农村生活垃圾无害化处理率达到90%以上，实现城乡环卫一体化全覆盖。

环境优美的环境卫生服务站　　（2014年　摄）

2014年6月30日，为认真贯彻市委办公厅、市政府办公厅《关于加快改善农村人居环境深入推进生态文明乡村建设的意见》文件精神，结合高青实际，就加快推进农村新型社区建设，进一步改善农村人居环境，提升全县生态文明乡村建设水平，以县委办公室、县政府办公室的名义出台《关于加快改善农村人居环境深入推进生态文明乡村建设的实施方案》。

7月，8座生活垃圾压缩中转站全部投入使用。为各镇（街道）配备1辆垃圾收集车，负责将镇驻地、村居的生活垃圾收集清运至垃圾中转站，各镇（街道）的生活垃圾经压缩处理后，直接由县执法局配置的5辆垃圾转运车转运至市生活垃圾焚烧发电厂，为各镇（街道）按比例配发垃圾收集桶3500个。

11月，完成全县城乡环卫一体化全覆盖材料申报工作，申报材料通过市环卫处审核并报省建设厅。

是年，实施“美丽乡村建设”，对城乡“三大堆”进行了集中清理并加大资金投入，8个生活垃圾压缩中转站建成并投入使用，城乡环卫一体化已达到767个行政村全覆盖，受益人口约29.8万人，覆盖率达100%。

清扫垃圾　　（2012年　摄）

是年，在全省城乡环卫一体化农村群众满意度电话调查数据排名中，淄博市各区县唯独高青名次上升，其他区县均有下降，高青县综合得分上升1.99分，为全市上升分数最高。

是年，县环境卫生服务站实施生活垃圾应急处理场建设，以供生活垃圾应急处理使用。

2014年，稳妥推进城乡环境综合整治及城乡环卫一体化工作，将全县767个行政村全部纳入整治范围，坚持“日巡查、周督查、月通报”的督查方式，落实长效管理机制，建立健全县、镇、村三级环卫保洁机制，在各镇办驻地、村居按人口比例及路域长度合理配备保洁员1600人、垃圾收集桶5350个，实现农村环卫保洁常态化；启用芦湖街道办等6处垃圾中转站，向各镇（办）配备垃圾清运车8部，全县城乡环卫实现全覆盖。

2015年1月，根据省《关于加强城乡环卫一体化工作的意见》，加强领导力量，各镇（街道）成立由主要负责人任组长，分管领导任副组长，相关科室负责人为成员的领导小组负责迎检工作，各领导成员按分工各负其责，落实对创卫迎检工作及档案材料的整理、保存。

2015年年初，县委、县政府领导及各相关单位负责人分别赴天津、潍坊、东营等地学习借鉴城乡环卫一体化先进经验。

3月25日，根据《淄博市乡村文明行动城乡环卫一体化“百日攻坚战”实施方案》要求，县政府决定利用3个月时间，在全县开展乡村文明行动城乡环卫一体化“百日攻坚战”，确保到6月底，全县所有镇（街道）达到城乡环卫一体化全覆盖认定标准。县政府印发了《高青县乡村文明行动城乡环卫一体化“百日攻坚战”实施方案》，成立由县长刘忠远为组长，副县长李勇、宣传部部长高连家为副组长，县直各有关单位、镇、街道主要负责人为成员的全县乡村文明行动城乡环卫一体化“百日攻坚战”工作领导小组。

4月1日，召开全市乡村文明行动城乡环卫一体化工作调度会。会后，高青县高度重视，迅速行动，把该项工作作为当前的一项提高群众满意度的首要民心工程来抓。

4月3日，召开县政府常务（扩大）会议专门研究部署城乡环卫一体化工作，实行县政府班子成员挂包责任制，县政府印发《关于实行县长挂包镇（街道）推进城乡环卫一体化工作的通知》，要求以镇（街道）为主体，开展以清理农村存量垃圾为主要内容的集中整治行动。各镇（街道）主要负责人亲自靠上抓，精心组织，加大投入，狠抓落实，镇（街道）、管区、村（居）齐动员，社会广泛参与，全力打好存量垃圾“百日攻坚战”。县城管执法局实行局领导班子挂包镇（街道）责任制，督导各镇（街道）召开城乡环卫一体化动员大会，集中开展以清理农村存量垃圾为主要内容的集中整治行动。

4月3日下午，县委副书记、县长刘忠远主持召开全县城乡环卫一体化工作会议，要求突出问题导向，明确任务目标，压实工作责任，扎实打好城乡环卫一体化攻坚战。县领导李勇、满军、张守伟、高连家、刘军、张亮云、张欣欣、赵学、王晓东出席会议。

4月3日～8日，县城管执法局出动135人次，划分9个小组，对全县767个村、284公里国省道和县乡道路，对照标准逐村逐路找问题，累计排查农村存量垃圾65434处，垃圾积存量约13.62万吨，督导组累计督查3068个村次，下发问题整改通报36份。

4月8日，县委副书记、县长刘忠远到所挂包镇（办）芦湖街道召开城乡环卫一体化工作动员会，强调，要统一思想认识，明确工作标准，把握整治重点，全力推进城乡环卫一体化工作扎实有效开展。刘忠远指出，推行城乡环卫一体化是一项复杂的系统工程，要立足实际、科学安排，既要抓好当前，更要管住长远，切实提升工作水平。要注重示范引导，重点打造一批示范点、示范村，培树一批先进典型，以优促差，整体推进。

4月10日，县委常委、副县长李勇出席田镇街道城乡环卫一体化工作动员会议，并作讲话。

4月24日，召开创建国家卫生县城工作推进会议，把城乡环卫一体化与创建国家卫生县城相结合，统筹谋划，统筹推进。

4月，各镇（街道）相继召开城乡环卫一体化工作动员会议。

5月，实行县委常委挂包责任制，全力督导推进农村存量垃圾整治攻坚战。

5月1日上午，县委常委、副县长李勇主持召开全县城乡环卫一体化百日攻坚战工作调度会议，各镇（街道）镇长（主任）、县委宣传部、县城管执

往市电厂运送垃圾的压缩车　　（2012年　摄）

受表彰的环卫工　　（2014 年　摄）

执法局等部门参加，会议传达市城乡环卫一体化会议精神，对全县各镇（街道）电话测评情况、工作进展情况等进行了分析，要求全县在 5 月 10 日前完成农村存量垃圾集中整治工作。

5 月 1 日～2 日，县长刘忠远到各镇（街道）、村（居）实地督导城乡环卫一体化存量垃圾集中整治工作。

5 月 2 日下午，县长刘忠远召开全县城乡环卫一体化调度会议，研究采取“以奖代补”方式对各村主街外立面进行统一粉刷，新购置 15 辆垃圾清运车分发到各镇（街道），解决垃圾及时清运问题。

5 月 2 日～3 日，组织人员对各镇（街道）、经济开发区农村存量垃圾集中整治情况进行第三次专项抽查，共抽查村（居）57 个，基本具备省市验收条件的村（居）共 48 个，全县累计基本具备省市验收条件的村（居）共 122 个。

5 月 4 日下午，县长刘忠远召集分管副县长、县财政局、县城管执法局专题研究城乡环卫一体化成效机制建设工作，对城管执法局起草的《高青县城乡环卫一体化市场化运作方案》进行了研究和讨论。

5 月 4 日，将检查情况以简报形式反馈给镇（街道），要求进一步对照标准，切实抓好卫生死角清理、村内道路平整、裸露地修复等工作，注重加强日常卫生保洁管理，避免反弹现象。

5 月 16 日，副市长刘东军主持召开全市国家卫生城市迎审暨城乡环卫一体化工作推进会议，县委常委、副县长李勇代表县委、县政府作典型发言。

6 月 12 日～14 日，县文明办、县城管执法局对各镇、街道、经济开发区城乡环卫一体化工作情况进行督导检查，检查结束后，排名前三名的镇（街道）在新闻媒体上进行通报表扬，排名后三名的镇（街道）主要负责人要向县委、县政府主要领导作出专题汇报。

6 月 24 日下午，在青城镇召开全县乡村文明行动城乡环卫一体化工作现场会议，会期半天，各镇、街道、经济开发区镇长、主任，分管负责人参加会议，唐坊、花沟、芦湖、青城等 4 个镇办分别就“百日攻坚战”活动开展情况及取得成效做典型发言，县委常委、副县长李勇讲话。

慰问环卫工人　　（2014 年　摄）

6 月 30 日上午，在县政府五楼会议室召开全县城乡环卫一体化工作会议，各镇（街道办）、经济开发区管委会分管城乡环卫一体化工作的负责人及各管区书记参加会议，唐坊镇和

县总工会“夏送清凉”慰问环卫工人　　（2014 年　摄）

店管区、花沟镇榆林管区、芦湖街道道堂李管区作典型发言；经济开发区台李管区、高城镇李官管区、黑里寨赵济明管区作表态发言。

6 月，全县累计配备保洁员 1600 人，配备垃圾桶 8560 个，清理存量垃圾 12 万吨，全县 767 个行政村均达到省市验收标准。

7 月 11 日，县城管执法局制订《城乡环卫一体化工作落实方案》，明确建立县统管的城乡环卫一体化体系。

2015 年上半年，高青县在全省城乡环卫一体化群众满意度测评中获 9.74 分，位列全省第 19 名，全市第 1 名。

2015 年 5 月 1 日上午，在县府机关四楼会议室召开全县乡村文明行动城乡环卫一体化“百日攻坚战”暨路域环境综合治理工作调度会，各镇（办）镇长（主任）、县文明办、县城管执法局、县交通运输局负责人参加会议，县委常委、副县长李勇出席会议并作讲话。

7 月，全县各镇（街道）逐步实施市场化运作，镇村卫生保洁工作由高青美雅环卫保洁公司接管。

高青县城乡环卫一体化工作挂包责任分工表

表 4－11

序号	单　位	挂包县领导	挂包局领导	工作人员	车　辆
1	经济开发区	张亮云	魏学锋	刘红雁	鲁 C8007G
2	田镇街道办	李　勇	孟庆进	刘永光	鲁 C6910B
3	芦湖街道办	刘忠远	孙旭光	马　帅	鲁 CKE059
4	青城镇	王晓东	赵宗新	周　康	鲁 CL3667
5	高城镇	张欣欣	刘　霞	孙　凯	鲁 C7A738
6	黑里寨镇	崔玉栋	邵　峰	吕莎莎	鲁 C9925V
7	唐坊镇	赵　学	孙　海	李静香	鲁 CUY279
8	花沟镇	刘　军	臧奎民	孟　丽	鲁 CF707W
9	木李镇	于双胜	孙　勇	杨大伟	鲁 CF708W

二、工作措施

（一）加强组织领导，建立长效机制。为加强城乡环卫一体化工作的组织领导，县里实行县长挂包镇（街道）推进城乡环卫工作制度，同时实行县直部门挂包村制度。各镇（街道）、村也都明确专人靠上抓，组织干部包村，层层传导压力，夯实责任。县政府是城乡环卫一体化的责任主体，负责制定规划或实施方案，建立运行经费保障制度和监督考核机制，确保垃圾收运处理体系正常运行。镇（街道）的责任是建立和完善城乡环卫一体化管理体系，负责保洁队伍建设与管理，建立实施保洁和垃圾收运管理制度，加强日常管理。村的责任是负责制定实施环卫保洁的村规民约，按“一

夏日送清凉　　（2014 年　摄）

为广大村民的自觉行动。村级基层党组织将城乡环卫一体化的目标任务、重要意义宣讲到每一位群众，赢取群众的广泛支持，营造浓厚的社会氛围。将环境卫生作为重要内容纳入“村规民约”，规范和约束村民行为。对“脏乱差”和不文明行为公开曝光，让“爱清洁、讲卫生”成为习惯。

（四）加强保洁队伍建设，配齐配强保洁人员。在各镇（街道）成立环卫所，配备 3～5 名管理人员，按照总人口 3‰的比例配备保洁员，省道、县道两侧按 1.5 公里配置 1 名保洁员的标准配齐保洁员，共配备 1050 名保洁员，并加强对保洁人员的业务培训，配备保洁作业工具和劳保用品。

事一议”的原则征收生活垃圾处理费，管理环卫设施，做好对村民的宣传引导和监督工作。

（二）强化督导考核，确保整治效果。城乡环卫一体化工作镇（街道）是主体，村级是核心，县里对各镇（街道）整治情况进行严格的督导考核，每周一测评，每周一通报排名，对工作成效不明显，连续两次排名倒数的镇（街道）向县委、县政府说明原因，并作出整改承诺。县综治办采取“日巡查、周督查、月考核”的方式，保证生活垃圾“日产日清”。周督察，即每周综治办组织一次对镇驻地、路域、所包村进行督察，并下发整改通报；月考核，即县综治办每月组织考核组对各镇、街道办进行考核。城乡环境综合整治办公室对各镇（街道）集中整治进展情况实行每日调度排名，各镇（街道）先对辖区内各村整治情况自查，认为达到整治标准后，申报县督导组进行督导检查，县综治办以基本具备省市验收条件村的完成率为标准，以《简报》形式对各镇（街道）每天进行排名通报。

（三）加强宣传引导，营造浓厚氛围。在县电视台、《今日高青》、高青政务网等媒体开设专栏，刊播工作动态，宣传先进典型，曝光反面事例，累计播放电视广播报道 270 余篇次，刊载宣传文章 253 篇。各镇办共悬挂条幅 1600 余条，启用宣传车 23 辆，印发明白纸 8.7 万份，在全社会营造起了人人参与的浓厚氛围。开展“小手拉大手”等多种形式的宣传活动，采取切实管用的有效方式，真正做到农村环境卫生整治家喻户晓、深入人心，成

2013 年“城市美容师”先进个人名单

道路保洁人员

苗耐礼　崔云义　翟兴光　李玉功　董振美
崔佃芬　李树真　刘玉会　位庆英　李凤英
杨传美　宫明兰　杨秀云　李会芹　李爱英
郑秀军　郑玉刚　刘树珍　王书祯　郭翠娥
张凉美　张同凤　孟现菊　傅长兰　杜恩英
刘秀芹　吕传武　阎佃国　张秀珍　陈庆芳
许爱兰　孙翠兰　孙英俊　陈加洪　王玉民
崔保康

环卫车队人员

王永斌　陈　强　刘　兵　翟红卫
李长青　宋爱玲　胡宁宁　徐春梅

环境卫生服务站

修满军　高风柱

公厕保洁人员

胡安华　李爱芹　徐志美

（五）完善环卫设备设施配备。全县 8 座垃圾中转站全部投入使用，各镇办均配备 1 辆垃圾收集车负责将镇驻地、村居的生活垃圾收集清运至垃圾中转站，各镇办的生活垃圾经压缩处理后，直接由县执法局配置的 5 辆垃圾转运车转运至市生

活垃圾焚烧发电厂。为各镇办按比例配发垃圾收集桶共3500个，各村（居）每10户配备1个240升生活垃圾收集桶，各镇（街道）按照10～20元/人的标准拨付各村（居）整治启动经费，按标准配备村级保洁员，足额配置垃圾桶。

高青县农村环境整治项目设备购置工作小组

组　长：孟　军（县财政局局长）
副组长：袁　伟（县环保局局长）
孙旭光（县城管执法局局长）
成　员：张卫平（县纪委派驻第一纪检组书记、监察室主任）
刘　军（县政府办公室副主任）
张玉刚（县财政局副局长）
王玉柱（县环保局副局长）
孟庆进（县环卫局局长）
徐　伟（县环卫局副局长）
王　兵（县环卫局副局长）

城乡环卫一体化督导检查打分表

表4—12

村名	村内三大堆整治情况（发现1处扣1分）			进村路整治是否彻底（5分）	村外围柴草围挡是否合格（5分）	河塘湾渠治理是否彻底（5分）	保洁员是否按标准配备（10分）	垃圾桶是否按标准配备；是否有破损情况（10分）	垃圾清运是否及时（5分）	宣传公示栏是否按标准设置（5分）	得分
	垃圾堆（20分）	柴草堆（20分）	粪　堆（15分）								

附：

“推进城乡环卫一体化，共建和谐秀美新家园”倡议书

尊敬的农民朋友：

你们好！建设“环境优美、居住舒适、生活便利”的生态文明乡村，创建整洁优美的乡村环境，营造宜居宜业的生态家园，是广大农民朋友的共同愿望。

2014年以来，县委县政府为了提升农村卫生水平，针对农村环境卫生存在的问题进行了多次整治，在全县全面实施“城乡环卫一体化”惠民工程。截至目前，我县先后投资1439万元，为镇（街道）建设7个生活垃圾中转站，配备垃圾收集、转运车辆14台，发放到村垃圾箱5350个，对各村生活垃圾开始实施定期集中清运，配备村保洁员1500名，各村保洁员负责打扫村公共卫生，制定了保洁工作制度。进一步完善了“户集、村收、镇运、县处理”生活垃圾管理体系，农村环境卫生开始变得越来越好。

今后，我们将在县委、县政府的领导下，继续加大环卫投入，健全完善相关规章制度，抓好保洁员队伍管理，加快垃圾运出速度，彻底清理村内现有的垃圾堆、柴草堆、粪堆等“三大堆”，改变村内外环境脏乱差局面，把农村环境卫生抓得更好。

为深入抓好城乡环卫一体化工作，我们在此倡议：1.广大农民朋友一起携手参与城乡环卫一体化建设，清洁家园，从我做起，从现在做起，自觉做到：保持房前屋后整洁干净有序；不向河道、池塘等公共场所乱扔乱倒垃圾，不乱堆柴草，不破坏公共设施，自觉爱护垃圾存放设备；勤动手，主动捡拾地上的果皮、纸屑、塑料袋等垃圾，养成讲文明、讲卫生的良好习惯和健康生活方式。2.养成定时、定点投放生活垃圾的习惯，及时将垃圾投放到指定地点的垃圾箱或垃圾桶，注意垃圾回收利用，减少垃圾产生量；不要将垃圾投放到桶外，以免形成新的垃圾污染。3.齐心协力，共建环境优美乡村。推进城乡环卫一体化，建设环境优美乡村，是大家的共同愿景，时间紧，任务重，需要各级各部门的共同参与、密切配合，需要广大农民朋友履行义务、行使权利，对环卫保洁质量进行监督、举报，对破坏环卫设施行为进行劝阻、制止，在全县上下形成讲文明、讲卫生、讲秩序的良好风尚。

推进城乡环卫一体化，建设美丽乡村，人人有责，家家受益。让我们立即行动起来，为建设和谐秀美新农村而努力奋斗！

县委宣传部
县 文 明 办
县城管执法局
2015 年 4 月 7 日

三、市场化运行

（一）运作模式

1. 按照有偿服务、市场化运作方式，各镇（街道）将镇驻地、村庄及村与村连接路的环卫保洁和生活垃圾收集清运全面托管给美雅环卫保洁公司，由公司按照工作规范和标准负责日常保洁与生活垃圾收集清运。

2. 县、镇政府（街道办事处）购买的设备协商交给托管企业使用，所产生的费用由托管企业承担。

3. 托管企业对垃圾收集、道路清扫保洁实施数字化管理，管理系统要同时并入镇政府（街道办事处）的监管系统和环卫行业数字化城管指挥中心系统，接受县、镇（街道办事处）监管。

4. 县城市管理和行政执法局、镇政府（街道办事处）、托管企业三方签订托管合同。

5. 成立以分管县长为组长的全县城乡环卫一体化工作领导小组，领导小组下设办公室，办公室设在县城市管理和行政执法局，具体负责对各镇政府、街道办事处的调度、督导、考核和行业管理等工作。

6. 建立经费保障机制。按照“政府主导、群众参与、分级承担”的原则，建立县、镇（街道）两级按5:5 的比例共同承担托管的环卫保洁和垃圾收集清运费的保障机制。托管费用由县财政局统筹管理，镇（街道）财政承担的费用，由县财政局按月直接从镇（街道）财政中划拨，所有专项资金专款专用，由县财政局按月拨付给环卫保洁公司。

7. 严格督察考核。建立健全县、镇（街道）、村（居）三级督察考核机制，即县城管执法局每月普遍考核镇（街道）一次，镇（街道）每周考核村（居）、环卫公司一次，村（居）、环卫公司每天对村内保洁情况考核管理员和保洁员一次，充分发挥三级监督考核作用。同时，利用“智慧高青”基础平台，引入数字化环卫管理系统，提高工作和监管效率。

（二）公司接管

2015 年 2 月 15 日，高青美雅环卫有限公司成立。该公司是集环卫保洁清扫、垃圾收集清运为一体的专业化环卫公司，公司注册资本 100 万元，有管理人员 45 人，设有办公室、督察科、财务科三个科室，在全县 9 个镇（街道）各设立一处城乡环卫一体化项目部。

4 月 7 日，县城管执法局向县政府作出《关于城乡环卫工作改革事项的请示报告》，申请镇、村环卫保洁引入市场化半托管运营模式，即镇驻地、村居、村间路的环卫保洁由环卫公司接管，垃圾压缩、转运费用由县财政负责，垃圾收集、清运费用由镇、村负责。制定县城乡环卫一体化镇（街道）考核办法，充分发挥三级监督考核的作用，即县执法局考核镇（街道），镇（街道）考核环卫保洁公司，环卫保洁公司考核管理员和保洁员。

执法局领导及环卫公司负责人赴外地学习考察 （2015 年 摄）

3 月至 5 月，县城管执法局相关领导、美雅环卫公司负责人先后到昌邑市、垦利县、利津县、诸城市、冠县、乐陵市考察学习先进管理、作业经验，结合高青实际，进行调研，并与各镇、村多次对接，于5月份制订了《高青县各镇（街道）城乡环卫一体化管理解决方案》。

6月，按照县政府安排，环卫公司以田镇街道、芦湖街道、经济开发区、青城镇作为试点，接管以上4个镇办的环卫保洁工作。

6月10日，将青城镇的环卫保洁工作进行全面接管。

7月2日，对芦湖街道办的农村环卫保洁进行接管。

7月4日，对县经济开发区的环卫保洁进行接管。

7月10日，对田镇街道办的农村环卫保洁进行接管。

7月11日，县城管执法局制订《城乡环卫一体化落实方案》，明确实施市场化运作模式。

7月13日，对唐坊镇的环卫保洁进行接管。

7月26日，对花沟镇的环卫保洁进行接管。

7月29日，对黑里寨镇的环卫保洁进行接管。

8月5日，对木李镇的环卫保洁进行接管。

8月13日，对高城镇的环卫保洁进行接管。

截至2015年9月，美雅环卫公司已在全县9个乡镇（街道）设有项目部，负责垃圾收集清运、村庄保洁、村与村连接路保洁、路域保洁、镇驻地保洁。

附：

城市生活垃圾卫生费代收委托协议

甲方：高青县城市管理和行政执法局

乙方：高青县美雅环卫有限公司

依据山东省人民政府鲁政办字〔2013〕110号文件规定，城市环境卫生费由行政事业收费转为经营服务性收费，为保障高青的日常环境卫生，确保区域内的生活垃圾及时清运，经双方协商，甲方委托乙方对甲方所属区域内的垃圾清运费、保洁费、处置费进行代收。现就相关事宜协议如下：

1.甲方区域内需交纳的生活垃圾清运费、保洁费、处置费的单位和个人，由乙方负责全面征收。

2.乙方收费标准参照物价局现形文件执行。

3.甲方全面协助乙方做好生活垃圾清运费、保洁费、处置费的征收工作。

4.甲方不负责乙方代收工作的任何费用。

5.其他未尽事宜，双方协商解决。

6.本协议一式四份，甲乙双方各一份，签字后生效。

甲方（盖章）：　　　　乙方（盖章）：

2015年4月27日

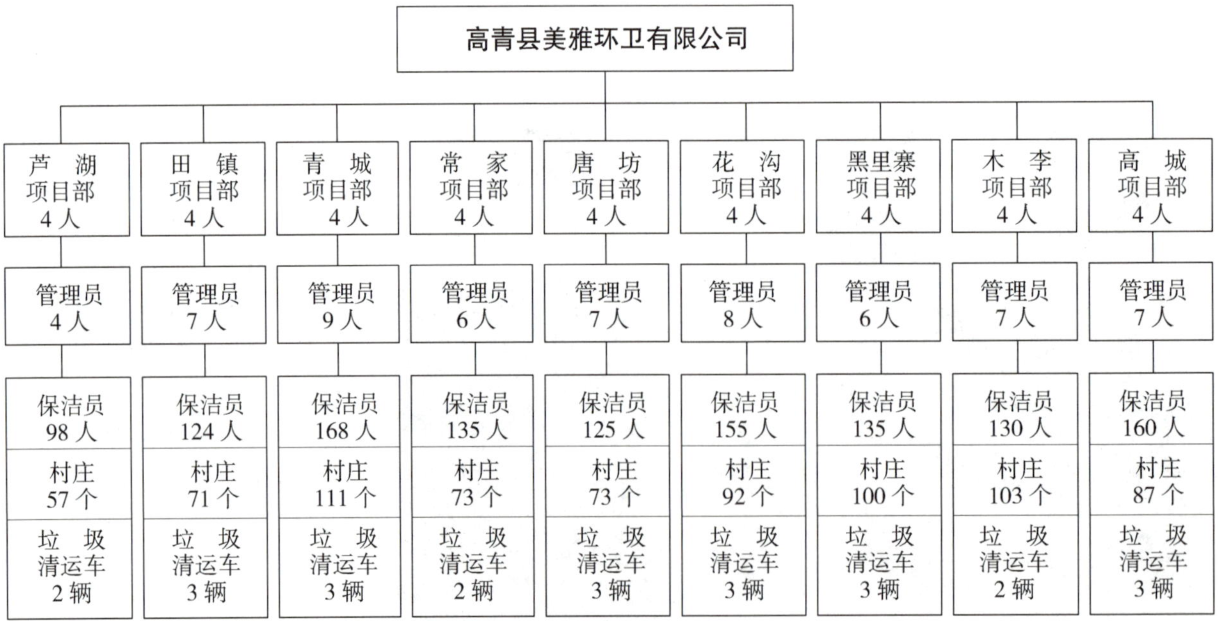

图4—2　高青县美雅环卫有限公司管理运行图

各镇城乡生活垃圾处理一体化工作考核表

表4—13

考核内容		考　核　标　准	分值
组织领导（30分）	1	各镇有专门机构负责环卫管理工作，配足管理和作业人员。无专门机构的扣5分，无专职管理、作业人员的扣5分。	12
	2	各镇建立和落实检查考核制度，对村庄生活垃圾清扫、集运工作进行检查、监督和考核。查阅文件和检查考核记录，未建立和落实检查考核制度的不得分。	12
	3	各村庄配备生活垃圾清扫、集运作业人员。未配备作业人员的，每个村庄扣1分。	6
设施建设（35分）	1	各镇按照2009年全县环卫基础设施建设计划，完成地下垃圾中转箱的规划选址或垃圾填埋场建设任务，配齐配足生活垃圾收集车辆，根据自然地理条件和人口状况，合理布点建设必要的生活垃圾收集设施。查看建设情况和购置的实物，未完成建设和购置任务的不得分。	25
	2	各村庄建设或配置必要的生活垃圾收集设施；各居民小区建立完善生活垃圾袋装化收集设施。未完成建设和购置任务的，每个村、居扣2分；建设数量不足的酌情扣分。	10
运行管理（35分）	1	各镇建立和落实生活垃圾收集、转运工作制度，将辖区内村庄收集的生活垃圾集中至各镇地下垃圾中转箱或垃圾填埋场，确保镇驻地及镇郊村的垃圾收集率达到100%。查阅文件、车辆运行记录和垃圾处理台账，未建立和落实生活垃圾收集、转运工作制度的不得分。	10
	2	各镇落实生活垃圾清扫、收集和转运经费及环卫设施建设资金。未列入本级政府年度财政预算、未足额到位的不得分。	5
	3	各镇、村庄有专人管理垃圾收集设施和清运设备，保持垃圾集运设施、设备完好，周边环境整洁卫生。发现一处（辆）垃圾集运设施、设备破损，扣2分；周边环境脏乱差的，扣2分。	10
	4	各村庄落实清扫保洁和生活垃圾收集、清运制度，将辖区内生活垃圾集中至垃圾收集设施。未落实清扫保洁和生活垃圾收集、清运制度的，每个村庄扣1分。	5
	5	各村庄落实清扫保洁和生活垃圾集运作业经费。未落实的，每个村庄扣1分。	5

第五章　城乡环境综合整治

2012 年 2 月 15 日，全市城乡环境综合整治现场会在高青县召开。

2012 年 2 月 28 日，在县迎宾馆一楼会议厅召开全县城乡环境综合整治工作动员会议，确定将县城规划区划分为 80 个网格，其中 A 级网格 52 个，B 级网格 28 个，建立大城管体制机制，采取部门包村、部门进网格等措施，实施网格化管理，严格落实责任制考核，认真督促组织开展好城乡环境综合整治工作。县城管执法局局长刘国华宣读《深入开展城乡环境综合整治月活动实施方案》，县委常委、常务副县长李勇作讲话。县直有关部门、单位分管负责人，各镇镇长、分管副镇长，各街道办事处主任、分管副主任，有关村居书记或主任参加会议。

2012 年 2 月 28 日，县委办公室、县政府办公室印发《深入开展城乡环境综合整治月活动实施方案》，决定从 2 月 29 日至 4 月 10 日，分 4 个阶段开展城乡环境综合整治月活动。

2012 年 3 月 25 日，县政府领导带队，分 7 个组，采取实地查看与听责任单位汇报相结合的方式，对城乡环境综合整治工作进行阶段性现场督查点评，本次督查点评的范围是 A、B 所有网格以及 7 个镇各抽查 6 个村。

2012 年 4 月 17 日至 19 日，高青县外聘考核组对全县城乡环境综合整治月活动中涉及的城区网格、镇驻地、221 个重点村、4 条省道和 8 条县乡道路整治情况进行全面考核。2012 年 4 月 25 日，县委办公室、县政府办公室印发《关于全县城乡环境综合整治月活动考核情况的通报》(高办发〔2012〕26 号)，将考核结果向全县通报。

2012 年 4 月 20 日，县委办公室印发《关于建立和完善城乡环境综合整治长效管理机制实施意见(试行)》(高办发〔2012〕27 号)。

2012 年 5 月 14 日，县委办公室、县政府办公室印发《关于建立和完善城乡环境综合整治长效管理机制实施意见(试行)》，该意见后附《高青县城乡环境综合整治考核办法》。

2012 年 5 月 26 日为挂包村集中整治日，按照《关于建立和完善城乡环境综合整治长效管理机制实施意见(试行)》要求，5 月 27 日各镇、各街道对县直各部门、单位挂包村进行考核。

召开全县城乡环境综合整治工作会议　(2014 年　摄)

清除农村垃圾　　　　　　　　　　（2012年　摄）

2012年10月，市委办公厅、政研室《决策参考》刊登文章，全面总结高青县城乡环境综合整治工作取得的丰硕成果，充分肯定了成功经验和做法。

2012年，高青城乡环境综合整治工作取得历史性突破，在全市综合考评中取得第三名的好成绩，被授予"城乡环境综合整治先进区县"称号。

2013年2月26日，召开全县城乡环境综治月活动动员会议，县委常委、副县长李勇作重要讲话。

2012年7月11日，县委常委、副县长李勇在县委四楼会议室主持召开城乡环境综合整治半年工作调度会，县执法局、交通局、公路局及各镇（街道）分管负责人参加会议。会议先赴田镇街道冯郭村、司家村、姜家村现场观察，田镇街道、常家镇、黑里寨镇作典型发言。

2012年7月20日，县委常委、副县长李勇在县城乡环境综合整治办公室负责人陪同下到部分镇（街道）就开展城乡环境综合整治工作进行专题调研，调研组先后到田镇街道、高城镇、唐坊镇及部分村（居）进行调研，听取城乡环境综合整治活动开展情况的汇报，就农村日常环卫保洁、垃圾无害化处理及"三大堆"处置情况等问题进行深入研究，认真分析目前城乡环境综合整治工作存在的问题和困难，并提出具体整治措施和意见。

2012年8月17日，县政府召开城乡环境综合整治工作调度会。

2012年9月13日，县政府成立全县省级卫生县城迎审工作领导小组，领导小组由副县长于双胜为组长，卫生局局长许延辉、宣传部副部长孟繁国为副组长，相关单位、镇办分管负责人为成员，领导小组办公室设在卫生局，许延辉兼任办公室主任。

2012年10月26日，市考核组在办公室主任荆树楷带领下到高青考核，县委常委、副县长李勇代表县委、县政府汇报全县城乡环境综合整治工作推进情况。

2013年2月27日，县委办公室、县政府办公室印发《城乡环境综合整治月活动实施方案》（高办发〔2013〕12号），决定在全县范围内再次组织开展"城乡环境综合整治月"活动。

2013年2月28日，县政府召开动员部署会议，对整治月活动作出全面部署。会后，各镇（办）、县直各部门、单位迅速召开全体人员会议，学习传达会议精神，统一思想，鼓舞士气，营造氛围，全面部署整治活动。各新闻媒体集中报道全县动员大会精神，以及各镇（办）、各部门、单位工作动态，突出宣传好典型、好做法，集中报道突出问题整治情况。

2013年3月20日，县委常委、副县长李勇主持召开全县迎接省级卫生县城复审工作会议，认真分析在巩固省级卫生县城方面存在的突出问题，动员全县上下切实统一思想，提高认识，明确任务，营造起迎接省级卫生县城复审的浓厚氛围，全力以赴，确保2013年顺利通过省级卫生县城复审。

2013年3月，县委办公室、县政府办公室联合印发《高青县城乡环境综合整治月督导方案》，在全县成立6个督导组。

2013年3月，县委办公室、县政府办公室联合印发《关于对重点区域环境整治任务分解的通知》，将任务分解到各镇、部门和单位。

2013年3月，县委办公室印发《城乡环境综合整治活动月实施方案》（高办发〔2013〕12号），对全县开展城乡环境综合整治活动月进行安排部署。

2013年3月，为保证城乡环境综合整治月活动顺利开展，县政府印发《高青县城乡环境综合整治督导方案》，在全县成立11个督导组。

2013年11月29日上午，在县政府四楼会议室召开全县城乡环境综合整治工作会议，安排部署迎接市城乡环境综合整治考核工作，县城管执法局、住建局、交通局、林业局、水务局、农工办、公路局、环保局分管负责人，各镇分管综治工作的副镇长，各街道办分管综治工作的副主任参加会议。

2013年3月，县政府召开全县迎接山东省卫生县城复审工作动员会议，明确各镇办、部门、单位职责分工。并印发《关于做好迎接省级卫生县城复审工作的通知》(高政办发〔2013〕22号)成立了由县长刘忠远为组长，李勇、张守伟、于双胜为副组长，政府相关责任单位、各镇、街道主要负责人为成员的迎接省级卫生县城复审工作领导小组，小组办公室设在卫生局，刘道德兼任办公室主任。

2013年，城乡环境综合整治实现全县767个村居全覆盖，并划分为示范村、重点村、一般整治村三个层次，实行分级管理。按照人口比例，共配备垃圾箱3181个，专兼职保洁人员1075人，平均每日清收生活垃圾20余吨，保证村居生活垃圾清运及时、处置到位。突出抓好镇驻地环境卫生治理，指导协助各镇(街道)开展落地广告牌治理、乱搭乱建清理、户外广告改造等专项治理活动，青城、花沟、高城等镇驻地环境均显著提升。

2014年3月6日上午，在县迎宾馆一楼会议厅召开“三城同创”工作会议(全县创建国家园林县城工作会议、全县创建国家卫生县城工作会议、全县创建全国绿化模范县工作会议)，县委常委、副县长李勇安排部署2014年创建国家园林县城有关工作，副县长于双胜安排部署创建国家卫生县城有关工作，副县长刘军与高城镇、经济开发区管委会签订责任书，县长刘忠远作讲话，会上下发了《城市裸露土地绿化整治活动月实施方案》等文件。参加会议的有：县政府各县长，各镇镇长、各街道办事处主任，县直各部门、各直属机构、各垂直管理部门主要负责人，部分企业主要负责人。

2014年3月21日，召开全市城市管理长效机制建设工作会议，县委常委、副县长李勇代表高青县政府作了题为《创新管理、重心下移、全员参与，以城市管理长效机制提升高青城市新形象》交流发言。

2014年6月25日上午9:00—11:00，市政府市容环境专项整治活动领导小组对高青县市容环境专项整治情况进行考核验收，本次考核的重点是主要干道、沿线加油站厕所及城乡结合部。

2014年7月8日，县政府出台《关于进一步完善城乡环境综合整治长效管理机制的实施意见》，从根本上解决城乡环境“脏、乱、差”的问题，为加快推进“魅力高青”建设营造清洁、整齐、美丽的环境。

2015年6月9日，县政府印发《关于高青县路域环境综合整治的通告》，决定对潍高路、广青路、芦湖路、田镇大街道路两侧路域环境进行为期1个月的集中综合整治。

8月10日，县城管执法局对广青路沿路堆放的建筑垃圾、生活垃圾及混合泥土堆进行了路域环境专项整治行动。此次整治行动主要消除路域“脏、乱、差、堵”等现象，努力创建“畅、安、舒、美”的路域环境，全面提升干线公路的通行能力、路况

整洁的村容村貌　　(2011年　摄)

水平、安全水平和美化水平。本次活动，出动1辆挖掘机，1辆铲车，施工人员23人，共清理建筑、生活垃圾堆36处，沿路长达2300米，通过整治，有效的净化了公路路域环境，确保了公路行车安全。

12月7日，市委常委、市委宣传部部长毕荣青到高青视察城乡环境综合整治工作。

第一节　组织领导

一、成立领导小组

2012年，成立由县委常委、副县长李勇为指挥，县人大常委会副主任张玉华为副指挥的县城乡环境综合整治指挥部，制定实施方案，明确整治标准，落实目标责任。

2008年3月18日，县城管执法局成立城乡环境综合整治活动领导小组，由局长孙光远为组长，副局长谷可勇、蔡杰年、孙海为副组长，执法大队、局办公室、督查科负责人为成员，领导小组下设办公室，设在执法大队，谷可勇兼任办公室主任，冯加强任副主任。

各镇、街道办都成立了城乡环境综合整治办公室，由分管领导兼任办公室主任，安排3至5名工作人员具体负责综治工作，县直各部门包村也确定1名分管领导和1名具体联系人，具体负责各镇（办）、村内城乡环境综合整治工作。

2010年5月4日，县城管执法局成立了由副局长谷可勇为组长，执法大队大队长冯加强为副组长，相关中队负责人为成员的校园周边环境综合整治活动领导小组。

2011年1月15日，县城管执法局成立了由局长王建永为组长，副局长谷可勇、孙海为副组长，相关科室负责人为成员的迎新春市容环境集中整治月活动领导小组。

2011年3月28日，县城管执法局成立了由局长王建永为组长，副局长谷可勇、孙海为副组长，相关责任科室负责人为成员的建筑立面综合整治工作领导小组，小组下设办公室，由冯加强兼任办公室主任。

2012年2月13日，县政府成立县农村环境整治项目设备购置工作小组。工作小组由财政局孟军局长为组长，环保局王建永局长、城管执法局刘国华局长为副组长，县纪委、政府办公室、环保局、城管执法局分管负责人为成员。

2012年2月16日，县政府成立城市管理委员会，具体负责研究解决城市管理中出现的重大问题，协调解决城市管理重大工作事，形成全民上下互动、左右联动，全方位齐抓共管的城市管理格局。

2013年3月28日，县环卫局成立了由局长任组长，副局长任副组长，环卫局各科室主要负责人为成员的高青县环卫道路交通安全专项整治行动领导小组，负责专项整治行动的督促落实。

2013年6月5日，县政府成立高青县城乡环境综合治理领导小组，领导小组由副县长李勇为组长，县城管执法局局长孙旭光、县公安局副局长周克建、县规划局副局长李卓文为副组长，县城管执法局、规划局、各镇、街道分管负责人为成员，领导小组办公室设在城管执法局，由孙旭光兼任办公室主任，周克建、李卓文兼任办公室副主任。

环境综合整治工作会议现场　　（2015年　摄）

二、理顺管理体制

2012年，成立高青县城乡环境综合整治办公室，为副科级事业单位，隶属于县城市管理行政执法局，负责对全县综治工作的组织、协调与长效机制的建立与实施。由县城乡环境综合整治办公室具体负责综治工作，严格落实《关于建立和完善城乡环境综合整治长效管理机制实施意见（试行）》的要求。

各镇、街道办都成立了城管执法中队，主要负责城镇驻地市容秩序治理维护工作和辖区内“双违”建设立案查处工作。

三、健全工作机制

逐步建立健全工作协调、经费保障、宣传督导、考核奖惩、队伍建设、督查问责等六大机制，加大明查、暗访、问责力度，加强实施力度，保障全县城乡环境综合治理工作制度化、规范化、长效化，使城乡环境综合治理工作不断向前推进。根据工作需要，配套出台了《加强城市管理工作的意见》《城乡环境综合整治月活动实施方案》《农村环境建设建议方案》《县城区“网格化”管理实施方案》《市容市貌综合整治实施方案》《建立“联勤联动”工作机制建议方案》《建筑渣土管理办法》《城市执法工作宣传方案》等，为深入开展城乡环境综合整治工作奠定基础。

四、列入年度岗位目标责任制

将城乡环境综合整治工作纳入年度目标考核，成立了工作领导机构，形成了主要领导靠上抓，班子成员按“属地原则”具体抓，机关干部与村干部共同抓，建立了工作责任制，形成了一级抓一级、层层抓落实的工作格局，健全完善各项工作制度，严格奖惩，实行风险抵押金制度，奖优罚劣，工作开展不力造成较大影响的约谈相关责任人的基础上进行严格处罚。

第二节　落实责任制

县委、县政府每年都专文印发《全县城乡环境综合整治活动实施方案》，并以《整治任务通知书》形式，将各项具体整治任务逐一量化分解到各单位。各单位按照逐级负责的总体要求，一级抓一级、层层抓落实。

2013年2月27日，县委办公室、县政府办公室制订《城乡环境综合整治月实施方案》，明确各单位任务目标及责任单位。

执法局领导督查农村环境整治情况　　（2012年　摄）

城乡环境综合整治任务分解表

表5—1

序号	任务目标	牵头部门	责任单位
1	提升道路保洁质量，分级管理，打造黄河路、芦湖路精品路段	县城管执法局	县城管执法局

续表 5－1

序号	任务目标	牵头部门	责任单位
2	实施“洗城工程”	县城管执法局	县城管执法局
3	加强建筑工地管理，安装冲洗设施，治理带泥上路、冒装撒漏、扬尘污染等问题，创建文明施工单位	县住建局	县住建局、县城管执法局、县交警大队、县环保局、县交通局、县公路局
4	环卫设施维护与改造，更新改造垃圾收集箱、垃圾桶，解决生活垃圾二次污染	县城管执法局	县城管执法局、县住建局
5	落实“门前五包”责任，加强居民小区、农贸市场、车站、宾馆、背街小巷等公共环境卫生，消灭卫生死角	县爱卫办	县城管执法局、县爱卫办、县房管局、县服务业办公室、“门前五包”责任单位、县工商局
6	清理园林、绿地、绿化带、环城水系垃圾、漂浮物	县住建局	县住建局
7	城区公厕改造	县城管执法局	县城管执法局、县公厕权属单位
8	治理城区化工异味	县环保局	县环保局、县经信局
10	芦湖路、黄河路、文化路立面整治	县住建局	县住建局、县城管执法局、“门前五包”责任单位、县工商局
12	专项整治城区交通秩序	县交警大队	县交警大队、县城管执法局
14	便民市场建设	田镇街道办	田镇街道办、县住建局、县城管执法局、县商务局
15	治理城市秩序“六乱”问题	县城管执法局	县城管执法局、县工商局、县电力公司、县住建局、县公安局、“门前五包”责任单位
16	高淄路、潍高路、广青路城区出入及北环路、清河路周边环境治	县城乡环境综合整治办公室	县爱卫办、县城管执法局、县交通局、县住建局、县水务局、县电力公司、田镇街道办、芦湖街道办
19	镇办驻地综合整治，落实效机制	县城乡环境综合整治办公室	各镇、街道办
20	农村生活垃圾清	县城管执法局	县城管执法局、各镇、街道办
23	加大宣传，营造氛围，引导正确舆论导向	县委宣传部	县委宣传部、县广电局、《高青工作》编辑部
24	搞好督查考核，促进工作落实	县重点工作考核办公室	县重点工作考核办公室、县委考核办、县城乡环境综合整治办公室
25	专项治理工业垃圾乱拉乱倒问题	县环保局	县环保局、县城管执法局、县交警大队

2013 年 3 月，县政府办公室制定《重点区域整治任务分解表》，明确了任务分工。

2013 年 4 月，县政府办公室制定《重点区域环境整治方案（青苑路：黄河路至北环路）》，明确了任务分解。

重点区域整治任务分解表

表 5—2

整治区域	整治范围	整治内容	挂包领导	责任单位
芦湖路及北环路环境整治	1.芦湖路:黄河路至北环路段。2.芦湖路与北环路路口西至田翟路路口、向东延伸500米。	1.取缔、规范洗车点、汽车整形维修点。2.规范建立烧烤市场。3.配备保洁员,提高路面清扫保洁力度;清理道路两侧50米可视范围内垃圾及白色污染。4.硬化平交路口。5.取缔规范北环路沿路煤炭、石碑经营点及废品收购点。6.统一用米黄色涂料粉刷道路两侧100米可视范围内的实体墙、电线杆、桥体。	县委副书记、县长刘忠远	县府办、芦湖街道办、田镇街道办、常家镇、县住建局、县城管执法局、县交通局
青苑路环境整治	黄河路至北环路段	1.道路两侧进行高标准绿化。2.加大清扫力度、提高路面清扫保洁质量。3.做好平交路口硬化。4.取缔沿路废品收购点、煤炭销售点进行规范遮挡。5.拆除沿路两侧乱搭乱建。	县委常委副县长李　勇	县住建局、田镇街道办、县城管执法局
青城镇驻地环境整治	青城镇驻地	1.规范沿街经营店铺物品摆放,取缔落地广告牌,拆除乱搭乱建。2.提高道路清扫保洁质量。3.清除镇驻地内积存垃圾,清理卫生死角。4.拆除沿街乱搭乱建。5.镇驻地配齐保洁人员,建立日常保洁考核制度。6.按照省级示范镇要求,制定小城镇建设规划,完善功能配套,逐步实施"绿化、美化、亮化、硬化"工程。	县委常委副县长李　勇	青城镇、县公路局
中心路小学周边环境整治	以中心路与清河路交叉路口为中心各延伸200米	1.提高路面清扫保洁质量。2.清理周边流动摊贩。3.充实提高绿化水平。4.整治大型出租车辆占道停放。5.规范沿街店铺物品摆放、清理落地广告牌。	县委常委宣传部部长张守伟	田镇街道办、县住建局、县城管执法局、县交通局
北环路环境整治	田翟路至青苑路段	1.拆除沿路两侧乱搭乱建。2.取缔、规范沿路经营户和二矿东门处早餐摊点,杜绝白色污染。3.清理沿路两侧积存垃圾。4.提高路面清扫保洁质量。5.硬化平交路口和经营户门前路面。6.取缔规范沿路的洗车点及汽车维修点。	副县长刘　军	田镇街道办、县住建局、县城管执法局、县房管局
高淄路与南外环交叉路口周边环境整治	以路口为中心各延伸500米	1.绿化补植、充实、提高。2.规范、取缔店外修车和店外经营。3.清除周边垃圾、白色污染。4.拆除周边乱搭乱建和落地广告牌。5.加强保洁力度,提高路面保洁质量。6.统一用米黄色涂料粉刷道路两侧100米可视范围内的实体墙、电线杆、桥体。	副县长于双胜	田镇街道办、芦湖街道办、县公路局、县房管局、县住建局
田翟路、常家镇驻地环境整治	田翟路至常家镇驻地	1.提高路面清扫保洁质量。2.规范沿路店外经营,取缔废品收购点。3.清除沿路两侧边沟内积存垃圾,拆除乱搭乱建。4.搞好驻地"六乱"治理,取缔落地广告牌。5.统一用米黄色涂料粉刷道路两侧100米可视范围内实体墙、电线杆、桥体。	副县长张亮云	田镇街道办、常家镇、县住建局、县房管局、县交通局

续表 5－2

整治区域	整治范围	整治内容	挂包领导	责任单位
双语学校周边环境整治	1. 双语学校门口周边各延伸 200 米。2. 老张田路路域环境治理（清河路—温泉花香段）	1. 拆除乱搭乱建，用米黄色涂料粉刷沿街墙体。2. 清理学校周边建筑垃圾、生活垃圾及白色污染。3. 老张田路段配备保洁员，清理边沟内积存垃圾，清理平整沿路两侧土堆。4. 学校周边及老张田路两侧进行绿化。5. 采取措施，禁止大货车通行。6. 规范清理司官村沿街经营户，取缔废品收购点。	副县长张欣欣	县教育局、芦湖街道办、田镇街道办、县房管局、县城管执法局、县住建局、县交警大队

重点区域整治任务分解表

表 5－3

序号	整治区域	整治范围	整治内容	完成时间	挂包领导	第一责任人	直接责任人	责任单位
1	田翟路及广青路	田翟路：北至北外环南至广青路，及路口周边 300 米	1. 取缔、规范洗车点、汽车整形维修点。2. 配备保洁员，提高路面清扫保洁力度；清理道路两侧 50 米可视范围内垃圾及白色污染。3. 取缔田翟路及路口周边 300 米可视范围内的煤炭、石碑及废品收购店。4. 拆除整治范围内的乱搭乱建及影响市容的建筑物、构筑物。5. 统一用米黄色涂料粉刷道路两侧 100 米可视范围内的实体墙、电线杆、桥体。	4 月 20 日前完成	刘忠远	刘国华	王云峰 李海兵 赵兴福 殷继刚 管　德 赵兴福 张尊海	田镇街道办 芦湖街道办 常家镇 县住建局 县交通局 县城管执法局 县房管局
2	潍高路唐坊段	滨莱高速唐坊收费站出入口至黑牛基地	1. 提高路面清扫保洁质量。2. 清除沿路两侧边沟及 50 米可视范围内的积存垃圾、白色污染物和“三大堆”。3. 按照省级示范镇要求，制定小城镇建设规划，完善功能配套，逐步实施“绿化、美化、亮化、硬化”工程。4. 规范沿街经营户物品摆放，取缔落地广告牌，拆除乱搭乱建；搞好镇驻地“六乱”治理。5. 做好高速路出入口的周边环境治理。6. 取缔沿路废品收购、粮食、煤炭、沙石料经营点。7. 统一用米黄色涂料粉刷道路两侧 100 米可视范围内的实体墙、电线杆、桥体。	4 月 20 日前完成	边江风	高　辉	刘安社 张尊海 毛学红 周　乾	唐坊镇 县房管局 县公路局 滨莱高速 高青收费站
3	青苑路	黄河路至北环路段	1. 道路两侧进行高标准绿化。2. 加大清扫力度、提高路面清扫保洁质量。3. 做好平交路口硬化。4. 取缔沿路废品收购点、煤炭销售点进行规范遮挡。5. 拆除沿路两侧乱搭乱建。	4 月 20 日前完成	李　勇	王福春	赵兴福 王云峰 赵宗新	县住建局 田镇街道办 县城管执法局

续表 5—3

序号	整治区域	整治范围	整治内容	完成时间	挂包领导	第一责任人	直接责任人	责任单位
4	高淄路蔡旺路口周边	以路口为中心各延伸500米	1. 搞好沿街建筑物立面整治，广告牌匾统一。2. 配齐保洁员，提高路面清扫、保洁质量。3. 整治驻地"六乱"现象，取缔落地广告牌，拆除乱搭乱建。4. 取缔集贸市场占路经营，规范驻地夜市时间。5. 统一用米黄色涂料粉刷道路两侧100米可视范围内的实体墙、电线杆、桥体。	4月20日前完成	满　军	冯　斌	刘宝山 毛学红 殷继刚	高城镇 县公路局 县交通局
5	清河经济园区	工业园区内及沿高淄路路段	1. 拆除乱搭乱建及废弃车间厂房。2. 清理园区内生活及建筑垃圾。3. 配备保洁员，建立长效管理机制。4. 按照园区规划，实施园区绿化工程。5. 粉刷实体墙、烟囱、电线杆等，做到统一色调。6. 按照园区需要，布设垃圾收集箱(桶)。	4月20日前完成	崔玉栋	吕　凯	刘延科	高城镇 清河经济园区管委会
6	高淄路与南外环交叉路口周边	以路口为中心各延伸500米	1. 绿化补植、充实、提高。2. 规范店外经营，取缔店外修车。3. 清除周边垃圾、白色污染。4. 拆除周边乱搭乱建和落地广告牌。5. 加强保洁力度，提高路面保洁质量。6. 统一用米黄色涂料粉刷道路两侧100米可视范围内的实体墙、电线杆、桥体。	4月20日前完成	于双胜	李　永	王云峰 李海兵 毛学红 张尊海 赵兴福	田镇街道办 芦湖街道办 县公路局 县房管局 县住建局
7	双语学校周边	1. 双语学校门口周边各延伸200米。2. 老张田路路域环境治理(清河路—温泉花香段)	1. 拆除乱搭乱建，用米黄色涂料粉刷沿街墙体。2. 清理学校周边建筑垃圾、生活垃圾及白色污染。3. 老张田路段配备保洁员，清理边沟内积存垃圾，清理平整沿路两侧土堆。4. 学校周边及老张田路两侧进行绿化。5. 采取措施，禁止大货车通行。6. 规范清理司官村沿街经营户，取缔废品收购点。	4月20日前完成	张欣欣	刘清天 董振利	孙海翔 李海兵 王云峰 张尊海 赵宗新 赵兴福 张　涛	县教育局 芦湖街道办 田镇街道办 县房管局 县城管执法局 县住建局 县交警大队

第三节 检查督导考核

一、制定检查、考核制度

2012年，县政府出台《关于城乡环境综合整治长效管理机制实施意见》(高办发〔2012〕27号)，完善检查、考核制度和措施，加大检查督导力度，采取通报、媒体曝光、工作奖惩、末位约谈、与年终评优挂钩等措施，有力保证了城乡环境综合整治活动开展。

2013年3月，县委办公室、县政府办公室下发《关于印发〈高青县城乡环境综合整治月督导方案〉的通知》，要求各督导组要采取明察暗访，不定期的进行督促指导和检查，及时将督导发现的问题做好记录，并督促责任单位限期整改，对发现问题的整改情况适时跟踪反馈。各督导组及时将各自督导工作的动态情况报县城乡环境综合整治办公室。

2013年6月5日，县政府印发《关于进一步加强城乡环境综合治理工作目标管理考核的通知》(高政办发〔2013〕45号)，建立县、乡、村"三级联动"机制，确定了群众满意的目标考核细则，创新了环境治理目标考核管理。

2014年3月31日，高青县城市管理委员会下发《关于印发〈高青县城市管理考核评比办法〉的通知》，明确了城市管理工作考评内容及标准。

二、督导考核措施

1. 坚持日巡查、周督查、月考核、年终总评制度。成立专门的考核专家库，由教育局荆延吉、赵承恩、县第二中学吴方栋、县实验中学郭念亮等12名教师组成，本着公平、公正的原则，督查、考核采取临时抽调的方式，每次抽调3～5人，利用明查、暗访和指定检查的形式，采取"日巡查、周督查、月考核、年终总评"的方式进行督查，实行实地考核、现场打分制度，每次考核结束后，由县综治办及时对得分情况进行整理、排名并通报。对督查中发现的问题将下发整改通知书，明确整改内容、时限及要求。对不按要求、时限整改的镇(办)、部门进行通报，并每月进行考核排名。

2. 严格履行末位约谈制度。年度累计得分末位的镇(办)由县委组织部约谈，党政主要负责人向县委、县政府主要领导专门汇报城乡环卫工作。部门包村考核实行月考核排名，排名累计排序末位2次的，由县委组织部门约谈，部门、单位主要负责人向县委、县政府主要领导汇报工作。考核成绩纳入单位年度岗位目标管理考核，确保以考核保环境综治，以考核保效果。

3. 通过检查结果。县里对各机关、企事业单位内部环境卫生整治情况，对各主管部门组织本系统各单位开展环境卫生整治情况，对群团组织开展的"绿色行动"情况，对各学校参加城乡环境卫生综合整治义务劳动情况进行考核、通报。各主管部门对本系统各单位环境卫生综合整治工作制定专门考核办法，认真组织考核，兑现奖惩措施，考核办法及考核结果报县城乡环境卫生综合整治办公室。

三、检查验收

严格考核验收，按照"日巡查、周督察、月考核"监督考核机制，县城乡环境综合整治办公室每周对镇驻地、路域、整治村综治情况进行抽检督查，

妇女组织积极参与环境整治　　(2014年　摄)

清除农村垃圾　　（2014 年　摄）

干部镇级以上（含镇级）评先创优资格。

2013 年 7 月 21 日至 7 月 31 日，县城管执法局通过听汇报、看现场等方式，对迎接国家卫生城市复审整治情况进行检查验收。

2013 年 10 月，县城乡环境综合整治办公室组织人员对各镇办秋后集中整治活动进行考核。同时，不定期组织人员对集中整治活动开展进行督查，对行动迟缓、措施不力、效果不明显的镇（办）将予以通报。

将督查发现问题及时反馈有关镇（街道），并对所反馈问题整改情况进行跟踪督查，将周督查情况纳入月度考核，提升各镇（街道）综治的积极性。

2012 年 4 月 1 日至 10 日，县政府组织专门考核组对网格、省道、县乡路、镇驻地、重点村的整治情况进行全面考核，考核实行百分制，考核结果由县重点工作考核办公室进行排名通报。对排名后五位的部门、后两位的镇（办）由县委组织部约谈。重点村整治工作纳入“百优创建”工程考核内容，排名后 30 位的取消“百优创建”评选资格，取消村

2013 年，县城乡环境综合整治办公室全年抽查整治村庄 320 个，下发整改通知书 30 份，组织月度考核 8 次，刊发城乡综治简报 15 期。

2014 年 3 月 18 日至 19 日，省环保厅、财政厅组织对高青县 2012 年度农村环境连片整治示范工程工作进行了考核验收。

2014 年 6 月 25 日上午 9：00～11：00，市政府市容环境专项整治活动领导小组对高青县市容环境专项整治情况进行考核验收，本次考核的重点是主要干道、沿线加油站厕所及城乡结合部。

城乡环境综合整治月督导组人员表

表 5—4

组别	组　长	副组长	成　员	督导单位
1	刘卫东（纪委副书记）	王　敏（工会副主席）	王圣津　李永海	青城镇　黑里寨镇　木李镇
2	李祥奎（组织部常务副部长）	马立华（妇联副主席）	赵承恩　周迅清	常家镇　芦湖街道　唐坊镇
3	张明光（县委办副主任）	朱晓艳（机关工委工会主席）	刘永光　杨法民	田镇街道　花沟镇　高城镇
4	张吉辉（政法委副书记）	孙海翔（教育局副局长）	李新龙　荆延吉	芦湖路以东、北环路以南、东环路以西、清河路以北
5	邵珠军（宣传部副部长）	彭新华（爱卫办主任）	孙　莹　魏守平	芦湖路以西、北环路以南、文化路以东、清河路以北
6	刘　军（县府办副主任）	孙　璐（团委副书记）	孙　星　吴方栋	文化路以西、北环路以南、西环路以、东清河路以北

第四节　专项整治

2008年9月，城区市容市貌综合整治活动集中整治阶段，共取缔占道经营摊点137处，店外经营96余处，各类临时性广告牌20余块，整改广告牌40余块，清理学校周边摊点32处，签订便民服务摊点协议书30余份。取缔占道市场6处，规范2处，安置流动商贩89个。同时，为缓解群众停车难问题，在天鹅商城南端新设立1处停车场，并划定停车位，引导车辆规范停放。督促责任单位落实“门前五包”，粉刷院墙3000多平方米，拆除临时设施2处，拆除报刊亭2处，签订临时棚亭迁移协议书9份。

2009年，县城管执法局按照精细化、长效化标准，先后组织10余次集中行动，对城区环境进行综合整治。共清理乱停乱放167处，占道摊点453余处、店外经营190余处，流动商贩180余个，清理各类橱窗广告、即时贴650处，粉刷墙壁1500余处。联合县法院、公安局等相关单位，对城区范围内违章（违法）乱搭乱建进行了集中强制拆除，共强制拆除违章（违法）乱搭乱建建筑物15处，面积200多平方米。并规范各类广告牌318块，查处各类环保违法案件74件，其中建筑施工扬尘污染案件2件，车辆带泥上路案件5件，城区露天烧烤案件21件，建筑施工噪音、生活噪音污染案件17件，油烟粉尘污染案件2件，乱倒垃圾案件5件，向规划区水体乱倒废弃物案件2件。大力开展市政园林专项执法检查活动，查处擅自破路挖沟案件2件，查处擅自砍伐树木2件。

2010年1月至4月，结合迎接第22届省运会环境整治工作要求，县城管执法局组织多次集中行动，对城区容貌进行了综合整治。累计综合治理主次干道11条，清理乱贴乱画1600余处，乱挂条幅70余条，清理马路市场1处，店外经营35处，占道经营180处，流动摊贩1200余人次，取缔城区露天烧烤9处，规范户外广告110余块，拆除6块，查处建筑工地扬尘污染案件2件，垃圾焚烧污染案件2件，带泥上路案件3件，撒落物料、污染路面案件3件，建筑施工噪声扰民案件9件，生活噪音扰民案件2件。

2010年5月4日至2010年6月8日，县城管执法局开展校园周边整治活动，主要针对高中、初中、小学、幼儿园在内的各级学校周边环境进行治理工作，对人口流动量大、繁华地段的校园周边环境重点整治，突出解决占道经营、流动摊点、乱停乱放等问题，消除噪音污染，维护校园周边环境的整洁、有序。

2011年1月16日至2月26日，县城管执法局开展迎新春市容环境集中整治月活动，重点解决城区主次干道、窗口地段及重要公共场所周边突出存在的占道经营、店外经营、流动摊点、乱搭乱建、乱停乱放、乱拉乱挂等问题。同时狠抓户外广告的审批验收工作，对节日期间内商业宣传活动、设置的彩旗、充气物、条幅等做到从严审批，严控数量。并做好城区内烟花爆竹销售摊点的规划布局，依法清理、查处乱设销售摊点，消除安全隐患。在集中力量进行综合整治的同时，对城区重点路段采取定点值班、错时上下班、加大巡查力度和密度等措施，确保防止治后反弹。

“城管通”巡查工作　　（2015年　摄）

2011年3月28日，县城管执法局印发《2011年户外广告整治工作方案》（高执法字〔2011〕

5号)，在3月至10月进行县城区内户外广告整治行动，以整治县城区主次干道两侧楼顶广告、墙体广告、大型立柱广告、规范提升门头牌匾为重点，以“拆除、减量、规范、提升”为目标，以强化后续管理为重点，实现户外广告的长效化管理。同时，印发了《2011年建筑立面综合整治工作方案》(高执法字〔2011〕6号)，在3月至7月重点整治华盛商场、黄河路、青城路、文化路中段，拆除道路两侧乱搭乱建、残墙断壁，清理乱堆乱放，对破旧建筑物进行粉刷或改造，对门头牌匾进行改造整治。积极推进建筑立面综合整治工作，拆除道路两侧破败和非法建筑物、楼顶、楼体及立柱类广告，粉刷或改造建筑物立面，广告牌匾整治等。

检查农村环境治理　　(2015年　摄)

2012年2月28日，县委办公室、县政府办公室下发《关于印发深入开展城乡环境综合整治月活动实施方案的通知》，决定在全县范围内开展一次“城乡环境综合整治月”活动，县城管执法局为牵头部门。

2012年3月，县委、县政府决定在全县范围内开展“城乡环境综合整治月”活动，成立了县城乡环境整治指挥部，将县城规划区划分为80个网格，其中A网格52个，B级网格28个，建立大城管体制机制，采取部门包村，部门进网格等措施，实施网格化管理，严格落实责任制考核，及时督促各单位、部门进村、进网格、进路域，排查问题，认真开展好城乡环境综合整治工作。

2012年5月4日，县委办公室、县政府办公室印发《关于建立和完善城乡环境综合整治长效管理机制实施意见》的通知，将231个村居纳入整治范围。

6月，县政府办公室下发《关于规范占道晒粮行为的通知》，规定县城黄河路、中心路、文化路、芦湖路、高苑路、青城路、清河路、青苑路、齐东路、四号路(潍高路南)、六号路、七号路、南外环、东外环、北环路、西外环、东环路(黄河路南)及各镇驻地中心地段禁止打场晒粮；其他路段仅限慢车道晒粮，且不允许在道路上摆放石块、木头、秸秆等障碍物。晒粮结束后必须清扫现场，不留任何杂物。

参与城区防汛工作　　(2012年　摄)

2012年6月20日，县城乡环境综合整治办公室印发《关于开展“麦收”后环境卫生集中整治活动的通知》，整治时间为6月20日～6月30日，主要是清理路面、边沟及道路两侧(省道50米、县道30米)可视范围内的麦秸、麦糠等杂物；清理镇驻地主、次干道及两侧的麦秸、麦糠等杂物；清理整治村(居)进村路及村内主干路两侧可视范围内的麦秸、麦糠及柴草堆、粪堆和垃圾堆。

2013 年 2 月 27 日，县委办公室、县政府办公室下发《关于印发〈城乡环境综合整治月活动实施方案〉的通知》，县委、县政府决定在全县范围内再次组织开展“城乡环境综合整治月”活动。

采访环卫工人 （2014 年 摄）

2013 年 2 月 28 日，县政府召开城乡环境综合整治月活动动员会议，提出“农村扩面、城区提效”的目标要求。将全县 767 个行政村全部纳入整治范围。随后城乡环境综合整治活动与迎接省级卫生县城工作相结合，将城区划分为 104 个网格实行网格化管理，在城区环境整治实现了无缝隙、全覆盖，组建综合协调办公室负责城区环境综合整治工作的部署、协调、调度、考核，健全了定期会议、督导检查、工作考核等制度，采取每个网格有一个部门和一名县领导进行挂包的形式，对城区市容市貌、环境卫生、店铺经营秩序、市场规范管理、小区院落、城乡结合部等进行了彻底的环境卫生综合整治。

2013 年 3 月，为深入开展“城乡环境综合整治月活动”，县政府下发《关于开展城区市容市貌综合整治活动的通告》，决定自 3 月 7 日至 4 月 20 日在县城区内开展市容市貌综合整治活动。主要针对县城占道经营、店外经营、“六乱”现象、露天烧烤、大排档、建筑渣土、违章建筑、户外广告等突出问题进行集中整治。

2013 年 3 月 20 日，县政府召开城乡环境综合整治动员会议，安排部署迎接省级卫生县城复审工作，要求迎接卫生城复审工作与城乡环境综合整治工作相结合，加强领导、强化措施、强力推进。成立了以县长刘忠远任组长，副县长李勇、于双胜任副组长的创城工作领导小组。从县考核办、重点工作考核办、县卫生局、执法局等部门抽调人员，成立“网格化管理办公室”。

2013 年 3 月 28 日，为进一步加强环卫道路交通安全管理，预防和减少交通安全事故，按照淄博市市政环境卫生管理处《关于认真做好城市道路交通安全专项整治工作的通知》（淄政环函发〔2013〕10 号）的要求，县城管执法局印发《高青县环卫局道路交通安全专项整治实施细则》，成立了由环卫局局长任组长，副局长任副组长，环卫局各科室主要负责人为成员的高青县环卫道路交通安全专项整治行动领导小组，具体做好专项整治行动的督促落实。

县总工会“夏送清凉”慰问环卫工人 （2014 年 摄）

2013 年 6 月 13 日，高青县政府公布了《关于严禁在公路上打场晒粮的通告》。

2013年6月19日，县城管执法局印发《关于集中开展迎接国家卫生城市复审专项整治活动的实施意见》（高执法字〔2013〕31号），决定集中开展迎复审市容环卫综合整治活动，确保城市面貌大改观、大提升。

2013年10月25日，县城乡环境综合整治办公室向各镇办印发《关于开展“秋收”后环境卫生集中整治活动的通知》，按照县政府统一安排于10月28日至11月3日，在全县范围内集中开展以路域、镇驻地、整治村为重点的“秋收”后环境卫生整治活动。

2013年12月7日，县城管执法局、田镇街道办依据《中华人民共和国行政处罚法》《中华人民共和国城乡规划法》《山东省城镇容貌和环境卫生管理办法》等法律法规，向县城清河路沿线商户下发《关于进一步开展清河路综合整治活动的通知》，决定对清河路两侧乱搭乱建及店外堆放物品、乱停乱放车辆等现象进行专项整治。

2014年4月4日，县城乡环境综合整治办公室印发《各镇办对过境省道进行整治的通知》，要求各镇办按照《高青县集中开展市容市貌环境专项整治活动方案》的要求，各镇办对属地内各过境省道（广青路、潍高路、高淄路、庆淄路）沿线环境进行整治。

2014年4月15日，县执法局对所属第103网格的占道经营、乱贴乱画、乱设门头牌匾、乱摆灯箱广告等不良现象进行整治，并加强对该地段的监管，采取定人、定点、定责方式，建立长效管理机制。

2014年9月28日，县城管执法局开展占道晒粮集中整治行动，共出动执法车辆4台，铲车2台，执法人员及志愿者50余人，劝导、帮助清理打场晒粮110余处，整治路段6000余米。

2014年5月20日，县城管执法局根据《关于在2014年高考、中考期间开展噪声扰民专项整治活动的通知》（淄执法字〔2014〕15号）等文件精神印发《关于开展校园及周边市容环境综合整治活动的实施意见》（高执法字〔2014〕33号）。

2014年5月21日至6月30日，县城管执法局开展了校园周边市容环境综合整治活动，共清理乱摆摊点300余起、跨门经营店60余户、收缴宣传单2000余张、乱堆乱放30起。

第五节 宣 传

2008年9月12日，县执法局等部门出动宣传车，安装展板，在城区内张贴《关于开展城区市容市貌综合整治活动的通告》200余份，发放明白纸3000余份，做到了宣传教育在先。对城区市容市貌存在的突出问题进行调查摸底，向有关单位和个体工商户下达整改通知170余份，督促其认真整改。田镇镇对老官庄商场、民营经济园进行了清理。广播局、报社及时播发和刊登了整治通告，建设、公安、交警、工商等部门团结协作、密切配合，营造了强大的舆论声势和良好的工作氛围。

2009年，县城管执法局动员社会各界和广大人民群众积极参与城乡环境综合整治活动，努力营造“城市管理全民动手、全社会参与”的良好工作氛围。通过悬挂宣传条幅、设置温馨提示牌、分发城管宣传信等形式，让广大市民更多的了解城管执法工作，共设宣传条幅20余条，温馨提示牌5

经济开发区（常家镇）环卫一体化工作培训会议召开 （2015年 摄）

宣传进社区　　　　（2013年　摄）

处，发送《致广大沿街商户一封信》3000余份。7月，邀请十余名山东理工大学学生到高青进行社会实践，参与城市管理，体验城管工作，开展与群众“零距离”交流。通过高青县广播电台的政风行风热线，对群众反映的问题、提出的质疑以及想了解的法律法规、办事程序和相关手续进行了当场解答，并对相关问题进行了及时追踪，保证给人民群众一个满意答复，增进了民众对城市管理工作的了解，增强了双方的感情，增加了对城管执法人员的信任。

2012年6月4日～6日，各街道、县城管执法局等相关单位在全县范围内开展规范占道晒粮行为的宣传活动。围绕治理工作的意义和目的、治理标准、工作措施和工作安排以及《城市道路管理条例》《山东省城镇容貌和环境卫生管理办法》等法规主要内容在县城各主要街道悬挂宣传条幅，充分利用报纸、电视台、网络、明白纸等多种形式进行广泛宣传，积极争取广大农民的支持和配合，为治理工作创造良好地舆论氛围。

2014年，积极开展“三进”活动，让城市管理“进学校、进社区、进企业”，并专门印制了城市管理相关规定，宣讲有关城市管理法律法规知识，与管理相对人进行面对面的交流，及时了解市民对当前城市管理的要求和看法，虚心地听取意见和建议，累计发放宣传材料3000余份，采纳市民有效建议20余条。

2015年上半年，利用《高青工作》、广播电视、政务网、内部《简报》等及时报道工作动态，增强市民群众城市保护意识，累计报道、刊登新闻信息300余条，悬挂宣传条幅200余条，设立咨询台2次，出动流动宣传车60余次，上门入户放发宣传资料2000余份，投资3万余元在青城路中段设置城市管理宣传灯箱24个，营造了浓厚的宣传氛围。

第六章　网格化管理

2013年3月，将城乡环境综合整治活动与迎接省级卫生县城工作相结合，把城区划分为104个网格，实行网格化管理，城区环境整治实现无缝隙、全覆盖。

3月19日，县委办公室、县政府办公室联合印发《城区环境集中整治实施方案》，决定从3月20日至4月20日，从市容环境、街道保洁、垃圾清运、公共厕所卫生、绿化美化、农贸市场、交通秩序等方面进行综合整治。

3月22日至4月30日，经过一个多月的城乡环境综合整治，县直21个部门和2个街道倾其所有人力、物力、财力、精力，凝聚合力、集中攻坚、全力突破，城乡环境面貌发生了翻天覆地的改观。

3月22日，县政府全体成员（扩大）会议召开。县政府班子成员，各镇镇长、各街道办事处主任，县政府各部门、各单位主要负责人参加会议。县委各部委、县人大办公室、县政协办公室、县法院、县检察院、县人武部负责人列席会议。会议的主要任务是认真剖析全县在巩固省级卫生县城成果及城乡环境综合整治方面存在的突出问题，对城乡环境综合整治活动进行再动员，对全县迎接省级卫生县城复审工作进行安排部署。

3月26日，县委常委、副县长李勇，副县长于双胜在县政府四楼会议室召集各督导组组长、各网格牵头部门分管负责人召开了迎接省级卫生县城复审及环境综合整治工作调度会。会议重申了迎接省级卫生县城复审及环境综合整治工作的重要性和紧迫性，分析了迎接省级卫生县城复审及环境综合整治工作的热难点问题，安排了下一步工作重点。

4月1日，县委常委、副县长李勇、副县长于双胜在县政府四楼会议室召集各督导组组长召开了迎接省级卫生县城复审及环境综合整治工作调度会，会议对省级卫生县城复审及环境综合整治工作进行部署，对督导组及各网格牵头部门下一步工作提出要求。

4月3日，县委常委、副县长李勇，副县长于双胜在县政府四楼会议室召集各督导组组长、各网格牵头部门分管负责人召开了迎接省级卫生县城复审及环境综合整治工作调度会。各督导组对各

研究“网格化”管理工作　　（2014年　摄）

给街头树木“松绑”　（2013年　摄）

网格阶段考核情况及工作进展进行了点评，会议对省级卫生县城复审及环境综合整治下一步工作及考核验收进行了部署，对各督导组、各网格下一步工作提出要求。

4月11日，县委常委、副县长李勇在党员活动中心二楼会议室召集各督导组组长、各网格牵头部门分管负责人召开了迎接省级卫生县城复审及环境综合整治工作调度会。会议对迎接卫生县城复审及环境综合整治前段工作进展情况进行了点评，分析取得的成绩，正视存在的不足，部署下一步的工作，对人大代表、政协委员视察考核情况进行了通报。

4月18日，迎接省级卫生县城复审及环境综合整治领导小组办公室召集各督导组组长、各网格牵头部门分管负责人召开了调度会，对迎接卫生县城复审及环境综合整治前段工作进展情况进行了总结，对环境综合整治考核工作进行了部署，对考核的原则、办法等进行了详细说明。

5月8日，召开全县城乡环境综合整治暨网格化管理工作会议，总结迎接卫生县城复审及城乡环境综合整治情况，安排部署全县网格化长效管理工作，动员全县上下迅速行动，精心组织，扎实做好城乡环境综合整治工作。县委常委、副县长李勇出席会议。全县104个网格分管负责人，各镇（街道办）分管负责人参加会议。

5月27日，全县网格化管理5月份考核情况通报会召开，会议对5月份考核情况进行了通报，对下一步网格化管理工作进行了部署。县委常委、副县长李勇出席会议，104个网格牵头单位分管负责人参加会议。会议指出，5月8日全县城乡环境综合整治暨网格化管理工作会议召开以后，各网格牵头单位主动作为，靠前指挥，投入大量人力、物力、财力，集中抓整治，合力抓突破，新进网格牵头单位进入角色快，原网格牵头单位发挥榜样示范带动作用，城乡面貌有了巨大改观。

6月21日，召开全县迎接省级卫生城市复审工作推进会议，县领导刘忠远、于双胜出席会议。县长刘忠远指出，前段时间，在全县各级各部门的共同努力下，在治理城市“脏乱差”以及加强群众宣传动员等方面做了大量工作，解决了一批城市老大难问题，城市环境面貌得到改善，迎审工作取得了一定阶段成果。

7月25日，迎接省级卫生县城复审暨网格化管理工作调度会召开，会议对部分网格的近期工作

清理卫生　（2013年　摄）

开展情况进行了点评总结，对下一步工作进行了部署。县委常委、副县长李勇出席会议，35家“双管单位”的网格分管负责人参加会议。

清理占道摊点　　　　(2013年　摄)

8月17日，为迎接省级卫生县城复审暨网格化管理工作进行联合检查，检查重点是上次反馈问题的整改情况、市容市貌、居民楼院、建筑施工工地、城乡结合部、商场(市场)、健康教育及病媒生物防治等。检查发现个别网格仍存在重视不够、整治不彻底等问题，如绿化带内垃圾不能及时清理、小区院落存在卫生死角、小广告清理不彻底等。要求各网格牵头单位针对反馈问题，进一步落实责任，加大整治力度，彻底解决存在问题。

8月21日，召开全县网格化管理工作推进会，县委常委、副县长李勇主持会议并讲话，各网格挂包单位分管负责人参加。会议通报了近期各网格环境整治工作考核排名结果，总结前期工作，安排部署下一步迎接省级卫生县城复审工作任务。

8月22日，召开迎接省级卫生县城复审重点工作推进第一次调度会，督导各项迎审重点工作推进情况。县委常委、副县长李勇作讲话，部分卫生整治网格挂包单位负责人参加会议。李勇在讲话中指出，当前全县迎接省级卫生县城复审工作已进入关键阶段，各有关部门单位要结合各自职责，扎实推进工作措施落实，确保全县迎审工作顺利推进。

8月23日，召开迎接省级卫生县城复审重点工作推进第二次调度会，督导各项迎审重点工作推进情况。副县长于双胜作讲话，部分卫生整治网格挂包单位负责人参加会议。在听取了各网格挂包单位环境整治工作进展情况后，于双胜指出，前期各单位在环境卫生整治中做了大量工作，取得了明显成效。下一步，各单位要再接再厉，在做好各自网格环境整治工作的基础上，进一步加强协调配合，共同解决影响省级卫生县城迎审工作的关键问题，全力打好迎审攻坚战。

8月28日，召开迎接省级卫生县城复审重点工作推进调度会，专题研究清河路环境整治问题。会议要求，清河路环境整治是全县省级卫生县城迎审工作的重点，各有关部门、单位要在前期工作的基础上，进一步明确责任落实，充实一线工作力量，强化时间节点要求，齐心协力，抓好工作落实。要搞好宣传，讲明政策，扎实做好群众工作，增添动力、形成合力，确保整治工作顺利开展。

2014年4月10日上午，县委常委、副县长李勇调度全县城市管理工作进展情况，李勇到部分网格调度网格整治工作进展情况，要求各网格牵头单位迅速进入工作状态，认真排查辖区工作重点与难点，组织力量迅速整改，以扎实有效的工作积极推动城市管理长效机制建设。李勇先后实地查看了第27.26.25.22.21.10.7.6等网格，详细了解各网格工作难点，并对网格整治工作作出强调。

2014年4月22日，召开专题会议调度城市管理职能部门工作进度，对下一步全县城市管理工作重点进行再部署。县委常委、副县长李勇出席会议。李勇指出，4月份城市管理长效机制建设工作启动以来，各部门认识提高，行动迅速，步调一致，城市管理工作目前看取得了初步成效。在今后的工作中，各职能部门要以更加认真负责的态度和严谨细致的作风，把城市管理工作牢牢抓在手中，迅速实现职能部门行业管理水平大幅提升，确保城市管理工作经得起全市检验和考评。

7月7日，召开网格牵头单位城市管理工作座谈会，全县107个网格以片区为单位进行座谈，汇报了第二季度网格整治工作经验，就辖区内的难点、重点问题进行分析，并提出了建议和意见。县领导李勇、于双胜出席部分片区座谈会。

7月11日，召开城市管理职能部门工作调度会，调度第二季度各职能部门工作进度，通报6月份全市城市管理工作考评结果，并就做好下一步城市管理工作作出强调。县委常委、副县长李勇出席会议。李勇指出，城市管理长效机制建设工作通过三个月的试运行，取得了较好效果，各项行业管理工作扎实推进。

7月16日，县委常委、副县长李勇调研城市管理工作，强调要明确整治重点，严格落实责任，提升工作标准，推进全县城市管理工作不断向纵深发展。自城市管理长效机制建设工作启动以来，全县107个网格单位结合网格实际制定了相关工作方案，积极进行网格整治，环境卫生状况进一步改善，城市管理秩序进一步规范，城市管理工作取得了初步成效。

8月14日，召开城市管理长效机制建设工作会议，通报6、7月份全市城市管理考评结果和两个月来全县网格整治工作情况，总结前段时期网格整治工作，查找问题不足，落实整改措施，安排部署下一阶段工作任务，推动全县城市管理长效机制建设再上新台阶。县委常委、副县长李勇出席会议并讲话。李勇强调，各网格牵头单位、职能部门要进一步认清形势、高度重视，把网格整治工作摆在突出位置，按照县委、县政府的部署要求，科学制定措施，强化沟通协作，持续深化网格整治，实现城市管理水平明显提高。要进一步理顺体制机制，强化组织和制度保障，细化任务分工，明确责任主体，解决好“专人抓、专人干”的问题。

2014年7月20日，召开网格牵头单位城市管理工作座谈会，全县107个网格以片区为单位进行座谈，汇报第二季度网格整治工作经验，就辖区内的难点、重点问题进行分析，并提出建议和意见，县领导李勇、于双胜出席部分片区座谈会。

2015年4月10日上午，县委常委、副县长李勇到部分网格调度网格整治工作进展情况，要求各网格牵头单位迅速进入工作状态，认真排查辖区工作重点与难点，加强与相关职能部门、辖区业主等的沟通，提出最优解决方案，组织力量迅速整改。

5月5日，县长刘忠远，县委常委、副县长李勇视察网格，对农贸市场、老旧小区改造、主次干道市容市貌、建筑垃圾消纳等城市管理重点和难点工作进行现场调研，对相关工作进行安排部署。此后每个月，县领导均抽出一定时间到网格现场调研，并分片区召开网格整治工作座谈会，广泛征求网格意见，分析难点，部署工作。

8月，县城管执法局牵头，各网格配合，对全县主次干道沿街商铺进行集中清理，规范户外广告、门头牌匾累计达2640处，清理门窗即时贴广告近2万处，城区主干道两侧建筑立面全部粉刷改造一遍。

第一节　组织领导

2013年3月，成立以县委副书记、县长刘忠远任组长，县委常委、副县长李勇和副县长于双胜任副组长的省级卫生县城复审及环境综合整治工作领导小组，成立常设办事机构，集中办公。

3月22日，召开县政府全体成员（扩大）会议，专题部署省级卫生县城复审工作，要求全县各级、各部门必须充分认识此工作面临的严峻形势，成立相应组织，强化组织领导，主要领导亲自抓，分管领导靠上抓。同时，结合深入开展城乡环境综合整治活动，集中力量，着力解决影响市容环境的重点、难点问题，确保顺利通过复审。健全定期会议、督导检查、工作考核等制度。坚持“边推进工作、边组建队伍”的原则，从县委办、县放府办、组织部、宣传部、卫生局、执法局抽调人员，组建综合协调办公室，负责全县省级卫生县城复审及环境综合整治工作的部署、协调、调度、考核，对整个工作开展起到了良好的牵头抓总作用。

省级卫生县城复审及环境综合整治工作领导小组

组　长：刘忠远（县委副书记、县长）
副组长：李　勇（县委常委、副县长）
　　　　于双胜（副县长）

领导小组下设综合协调办公室

主　　　任：王福春（县政府办公室主任）
常务副主任：张明光（县委办公室副主任）
副　主　任：刘道德（县卫生局局长）
　　　　　　刘国华（县城管执法局局长）
组　　　员：于振祥（县委考核办副主任）
　　　　　　吕　波（县政府督查室副主任）
　　　　　　张　波（县重点工作考核办公室科长）
　　　　　　吕正涛（县委宣传部干事）
　　　　　　郑兆祥（县卫生局干事）
　　　　　　樊　晴（县执法局综治办副主任）

省级卫生县城复审及环境综合整治工作领导小组办公室主要负责综合协调、会议组织、文件起草、通知下发、督查调度、业绩考核、信息宣传、档案管理、对外联系等工作。

结合新的卫生城市标准，提出“网格化”工作思路，根据地理布局和功能区分，按照“统一领导、属地管理、条块结合、集中整治”的原则，以道路为网格线，将县城区划分为104个网格，形成边界清晰、工作量相当的“迎审”责任网格，每个网格都确定1名县级领导挂包。凡纳入年度考核的部门和单位不论大小、职能强弱、人员多少，都承担一个网格的具体任务，形成部门进网格，人人有担子的工作格局。同时，明确网格牵头单位为网格管理工作第一责任人。主要职能：调动网格内所有单位积极性，抓好环境整治，督促各单位落实好“门前五包”责任；协调、督促城市管理主管部门职能作用的发挥和问题的解决；负责网格内无责任单位空白点的环境综合整治工作。

2015年7月，随着省级卫生城市通过验收，不在考评各单位网格化工作，网格化管理工作全面移交县城市管理委员会。

第二节　督查考核

一、明确牵头部门的责任

网格由26个大网格细分为104个小网格后，按照老旧小区数量、市政设施情况、人流量多少、环卫保洁覆盖情况等诸多因素区分网格工作量，将网格划分为工作量由小到大A、B、C、D、E五个等级。网格内的环境卫生、市容市貌等所有问题，均由牵头部门负总责，整体协调、督促、实施，各网格牵头单位主要负责人和一线责任人分别签订《迎接省级卫生县城复审工作承诺书》，对工作目标和承担责任向县政府作出承诺，接受社会监督。网格内责任单位按照门前五包的要求，抓好环境综合整治工作。牵头部门牵头包建整治网格，既亲自动手，又抓好协调指导，着力推进环境卫生、农贸市场、食品安全及“五小”行业等专项整治，落实健康教育、环境保护、传染病防控、病媒生物预防控制、社区和单位卫生管理等重点工作。牵头部门与责任单位之间注重沟通协调，密切协作配合，形成了整体联动，齐抓共管的格局。各网格牵头部门坚持一手抓专项治理、一手抓长效管理机制的建立，确保环境综合整治深入推进并取得明显成效。

二、明确督导责任

从相关部门抽调业务素质高、综合能力强的18名同志组成六个督导组，分别对应4～5个网格，分片督导检查每个网格工作开展情况。采取日常督查与专项督查相结合、领导督查与社会督查相结合、区块督查与部门督查相结合的方式进行督查，将督查结果列入年度目标考核和干部考核重要内容。各督导组每天到26个网格巡查，发现问题及时与责任单位、牵头部门联系，督促其限期完成环境卫生整改。各牵头单位每天下午5点前将所包网格的工作进展情况、典型做法上报督导组。督导组对所督导网格工作进展情况进行汇总、审核，然后报网格管理办公室。网格管理办公室每天汇总各督导组上报的情况，形成《简报》向各网格单位和县领导发送，对各网格责任单位形成高压态势。

高青县网格化工作中成立的6个督导组情况表

表6—1

督导组	成 员	网 格	负责人	分管负责人
督导一组	刘 军 郭 峰 杨 勇	3	田镇街道 李 永	
		12	县林业局 刘云勇	董行宝
		13	县药监局 王 学	王红梅
		16	县水务局 王建永	张行鲁
督导二组	高兴国 王 敏 李 园	1	县民政局 徐 伟	郑同章
		2	芦湖街道 董振利	李海兵
		4	田镇街道 李 永	
		5	田镇街道 李 永	
督导三组	邵爱芝 刘荣臣 樊国平	14	县计生局 朱巧莉	孙连东
		15	县文化局 杜丽娥	徐 波
		22	县卫生局 刘道德	祁守芒
		25	县教育局 刘清天	孙海翔
		26	田镇街道 李 永	
督导四组	张吉辉 张永祥 李晓黎	10	县粮食局 何新华	高 磊
		11	县交通局 邵先伟	李 宝
		17	油区工委 巩卫良	宋剑平
		18	县人社局 成学礼	高振伦
		21	县住建局 徐培华	赵兴福
督导五组	邵珠军 马 力 吴继刚	9	县农业局 王拥民	孙孝光
		19	县房管局 孙明昌	张尊海
		23	县环保局 袁 伟	王玉柱
		24	县财政局 孟 军	张玉刚
督导六组	魏传军 袁 明 于宗柱	6	县发改局 孙广新	何宗清
		7	县经信局 李绍文	孙金峰
		8	县审计局 张彩青	顾振岭
		20	县安监局 张卫军	赵学军

三、明确考核责任

集中整治月结束后，聘请专家进行一次考核，排名倒数第一的网格牵头部门主要负责人，要向县委、县政府写出书面检查，并在新闻媒体公开；同时，网格内相关责任单位也要问责。2013年5

月后，进入长效机制管理阶段，每月月底考核一次，连续2次倒数第一的，网格牵头部门年度考核一票否决；连续3次倒数第一的，对网格牵头部门班子进行适应性评估；全年总评倒数后2名的县直部门，年度考核一票否决；全年总评倒数第一的驻高单位，以县委、县政府的名义将其年度工作表现上报主管部门，不能评为县内的任何优秀先进。

四、成立督导检查组，定期督查通报

县政府制定迎接复审工作督查办法，把督查结果列入年度目标考核和干部考核重要内容，成立督导检查组，建立督查通报制度，定期督查通报。严格考核和责任追究制度，对在工作推动和整改落实中推诿敷衍、工作不力的给予通报批评，追究责任，确保各项工作措施落实全覆盖、管理无盲区。

五、建立网格管理长效工作机制

网格牵头部门为网格管理工作直接责任人，主要职责三方面：一是调动网格内所有单位积极性，抓好环境整治，督促各单位落实好"门前五包"责任。二是协调、督促城市管理主管部门（住建、执法、园林、环卫、工商、药监、电力等）发挥职能作用，解决问题。三是负责网格内无责任单位空白点的环境综合整治工作。网格内的环境综合整治不仅是牵头部门的职责，也是所有相关单位的责任。检查、考核成绩较差的网格，首先追究问题所在单位的直接责任，同时一并追究牵头部门的连带责任。

六、实行县级领导挂包责任制

每名县级领导挂包一个网格，26个网格中每个网格均有一名县领导挂包、一个县直部门或街道牵头直接包建整治。牵头部门组织实施，"门前五包"责任单位、相关职能部门、所辖街道办负责落实的工作机制。挂包领导负责挂包网格整治工作总体部署，调度整治工作进展情况，协调处理整治过程中出现的疑难问题，督促相关部门、单位责任落实；牵头部门负责问题排查、分解、派遣及督办，并及时向挂包领导汇报工作进展情况；"门前五包"单位负责处理责任区内各类问题，有关职能部门负责处理"门前五包"单位责任区以外的各类问题，相关街道办负责辖区内城郊结合部、城中村环境综合整治工作。

县级领导挂包网格安排表

表6—2

挂包领导	牵头单位	网格	责任单位(门前五包单位)
刘忠远	田镇街道办	3	一中民主街　瑞景园小区金色家园　田发公司　田镇教育小区至诚景园　兴隆花园轿车修理厂
	林业局	12	民政局　司法局　林业局　实验小学　滨渤活塞　公路局宿舍
边江风	芦湖街道办	2	苗家三清甲鱼　石坡庄村居委会
李　勇	田镇街道办	5	和平街和平家园　田镇净化站
	发改局	6	交警大队　田镇街道办　福利中心　恒丰纺织　奥美动力　谦津电子　盛佳包装　钜创公司　彩韵家园
	经信局	7	四中　瑞丰园　金长江

续表 6－2

挂包领导	牵头单位	网格	责任单位(门前五包单位)
孙英涛	粮食局	10	行管局 检察院 公安局 粮食局 水产局 供销社 新华书店 教育局 二中 公安小区
	交通局	11	文化局田镇供销社 党员活动中心供电公司华盛商场长途汽车站南方家私电力宿舍华盛商厦 中联商厦 商业宾馆 剧院
满 军	计生局	14	芦湖公园管理处 芦湖小区 银铃世家 水岸名都 田盛园 齐林家园 芦湖名都 星光公司宿舍
	田 镇街道办	26	李星耀居委会 千乘园 官庄居委会 青苑纸业 水闸管理处 丽村热电 苏州街商务会馆
崔玉栋	审计局	8	交通局 执法局 技术监督局 农发行 田镇供电站 市政公司 李官居委会 晟晋气站 通威饲料
	安监局	20	耀微玻璃 液化汽站 星耀小区 金捷燃气检测站
耿庆玮	民政局	1	县气象局 苗家村委会 流云纺织 维纳锶滨海集团 针巧经编 万众科技
	田 镇街道办		盐政公司 建设街居委会 田兴建工 结防所 胜利街居委会 建设街 胜利街 中心小学幼儿园
张守伟	环保局	23	田镇经济园管理办公室 顺吉饭店 田镇防保站 亚细亚酒店
	财政局	24	武装部 地税局 芦湖街道办 齐商银行 御泉香墅 经济开发区
高连家	人社局	18	人社局 农信社 联通公司 兴隆建工 流云小区 流云纺织 兰骏集团 农行宿舍
	住建局	21	住建局 经信局 残联 工商银行 扳倒井小区 田镇信用社 蓄牧局 民政局小区 官庄商场
刘 军	水务局	16	财政局 审计局 国税局 广电局 农行 医院宿舍 邮政银行 金都花园 地税宿舍 建行宿舍 苑青宾馆
	油区工委	17	水务局 建筑公司 党校 电影院 工商所 计生局 迎宾馆 黄河建工
于双胜	药监局	13	药监局 农机局 民主街居委会 招商局 县医院 众益花园 烟草公司 妇幼保健院 拖拉机站 黄河建工小区
	卫生局	22	卫生局 干休所 法院 工商局 建行 供热站 侨联汽修 人行财产保险 扳倒井国井苑 侨牌小区
张亮云	农业局	9	油区工委 农业局 国土局 环保局 河务局 房管局 体育局 自来水公司 丝绸公司 科技局 家得利商场 金太阳酒店 邮政局 供热站 鑫瑞园 馨园小区 城西小区(北区)
	房管局	19	老干部活动中心 住建局等单位小区 消防大队 实验中学 县城派出所 城西小区 青苑纸业 曼顿纺织
张欣欣	文化局	15	鲁群纺织 天艺达针织 鸿丰纺织 金海针织 邦德陶瓷 鑫盛源木业 永盛新材料
	教育局	25	开发区派出所 石油公司 布莱凯特会馆 变电站 千乘湖公园管理处 侨牌集团 玉博林纺织

说明:责任单位包含门前五包单位的下属单位、相关联单位,其他未涉及区域有牵头单位负责组织、管理

七、加强考核

把城市管理工作纳入县委、县政府年度目标考核管理，考核比重占到对单位千分制考核的150分，并作为单位年终评先树优的重要依据。县委考核办公室、县重点工作考核办公室负责研究制定考核办法，由县卫生局、县住建局、县城管执法局、县药品食品监督管理局等部门组成考核队伍，采取日巡查、周督查、月考核方式督促各项工作落实。城区集中整治考核工作与城乡环境综合整治、省级卫生县城复审、创建国家级园林县城等工作相结合，发挥舆论监督作用，定期通报工作进度，彰先促后，推动落实。

八、严格奖惩

采取每月一考核排名，在考核中，月底排名倒数第一的网格牵头部门主要负责人，要向县委、县政府写出书面检查，并在新闻媒体公开；连续2次倒数第一的，网格牵头部门年度考核一票否决；连续3次倒数第一的，对网格牵头部门班子进行适应性评估；全年总评倒数后2名的县直部门，年度考核一票否决；全年总评倒数第一的驻高单位，以县委、县政府的名义将其年度工作表现上报主管部门，不能评为县内的任何优秀先进。为提高各单位对城市管理工作的重视程度，县财政专门拿出600万元用于城市管理考评奖励，每月进行考评，兑现奖惩。网格整治工作启动之初，对全县107个网格牵头单位分别发放了1万元补助资金，从第二季度开始进行逐月考核，分四个片区按季度进行排名奖励。按照年初制定的考核办法，根据工作实际，将每片区前十名奖励资金提高到1.5万元。每片区末三名单位不发放奖金，并要求网格牵头单位制定整改方案，限期完成整改。以城市管理长效机制建设为总抓手，统筹推进生态高青建设和国家级卫生县城、国家级园林县城、全国绿化模范县“三城同创”工作，建立完善“大城管”体制机制，全面提升城市管理水平。

第三节　宣　传

各网格单位、各职能部门宣传各自在整治工作中的好经验、好做法、好典型，县电视台、报社等新闻媒体深入一线采访报道，形成舆论宣传上的强大声势。2015年5月上旬，县城管办下发《关于进一步加强城市管理宣传工作的通知》，把宣传工作列入各网格、各职能部门考评内容，计入考评总分，要求新闻媒体要在重要版面和位置开设专栏，在报道城市管理正面典型的同时，开辟曝光台集中曝光一批反面典型，以此来加强舆论监督、推动整治进度、促进工作开展。6月13日，印发《共建品味城市、扮靓美丽高青——致广大市民的一封信》，首批印制5万份，通过网格下发到各商户、居民小区，同时通过学生转带明白纸进行宣传。城区主要电子屏选择时段滚动播出城市管理相关标语，提高市民对城市管理相关工作的知晓度。广泛发动社会力量参与，发挥工青团妇等社会团体的作用，广泛宣传建立“大城管”机制的理念。通过“爱我家园”志愿者协会等进行宣传带动，引导群众强化家园意识、文明意识和公德意识，形成全民积极参与、共建共享美丽家园的良好局面。

集中整治活动宣传　　（2013年　摄）

第四节　工作成效

一、环境卫生明显改观

开展垃圾专项整治、经营秩序专项整治、市场专项整治、公厕专项整治、广告牌匾专项整治等活动19个，修补硬化路面7600余平方米；绿地卫生集中清理80余次，补绿6660平方米，植绿3000余亩；清理三不管地带垃圾4000余吨；配备更换新型垃圾箱(桶)300个、新上垃圾运输车10辆，生活垃圾清运达100%，无害化处理率达100%，卫生保洁、垃圾清运、设施维护等制度健全；清理城市“牛皮癣”4.5万余处，粉刷墙体3万余平方米；新建改造大型农贸市场5处，清理马路市场70余处。城区垃圾箱等垃圾收集设施全部修整更换一遍，城区公厕全部改造提升一遍，日清运垃圾达70吨，年累计清运垃圾量达2.6万吨。城区主次干道全部实现机械化保洁，全县建成8处垃圾压缩中转站，配备垃圾清运车及垃圾转运车等，清运范围覆盖全县所有村庄，基本建成“村集、县运、市处理”的城乡环卫一体化体系，生活垃圾清运率、无害化处理率均达100%，城乡环境“脏乱差”现象得到根本扭转。

二、市容市貌焕然一新

新建星耀农贸市场，集中整治了城区西部马路市场、流动摊贩、店外经营等现象。清理占道经营180处，其中黄河路西首马路市场、清河路建材市场等多处城区市容“老大难”问题得到了彻底根治。严格城市规划执法，县住建、规划、城管、公安等部门联合开展拆违专项行动，依法拆除并处罚乱搭乱建40余处。组织开展了全县卫生消杀灭集中活动，全县出动消杀灭人员3万余人次，设置毒饵站2000余处，消杀面积80%以上，喷洒消毒液2吨，清除蚊蝇滋生地2.6万余处，印发宣传单、宣传画册等宣传资料1.4万余份，展出展板175余块，接受群众咨询6300余人次。

三、空气质量大幅改善

在城市管理中重点治理扬尘污染，实施了城市裸露土地绿化工程。截至2015年8月底，城区新增绿化面积48.9万平方米，新植苗木156万株。严格建筑渣土管理，规范渣土清运行为。办理渣土清运及处置手续30件，共处罚带泥上路车辆280台(次)，运输建筑垃圾沿街撒漏车辆130台(次)，有效预防了建筑渣土扬尘。2015年上半年，高青县空气质量良好天数名列全市前茅。

四、城市秩序井然有序

城市基础设施日趋完善，采取BT、BOT等运作模式，城区主干路全面完成升级改造。城区道路交通标志线全部粉刷更新一遍，在重点路段安装交通隔离护栏，科学规划城区停车场和停车位，严查乱停乱放，交通秩序明显改善。建立了骨干道路和重点部位全覆盖的视频监控系统，城市管理开始迈入数字时代，管理更加快捷高效。

整治后的“烧烤一条街”　　(2013年　摄)

第五节 验 收

2013年6月21日，邀请省爱卫会专家，对迎接省级卫生县城复审工作进行点评指导，县网格化管理办公室对重点问题进行汇总整理。各位专家通过查看网格图片、实地查看、听取汇报等方式，了解高青网格化管理工作，指出存在的问题，提出整改意见。各网格仔细排查问题，按照专家建议及时整改。2013年9月～11月，山东省爱国卫生运动委员会对枣庄市等20个在1996年～2000年期间命名的省级卫生城市和县城进行检查，对济宁市等9个在2012年复审中暂缓命名和通报批评的省级卫生城市和县城进行复审，10月对高青县进行复审检查，确认高青县达到省级卫生县城标准，重新确认为省级卫生县城。

第六节 城市管理委员会

2014年4月1日，淄博市政府印发《关于加强城市管理长效机制建设的意见》，要求理顺城市管理体制，创新城市管理模式，提高城市管理效能。为保障工作顺利进行，成立城市管理委员会（简称“市城管委”），承担对全市城市管理工作统一领导、组织等具体职责。市城管委成立后，落实区县主体责任，强化部门监管职责，加大考核奖惩力度，形成条块结合、以块为主“两级考核、三级管理、四级网络”的城市管理新格局。

2014年3月31日，高青县成立由县长任主任，县委常委、分管副县长任常务副主任的高青县城市管理委员会，委员会下设办公室，朱巧莉兼任办公室主任，办公地点在文化路北原工商银行营业厅。

中共高青县委　高青县人民政府
关于成立高青县城市管理委员会的通知

高委〔2014〕25号

主　　任：刘忠远（县委副书记、县长）
常务副主任：李　勇（县委常委、副县长）
副 主 任：满　军（县委常委、组织部部长）
张守伟（县委常委、宣传部部长）
高连家（县委常委、政法委书记）
于双胜（县政府副县长）
张亮云（县政府副县长）
执行主任：朱巧莉（县政府党组成员、县油区工委书记）
成　　员：刘卫东（县纪委副书记、监察局局长）
付会民（县委办公室副主任、县考核办主任）
孟繁国（县委宣传部副部长）
张俊堂（县委组织部重点考核办公室主任）
徐　伟（县政府办公室主任）
祝孝刚（县政府办公室副主任、督查室主任）
孟　军（县财政局局长）
徐培华（县住建局局长）
邵先伟（县交通运输局局长）
王建永（县水务局局长）
张玉江（县卫生局局长）
袁　伟（县环保局局长）
董振利（县食品药品监管局局长）
孙旭光（县城管执法局局长）
曹　军（县服务业办公室主任）
刘恒波（县广电局局长）
何　锋（县房管局局长）
王洪升（县工商局局长）
张兆军（县交警大队大队长）
刘　博（县供电公司经理）
吕福海（县政府法制办公室主任）
王建泉（经济开发区管委会常务副主任）

李　永(田镇街道办事处主任)

张明光(芦湖街道办事处主任)

王其凯(花沟镇镇长)

县城市管理委员会下设办公室,朱巧莉同志兼任办公室主任。

中共高青县委

高青县人民政府

2014 年 3 月 31 日

2014 年 4 月 1 日,召开全县城市管理长效机制建设工作会议,传达全市城市管理长效机制建设工作会议精神,安排部署全县城市管理及网格整治工作,动员全县上下迅速行动,广泛参与,精心组织,落实城市管理长效机制。会上制定出台了《高青县城市管理考评办法》,同时对市容市貌集中整治方案进行了部署。

4 月 1 日下午、2 日上午,县委常委、副县长李勇连续召集新闻宣传工作调度会、职能部门工作调度会,分门别类对加强城市管理工作作出部署。

4 月 22 日,县委常委、副县长李勇召开职能部门工作调度会,摸排 4 月份城市管理工作进度,对下一步工作提出要求。

6 月 11 日,召开城市管理长效机制建设工作会议,通报 4、5 月份全县 107 个网格划片考核结果,部署下一步城市管理和网格整治工作重点。县委常委、副县长李勇出席会议并讲话,副县长于双胜主持会议。

第七章　园林绿化

高青县园林绿化工作起步较晚。1978 年以前，城区树木由所属单位和个人管理。

1985 年以前，城区绿地非常少，城区绿地（道路行道树）建设由县公路管理站负责。

1985 年，成立县城建设管理办公室，兼管园林绿化工作。

1986 年，城区绿地（道路行道树）建设管理归县建委城建管理办公室负责，没有专门设立园林绿化管理机构。

1986 年，对沿路单位门前实行“三包”（包规划种植、包绿化管理、包计划更新改造）制度，定期检查。

1990 年 5 月，成立县环境卫生管理所，园林绿化养护工作由县环境卫生管理所负责。

1992 年 5 月，国务院颁布《城市绿化管理条例》，县城园林绿化建设和管理逐步走向法制化轨道。同年，与县城沿街 53 家单位签订“绿化三包”（包栽、包活、包管理）责任书。

1993 年 12 月 14 日，成立高青县园林绿化管理处，单位级别为副科级，单位性质为自收自支事业单位，编制 5 人，隶属于高青县住建局，是高青县园林绿化建设、管理的职能机构，主要负责县城各道路绿化、游园绿地、公园绿化及单位庭院绿地管理、园林绿化工程建设施工、单位建设项目绿化规划验收及高青县风景名胜区管理工作。全处共有正式职工 8 名，办公地点在县建委四楼，汪以然为园林处主任。

1994 年，县政府制定《高青县园林绿化管理暂行办法》，县园林绿化管理处增加编制 1 人。

1994 年 3 月 29 日，县政府印发《高青县园林绿化管理暂行办法》，对县城园林绿地的规划与建设、养护与管理、奖励与处罚作出明确规定，由县园林绿化管理部门统一负责。同时，对各部门、各单位的园林绿化管理与养护工作落实“门前三包”责任制。

1995 年，委托淄博市园林处编制《高青县城市绿化总体规划》和《大芦湖风景区规划》。淄博市委、市政府提出到 2005 年实现创建国家园林城市目标，高青县积极参与创建国家园林城市工作，实施了道路绿化、庭院绿化、绿地建设三位一体的绿化格局。

高青县国土局庭院绿化　　（2009 年　摄）

园林“理发师”　　　　　（2013 年　摄）

机械。

2002 年起，实行建设项目绿化规划许可证制度，将园林绿化纳入基本建设程序。2002 年，全县共有绿地面积 120 公顷，绿地率 23.3%，绿化覆盖率 27.6%，人均公共绿地面积 5.1 平方米。

2003 年 2 月 13 日，高青县被淄博市人民政府评为“绿化工作先进(区)县”。

3 月 11 日，县建设局、县文明办联合下发《关于继续开展创建绿色文明家园活动的实施意见》，在全县广泛开展创建绿色文明家园活动，并对创建活动提出具体任务和目标。

是年，有 27 个单位、居住区被评为“绿色文明家园”。

2004 年年底，县园林处共有专职绿化执法管理人员 8 人，处理违反园林绿化管埋规章事件 80 余件，取缔在公共绿地内开设商业网点 4 处。

2006 年年底，县城区绿化覆盖率 33%，绿地率 28.2%，人均公共绿地面积 8.7 平方米。

2007 年 9 月 30 日，芦湖公园建设项目被山东省建设厅授予“山东省园林绿化优质工程奖”。

2008 年 3 月，根据《高青县城市总体规划》编制完成了《高青县城市绿地系统规划(2008～2020)》和《高青县生物多样性保护规划》。同年 3

1996 年，实施道路绿化、庭院绿化、绿地建设三位一体、全面启动绿化战略。

1998 年，对县城区部分沿街单位实施“拆墙透绿”工程。

1999 年 1 月，县园林绿化管理处被淄博市建设委员会评为完成城市绿化目标责任“先进单位”。同年，被淄博市建设委员会评为城市园林绿化管理杯竞赛活动第一称号。

2000 年 1 月，县园林绿化管理处被淄博市建设委员会评为完成城市绿化目标责任“先进单位”。

2001 年，采用“敞开式”建设模式，组织实施高苑路沿路单位“拆墙透绿”工程。高青县实施“绿色图章”制度，明确城区规划内所有新建、改建、扩建项目必须达到绿化指标要求，将园林绿化纳入基本建设程序。

是年 2 月 27 日，高青县被淄博市人民政府评为“绿化工作先进(区)县”。

2001 年 9 月，成立高青县锦绿园林绿化服务中心，属县园林绿化管理处内部企业，负责城区各类绿地的养护及绿化工程建设。主要雇佣劳务工进行绿地护养及绿化工程建设，有少量平剪、草坪机、发电机等养护

园林养护　　　　　（2012 年　摄）

月18日，经高青县人民政府批复实施，城市绿地形成“双环双网，环网相叠；三园三轴；绿廊导风；多园连线；四水相映，绿水成系”的绿化网络体系。

2008年，索军任园林处主任，办公地点迁至千乘湖生态文化园。

2009年2月，召开全县创建省级园林城市动员大会，成立创建省级园林城市领导小组，下发《高青县创建省级园林城市实施方案》，明确创建省级园林城市的意义、目标和任务。

2009年，县建设局派员参加省级园林城市创建工作座谈会，汇报高青县创城工作进展情况。

8月，县千乘湖生态文化园被水利部授予“国家水利风景区”荣誉称号。

9月15日～9月16日，省创城领导小组到高青县验收创建省级园林城市工作，验收顺利通过。

9月26日，被千乘湖生态文化园淄博市旅游局评定为“国家AA级旅游景区”。

12月10日，高青县被山东省人民政府授予“山东省园林城市”称号。同年，高青县破硬造绿行动被山东省城住房和城乡建设厅评为“山东省人居环境范例奖”。

2009年，成立高青景泰园林绿化有限公司，隶属于县千乘湖生态文化园管理处。

2010年1月，高青县华宇园林有限公司和高青县春韵园林绿化有限公司合并为淄博馨泽园林绿化工程有限公司。

2010年6月10日，淄博市园林管理局下发《关于申报2010年度市级园林工程优质奖的通知》，县城区芦湖路南延绿地建设项目、东环路水系绿地建设项目均上报参加市级园林工程优质奖评选活动。同年9月25日，县千乘湖生态文化园被山东省旅游局评定为“国家AAA级旅游景区”，为高青县旅游事业发展增添了新的平台。

2012年3月，县园林管理处更名为县园林绿化管理局，同时由副科级升格为正科级；县芦湖公园管理处由股级升格为副科级；将县芦湖公园管理处、千乘湖生态文化园管理处划归县园林绿化管理局管理，全局正式职工12人，魏学锋担任园林局局长。

2013年2月，召开创建国家园林县城动员大会，拉开了创建国家园林县城工作的序幕。

2014年1月14日，召开全县生态高青建设动员大会，主要任务是研究部署2014年生态高青建设任务，县领导徐培栋、刘忠远、白明河、于新华、边江风、李勇、孙英涛、满军、耿庆玮、张守伟、刘军、于双胜、张欣欣、王福春出席会议。

2014年9月，根据省委推进市县五领域大部制改革精神，在城市管理领域，高青县推行“大城管”体制，高青县园林局整建制划转高青县城市管理行政执法局。

2015年4月23日，县委办公室、县政府办公室联合印发《2015年度生态高青建设和环境保护专项行动计划》(高办发〔2015〕14号)，确定在全县开展城区绿化专项行动，主要内容是对城市小区空闲地、裸露地进行绿化补植，加快园林绿化项目建设进度，并完成国家园林县城创建工作。

8月28日，山东建筑大学处长李瑞杰、威海市园林局副局长宋协明一行到高青县视察指导国家园林县城创建工作。市园林局局长户新军、县城管执法局局长孙旭光、县园林局局长魏学锋等人陪同调研。李瑞杰一行从道路绿化、居住区绿化、河道绿化、公园建设、环城水系建设、生活垃圾处理、污水处理等多个方面实地参观考察国家园林县城创建工作。

2015年8月，高青县城建成区面积15平方公里，建成区总人口7.01万人，建成区绿化覆盖面积达521.96公顷，园林绿地面积464.49公顷，公共绿地面积达到155.59公顷，绿化覆盖率达到42.23%，绿地率达到37.58%，人均公园绿地达到22.19平方米。

第一节　园林规划

一、园林规划工作

自1993年园林处成立至2005年，城区绿化建设较少，城区中心路、文化路、黄河路、高苑路、齐东路等道路绿化工程，青西游园、文体游园、十二生肖游园等游园建设工程均由园林处组织规划设计及施工。

2005年以后，随着城市建设的加快和城区范围的不断扩大，园林绿化工程不断增多，开始聘请专业的园林设计单位对城区绿化工程进行规划设计。是年，聘请天津园林规划设计院规划设计了高青县第一个综合性公园——芦湖公园。该公园于2005年11月开工建设，2006年9月28日正式建成并对外开放。

同年，天津园林规划设计院完成了潍高路城区段绿化工程的设计。该路段总长3600米，绿化面积33.3万平方米，绿化过程中注重乔、灌、花、草合理配置，采用大手笔、大色块的设计思路，绿化布局上是外高内低，层次分明，展现出绿量饱满、层次错落、色彩丰富的园林景观。

2006年，委托武汉园林规划设计院完成芦湖路（清河路—黄河路）的绿化景观设计，两侧绿化宽度各为21米，绿化风格特色鲜明，园林艺术效果突出，以花坛、绿化组团为基调展现出富有韵律的空间变化和简约精致的景观特色，绿地内布置了紫藤花架、天鹅雕塑、休闲广场和草坪灯等景观设施，散步其中，有一种温馨、舒适和浪漫的感觉，为附近居民的休闲娱乐提供了良好的绿色空间。

2008年1月，由上海同济规划设计院规划，夏威夷DGH设计顾问公司设计，进行千乘湖生态文化园规划。千乘湖生态文化园在原有北支新河基础上，建成集环保治污、平原水库、生态恢复、景观建设于一体的综合性工程。该工程于2008年4月开工，2008年9月20日竣工，共开挖土方110万立方米，清理污泥40万立方米，完成建设面积100.2公顷，其中湖面33公顷、绿地67.2公顷，栽植苗木120多种、15万多株，其中百年以上古树16株，安装各类灯饰1100盏，总投资1.1亿元。

2009年，由天津园林规划设计院和高青县建筑设计院共同完成了芦湖路南段（清河路至南外环）的景观绿化设计，芦湖大桥以南道路两侧设计种植双排行道树，两侧绿化带各宽12米，道路中间设计7米宽绿化分车带，整体布局体现出大绿量、大色块、景观优美、绿量丰富的景观效果，给人以明快舒朗的视觉感受，是高青县一条具有时代特色的园林绿化景观道路。

2010年，委托济南园林集团景观设计有限公司规划设计了东环水系。东环水系是高青县环城水系建设的一部分，位于县城东环路东侧，南起清河路，北至支十七排，总长1300米，宽110米，面积13.8公顷。该工程于2010年4月份开工建设，2011年5月份竣工，包括河道开挖、地形塑造、驳岸砌筑、景石摆放、园路广场铺设、木栈桥、廊架、景观平台等景观设施建设及绿化生态恢复等建设内容。

2012年，由高青建筑设计院设计完成了西一路绿化，由山东景园规划设计有限公司设计完成了高淄路绿化，两侧控制绿化宽度100米，以景观苗圃的形式进行绿化建设。

芦湖公园　（2012年　摄）

是年5月，由上海城西城建工程勘测设计院有限公司设计完成高青县黄河路北侧（东环路至四号路段）景观绿化工程，该工程是县委、县政府确定的2012年城建重点项目，于2012年8月3日开工，2013年5月竣工，并获得2013年度“淄博市园林绿化优质工程奖”。

是年6月，由天津园林规划设计院完成支二十三排及黄河

黄河路道路绿化 （2009年 摄）

路与唐北路节点景观方案的设计。

2013年，委托济南园林集团景观设计有限公司规划高青县环城水系工程，对东环水系北延、东环水系南延、东外环水系、干二排景观水系、支十七排水系、北一路西延水系、北支新河下游拓宽改造工程、支六排水系8条水系进行景观绿化设计。依托外环路建设，利用现有河道，对河道拓宽开挖，连接成环状，进一步将城内湖泊串联，引黄河水入城，同时，在河道两侧进行绿化美化和点缀景观、人文历史等文化元素，彰显高青历史文化特色，建成环、线、片结合，水、绿、景相融的水系格局。在构建城市大水系的同时，规划建设社区水系，逐步把高青建设成为既有大水系，又有小水系，城中有水，水边安家的江北水城。

同年7月，结合国井古镇、生态文化园旅游、颐阳文化园项目建设，委托济南园林景观设计院对城区东部水系、南部水系、北部水系建设及东环路绿化、高苑路西延绿化、文体游园提升改造三处绿地进行规划设计，并多次进行修改、论证，总景观绿化面积9.86万平方米。

道路绿化 （2009年 摄）

是年，委托江西农大设计院规划设计完成西北绕城线绿化工程、唐北路及青城路西延绿化工程。西北绕城线绿化工程是高青县2013年确定的城市园林重点工程项目，是环城水系建设的一部分，东起广青路与东外环路交叉口、西至北支新河（西外环路），全长11.8公里，该工程于2013年2月开工建设，2013年10月完工。

2014年，委托北京美在江山文化传媒有限公司拍摄制作创建国家园林县城DVD汇报片及电子画册，已于2015年6月制作完成并上报住建部。

同年6月，由山东景园规划设计有限公司完成高淄路与南外环三岔路口绿化景观工程设计，景观绿化面积7200平方米。

2015年5月14日，召开《绿地系统规划》专家评审会，并顺利通过专家组评审。

二、2008年～2020年城市绿地系统规划

2008年3月，高青县政府委托山东景园规划设计有限公司编制完成了《高青县城市绿地系统规划（2008～2020）》和《高青县生物多样性保护规划》，同年3月18日，经高青县人民政府批复实施。《高青县城市绿地系统规划》所界定的规划区范围与《高青县城市总体规划（2004～2020）》所批准的规划区范围相同，总面积2020年为19.12平

方公里。近期建设规划期限为2008年～2012年，远期规划期限为2013年～2020年。

规划的总体目标是：以创建生态园林城市、建设良好人居环境为目标，形成有机联系的绿地系统，力争打造河环水抱、生态宜居的水韵之城。近期目标（2012年）突出特色，发挥优势，提升城市形象，创建国家级园林城市。远期目标（2020年）充分利用自然优势，结合品牌塑造，展现生态宜居水韵高青特色，创建生态园林城市。

县域大环境绿化结构布局为：结合自然环境，划分城市生态功能区，搭建县域生态蓝带和生态廊道，以构成“一城两湖；两廊六带；水网覆盖”的绿地生态结构体系“一城”即中心生态文明城区；“两湖”即大芦湖水库和天鹅湖区域；“两廊”即北部黄河生态风光廊道、南部小清河防护廊道；“六带”即县域内主要道路两侧的生态防护林带；“水网覆盖”即县域内主要河流、沟渠两侧的生态防护带。县域大环境绿化规划布局以田镇为核心，在远景规划城区范围周边建设环城绿带，改善城区生态环境。以县域东北部大芦湖水源地为依托，结合天鹅湖、引黄干渠建立县域东部水源地保护区，建设水源防护林、生态林，涵养水源，维护区域生态平衡。城区外县域西部和南部农田林网建设突出，规划以河流、道路为骨架，建设城郊生态保护区、风景林带、水源涵养林、观光农业园等生态景观绿地。依托县域现有北部黄河风情游憩区、黄河河务段苗圃；南部小清河防护林带、淄博市苗圃和高苑林场，进一步健全、恢复、强化，发展县域东部和西部生产防护绿地，构筑整个高青县县域的大环境绿化，形成高青县的外围生态保护圈。

城市绿地系统结构布局依托现状形成“一轴一廊三园、一环五湖水韵绿城”的绿化网络体系。“一轴”为南北向贯穿行政中心的由公共设施和广场绿地组成的绿色空间轴。“一廊”指以北支新河为主体的滨河生态景观绿廊。“三园”指建成区内规划的三个10公顷以上的公园绿地。“一环”即环城河防护绿带。“五湖”指城区外围的四处水面，与城中的千乘湖公园水面，形成东南西北中五位一体的水景。水与绿的完美结合，塑造了高青县的水城、绿城的城市特色和水美、绿美的城市风貌。

三、重新修编2008年～2020年城市绿地系统规划

2015年，委托山东建大园林规划设计中心重新修编完成《高青县城市绿地系统规划（2015～2020）》。到规划期末，高青县城区城市绿地系统框架结构为“城水相依、水绿相间、一带穿城、四轴连景、五园辐射、多点均布”。

一带：贯穿高青中心城区的东西向北支新河滨水绿化带。

四轴：通过对黄河路两侧景观绿地的改造完善，作为沟通中心城区东西区域的道路绿轴；通过对青苑路、芦湖路、东环路两侧的景观绿地的打造及完善，作为沟通中心城区南北区域的道路绿轴。

五园：指的是高青县中心城区千乘湖生态公园、温泉休闲公园、湖滨生态公园、芦湖公园公园、植物园五个大型公园。

多点：高青县中心城区内的社区公园、专类公园、街旁绿地等。

在以后的园林工作开展中，根据高青县园林绿

绿地养护

化建设管理现状与发展目标严格执行《高青县城市绿地系统规划》，使园林绿化的规划设计、建设施工、养护管理等都有理有据更加规范。

第二节 道路绿化

1978 年，城区道路两旁植有少量柳树、杨树。

1985 年以前，道路绿化工作由县公路管理站负责，县城主要街道两旁开始种植法桐、白蜡等景观树种，城区绿地较少。

1985 年，县城 6 条主要街道（中心路、文化路、清河路、高苑路、青城路、黄河路）两旁植有法桐、白蜡、杨树等，黄河路、文化路人行道内侧建有花池，栽有蜀桧、大叶黄杨等。

1986 年，县城区绿化，包括道路行道树建设管理归县建委城建管理办公室负责，没有专门设立园林绿化管理机构。

1987 年起，先后对黄河路、文化路、高苑路、青城路、齐东路进行道路绿化，以种植白蜡、法桐与垂柳为主。

1990 年，中心路两侧种植行道树 1066 株。

1991 年实施县城中心路改造，在中心路两侧各建宽 2 米的绿化隔离带，并栽植冬青。

1992 年，补植中心路两侧行道树法桐。

1993 年，成立高青县园林绿化管理处。

1994 年，先后对青城路（文化路—齐东路段）、齐东路（黄河路—青城路段）、黄河路（齐东路—唐北路段）进行绿化充实，栽植行道树白蜡，对黄河路分车带进行绿化，种植冬青，中心路分车带及黄河路转盘以东种植草坪草马尼拉。

1995 年，黄河路（唐北路—西环路段）栽植行道树垂柳，西环路（黄河路—广青路段）种植行道树白蜡，青城路（文化路—芦湖路段）栽植法桐。

1996 年，青城路（齐东路—青苑路段）种植行道树法桐，齐东路（青城路～清河路段）种植景观树种白蜡。

1997 年，高苑路（齐东路—青苑路段）种植行道树法桐。

1998 年，青苑路（黄河路—清河路段）种植法桐。

1999 年，实施黄河路改造工程，完成分车带绿化 4000 平方米，补植绿篱 1000 米，新植低矮花木 5 万余株，形成红绿黄相间的绿化效果。沿街单位完成门前及院内绿化 2.8 万平方米，实现单位小景与县城大景的有机统一，建成本县第一条高标准绿化道路。

同年，实施青城路改造工程，绿化面积 3.47 公顷，建设资金 277.6 万元，管养资金 7.6 万元。

2001 年，实施高苑路改造和充实提高工程，绿化面积 7.99 公顷，补植扶芳藤绿篱，金叶女贞、红叶小蘗等苗木，建设资金 799 万元，是年 10 月竣工。

2002 年 7 月，中心路分车带绿化工程开工，9 月竣工，绿化面积 6000 平方米，移植原有乔灌木 1000 余株，栽植扶芳藤、金叶女贞、红叶小檗等苗木 7.2 万株。是年，道路绿化面积 45 公顷、植行道树 6189 株。

2003 年，在滨博高速唐坊出入口处进行绿化。

2004 年，对蒲台路、黄河路、中心路等道路进行绿化，栽植合欢、法桐、白蜡、国槐、紫叶矮樱等苗木。

2005 年，对黄河路东段、东外环路及经济开发

高苑路道路绿化 （2013 年 摄）

绿树成荫的黄河路　　（2009年　摄）

贞球、大叶女贞、龙柏、扶芳藤、合欢等乔灌木22188株。对黄河路西段新建公厕周围进行绿化，调运土方330立方米，种植三叶草280平方米，栽植扶芳藤2600余株。

2007年对清河路、东环路、高苑路东段、青城路东段进行绿化建设。清河路长1500米，绿化面积3.6万平方米，栽植臭椿、蜀桧、大叶女贞、金银木、百日红、紫叶矮樱、火焰秀线菊等各类乔灌木68165株，其中火焰秀线菊成为高青县城市绿化引进的新品种。东环路长1200米，绿化面积5万平方米，栽植毛白杨、蜀桧、扶芳藤球、紫叶李、红瑞木、西府海棠、金娃娃萱草等苗木7096株。高苑路东段长660米，绿化面积2.7万平方米，栽植臭椿、西府海棠、蜀桧、扶芳藤球、百日红、红瑞木、月季等苗木4277株。青城路东段长1200米，绿化面积4.8万平方米，栽植臭椿、西府海棠、蜀桧、扶芳藤球等苗木6692株。

区道路进行绿化。黄河路东段长3700米，两侧绿化带各宽45米，绿化面积33.3万平方米，道路两侧种植黄山栾、雪松、大叶女贞、美人梅、臭椿、银杏、小龙柏等30余种苗木品种，成为高青县生态特色的园林绿化景观大道。东外环路及经济开发区道路绿化20万平方米，道路两侧种植白蜡、紫叶李、蜀桧、百日红、雪松、黄山栾等20余种苗木品种，成为高青县重点道路绿化景观大道。

同年，在中心路北段栽植行道树，各两排白蜡，共652株，中心路北段成为高青县栽植双排行道树的第一条道路。在青苑路栽种法桐行道树300株；黄河路西延段栽植行道树，白蜡268株，分车带绿化种植金叶女贞、红叶小檗、扶芳藤20000株。黄河路东段（转盘至芦湖路）分车带栽种金叶女贞、红叶小檗、扶芳藤1.6万株。11月，芦湖公园开工建设。

2006年，对北一路、西环路、金长江南侧进行绿化建设和城区道路实施绿化改造提升工程。北一路长1500米，绿化面积5.5万平方米，道路两侧栽植国槐、白蜡13877余株；西环路长660米，绿化面积4.8万平方米，道路两侧栽植白蜡1.48万株，种植草坪1.4万平方米，调运土方4878立方米，清理垃圾620立方米；金长江南侧栽植白蜡、木槿、蜀桧、美人梅、紫叶李等乔灌木1498余株，种植三叶草1万平方米。

同年，对城区各道路、绿化带、分车带进行绿化补植，共栽植法桐、木槿、紫荆、黄山栾、小叶女

2008年，对青城路东段、黄河路东段、高苑路东段、西一路南段、中心路北段等道路进行高标准改造充实提高工程，充实绿化面积10.7万平方米，栽植雪松、蜀桧、法桐、紫叶李、红瑞木、臭椿等苗木，共计3600株。

2009年，全县创建省级园林城市，进行大面积园林绿化工程，实施6项城市道路绿化工程。分别是：

①西一路绿化工程。南起高苑路，北至黄河路，全长668米，绿化面积2.8公顷，以国槐为行道树，种植188株，两侧绿化带种植冷季型草坪，背景林种植白蜡，概算投资138万元。

②四号路北延绿化工程。南起潍高路、北至北一路，全长900米，绿化面积29700平方米，栽植双排行道树，600株法桐，绿化带两侧栽植白蜡、蜀桧、黑松、雪松、月季、百日红等乔灌木，概算投资150万元。

③东外环路绿化工程。南起北一路，北至广青路，全长3120米，道路两侧绿化带各宽30米，道

路两侧以栽植法桐为主，绿化面积192万平方米，概算投资360万元。

④文体游园改造工程。该工程位于青苑路与青城路交叉口东南角，主要改造原有地形、园路、植物配置，绿化面积2.2公顷，概算投资270万元。

⑤芦湖路南延绿化工程。该工程南起南环路，北至芦湖路大桥，绿化面积5.2万平方米，栽植双排行道树，法桐966株，道路两侧绿化带种植三叶草草坪、毛白杨、雪松、蜀桧、樱花、红瑞木等苗木，分车带绿化面积1.12万平方米，种植景观松、金叶女贞、扶芳藤、小龙柏等苗木。

⑥绿化充实完善工程。黄河路（芦湖路至东外环路）绿化面积10公顷；黄河路与芦湖路交叉口、高苑路与芦湖路交叉口、黄河路与唐北路交叉口等城区道路节点绿化工程，种植雪松、紫叶李、扶芳藤球、金叶女贞等苗木，建设绿化面积3.52万平方米；城区沿街门前绿化改造提高，绿化面积4.95公顷；对清河路（文化路至青苑路）、东环路北段（潍高路至广青路）、青苑路（清河路至广青路）进行绿化充实，共栽植行道树420余株，主要是垂柳、国槐、法桐。

2009年，结合创建省级园林城市工作，编制了《高青县绿地系统规划》和《生物物种多样性保护规划》，使专业规划与总体规划相配套，更好地引领城市建设。

2010年，为提高城区道路绿化档次，对城区黄河路、中心路分车带、西环路、西一路进行绿化充实。实施“大树进城”工程，在黄河路、中心路种植大规格（胸径25厘米～30厘米）法桐1118株，在西环路充实苗木316余株，西一路充实苗木510株。

2011年3月，对东外环路北延进行提高改造，在道路两侧栽植白蜡8500余株。同年4月，在清河路、青城路补植法桐68株。是年5月，对城区黄河路（芦湖路至西环路）、中心路（黄河路至清河路）、芦湖路中间分车带（芦湖路大桥至南环路）、田翟路（广青路至县第三中学）进行绿化充实，种植扶芳藤球、金叶女贞、月季、景观松等苗木2.7万余株。

2012年，加大道路绿化充实提高工作力度，实施6项绿化工程：

①在高苑路、青城路、六号路、七号路等路段种植双排行道树1600株。

②在黄河路、芦湖路等路段种植各类苗木12万余株，摆放草花20万余株，安装PVC护拦3000余米，修建磨菇石花池面积640平方米，安装花容器150组，摆放花箱22组，在树穴池内撒放白石子6吨。

③实施青苑路绿化工程，建设面积2.16公顷，种植蜀桧、国槐1700余株。

④实施西一路绿化工程，建设面积5.83公顷，种植法桐、国槐2219株。

⑤实施双语学校西侧绿化工程，建设面积4.06公顷，种植毛白杨、西府海棠、紫叶李等苗木14690株。

⑥实施高淄路整治绿化工程。该工程北起南环路与高淄路交叉口，南至（高青界）收费站，长约8.5千米，道路两侧各宽30米。2012年4月开工建设，建设过程中对道路两侧绿化带范围内的30余处建筑物、构筑物进行拆除，对各类垃圾及时进行清运，协调相关单位对绿化带范围内的管线、电缆等设施进行迁移，共完成拆迁面积6000余平方米，清运垃圾400多吨，改造各类管线20千米，在道路两侧种植白蜡、青垂、金叶榆、木瓜海棠、国槐

齐东路道路绿化　（2008年　摄）

等各类苗木72080株，绿化面积40公顷。通过路域环境综合整治与绿化建设，高淄路高青段两侧环境面貌明显改善，形成新的景观大道。

2013年，实施5项绿化工程：

①实施引黄干渠、广青路、北外环、西外环、东外环、唐北路、高淄路、苗木基地等绿化建设，总长度55公里，绿化面积841.5公顷，栽植国槐、法桐、白蜡、金叶榆、金枝槐、垂柳、雪松、黑松、西府海棠、碧桃、龙柏、木槿等苗木252.9万株。主要以片林方式种植，苗木品种以乡土树种为主，兼顾常绿树种和部分经济作物，建成苗木基地，形成绿色长廊观光带。

②实施六号路、七号路、西一路、青城路西延、高苑路东延(共建林)、高苑路西延、唐北路等11条道路及道路节点绿化工程，绿化面积29.7公顷，共栽植法桐、国槐、白蜡、雪松、蜀桧、西府海棠、碧桃、龙柏、萱草、鸢尾等苗木67.5万株。

③实施六号路两侧绿化工程，种植双排行道树，黄金槐、碧桃、雪松、鸢尾、紫叶小檗、金叶女贞等苗木，绿化面积0.96公顷，建设资金96万元。

④实施唐北路两侧绿化，种植金叶榆、鸢尾、西府海棠等苗木，投入资金90万元。

⑤完成西一路的绿化工程，在行道栽植法桐，两侧种植扶芳藤球、蜀桧、碧桃、西府海棠等苗木。

2014年3月，开展城市裸露土地绿化整治月活动，主要实施绿化工程：

①对潍高路城区段、高苑路、青城路、东外环路、清河路等21条道路进行绿化充实改造，绿化苗木主要以枣树、国槐、法桐等乡土树种为主。

②城区主要道路两侧种植小龙柏、扶芳藤、金叶女贞、五叶地锦、秋葵及宿根花卉，代替原有老化的三叶草、冷季型草坪。

③中心路两侧花池、黄河路(齐东路至唐北路)分车带绿化改造，黄河路分车带安装PVC护拦2700米。

④对城区零散地、闲置地、拐角处实施地毯式全覆盖绿化。

⑤在青城路东段、高苑路东段等8条道路人行道与绿化带交汇处，安装花边砖7000米，提高了道路整体景观效果。

⑥通过种植乔木及小龙柏、扶芳藤、宿根花卉等地被植物，对高苑路、青城路、文化路、中心路、七号路北段等路段及居住区、企业院内等73块裸露土地进行绿化，绿化面积18.62公顷，完成投资2500万元，实现裸露土地全覆盖。

2015年，绿化工程有：

①青苑路绿化建设工程。该工程位于黄河路至清河路两侧，长1100米，建设面积0.92公顷，概算投资140万元。

②高苑路西延绿化工程。该工程位于青苑路至唐北路两侧，长306米，建设面积0.48公顷，概算投资80万元。

③建信路两侧绿化工程。该工程南起高苑路，北至青城路，长276米，建设面积0.29公顷，概算投资50万元。

④城区道路、公园绿地充实提高工程。重点对高淄路、东环水系、千乘湖生态文化园、芦湖公园、城区道路等进行绿化充实提高，共计概算投资1537.5万元。

2015年6月，完成城区绿化专项行动，对营丘大道等主要道路进行绿化种植，共种植各类苗木3.5万余株，地被4.3万平方米。

2015年，高青县城区园林绿化养护面积317.1万平方米，绿化覆盖率达42.88%，空气质量良好率超过75%，从淄博市环保局定期发而的各区县空气质量排名看，高青县一直名列前茅。

第三节 单位庭院绿化

改革开放以前，县城庭院绿化呈分散状态，由各单位自行在庭院内种植树木和花草。

1978年，县实验小学、高青公路管理站、县机关行政事务管理局被评为市级“花园式单位”。

1990年，县委、县政府大院、县工会、县粮食局等单位以乔、灌、花等植物相结合的栽培形式进行庭院绿化。同年，县粮食局被评为市级“花园式单位”。

1992年，县城建部门与沿街53家单位签订“绿化三包”(包栽、包活、包管理)责任书。同年，完成门前绿化面积2300平方米。是年，县实验小学、县公路管理站被评为市级“花园式单位”。

1996年，纯梁采油二矿、中国建设银行高青支行被评为市级“花园式单位”。

1997年，县城建委院内栽植法桐、大叶女贞、紫叶李、白蜡、月季、蔷薇等花灌木，绿化面积3500平方米，被评为市级“花园式单位”。同年，山东扳倒井集团建成占地3000平方米的厂内游园。

1998年，对部分城区沿街单位实施“拆墙透绿”工程。同年，淄博渤海活塞有限公司被评为市级“花园式单位”。

1999年，完成县政府、公安局、粮食局三单位门前绿地建设，绿化面积8000平方米，配有自动喷灌系统。是年，1999年完成单位门前及院内绿化4.56万平方米、栽植苗木3.97万株，完成黄河路两侧单位门前绿地建设，绿化带宽度规划为3米，绿化面积8500平方米，县自来水公司被命名为省级“花园式单位”。

2000年，完成县政府生活区(青城路南、县城西开发区内)绿化建设，绿化面积6000平方米，配有自动喷灌系统。

2001年，采用“敞开式”建设模式，组织实施高苑路沿路单位“拆墙透绿”工程，对高苑路东段暂不具备开发建设条件的单位，拆除其影响县城容貌的沿街院墙、大门、传达室等建筑物、构筑物及其附属设施，共拆除平房等建筑物和构筑物60间(个)、院墙700米，绿化面积6000平方米，成片栽植扶芳藤、金叶女贞、红帽子月季1500平方米，种植冷季型草坪4500平方米。

是年，完成县委、县政府办公区庭院绿化建设，面积7700平方米，配有自动喷灌系统。

2002年，县国税局、县实验中学被评为市级“花园式单位”。县实验中学绿化面积31880平方米，栽植国槐、法桐、紫叶李、樱花、垂柳、雪松、剑麻、龙爪槐等苗木。

2003年，高青42个单位、小区被淄博市建设委员会、淄博市精神文明建设委员会办公室命名为“绿色文明家园”。

2004年，高青23个单位、小区被淄博市建设委员会、淄博市精神文明建设委员会办公室命名为“绿色文明家园”。同年，实施芦湖小区庭院绿化，小区内建有程控喷泉、健身广场、休闲广场、廊亭、廊架以及监控设备。

2005年，县国家税务局被命名为省级“花园式单位”，绿化面积6932平方米，栽植法桐、国槐、雪松、大叶女贞、紫叶李、龙爪槐、蔷薇、竹子等苗木。同年，市公安局交通警察支队干警培训基地被评为市级“花园式单位”。

是年，高青县7个单位、小区被淄博市建设委员会、淄博市精神文明建设委员会办公室命名为“绿色文明家园”。

2007年，县国土资源局被命名为市级“花园式单位”，绿化面积1902.73平方米，栽植法桐、白蜡、紫叶李、月季等乔灌木，庭院内建有假山、喷泉。

2008年，实施街头游园绿化工程，建设了金都景观园、芦湖景观园、高苑景观园等游园绿地，绿化面积2.6公顷，概算投资621万元。

2008年，投资650万元，对芦湖公园、高苑路西段街头游园、青城路东段、黄河路东段、高苑路东段等游园进行高标准改造充实。

2009年12月29日，高青县开展2009年度县级花园式单位和花园式小区评选工作，县交通局、山东丽村热电有限公司、银岭世家被命名为市级“花园式单位”。县交通局绿化面积7221平方米，栽植法桐、白蜡、国槐、樱花、扶芳藤、金叶女贞等

县民政局实施单位庭院绿化　　(2014年　摄)

苗木；山东丽村热电有限公司绿化面积 48500 平方米，栽植雪松、国槐、白蜡、碧桃、樱花、百日红、西府海棠、合欢、柿子树、垂柳、毛白杨等苗木；银岭世家绿化面积 75165.2 平方米，小区内建有凉亭、广场、健身器材以及停车厂、地下垃圾站等休闲、公用设施，栽植雪松、国槐、景观松、紫叶李、西府海棠、美人梅、扶芳藤、金叶女贞等苗木。银岭世家是高青县唯一一处被评为市级“花园式小区”的居住小区。

小区绿化　　(2009 年　摄)

2009 年，创建省级园林城市期间，各企事业单位、庭院、居住区积极参与“花园式单位”和“花园式小区”创建工作，通过拆墙透绿、拆违建绿、破硬造绿及阳台、墙体等方式进行绿化，栽植法桐、国槐、雪松、白蜡、西府海棠、樱花、月季、剑麻、爬山虎等花灌乔木。各企事业单位、庭院、居住区绿化达到四季常青、三季有花、布局合理、错落有致的景观效果。同时，各居住区、庭院完善文化娱乐基础设施建设，增设休闲广场、凉亭、健身器材，为居民提供了休闲养生的活动场所。城区沿街单位 95％以上实施了拆墙透绿。完成县委、县政府门前、庭院绿地充实改造工程，绿化面积 7700 平方米，栽植景观松、法桐、紫叶李、百日红、扶芳藤等乔灌木 360 株，点缀景观石 2 块。

县供电公司庭院绿化　　(2007 年　摄)

是年，开展美国白蛾防治工作，成立防治美国白蛾工作领导小组，完善工作机制，借鉴先进防治技术和经验，加大宣传和巡查检查力度，巩固了庭院绿化成果。

2010 年 3 月，县建设局被县委、县政府授予创建省级园林城市特殊贡献奖，有 22 个单位被评为创建省级园林城市先进单位。是年，县园林处为银岭世家、齐林家园、文昌嘉苑、田盛园、芦湖小区二期、高青县第三中学、高青县第四中学、山东扳倒井集团有限公司、山东侨牌有限公司、山东丽村热电有限公司、山东流云纺织有限公司、山东鲁泰纺织有限公司等居住区、单位进行绿化业务指导。

2010 年底，高青县有 15 个单位被评为市级“花园式单位(小区)”、2 个单位被评为省级“花园式单位”、72 个单位被评为“绿色文明家园”。

2012 年，对全县 100 个单位和 24 个住宅小区作为庭院绿化重点单位，加强督促指导，新植各类苗木 2 万余株。

2013 年，按照花园式单位、花园式小区创建要

芦湖小区绿化　　(2008 年　摄)

求，县政府下发《2013 年度单位庭院绿化工作任务》，重点对全县 123 家庭院进行绿化，县政府与每家单位签订目标责任书，成立 4 个技术服务小组进行技术指导、9 个督导组监督管理庭院绿化，共栽植法桐、白蜡、国槐、毛白杨、樱花、碧桃、西府海棠等苗木 19 万株。对经济开发区部分企业院内大面积空置地进行片林式苗圃种植，增加绿量，提高绿化效果，绿化覆盖率大幅度提高，新增绿地面积 66 公顷。

高青县“花园式单位”一览表

表 7－1　　单位：平方米

序号	单位名称	负责人	联系电话	地　址	命名时间	单位占地面积	绿化面积
1	县黄河水厂	翟国海	6970138	环北路 5 号	1999 年省级	150000	70000
2	县实验小学	高贵勇	6983918	黄河路 33 号	1992 年市级	46094.5	14335
3	县建设局	邵先伟	6962070	高苑路 30 号	1997 年市级	10000	3500
4	纯梁采油二矿	孙跃国	6961355	广青路	1996 年市级	174000	42730
5	高青公路管理站	张毓波	6962397	清河路 16 号	1992 年市级	5290	4000
6	中国建设银行高青支行	李国宏	6961851	高苑路 24 号	1996 年市级	6000	2200
7	淄博渤海活塞有限公司	刘延鹏	6962438	黄河路 17 号	1998 年市级	43000	16000
8	县机关行政事务管理局	王光杰	6967107	黄河路 81 号	1992 年市级	40191	10682
9	县粮食局	王福春	6961245	黄河路 89 号	1990 年市级	6000	2200
10	县国家税务局	张玉山	6967205	高苑路 5 号	2002 年市级	14230	5693
11	县实验中学	巴兆成	6973205	青城路 83 号	2002 年市级	58756	31880
12	县国家税务局	张玉山	6967205	高苑路 5 号	2005 年省级	14230	6932
13	市公安局交通警察支队干警培训基地	朱中文	6372888	赵店镇	2005 年市级	190000	72000
14	县国土局	王庆光	6967718	黄河路 99 号	2002 年市级	9412.9	3576.9
15	丽村热电公司	贾学东	6959206	青苑路 99 号	2002 年市级	80004	30401.5
16	金捷天然气公司	魏宝明	6952270	李官村路	2002 年市级	15888	6560.8
17	县河务局	张俊华	6984113	黄河路 49 号	2003 年市级	14750	5862.5

续表 7－1

序号	单位名称	负责人	联系电话	地　址	命名时间	单位占地面积	绿化面积
18	县人民医院	崔相利	6972500	青城路 12 号	2003 年市级	23800	9330
19	县交通局	王　伟	6961548	黄河路 10 号	2003 年市级	14311	5608.85
20	田镇镇政府	孟　军	6961342	黄河路 103 号	2003 年市级	20254.5	7089.07
21	虹桥电厂	贾世臣	6981030	经济开发区	2004 年市级	200100	80035
22	高青一中	刘　勇	6952100	黄河路	2004 年市级	176000	71600
23	扳倒井有限公司	赵纪文	6966591	中心路 40	2004 年市级	93654	35588.2
24	油区工委	王智平	6961721	黄河路 103	2005 年市级	19357	7742.8
25	县卫生局	周志勤	6961556	高苑路 10	2005 年市级	26127	10450.8
26	县中心路小学	宫建国	6964933	中心路 48	2006 年市级	32278.6	12911.2
27	县广播电视局	刘元阁	6961558	青城路 16	2006 年市级	11600	4060
28	县气象局	荆　涛	6952983	黄河路东段	2006 年市级	27560	11024
29	县建设局第二生活区	邵先伟	6962070	齐东路 17 号	2007 年市级	8089.8	3235.92
30	县地税局宿舍区	陈　慧	6961265	高苑路 7 号	2007 年市级	12477	4990.8
31	县交警大队	孙奇珠	6961340	黄河路 101 号	2008 年市级	22924	871.12
32	县公安局	刘志强	6962551	黄河路 87 号	2008 年市级	27150	10317
33	县水务局	王建勇	6962141	中心路 37 号	2014 年省级	12750	5728

说明：至 2015 年年底，高青县“花园式单位”省级 3 个，市级 30 个

高青县“花园式居住区”一览表

表 7－2　　单位：平方米

序号	单位名称	负责人	联系电话	地　址	命名时间	单位占地面积	绿化面积
1	芦湖花园二期	邰　霞	6985666	青城路	2014 年省级	43846	15696
2	芦湖小区	宋凯礼	6968017	高苑路	2005 年市级	73277	29310.8
3	银岭世家	彭　江	6987555	青城路	2007 年市级	187913.3	75165.2
4	齐林家园	张永明	6968611 6968628	高苑路	2008 年市级	167984	67193.6

说明：省级“花园式居住区”1 个、市级“花园式居住区”3 个

第四节　绿化验收

一、历史沿革

2002年，淄博市城市“绿色图章”制度实行。同年，高青县实施“绿色图章”制度，明确城区规划内所有新建、改建、扩建工程项目必须达到绿化指标要求，将园林绿化纳入基本建设程序。

2月27日，高青县被淄博市人民政府评为“绿化工作先进(区)县”。

6月3日，淄博市园林管理处下发《关于办理〈城市绿化工程规划许可证〉的规定》(淄园字〔2002〕42号)，就绿化工程的规划审批、指标计算、办理程序作了详细说明和要求，该规定一直沿用至2011年。

2005年9月1日，《淄博市城市绿化条例》实行，对园林绿化规划、建设和管理工作具有重大意义，使绿化的规划建设、行政审批、竣工验收、占用绿地补偿费收取等一系列工作都有理有据、更加规范。

2011年9月7日，淄博市园林管理局下发《关于城市建设项目绿化规划许可管理规定的通知》(淄园字〔2011〕22号)，该规定为正在执行的标准。

2015年6月5日，淄博市物价局、淄博市财政局下发《关于城市绿化补偿费收费标准有关问题的批复》(淄价字〔2015〕48号)，自2015年7月10日起开始执行新的标准。

二、单位绿化验收

自开始实行“绿色图章”制度以来，高青县严格按照相关规定及标准，对县城规划区内所有新建、改建、扩建的建设项目，明确要求各建设单位在按照基本建设程序向规划部门申请建设用地前，必须先到县政务服务中心提交审验其附属绿化工程的规划设计文本、绿化指标及绿化方案情况，审验合格加盖绿色图章后，方可开工建设。在工程竣工验收备案管理中，对绿化工程达不到施工设计标准的，责令限期整改。在组织竣工验收时，对擅自更改规划、改变施工设计、降低绿地率的，不予核发建设工程验收合格证。

青西游园一角　　(2009年　摄)

高青县单位绿化验收明细表

表7－3　　单位：平方米

序号	申请日期	项目名称	建设单位	申请		验收		
				绿地面积	绿地率%	验收日期	实际绿化面积	实际绿地率%
2013年								
1	2013.04.25	芦湖雅郡小区	高青城建综合开发有限公司	8895	35.3	初验 2015.05.25	7192.93	35.96

续表 7—3

序号	申请日期	项目名称	建设单位	申请		验收		
				绿地面积	绿地率%	验收日期	实际绿化面积	实际绿地率%
2	2013.05.21	办公楼、公寓楼、生产厂房、服装车间	淄博宏业纺织服装有限公司	49000	35	完成验收	62141	45
3	2013.05.22	福邸家园	淄博众城置业有限公司第一分公司	1602	35.1	待验		
4	2013.05.22	银岭花园住宅小区	山东银岭房地产开发有限公司	6440	35	待验		
5	2013.06.04	维纳锶温泉花园第 1# 2# 3# 4# 5# 6# 号住宅楼	淄博康桥置业有限公司	6301.7	35.2	初验 2014.01.16	7337.2	48.1
6	2013.07.10	高青一中新建学校餐厅	山东省高青一中	3976	35	待验		
7	2013.07.22	元和大街住宅小区	山东元和置业有限公司	3488	35	待验		
8	2013.09.18	3000 吨/年教辅印刷项目	淄博文昌印业有限公司	7089	35	待验		
9	2013.09.12	维纳锶温泉花园二期住宅楼	淄博康桥置业有限公司	4091 7041.04	35.6 35.9	待验		
10	2013.10.12	天水营丘 1、2、3 号住宅楼，一期地下车库	山东卓越房地产开发公司	7779	36.5	待验		
11	2013.10.24	农行高苑路营业楼	高青县农行	2022	30	待验		
12	2013.10.24	农行文化路营业楼	高青县农行	446.9	30	待验		
13	2013.10.31	山东布莱凯特科技新城综合楼	山东布莱凯特科技股份限公司	71059	35	待验		
14	2013.11.11	巴黎小镇	高青国盛房地产开发公司	42425	37.9	待验		
15	2013.11.12	温泉花香商业街	淄博中农置业有限公司	5274	35.6	待验	1970	7.5

续表 7－3

序号	申请日期	项目名称	建设单位	申请		验收		
				绿地面积	绿地率%	验收日期	实际绿化面积	实际绿地率%
16	2013.12.09	金都花园二期	淄博双杰房地产开发公司	2525.4	30	完成验收	2512	29.8
17	2013.12.09	齐林家园 19、30 号楼	淄博双杰房地产开发公司	4254	35	待验	5764	47
18	2013.06.25	御泉香墅	金泽房地产开发有限公司	54000	35.5	初验 2012.07	28073	41
						初验 2013.06	11062.95	35.6
						初验 2014.01.06	8035.69	35
						初验 2014.09.10	11867	35
2014 年								
1	2013.11.28	温馨家园 1－13 号楼	高青县城建综合开发公司	11649	35.3	完成验收 2014.01.02	11805	35.4
2	2014.01.08	大悦城商业街	高青国盛房地产开发公司	4014.94	32.9	待验		
3	2014.01.09	20 万吨煤焦油深加工项目	山东汇龙化工科技有限公司	43675.66	23.1	待验		
4	2014.03.03	氟材料循环经济项目	淄博飞源化工	41565.01	25.82	待验		
5	2014.03.04	温泉颐养文化园南区	淄博居之源置业有限公司	3870	30	待验		
6	2014.04.21	众成国际（一期）（党校）	山东众成齐盛置业有限公司第一分公司	2596	35.8	待验		
7	2014.04.28	御泉香墅南苑	淄博龙和置业有限公司	3193	35	完成验收 2014.04.28	3018.5	38
8	2014.04.28	新建 1000 万发动机活塞项目	淄博渤海活塞责任有限公司	22932	21 工厂	待验		
9	2014.05.09	淄博高青颐阳文化园	淄博高富林置业有限公司	42300	35	待验		

续表 7—3

序号	申请日期	项目名称	建设单位	申请		验收		
				绿地面积	绿地率%	验收日期	实际绿化面积	实际绿地率%
10	2014.06.10	高青凯旋城飞行培训基地产权式公寓	淄博康信房地产高青分公司	5953.5	17.1(异地绿化)	待验		
11	2014.06.13	体育家园	高青兴隆房地产开发有限公司	1743	30.8	待验		
12	2014.06.25	银岭世家	淄博中大房地产开发有限公司	36500	36.5	完成验收 2014.06.23	55650	35.5
13	2011.07.15	芦湖名郡	高青城建综合开发有限公司	35600	36.6	初验 2014.09.09	17696	49
						初验 2015.05.25	9987.81	45.68
14	2014.10.10	至诚祥园 1—6 号楼	高青县至诚房地产开发有限责任公司	4853.5	35.42	待验		
15	2014.06.13	体育家园	高青兴隆房地产开发有限公司	908	35	待验		
2015 年								
1	2015.04.01	淄博明翕木石文化艺术馆	淄博明翕木石文化艺术馆	3126.55	35	待验		
2	2011.11.02	舒然苑小区	高青长城房地产综合开发有限公司	1771	35	完成验收 2015.05.26	1732	35
3	2015.05.28	田镇水文站	淄博市水文局	1548	58.04	待验		

“城市绿化工程规划许可证”申请表

表 7—4　　　　编号：

建设单位(盖章)		法人代表	
项目名称		联系人(电话)	
建设位置			
占地面积		工程性质	
绿地面积		绿地率%	
缺少绿化面积		异地补建绿地代建费	
规划设计单位		资质等级	
开竣工日期		绿化工程预算(万元)	
绿化工程内容			

附：

高青县园林局
关于绿色图章管理的相关规定

为加强建设项目附属绿地管理，提高绿化景观效果，特制定本规定。

一、规划设计

1. 建设项目附属绿化工程规划与设计要坚持“安全舒适、资源节约、环景优美、便于养护、经济合理”的原则。

2. 园林景观设计资质单位审查。建设项目附属绿化工程规划设计需具有园林景观设计资质的设计单位设计，达不到资质要求的设计成果无效。

3. 方案审查。办理绿化工程规划许可证时，建设单位应提供绿化规划设计图和绿化施工图。

4. 重点景观设计。对附属绿地的重点部位，要严格按照规范要求进行精心设计，实现重点绿化区域的景观效果。

二、工程施工

1. 在园林工程施工过程中，建设单位要严格按照图纸施工，不得随意更改苗木的品种、数量、规格。尤其是重点景观区域必须严格要求，确保景观效果。

2. 乔木、灌木种植面积不得低于绿地面积的70%，非林下草坪面积不得高于30%，常绿与落叶乔木种植比例在1∶3—1∶4之间。

三、工程检查与验收

1. 根据(淄园字〔2011〕22号)文件的规定，严格对绿地面积和苗木的品种、数量、规格进行实地测量、现场查验，确保绿地率、绿化标准达标。

2. 在园林工程开工时，建设单位要报告园林管理部门到现场进行指导。确保施工质量。

3. 建设项目申请绿化验收时，园林管理部门严格按照施工图纸进行验收，对绿化标准达不到要求的项目不予备案。

本规定自2013年9月1日起执行。

高青县园林绿化管理局

2013年9月1日

第五节　养护管理

一、体制沿革

园林绿化养护工作的主要内容是对城区所属公园、广场、游园、水系、道路等各类绿地及绿地内的园林设施进行养护管理，对园林绿地内的苗木、草坪进行浇水、修剪、施肥、病虫害防治等日常养护。

1978年以前，城区树木由所属单位和个人管理。1985年，成立县城建设管理办公室，兼管园林绿化工作。1986年，对沿路单位门前实行“三包”(包规划种植、包绿化管理、包计划更新改造)制度，定期检查。

1990年5月，成立县环境卫生管理所，园林绿化养护工作由县环境卫生管理所负责。

1992年，贯彻《城市绿化管理条例》，县城园林绿化建设和管理逐步走向法制化轨道。

1993年12月，成立县园林绿化管理处，园林管理人员6人，负责县城园林绿化和管理工作，高青县园林绿地养护工作进入新的管理轨道。

1994年，县政府印发《高青县园林绿化管理暂行办法》。

1995年，编制《高青县城市绿化总体规划》和《大芦湖风景区规划》。

2001年9月，成立高青县锦绿园林绿化服务中心，属县园林绿化管理处内部企业，负责城区各类绿地的养护及绿化工程建设。主要雇佣劳务工进行绿地护养及绿化工程建设，有少量平剪、草坪机、发电机等养护机械。

2002年起，实行建设项目绿化规划许可证制度，将园林绿化纳入基本建设程序。

2005年，县城建成区面积8.65平方公里，常住人口3.2万人，县城绿化覆盖率31.2%，人均公共绿地面积6.3万平方米。

2006年11月，成立高青县华宇园林有限公司，属县园林绿化管理处内部企业，企业管理人员3人，主要雇佣劳务工进行绿地护养，园林机械有3

街道园林养护　　（2011 年　摄）

员 4 人。

2009 年，成立高青景泰园林绿化有限公司，隶属于县千乘湖生态文化园管理处。是年，实施破硬造绿工程，为创建省级园林城市打下了坚实的基础。

2010 年 1 月 11 日，高青县华宇园林有限公司和高青县春韵园林绿化有限公司合并为淄博馨泽园林绿化工程有限公司，属县建设局企业，主要负责县城园林绿化工程施工、绿地养护、花卉苗木经营和管理等工作，企业管理人员 10 余人，有多种养护机械，其中 3 台大型浇灌车、20 台高压喷药机，6 台拖拉机及平剪、草坪机、绿篱机等园林护养机械。县园林绿化管理处负责监管园林绿化养护工作，高青县园林绿化养护实现市场化、企业化管理。

为进一步推行“事企分开”，实行市场化、企业化养护管理模式，实现精细化、标准化、规范化管理，积极探索园林养护管理市场化，将县城内苗木、草坪养护管理推向市场，既摆脱人手不足、不专业的困境，又引进了公共服务，向市场要效益。县园林局制定详尽的管理制度，加强对养护维护工作的监督检查。

2010 年年底，高青县城区园林绿化养护面积 173 万平方米。草坪主要以冷季型、三叶草和马尼

台草坪机、3 台高压喷药机及平剪、绿篱修剪机等，高青县园林绿地建设、养护逐步走向企业化管理运作模式。

2008 年 2 月，成立高青县春韵园林绿化有限公司，属县园林绿化管理处内部企业，管理企业人员 5 人，主要养护机械有浇灌车 1 辆，8 台草坪机，3 台绿篱机，20 把平剪，2 台拖拉机，3 台高压喷药机。

3 月，高青县锦绿园林绿化服务中心注销。至此，城区园林绿化养护工作由华宇园林有限公司和春韵园林绿化有限公司共同负责养护，并对两家公司的园林绿地养护范围实行分片分段养护，各负其责。完成《高青县城市绿地系统规划》。

11 月，成立高青县千乘湖生态文化园管理处。

2008 年，高青县园林绿地面积快速增长，相继建成了黄河路东段、东环路、清河路、青城路及芦湖公园、千乘湖生态文化园等一批精品园林绿化工程。为加强城区园林绿地养护管理，从社会上招聘专业性强、素质过硬的技术人员，组成养护队伍。

同年，高青县春韵园林绿化有限公司、高青县华宇园林有限公司等 8 个企业实行市场化运作，在职人员 31 人，专业技术人

街头苗木养护　　（2011 年　摄）

拉草坪为主。苗木品种主要有法桐、白蜡、合欢、银杏、黄山栾、苦楝、国槐、垂柳、毛白杨、香花槐、刺槐、臭椿、五角枫、黄连木、朴树、杜仲、三角枫、青桐、白玉兰、广玉兰、黄栌、雪松、白皮松、黑松、龙柏、蜀桧、紫叶李、紫叶矮樱、美人梅、榆叶梅、百日红、西府海棠、木瓜海棠、棣棠、红叶碧桃、悬铃木、丰花月季、红帽子月季、迎春、红叶小檗、洒金泊、丁香、连翘、千屈菜、鸢尾、睡莲、剑麻等240余种。

养护管理　　（2011年　摄）

2012年，高青县提出创建国家园林城市的奋斗目标，通过见缝插绿、拆墙透绿、破硬造绿等措施，增加绿量，改善生态，不断提升城区绿化景观效果。是年，结合首届中国（高青）“黑牛节”举办，实施了“绿阴行动”“万株乔木进县城行动”“鲜花进城”“景石进城”等活动，完成高淄路绿化和城区绿化充实提高等多项城区绿化工程。是年，新建双语学校、西一路、青苑路3个苗圃基地，建设面积12公顷，为城区绿化提供了苗木保障。

2013年，实施景石进城工程，在城区10个路口安装景石1600吨。实施共建林项目，种植苗木13.2万株。

2013年，县总工会、县住建局印发了《高青县认养认领认管实施办法》的通知，推出了绿地认养认建活动。同时，绿化管理部门不断健全和完善内部管理制度，明确职责，责任到人。绿化养护实行专管制度，将维护管理任务按具体地域分解到每位专管人员，专管员具体负责对绿地和树木进行全过程管理、监督，强化技术指导，并根据季节变化组织相应的绿化养护工作，如冬季着重做好修剪、整枝、定型工作；春夏重点做好病虫害的防治工作，指导、做好抗旱、防涝、除草工作。

2014年，完成干二排景观水系等9个项目，绿化面积195.79公顷，种植各类苗木1.9万株，建设黄河路等林荫路16条，对城区内所有73块裸露土地进行了绿化。

2015年年底，高青县城区园林绿化养护面积317.1万平方米，绿化覆盖率达42.88%，空气质量良好率超过75%。

高压喷药机防治病虫害　　（2011年　摄）

二、苗木草坪养护

1.病虫防治。高青县园林绿地常见的病虫害有美国白蛾、介壳虫、白粉虱、蚜虫等，县园林局贯彻“预防为主，综合防治”的方针，科学、有针对性地进行养护管理，及时清理带病虫的落叶、杂草等，消灭病源、虫源，防止病虫扩散、蔓延。加强病虫检查，发现病虫害及时采取防治措施，对于危险性病虫害，一旦发现疫情应及时上报主管部门，采取药物、人工、物理等措施，迅速扑灭。2015年，配备3台高压喷药机。

2008年，美国白蛾在高青县大面积发生，为做好美国白蛾防治工作，一是成立美国白蛾防治工作领导小组，建立健全防治机制，组建专业防控队伍，对城区园林绿地防治工作进行统一部署、统一要求、统一调度、统一防治；二是加大资金投入，配齐配备机械设备，购置3台大型、多功能喷药车、20台高压喷药机；三是科学防控，联防联治，主要以人工剪除网幕、生物和无公害药剂进行防治，实现了对美国白蛾等病虫害的有效持久防控，达到了有虫不成灾的目标。

2.浇灌。根据气候特点，在每年的3月～6月、9月～11月树木苗木灌溉的关键时期，组织专门力量对县城区林木、苗木进行浇灌。对新植树木连续五年适时充足灌溉，确保成活，在浇灌工作中保证不跑水、不漏水，有专人看护不脱岗。在城区黄河路东段、东外环路、高苑路、四号路及芦湖公园、千乘湖生态文化园等绿地内铺设地下管道、引进黄河水、安装自动浇灌系统，节省了水资源和养护成本，提升了园林绿地养护标准和档次，收到很好的养护效果。

3.修剪。在修剪前先培训，讲明修剪树木生长习性、开花结果习性、修剪目的要求、采取技术措施、注意事项，采取熟练工带学徒工办法。2000年以后，县城区道路绿化、庭院绿化、游园建设规模不断扩大，为做好园林绿地养护管理工作，保证修剪的质量和效率，购置了平剪、草坪机、发电机、绿篱修剪机等养护机械，配备了3台草坪机，在秋冬季节对城区林木认真修剪。严格苗木的采伐工作，对枯朽、衰老、严重倾斜、对人和物体构成危险的树木，对密植林间伐、更新树木等进行采伐，经过法规手续批准后方可进行。

4.除草。定期、不定期地对城区绿地进行除草，保持绿地整洁，避免杂草与树木争肥争水，减少病虫滋生。对除下的杂草集中处理，及时运走。在野生杂草生长季节，按照“除小、除早”的标准，不间断地除草，达到省工、省力目标，收到良好效果好。

5.施肥。在树木落叶后至发芽前给树木施底肥，经过充分发酵腐熟的有机肥，与土壤拌匀后施入土壤中，土壤中施入肥料后做到及时灌水。

三、养护管理考核

2014年5月1日，县住建局印发《高青县园林绿地养护管理考核办法》，成立园林养护管理考核小组，对园林绿地养护管理情况进行考核。考核内容是绿地内的乔木、花灌木、绿篱、草坪、地被、草花及绿地内的音响、喷泉、灯饰、雕塑、健身器材、厕所、垃圾桶、坐凳、水面、园路等园林设施、环境卫生、养护管理情况，具体分环境卫生情况、设施维护情况、绿地养护情况、综合考核情况4大项，其中绿地养护情况又分乔木养护、草坪养护、模纹绿篱养护、攀援植物养护、草花养护。考核实行百分制，每月园林养护管理考核小组将考核情况汇总后报园林局，园林局根据考核情况核拨养护经费，月总得分98分(含98分)以上，奖励千乘湖生态文化园、馨泽园林公司养护经费1万元，奖励芦湖公园3000元；月总得分95分(含95分)至98分，无奖罚；月总得分95分以下，千乘湖生态文化园、馨泽园林公司扣养护经费1万元，芦湖公园扣养护经费3000元。

园林养护管理考核小组成员

组　长：魏学锋(县城管局副局长、园林局局长)
副组长：郑成庆(县园林局副局长)
　　　　窦爱国(县园林局副局长)
成　员：董　波(县园林局科员)
　　　　格庆军(县园林局科员)

第六节　风景名胜区管理

一、黄河风情景区

黄河流经高青县46.92公里，大堤两侧密植防护林，形成百里绿色长廊。马扎子、刘春两座引黄闸是临岸观赏黄河的理想地点。马扎子引黄闸处，河道宽阔，水势较缓，水天相接，一望无际。刘春家引黄闸处，河水从西北方斜冲堤岸，惊心动魄，

"巾帼林"揭牌暨爱绿护绿巾帼志愿服务队成立授旗仪式　（2014 年　摄）

堤上垂柳成行，绿肥地如茵，并有安澜镇河牛雕塑一座。黄河风景区成了人们旅游、休闲的好去处，也是宣传黄河的一个窗口。

1956 年，修建刘春家虹吸管，设计引水流量 15.8 立方米/秒，安装内径为 0.9 米的虹吸管 16 条，设计灌溉面积 43.4 万亩。

1960 年建成刘春家引黄闸，设计流量 37.5 立方米/秒，最大流量 69.5 立方米/秒。

1972 年 9 月，开工建设马扎子扬水站，翌年 12 月建成。

1984 年，建成马扎子引黄闸。

1994 年，在"引黄济淄"渠首建成"源泉""柳林金波""安澜镇河牛"景点。

1994 年，刘春景区被淄博市政府列为市级黄河风景旅游区。

1995 年，在刘春景区补植垂柳、蜀桧、塔松、樱花等多种景观树，景区内有引黄闸、黄河生态休闲园等景点。

2004 年，在刘春险工建成"河之韵"雕塑。

2005 年，黄河马扎子决口 110 周年之际，马扎子险工被淄博市命名为爱国主义教育基地，在马扎子险工决口堵复处，建成"警示园"，警示后人铭记历史，居安思危，在"警示园"建成题为"警钟"的大型石雕。

2006 年，聘请山东大学对高青黄河百里堤防进行全面系统的规划，建成较为完善的生态旅游体系，提升了景区档次。

2007 年 8 月，黄河高青段顺利通过专家组评审，被水利部正式命名为"国家水利风景区"。水利风景区的建成，为维护防洪工程、保护水资源、水生态环境起到重要的作用，取得良好的经济效益、社会效益和生态效益，为高青旅游发展起到示范带动作用。

2010 年 5 月 16 日，位于黄河刘春家的黄河楼博物馆项目施工，黄河高青段增添新景点。该馆总占地 3.84 公顷，建筑面积 11304.35 平方米，其中主楼 9390 平方米，裙房 1914.35 平方米，建筑总高度 56.81 米，主体 9 层，集黄河文化展示、观光、休闲等功能于一体，取意黄河流经全国九省区、山东九市、九曲黄河、九九归一之意。该馆位于大闸的西面，楼北面建设黄河文化广场，作为景区的标志性建筑的黄河楼，主要有观光、休闲、博物的功能；大闸东边的开阔空间，主要设计了餐饮、娱乐、休闲设施，设想以农家乐方式进行开发和建设。黄河楼博物馆的建设对于展示黄河，弘扬黄河文化，加速黄河高青旅游业快速发展具有重要意义。

2010 年 10 月，在黄河刘春建成成立柳春园景区，该景区是淄博唯一一家集餐饮、度假、休闲、娱乐、观光、垂钓等项目为一体的综合性黄河旅游风景区，总投资 2000 万元，还有绿色果蔬采摘园、有机果蔬种植基地、苗木种植基地、黄河生态黑猪新品种推广饲养繁育基地及黄河鲤鱼、黄河梭鱼养殖等旅游项目。

二、大芦湖风景名胜区

高青县大芦湖风景名胜区位于高青县以东 10 公里，规划面积为 73.5 平方公里。

大芦湖原来是一处自然湖泊，是高青最大湿地，整个湖区面积 1301 公顷，是高青县的最低处，有"千水归芦"之说。

湖区内芦苇、蒲草丛生，绵延成片，长年栖息灰鹤、斑鸠、苇莺、白鹭等野鸟，夏季苇蒲郁郁葱葱，绵延不断的芦苇就像青纱帐，将一切笼罩起来；秋季，芦絮飘飞，这里成了一幅如诗的图画。

1984 年，大芦湖被林业部确定为国家级自然野生动物保护区。

1994 年 6 月 22 日，大芦湖风景名胜区列为市级风景名胜区。

2001 年 9 月，在大芦湖原址建成大芦湖水库。该水库占地 560 公顷，总库容 3028 万立方米，日供水能力 25 万立方米，承担着为高青县和淄博市中心城区供水的任务，并有计划地向桓台县补源供水。湖区附近蒲苇丛生、鱼塘连片、野鸭成群、水鸟四起，一派野趣盎然的景象。大芦湖水利生态风景区被山东省水利厅评为省级水利风景区，大芦湖湿地被被列入国家重点湿地自然保护区。

2002 年，根据“城市规划十年一编制、五年一调整”原则，委托省城乡规划设计研究院编制第三轮《高青县城市总体规划》，大芦湖风景区纳入城市规划区范围，面积 22 平方公里。

2004 年，淄博市人民政府批复同意《高青大芦湖风景名胜区总体规划》。

2012 年，淄博塑工集团在大芦湖北建设大芦湖温泉度假村，总建筑面积 6.48 万平方米，供人们旅游观光、避暑疗养，是集洗浴、疗养、餐饮、度假、会议、休闲于一体的综合商业体。

三、天鹅湖国际慢城

天鹅湖国际慢城位于位于县城东北 9 公里处，在黄河沉沙池和天鹅湖范围内。

天鹅湖在黄河大题南侧，面积 33 公顷，平均水深 1.2 米，最深处 3 米，冬季湖中心有 300 平方米水面不结冰，湖内有两块不相连接的陆地，长有茂密的芦苇，成为野鸭、芦莺、大雁、灰鹤等珍贵禽鸟的栖息地。

1980 年开始，每年有天鹅在湖内越冬。

1984 年，天鹅湖被林业部命名为艾李——阎张国家自然保护区，列为国家级自然保护区，主要保护天鹅等珍稀鸟类。

天鹅湖自然保护区内自然风光优美、生态环境优良、历史文化风情主题突出，通过塑造城市绿色生态湿地系统，为市民提供优美的休憩娱乐空间，并带动区域及周边区域的商业、地产、旅游温泉产业开发，形成以生态湿地园林系统为核心的集地产、商业、生态农牧渔业、养生医疗、旅游度假观光为一体的生态湿地园林国际慢城温泉养生新型城镇化基地。

2012 年，委托中国城市建设研究院，实施慢城规划工作，经过多次论证，初步完成了项目规划。

2014 年流转土地 1200 亩，新建混凝土路面 6000 米，实施了总建筑面积 9300 平方米的黄河鱼村项目。

高青建成天鹅湖国际慢城建成后，将是中国第三个国际慢城。

四、文昌阁

文昌阁又称魁星楼，是古代祭祀文昌帝君的场所。据史料记载，青城文昌阁始建于 1736 年(清乾隆元年)，由 64 个生员捐资修建的，初为文台，置魁星之神于台上。

清乾隆二十年(1755 年)夏，建成文昌阁。楼基为砖石结构，四面拱圈门，东西南北两条大道在楼底垂直交叉通过，楼基以上主体为木结构。塔式，三重檐，基座为正方形，高 7 米，边长 10.8 米，基座下为宽 4 米，高 5.3 米的十字形卷拱门洞。

文昌阁　　　(1999 年　摄)

第一层以直径30厘米的圆柱支撑飞檐，二层为暗层，中间以砖砌四壁直达三层，楼顶绿瓦珠顶，楼通高20米，造型雄伟，工艺精湛。青城八景之一“高阁晴霞”即此。

文昌阁经过长期风雨剥蚀、地震撼摇和战争破坏，到20世纪40年代中期，已是壁裂瓦残、漆画斑驳，呈遥遥欲倾之状。抗日战争胜利后，为褒奖革命烈士，经山东省政府批准，青城县民主政府拨款12万元北海币，将文昌阁改建为烈士纪念祠，1946年完工。

“文化大革命”中，文昌阁遭受严重破坏。

1979年，高青县公布文昌阁等8处县级重点文物保护单位。

1981年8月，省财政拨款1万元对青城文昌阁进行维修。

1992年，青城镇政府组织修整，引起海外侨胞关注，捐来钱物予以支持。在海外游子心中，文昌阁是家乡的象征。

1992年，被确定为山东省重点文物保护单位。

五、扳倒井、衮龙桥景区

扳倒井、衮龙桥位于高城镇北关村，位于狄城遗址东南角，相传宋太祖赵匡胤在此桥滚鞍落马，跌落在桥下的一棵枣树上，枣树一看真龙天子，一根根刺马上倒长，成为钩状，这棵枣树被人们称之为“顺王棘”。20世纪80年代，“顺王棘”被淤积。

衮龙桥原为土筑，明代邑人王宁出资改为石头建筑，单孔，卷拱系镶边纵联砌石，卷拱跨度2.2米，拱顶到桥面1.45米，桥面用青石头板铺成，南北长5.8米，东西宽6.2米，四角各有圆开石基，桥东侧石刻有“衮龙桥”三字，风化严重，模糊不精。

1999年，被确定为县级重点文物保护单位。

扳倒井在衮龙桥旁，井壁呈倾斜状，为“高苑八景”之一，相传赵匡胤征战时路过该地，人马焦渴，情急之下，将井扳倒，故名扳倒井。

1999年，被确定为县级重点文物保护单位。

2009年开始，县委、县政府编制了高苑古城保护开发规划，对扳倒井、衮龙桥进行抢救性修复。

2012年11月15日，实施扳倒井衮龙桥文化遗址修复工程，并举行遗址修复工程揭牌仪式，县委书记、县人大常委会主任徐培栋，副县长于双胜，中国美协理事、省政协常委、山东画院院长、当代著名画家孔维克，中国美协会员、省美协顾问、当代著名画家刘泽文参加活动。揭牌仪式由副县长于双胜主持。

六、人民剧院

1957年建设，占地面积5254.5平方米，建筑面积1150平方米，座席1219个，观众厅为单层砖木结构，二层看台系木结构钢支柱，门厅为二层混合结构，尖顶石棉瓦，内设观众厅、舞台、后台、更衣室等，备有灯光多支，音响一套，幕布一宗。主要承担文艺演出和大型会议，是具有典型苏式风格的一处文化设施建筑。

2000年3月6日，淄博市土木建筑学会对人民剧院工程结构进行技术鉴定，建设停用。3月21日，县房地产公用事业管理局下文关闭停用。2009年，高青县政府本着“修旧如旧”的原则对其进行加固维修，完工后与新建成的县博物馆及文化广场一道构成一处集展览、博物、艺术等为一体的综合性文化功能区，为市、县两级重点文物保护单位。

衮龙桥　　（1993年　摄）

七、王字屋

坐落在高城镇境内的高青县实践学校，建成于1954年，前苏联专家设计，砖石结构，外观呈汉字“王”形，故称王字屋。王字屋是原山东省高青中学（省立第十一中学）行政办公用房，是整个学校的主体建筑。学校集中了当时全省一流的教学资源，先后为国家培养了大量优秀人才，在鲁中、鲁北和胶东地区，有着广泛的影响。20世纪50年代初，《大众日报》在头版头条曾刊发通讯，题为《向高青中学看齐》。根据档案统计，校友中仅在省城济南的正教授就达30余人，北京军区师级以上干部达20余人。2006年校友及社会各界自发成立了王字屋修缮委员会，并捐款10万元修缮了王字屋。2007年批准为县级重点文物，命名为王字屋。2010年批准为市级重点文物。该建筑现为高青县实践学校校史馆。

八、管理措施

1.抓好景区总体规划的编制与实施，实现风景名胜资源的可持续发展。坚持“严格保护、统一管理、合理开发、永续利用”的原则，坚持高起点、高标准开展风景名胜区规划编制工作。2004年完成高青大芦湖风景名胜区总体规划编制工作。

2.规范景区标牌、标志，强化资源保护管理。在各景区相继设置了标志牌，体现了人性化服务，方便了广大游客。在主要出入口，设置了省统一标准确性的标牌、标志；在景石上运用雕刻、镶嵌的手法，将标牌、标志置于其中。各个景区在省道、景区旅游专线两侧设立了引导标志牌，对景区内的景点指示牌、标志牌进行了清理和整改，设置了统一标准的标牌、总体来看，景区标牌、标志的制作形象统一，标识清晰，设置规范。

3.规范景区建设行为，加强景区环境综合整治。各景区认真贯彻执行《山东省风景名胜区管理条例》，严格按照总体规划要求和管理建设审批程序，严把建设项目关，对破坏容貌、乱搭乱建等行为依法进行了严肃查处和有效控制。

4.加强景区管理，保护景区生态环境。各景区加大了管理和保护力度，按照风景区规划要求，在对所有风景资源进行严格保护的基础上，对景区内重点资源实行划区保护、挂牌保护、专人看护、档案记录；对违法违规行为进行了清理整顿，使景区容貌得到有效改善。

5.加大风景名胜区绿化工作，提高景区绿化效果。近年来，我县不断加大风景区的绿化工作，按照上级部门的有关要求，结合我县风景名胜区实际情况，积极做好景区绿化工作，主要以乔木、乡土树种为主，以大绿量、片林式植被恢复为重点，制定风景名胜区绿化工作计划，并分阶段、分步骤、分季节进行实施，有效提高了风景名胜区的绿化效果。

第七节　主要做法

高青县城市管理和行政执法局按照县委、县政府的安排部署，以创建国家园林县城为目标，坚持“高起点规划、高标准建设、高质量管理”，不断加大园林绿化、生态环保、节能减排、市政设施的投资建设力度，相继实施了环城水系、环城绿廊、

街头绿化带养护　　（2014年　摄）

绿荫行动、城市裸露土地治理等城市园林绿化工程建设，县城建成区面积15平方公里，绿化覆盖面积522公顷，园林绿地面积464.5公顷，公园绿地面积155.6公顷，绿化覆盖率、绿地率分别达到42.23%、37.58%，人均公园绿地面积22.2平方米。2009年，高青县被命名为“山东省园林城市”，破硬造绿行动被授予为“山东人居环境范例奖”；2012年被授予“山东省绿化模范县”。

破硬造绿　　（2009年　摄）

一、领导重视，措施到位，保障力度

2011年，高青县委、县政府召开创建国家园林县城动员大会，制订《高青县建国家园林县城工作实施方案》，成立由县长任组长，县委、县人大、县政府、县委组织部、县委宣传部、县纪委领导为副组，各有关部门负责人为成员的创建国家园林县城领导小组。创建领导小组下设宣传组、督导组、实施组、综治组、办公室，具体指导创建工作。制定了相关措施和办法，明确了创建任务目标，将创建指标落实到相关单位和责任人。为配合创建工作开展，县政府印发了《水绿高青建设项目实施方案》《水绿高青建设项目督导方案》《庭院（单位）绿化任务通知》《绿化突击月活动实施方案》等相关文件，有力保障了创建工作的顺利歼展。

二、因地制宜，突出特色，打造城市名片

高青县以创建“国家园林县城”为目标，充分挖掘地域优势，突出城市特色，坚持“水网、绿网、路网、管网”四网合一的建设思路，大力实施“水绿高青”建设，把“水”和“绿”打造成高青城市建设的名片。

1.环城水系建设。利用丰富黄河水资源优势，依托外环路建设，利用现有河道，对河道拓宽开挖，连接成环状，将城内湖泊串联，建设42公里的环城水系。2008年以来，相继完成了北支新河城区段、东环水系及北外环等水系建设，建设景观水系工程13.5公里，完成投资1.6亿元。2014年，实施东环水系北延、南延，东外环水系、北支新河城区下游段拓宽改造以及支六排等9条水系建设，建设总长度25公里，概算投资3.6亿元。

园林绿地　　（2009年　摄）

2.环城绿廊建设。大力实施县城外围绿化建设，突出绿廊、绿网、绿带特色，实施了东外环、南外环、西外环、北外环和县域内省道、县道11条道路绿色长廊建设，沿路建设150米和50

公民环境意识逐渐增强　　（2014 年　摄）

米宽的绿色长廊，建设总长度 105 公里，绿化面积 1728 公顷，形成了具有观光特色的环城绿廊和后备苗木资源基地，同时对县城外围防风防尘防沙起到良好的防护作用。

三、合理布局城市道路绿化、公园（游园）建设

遵循"规划先行、以人为本"原则，按照"增绿量、建精品、创特色"的工作思路，相继完成了芦湖路南延、东外环路北延、高苑路西延、青城路西延等 9 条新建道路绿化建设工程，新增道路绿化面积 56 万平方米，道路绿化普及率达 100%；对原有道路进行绿化充实提升改造，道路绿地达标率 95%。高标准建设了东环水系、三山岛、李官游园、李兴耀游园、塘北路游园等多处公园（游园），公园绿地面积 155.59 公顷，人均公园绿地面积 22.2 平方米，公园绿地服务半径覆盖率 91%。城市建设形成了以"公园、游园"为点，以"道路绿化、水系建设"为线，绿化贯穿覆盖全城的林荫城市。

四、治理裸露土地

1. 城市绿荫行动。全面实施城市绿荫行动"五大工程"，取得非常好的效果。城区黄河路、中心路、齐东路等 13 条道路已具备绿荫路标准，林荫路推广率达 68%。县财政局、教育局、法院、粮食局等单位门前林荫停车场 17 处，林荫停车场推广率达 70%。开展了林荫公园（游园）建设、林荫庭院（小区）建设和立体化建设等城市绿荫行动。

2. 城市裸露土地绿化。制定《城市裸露土地绿化工作实施方案》和《2014 年度城市裸露土地绿化整治月活动实施方案》等相关文件，治理裸露土地 36 块，绿化裸露面积 13.04 万平方米。

五、提升城市生态环保工作

注重生态保护工作，持续开展以二氧化硫、烟尘及化工异味整治为重点的大气污染深度治理工作，先后对 2 家污水处理厂进行升级改造，出水水质实现一级排放标准。开展整治违法排污企业保障群众安全健康专项行动，重点企业污染排放达标率 100%，年空气污染指数小于或等于 100 的天数经监测达到 360 天，地表水 IV 类及以上水体比率达到 69%。制定完善了《高青县古树名木保护管理办法》《县域历史风貌保护规划实施方案》等文件，完成了自然生态、生物多样性、湿地资源等保护规划工作。

六、经验做法

在长期的绿化实践工作中，探索出"土地置换"成功经验，克服了资金制约瓶颈。

主要做法：按照"以地生财"思路，通过"以地补路、以路带房、综合开发、配套建设"的方式，解决资金困难。具体做法是通过招商引资，吸引企业投资城市绿化工程，工程款及相关费用的 50%，在投资人竞得其他项目国有建设用地使用权后，按其缴纳的土地出让金等额偿还。剩余 50%，采取 BT 模式分期偿还，偿还按"四三二一"模式，即：自工程竣工初验合格之日起，第一年付 40%，第二年付 30%，第三年付 20%，第四年付清剩余 10%。

2013 年 1 月，与淄博中农农业科技股份有限公司签订投资建设西绕城线、北绕城线水系景观工程建设协议。该工程对西绕城线、北绕城线沿水系两侧约 20 米范围内投资建设水系景观工程，

是高青县2013年城市园林重点工程，由江西农大设计院规划设计，淄博中农置业有限公司投资建设，淄博正信监理公司监理。工程突出高青水、绿特色，达到水、绿、景为一体，四季常青、季季有景的效果，东起广青路与东外环路交叉口、西至北支新河（西外环路），全长11.8公里，建设面积30公顷，投资2700万元，于2013年2月开工建设，种植雪松、垂柳、栾树、金叶榆及水生植物、宿根花卉等苗木10万余株。

园林绿地打药　　（2013年　摄）

第八节　淄博馨泽园林绿化工程有限公司

淄博馨泽园林绿化工程有限公司，隶属高青县城市管理行政执法局，是由高青县华宇园林有限公司和高青县春韵园林绿化有限公司合并而成，注册资金200万元，主要从事园林绿化工程设计、施工、养护；苗木、盆景、花卉种植销售；假山、喷泉设计施工等。2015年年底，公司拥有技术及管理人员14人，专职养护人员60人，各种施工、养护、园艺设备、车辆等20余部。

2001年9月，成立高青县锦绿园林绿化服务中心，属县园林绿化管理处内部企业。

2006年2月，成立高青县春韵园林绿化有限公司，属县园林绿化管理处内部企业，企业管理人员5人。是年3月，高青县锦绿园林绿化服务中心注销。

2006年11月，成立高青县华宇园林有限公司，属县园林绿化管理处内部企业，企业管理人员3人。

高青县城区园林绿化养护工作由华宇园林有限公司和春韵园林绿化有限公司共同负责养护，并对两家公司的园林绿地养护范围实行分片分段养护，各负其责。为进一步推行“政企分开”，实行市场化、企业化养护管理模式，实施精细化、标准化、规范化管理，2010年1月11日，高青县华宇园林有限公司和高青县春韵园林绿化有限公司合并为淄博馨泽园林绿化工程有限公司，属县建设局企业，企业管理人员10人，经理窦立柱。

按时浇灌绿化带　　（2013年　摄）

公司成立以来，承担着高青县城区西起西环路东至东外环、北起广青路南至南外环范围内212万平方米绿地、草坪及8.1

万余株行道树、背景林的养护工作。公司对城区绿地进行分组养护，以东外环、芦湖路、中心路、唐北路为界限分为四片养护区域，还专门设定4名养护管理人员对各片区进行不定时的巡逻抽查及人员的调配。先后实施了“大树进城”工程施工任务、东外环路北段绿化工程、东环水系绿化工程，承担县城区节日摆花、养护及黄河路、潍高路、高苑路、青城路等重点路段绿化苗木的种植和充实提高等工作。

第八章　水系绿化

第一节　环城水系

高青县境内河道众多，纵横交织，水资源丰富，县委、县政府提出建设环城水系的总体思路。主要是依托外环路建设，利用现有河道，对河道拓宽开挖，建设成“点、线、面”结合的环城水系系统，连接成30.3公里环状，进一步将城内湖泊串联，引黄河水入城。相继完成了北支新河城区段、东环水系、北外环水系、西外环水系等水系建设，建成景观水系42公里，完成投资3.7亿元。同时，在河道两侧进行绿化、美化和点缀景观、人文历史等文化元素，彰显高青历史文化特色，建成环、线、片结合，水、绿、景相融的水系格局。在构建城市大水系的同时，规划建设社区水系，逐步把高青建设成既有大水系，又有小水系，城中有水，水边安家的江北水城。

一、建设内容

1.北部开挖干四排，长9.4公里。

2.西部开挖西外环水系，长6.7公里。

3.南部开挖干二排水系，将北支新河进一步向上下游拓展，长8.5公里。

4.东部依托东环路、东外环路建设开挖河道，拓宽支十七排，长7.7公里。

5.从刘春、马扎子引黄闸引入黄河水，作为水系的补充水源，同时沿环城水系进行绿化和景观建设，将高青县城建成河水环绕，水、绿、景相融的水系格局。

二、实施过程

2008年，高青县委、县政府提出综合用水、构建水系，切实把水资源优势转化为经济优势的构想。县园林局据此提出加快推进北支新河城区段河道后续治理的具体方案。主要内容是借助几条干线公路建设，配套开挖沟渠河道，引黄河水入城，进一步提升城市建设的水平和档次。

是年，实施北支新河城区段综合治理工程，完成绿地建设面积100.2公顷，栽植苗木1.5万株，概算投资8500余万元。

环城水系　　(2015年　摄)

城市景观水系 （2015 年 摄）

2009 年，实施环城水系规划工作。环城水系工程总的设想是体现“生态、和谐、发展”理念，展现高青水乡特色，做足水文章，为居民打造休闲、游乐、健身空间，提升县城文化品位与景观水平，改善高青宜居和创业环境。工程总长 31.3 公里，既是未来的景观河道，也是城区防汛通道，兼具景观和城市基础设施两大功能。

2009 年，实施北支新河城区段综合治理二期工程，进行拆迁、污水淤泥处理、驳岸砌筑等重点工程，新增绿化面积 15 公顷，完成投资 1000 万元。

同年，实施原有绿地升级改造工程，对北支新河城区段综合治理工程充实完善，绿化面积 10 公顷。

2010 年 3 月 17 日，开始实施东环路水系土方工程，工程概算投资 200 万元，2010 年 4 月 5 日东环路水系土方工程完工。

2010 年 4 月，实施环城水系的东环水系工程。该工程位于县城东环路东侧，南起清河路，北至支十七排，南北长 1250 米，东西宽 110 米，总面积 13.8 公顷。工程包括河道开挖、地形塑造、驳岸砌筑、绿化美化、园路广场铺设，并建设木栈桥、廊架、景观平台等景观设施，共栽植银杏、法桐、苦楝、枣树、垂柳、大叶女贞等各类苗木品种 40 余种、9 万余株。工程由济南园林景观设计院设计，淄博正信监理公司监理。

工程分三个标段：第一标段（南段），由淄博四季园林工程有限公司承建，建设面积 3 万平方米，投资 520 万元。

第二标段（中段），由淄博新创维园林绿化工程有限公司承建，建设面积 7 万平方米，投资 1014.6 万元。

第三标段（北段），由潍坊绿盈园林工程有限公司承建，建设面积 3.8 万平方米，投资 551 万元。

在工程实施过程中，本着“以人为本、改善环境、建精品工程”的指导思想，严格程序，强化管理。

2011 年 5 月，完成东环水系建设。

2013 年，全长 42 公里的环城水系全部贯通，建成环城绿廊 55 公里，新植各类苗木 340 万株，新增绿化面积 800 公顷，城区 11 条道路完成绿化，新建、改建、改造提升街头游园 5 处，实施了西北绕城绿化，对全县 123 家单位进行庭院绿化，新植各类苗木 340 万株。

2014 年 4 月 10 日，实施支九排恢复建设、支十排恢复建设、支十七排拓宽改造工程，工程总长度 7700 米，概算总投资 1.83 亿元，由淄博冠文建工实业有限公司承建，2015 年 4 月 15 日竣工。

2014 年 10 月 20 日，实施黄河路北侧（五号路至老气象局段）水系景观一期工程动工建设。该工程长 450 米，绿化面积 2.02 公顷，主要建设广场园路、灯饰景观、水景工程和绿化美化等内容，是环城水系建设的重要组成部分。

2014 年，实施水系绿网和道路绿化工程 12 项，绿化面积 200 公顷。

2014 年以来，先后实施东环水系北延、北支新河城区下游段拓宽改造、支十七排水系拓宽改造、东外环水系提升改造、滨河路景观水系、支六排水系等 6 个项目，建设面积 128.3 公顷，概算投资 2.46 亿元。

2015 年园林绿化及水系建设项目表

表 8—1

序号		项目名称	建设范围及规模
2014 年开工建设工程	1	北支新河城区下游段拓宽改造工程	橡胶坝至东外环,长 1300 米,宽 120 米,建设面积 15.6 公顷
	2	东外环水系提升改造工程	广青路至支十七排,长 3200 米,宽 100 米,建设面积 36 公顷
	3	东环水系北延工程	广青路至支十七排,长 2600 米,宽 110 米,建设面积 28 公顷
	4	滨河路景观水系工程	长 1500 米,宽 30 米～50 米,建设面积 7.5 公顷
	5	支六排提升改造工程	青城镇—西外环,长 7790 米,宽 42 米,建设面积 19 公顷
	6	支十七排水系拓宽改造工程	东外环—杜姚沟,沿现状河道向北 20 米,向南 80 米,支十七排与北一路之间形成大水面,大水面至杜姚沟之间,长 1900 米,宽 100 米,建设面积 22.2 公顷
2015 年开工建设工程	13	营丘大道(黄河路至大悦路两侧)绿化工程	长 1100 米,建设面积 0.92 公顷
	14	高苑路(营丘大道至唐北路两侧)绿化工程	长 306 米,建设面积 0.48 公顷
	15	建信路(高苑路至青城路两侧)绿化工程	长 276 米,建设面积 0.29 公顷
	17	东环水系充实提高项目	安装景石、种植苗木等
	18	千乘湖生态文化园充实提高项目	对园内绿化进行充实
	19	芦湖公园充实提高	对园内绿化进行充实
	20	城区道路绿化充实提高	对城区道路两侧绿化带及行道树进行补植

三、土地置换

在项目实施过程中,探索出一条土地置换的成功经验。

主要做法:按照“以地生财”思路,通过“以地补路、以路带房、综合开发、配套建设”的方式,解决资金困难。具体做法是通过招商引资,吸引企业投资城市绿化工程,工程款及相关费用的50%,在投资人竞得其他项目国有建设用地使用权后,按其缴纳的土地出让金等额偿还。剩余50%,采取 BT 模式分期偿还,偿还按“四三二一”模式,即:自工程竣工初验合格之日起,第一年付 40%,第二年付 30%,第三年付 20%,第四年付清剩余 10%。

2014 年 10 月,与淄博冠文建工实业有限公司签订投资建设支九排恢复建设、支十排恢复建设、支十七排拓宽改造工程建设协议,该工程长 7700 米,概算投资 18300 万元,2014 年 4 月 10 日开工,2015 年 4 月 15 日竣工。

第二节　水绿高青

2013 年,为增加绿量、改善生态、建设园林城市,高青县政府开始大力实施“水绿高青”建设。该项目按照政府扶持、市场运作、社会参与、多元投入的方式,“因路植绿、因水植绿”,积极建设环城绿廊和绿色屏障。

一、建设内容

以西外环、北外环、广青路、引黄干渠、李中路、唐北路、南外环组成外环绿色保护带,同时实施庆淄路绿色林带建设、广青路(青城至西外环段)城镇绿色连线建设和田翟路、许刘路绿色林带建设,高淄路加宽两侧绿色林带建设;西外环、北外环、东外环、南外环组成内环绿色保护带。同时利用相关道路、沟渠组成 7 个区域

城市景观水系　　　　（2015年　摄）

绿色保护带。

环城绿廊绿化总长105公里，占地面积1728公顷，利用3年时间建设完成。

2013年，建设总长55公里，面积841公顷，主要以片林方式种植，苗木品种以乡土树种为主，兼顾常绿树种和部分经济作物，建成苗木基地，形成绿色长廊观光带。

2014年～2015年，建设总长50.4公里，面积887.5公顷，主要是在道路两侧、引黄干渠栽植片林，形成绿色长廊。

二、建设过程

2012年2月16日，县政府召开建设生态高青工作会议，对全县城市管理工作提出更高的要求，成立城市管理委员会，具体负责研究解决城市管理中出现的重大问题，协调解决城市管理重大工作事项，形成全民上下互动、左右联动，全方位齐抓共管的城市管理格局。

2013年2月19日，县政府办公室印发《水绿高青建设项目实施方案》（高政办发〔2013〕12号），确定从2013年开始利用3年时间完成水绿高青建设项目。

2月28日，召开全县水绿高青、绿化突击月及环境综合整治动员大会，县委副书记、县长刘忠远，县委常委、副县长李勇，县政府副县长刘军出席会议并发表讲话。会上，成立水绿高青建设项目领导小组，制定了《水绿高青建设项目任务分解表》，细化任务分工，明确责任人，拉开水绿高青建设的序幕。

2013年3月4日，县政府出台《高青县水绿高青建设绿化督导办法》，成立水绿高青建设项目督导领导小组，专门负责水绿高青建设项目的督导工作，督导组由县委常委、副县长李勇任组长，下设9个督导小组。

2013年5月，完成唐北路、西外环、北外环、广青路、引黄干渠、东外环（北支新河至南外环）、高淄路（高城段）的绿化建设任务，总长度55公里，绿化面积841.5公顷，共栽植国槐、法桐、白蜡、金枝槐、垂柳、雪松、黑松、西府海棠、碧桃、龙柏、木槿等苗木252.9万株，新增绿化面积800余公顷，形成环城绿廊景观。

2013年2月，西北绕城线绿化工程开工。该工程东起广青路与东外环路交叉口，西至北支新河（西外环路），全长11.8公里，种植垂柳、蜀桧、栾树、青桐、白蜡、金叶榆、樱花、雪松、香花槐等苗木1.8万株，绿化面积30公顷，投资2700万元，由江西农大设计院规划设计，淄博中农置业有限公司

高青县东环路东侧水系绿化设计图

投资建设。是年年底已基本完工。

高青县东环路东侧水系绿化设计图

2013年2月28日上午，县长刘忠远在县迎宾馆一楼会议厅主持召开全县水绿高青工作推进会议，副县长刘军安排部署生态文明城市、全国绿化模范县工作，县委常委、副县长李勇安排部署创建国家园林城市、绿化突击月及城乡综治集中整治月工作，刘忠远作讲话。

2013年，完成43公里的环城水系工程，完成55公里的环城绿廊建设，对城区11条道路进行了绿化，新建唐北路游园、李星耀游园、蒲台路游园，改造提升文体游园、中心路游园，实施了西北绕城线绿化、北支新河城区段综合治理三期工程等水系建设，对全县123家单位进行了庭院绿化，全县事业单位和社会团体、个人捐资147万元参与共建林建设。

2013年，种植苗木340万株，新增绿化面积800公顷，完成原计划三年绿化1728公顷一半的任务，实现“三年任务一年过半”的目标，“水绿高青”成为高青县靓丽的名片。

2014年1月14日，召开生态高青建设动员大会，研究部署生态高青建设和“三城同创”工作任务，专门设立生态高青建设工作办公室（简称县生态办），由县政府主要领导任主任，县委政法委书记、县政协分管副主席任副主任，从相关部门抽调5名专职工作人员，实行集中办公，统一协调调度生态高青建设。

2014年1月，县委办公室、县政府办公室印发《生态高青建设2014年度工作任务》（高办发〔2014〕3号），出台《2014年度生态高青建设工作任务考核办法》，对生态高青建设工作涉及的6个方面、100余项重点任务进一步细化、分解成215项

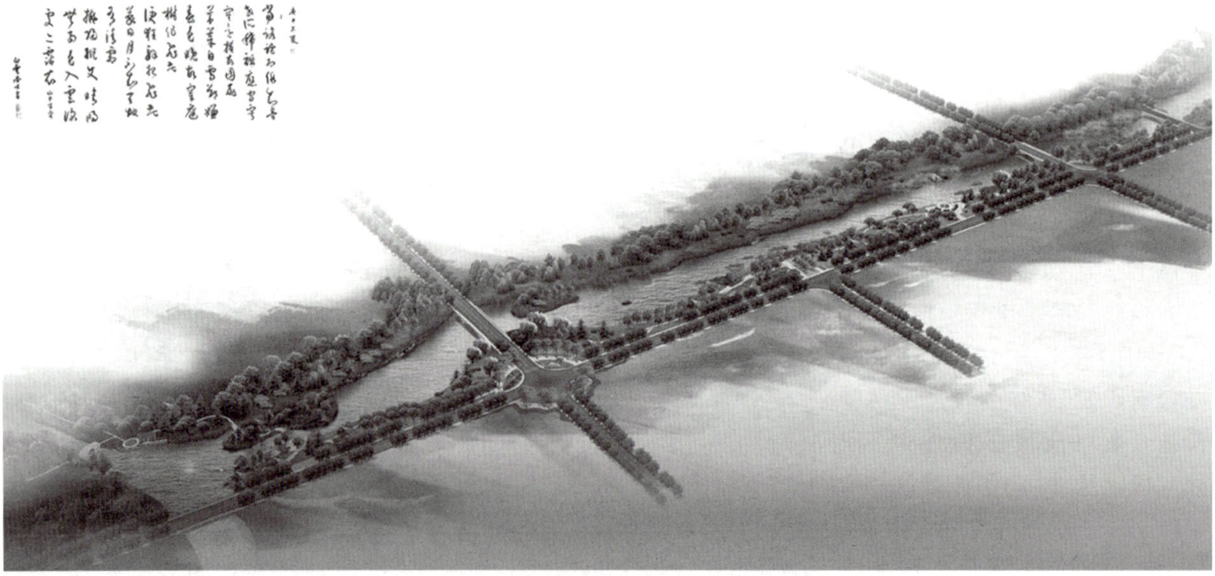

东环水系效果图

工作任务，落实到了27个具体职能部门、责任单位。

2014年3月，县政府出台《2014年度生态高青建设工作任务考核办法》。该办法对生态高青建设工作涉及的6个方面、100余项重点任务又进一步细化、分解成了215项工作任务，落实到27个具体职能部门、责任单位，并明确了任务内容、完成时限、验收标准和分管领导。

2014年4月3日，县领导刘忠远、李勇、王福春及部分职能部门负责人视察生态高青项目建设情况，对生态建设提出宝贵意见。

4月26日，北京大学景观设计学研究院副院长、中国生态学会城市生态学专业委员会秘书长李迪华教授在县迎宾馆一楼会议厅举办《城乡人居环境建设转型：走向美丽高青》专题报告会。

5月20日～21日，县领导刘军、王福春带领部分人大代表、政协委员观摩评议"水绿高青"建设情况及城区裸露地绿化工作。

2014年，按照路网、水网、绿网"三网合一"的思路，因河植绿，因路植绿，因景植绿，实施了庆淄路、广青路（田青段）、干二排（木李段）、杜姚沟等路域、水系绿化工程，绿化总长度达148.3公里。

2014年，实施城乡绿化工程，全县新增造林面积2.84万亩，其中连片50亩以上果品基地37个，新建高标准农田林网1万亩，完善提高农田林网1万亩；建设花卉苗木基地1.2万亩；全县林木覆盖率增加1个百分点。投资2500万元对城区内所有73块裸露土地进行了绿化，绿化面积18.62公顷，全县公共部位裸露土地补植绿化工作基本完成。

2015年1月～6月，全县完成道路水系绿化长度62.4公里，建设花卉苗木基地6265亩，社会造林17875亩。

2015年6月8日，县委书记徐培栋主持召开生态淄博建设高青重点工作调度会议，听取了有关部门负责人的情况汇报。

2015年8月，县长刘忠远在县政府五楼会议室主持召开生态高青建设调度会议，对"水绿高青"项目提出要求。

"水绿高青"建设项目领导小组

组　长：刘忠远（县委副书记、县长）
副组长：李　勇（县委常委、副县长）
刘　军（县政府副县长）
成　员：李祥奎（县委组织部常务副部长）
刘卫东（县监察局局长）
孟　军（县财政局局长）
徐培华（县住建局局长）
张彩青（县审计局局长）
刘云勇（县林业局局长）
张俊堂（县重点工作考核办副主任）

"水绿高青"建设项目绿化任务分解表

表8—2

序号	2013年～2015年绿化任务				2013年绿化任务			
	绿化路段	长度（米）	占地面积（公顷）	任务指标	绿化路段	长度（米）	占地面积（公顷）	任务指标
1	庆淄路	19078	381	1. 木李镇130公顷 2. 青城镇109公顷 3. 花沟镇116公顷 4. 黑里寨镇26公顷				
2	李中路	19988	396	1. 花沟镇230公顷 2. 高城镇166公顷				
3	引黄干渠	14336	214	1. 高城镇46公顷 2. 唐坊镇78公顷 3. 芦湖街道办90公顷	引黄干渠	14336	214	1. 高城镇46公顷 2. 唐坊镇78公顷 3. 芦湖街道办90公顷

续表 8—2

序号	2013 年～2015 年绿化任务				2013 年绿化任务			
	绿化路段	长度（米）	占地面积（公顷）	任务指标	绿化路段	长度（米）	占地面积（公顷）	任务指标
4	广青路	12092	241	1. 常家镇 80 公顷 2. 青城镇 116 公顷 3. 田镇街道办 45 公顷	广青路	12092	241	1. 常家镇 80 公顷 2. 青城镇 116 公顷 3. 田镇街道办 45 公顷
5	北外环	7500	97	1. 常家镇 45 公顷 2. 田镇街道办 52 公顷	北外环	7500	97	1. 常家镇 45 公顷 2. 田镇街道办 52 公顷
6	西外环	7900	158	1. 田镇街道办 52 公顷 2. 花沟镇 106 公顷	西外环	7900	158	1. 田镇街道办 52 公顷 2. 花沟镇 106 公顷
7	唐北路	4782	95	1. 花沟镇 77 公顷 2. 田镇街道办:18 公顷	唐北路	4782	95	1. 花沟镇 77 公顷 2. 田镇街道办 18 公顷
8	东外环	1700	8.5	芦湖街道办:8.5 公顷	东外环	1700	8.5	芦湖街道办 8.5 公顷
9	高淄路	7000	28	高城镇 28 公顷	高淄路	7000	28	高城镇 28 公顷
10	田翟路	7000	70	常家镇 70 公顷				
11	许刘路	4000	40	常家镇 40 公顷				
12					苗木基地		200	1. 黑里寨镇 100 公顷 2. 木李镇 100 公顷
	合计	105376	1728.5			55310	841.5	

2014 年“水绿高青”项目表

表 8—3

序号	工程名称		建设范围及规模	概算投资	实施单位
1	水系建设工程	干二排景观水系工程	南外环—千乘湖，长 1400 米，宽 120 米，建设面积 15.24 公顷。	2800	县住建局
		东环水系南延工程	长江路至南环路，长江路以北长 650 米，宽 200 米，长江路以南长 950 米，宽 200 米，建设面积 28.75 公顷。	8050	县住建局
		北支新河城区下游段拓宽改造工程	橡胶坝至东外环，长 1300 米，宽 120 米，建设面积 15.6 公顷。	2800	县住建局
		东外环水系提升改造工程	广青路至支十七排，长 3200 米，宽 100 米，建设面积 36 公顷。	6500	县住建局
		支十七排水系拓宽改造工程	东外环—杜姚沟，沿现状河道向北 20 米，向南 80 米，支十七排与北一路之间形成大水面，大水面至杜姚沟之间，长 1900 米，宽 100 米，建设面积 22.2 公顷。	4000	县住建局
		东环水系北延工程	广青路至支十七排，长 2600 米，宽 110 米，建设面积 28 公顷。	7800	县住建局
		北一路西延水网工程	东环路至芦湖路，路北侧水系长 2100 米，宽 20～60 米；南侧绿化带长 2100 米，宽 30～70 米，建设面积 23.5 公顷。	4200	县住建局
		滨河路景观水系工程	长 1500 米，宽 30～50 米，建设面积 7.5 公顷。	2000	县住建局
		支六排提升改造工程	青城镇—西外环，长 7790 米，宽 42 米，建设面积 19 公顷。	1500	县住建局
水系建设工程小计			195.75 公顷	39650 万元	

续表 8－3

序号	工程名称		建设范围及规模	概算投资	实施单位
2	城区道路绿化建设工程	蒲姑南路绿化建设工程	建设总长度为 7673 米，建设总面积 21.17 公顷。	3175.5 万元	县住建局
		长江路绿化建设工程			
		东环路南延绿化建设工程			
3	创建国家园林县城城区绿化充实提高工程		维高路、青城路、高苑路、青苑路、城区裸露地等充实提高	1241.42 万元	
总　计			216.96 公顷	44066.92 万元	

三、主要做法

1. 强化组织领导，明确责任分工。成立“水绿高青”建设项目领导小组，负责项目的组织协调督查考核工作，根据实际，明确了苗木品种、种植规格、建设标准内容，对县住建局、林业局及各镇（办）明确责任分工，研究下发《任务分解表》，层层签订《目标责任书》，建立健全项目建设目标责任制，形成责任明确、考核有力、相互配合、齐抓共管的工作格局。

2. 转变融资机制，拓宽资金渠道。建立政府统一规划组织，社会各方筹资为主的多渠道、多层次投资体系，实行“谁投资、谁管理、谁受益”政策，鼓励、支持淄博中农置业公司、淄博大地园林公司等企业和个人投资园林绿化事业，建设苗圃基地。积极开展多方开辟融资渠道，建立多元化筹资机制，既节省了财政资金，又为企业提供苗木基地，收到较好的经济效益、社会效益，为今后做好城市建设工作提供了新的模式和好的机制。

3. 吸引社会参与，形成工作合力。改变过去城市绿化由园林部门“单打独斗”的模式，按照政府主导，全民参与的原则，发动全县各界积极开展“绿化共建”。以基层党委和系统为单位，确定种植标准，在县城高苑路东段分片包干，种植苗木，下发了《认养认领认管园林树木倡仪书》，组织和鼓励单位、个人通过认养、认领、认管园林树木，建成“企业林”“共青林”“巾帼林”“友谊林”“成长树”“爱情树”“亲子树”等。

4. 注重突出特色，打造精品工程。坚持高起点规划，高标准建设，打造精品绿地，体现“以人为本”的建设思路。特别是西北绕城线绿化工程，邀请江西农大设计院专家进行规划设计，注重人与自然的和谐，精心营造园林景观，合理配置植物，丰富植物品种，充分体现植物的生态美和自然美，突出高青水、绿特色，达到四季常青、季季有景的效果，打造成高青又一道靓丽景观带。

5. 加大宣传力度，赢得广泛支持。充分利用广播、电视、网络等新闻媒体，深入宣传园林绿化的重要意义，增强生态意识、环境意识和绿化意识，形成全社会关注绿化、建设绿化、爱护绿化的良好氛围。对实施”水绿高青”项目情况进行了广泛宣传，在项目迁占、苗木种植等方面赢得广大群众的理解和支持，极大地推进了项目的实施进度。

6. 强力督促推进，严格工作奖惩。为推动“水绿高青”项目顺利推进，抽调人员组成工作督导组，建立情况反馈制度、督促检查例会制度，对各单位任务完成情况定期督查通报，对督查中发现的问题，下发限期整改通知书，并根据各单位完成情况兑现奖补，将督导情况和验收考核情况列入年终岗位目标责任制考核，激发各方面工作积极性和主动性。

第九章 创建园林城市

第一节 创建国家园林县城

一、创建目标

严格按照《国家园林县城标准》，加大城市园林绿化建设力度，在巩固省级园林城市创建成果的基础上，进一步健全城市管理机制，完善城市基础设施，加大城乡环境整治力度，提高园林绿化管理水平。到2015年，建成区绿地率达到35%以上，绿化覆盖率达42%以上，人均公共绿地面积达21平方米以上，所有指标全部达到或超过国家园林县城标准，形成组织管理到位、规划设计规范、景观维护得力、绿化美化完整、市政设施配套的建设格局，确保2015年高青县创建国家园林县城圆满成功。

二、实施步骤

创建工作分四个阶段实施：

第一阶段：动员阶段（2012年12月～2013年2月）

1. 制订《高青县创建国家园林县城实施方案》，成立高青县创建国家园林县城领导小组，抽调人员组建创建国家园林县城领导小组办公室，具体负责创建日常工作。2. 召开创建国家园林县城工作动员会，与各责任单位签订目标责任书。3. 相关部门、单位根据创建任务制定具体工作方案，并报县创建国家园林县城领导小组办公室。4. 通过报纸、电视、广播等媒体，大力宣传创建国家园林县城工作，营造浓厚的创建氛围。

第二阶段：实施阶段（2013年3月～2014年10月）

1. 高标准、高品位、高质量完成一批重点项目建设，全面完善市政基础设施，开展环境和生态治理，推进历史文化保护和景观建设。

2. 全面开展园林绿化建设活动，确保城区绿地率、绿化覆盖率、人均公园绿地等各项指标达到国家园林县城标准。

3. 建立创建国家园林县城工作督查考核机制，将创建工作纳入单位目标考核内容，考核结果与部门业绩、主要领导及相关责任人年度考核挂钩。

2014年3月6日召开全县创建国家园林县城工作会议　（2014年　摄）

4. 做好创城工作资料收集、整理、归档，完成县城创建画册和多媒体专题片制作。

5. 做好创建申报的前期准备工作及省市主管部门的业务联系和对接。

第三阶段：初审阶段（2014 年 10 月～2015 年 5 月）

对照国家园林县城标准和目标任务，邀请省、市专家检查指导，县创建国家园林县城领导小组办公室进行全面自查验收，召开全县创建国家园林县城推进会，对发现问题督促有关责任单位限期整改。

第四阶段：迎检阶段（2015 年 6 月～9 月）

1. 开展全县创建工作摸拟大检查，对发现的问题及时解决。

2. 抓好环境综合整治，巩固创建成果。

3. 做好住房和城乡建设部创建检查验收的各项准备工作。

附：

高青县人民政府
关于申报国家园林县城的请示

高政发〔2014〕33 号

省住房和城乡建设厅：

高青县隶属山东省淄博市，地处淄博市北部，北依黄河，南靠小清河，总面积 831 平方公里，辖 7 个镇、2 个街道办事处，767 个行政村，人口 36.82 万，是黄河三角洲高效生态经济区 19 个县市之一。2013 年，实现地区生产总值 165 亿元，实现公共预算总收入 10.5 亿元，完成固定资产投资 106 亿元，城镇居民人均可支配收入和农民人均收入分别为 22754 元和 10130 元。

近年来，我县高度重视城市园林绿化工作，始终把园林绿化建设作为经济发展、改善生态、服务民生的首要任务来抓，全面实施了环城水系、环城绿廊、绿荫行动、城市裸露土地治理等工程建设，建成了环、线、片结合，水、绿、景相融的绿化格局，城市绿化建设和管理工作明显提升。2009 年被命名为“山东省园林城市”，破硬造绿行动被授予“山东人居环境范例奖”；2012 年被授予“山东省绿化模范县。”截止目前，县城建成区面积 12.36 平方公里，县城建成区绿化覆盖面积 521.96 公顷，园林绿地面积 464.49 公顷，公园绿地面积 155.59 公顷绿化覆盖率、绿地率分别为 42.23%、37.58%，人均公园绿地面积 22.19 平方米；其他生态环保、节能减排、市政设施等各项指标也达到了国家园林县城标准要求。为此，特申报国家园林县城。

当否，请批示。

高青县人民政府

2014 年 5 月 30 日印发

三、创建过程

2011 年，在高青县政府成功创建省级园林城市两年之后，县政府提出创建国家园林城市的新目标，确定到 2015 年创建成国家级园林城市。

2011 年 12 月，为做好创建国家园林城市准备工作，了解掌握真实现状，对照国家园林城市标准，县园林局经过大量工作，对绿化覆盖率、建成区绿地率、城市人均公园绿地面积、游园绿地服务半径覆盖率等 18 项指标进行分析，于 2012 年 1 月 6 日形成《关于高青县申报国家园林城市的自查报告》。

芦湖公园一角 （2010 年 摄）

爱我家园　从我做起　　　　　　　　（2010 年　摄）

2013 年绿化突击月活动实施方案》和《水绿高青建设项目实施方案》等文件，按照创城实施方案要求，开展了水绿高青、庭院绿化、绿化突击月、社会绿化等一系列园林绿化活动。

2014 年 3 月 6 日，召开创建国家园林县城会议，县委常委、副县长李勇就创城的意义、任务作了讲话，对下步创城工作进行安排动员。

2013 年年底，县城建成区面积 15.54 平方公里，园林绿地面积 380 公顷，绿地率 24.46％，城区人口 7.01 万人，建成区公园绿地 148.22 公顷，人均 21.15 平方米，部分指示没有达到国家园林县城标准，缺少园林绿地面积 132.72 公顷。

2012 年 12 月，制订《高青县创建国家园林县城实施方案》，成立高青县创建国家园林县城领导小组，抽调人员组建创建国家园林县城领导小组办公室，具体负责创建日常工作。

2013 年 3 月，召开水绿高青、绿化突击月及环境综合整治动员大会，印发《高青县创建国家园林县城实施方案》《水绿高青建设项目实施方案》《高青县 2013 年绿化突击月活动实施方案》等文件，形成《高青县创建国家园林县城工作任务分工一览表》，将创城任务分解到全县各有关单位，进一步明确了任务目标和工作职责。并通过报纸、电视、广播等媒体，大力宣传创建国家园林县城工作，营造浓厚的创建氛围。

2013 年 5 月，投资 75 万元实施面积 0.5 公顷的唐北路游园建设。

2013 年 12 月，召开创建国家园林县城工作会议，总结绿化工作完成情况。

2013 年，对高苑路西段新建李官游园，建设面积 0.6 公顷，工程投资 72 万元，栽植雪松、黑松、龙柏、蜀桧、黄山栾、国槐、法桐、白蜡、银杏、丝绵木、紫叶李等苗木 2000 余棵。

2013 年，加大单位庭院绿化力度，123 家庭院绿化单位种植苗木 19 万株，共种植各类植物 67.5 万株。

2013 年 2 月 28 日，召开全县水绿高青、绿化突击月及城乡环境综合整治动员大会，印发了《高青县创建国家园林县城工作实施方案》《高青县

2014 年 5 月 30 日，高青县政府向市住房和城乡建设局提交《关于申报国家园林县城的请示》（高政发〔2014〕34 号），向省住房和城乡建设厅提交《关于申报国家园林县城的请示》（高政发〔2014〕33 号）。

2014 年 5 月 30 日，县政府向省住房和城乡建设厅提交《关于申报国家园林县城的请示》（高政发〔2014〕33 号），申报国家园林县城。是进，县城建成区面积 12.36 平方公里，县城建成区绿化覆盖面积 521.96 公顷，园林绿地面积 464.49 公顷，公园绿地面积 155.59 公顷绿化覆盖率、绿地率分别为 42.23％、37.58％，人均公园绿地面积 22.19 平方米，各项指标达到了国家园林县城标准要求。

2014 年 6 月 6 日，市住房和城乡建设局向省住房和城乡建设厅提交《关于推荐高青县申报国家园林县城的请示》（淄建字〔2014〕58 号），在该请示中，市住建局详细介绍了高青县创建国家园林县城的做法、采取的措施、取得的成效，对高青的做法和取得的成绩给予充分肯定，认为高青县各项指标达到国家园林县城标准，推荐高青申报国家园林县城。

2014 年 7 月，完成向省、市主管部门创城申报资料上报工作，与省市主管部门对创城工作事项进

行沟通交流、对接，县政府与33个单位签订创建国家园林县城工作任务责任书。

2014年8月，完成《城市绿地系统总体规划》、申报材料、宣传片制作等音像资料。

2014年9月10日，高青县政府向住房和城乡建设部提交《关于申报国家园林县城的请示》（高政发〔2014〕50号）。

2014年9月30日，完成所有的申报材料，聘请专家现场指导，征求专家的建议和意见。

2015年6月25日，将创城申报材料上报至住建部，等待初审。

2015年7月，进行创城宣传和迎检等相关工作，在高青电视台开设“创建国家园林县城工作”栏目，在《今日高青》刊登题为《创建国家园林县城，建设大悦至美高青》的报道。

8月28日，山东建筑大学处长李瑞杰、威海市园林局副局长宋协明一行到高青县视察指导国家园林县城创建工作。市园林局局长户新军、县城管执法局局长孙旭光、县园林局局长魏学峰等人陪同调研。李瑞杰一行从道路绿化、居住区绿化、河道绿化、公园建设、环城水系建设、生活垃圾处理、污水处理等多个方面实地参观考察国家园林县城创建工作。专家组一行对高青县在创建国家园林县城前期相关工作上所取得的成绩表示赞许，尤其对在城区道路绿化养护、公园建设和绿化等方面的工作表示肯定。对于进一步提升园林建设水平，完善和提高国家园林县城申报资料，专家组提出了诸多指导意见，有利于促进创建国家园林县城工作的深入开展。

9月初，根据省专家指导组意见进行重点提升，把芦湖公园、千乘湖公园等主要节点作为迎检的重点，在公园林下裸露地补植鸢尾、麦冬等地被；集中力量开展苗木、草坪的修剪及病虫害防治工作；在公园出入口、广场等节点及公园内裸露地摆放、补种草花。

9月上旬，为更好的学习外地的创城经验，县城管执法局组织人员赴昌乐等地参观学习创城工作，借鉴他们的先进经验和做法，确保全县创城工作的顺利推进。

9月，对芦湖公园、千乘湖公园内的道路、广场、喷泉、小品、健身器材等公共设施进行整修，做好日常检查和维护工作，在公园安装安全警示牌、导游指示牌、树木科普标识牌500余个。

10月，根据创城要求，县城管局创城小组针对每项指标进行自查，进一步修改完善创城验收资料，确保做到验收资料无缺项、无漏项、无错项。同时，结合现场验收路线实际情况，创城小组多次勘察现场路线，编制现场解说词，并进行多次现场模拟解说，以更好地向国家验收组汇报创城工作。

11月，在高青电视台、《今日高青》等新闻媒体上加强创城工作的宣传，利用城区路口LED显示屏、宣传牌等设施进行创城宣传，4个LED显示屏全天不间断滚动播出宣传口号，在中心路、高苑路等路灯灯杆上制作创城宣传牌100余块。

12月17日，国家住建部官方网站发布《关于2015年国家生态园林城市、园林城市、县城和城镇拟命名名单的公示》，公布了2015年7个国家生态园林城市、46个园林城市、78个县城和11个城镇的拟命名名单，在拟命名为国家园林县城的78个县城中，高青县榜上有名。

2016年1月15日，住建部印发《关于2015年国家生态园林城市、园林城市、县城、城镇的通报》（建成〔2016〕16号）文件，根据评审结果，高青县正式创建成为国家园林县城。2015年全

省市专家对创建园林工作进行评审　　（2014年　摄）

国创成园林县城78个，其中山东省10个，分别是高青县、垦利县、昌乐县、泗水县、沂南县、兰陵县、东阿县、高唐县、单县县、巨野县。

四、专项行动

（一）裸露土地整治

1.工作任务。共有8项任务：①城区公共裸露土地绿化，主要是道路两侧的零散裸露土地。②城区沿街门前裸露土地绿化，主要是众益商务广场等单位门前裸露土地绿化。③城区居住小区裸露土地绿化，重点对14家居住小区和14家企业进行绿化。④临时闲置土地绿化，重点是对南部新区闲置地块进行绿化。⑤建筑工地裸露土地绿化，对12个建筑工地进行绿化。⑥城市沿河裸露土地绿化，重点对城区内及城郊河道两侧进行绿化。⑦城乡结合部裸露土地绿化，重点抓好潍高路、广青路等省道及县道城郊路段的绿化。⑧是工业园区的裸露土地绿化，做好经济开发区和如意工业园区内的裸露、空闲地绿化。

2.时间安排。2014年3月1日至4月30日，共60天。分三个阶段：

①宣传动员阶段（3月1日～3月11日）。做好宣传发动工作，利用网络、报纸、广播、电视等各类媒体深入开展宣传动员，形成良好的舆论氛围。

②任务实施阶段（3月12日～4月25日）。各部门、镇（街道办）及相关责任单位严格按照各苗木数量、规格等标准要求进行绿化，每一项任务要见到行动、落到实处、看到实效。

③组织验收阶段（4月25日～4月30日）。“绿化整治月”活动结束后，督导小组将对照《高青县2014年城市裸露土地绿化整治月活动实施方案》进行实地考核验收，验收结果将作为全县单位年终岗位目标责任考核、生态县建设考核的重要依据。

芦湖公园一角　　（2013年　摄）

（二）城区绿化专项行动

2015年4月23日，县委办公室、县政府办公室联合印发《2015年度生态高青建设和环境保护专项行动计划》（高办发〔2015〕14号），确定在全县开展城区绿化专项行动。

1.主要任务。对21个居住小区空闲地或裸露地进行绿化补植，12个小区已完成裸露土地绿化，绿化面积2068平方米。以创建全国绿化模范县为目标，紧紧抓住“生态高青”建设有力时机，积极开展水系道路、花卉苗木、经济林果基地建设等工作。2015年6月底，完成道路水系绿化长度62.4公里，占总任务量的79%；建设花卉苗木基地6265亩，占139%；建设经济林果品基地4563亩，占101.4%，社会造林17875亩。对文化路、中心路、七号路北段等路段及居住区、企业院内等73块裸露土地进行了绿化，绿化面积18.62公顷，完成投资2235万元，主要通过种植乔木及小龙柏、扶芳藤等地被植物进行绿化，达到了裸露土地全覆盖效果。

2.时间安排。

①准备阶段（4月）。根据本专项行动计划，结合实际，于4月30日前制定完成具体实施方案，落实必要的人力、物力和财力保障。

②实施阶段（5月～12月）。各有关部门要密切配合，加强沟通、协调，组织各镇、各街道办、经济开发区管委会按照具体实施方案，开展专项行

动执法检查和整改工作。

③总结阶段(12月底)。各有关部门要将专项行动开展情况进行总结,由县生态高青建设工作领导小组办公室(以下简称"县生态办")汇总后报县政府。

五、主要做法

(一)加强组织领导,健全管理机构。县委、县政府成立创建国家园林县城领导小组,负责统一组织和协调创建国家园林县城工作,领导小组下设宣传组、督导组、实施组、综治组、办公室等,具体负责创建工作的组织、协调、检查、考核等工作。各镇、部门相应成立相应的领导机构,按照"谁主管、谁负责"的原则,坚持"以块为主、条块结合、上下配合、多方联动、分工负责",实行目标责任制,层层分解任务,加强检查考核,确保各项工作任务的落实。

高青县创建国家园林县城领导小组

组　长:刘忠远(县委副书记、县长)

常务副组长:白明河(县政协主席)
于新华(县人大常委会第一副主任)
边江风(县委副书记)
李　勇(县委常委、副县长)

副组长:孙英涛(县委常委、县委办公室主任)
满　军(县委常委、县委组织部部长)
张守伟(县委常委、县委宣传部部长)
高连家(县委常委、县政法委书记)
刘　军(县政府副县长)
于双胜(县政府副县长)
张亮云(县政府副县长)
张欣欣(县政府副县长)

成　员:王福春(县政府办公室主任)
李祥奎(县委组织部常务副部长)
孟繁国(县委宣传部副部长、《高青工作》编辑部主任)
徐培华(县住建局局长)
邵先伟(县交通运输局局长)
孟　军(县财政局局长)
郭晓东(县国土资源局局长)
孟现涛(县农工办主任)
王建永(县水务局党委书记)
刘清天(县教育局局长)
刘云勇(县林业局局长)
袁　伟(县环保局局长)
刘恒波(县广电局局长)
刘国华(县城市管理行政执法局局长)
姜　英(县旅游局局长)
刘　博(县供电公司经理)
魏学锋(县住建局副局长、园林局局长)

领导小组下设办公室、宣传组、实施组、综治组、督导组。

(二)健全养护机制,加大经费投入。将园林工程建设和园林养护资金纳入财政预算,按时足额拨付,2012年~2014年,三年累计投入绿化建设资金2.1亿元,其中2012年686.26万元,2013年798.86万元,2014年988万元,园林养护资金逐年增加,

(三)加强科研推广应用。成立高青县园林科研技术研究所,建有马家苗圃、淄博浩泰等3处苗木科研基地,先后投资650万元用于苗木引种驯化和培育,培育出金叶槐、金叶榆等科研成果,并在公园绿化、道路绿化、庭院小区绿化中得到广泛推广。2012年~2014年,每年组织2次园林绿地养护管理及病虫害防治培训班,邀请郑贵云、户新军等园林专家进行培训指导,组织技术骨干到广饶、诸诚、寿光等参观学习。县园林局组织专业人员成立技术服务小组,及时为各单位搞好业务指导和服务,确保绿化质量。

(四)加强检查督促,确保创建效果。县创建国家园林县城领导小组办公室建立例会制度,定期听取各责任部门单位的工作汇报,研究解决工作中存在的重点、难点问题;通过定期检查、随机抽查、阶段考评、模拟考核和社会舆论监督等形式,确保各项工作落实到位;汇总整理各项指标的有关技术报告、档案资料和统计数据,定期编发简报,通报工作进展情况。成立县委副书记边江风任组长的创建国家园林县成督导组,主要负责督促检查"创城"进度及各部门具体工作任务的落实情况;负责将"创城"工作纳入县委、政府年度目标考核;对工作扎实、成绩突出和对工作不认真负责,

严重影响创建工作的单位和个人，形成书面意见，作为表彰奖励或通报批评、处分的依据。

（五）全民参与，各部门齐心协力。采取多种形式引导广大群众参与绿化，集全社会力量共同创城，建立园林绿化信息库，及时发布园林信息，发放调查问卷300余份，争求群众意见，公众对县城园林绿化的满意率100%。县机关工委、县总工会、团县委、县妇联、县住建局、县林业局联合开展了“认养认领认管园林树木倡议书”，制定了《认养认领认管园林树木实施办法》，为认养认领认管的林木冠名，如“企业林”“共青林”“巾帼林”“友谊林”“红领巾林”“成长树”“爱情树”，并颁发荣誉证书。2013年，全县共100个单位及个人参与捐资，社会共建捐资159万元，建成6万平方米的“共建林”，共138人在芦湖公园、千乘湖生态文化园开展了树木认养活动。成立县委常委、副县长李勇任组长的创建国家园林县城实施组，主要负责组织实施各项园林绿化及其它建设任务并达到或超过“创城”标准；负责城乡环境综合整治及绿化、亮化、美化工作的指导、安排和督查落实；加强监管力度，提高环境管理和环境质量，生活垃圾无害化处理、城市污水处理、环境保护指数、城市空气质量、工业污染防治、节能减排等指标达到“创城”标准。

省市级领导视察千乘湖公园

（六）加强宣传发动，营造良好氛围。在电视台、电台、《高青工作》、政务网开辟宣传栏，对创城工作进行全过程、深层次、多角度的宣传报道。在电视、广播节目中滚动播放“创城”宣传口号。印发《创城简报》、悬挂创城标语，并在县城主要出入口设置大型宣传牌。在重要地段设置了宣传牌，组装了流动宣传车，悬挂了创城标语，在城区公交车及县乡公交车体张贴宣传标语，在城区集中开展了“宣传日”活动，面向城区所有学校、企事业单位、城区居民印发《致全县人民的一封信》《爱绿护绿、美化家园倡议书》等宣传材料各5000余份。成立县委常委、县委宣传部部长张守伟任组长的创建国家园林县城宣传组，主要负责制定“创城”专题片和公益广告；开展校园主题教育，培养学生树立爱绿、护绿意识；负责开辟“创城”曝光台、“创城”宣传栏目，对“创城”各阶段的重点、难点和群众关心的热点问题进行跟踪报道；负责公众对“创城”工作的满意度调查，做好本组“创城”资料收集归档工作，并按时报送相关资料。

第二节　创建省级园林城市

一、指导思想和主要目标

1.指导思想：以“三个代表”重要思想为指导，牢固树立和认真落实科学发展观，全面实施城市可持续发展，以建设“黄河滨水园林城市”为目标，切实提升高青县城市生态和景观环境质量，创建最适宜人民居住的生产和生活环境。

2.主要目标：到2009年5月底，考核指标全部达到或超过省级园林城市标准，跨入省级园林城市行列。

二、实施步骤

1.宣传发动阶段（2009年2月5日～2月15日）。成立县创建省级园林城市领导小组，制定实施方案和措施，搞好宣传发动，形成强大的舆论氛围；各责任单位根据部门职责和任务分工，制定具体的工作方案，对任务进行细化、量化，将责任分解落实到具体单位和责任人。

2.组织实施阶段（2009年2月16日～4月30日）。各级各有关部门按照本方案确定的任务目标和责任分工，集中人力、财力、物力，有计划、有步骤地完成目标任务。

3.自查验收阶段（2009年5月1日～5月15日）。组织编写自查报告。县创建省级园林城市领导小组进行全面自查验收。对于发现的问题，督促有关责任单位限期整改。

创建省级园林城市考评验收汇报会现场　（2009年　摄）

4.申报考核阶段（2009年5月16日～10月1日）。以县政府的名义向省建设厅报送申报材料。省建设厅组织进行绿化遥感测量，对环境质量指标和城市基础设施情况进行审查，审查合格后组织专家进行实地考核。

三、主要工作任务

1.完善城市绿地规划及管理。

2.加快城区道路及公共绿地建设。实施好支新河城区段综合治理二期工程等重点公共绿地建设，做好西一路、经济园区四号路、东外环路、芦湖路等道路两侧的绿化工程建设，确保县城建成区绿化覆盖率达到35%以上，绿地率达到30%以上，人均公共绿地面积达到8平方米，城区街道绿化按道路长度普及率、达标率分别在95%、80%以上，城区主干道绿化覆盖面积不少道路总用地面积的25%。

3.加快原有公共绿地的提升改造步伐。对黄河路两侧绿地及文体游园、青西游园、中心路游园、十二生肖园、高苑路街头游园等文体广场公共绿地进行高标准充实完善。

4.加强单位庭院绿化建设。城区各主要街道沿街单位要实施拆墙透绿，将庭院绿地、门前绿地与道路绿地融为一体，进行高标准景观设计和改造，实现绿化资源共享。城区主干道沿街单位90%以上实施拆墙透绿。

5.加强居民小区绿化。

6.搞好城市外围大环境绿化。在县城外围，特别是对滨博高速路高青出入口、高青北出入口处进行高水平、高质量绿化和养护管理，对城区与广青路、潍高路、高淄路等交叉口、连接点进行绿化美化，形成大绿量、大园林、精品多的城市景观效果，提升县城外围大环境绿化圈。

7.深入开展创建“绿色文明家园”活动。积极开展“绿色文明家园”创建活动，到2009年5月底前，达标先进单位占35%以上。

8.加强城市绿地养护管理。推行绿地“建管分开”，实施精细化管理，积极组织开展城市绿地的认建、认养、认管等群众性的绿化活动，2009年5月底，全县公共绿地、主要道路绿化全部达到省定一级养护标准。

9.加强苗圃管理建设。以乡土树种为主，有计划地培育和引进一批适应当地条件的具有特性、抗性、适用性的城市绿化优良品种，争取苗木自给率达到80%以上，且在规格、质量、品种等要求上符合城市绿化标准。

10.加强风景名胜区和历史文化资源的保护、建设和管理。

11.深入开展城市环境综合整治活动，不断改善市容市貌。

12.切实加强城区道路的养护管理。确保到2009年5月底，城区人均拥有道路面积9平方米以上，各主要街道路况良好，养护到位，完好率达90%以上，城区道路照明装置率达到98%以上，主次干道亮灯率达到97%以上。

13.加快城区公用设施建设。确保到2009年5月底，城区燃气普及率达到80%以上；万人拥有公共交通车辆达10标台以上，用水普及率达到98%以上，水质综合合格率达到100%；道路机械清扫率达到20%；每万人拥有公厕2座以上。

14.加强城市管理，规范市容、市场和交通秩序。

15.加强城乡水环境、大气和噪音治理。确保2009年5月底，城区生活垃圾无害化处理率达70%以上；城市污水处理率达40%以上；城市大气污染指数达到二级标准；地表水环境质量标准达到三类以上。

四、实施过程

2006年，高青县政府确定到2009年把高青县建成省级园林城市。

2006年2月，县政府印发《高青县创建省级园林城市实施方案》，成立创城工作领导小组，各有关单位成立相应的组织领导机构，切实做到任务清、责任明，为创城工作的深入开展奠定坚实的基础。

2009年2月6日，召开创建省级园林城市工作会议，高青县创建省级园林城市进入最后收关突击阶段。

2009年2月23日，高青县人民政府分别向山东省建设厅、淄博市建设委员会申报省级园林城市，并申请考核验收。

2009年3月，县园林绿化管理处组织人员对城区公园、游园、道路、庭院以及零星散地段绿化现状进行全面调查摸底，为创城工作提供了详细准确的各类数据和资料。

2009年3月，完成城区道路新植、补植各类苗木3500余株，完成土方10万立方米，增加绿化覆盖面积2万平方米；千乘湖生态文化园栽植各类苗木870余株，整理草坪11万平方米。

2009年3月，委托山东农业大学对千乘湖生态文化园充实提高方案进行优化设计，委托济南园林集团景观设计公司对文体游园、丽村游园进行规划设计，委托县建筑设计院对芦湖路南延进行绿化规划。

3月5日，县委副书记、县长徐培栋到县城黄河路、芦湖路及千乘湖生态文化园对创城工作进行现场查看。

3月7日，组织召开县开发小区负责人、“花园式单位”和“花园式小区”创建单位负责人会议，明确创建时限与要求。号召县建设局、公安局、水务局系统各单位、财政局、教育局、交通局、气象局、人民医院、实验小学、自来水公司、黄河建工有限公司、玉博琳纺织有限公司、华联化工有限公司、宏丰纺织有限公司、丽村热电有限公司、丽村生物科技有限公司等单位积极创建“花园式单位”和“花园式小区”，按照创建任务指标采取破硬造绿、拆墙透绿、见缝插绿等措施，栽植全冠、带土球、大规格乔木数量以及常绿树、花灌木、地被植物等苗木。

3月11日下午，县创城领导小组召开城区单位庭院绿化工作调度会，对县交通局、教育局、丽村热电公司等单位绿化工作中好的经验和方法做了详细介绍，对下一步单位庭院绿化工作进行了安排部署。

3月12日，高青县邀请省园林协会专家组组长贾祥云、市园林协会会长郑贵云到高青指导创城绿化工作，对县创城工作给予了高度评价；3月21日，省建设厅城建处处长周善东到县视察创城绿化工作，协会领导对高青县前期创城绿化工作取得的阶段性成果给予充分肯定。

3月底，基本完成城区道路行道树栽植，栽植各类全冠乔木9000余株，增加绿化覆盖面积6万平方米。

3月，县环保局对全县化工企业实施化工异味深度治理，消除化工异味污染，全县大气环境实现根本好转。

4月3日，在城区黄河路、中心路、文化路、青城路等路口花坛摆放三色槿、牵牛、万寿菊3万株，提高了道路景观效果。

4月21日，淄博市建设委员推荐高青县申报省级园林城市。

4月22日，为迎接“五一”国际劳动节，营造创建省级园林城市氛围，下发了《关于城区各单位门前摆花的通知》。

7月，为争创省级园林城市，建设最适宜人居和创业的生活环境，在城区14条道路、38个路口设置220个标志牌，在黄河路、青城路、中心路、文化路、高苑路、芦湖路等城区主要道路人流密集路段安放300个果皮箱，在潍高路、黄河路、高苑路、青城路、芦湖路等道路和千乘湖生态文化园、芦湖公园等公共绿地内摆放景观石，为创建省级园林城市增添了新的亮点。

8月，实施“破硬造绿”工程，新植、补植各类苗木12万株，其中大乔木1.1万余株，动用混凝土切割机、风镐等机械共计800余台次，在混凝土地面开挖树穴4000余个，破硬造绿工程新增绿化面积45.54万平方米。

8月29日，在2009年中国重点城镇竞争力年会暨全国重点城镇调查推介仪式上，高青县被评为“2009年中国最佳改善人居环境范例县”。

9月1日，召开迎接省级园林城市验收暨城乡环境综合整治工作会议，为迎接省级园林城市验收工作进行安排部署。

9月2日，邀请淄博市风景园林协会理事长王懋谭、常务副理事长郑贵云、秘书长李桂芝等园林专家到高青县实地检查指导创城工作，并沿创城拟定验收路线进行实地查看。

9月10日～14日，为迎接创城验收，在城区黄河路、芦湖路、中心路、文化路、青苑路等路段交叉口摆放牵牛、一串红、鸡冠花、三色槿、万寿菊、彩叶等花卉48万株。

2009年9月，高青县各项绿化指标已达到省级园林城市的要求，城市建成区绿化覆盖率37.52%，绿地率达33.57%，人均公共绿地面积22.15平方米，其他环保、市政设施、公用事业等各项指标也达到省级园林城市的要求。

2009年12月，高青县破硬造绿行动被山东省住房和城乡建设厅授予“山东人居环境范例奖”。

五、验收

2009年9月15日，山东省创建省级园林城市考评验收组到高青，对高青县创建工作进行正式验收。县委书记李灿玉、县长徐培栋，县委常委、副县长邢强，人大、政协主要领导及相关单位负责人陪同考核验收。

9月15日上午10:00点，考评验收组听取了高青县创建省级园林城市工作的情况汇报，观看创建工作汇报专题片和破硬造绿宣传片，详细查阅创建园林工作的相关文件和资料。

下午，验收组分组对全县街头绿地、道路绿地、公园广场、花园式单位、住宅小区等20余处绿地及县城亮化工程、污水处理厂、生活垃圾处理站进行了全面考核。

16日上午，召开座谈会，验收组对高青县创建成果给予充分的肯定和高度评价，一致认为高青县委、县政府认真贯彻落实科学发展观，高度重视城市园林绿化建设，城市面貌显著改观，生态环境、人居环境明显改善，城市品位大幅提升。

考评验收组认为，高青县在不到一年的时间内发生了巨大变化，进步速度之快，绿量之大，效果之实超乎想象，令人吃惊，无论是从市民的直观反映，还是从专家的专业角度来审视高青，创建工作都是一件得民心、顺民意的实事好事。在创建过程中，高青县坚持科学理念，以人为本理念，以专业化的角度绿化，意识超前，管理到位，道路绿化突出了生态效益和景观效益，公园建设大气，做

创城宣传牌　　（2015年　摄）

活了水文章，单位、小区绿化可圈可点，特别是破硬造绿工作在全省创出了特色和经验，非常值得肯定。

专家组还对高青县绿化突出的单位进行了高度评价，这些单位有县建设局、教育局、公安局、粮食局、人民医院、扳倒井有限公司、县一中、芦湖生活区、银岭世家、齐林家园。

验收组强调指出，高青县下一步要建立长效机制，把城市的绿线规定，严把规划关；要保护好古树名木，尽量减少草皮，草坪面积，增加乔木数量，降低管理成本，体现生物多样性；要进一步提升园林城市的档次，为下一步创建国家级园林城市奠定基础。

2009 年 12 月 10 日，高青县被山东省人民政府命名为“山东省园林城市”。

六、基本做法

1. 加强领导，明确任务，为创城工作的深入开展夯实基础。高青县委、县政府十分重视创建省级园林城市工作，自提出创建省级园林城市以来，党政主要领导亲自抓，分管领导具体抓，工作班子着力抓，各有关部门和单位各司其职、齐抓共管、明确责任，形成了一级抓一级、层层抓落实、人人有任务的良好工作机制。2006 年 2 月，县政府印发了《高青县创建省级园林城市实施方案》，成立了由县长任组长，县委、县人大、县政府、县政协、县委宣传部、县纪委领导任副组长、各责任单位和有关镇主要负责人为成员的创城工作领导小组，领导小组下设宣传组、督导组、实施组、综治组、办公室，具体负责创城的组织、协调、检查、考核等工作，保证创建工作的顺利实施。各有关单位也成立了相应的组织领导机构，切实做到了任务清、责任明，为创城工作的深入开展奠定了坚实的基础。

高青县创建省级园林城市领导小组

组　长：徐培栋（县委副书记、县长）

副组长：侯全明（县委副书记）

孙英涛（副县长）

成　员：孟呈文（县委办副主任）

陈加波（县委组织部常务副部长）

纪祥国（县政府办公室副主任）

李　峰（县纪委常务副书记、监察局局长）

刘文昌（县委组织部副部长、县人事局局长）

刘元阁（县广播电视局局长）

赵善民（县委宣传部常务副部长、《高青工作》编辑部主任）

刘卫东（县委宣传部副部长、县文明办主任）

刘金峰（县财政局局长、县引黄供水管理处党支部书记）

李绍文（县经贸局局长）

张卫军（县安全生产监督管理局局长）

邵先伟（县建设局局长）

孙光远（县城市执法局局长）

王　伟（县交通局局长）

耿瑞光（县水务局局长、县引黄供水管理处主任）

杜丽娥（县委宣传部副部长、县文化局局长）

尹遵用（县环保局局长）

孙荣义（县林业局局长）

孙文革（县工商局局长）

许延辉（县科技局局长）

刘志强（县长助理、县公安局局长）

王庆光（县国土资源局局长）

王庆海（县供电公司经理）

孟　军（田镇镇长）

张玉江（花沟镇镇长）

邵珠泉（常家镇镇长）

领导小组下设办公室，办公室地点设在县建设局，邵先伟兼任办公室主任。

2. 加强宣传，全民动员，为创城工作的深入开展营造良好的舆论氛围。高青县始终高度重视园林绿化建设宣传工作，制定宣传方案，明确宣传内容和宣传措施，积极开展了一系列内容丰富、形式多样、生动活泼、主题鲜明、群众喜闻乐见的宣传活动，对创城工作进行全过程、多角度、深层次的宣传报道。在县电视台、电台、《高青工作》等媒体开辟了宣传专栏，组装流动宣传车，定期编发简报，对创建省级园林城市的意义、目的和相关措施、法律法规、风景名胜、文物古迹等内容进行大力宣传，督促沿街各单位悬挂了宣传横幅，组织专门力量深入到各镇驻地进行宣传，广大居民群众对创城工作的知晓率、支持率、参与率大幅度提高，“爱绿、护绿、建绿”意识明显增强。各级领导的充分重视、精心组织和人民群众的广泛参与，把各方面的工作热情激发起来，信心鼓舞起来，力量凝聚起来，不仅建设部门把创城工作作为重点工作，相关部门和单位也把创城工作作为重点工作来抓，做到抓紧、抓细、抓实、抓好。组织志愿者服务宣传队深入各单位、街头、社区作义务宣传，使创建园林城市、人人爱绿护绿的社会氛围更加浓厚。

3.加强督查，确保创建工作扎实有效开展。为进一步加强创建省级园林城市督查工作，确保创建工作扎实有效开展，高青县出台《关于印发〈高青县创建省级园林城市责任分工安排意见〉的通知》（高办发〔2007〕5 号）及《高青县创建省级园林城市目标责任制考核奖惩办法》（高办发〔2007〕6 号）等规范性文件，建立定期的督查通报机制，实行“日报送、周调度”制度。

督导组相关成员采取书面督查，现场巡查、统一汇总、统一研究、统一解决等多种形式，开展创建工作的督查，到各单位进行督查，及时解决、及时收集各单位在创城中遇到的各种问题疑难杂点，对工作不力、完不成任务、给创建工作带来负面影响的单位予以严肃处理。通过定期检查、随机抽查、阶段考评和社会舆论监督等形式，确保各项工作落实到位。各责任单位对照职责分工，按照“快精细实”的要求，建立相应的工作制度，主动检查、自我督促、抓好落实，对敷衍塞责、马虎了事、避重就轻、推诿扯皮等不良现象，媒体要及时予以曝光，在电视台、新闻报刊等各类新闻媒体报道创建重大活动、工作动态，及时交流创建工作经验、创建信息，推动了创建工作的扎实有效开展。

4.加大资金投入，保障创城成功。加大对基础设施建设和绿化的投入，有计划地安排资金用于创建工作，积极探索多元化的投入机制，引导鼓励全社会参与城市基础设施建设和绿化建设，多渠道筹集建设资金，为创建园林城市提供资金保证。

5.建立相关制度，形成创城的长效机制。县创建省级园林城市领导小组建立例会制度，定期听取各责任部门、各单位的工作汇报，研究解决工作中存在的重点、难点问题。县创建省级园林城市领导小组办公室负责汇总整理各项指标的有关技术报告、档案资料的统计数据，定期编发简报，通报工作进展情况。建立和实行考评奖惩制度，将创城工作列入全县年度岗位目标责任书考评内容，进行专项考核，考核结果与单位目标考核挂钩，对工作扎实、成效显著的，给予表彰和奖励；对未按时完成任务的，给予通报批评；凡因工作不力而影响全县创城工作大局的，追究直接责任人和单位主要领导的责任。

6.建立和实行创城工作责任制，明确工作任务。签订创城工作责任书，将创建工作任务下达到相应职能部门、单位，由相应职能部门承担包干责任，部门、单位主要负责人为创城工作第一责任人。各部门牢固树立大局观念和“一盘棋”思想，以高度的责任心和紧迫感，加强组织领导，加大工作力度，按照职责分工，各尽其责，迎难而上，全力推进。对一些重点、难点问题，相关单位在创城工作领导小组的统一指挥下主动靠前，密切配合，组织精干力量合力攻坚，确保各项工作取得实效。

7.深入开展综合整治，提升城市品位。创城领导小组综治组始终开展以治理“脏、乱、差”为主要内容的城市环境综合整治，把旧城区、城中村和城乡结合部整治作为城乡环境整治的重点，杜绝“六乱”现象发生。

七、破硬造绿工程

（一）项目实施前高青城区绿化情形

高青县城建成区总体绿量少，绿视率低，绿化模式、造型单一，植物造景数量偏少。城区绿化以面积达标为主，对绿视率重视不够，单位庭院绿化片面追求视野开阔、院内无遮挡的庭院绿化效果，绿地空旷。冬季绿量偏少，夏季停车场、人行道、公共绿地、庭院绿荫不足，阳光直射现象普遍。

2006 年年底，城区绿化覆盖率 28.57%、绿地率 26%。针对这一现状，高青县政府做出“破硬造绿，提升城市品位，优化人居环境”的决定。

（二）采取措施

1. 对广场、停车场改造。对城区单位、商业设施硬化面积多、缺少大树的区域及道路两侧的硬化广场、停车场进行破硬造绿，建设林荫广场和林荫停车场，形成遮荫绿网。

2. 林荫路建设。在城区道路两侧空旷处栽植大乔木，增植双排或多排行道树，形成城区林荫路系统，共栽植大树 1.1 万棵，增加绿化覆盖面积 7.7 万平方米。

3. 居住区与单位庭院绿化。栽植大乔木、观花观叶观果观形植物，见缝插绿栽植攀爬植物，进行立体绿化，提升居住区与庭院绿化档次。

4. 公园及街头游园绿地升级。对芦湖公园、千乘湖生态文化园两处综合性公园，及城区街头游园绿地进行充实提高，优化升级，打造精品游园。

（三）取得成效

1. 增加绿量。破硬造绿工程总投资 2600 万元，新植、补植各类苗木 12 万株，其中大乔木 1.1 万余株，动用混凝土切割机、风镐等机械共计 800 余台次，在混凝土地面开挖树穴 4000 余个，破硬造绿工程新增绿化面积达 30 万平方米。在项目实施过程中，注重以人为本，致力改善人居环境，注重植物种类的合理配置和景观效果，构建点、线、面结合的城市绿化体系。

2. 人居环境得到改善。①公园、街头游园绿地绿化覆盖率大幅增加，拓展了居民休憩娱乐场所。②小区及单位庭院绿视率显著提高，居民舒适度明显改善。③双排及多排行道树、停车场树阵充分发挥遮荫作用，城市热岛效应有所缓解，公众舒适度提高，建筑物、车辆内部温度显著降低，能源消耗减少。④新增各类植物充分发挥吸滞粉尘、杀菌、消减噪音作用，城区大气环境质量得到改善，主要污染物 PM_{10} 指标明显下降。

3. 城市绿化品位提升。绿化覆盖率、绿地率分别由 2006 年的 28.57%、26% 增至 2009 年的 39.52%、35.92%，人均公共绿地面积 22.15 平方米，苗木种类增至 235 种，城区绿地四季景观丰富多彩，乔、灌、草相结合的复层种植结构比例大幅提升。充分利用植物造景功能，增强空间协调，注重视线引导，有效解决了空间绿色存在断档、层次不明的问题，形成了开合有致、曲折变化、富有韵律与节奏感的绿化景观。

4. 公众满意度提升。实施“破硬造绿”工程后的高青城区，处处绿意盎然，游园绿地乔、灌、花、草配置得当，三季花团锦簇，四季绿影婆娑。盛夏时节，高大的乔木舒展宽阔的臂膀，布下浓荫片片，置身园中，或吐纳健身，或缓行低吟，儿童嬉戏，票友调琴，居民游人各寻其乐。漫步城区，多排行道树浓郁的树荫遮天蔽日，如同绿伞层层，将炎炎暑气摒于九霄之外，行人旅者莫不惬意自得。在 2009 年城建工作座谈会上，公众代表对高青县城区破硬造绿工程给予高度评价。

2009 年，破硬造绿行动被山东省住房和城乡建设厅授予“山东人居环境范例奖”。

2010 年 5 月 25 日，在诸城市召开的山东省城市园林绿化工作会议上，高青县作典型发言，介绍了破硬造绿行动取得效果和经验。

第十章　公园　街头游园

第一节　芦湖公园

一、公园简介

芦湖公园位于县城东部，黄河路南侧，青城路北侧，东起学府路，西至芦湖路。南北长 280 米，东西长 470 米，占地面积 13.16 万平方米，其中湖面 3.1 万平方米，投资 3300 万元。

2005 年 11 月开工建设，2006 年 9 月 28 日正式建成并对外开放，是高青县委、县政府为完善城市功能、满足群众需求而修建的高青县第一座公园。

该公园由天津园林规划设计院设计，天津市绿化工程公司承建。园内建有人工湖、树阵广场、水岸广场、滨水广场、儿童乐园、生态岛、水禽岛、健身径、林荫路、绿色气息广场、景廊广场、景石广场等绿化景观以及扳倒井、衮龙桥等人文景观，功能定位为开放形生态文化休憩公园。栽植各类树木 150 种，1.5 万株，种植草坪 8.6 万平方米，达到“三季有花、四季常青”的绿化景观效果。

2007 年。该公园被授予山东省园林绿化优质工程奖称号，被高青县教育局定为中小学生学习教育基地。

二、人员情况

2007 年 9 月，芦湖公园管理处经高青县编委批准设立，为股级全额事业单位，编制 2 人，隶属于县建设局。

2012 年 2 月，经高青县编委批准，将该单位机构规格由股级升格为副科级，并划归县园林绿化管理局管理。

2014 年 9 月，经高青县委、县政府批准，将园林绿化管理局整体划转为高青县城市管理和行政执法局。

截至 2015 年 8 月底，该单位编制 2 名，现有人员 35 人，其中在编 2 人、劳务派遣人员 1 人、借调企业人员 3 人，保安、保洁、养护等长期临时工 29 人。

芦湖公园一角　　（2009 年　摄）

衮龙桥　　　　（2009年　摄）

桥，横跨岛岸。

南区　南广场占地2000平方米，是广大市民跳舞健身消夏的地方，此处有一座船形样的灯，象征事业生活一帆风顺。

东区　东区为常绿树种种植区，遍植有雪松、黑松、云杉等常绿树。树阵广场，规则种植法桐和黄山栾等。健身广场也在东区，置有太空漫步机、摇椅、双杠、举重架、转椅等健身器材，是全民健身的好去处。

三、公园规划

北区　从北门而入，首先是北广场。北广场占地1万多平方米，具有大型庆典、礼仪接待、综合演出、大型展示等功能。人工湖位于公园正北门南100米处，湖水引自黄河水，湖水最深处约2米。湖东面是两座水禽岛，水禽岛上自然生长蒿草、竹苇等植物，岛上建有雾喷系统。西面大岛叫生态岛，岛上及湖四周植有垂柳。

西区　公园西侧是绿色气息广场，种植有合欢、黄山栾、三角枫、刺槐、黄栌等植物。绿色气息广场东南侧是儿童乐园，园中置有太空椅、跷跷板、转椅、木马等儿童游乐设施。绿色气息广场西南侧是景石广场，有八块泰山石组成。附近设竹围栏，下面种植爬蔓扶芳藤、大花蔷薇，因与公路较近，用竹围栏分割空间，起障景作用。儿童乐园东南侧是扳倒井广场，广场内墙壁上绘有赵匡胤凭神力扳倒水井解大军之渴的传奇故事彩画。广场内有一口井，依扳倒井传说而建，从井口往东有水车，直径六米，全部用防腐芬兰木制成，往下分四层叠水，运转时水从井口流出。扳倒井广场以东是衮龙桥，该桥为拱形

四、历年养护、充实情况

（一）绿化养护情况

为保证花草树木生长良好，达到绿化景观效果，芦湖公园每年根据实际情况制定好绿化养护工作计划，做好对园内花草树木浇水、施肥、修剪、病虫害防治等工作。

1. 根据天气情况，及时对苗木进行浇水、施肥。

2. 对园内树穴、花池、绿地内的杂草及时清理和控制。

3. 根据植物生长习性适时对园内花灌木、绿篱

芦湖公园俯瞰　　　　（2009年　摄）

芦湖公园一角 (2009 年 摄)

实施整形修剪。

4. 做好园内花草树木的病虫害防治工作，发现病虫害及时科学防治。

5. 冬季做好树木涂白工作，涂白能有效控制树木来年病虫害的发生。

6. 加强管理，确保园内绿地花草树木无人为破坏现象。

(二)历年充实提高情况

2006 年，完成土建项目。

2007 年，完成全部绿化建设。

2008 年，完成工程验收。

2009 年，配合争创省级园林县城，对公园进行绿化充实提高，新植、补植各类乔木 1000 余株，地被草花 3 万余株。

2010 年，新植、补植各类乔木 30 余株，地被草花 2 万余株。

2011 年，新植、补植地被草花 2 万余株。

2012 年，新植、补植各类苗木 200 余株，地被草花 3 万余株。

2013 年，新植、补植各类苗木 1260 株，地被草花 4 万余株。

2014 年，新植、补植各类苗木 600 余株，地被草花 6 万余株。

2015 年，为争创国家园林县城，芦湖公园新植、补植各类乔木 1000 余株，地被草花 8 万余株。

第二节 千乘湖生态文化园

一、公园简介

千乘湖生态文化园位于高青县城老城与即将投入建设的南部新城结合部，北支新河中心路至东环路段之间，东西长 2260 米，占地 1500 亩。这里原是北支新河，是县城工业和生活废水主要排放沟，连年河道淤积，污水四溢、蚊虫乱飞、臭气熏天，严重影响了两岸居民生产生活和城市环境形象。

2007 年，县委、县政府决定对北支新河进行综合治理，以北支新河河道为中轴，建设千乘湖生态文化园。

2008 年 4 月，工程正式开工建设，同年 10 月竣工。建设过程总共开挖土方 110 万立方米，清理污泥 40 万立方米，种植苗木 15 万株，完成绿地建设面积 100.2 公顷，其中湖面面积 33 公顷、绿地面积 67.2 公顷，安装景观及照明灯具 1100 多余

千乘湖公园一角 (2012 年 摄)

盏，修建跨河大桥1座，儿童娱乐设施20套，总投资1.2亿元。千乘湖生态文化园是一座突出北方水城特色，融汇古千乘文化要素，按照现代生态园林风格要求兴建的开放式城市公园；也是一项集环保治污、平原水库、生态恢复、景观建设于一体的综合性水系工程。园内建有田横山、千字文广场、儿童乐园、滨水伴读园等人文景观，充分体现人文、生态、和谐、发展的理念，展现高青水城一体、人与自然和谐统一的黄河湿地园林城市特色。

2009年，被评为国家级水利风景区。

2010年9月25日，被评为“国家AAA级旅游景区”。

二、公园布局

千乘湖生态文化园的北门为正门。西汉时，高青隶属千乘郡、千乘国，这正是文化园名称的由来。门口立有8根仿造古代窗格图案的文化灯柱，上面著有李白、贺知章、刘鹗等著名诗人的诗句，它和屹立在水池两侧的兽头人身十二生肖，营造了千乘古国的文化氛围。长方形水池内有龙鱼在喷水，“龙鱼”龙首鱼尾展现的是鲤鱼在跳龙门时由鱼变龙的一瞬间，寓意高青经济正在实现质的飞跃。

进了北门是条甬道，两旁站立着手持宫灯的侍女，从发髻和服饰可以看出是西汉宫女造型。

向南是一座假山，这是一座以鱼龟纹石堆彻而成的假山，形如人的手掌，寓意“五福临门”，“五福”出于《书经》和《洪范》，分别为“长寿”“富贵”“康宁”“好德”“善终”，假山上的几只仙鹤或欲展翅高飞，或低头私语，惟妙惟肖。

假山四周是生态文化园的中心广场，广场的大理石地面上用篆体雕刻了千字文，该广场又称千字文广场，从高空凌看，广场如一只美丽的蝴蝶栖息在绿荫中，又称蝴蝶广场。该广场具有大型庆典、礼仪接待、综合演出、大型展示等功能。

中心广场东西两侧各有两个小蝴蝶广场，建有廊厅，植有大型树木，与大蝴蝶广场相映。

往南是亲水平台。亲水平台约800平方米，由防腐木铺装而成。

湖水面积33公顷，湖面最宽处有300米，水深3米，站在亲水平台欣赏千乘湖美景，宛如身临江南水乡。

东侧是戏水区，面积5000平方米左右，由鹅卵石散铺而成。

2008年实施千乘湖文化生态园工程，开挖土方110万立方米，清理污泥40万立方米，建成蓄水100万立方米的平原水库。千乘湖可以调节流量、抬高水位，发挥防洪、灌溉、给水等功能。

湖内设有音乐喷泉，是文化园最吸引人的景点之一，能变换80多个花样。主泉能喷60米，副泉也能喷40米，夜晚喷出的泉水呈现五颜六色，就像无数颗晶莹的珍珠伴随着优美的音乐，时而高昂、时而低沉、时而激发、时而舒缓，不断变换造型，装扮着入夜的千乘湖。

以横跨南北的千乘湖大桥为界，分为东西两大湖区。

千乘湖大桥为钢筋混凝土板桥，外形为拱形桥，桥身长84米、宽39米、5孔，雪花大理石栏杆上雕有祥云、狮子、福绿寿等图案。桥下是防腐木铺成的通道，设有供游人休息的木制桌凳。桥身两侧安装七彩霓虹灯，夜幕降临整座桥如彩虹般横卧在千乘湖上。

西部湖区有相互依靠的两座小岛，是为情人

千乘湖公园一角　　(2012年　摄)

芦湖大桥 (2012年 摄)

岛，根据董永和七仙女的传说修建的，孪生小岛，相依相偎就像董永与七仙女彼此相拥。董永是中国传统二十四孝子之一，《搜神记》《太平御览》以及东汉时期山东嘉祥县武氏墓群石刻，均记载着“董永，千乘人也”的字样。董永与七仙女以老槐树为媒，缠绵悱恻的爱情故事，被列入中国四大民间传说，为历代所传颂。

跨上小岛，首先看到的是一方奇石，奇石中心部位天然形成一个心形孔洞，寓意着美好的爱情，因此又称爱情石。

岛上建有凉亭，亭子的造型为两片叶子一条柄，故称为连理亭。岛上栽植桃树、垂柳，春暖花开时营造出一种浪漫温馨的氛围。东边岛上有一棵直径为60厘米的大槐树，是董永与七仙女的媒证。

情人岛西侧是1万平方米的游泳区，金色细柔的沙滩供游人戏水，人们来到这里享受戏水和日光浴的快乐。

情人岛的南面是祥云广场。千乘湖生态文化园建成正值中国奥运之年，奥运火炬上的祥云图案给公园的设计者带来灵感。六座延伸入湖的半岛，形成六朵飘动的祥云，象征吉祥如意，也是对中国奥运的一份纪念。岛上最有名的景点，是以现代艺术风格构造，以千乘帆影命名的凉亭。

东侧湖区有田横山，是纪念秦末起义首领田横而建。田横是齐国王族，他和兄长田儋、田荣都是狄县人(今高青县东南)的豪族。秦朝末年，群雄并起，逐鹿中原，自立为王的田横被刘邦打败，携五百余人退守海岛。汉高祖听说田横很得民心，担心日后为患，便下诏令田横投降，如若不来便派兵把岛上五百人全部消灭。田横为保存岛上五百人的性命，便带了两个部下离开海岛向汉高祖的京城进发，在距京城三十里的地方，田横自刎而死，让同行的两个部下拿自己的头颅去见汉高祖，表示自己不受投降的屈辱，也保存了岛上五百人的生命。汉高祖用王礼葬了田横，又派人去招降岛上的五百人，但他们听到田横自刎，便都蹈海而死。田横的气节感天动地，屡被后世文人墨客赞叹，画家徐悲鸿在抗战时期以“田横五百士”为主题，完成了成名作。他通过这种方式对两千年前的血腥男儿表达了自己的敬意。

田横山的东侧是滨水伴读园，田横山的南侧是滨河路，长2300米，可乘车沿路欣赏千乘湖生态文化园的优美风景。

三、绿化充实养护

为保证花草树木生长良好，达到绿化景观效果，千乘湖生态文化园每年根据实际情况制定绿化养护工作计划，做好对园内花草树木浇水、施肥、修剪、病虫害防治等工作。根据天气情况，及时对苗木进行浇水、施肥；对园内树穴、花池、绿地内的杂草，及时清理、控制；根据植物生长习性，适时对园内花灌木、绿篱实施整形修剪；做好园内花草树木的病虫害防治工作，发现病虫害及时科学防治；冬季做好树木涂白工作，涂白能有效控制树木来年病虫害的发生；加强园内绿地花草树木管理，不发生人为破坏现象。

2008年，完成千乘湖生态文化园土建工程。

2009年，对千乘湖生态文化园养护充实，新植各类苗木15万株。

2010年，新植、补植各类苗木3000余株，地被草花12万余株。

2011年，新植、补植各类苗木2500余株，地被草花10万株。

2012年，新植、补植各类苗木1600余株，地被草花9万株。

2013年，栽植各类苗木193050株，完成沿湖道路整修，改造园路470米。

2014年，新植、补植各类苗木500余株，地被草花9万株。

2015年6月，对东环水系、芦湖公园、千乘湖生态文化园进行绿化充实提高，种植各类苗木1万余株，地被1.6万平方米。其中千乘湖生态文化园新植、补植各类苗木300余株，地被草花1.2万株。

附：

高青县人民政府办公室
关于做好千乘湖公园防溺水工作的通知

高政办字〔2008〕27号

各镇人民政府，县政府有关部门：

千乘湖公园竣工在即，将为全县人民提供一个休闲娱乐的理想场所。目前，工程进入扫尾阶段，蓄水工作已完成，湖面占地500余亩，水深3米左右。各镇、各有关部门一定要提高警惕，进一步提高安全意识，采取有效措施，严防溺水事故的发生。

教育部门要加强中小学生、职业学生的教育和管理，教育学生提高安全意识，提高防溺水的自觉性和识别险情、紧急避险、遇险逃生的能力；教育学生不私自下水游泳；不擅自与同学结伴游泳；不在无家长或老师带领的情况下游泳、划船；不到无安全设施、无救护人员的水域玩耍、游泳；不在公园内嬉戏、打闹、追逐。县建设部门要加强公园管理，在危险地段安装安全设施，在醒目位置设立防溺水警示牌，并安排专人巡查管理。各家长要加强监护，经常教育学生不能玩水，注意安全，确保学生平安，严防发生无法弥补的损失。各位游客也要注意安全，遵守公园管理制度，爱护设施，不得踩踏草坪，不得攀爬、采折树木花草。

高青县人民政府办公室
2008年9月22日

第三节　街头游园

一、街头游园建设

1992年，在高苑路以南、税务局对面建设园林苗圃基地，占地2.64万平方米。

1993年，在县城西南角建设青苑水上乐园，占地3000平方米，建有兒宽阁、兒宽雕塑、蘑菇亭、花坛等景物设施。

1994年，对中心路、黄河路交叉口处进行绿化，绿化面积706平方米。

1995年，在县自来水公司以东建设十二生肖雕塑游园，占地2200平方米。

1996年，在中心路转盘东北角建设中心游园，占地2300平方米。是年，在县体育场以南、青城路以北建设文体游园，占地1.5万平方米。

1998年，在青城路以南、齐东路以西建设青西游园，占地1.05万平方米，游园以冷季型草坪为主，内铺彩色园路1000平方米、彩色人行道600平

青西游园　　（2009年　摄）

街头游园——芦湖园　　　　（2009 年　摄）

方米，配有自动喷灌系统、草坪灯、庭院灯、石桌、石凳、宣传牌、果皮箱等设施。

1999 年，在黄河路以南、张田路以西建设黄河园，占地 8000 平方米。

2000 年，在县体育场北侧、黄河路以南建设文体游园二期工程，占地 5500 平方米，配有自动喷灌系统。是年，完成烈士陵园绿化改造建设，绿化面积 4000 平方米。

2001 年，在文体游园一期工程西邻、青城路以北、青苑路以东建设文体游园三期工程，绿化面积 5200 平方米。是年，完成青西游园西扩工程，绿化面积 2000 平方米。

2002 年，改造青西游园、文体游园、黄河园三处公共绿地，栽植各类乔灌木 1350 株。

2004 年，实施中心游园、城北游园改造等绿化工程。同年，在青西游园、黄河园种植日本樱花、西府海棠、红瑞木等乔灌木。是年，县城绿化覆盖率 30.65%，人均公共绿地面积 6.3 平方米。

2006 年，对文体游园、中心游园、青西游园进行绿化改造，栽植各类乔灌木 1059 余株，对高苑路西段街头游园进行绿化，增加绿化面积 1 公顷。

2007 年，对青西游园、中心游园进行改造，栽植苗木 2356 株，绿化面积 8 公顷，对芦湖公园绿化充实栽植苗木 2800 余株，绿化面积 5 公顷。

2008 年 4 月，开工建设金都景观园、芦湖景观园、高苑景观园，绿化面积 2.4 公顷。

2009 年 8 月，为创建省级园林城市，进一步对游园充实绿化，栽植大规格法桐、白蜡等苗木。是年，对千乘湖生态文化园、芦湖公园、部分街头游园及单位庭院进行了绿化充实提高，并采取“破硬造绿”的形式大力开展单位庭院绿化，全年共新植补植各类苗木 12 万余株，增加绿化面积 45.54 万平方米。

2009 年 5 月，对青西游园、中心路游园、县政府门前等城区原有绿地充实提高，栽植雪松、黑松、龙柏、蜀桧等常绿树种以及法桐、白蜡、大叶女贞、百日红等乔灌木，绿化面积 10 公顷。

2010 年，对文体游园等街头游园进行绿化改造，扩展绿化面积 6000 平方米。

2012 年，举行创建国家园林城市启动仪式，结合“黑牛节”召开，开展“绿荫行动”“鲜花进城”“景石进城”“万株乔木进城”等工作，对城区道路节点、交叉口、主要路段及公园游园进行绿化充实提高，新增花箱、电线杆花容器、花树、花柱等景观，并完成千乘湖亮化、水幕电影、放生台等工程建设。全年完成投资 3623 万元，新植各类苗木 100 多万株，新增绿化面 80 万平方米。

2013 年，新建唐北路游园、李星耀游园、李官游园 3 处游园，建设面积 1.3 公顷，修建园路 500 余米，种植法桐、香花槐、蜀桧等苗木 8000 余株，对文体游园、中心路游园进行提升改造，修建园路 360 余米，广场铺装 4300 余平方米，安装景观灯饰 125 盏，栽植法桐、栾树、雪松、樱花、碧桃、西府海棠、大叶女贞等苗木 16 万余株。

二、街头游园简介

水上千乘园　位于清河路西段南侧，青苑路西侧，1993 年 10 月建成，建设面积 3000 平方米。该园主体为北支新河河道，河道内设游船。为纪念高青历史名人、西汉大儒、著名水利专家兒宽，在园内建有兒宽阁、兒宽雕塑，并建有蘑菇亭、花坛、石梯、园路、石桌石凳等设施。所栽植物主要有垂柳、国槐、扶芳藤、扶芳藤球等。2014 年对该园进行改造提升，增加座椅、座凳等，增植西府海棠、扶芳藤球、金叶女贞等苗木。

十二生肖游园　位于黄河路南、齐东路西、县供热站办公楼大门北侧。1995年5月建成，建设面积2000平方米，园内除建有十二生肖像外，主要以苗木绿化点缀为主，栽植了龙柏、火炬树、紫叶李、扶芳藤等苗木。

二矿游园　位于广青路北、中心路北首。1995年5月建成，面积5000平方米，园内铺设园路，建有凉亭，绿地以三叶草为主，栽植白蜡、连翘、扶芳藤、大叶女贞、法桐等乔灌木。

中心路游园　位于中心路东侧、黄河路北侧。1996年9月建成，建设面积82300平方米，建有园路、凉亭休闲设施，绿地主要以冷季型草为主，栽植苗木有扶芳藤、金叶女贞、连翘等苗木。2004年、2006年对中心路游园进行绿化改造，栽植大叶女贞、国槐等苗木。2009年8月，为创建省级园林城市，进一步对游园充实绿化，栽植大规格法桐、白蜡等苗木。2014年对中心路游园进行改造提升，栽植绿篱扶芳藤、西府海棠、樱花等苗木。

文体游园　位于县体育场周围，建设总面积25700平方米，分三期建设完成。一期工程位于县体育场以南、青城路以北，建设面积1.5万平方米，1996年10月建成，主要以马尼拉草坪为绿地、以垂柳、白蜡、木槿等苗木相结合进行绿化。二期工程建成，位于县体育场北侧、黄河路以南，建设面积5500平方米，2000年实施，主要栽植龙柏、国槐、白蜡、连翘、扶芳藤等苗木进行绿化。为提高绿化养护标准和档次，铺设地下水管道，安装自动喷灌系统。三期工程位于青城路以北、青苑路以东，建设面积5200平方米，主要以马尼拉草坪为绿地以及种植白蜡、法桐、毛白杨、紫叶李等苗木。2001年工程建成，2002年、2004年对整个文体游园进行了改造，2005年对游园进行综合充实，修建了老年活动门球场、体育健身器材等休闲活动设施，栽植大规格白蜡50株。2009年8月，对游园进行绿化改造，充实绿地面积8000平方米，种植大规格法桐154株。2013年，对文体游园进行改造提升。修建园路360余米，广场铺装4300余平米，安装景观灯饰125盏，栽植法桐、栾树、雪松、樱花、碧桃、西府海棠、大叶女贞等苗木16万余株。

青西游园　位于青城路以南、齐东路以西，建设总面积12500平方米。1998年10月，建成一期工程，建设面积10500平方米，主要以冷季型草坪为主，栽植了马褂木(鹅掌楸)、法桐、桑树等苗木，内铺彩色园路1000平方米、彩色人行道600平方米，配有自动喷灌系统、草坪灯、庭院灯、石桌、石登、宣传牌、果皮箱等设施。2001年，实施青西游园二期工程，把游园向西扩展绿化面积2000平方米，种植木槿、法桐、白蜡、连翘、扶芳藤等苗木。2002年，对整个游园充实各类乔灌132株。2004年，种植樱花、西府海棠、红瑞木等乔灌木110株。2006年、2007年对游园进行了绿化充实。2009年5月，对游园进行绿化改造，扩展绿化面积6000平方米，栽植雪松、黑松、龙柏、蜀桧等常绿树种以及法桐、白蜡、大叶女贞、百日红等乔灌木。

工人在清扫园区　　(2011年　摄)

黄河园　位于黄河路以南、原张田路以西，1999年10月建成，建设面积8000平方米。2005年，将该游园拆除，建设了全县第一个公园——芦湖公园。

高苑路西段街头游园　位于高苑路北、青苑路东、齐东路西，2006年10月建成，建设面积2万平方米，园内铺设园路、广场、廊架等建筑小品，栽植大叶女贞、小龙柏、金叶女贞、扶芳藤、爬山虎、西府海棠、百日红、蜀桧等苗木；2009年8月，对游园进行绿化充实，栽植雪松、法桐、扶芳藤球等苗木，点缀景观石3块。

金都景观园　位于高苑路以北、青城路以南、芦湖路以西。2007年5月建成，建设面积5500平方米，建有园路、广场、廊架、小天鹅雕塑等休闲、景观设施，安装地灯、景观灯等灯饰，栽植黄山栾、雪松、银杏、蜀桧、紫藤、凌霄等苗木。2009年5月，对游园进行绿化充实，栽植雪松、蜀桧、扶芳藤等乔灌木，在显要位置摆放景观石。

芦湖景观园　位于高苑路以北、青城路以南、芦湖路东，2007年5月建成，建设面积6500平方米，建有园路、广场、廊架、小天鹅雕塑等休闲、景观设施，安装地灯、景观灯等灯饰，栽植雪松、黄山栾、银杏、紫叶李、西府海棠、蔷薇、金娃娃萱草、紫藤、凌霄等乔灌木。2009年5月，对游园进行绿化充实，栽植雪松、蜀桧、西府海棠、银杏、扶芳藤球等乔灌木，在显要位置摆放景观石。

高苑景观园　位于清河路北、高苑路南。2008年5月建成，建设面积1.4万平方米，建有园路、广场等休闲设施，安装地灯、景观灯、庭院灯等灯饰，栽植雪松、景观松、龙柏、大叶女贞、石榴、连翘、红叶石楠球、玫瑰、竹子等乔灌木。2009年5月，对游园进行改造，修建园路、广场、海豚喷水池等景观设施，栽植法桐、国槐、雪松、八宝景天、地被石竹、金娃娃萱草等乔灌木，在显要位置摆放景观石。

丽村游园　位于青苑路以西、高苑路以南、丽村电厂北侧。2009年5月建成，建设面积5200平方米，绿地以冷季型草坪为主，栽植法桐、紫叶李、雪松等苗木。

李官游园　位于高苑路西延段，2013年5月建成，建设面积0.6公顷，工程投资72万元，栽植雪松、黑松、龙柏、蜀桧、黄山栾、国槐、法桐、白蜡、银杏、丝绵木、紫叶李等苗木2000余棵。

共建林游园　为增强社会各界爱绿护绿意识，以创建国家园林县城为依托，实施社会共建活动，鼓励单位、个人参与，募集社会捐资150余万元，在高苑路东首，建成绿化总面积100亩的共建林，主要栽植法桐、毛白杨、西府海棠、樱花、雪松、蜀桧、碧桃、鸢尾、萱草、黑心菊等苗木13.2万株。2013年5月完成。

李兴耀游园　位于清河路与青苑路交叉处，2013年5月完成，工程投资24万元，建设面积0.2公顷，栽植雪松、栾树、榆叶梅、樱花、丁香、嫁接香花槐、嫁接金叶榆、北美海棠等苗木200余棵。

唐北路游园　南起高苑路，北至黄河路。2013年5月完成，工程投资75万元，建设面积0.5公顷，栽植榆叶梅、樱花、西府海棠、嫁接金叶榆、鸢尾、迎春、五叶地锦等苗木。

魏堡游园　位于南外环南延。于2014年12月完成，建设面积1.2公顷，栽植枣树、樱花、碧桃、扶芳藤、海棠等苗木。

街头游园建设情况一览表

表10—1　　　　单位：平方米

序号	名　称	建成时间	总面积
1	水上千乘园	1993.10	3000
2	十二生肖游园	1995.05	2000
3	二矿游园	1995.05	5000
4	中心路游园	1996.09	2300
5	文体游园	1996.10	25700
6	青西游园	1998.10	12500
7	黄河园	1999.10	8000
8	高苑路西头街头游园	2006.10	20000
9	金都景观园	2007.05	5500
10	芦湖景观园	2007.05	6500
11	高苑景观园	2008.05	14000
12	丽村游园	2009.05	5200
13	李官游园	2013.5	6000
14	共建林游园	2013.5	60000
15	李兴耀游园	2013.5	2000
16	唐北路游园	2013.5	5000
17	魏堡游园	2014.12	12000

第十一章 市政管理

第一节 历史沿革

清代，高苑县、青城县分别设有公房，有经承1人，徒弟数人，主管公房的修建和维护业务。

民国初期，设劝业所，后称实业局，兼管县城公房。1933年，民国政府设建设科管理城乡建设。

1948年4月，高苑、青城合并为高青县，县城驻地田镇，民主政府下设秘书室、民政科、财政科、建设科、司法科、文教科、公安局、粮食局，建设科负责城乡基础设施建设和维护。

是年，田镇仅有东西2条、南北4条老街道，土筑路面，狭窄不平。

新中国成立后，在田镇南逐步修建新城区，直至“文化大革命”结束，县城建设发展缓慢，且布局混乱。县城主要道路有3条：一条是广青路过境线，即黄河路；第二条是沙子路，即天鹅商城原址，通向张店区；第三条是文化路，是田镇街向南通的一条沙石路。

1961年，由县计划委员会管理城乡建设。

1975年，成立高青县基本建设局，县城道路、排水和养护由县基本建设局城乡建设股负责。

1978年，县城面积不足2平方公里，城区有黄河路、文化路2条沥青路。是年，县基本建设局开始拟定县城建设规划，经搜集资料和实地勘测及论证，1983年7月完成县城总体规划。

1985年，县政府成立县城建设管理办公室。

1980年10月～1982年8月，在县城黄河路北修县政府办公楼，局部4层，砖混结构，2900平方米。

1981年，县政府将防洪排水设施建设列为县城建设重点项目，县基建局修建地下排水暗沟350米，高青县城有了第一条排水暗沟。

1982年10月～1984年4月，修建县委办公楼，局部4层，砖混结构，2900平方米。

1983年，县城区面积2.06平方公里，人口1.25万人，城区主次干道总长5公里。

1984年，高青县基本建设局改为城乡建设环

市政检查 （2013年 摄）

境保护委员会，设人事秘书股、基本建设股、城乡建设股、财务股。基本建设股负责县城建设和维护。

1985年，县城建委有行政管理人员18人，下辖建筑工程公司、砖瓦厂、水泥预制构件厂、自来水公司、环境保护监测站，共有干部职工280人。

1985年，县城有6条主要街道，均改为沥青路面，路两旁植有法桐、白蜡、杨树等绿化树，道路两旁设有高压水银萤光灯。是年，在青城路中段修建人民商场，为漫街顶棚商场，东西长178米，宽28米，主体结构是钢制框架，顶披玻璃钢瓦，覆盖面积4058平方米，两侧建有104间营业室，中间有水泥台两排、300个摊位，1985年11月建成。是年，在县城黄河路、文化路两侧建成3700米排水暗沟，在主车道与人行道之间植有花草池，栽有塔松、冬青等。是年，县城面貌变化较大，县城占地3平方公里。

1985年高青县城主要街道一览表

表11－1　　　　　　　　　　　　　单位：米

道路	方向	起止点	长	宽	路面
中心路	南北	酒厂至黄河路	1670	27	沥青
文化路	南北	清河路至黄河路	1670	22	沥青
清河路	东西	酒厂至造纸厂	950	25	沥青
高苑路	东西	法院至建桥队	803	27	沥青
青城路	东西	县医院至剧场	750	27.5	沥青
黄河路	东西	农机厂至粮食局	1100	30	沥青

1985年，县政府出台《关于县城建设管理的暂行规定》，成立县城建设管理领导小组，负责县城规划建设管理工作。领导小组下设县城建设管理办公室，负责实施县城建设管理规定。

1986年，投资17万元拓宽黄河路中心路—齐东路段，全长1100米，路面由8米拓宽至15米。

1987年5月4日，高青县县城建设管理办公室挂牌成立，副科级事业单位，定编5人，隶属于县建环委。

1987年7月23日，县政府出台《高青县基本建设管理实施办法》，规定在建筑队伍资质、建设审批程序及建筑材料质量等方面，加强全县基本建设和建筑市场管理。

1987年，建设北环路（朱家粮所—宁家段），长4400米，路面宽8米。

1988年4月5日，县城乡建设环境保护委员会改称县城乡建设委员会。

1989年，县城区面积3平方公里，人口约1.8万人，有黄河路、文化路、青城路、高苑路、清河路、中心路6条道路。

1990年，采取建设与整治并重，拆、建、修、补四结合方式，综合整治城区4条主要道路，总长3770米，拆除违章和占压红线旧建筑2595米，新建全透景墙300米，调整路沿石280米，修补人行道3600平方米，粉刷墙壁4000平方米，退出绿化用地530平方米。

1990年，投资250万元拓宽改造中心路，全长1260米，动用土石方10.43万立方米，建有直径37米的转盘，是高青县第一条给水、排水、热力、煤气、电力、路灯照明等配套设施齐全的高标准道路。

1991年7月10日，县城建委建管科改建为高青县建筑管理处，副科级事业单位。是年，开展城市“三上”（规划、建设、管理上台阶）活动，加强市政设施管理。

1991年，成立市政工程队，负责市政工程设施的建设、维修和养护工作。这是是高青县第一支市政工程队伍。同年，完成高苑路（工商局—干休所）、黄河路东段（中心路环岛—张田路）拓宽改造及配套设施建设。市政工程建设和管理工作逐步规范。

1994年10月，县建环委成立市政管理所，并完善市政设施管理、养护和市政设施日常巡查等制度规定。是年，城区黄河路、中心路、文化路、高苑路等主要道路完好率100%。

1995年3月，投资300万元拓宽中心路转盘—纯梁采油二矿段，全长1380米，机动车道宽14米。

1995年，县城区面积4.5平方公里，人口2.8万人，城区道路总长26公里，基本形成“七纵五横”棋盘式城市路网，绿化覆盖率24.5%。

1996年6月1日，《淄博市市政工程设施管理

维护道路隔离带　（2013 年　摄）

办法》颁布实施，6 月 13 日，县市政管理所更名为高青县市政管理处，副局级事业单位，隶属于建委，编制 5 人，有人员 3 人。

1997 年～至 2014 年，城区道路建设规模加快扩展，城区道路和市政设施维护管理队伍逐渐壮大，市政工程建设和管理制度、法律法规逐步完善。

1998 年，县政府制定《高青县县城建设管理办法（试行）》，市政设施管理更加规范。

1999 年，市政管理处配合公安部门专项整治县城市政设施（井盖、雨水箅等）丢失、损坏比较严重的现象，查处破坏、损盗市政设施案件 6 件。

2000 年以后，市政管理职能逐步规范，主要集中在市政工程、设施管理、排水管理、城区防汛和管道疏通等方面。

2004 年，投资 160 万元改造中心路（黄河路—北环路），全长 1300 米，主要实施机动车道挖补罩面、人行道铺装建设。

2004 年，县城区面积 7.65 平方公里，人口 3.78 万人，县城道路初步形成“九纵五横”棋盘式格局，城区道路总长 36467 米，管理排水管道 31.56 公里，路灯 2131 盏。

2010 年年底，城区道路管理总长 52.6 公里，面积 123.9 万平方米；桥梁管理 2 座；排水管道管理总长度 123 公里，其中，雨水管道 54 公里，污水管道 29 公里，雨污合流管道 40 公里。县城建成区面积由 2005 年的 7.8 平方公里扩展到 13.06 平方公里，城市人口达到 7.5 万人。

2010 年，市政管理业务拓展到市政设施管理、市政质量及安全管理、城区防汛和管道疏通等各个方面。

2013 年 4 月 18 日，住房和城乡建设部印发《关于进一步加强城市窨井盖安全管理的通知》（建城〔2013〕68 号）。同年 6 月 26 日、8 月 3 日，省住建厅、市住建局分别对城市窨井盖（井盖）维护和管理做出了明确要求和规定，对不具备“三防”（防盗窃、防坠落、防移位）功能井盖，各产权单位在 2016 年前全部更换完毕。

2013 年对黄河路、青城路等路段的机动车道破损部分进行修补，共计 670 平方米；完成清河路纸厂段、黄河路、青城路等路段部分人行道砖的维修更换，共计 2900 平方米；更换部分路段路沿石 170 米，维修调整路沿石 680 米。

2014 年 12 月 30 日，县委、县政府为加强城市管理，完善城市管理机制，构建大城管，将县市政管理处管理职能由县住建局移交县城市管理执法局。城区道路管理和市政设施维护工作更加突出，加强城区道路市政设施的管理力度，制定完善管理、维护制度和道路挖掘、占用、排水许可相关手续和办理事项，城区道路管理工作步入制度化、规范化。

2014 年 6 月 6 日，城区主干道 3.23 万米，次干道 1.4 万米，支路 4678 米，道路完好率 99%。城区水管网建设 38 千米，管网水检验项目合格率 99%，公共供水用水普及率 100%；建有污水处理厂 2 处、生活垃圾无害化转运站 9 处，污水处理率、生活垃圾无害化处理率均为 100%。

2015 年，县城区主次干道 23 条，全长 60991 米，城区小街巷 4 条，全长 2630 米。其中，县城区市政主干道 12 条，全长 44945 米，次干道 11 条，全长 16046 米。城区道路雨水检查井 2860 套、污水检查井 716 套、盲板 1382 套、雨水篦子 2268 套，其中“三防”井盖 302 套，安装防坠安全网 2180 套。

城区各道路路面、人行道平整，市政设施齐全，无破损、无丢失，养护管理到位，机动车道和人行道完好率分别为98%和97%。

第二节　业务范围

一、市政工程建设管理

对市政工程建设项目进行总体管理，并对施工现场进行质量与安全管理。主要组织完成了黄河路、清河路、中心路、青苑路、芦湖路、东环路、东外环路、高苑路、青城路、田镇大街、扳倒井路、田横路、董柏路、国井大路、建信路、学府路、蒲台路、文化路、齐东路、唐北路、利居路等项目。管理的项目无发生一起质量安全事故。

二、市政设施管理

对市政设施进行总体管理，对城区内主要道路、排水管道、检查井及雨水斗进行定期维修、养护，对道路挖掘实施了许可证管理制度，共发放道路挖掘许可证56个。

三、城区排水许可管理

对城区所建排水设施依据排水管理条例进行管理，对原有管道进行了雨污分流改造，对新建管道进行雨污分流施工。加强排水管理，实施了排水许可证管理制度，共发放排水许可证23个。

四、城区防汛、管道疏通

制定城市防汛预案，贯彻落实国家、省、市有关条例和指示精神，坚持以“人为本”的方针，按照“防大汛，抗大汛”的要求，坚持“以防为主、防抢结合”原则，充分发挥防洪排涝设施的作用，因地制宜，因害设防，综合治理，提高县城防洪排涝能力，最大限度减轻洪涝灾害，确保县城安全度汛。强降水期，组织防汛人员对重点防汛地域和防汛区域进行巡视，检查落实、发现情况及时汇报处理，汛情上报由主要负责人落实。加强对防汛工作的领导，加大资金投入，落实机构和人员，明确责任，层层包干，落实到人。落实抢险工具和防汛物资，做到指挥畅通，行动迅速，处置果断。组织抢险队伍，落实防汛物资，一旦发生汛情，按照指定的位置迅速到位，做到指挥灵、行动快、措施得当、物资准备充分，队伍能够召之即来，来之能战，战之必胜，确保城区防汛工作万无一失。

第三节　城区道路管理

一、市政主干道

连接省、县、乡的市政道路为主干道。高青县城主干道有黄河西路、黄河东路、青城路、高苑路、清河路、田横路、青苑路、文化路、中心路、芦湖路、东环路、东外环路。

黄河路是高青县城最早的道路，原来是广青路在田镇街的过境线，由县公路局管理，后命名为黄河路。2012年，以芦湖路为界将黄河路分为黄河西路、黄河东路。

黄河西路。东起芦湖路西至西环路，长3191米，宽35米，建筑红线55米。2015年6月10日，

道路维修养护　　（2015年　摄）

实施黄河路(转盘至西环路)维修养护管理,主要对道路网裂、裂缝、坑槽进行铣刨,对检查井、盲板、雨水篦子进行更换。

黄河东路。西起芦湖路东至东外环路,长3032米,宽16米,该路段由县公路局建设,1998年动工,1999年竣工通车,2010年移交县市政管理处负责养护管理。

青城路。青城路是高青城区较早的一条路,20世纪70年代末修建,只是从文化路向东通的一条沙石路,长约800米。1985年,在青城路中段修建人民商场,为漫街顶棚商场,东西长178米,宽28米,主体结构是钢制框架,顶披玻璃钢瓦,覆盖面积4058平方米,两侧建有104间营业室,中间有水泥台两排、300个摊位。2015年,青城路西起西一路东至东环路,长5842米,机动车道宽15米,人行道宽各3.5米。1993年～2008年,先后六次修筑。2012年5月,实施青城路西延(唐北路至西一路),长543米。

高苑路。高苑路是高青城区较早的一条城区道路,1970年前后修建,当时是一条沙石路,西起原流云公司北门,东至高青法院。2015年,高苑路西起李官桥东至污水处理厂路,全长6418米,机动车道宽14米,人行道宽各3.5米。分多次修建:2003年修文化路至张田路段,2005年修张田路至东外环路段,2007年修唐北路至青苑路段和青苑路至文化路段。2012年5月实施高苑路东(西)延,未修建人行道。

清河路。清河路是高青城区较早的一条城区道路,修建于20世纪80年代,是连接中心路与老张田路的公路,路基较高,两侧大多为田地。2006年实施文化路至东环路(国井路)改造,长3105米,机动车道宽21米,人行道各宽4.5米。2008年实施文化路至青苑路段改造,长918米,机动车道宽14米,人行道各宽2.5米。2015年,清河路西至青苑路,东至国井路,全长4023米。

田横路。西起沙高桥东至芦湖路,长5124米,宽15米,该路段由县公路局建设,其中沙高桥东至宁家路口段于1994年建设,宁家路口至芦湖路段于1997年建设,2012年1月移交县市政管理处负责养护管理。

青苑路。北起广青路南至清河路,长2615米,机动车道宽15米,人行道各宽3米。分段实施:从2001年实施,到2004年完成。2014年4月实施升级改造(黄河路至清河路),新建雨、污水管线,设路灯。

文化路。文化路是高青县城较早的一条城区道路,1970年前后修建,只从田镇街向南延伸的一条无名的沙石路。2015年,文化路北起田镇大街南至官庄,全长2903米,机动车道宽14米,人行道宽各3.5米。1988年至2009年5次修筑。2015年5月实施(黄河路至青城路)路面修建、雨(污)水改造。

中心路。南起中心路小学北至采油二矿,全长3080米,宽35米,2013年4月,实施道路升级改造,对路面、路沿石进行大修,两侧新建雨、污水管线。

市政设施维护　(2014年　摄)

芦湖路。北起广青路南至南外环,长5111米,分两段实施:2006年建设广青路至清河路段,长576米,机动车道宽28米,人行道宽各5米,两侧设雨水主干管,2008年建设清河路至南外环段,长2535米,机动车道宽20米中间设8米绿化隔离带,两侧人行道各宽5米,两侧雨污水管线。

东环路。北起广青路南至清河路,全长4039米,由县公路局建设,2001年建成通车,2008

年移交县市政管理处负责管理，2013 年 7 月对清河路至黄河路段进行重新修建，9 月 23 日完工。

东外环路。北起北一路南至北支新河大桥，全长 1831 米机动车道宽 21 米。2013 年 7 月 21 日对北一路至黄河路段进行升级改造，2013 年 10 月竣工。

高青县城区市政主干道情况一览表

表 11－2　　单位：米

序号	道路名称		功　能	机动车道宽	人行道宽度	机动车道长	人行道长度
1	黄河西路		主干道	28	7	3191	3191
2	黄河东路		主干道	16		3032	
3	青城路		主干道	16	7	4842	4842
4	高苑路	东外环路至污水处理厂	主干道	7		280	
		唐北路至东外环路	主干道	15	7	5308	5308
		唐北路至李官桥	主干道	7		543	
5	清河路	文化路至东环路	主干道	21	7	3105	3105
		文化路至青苑路	主干道	14	7	918	918
6	田横路	沙高桥至东环路	主干道	23		4149	
7	青苑路	广青路至清河路	主干道	15	6	2613	2613
8	文化路	田镇大街至官庄		14	7	2903	2903
9	中心路	中心路小学至转盘		24	8	1676	1676
		转盘至广青路		14	7	1404	1404
10	芦湖路	南环路至广青路		28	10	5111	5111
11	东环路	黄河路至广青路		16		2870	2870
		黄河路至清河路		18		1169	1169
12	东外环路	北支新河大桥至黄河路		21	9	890	890
		黄河路至北一路		21		941	

二、市政次干道

连接市政主干道的其他市政道路为市政次干道。高青县城次干道有西一路、唐北路、齐东路、蒲台路、田镇大街、田横路、扳倒井路、董柏路、五号路、建信路、学府路。

西一路。南起高苑路北至广青路，全长 2600 米，机动车道宽 15 米，人行道宽 3.0 米。2004 年、2008 年两次修筑。

唐北路。南起高苑路北至钜创公司，全长 1170 米，机动车道宽 9 米，2000 年修筑。

齐东路。南起清河路北至支二十三排，全长 1655 米，机动车道宽 9 米，人行道宽各 2.0 米。1993 年改建（黄河路至青城路），1997 年南延（青城路至高苑路）。

蒲台路。南起清河路北至黄河路，全长 1490 米，机动车道宽 9 米，人行道宽各 2.5 米。2013 年新建南延。2015 年 4 月对黄河路至高苑路段路面、人行道进行改造。

田镇大街。西起青苑路东至芦湖路，全长2049米，机动车道宽8米，人行道宽各2.5米。2006年、2009年两次修筑。

扳倒井路。西起东环路东至东外环路，全长1500米，机动车道宽21米，人行道宽各3.5米。2007年建成。

田横路。西起东环路东至东外环路，全长1485米，机动车道宽12米，两侧设雨、污水管道，绿化带，路灯，总投资1050万元。2010年建成。

董柏路。北起北一路南至高苑路，全长1951米，机动车道宽15米，人行道宽各3.5米。2008年5月建成。

五号路。北起支十七排南至黄河路，全长400米，机动车道9米，人行道宽各2.5米，两侧设雨、污水管道，2011年建成。

建信路。北起青城路南至高苑路，全长858米，机动车道宽12米，人行道宽各3米。2012年4月新建高苑路至清河路段，长457米。

学府路。北起高青一中院墙南至高苑路，全长1100米，机动车道宽12米，人行道宽各3米。2006年、2012年修建两次。

三、城区小街巷

天鹅商城一期。北起黄河路南至青城路，全长308米，于1990年建成。

天鹅商城二期。北起青城路南至高苑路，全长401米，于1994年建成。

绿荫市场。北起高苑路南至清河路。全长470米，于1997年建成。

摩托车商城。北起芦湖路南至黄河路。全长1451米，分二期建设，一期于2005年建成，二期于2007年建设。

高青县城区小街巷情况表

表11—3

序号	道路名称	功能	机动车道长(米)
1	天鹅商城一期	小街巷	308
2	天鹅商城二期	小街巷	401
3	绿荫市场	小街巷	470

续表11—3

序号	道路名称	功能	机动车道长(米)
4	摩托车商城	小街巷	1451
合计			2630

四、城区道路标示

高青县城区道路交通安全标示的设置由交警部门负责。道路名牌设置由民政部门负责。2009年据县政府综合整治要求，县住建局设置了220块道路名牌，解决了除经济园区外城区市政道路名牌的设置问题。2014年10月，县民政局对城区道路名称重新进行了命名。

五、机动车道进行网裂修补

2013年3月，县市政管理处组织市政设施维护管理人员赴青岛市市政管理处学习、取经，学习机动车道修补网裂的做法。学习回来后，结合高青县具体实际，经过反复实验，成功地探索出用浮化沥清，经过除尘加热的细石子，对网裂进行修补的方法，省工省力，节约成本，维修操作易掌握，不受施工场地的限止，效果非常明显，在全市市政设施检查中受到上级的肯定和表扬。

第四节　排水设施管理

一、雨水、污水管沟建设

1978年前，基础设施投入少，县城尚无专门排水、排污管沟，雨水、污水自然流向低洼沟渠、池塘或沿街明沟。

1981年，县政府将防洪排水设施建设列为县城建设重点项目，县基建局修建地下排水暗沟350米，高青县城有了第一条排水暗沟。

1985年，沿黄河路、文化路两侧建成雨污合流型排水暗沟3700米，此后，城市道路修建到哪里，排水设施就贯通到哪里，并逐步将城区内明沟改为暗沟。

1990年，实施中心路改造工程，修建转盘至清河路雨污合流地埋式管道2456米。是年，全县开展城市“三上”（规划上轨道、建设上水平、管理上台阶）活动，市政设施管理进一步规范。

1995年，建设分十一排涵管暗沟，直径1000毫米混凝土圆管排水，长900米。

1994年，城区黄河路、中心路、文化路、高苑路等主要道路完好率达100%。

雨污管道疏通　　(2013年　摄)

1995年，实施新一沟（黄河路—北支新河）、黄河路（唐北路—芦湖路）雨污管道工程，其中新一沟2232米，黄河路4620米，这两条沟的建设改善了县城黄河路积水问题。

1999年8月，市政管理处配合公安部门针对县城市政设施（井盖、雨水箅等）丢失、损坏比较严重的现象，进行专项整治，查处破坏、损盗市政设施案件6件。

2002年年底，城区道路管理总长34.2公里，完好率48%；排水管道管理29.86公里，路灯管理1915盏。

2003年，结合蒲台路建设工程，实施蒲台路、黄河路雨水、污水混合管道改造工程，蒲台路（黄河路—高苑路）长1978米，黄河路（唐北路—黄河路西）2500米。

2004年，城区道路总长36467米，管理排水管道31.56公里，路灯2131盏，县城道路初步形成“九纵五横”棋盘式格局。

2005年，实施经济开发区配套建设工程，对东外环路、高苑路东延、四号路3个路段进行雨污分流改造，并对青城路中段和高苑路中段进行排水改造，实施了青苑路（广青路—黄河路—唐北路，全长1620米），西一路（西一路—黄河路—唐北路—青城路—青苑路—北支新河）排水工程。同年，共新修排水管沟1.8万米。

2006年，结合芦湖路建设，在路东侧建设石砌排水方沟，将县城主排水渠道由原自黄河路起沿张田路至北支新河，改为自黄河路起沿芦湖路经清河路至北支新河，全年新修排水管沟1.6万米。

2007年，对支二十三排青苑路至中心路段，长1400米的沟渠进行改造，缓解了县城北部排水不畅问题，全年共新修排水管沟1.2万米。是年，编制完善排水、排污、环卫等各项专业规划。

2008年，实施清河路东西段排水改造工程，新修排水管沟1.6万米。

2009年，结合道路新建改建工程，新修排水管沟1.2万米。

2010年，结合黄河路东段改造等道路新建改建工程，新修排水管沟7367米。是年，编制了《城市排水及防洪规划》等各项专业规划。

2011年，新建滨河路东延雨水管道210米；五号路雨水管道730米、污水管道730米。

2012年，新建六号路南延、七号路中段、高苑路西延等污水管道1.5万米。投资1592万元，建设支二十三排主线工程、南部新区污水主线，新增污水处理配套管网14.21公里。

2013年9月25日，实施长江路雨、污水管网工程，该工程西起干二排东至东外环路，雨、污水管网沿长江路两侧敷设，雨水管网长度7300米，污水管网长度7480米（含过路管），概算投资1650万。

2013年5月，在中心路更换“三防”井盖212套个。

是年，新建蒲台路南延雨水管道280米。

2014年4月，在营丘大道升级改造中，雨水、污水检查井全部使用“三防”井盖，安装90套。

2014年5月，城区主要道路（除绿化带内检查井）检查井全部安装"防坠网"2180套。

2014年，新建城区雨水管沟东延2300米，新建青苑路雨水管道1185米、污水管道1190米；北三路雨水管道3000米、污水管道1500米。高青县每年都有新的排水工程投入使用，县城排水能力逐步得到解决。

2015年7月，实施干二排景观水系和支二十三排水系工程。干二排景观水系工程千乘路至千乘湖段，长1400米，2014年已完成规划设计，2015年7月对设计方案进行修改；支二十三排水系工程东起中心路西至齐东路以西230米，总长1050米，该工程已纳入田镇古商街建设工程范围，2015年7月进行方案设计和相关建设手续办理工作。

二、管理体制与管理制度

1978年前，县城道路、排水和养护由县基本建设局城乡建设股负责，这期间基础设施投入少，县城尚无专门排水、排污管沟，雨水、污水自然流向低洼沟渠、池塘或沿街明沟。

1985年前，没有一部完整系统的雨水、污水管道管理制度。

1985年，县政府成立县城建设管理办公室，负责县城雨水、污水排放。

1987年5月，县城建设管理办公室职能移交县建环委县城建设管理办公室。

1991年，成立市政工程队，负责市政工程设施的建设、维修和养护工作。

1994年，成立市政管理所，加强市政设施管理和养护，实行每日巡查制度。

1996年，市政管理所更名为市政管理处，管理人员5人。

1998年，县政府出台《高青县县城建设管理办法（试行）》，县城市政设施管理更加规范。

1994年，建设部出台《城市排水管理办法》，规范排水行为，确保公共排水设施完好和安全。

1996年4月17日，淄博市出台《淄博市市政工程设施管理办法》，并于1996年6月1日施行，对排水设施管理做出了明确规定。根据《淄博市市政工程设施管理办法》制定了市政设施管理、巡查、维修等措施和规定，县城区市政设施管理制度逐步完善，市政设施管理工作有法可依，有章可循。

2007年，县建设局成立市政设施科，负责雨污管道日常维护管理，焦成涛任科长，管理人员2人。

2009年5月，县市政管理处被淄博市建委评为市政管理先进单位。

2013年，对黄河路、青城路等路段的排水检查井盖进行维修更换。

2014年2月，为进一步做好城区道路养护、市政设施维修、防洪设施管理等工作，县政府出台《县城区道路市政设施巡查制度》《县城区道路市政设施养护维修管理制度》《城市道路挖掘审批程序》《城区沿街单位排水户污水排入管网规范》《城区市政设施日常养护管理考核办法》等文件，成立市政设施日常巡查维修队，城区道路、人行道、绿化带内的雨水、污水检查井盖上标有管理单位和投诉电话。

2014年12月，县市政管理处由县住建局划归县城市管理执法局，县市政管理处具体负责雨污管道管理工作。

2015年，完善了城区汛期及非汛期排水闸开启程序，对泵站、排水闸每年进行两次维修保养，一

市政设施检查　（2015年　摄）

次是在每年汛期之前 5 月份进行保养，第二次是每年汛期过后 10 月份进行保养。在汛期期间，县城市管理执法局是城区防汛指挥协调部门，县财政、民政、住建、气象、公安、消防等部门有相应的防汛任务和职责。

2015 年 1 月 22 日发布《城镇污水排入排水管网许可管理办法》，并于 2015 年 3 月 1 日施行。

2015 年 4 月，将市政、园林、环卫设施日常巡查纳入"智慧高青"城市数字化指挥平台，加大了市政设施日常巡查力度，做到了及时发现、及时反馈、及时处理。

三、维护管理

县城区以芦湖路为界，芦湖路以西雨污管道为合流，芦湖路以东雨污管道为分流。

按照《城镇污水排入排水管网许可管理办法》《淄博市市政工程设施管理办法》，对新建、改建、扩建项目的排水许可制定了详细的办理程序，对项目的申请、报送、资料审核、现场勘查、验收、整改、综合备案作出了明确规定，并要求建设单位提供施工合同、施工方案、设计图纸、资质证书等资料。在日常维护中，结合"智慧高青"城市数字化指挥平台，汇同县城管执法大队，开展联合执法，共同巡查，集中查处，严厉查处随意破坏地下管道设施、未经许可私自开口接入管道排放污水等非法行为。结合每年雨污管道清淤工作，对发现的管道不畅、管道破损问题，及时进行维护维修。

雨污水合流管道现状表

表 11—4　　单位:米

编号	管道位置	起止点(以道路为起止点)	管道长度	建成年份
1	中心路	转盘至清河路	2456	1990 年
2	中心路	转盘至广青路	2822	1995 年
3	新一沟	黄河路至北支新河	2232	1995 年
4	黄河路	唐北路至芦湖路	4620	1995 年
5	蒲台路	黄河路至高苑路	1978	2003 年
6	黄河路	唐北路至黄河路西	2500	2003 年
7	西一路	北外环至黄河路	2888	2005 年
8	青苑路	北外环至黄河路	2958	2005 年
9	摩托商城、天鹅商城、绿荫市场	广青路至清河路	2706	2005 年
10	西环路	黄河路西至转弯处	1302	2006 年
11	中心路	清河路至北支新河	1740	2006 年
12	蒲台路	高苑路至清河路	908	2006 年
13	芦湖路	北外环至清河路	5540	2006 年
14	青城路	齐东路至唐北路	1800	2006 年
15	西一路	黄河路至高苑路	1400	2008 年
16	青城路	齐东路至中心路	890	2008 年
17	青城路	中心路至芦湖路	1278	2008 年
18	合计		40018	

雨水管道管理情况统计表

表 11－5　　　　单位:米

编号	管道位置	起止点(以道路为起止点)	管道长度	建成年份
1	高苑路	文化路至张田路	3494	2003 年
2	唐北路	钜创至高苑路	1942	2005 年
3	高苑路	张田路至东外环	4502	2005 年
4	黄河路	芦湖路至东外环路	5782	2005 年
5	东环路	黄河路至清河路	2200	2006 年
6	青苑路	黄河路至清河路	2424	2006 年
7	七号路	黄河路至青城路	744	2006 年
8	六号路	青城路至高苑路	854	2006 年
9	四号路	黄河路至高苑路	1716	2006 年
10	东外环路	北一路至高苑路	3524	2006 年
11	青城路	芦湖路至东环路	2960	2006 年
12	清河路	文化路至东环路	5208	2007 年
13	高苑路	青苑路至文化路	1770	2007 年
14	高苑路	青苑路唐北路	600	2007 年
15	北一路	东环路至东外环路	3000	2007 年
16	四号路	黄河路至北一路	1880	2008 年
17	清河路	文化路至青苑路	936	2008 年
18	高苑路西延	李官桥向西	978	2009 年
19	文化路	田镇大街至清河路	586	2009 年
20	文化路	清河路至北支新河	846	2009 年
21	田镇大街	中心路至青苑路	2448	2009 年
22	老张田路	北起北支新河南至魏堡村	1870	2009 年
23	六号路	高苑路向南	296	2010 年
24	北二路	东环路至东外环路	2973	2010 年
25	滨河路	滨河路东延至东环路	210	2011 年
26	五号路	支十七排至黄河路	730	2011 年
27	齐东路	清河路至青城路	1072	2011 年
28	六号路南延排水工程	北起高苑路南至清河路	914	2012 年
29	七号路中段排水工程	北起青城路南至高苑路	820	2012 年
30	七号路北段排水工程	北起一中北院墙南至黄河路	1600	2012 年
31	高苑路西延排水工程	西起李官桥东至唐北路	1000	2012 年
32	高苑路东延排水工程	西起东外环路东至污水处理厂	1800	2012 年

续表 11—5

编号	管道位置	起止点(以道路为起止点)	管道长度	建成年份
33	唐北路南段排水	南起高苑路北至黄河路	684	2012 年
34	唐北路北段排水	南起黄河路北至原广青路	716	2012 年
35	青城路西延排水工程	西起西一路东至唐北路	870	2012 年
36	蒲台路南延	清河路至大文昌阁	280	2013 年
37	营丘大道	黄河路至清河路	1185	2014 年
38	北三路	西起外环路东至东外环路	3000	2014 年
39	城区排水东延	西起北支新河北岸(橡胶坝) 东至东环路以东(污水处理厂)	2300	2014 年
	合计		70714	

污水管道管理情况统计表

表 11—6　　单位:米

编号	管道位置	起止点(以道路为起止点)	管道长度	建成年份
1	高苑路	东环路至东外环路	1874	2005 年
2	四号路	黄河路至高苑路	694	2005 年
3	东外环路	黄河路至高苑路	797	2005 年
4	黄河路	东环路至东外环路	1700	2005 年
5	东外环路	黄河路至北一路	940	2005 年
6	青城路	七号路至东环路	1302	2006 年
7	东环路	黄河路至清河路	2221	2006 年
8	一号路	东环路至东外环路	1568	2007 年
9	青城路	齐东路至中心路	982	2008 年
10	芦湖路南延	清河路至南外环	1723	2008 年
11	西一路南延	高苑路至黄河路	700	2008 年
12	四号路北延	黄河路至北一路	988	2008 年
13	高苑路西延	李官桥西延 270 米	381	2009 年
14	文化路中段	青城路至清河路	870	2009 年
15	文化路北段	田镇大街至黄河路	431	2009 年
16	田翟路及泵站	第三中学至芦湖泵站	1820	2009 年
17	老张田路改造	魏堡村至北支新河	975	2009 年
18	文昌路	文昌家园至田翟路	275	2009 年
19	广青路	中心路至民生家园	459	2009 年
20	黄河路东延	中心路转盘至芦湖路	1129	2010 年

续表 11－6

编号	管道位置	起止点(以道路为起止点)	管道长度	建成年份
21	五号路	支十七排至黄河路	370	2011 年
22	齐东路	清河路至青城路	1200	2011 年
23	六号路南延	高苑路至清河路	457	2012 年
24	七号路北延	一中北院墙至黄河路	852	2012 年
25	七号路中段	青城路至高苑路	410	2012 年
26	北二路	东环路至东外环路	1487	2012 年
27	高苑路西延	李官桥至唐北路	1000	2012 年
28	高苑路东延	东外环路至污水处理厂	900	2012 年
29	唐北路南段	高苑路至黄河路	684	2012 年
30	蒲台路北延	黄河路至实验小学北院墙	286	2012 年
31	唐北路北段	黄河路至原广青路	716	2012 年
32	青城路西延排水工程	西一路至唐北路	870	2012 年
33	中心路	清河路至支二十三排	3750	2013 年
34	营丘大道	黄河路至清河路	1190	2014 年
35	北三路	外环路至东外环路	1500	2014 年
	合计		37501	

四、排水户外接管道中设置检查井

高青县在长期的实践工作中，逐渐摸索出在城区排水户外接管道中设置检查井这一做法，并在淄博市其他区(县)积极推广应用。这一做法的好处：一是便于随时对排水户的排水进行检测，掌握水质情况；二是在检查井内安装隔栅(网)，防止垃圾及杂物进入市政管网；三是对管道进行清理、疏通方便。这一作法，多次受到上级主管部门的表扬，并在淄博市其他区(县)推广。

第五节　城区桥梁管理

高青县城区桥梁共有 5 座，分别是沙高桥、芦湖路北支新河大桥、董柏路桥、国井大道支十七桥、老张田路桥。

沙高桥。该桥位于广青路与干二排交汇处，横跨干二排河。旧沙高桥于 1975 年竣工，后考虑行车安全需要，1996 年 8 月对该桥进行改建，当年 9 月竣工通车。桥梁总长 53 米，主桥总长 43.04 米，桥梁宽度 16.7 米。2013 年 7 月，淄博市公路管理局对该桥进行改造建设，2014 年 2 月移交至高青县住建局管理，2015 年 3 月由县住建局移交县城市管理和行政执法局管理。

芦湖路北支新河大桥。该桥位于芦湖路和北支新河交汇处，千乘湖中间地段，是集交通和景观于一体的大桥。桥梁总长 90.54 米，主桥总长 90.54 米，桥梁宽度 39 米，概算投资 1500 万元，于 2008 年 4 月 25 日开工，9 月 30 日通车，12 月 31 日竣工验收。该项目由淄博黄河建工以 BT 方式承建、淄博东泰工程咨询公司设计、淄博天为市政设计公司监理。2013 年，对芦湖路北支新河大乔两侧的桥头裂缝进行修补。2015 年 3 月，由县住建局移交县城市管理和行政执法局管理。

董柏路桥。该桥位于跨董柏路与支十七排交汇处，横跨支十排河，因此取名董柏路桥。该桥始

市政设计维护　　　　　　（2014 年　摄）

桥梁管理是市政设施安全管理工作之一。以“预防为主，防治结合”的方针，以桥梁结构安全为中心，以陌生部件为重点，加强全面养护。制定日常安全巡查工作机制和维修措施，对桥面设施、上下结构等内容进行定期或不定期检查，做好检查数据登记，对发现的破损设施和存在的隐患及时更换维修，确保桥梁安全。

2015 年 3 月，由县城市管理行政执法局初步完成《高青县城市桥梁重大事故应急预案》。

建于 2011 年 6 月 8 日，2011 年 12 月 30 日竣工通车，桥梁总长 40.04 米，主桥总长 40.04 米，桥梁宽度 21 米。2015 年 3 月，由县住建局移交县城市管理和行政执法局管理。

国井大道支十七桥。该桥横跨支十七排，于 1993 年 6 月竣工，桥梁总长 45 米，宽 15 米，原由县公路局负责管理维护。2011 年 12 月交县住建局负责管理。

老张田路桥。该桥横跨北支新河，于 1993 年 6 月竣工，桥梁总长 45 米，宽 15 米，原由县公路局负责管理维护。2011 年 12 月交县住建局负责管理。

疏通下水管道　　（2014 年　摄）

沙高桥养护管理基本信息表

表 11－7　　　　　　　　　　　　　　　　　　　　单位：米

桥梁名称	沙高桥	桥梁编号	05330003
主结构类型	简支梁桥	道路等级	城市主干道
功能类型	跨河涌桥	跨越物名称	干二排河
养护类别	城市主干道上的桥梁	养护等级	III 等养护
所在位置地名	高青县城	所在道路名称	广青路
最大跨径	14 米	抗震烈度	7 度
桥梁总长	53 米	主桥总长	43.04 米
桥梁宽度	16.7 米	桥梁总面积	918.5 米
参与单位			
业主单位	高青县住建局	管理单位	高青县住建局

续表 11—7

养护单位	高青县市政公司	设计单位	山东东泰工程咨询公司
施工单位	山东鲁中公路建设公司	监理单位	山东东泰工程咨询公司
归档单位	高青县市政管理处	建造单位	高青县住建局
接管日期	2014.02	竣工日期	1996.08
改造竣工日期	2013.07	改造单位	淄博市公路管理局
备注	2015 年 3 月，该桥由县住建局移交县城市管理和行政执法局管理。		

芦湖桥养护管理基本信息表

表 11—8

桥梁名称	北支新河芦湖大桥	桥梁编号	05330001
主结构类型	简支梁桥	道路等级	城市主干道
功能类型	跨河涵桥	跨越物名称	北支新河
养护类别	城市主干道上的桥梁	养护等级	III 等养护
所在位置地名	高青县县城	所在道路名称	芦湖路
最大跨径	20 米	抗震烈度	7 度
桥梁总长	90.54 米	主桥总长	90.54 米
桥梁宽度	39 米	桥梁总面积	3531 米 2
参与单位			
业主单位	高青县住建局	管理单位	高青县住建局
养护单位	高青县市政公司	设计单位	山东东泰工程咨询公司
施工单位	淄博黄河建工	监理单位	淄博天为市政设计公司
归档单位	高青县市政管理处	建造单位	高青县住建局
接管日期		通车日期	2008.09.30
备注	2015 年 3 月，该桥由县住建局移交县城市管理和行政执法局管理。		

董柏桥养护管理基本信息

表 11—9

桥梁名称	董柏桥	桥梁编号	05330002
主结构类型	简支梁桥	道路等级	城市次干道
功能类型	跨河涵桥	跨越物名称	支十七河
养护类别	城市次干道上的桥梁	养护等级	IV 等养护
所在位置地名	高青县县城	所在道路名称	四号路
最大跨径	13 米	抗震烈度	7 度
桥梁总长	40.04 米	主桥总长	40.04 米
桥梁宽度	21 米	桥梁总面积	840.84 米 2

续表 11－9

业主单位	高青县住建局	管理单位	高青县住建局
参与单位			
养护单位	高青县市政公司	设计单位	山东东泰工程咨询公司
施工单位	山东合泰市政公司	监理单位	淄博天为市政设计公司
归档单位	高青县市政管理处	建造单位	高青县住建局
接管日期		通车日期	2011.12.30
备注	2015 年 3 月，该桥由县住建局移交县城市管理和行政执法局管理。		

第六节　城区防汛

一、城区防汛形势

高青县城区北高南低，地势较平坦，党政机关主要分布在城区偏北地势较高地段，工业企业主要分布在城区东南部地势较平缓的低处。城区人口 7 万，分面较均匀，北部人口略为密集。根据历史经验，主要致灾暴雨、洪水量级不大，发生频率低，可能致灾影响及淹没范围较小。

县城区主要排水河道有：北支新河、干二排、支十七排、支二十三排、新一沟。

县城区有 4 处排水闸，分别是李星耀闸、支二十三排闸、桃源闸、橡胶坝闸。

县城区没有防洪堤。

二、重点防护对象

1. 重点单位：城区党政机关驻地、学校、医院、商业区、重点企业等部门、单位。

2. 市政公用设施和建筑工地：供水、供电、供气等市政公用行业和建筑工地。

3. 城区低洼积水区。

4. 地下工程设施：人防工程、大型地下商场和地下停车场。

5. 危旧房屋城区内直管公房、小区住房、简易住房和校舍、围墙等。

三、防汛工作

1981 年，县城防洪排水设施建设列为县城建设项目之一。

1981 年，防洪排水设施建设列为县城建设项目之一，县基建局修建排水暗沟 350 米。

1985 年，沿黄河路、文化路两侧建成雨污合流型排水暗沟 3700 米。

1986 年，县城建设管理办公室负责城区防汛工作，城区防洪排水设施建设成为城市建设的重要内容，沿黄河路修建排水暗沟 720 米，并对重点污染源进行治理：县造纸厂整修排水沟 400 米，建白水回收池 2 个，整修县织布厂排水沟 600 米。是年起，逐步将城区内明沟改为暗沟。

1990 年，沿中心路修建雨污合流型排水暗沟

城区防汛　（2012 年　摄）

2520米。

1991年起，每年汛期，县住建局成立城区防汛指挥部，实行城区防汛岗位责任制，建立应急防洪抢险队伍，储备防汛物资，加强管理防洪排水设施，清理和整修各排水沟。

是年起，逐步将北起黄河路、南至清河路的排水主干道“田官沟”由明沟改为暗沟，长1185米。

1993年，投资53万元修建城西和平街至清河路的雨污合流型排水主干道新一沟，长1142米，石砌方沟1862立方米。

1995年，由专人定期检查排水设施并及时清理养护，以保证城区防洪排水设施正常使用，提高城区抗洪排涝能力。

1998年，拓宽加深改造城区齐东路至北支新河横贯东西的防洪排水主干道支二十三排。

2004年，清理明渠暗沟7383米，清理雨水井728座，检查井650座。各路排水沟通入北支新河，连续多年实现城区安全度汛。

2010年，实施污水、雨水管线清淤工作，进行雨水篦子、污水闸保养等工作。

2012年9月15日，实施城区排水东延工程。该工程西起北支新河北岸（橡胶坝），东至东环路以东（污水处理厂），排水方沟总长2112米，完成投资1650万。是年12月30日完工，缓解了城区排水压力。是年，完成青苑路、东外环路等3000米的城区路面维修，整治铺装人行道7500平方米，更换树穴石757套、检查井67套、路沿石350米，做好各项预案和准备工作，确保城区安全度汛。

2013年，实施城区防汛的各项预案和准备工作，确保城区安全度汛。

2014年，实施干2排景观水系工程（千乘路至千乘湖段）规划设计工作，该工程长1400米。

2015年3月17日，制定县城区雨水篦子、雨（污）水管道（管沟）清淤、防汛排水设施维修工作实施计划。

2015年4月27日至5月7日，完成县城区李星耀闸、支二十三排闸、桃源闸、橡胶坝闸和芦湖泵站的维修保养管理工作，确保汛期排水闸和泵站的正常运行。

2015年5月6日至5月15日，完成县城区雨水篦子、盲板清淤工作，清理雨水篦子、盲板3600个，外运淤泥510立方米。

5月15日至6月15日，完成县城区黄河路、高苑路、清河路、齐东路及新一沟、支二十三排等74条雨、污水管道（管沟）的淤泥清理工作，清理管道（管沟）10.9万米，外运淤泥2.6万立方米。

5月22日，县行政执法局向县政府上报《高青县城区防汛应急预案》。

6月12日，县政府印发《高青县城区防汛应急预案》（高政办字〔2015〕31号），这是高青县城区防汛以来，第一次以正式文件下发的防汛应急预案。

7月，进行支23排水系工程方案设计，办理相关建设手续。支23排水系工程东起中心路西至齐东路以西230米，总长1050米，已纳入田镇古商街建设工程范围，正在进行方案设计，待设计完成后办理相关。是月，进行干2排景观水系工程（千乘路至千乘湖段）设计方案的修改工作。

8月，高青县强降水相对集中，并伴有短时暴雨、雷雨大风等强对流天气，强降雨造成城区局部内涝，给防汛排涝工作敲响了警钟。县城管执法局迅速启动城区防汛应急预案，并成立防汛突击队，随时投入救援抢险，对市政设施进行维护。15日，完成文化路、黄河路、清河路、公园周边检查井更换“三防”井盖工作。针对此次城区防汛排涝，县城管执法局划分区域，及时成立防汛排涝小分队，全力做好城区主要路段的排水防汛工作，确保下水道畅通，雨水栓、井盖等市政设施完好。对城区主干道及易积水路段重点巡查、及时排险，同时也加强了夜间值班，值班人员按时到位，坚守值班岗位，县城关执法局市政管理处全体干部职工24小时保持电话畅通，一旦出现紧急汛情通知，能及时的投入到抢险过程中，全力做好防汛排涝工作，确保群众生命财产安全

9月15日，完成黄河路西延、营丘大道北段、高苑路东段、四号路等路段人行道维修养护工作，维修面积1万平方米。

四、加强组织领导

（一）县城管执法局防汛工作职责

1. 执法局防汛工作职责

①负责城区指挥部防汛日常工作。

②负责城区防洪排涝规划的制定和监督实施，组织城市规划区的防汛排涝以及抢险工作。

③负责城市雨、污水管线（道）、排水闸等排水设施安全运行管理。

④负责依法查处擅自占压、蓬盖城区河道，清理拆除河道上乱搭乱建的临时设施。

⑤负责户外广告牌、有关高空悬挂物的防汛防台安全。

2.汛期准备工作

每年6月～9月为县城区防汛期，在汛期到来之前，全力做好城区防汛准备工作。

①县城市管理执法局成立相应的防汛指挥部，安排防汛值班，划分防汛责任范围，组建防汛抢险队。

②制定城区雨污水管道清淤、雨水篦子清淤、盲板清淤工作实施计划，在5月底之前全部完成。

③维护、更换防汛储备物资，对排水闸、泵站进行保养维护，汛期前后，各保养一次，更新备用防汛物资。

④与县市政工程公司签订防汛机械设备使用协议书，保障防汛机械设备保持待命状态，做到随叫随到。

⑤针对县城防汛特点，组织抢险队员进行应急演练，有险情雨情随时拉得出、用得上。

⑥在夜间有雨情时，县市政处人员做好夜间巡查工作，排除夜间险情。

⑦与气象部门保持紧密联系，随时掌握城区雨水量情况，做好排水应急准备。

（二）县城管执法局成立城区防汛指挥部

2015年5月12日，县城市管理执法局印发《关于成立县城区防汛指挥部的通知》和《关于实行县城区防汛岗位责任制的通知》，成立县城管执法局成立城区防汛指挥部，组建了75人的城市管理执法局防汛抢险队，明确了防汛职责，规范了防汛范围，安排防汛值班表、设立防汛值班室、值班电话、传真，配备手电筒、编织袋、铁锨、铁锤、发电机、抽水泵等防汛物资和设备。

高青县执法局城区防汛指挥部成员名单

指　挥：孙旭光（县城管执法局党组书记、局长）
副指挥：周克建（县城管执法局党组副书记、副局长）
赵宗新（县城管执法局党组成员、环卫局局长）
魏学锋（县城管执法局党组成员、副局长、园林局局长）
孙　海（县城管执法局党组成员、副局长）
刘　霞（县城管执法局党组成员、环卫局副局长）
臧奎民（县城管执法局党组成员、副局长）
邵　峰（县城管执法局党组成员、副局长）
孙　勇（县城管执法局党组成员、副局长）
成　员：徐　伟　郑成庆　张　超　周淑华
方谅庆　殷　雷　郭　凯　翟国庆
李　政　栾曰华　樊　晴　李金清
翟恩友

指挥部办公室设在县市政处（电话：6960322），栾曰华同志兼任办公室主任。

（三）县政府成立城区防汛指挥部

2015年6月12日，县政府成立高青县城区防汛指挥部。

高青县城区防汛指挥部成员名单

指　挥：李　勇（县委常委、副县长）
副指挥：孙旭光（县城管执法局局长）
成　员：刘清天（县教育局局长）
刘东吉（县公安局局长）
杜丽娥（县民政局局长）
孟　军（县财政局局长）
徐培华（县住建局局长）
邵先伟（县交通运输局局长）
王建永（县水务局局长）
张玉江（县卫计局局长）

袁　伟(县环保局局长)
张卫军(县安监局局长)
刘恒波(县广电局局长)
何　锋(县房管局局长)
张兆军(县交警大队队长)
刘景德(县气象局局长)
王建泉(县经济开发区管委会常务副主任)
李　永(田镇街道办事处主任)
张明光(芦湖街道办事处主任)
盛连武(县人武部部长)
袁仁海(县消防大队队长)
董启英(县武警中队队长)
刘　博(县供电公司经理)
国　铭(县移动公司经理)
张　军(县联通公司总经理)

城区防汛指挥部办公室设在县城管执法局,孙旭光兼任办公室主任。指挥部实行24小时值班,值班电话:6960322。

县城防汛指挥部主要职责:

1.负责领导、组织、监督、协调城市防汛工作。

2.贯彻实施有关防汛工作的法律、法规和方针政策,执行市防指的命令。

3.全面负责城市防汛工作。

4.承担县委、县政府交办的其他事项。

第十二章 智慧城管

2008年8月，高青县城市管理行政执法局根据淄博市的要求向县政府作出《关于打造数字城管的请示》。

2008年3月26日，县政府向市网通公司提交《关于申请开通"12319"服务热线的函》（高政字〔2008〕3号），申请免费开通"12319"服务热线。县执法局安排专人24小时接听，接到举报，快速出勤，通过媒介向全县公布"12319"服务热线专用电话。

2009年3月，高青县执法局建立城市管理监控指挥中心，位于原执法局（现质监局）四楼，开通城管执法热线——6712319，把"监控中心""指挥中心""投诉举报中心"三个中心整合为一体，实现了受理、发现问题，中心指挥调度，执法人员现场管理"三位一体"的城市管理新模式。实行监控中心调度值班制度，每天有一名局领导在监控指挥中心对城区市容市貌存在问题进行调度指挥和现场管理。

2010年，高青数字化城市管理系统运行，使城市处于实时、动态管理之中，大大提高了执法效率。

2011年，积极推进数字化城市管理，视频监控指挥调度中心共接受市民网络投诉37起，电话投诉650余起，办结率为100%，发出指挥调度指令1800余次，办理简易程序案件467件，一般程序案件80余件，大大提高了城市管理效率。

2012年，坚持"开门办城管"，将城管工作置身于社会，自觉接受市民监督，切实解决影响市容环境的突出问题，不断提高群众投诉案件的办结率和及时回复率。是年，累计接到上级交办、部门移交、网络投诉、群众来电来信等各类信访案件95件（次），其中政协委员提案4件，回复率、办结率都达到100%。

2013年，本着立足当前，着眼长远，稳妥推进"数字城管"建设工作，提出了"数字城管"与"智慧山东""数字化基础政务"三网合一的目标要求，提高了方案的设计难度，聘请专家对"数字化城管"进行专家评审论证。

2014年4月，县城市管理行政执法局向县政府提交《关于高青智慧城市建设工程的报告》。

5月，在县迎宾馆召开"高青县智慧城市基础应用平台暨高青县智慧城管建设方案评审会"。

高青县智慧城市基础应用平台项目规划设计方案汇报 （2015年 摄）

高青县智慧城市基础平台暨高青智慧城管建设方案评审会（2015 年　摄）

7 月 31 日，在市政府采购网发布高青县数字城管基础平台建设项目竞争性谈判资格公告，确定竞争性谈判时间为 8 月 5 号上午，竞争性谈判分为三个包。包一：大屏显示系统、网络及安全系统、配套设备、支撑软件、数据普查、应用软件及云计算中心系统；包二：土建工程及装修、综合布线；包三：办公家具采购。

10 月，启动投资 380 万元推进“智慧高青”基础平台项目建设。

11 月，完成大屏幕建设。

12 月，完成机机房设施、网络系统建设。

12 月，县政府向市国土资源局提出《关于申请高青县数字化城管建设项目所需地图和坐标点的函》，要求市国土局提供 3 个以上高青县 84 坐标系控制点，用于确定普查所得的部件及其他普查数据内容的坐标位置。

2014 年，对局属 60 余部车辆安装了 GPS 定位系统。

2015 年 1 月，完成指挥大厅及呼叫中心建设，开始实施地理信息普查。

2 月，完成车载 GPS、射频采集设备安装，监控现场施工完毕。

1 月～3 月，委托专业公司对城区 16 平方公里范围进行地理信息数据普查，对 7 大类 126 项共计 54573 个城市部件予以普查，逐一标注。

3 月，中心向社会公开招聘巡查监督人员 13 名，大厅接线人员 7 名，中心办公室配备 3 名工作人员，4 月全部到岗到位。

2015 年 3 月 3 日，副局长孙勇带队一行 3 人到无棣县住房和城乡建设局数字化城市管理指挥中心学习数字化城市管理工作，参观了该县数字化城管指挥大厅和机房等硬件设施，详细了解案件办理流程和数字化城市管理流程、视频监控系统。

3 月，监控视频信号接入中心，车载 GPS 系统安装完毕，RFID 射频采集系统安装完成，完成数字城管项目基本建设，中心人员完成定岗定责，数据信息采集人员分片区进行实地工作，指挥中心系统开始试运行。

6 月，指挥中心系统运行正常，实现“智慧高青”基础平台和数字城管的相应功能。6712319 投诉热线接收市民来电 65 起，民生热线转接 45 起，高青政务网投诉 55 起。指挥中心系统接受巡查员上报案件 862 起，其中园林局 210 起，执法大队 261 起，市政管理处 215 起，环卫局 176 起。

8 月，指挥中心对县供电公司、县供热站、县民

研究智慧高青工作　　（2015 年　摄）

“智慧高青”指挥中心大厅　　（2015年　摄）

政局、县环保局、县交警大队、县自来水公司、县水务局、县房管局、县联通公司、县丽村热电公司、县体育局、县第二中学、县住建局共13个单位、企业下达案件反馈通知书14份，派遣应处置案件35件，已整改完毕21件，案件处理中11件，未整改2件，需要重新确认设施权属主体1件。智慧高青指挥中心将对未整改、整改中案件进行跟踪办理，同时加大巡查监督力度，做到及时发现及时处理，消除安全隐患，确保市政设施安全、稳定。

第一节　智慧高青指挥中心

一、指挥中心

智慧高青指挥中心位于高青县政务服务中心北厅，监督中心与指挥中心在一个大厅。

智慧高青指挥中心建筑446平米，其中大厅204平米，通过数字化平台对城市进行监督、指挥管理，是智慧高青指挥中心最核心的功能；应急指挥中心52平米，作为遇到紧急突发事件时的会议场所和指挥中心；机房125平米，分为云计算中心、UPS备用电源室、以及维修通道，存放着数字化城市管理平台的服务器以及其他硬件设施；办公室65平米，是办公和资料存储场地。

“智慧高青”指挥中心　　（2015年　摄）

二、主要设备、设施情况

智慧高青指挥中心大厅布置两排操作台，设8个坐席，安装18块DLP大屏幕，在大屏上方安装LED显示屏；地面铺设防静电地板；指挥中心大厅使用指挥中心接地、布线、强电施工等内容；系统硬件平台建设包括网络交换机、服务器、PC机、防火墙、视频接入设备等。

1. 服务器。配备了15台数据库服务器、应用服务器。

2. 存储备份设备。对运行的关键应用系统、数据库系统能够进行有效、合理的数据存储和备份，确保系统数据的可靠性、安全性；能够将视频数据保存一个月以上，其他数据保存一年以上，包括备份服务器、磁盘阵列及磁带库等。

3. 系统应用软件。包括操作系统、GIS软件、数据库软件、杀毒软件等。

4. 移动PDA。巡查员配发了移动PDA监控终端机，有4G功能，具有通话图像拍摄（不低于500万像素）及传输功能，能够将采集到的信息及时上传到监督指挥中心。

第二节　监督指挥系统

一、监督指挥系统简介

数字化城市管理监督指挥系统是智慧高青指挥中心的核心平台。

2014年10月，在县政务服务中心启动数字化城市管理监督指挥系统基础平台建设。

2015年3月，系统设备调试成功，并开始试运行。

数字化城市管理监督指挥系统是采用万米单元网格管理法和城市部件、事件管理法相结合的方式，应用、整合多项数字城市技术，研发信息采集器“城管通”，创新信息实时采集传输手段，实现精确、敏捷、高效、全时段、全方位覆盖的城市管理模式。该系统基于数字化城市管理平台，主要功能为处理城市管理中发现的问题，对执法车辆和环卫设施进行实时监测和定位以及视频监控。该系统可分为巡查监督系统、视频监控系统、车辆人员定位系统以及垃圾设施射频采集系统四个子系统。

二、巡查监督的内容

（一）市政设施

1.范围。县城规划区内，东至东外环路（东外环北至北一路—南至高苑路、高苑路延伸至绿环污水处理厂大门口）、西至沙高桥（包括沙高桥）、南至南外环路、北至田横路（原广青路、田翟路延伸至三中）

2.设施。机动车道、慢车道；人行道；雨水管道、污水管道；桥梁、溢洪闸；路灯；污水管道专线、雨水管道专线、明沟。

3.巡查内容。机动车道、慢车道：沉陷、坑洞、破碎、涌包等；人行道砖、路沿石、镶边石、树穴石的破碎、缺失、错台等影响交通和行人安全的部位，以及路牌、隔离墩设施是否整洁完好；是否有未办许可手续擅自占道挖掘、开路口、利用顶管、拉管等方式穿越城市道路的。

城市桥涵、溢洪闸、路灯：城市桥梁桥台、桩基、挡墙、护坡是否裂缝，护栏、人行道等附属设施齐全、完好，各种限载、限速、限高、限宽等警告标志设置规范、完好、整洁；无违法依附城市桥梁设置的广告牌架设的各种管线；溢洪闸、路灯配套设施是否完好。

城市排水（雨水管线、污水管线、污水管道专线、雨水管道专线、明沟）、管网是否破损、塌陷、漫溢，汛期路面积水情况等。市政雨、污水检查井盖、雨水篦子是否缺失、损坏，明沟内是否有堵塞、乱倒垃圾等。社会各类管线的检查井盖是否完好，有无破损、丢失、移位、坍塌等现象。是否有未办理排水许可手续擅自向市政雨污管网接口等排水行为。

3.巡查要求。在日常巡查时发现的上述问题应立即上传中心，特别是对影响交通及行人安全的要立即采取措施当日内进行修复、补救，在设施修复前应及时设置警示标志；其他部分，应告知相关产权单位维修处置。

“城管通”巡查市政设施　（2015年　摄）

(二)市容市貌

1.果皮箱是否完好,表面是否干净或垃圾是否外溢或广告画面是否破损。

2.勾臂箱、垃圾桶、地下垃圾箱是否外溢或温馨提示牌是否完好整洁。

3.路面卫生是否干净,有无扬尘或泥土。

4.垃圾清运车辆运行过程中是否有撒漏;道路卫生是否干净,包括人行道以及人行道以外墙到墙卫生。

5.地下垃圾箱、果皮箱、垃圾桶表面以及周围卫生是否干净。

6.摊点经营者不能保持摊点周围环境整洁卫生的,进入城区或在城区道路行驶的车辆车容不洁的。

7.擅自占道搭建、堆物作业、堆晒物品、设置摊点或越门出摊经营、修车、洗车的。

8.从事临时性经营活动,商(物)品摆放混乱,乱扔垃圾,影响市容环境卫生的。

9.擅自占用、损坏环境卫生设施及其附属设施或改变其使用性质的。

10.擅自设置广告、标语、标牌、橱窗、画廊、电子显示屏、霓虹灯、灯箱等,影响市容市貌的。

11.擅自设置条幅、气球、彩旗、招牌、充气物及其他临时性户外广告的。

12.在建筑物、构建物、公共设施、电线杆或树木上乱贴、乱写、乱画、乱挂、乱刻的。

三、巡查监督工作流程

1.在城区各主次街道安排三组 12 名巡查员进行巡查,在巡查过程中发现环卫作业、市政设施、市容市貌、园林绿化等工作存在问题,确定发生位置,通过城管通软件进行分类描述,并拍照上传指挥中心。

2.指挥中心接线员登录数字化城市管理监督指挥系统,接收巡查员上报的案件,根据分类及反映的问题,并观察照片进行核实,确认无误后将问题派遣给环卫、市政、园林等行政执法部门。

3.相关部门(环卫、市政、园林等)在待受理页面查看中心派遣过来的案件描述、图片等信息,若属于本部门所属职责,则进行受理,若不属于本部门职责管辖,则进行回退并说明情况,中心根据反馈意见进行重新派遣。

4.相关部门受理后进行案件处置,打印派遣单,安排人员到现场查看,进行相应处理。处理完毕后将处置结果反馈到指挥中心。

5.指挥中心收到反馈后,给巡查员下派核查指令,巡查员对处置结果进行核查,将处置结果、照片等相关信息反馈给中心,中心接线员确认处理完毕,完成案件流程,将案件结果归档。若巡查员核查未整改,指挥中心收到反馈后再次发回相关部门进行补充办理,督促尽快处理。

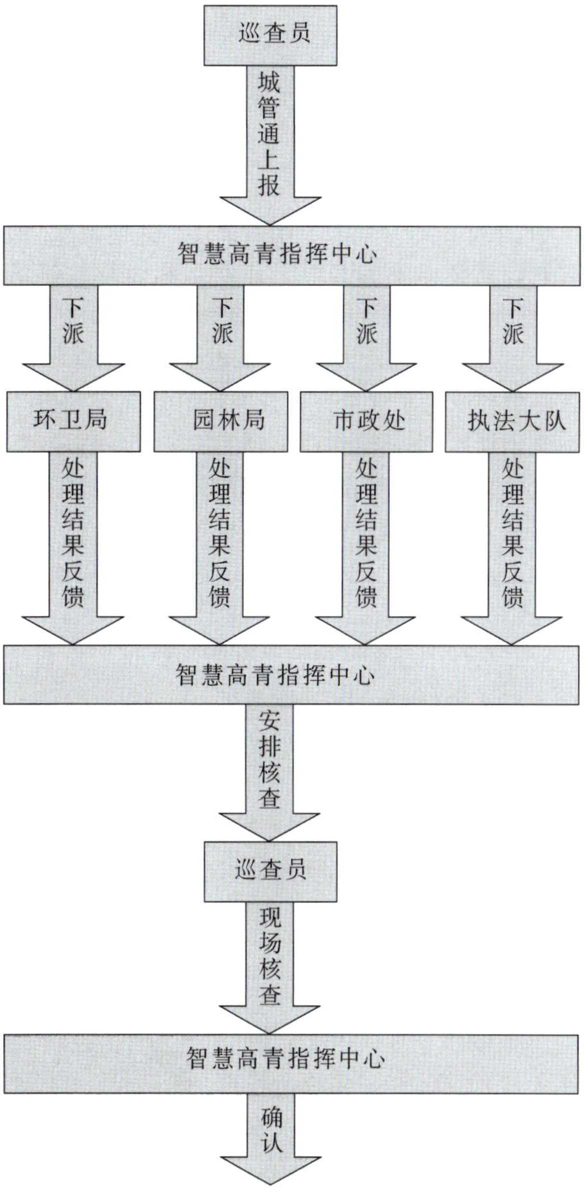

图 12—1　数字化城市管理监督指挥系统工作流程示意图

四、视频监控

指挥中心在县城学校、市场周边、交通路口等市容问题易发地段，安装监控视频，实现全方位实时监控，对流动商贩、店外经营、道路扬尘撒漏等市容突出问题，及时调度管理人员处置。至2015年10月已安装18路视频监控。下一步扩大安装范围，与公安、交警部门视频监控实现共享，范围囊括大部分街道、路段、路口，实时监控路面情况，发现涉及违建、广告、市政、环卫、渣土、占道经营等问题城市管理问题，由指挥中心及时指挥调度。

五、车载GPS

1.在环卫车辆、执法车辆上安装车载GPS

截至2015年8月，对全县54辆环卫垃圾清运车、27辆执法车安装GPS定位设备，对行政执法车辆、作业车辆及有关工作人员进行实时监控，随时查询具体车辆的实时工作状态和运行轨迹情况，遇有非正常状态及时将情况传送到指挥中心。

2.在各类环卫设施上安装电子标签识别码

射频采集系统对街道各类环卫设施安装电子标签识别码，在环卫作业车辆上安装红外感应器，通过信息交换将环卫设施分次定位、清运作业登记管理、清运作业统计传输到指挥管理平台，由指挥中心对全县环卫设施实施24小时智能化识别、监控、管理和调度。

3.指挥中心系统与城乡环卫一体化工作相结合。对各镇（街道）环卫作业车辆进行GPS定位管理，运用RFID技术，将车辆运行轨迹、作业时间、清运次数等进行全过程数字化监督与管理，实现对城乡环卫运行部件的精细化管理。

六、实施效果

2015年3月试运行至2015年8月21日，数字化城市管理监督指挥系统共接收有效案件2466件，其中下派至环卫局493件，园林局526件，市政管理局513件，执法大队934件。共结案归档2270件，结案率92%。

截至2015年年底，再统计一个数字。

经过6个月的运行，指挥中心发现大量城市部件问题、市容管理问题及环境卫生问题，并督促相关部门进行处理。

第三节　投诉受理

一、“12319”投诉热线

数字化城市管理监督指挥平台设有“12319”呼叫中心，现有接线员6名，负责“12319”投诉热线的接听、派转、督办工作。

市民拨打“12319”投诉热线进行投诉，系统接收到电话，按照接线员机号以及各话机闲置状态进行自动分配。话机状态一般显示为置闲，接线员接听投诉电话或进行电话回访时，该话机状态为置忙，系统分配时自动跳过。在某话机接听投诉电话后，下一次投诉电话系统将自动跳至下一台闲置话机，使接线员轮流接听投诉。

接线员耐心听取投诉人诉说事项，作好记录，进行立案。系统将自动生成录音，以便案件查询和存档。接线员根据投诉人反映问题分类，将案件下派给执法大队、环卫局、园林局、市政处等相应单位，并规定办理期限，督促各单位在办理期限内将反映问题处理完毕。

行政许可工作大厅　　（2015年　摄）

各单位处理完毕后，接线员将对投诉人进行回访，询问其对反映问题处理得满意度。若投诉人满意，接线员将对案件进行结案；若投诉人不满意，接线员将把投诉人意愿转达给相应单位，协商处理此案件，让投诉人得到满意答复。

二、“12345”民生热线

“12345”民生热线服务中心接到属于执法局职责范围的投诉电话，将投诉情况形成民生热线转办件，移交智慧高青指挥中心，指挥中心负责转达至相应负责单位。

各单位处理完毕相应问题后，将处理结果以传真或邮件方式回复民生热线服务中心，由民生热线进行回访。

三、高青政务网投诉

指挥中心安排专人负责查看高青政务网上的留言投诉，将属于执法局职责范围的投诉以邮件方式转发至相应责任单位。相应单位接收后，根据市民反映，对存在的问题进行处理，处理完毕后将处理结果回复指挥中心，指挥中心统一在高青政务网上对市民进行回复。

四、指挥中心

自 2015 年 4 月试运行至 2015 年 12 月，“12319”投诉热线接收市民来电 65 起，“12345”民生热线转接 45 起，高青政务网上的投诉 55 起，各类投诉得到及时处理和回复，结案率 100%，收到良好效果。

第四节 人员管理

一、指挥中心办公室

樊晴主持指挥中心全面工作，负责指挥中心对外协调与联系，负责指挥平台扩展延伸工作，负责指挥中心人员管理及中心办公室日常工作。

李世杰负责指挥中心办公室，包括会议组织、文字材料及人员联络、考勤，负责民生热线、高青政务网投诉的转接传达，负责指挥中心硬件、软件设施的日常运行和系统维护。

刘军负责安全生产、会场布置、信息报送、指挥车管理和后勤保障工作。

二、大厅接线人员

安排 6 名大厅接线人员负责接听投诉电话，记录投诉人反映问题，及时录入系统进行派遣。接收中心巡查员上报案件并及时立案，根据问题分类及时下派给市政、环卫、园林等单位进行处理。对其接听的投诉电话和处理的上报案件进行跟踪，直至问题处理完毕。

李园园、张媛媛负责协调联系市政处工作；张坤、李家媛负责协调联系行政执法大队工作；张雯雯、张希晨负责协调联系环卫局工作；张宁负责协调联系园林局工作。

“智慧高青”指挥中心大厅 (2015 年 摄)

三、巡查监督人员

巡查监督人员按照指挥中心划分的网格区域进行巡回检查监督，发现问题后使用城管通软件进行问题采集、上报案件信息，并在二级单位处理完毕后做好结案的现场核实工作。

一组组长于海玲，组员王敬华、信延美、蔡冬梅。

负责区域：田横路以南高苑

路以北，中心路以东国井大道以西；倪宽路以南黄河路以北，国井大道以东开泰大道以西。

二组组长贾俊燕，组员孔祥云、李飞、王荣美。

负责区域：高苑路以南北支新河以北，营丘大道以东国井大道以西；黄河路以南双语学校以北，国井大道以东开泰大道以西。

三组组长杨小娟，组员陈晓英、刘永红、孙亚男。

负责区域：中心路以西东邹路以东，高苑路以北田横路以南；李官庄以东营丘大道以西，北支新河以北。

第五节　前景展望

一、数字化城管模式向乡镇延伸

1.乡镇环卫车辆安装垃圾射频采集装置，录入数字化城市管理监督指挥系统，做到对乡镇环卫设施全覆盖，有利于对乡镇卫生清理情况的监督，为城乡环卫一体化建设提供更好的支持。

2.数字化城管系统将建立县、镇两级指挥体系，县级监督指挥中心负责案件的受理、立案、监督、核查、结案、考评等工作，镇级监督指挥中心负责案件的派遣、协调、督查等工作。县级平台统一受理全县城市管理问题，然后派遣至镇级指挥中心，县指挥中心发往县直各业务单位，镇级指挥中心发往所辖业务单位。县级监督指挥中心对各业务单位进行监督考核。

二、应急指挥建设

1.建立一套基于电子地图的可视化的数字化城市管理指挥调度系统。通过不同图层和应用系统的组合叠加，实现对各监测监控点、人员、车辆、城市部件、城市管理问题等的监测数据、监控图像、位置、信息、问题处理进度的可视化管理、监控，对人员、车辆的可视化语音、短信调度，满足城市管理需要和城市管理问题日常、应急处理需要。

2.在城区低洼地段设立监控点，对汛情及市政设施状况进行监控，将低洼地段汛情实时传送到监督指挥中心及市政处。汛期之外将对市政设施情况进行监控，并将监控情况实时传送到监督指挥中心。

第十三章 “爱我家园”志愿者协会

第一节 协会的成立

2012年5月1日，谷可勇等3人作为筹建发起人向县城市管理和行政执法局提出成立高青“爱我家园”志愿者协会的请示。

5月3日，县城市管理行政执法局批复同意成立高青“爱我家园”志愿者协会，并成立筹备工作小组专门负责筹建工作。按照党组的要求，认真准备相关资料，落实协会的住所，注册资金验资等事项，办理筹建协会的有关手续。

5月10日，向县民政局社团登记管理部门提交了筹备成立协会申请书。

5月11日，高青县民政局签发《高青县民间组织名称预先核准通知书》（高社组办〔2012〕第006号），同意成立高青县“爱我家园”志愿者协会。

8月16日，在县迎宾馆召开“爱我家园”志愿者协会成立会议，县领导徐培栋、于新华、李勇、王照达，县老领导陈国华、曹国孝、曹建民出席会议，首批共吸收会员144人，这是高青县继“六小警务”后，在创新社会管理手段上的又一新举措，为省内独创。会后，与会领导现场观摩了城管执法部门的执勤工作，并到青城路中段参与志愿者协会组织的宣传活动。

第二节 协会人员构成

会议选举产生“爱我家园”志愿者协会会长、副会长、秘书长，秘书长为协会法定代表人。

“爱我家园”志愿者协会人员构成

名誉会长：李　勇
会　　长：曹国孝
副 会 长：陈国华　曹建民　王智平　刘国华　邵珠军
秘 书 长：孙旭光（兼）

协会召开工作会议　　（2013年　摄）

会长职责：

1.召集、主持理事会和常务理事会；

2.检查会员代表大会、理事会和常务理事会决议的落实情况；

3.代表本会签署有关重要文件。副会长协助会长工作，经会长委托，可以行使相关职权。

县领导在青城路中段参与志愿者协会组织的宣传活动　（2012年　摄）

秘书长职责：

1.主持本会日常工作；

2.协调各相应机构开展工作；

3.向会长、副会长报告工作，提交请示；

4.向理事会提名副秘书长人选；

5.决定专职工作人员的聘用和解聘；

6.处理其他日常事务。

第三节　性质、宗旨和业务范围

一、协会性质

“爱我家园”志愿者协会是由社会个人和单位自愿参加并联合的，关心和参与城市管理工作的全县性组织，属非营利性地方社会团体，具有独立的社团法人资格。

二、协会宗旨

1.遵守国家法律法规，接受高青县民政局、城市管理和行政执法局的指导。

2.按照“协会章程”规定，发展符合条件的单位和个人入会。

3.根据“协会章程”规定的业务范围开展工作，发挥协调、服务等职能，促进城市管理工作健康有序开展。

三、业务范围

1.建立健全城乡管理义务工作规章制度；

2.制定开展城乡管理义务工作计划并组织实施；

3.负责城乡管理义务工作者的组织、培训、指导、管理和表彰；

4.组织开展城乡管理义务工作的宣传与交流活动；

5.维护城乡管理义务工作者的合法权益；

6.承办政府部门委托事宜等。

协会负责人视察城管执法工作　（2012年　摄）

第四节 会员的权利、义务

一、会员的权利

1. 有本会的选举权、被选举权和表决权；

2. 参加本会开展的活动；

3. 要求获得义工服务期间相应的条件和必要的保障；

4. 监督本会工作并提出意见和建议；

5. 获得本会提供服务的优先权；

6. 入会自愿，退会自由。

二、会员的义务

1. 遵守本会的章程，执行本会的决议，维护本会的合法权益；

2. 完成本会委托或交办的工作；

3. 向本会反映社情民意，提供涉及城市管理工作的有关信息资料和情况；

4. 宣传本会宗旨，维护本会声誉，以实际行动扩大本会的社会影响。

第五节 协会工作

2012 年 8 月 22 日下午，高青“爱我家园”志愿者协会第一届理事会第一次会议在县执法局召开，协会会长、副会长及理事会成员单位分管领导参加会议，会长曹国孝主持会议。会议确定，要高度重视“生态、文明”的志愿服务，在全民中大力宣传生态理念，传播文明意识，带动文明行为，更好地服务县域经济发展。会议对协会章程及相关规章制度进行了系统传达与学习，听取了协会各理事会成员单位对协会工作开展的建设性意见和建议，对下步协会重点工作进行安排部署。

2012 年 9 月 7 日上午，高青县“爱我家园”志愿者协会联合县委宣传部、县执法局、县住建局、县环保局、县交通局等单位就全县建筑渣土、工业垃圾管理工作进行专题调研。调研组先后到县建筑渣土消纳场、大部村工业垃圾点进行实地查看，随后召开专题座谈会，县执法、住建、环保等部门就建筑渣土、工业垃圾管理等工作进行汇报。会长曹国孝指出，城市建筑渣土、工业垃圾处理是城市管理的难题，近年来高青在这方面做了大量工作，建筑渣土基本实现规范化管理，但工业垃圾处理难、管理难问题依然存在。

2012 年 9 月 20 日，高青县三中开展“爱我家园”志愿者实践活动，通过环保征文、主题班会、书法绘画、摄影比赛、专题讲座、图片展览等形式，开展全方位、多层次、立体式环保知识宣传活动。该校还组织广大师生开展以家乡环保状况调查、走近母亲河、生态高青畅想、环城水系考察、参加环境整治等为主要内容的环保主题实践活动，把参与“爱我家园”志愿者实践活动的情况纳入到学生综合素质评价中。

2012 年 9 月 24 日，高青县“爱我家园”志愿者协会联合高青县教育局，组织师生志愿者为迎接首届中国(高青)黑牛节，营造整洁优美的城市环境，开展“清洁家园”活动。活动组织高青一中、高青二中、县实验中学、高青四中的部分师生 3000 余人，对县城黄河路两侧及绿化带进行清扫、捡拾

中小学生参加“爱我家园”绿色环保活动 (2012 年 摄)

垃圾，县环卫局洒水车对路面及路沿石进行清扫、冲洗，路段环卫工人全部上路参加活动。

2012 年 9 月 29 日，高青县“爱我家园”志愿者协会组织会员代表参加千乘湖“万尾生态鱼放流活动”，共投放鲢鱼、鳙鱼、锦鲤等鱼种近 20 万尾、5000 余公斤。在千乘湖等城市水系持续实施渔业增殖放流，采取以鱼净水，以鱼养水的生态修复措施，通过在自然水域中人工增殖放流滤食性鱼类，实现净化水体、改善水质的目标，营造“鱼水和谐”的城市水系“大美环境”，是推进渔业进城，打造生态水系、景观水系、文化水系的重要手段。此次生态放鱼活动再掀城市水系生态放鱼热潮，巩固首届生态放鱼季成果，推进“渔业进城”工程顺利实施。

中小学生参加“爱我家园”志愿者实践活动 （2012 年 摄）

2012 年 9 月，高青县教育系统在全县范围开展“爱我家园”志愿者实践活动，各学校开展环保主题征文、演讲、绘画、书法、摄影比赛等活动，引导和帮助广大青少年增强环保意识，丰富环保知识。同时积极发挥家长委员会作用，以“小手拉大手，共创洁净家园”为主题，开展发放承诺卡、张贴宣传画、举行环保展览等活动，营造人人参与、从小事做起、建设生态高青的社会氛围。

2013 年 3 月 5 日，高青“爱我家园”志愿者协会第一届理事会第二次会议在县城市管理和行政执法局召开。会议由协会会长曹国孝主持，协会副会长、秘书长、各理事会成员单位参加，对下步协会工作进行安排部署。

2013 年 3 月 15 日，结合高青县创建“国家级园林县城”“全国绿化模范县”活动，高青县“爱我家园”志愿者协会组织协会会员开展植树绿化活动，协会会长、协会理事单位会员、部分离退休老干部会员、县城市管理和行政执法局干部职工、县妇联会员代表及妇女干部共 60 余人参加了活动。广大老领导老干部，热情不减当年，挥锹铲土，认真仔细，年轻同志更是干劲十足。经过一番紧张有序的劳动，一片横竖成行的树林便展现在眼前，为城市建设增添绿色，为高青县城乡群众创造美好的生产、生活环境。

“爱我家园”协会志愿者上街宣传 （2014 年 摄）

2013 年 4 月 7 日，高青县公路局组织开展“爱我家园、你我同行”宣传日活动。该局在青城路展出自制的爱路护路宣传图板，悬挂宣传条幅，组织团员青年向过往路人发放《爱我美好家园、争做文明市民倡议书》《公路安全保护条例》等宣传资料，共发放倡议书 1000 余份，倡导群众共同参与保护环境、爱路护路活动。

2013年4月10日，高青县“爱我家园”志愿者协会在县城青城路文化路至华盛商场路段，开展“爱我家园，你我同行”宣传日活动。协会会长、副会长、秘书长、理事单位领导参加活动，向过往行人发放《爱我美好家园，争做文明市民》倡议书8000余份，并利用这一机会向过往市民宣传活动的意义。

“爱我家园”志愿者协会第一届理事会第一次会议

2013年5月14日，高青“爱我家园”志愿者协会组织开展城市绿化和城乡环境综合整治调研活动。协会会长、副会长、秘书长，各理事成员单位理事参加活动，协会秘书长刘国华主持会议。调研组一行实地察看了唐北路游园、北外环田翟路口的绿化情况，田镇街道办事处所属的田镇大街、后巩村、姜家村的环境综合整治情况。调研结束后在县执法局召开座谈会，协会副会长陈国华、曹建民、王智平、邵珠军作了发言。

2014年10月28号上午，在千乘湖生态文化园举办庆祝第20届环卫工人节最美城管环卫工·园丁表彰暨“爱我家园”摄影展览仪式。参加会议的有：县委常委、副县长李勇，县行政执法局局长孙旭光，“爱我家园”志愿者协会会长曹国孝，协会副会长陈国华、曹建民、王智平、邵珠军及“爱我家园”协会成员单位，县委常委、副县长李勇，协会会长曹国孝分别作讲话。

协会负责人参加植树活动　　（2013年　摄）

附：

倡议书

——爱我美好家园、争做文明市民

一、人人行动起来，争做文明风尚的传播者。“爱我美好家园，争做文明市民”是每个市民义不容辞的职责，我们要积极宣传城市管理法律法规、文明礼仪、文明习惯等，做到家喻户晓、人人皆知，以良好的社会公德影响身边人，以文明的行为带动身边人，形成和谐共建的良好局面。

二、人人行动起来，争做建设美好家园的参与者。把“爱我美好家园，争做文明市民”的行动融入到日常工作和生活中，培养良好的道德风尚，养成文明健康的生活习惯。“勿以善小而不为，勿以恶小而为之”，管好自己的手，不乱贴乱画乱扔，不损坏公共设施，不乱摆摊设点；管好自己的嘴，不讲粗话脏话，不随地吐痰；管好自己的脚，不闯红灯，不践踏草坪。

三、人人行动起来，争做优美环境的维护者。积极支持、配合全县的创建活动和综合整治活动，自觉清扫“门前雪”，少仍一片垃圾，保留一方净土。沿街单位商铺落实好“门前五包”责任制，做到卫生清洁、绿化美化、设施无损、车辆摆放整齐，社区家庭做到环境清洁、道路河流洁净畅通。

四、人人行动起来，争做建设美好家园的监督者。广大市民要积极维护整洁的市容市貌，发扬主人翁精神，认真履行监督义务，对有损环境的不文明行为进行劝导、制止和举报，为建设美好家园做出自己的贡献。

高青“爱我家园”志愿者协会
2012年8月16日

第十四章 机关建设

第一节 机构沿革与职能演变

1975 年，成立高青县基本建设局，县城道路、排水和养护由县基本建设局城乡建设股负责。

1985 年，高青县政府作出《关于县城建设管理的暂行规定》。是年，成立县城建设管理办公室，负责县城环境卫生和管理工作。

1987 年，成立县城综合治理办公室，负责综合治理县城小贩摊点和瓜果市场。

1987 年，高青县成立环境卫生保洁队，有职工 18 人，道路保洁实行夜扫日保，全日保洁。

1989 年，成立市容管理队，对影响市容的临时建筑和影响交通的摊点进行清理、拆除和整顿。

1990 年 5 月 6 日，高青县环境卫生管理所成立，隶属于县建委，兼管县城园林绿化工作。是年，县环境卫生管理所组建垃圾清运队伍，负责城区垃圾清运。

1990 年 10 月，成立县城市管理监察中队，负责城市市容市貌的日常管理工作。

是年，县环境卫生管理所组建垃圾清运队伍，负责城区垃圾清运。

1991 年 6 月 5 日，县政府出台《高青县环境管理暂行办法》，县建委等部门联合下发《关于县城环境卫生及垃圾清运管理实施办法的联合通知》。是年，高青县环境卫生管理所组建垃圾清运队伍，负责城区生活及公共垃圾清运。

1991 年，县城市管理监察中队改称高青县城市管理监察大队，升格为副科级事业单位。

是年，县委、县政府成立县城综合治理指挥部，负责县城的规划建设管理、建筑市场管理、摊贩管理、市容卫生管理、交通秩序管理、噪音和社会秩序管理。

是年，推行“门前五包”(包秩序、包卫生、包绿化、包硬化、包美化)和“门内达标”责任制。

1993 年 12 月 14 日，成立高青县园林绿化管理处，为副科级单位，单位性质为自收自支事业单位，编制 5 人，隶属于高青县住建局，是高青县园林绿化建设、管理的职能机构，主要负责县城各道路绿化、游园绿地、公园绿化及单位庭院绿地管理、园林绿化工程建设施工、单位建设项目绿化规划验收及高青县风景名胜区管理工作，共有正式职工 8 人，办公地点在县建委四楼，王以然为园林处主任。同日，高青县环境卫生管理处建立，为副科级事业单位，隶属于县建环委。

是年，高青县城市管理监察大队改称高青县城市管理监察处，原副科级事业单位不变，隶属于县建环委。

1993 年，开展创建省级卫生城活动，县政府制定《创建省级卫生县城实施方案》，成立创建领导小组，推行岗位目标责任制，实行“门前三包”(包卫生、包秩序、包绿化)。

是年，县政府下发《高青县城市垃圾清运管理办法》，规定各单位可采取有偿服务办法委托县环卫部门清扫保洁，并制定具体收费标准。

1994 年 10 月，县建环委成立县市政管理所，加强市政设施管理和养护，落实每日巡查制度。是年，城区黄河路、中心路、文化路、高苑路等主要道路完好率100%。

1994年，县政府制定《高青县市容环境卫生管理暂行办法》，对县城区内市容环境卫生管理的范围、内容、标准及违章处理办法作出规定，县城市容和环境卫生管理步入规范化、法制化轨道。

1996年，县市政管理所更名为县市政管理处，城区各单位“门前三包”区域由县环卫处统一代扫，实行有偿服务。

1998年，县政府制定《高青县县城建设管理办法(试行)》，将每年4月定为“卫生突击月”，每周五定为“卫生清洁日”，并作为一项制度坚持落实。是年，县城道路清扫保洁实行划片包干、分工负责、落实到人、全日保洁制度，对垃圾随产随清。

1998年起，对居民和单位产生的垃圾实行统一清运，单位自行清运的，必须到环卫部门办理有关手续，运到指定垃圾场；对建筑施工垃圾，建筑施工单位要在开工前，到环卫部门办理建筑垃圾清运手续。

1999年，成立县城管理联合执法办公室，对县城实行经常化、长期性综合管理。

2001年2月27日，高青县被淄博市人民政府评为“绿化工作先进(区)县”。

2002年，随着生活及建筑垃圾增多，县政府制定《高青县城区垃圾管理暂行办法》，实行垃圾统管专运、有偿服务制度。

2003年8月，县政府出台《高青县城市市容和环境卫生管理办法》，改“门前五包”为“门前统管”。

2003年，成立城市综合执法大队，下设四个综合执法中队。

2004年，投资51万元，在田镇镇南徐村建成占地7.27公顷的垃圾处理厂，新建、改建地下垃圾箱22处，基本实现城区垃圾日产日清。

2004年，初步建成以“门前卫生统管”和“垃圾统管专运”为核心的城市管理长效机制。是年，全县共有环卫职工150人，垃圾清运专用车9部，日清运生活垃圾130吨。

2005年2月，根据《高青县机构编制委员会关于成立县党史办公室等机构的通知》，撤销隶属于县建设局的城市综合执法大队，成立县城市管理行政执法局，为正科级全额事业单位，编制25人，归口县建设局。

7月，筹建高青县城市管理行政执法局。

9月23日，召开全县城市管理相对集中行政处罚权工作会议，高青县城市管理行政执法局与相关部门协调对接，完成了8项行政处罚权的移交，顺利交接行政职能，为城市管理工作的顺利开展奠定基础。

10月12日，高青县城市管理行政执法局暨高青县城市管理行政执法大队、高青县城市管理警察大队正式挂牌。淄博市城市管理行政执法局局长温义，县领导张建祥、蒲緒章、张洪范、陈国华、曹国孝、于军，全市各区县及高新区执法局的主要领导出席了揭牌仪式。淄博市城市管理行政执法局局长温义、县委书记张建祥为高青县城管执法局揭牌。副县长于军主持揭牌仪式。县城市管理行政执法局局长孙光远介绍了高青县城管局的筹建情况，并对今后的工作做了表态发言。高青县城市管理行政执法局系正科级行政单位，财政全额拨款，核定编制25人，其中行政编制5人，事业编制20人，内设办公室、法制科、执法督察科，下设高青县城市管理行政执法大队，为副科级事业单位。

2005年，根据省法制办公室要求，高青县住建

《高青县城管志》编纂起动会议　　(2015年　摄)

环卫工人节最美环卫工表彰会议现场 （2014 年 摄）

局城管执法大队升格为正科级县城市管理行政执法局，行使相对集中的行政处罚权。

2006 年 6 月 23 日，在沂源县召开淄博市建制镇城市管理相对集中行政处罚权试点现场会。根据会议要求和高青县实际，副市长刘有先建议在田镇镇设立混合式执法中队，中队长由县执法局派出，以便于规划区各项工作的密切配合和协作。其他人员由田镇镇委派。执法范围为县城规划区内所有“城中村”。除中队长外其他人员编制、经费、办公场所由镇政府负责。其他各镇视积极性而定，实行所在镇政府和县城市管理行政执法局双重领导，以镇政府管理为主。人员编制、经费、办公地点均由各镇负责，县执法局负责业务领导。中队负责人由镇政府提出人选，县执法局任命。各镇城市管理执法中队由县编委行文，为股级事业单位，均编制 5 人，所需人员编制从各镇事业单位人员编制中调剂。

2007 年 4 月，县城市管理行政执法局由事业单位改为行政单位，核定行政编制 5 人，同时核减事业编制 5 人。成立田镇镇城管执法中队，为股级行政机构。

2007 年 11 月，投资 907 万元建设高青县环境卫生服务站，占地面积 35200 平方米，设计规模为日处理垃圾 200 吨，采用垂直式压缩处理方式。

2007 年，《高青县户外广告设置管理办法》开始实施。是年，高青县开始建设县城生活垃圾压缩中转站，到 2014 年，除黑里寨外各镇均建成垃圾中转站并投入使用。

2008 年，高青县洁美环境卫生服务中心、高青县顺通市政设施维护有限公司、高青县金典建设工程质量检测站等 8 个企业实行市场化运作，在职人员 31 人，专业技术人员 4 人。

2008 年，县城管局积极推进相对集中行政处罚权工作向镇延伸，完善县、镇管理网络，下移城管重心，提高城市管理覆盖面。

2008 年，在青城、高城、唐坊、常家、赵店、木李 6 镇组建了城管执法中队，并积极理顺与镇城管执法队伍的关系，落实人员责任，加大检查考核力度，形成执法合力。至此，高青县城管局在田镇、青城、高城、唐坊、常家、赵店、木李 7 镇组建了城管执法中队，共有城管执法人员 18 人，全部为事业编制。

2009 年 3 月，高青县执法局建立城市管理监控指挥中心，位于原执法局（现县质监局）四楼，开通城管执法热线——6712319，把“监控中心”“指挥中心”“投诉举报中心”三个中心整合为一体，实现了受理、发现问题，中心指挥调度，执法人员现场管理“三位一体”的城市管理新模式。

2009 年 6 月，全县 9 个镇（办）已全部建立了城管执法中队。

2009 年 12 月 10 日，高青县被山东省人民政府授予“山东省园林城市”称号。同年，高青县破硬造绿行动被山东省城住房和城乡建设厅评为“山东省人居环境范例奖”。

2011 年 12 月 26 日，县委、县政府根据城市管理的需要，将原属县住建局环境卫生管理处编入高青县城市管理行政执法局，原环卫处的所有人员、设备、职能全部纳入高青县城市管理行政执法局管理。

2012 年 2 月 13 日，县政府将县环境卫生管理处更名为县环境卫生管理局。2 月 14 日，县环境卫生管理处正式更名为环境卫生管理局，由副科级升格为正科级，隶属于县城管执法局，原环卫处的所有人员、设备、职能全部纳入高青县城市管理行政执法局管理，初步形成了服务、管理、执法“三位一体”的城市管理格局。

2012 年 3 月，县园林管理处更名为县园林绿化管理局，同时由副科级升格为正科级；县芦湖公园管理处由股级升格为副科级；将县芦湖公园管理处、千乘湖生态文化园管理处划归县园林绿化管理局管理，全局正式职工 12 人，魏学锋担任园林局局长。

2012 年 8 月 16 日，“爱我家园”志愿者协会在县迎宾馆召开成立会议，标志着“爱我家园”志愿者协会成立。

2012 年，成立高青县城乡环境综合整治办公室，为副科级事业单位，隶属于县城市管理行政执法局，负责对全县综治工作的组织、协调与长效机制的建立与实施。

2013 年 6 月 5 日，县政府成立高青县城乡环境综合治理领导小组，领导小组由副县长李勇为组长，县城管执法局局长孙旭光为副组长，领导小组办公室设在城管执法局，由孙旭光兼任办公室主任。

2014 年 9 月，根据省委推进市县五领域大部制改革精神，在城市管理领域，高青县推行“大城管”体制，高青县园林局整建制划转高青县城市管理行政执法局。

10 月，高青县市政处整建制划转高青县城市管理行政执法局，充实完善城市管理职能，理顺城市管理与城管执法机构关系，建立寓管理、执法、服务于一体的“大城管”体制。

11 月，高青县城管执法局实现与交通、国土等部门的联合执法，高青县在构建“大城管”格局上实现质的跨越。

2015 年 1 月，高青县城市管理行政执法局更名为高青县城市管理和行政执法局。

3 月，“智慧高青”指挥中心系统开始试运行。

12 月 16 日，县长刘忠远主持召开第十六届县政府第 41 次常务会议，研究煤炭经营点规划布局与规范化管理、县城市管理委员会办公室职能移交等有关事宜。会议决定，将县经信局的煤炭监管职能移交县城市管理和行政执法局，并成立专门机构，配备专职人员，由县编办按规定程序办理；为与市城管办体制机制保持一致，由县城市管理和行政执法局接管县城市管理委员会办公室承担的工作任务。

第二节　工作职责

2015 年 4 月，县政府批准《高青县城市管理和行政执法局主要职责内设机构和人员编制规定》，对高青县城市管理和行政执法局职责调整、主要职责、内设机构及职能、人员编制、其他事项作了规定。

一、职责调整

1. 取消已由国务院和省、市、县政府公布取消的行政审批事项。

2. 取消城市管理和行政执法方面的行政复议职责。

3. 划入县住房和城乡建设局承担的城市园林绿化、市容环境卫生、市政设施、城市防汛管理职责以及全县风景名胜区的审核报批和保护监督职责。

4. 划入县住房和城乡建设局承担的编制年度城建维护费计划，参与对城市维护资金的征收使用、投资和收益情况进行审计监督职责。

县城管执法局领导慰问环卫工人　（2012 年　摄）

5. 增加城乡环境综合整治、数字化城市管理及12319城建服务热线的建设管理职责。

二、主要职责

1. 贯彻执行国家、省、市有关城市管理和行政执法工作的方针政策和法律、法规、规章，研究拟定县城市管理和行政执法工作的规范性文件，并组织实施。

2. 制定城市管理和行政执法工作的总体规划和年度工作计划，编制市政、环卫、园林专项规划，并组织实施；负责对各镇、街道和经济开发区城市管理和行政执法工作的业务指导、培训、考核和监督检查；负责统一调度、组织全县城市管理专项和重大执法活动。

3. 负责全县市容和环境卫生管理工作。负责环境卫生作业和生活垃圾、建筑垃圾、建筑渣土、餐厨废弃物、粪便处置相关管理工作；负责环卫设施的建设、管理、维护工作；指导、监督建筑物外立面保持整洁管理工作；负责餐厨废弃物收集、运输服务审批和处置服务审查。

4. 组织开展全县城乡环境综合整治工作。制定城乡环境综合整治年度工作计划，并组织实施；指导全县城乡环卫一体化建设管理工作。

5. 负责全县城市园林绿化建设与管理工作。负责城市园林绿化的建设、养护管理工作；组织创建国家生态园林城市；监督城市公园的管理工作；承担城市园林行业生物多样性保护工作；负责古树名木保护管理和迁移审查工作；负责省级花园式单位(小区)的评选申报工作；负责城区临时占用城市园林绿地、城市树木修剪、移植、砍伐和改变绿化规划、绿化用地的使用性质的审批；负责全县风景名胜区的审核报批和保护监督工作。

6. 负责城市市政设施养护及维护管理工作。指导、监督城市排水管理和污水处理工作，负责城市规划区内排水许可；负责城市防汛工作；负责城市临时占用、挖掘城市道路和在城区桥梁上设置大型广告、悬挂物、附着物、架设各类市政管线的审批；根据养护管理工作情况提出对有关设施改建、扩建的意见。

7. 负责全县户外广告设置管理工作。负责户外广告的设置审批和安全监督管理；拟订户外广告、门头牌匾设置规范，并组织实施；组织开展全县户外广告综合整治活动；查处县城规划区违法设置户外广告的行为；依据委托承担管理范围内户外广告空间资源运营工作。

8. 负责开展数字化城市管理及12319城建服务热线的建设、管理工作。

9. 负责城市管理和行政执法方面的投诉和应诉工作。

10. 负责协调县公安局、国土局、县交通运输局联合执法相关事宜。

11. 负责编制城市管理方面的科技发展计划，组织、指导重大科技项目攻关、成果推广和新技术引进工作，组织教育培训。

12. 负责编制年度城建维护费计划，编制城市管理维护费及有关专项经费的使用计划，依法管理和使用城市维护资金；参与对城市维护资金的征收使用、投资和收益情况进行审计监督；负责有关规费征收管理工作。

13. 集中行使以下城市管理行政处罚权：

(1)市容环境卫生管理方面法律、法规、规章规定的行政处罚权。

(2)城市规划管理方面法律、法规、规章规定的对在城市规划区内，未取得建设工程规划许可证或者违反建设工程规划许可证的规定进行建设，影响城市规划行为的行政处罚权；对在城市规划区内进行临时建设，逾期不拆除，以及在批准临时使用的土地上建设永久性建筑物、构筑物和其他设施的行为的行政处罚权；对未经批准擅自设置城市雕塑、建筑小品和大型广告牌的行为的行政处罚权；指导各镇、街道和经济开发区行使乡村规划管理方面的行政处罚权。

(3)城市园林绿化管理方面法律、法规、规章规定的行政处罚权。

(4)市政管理方面法律、法规、规章规定的行政处罚权。

(5)环境保护管理方面法律、法规、规章规定的对社会生活噪声污染、建筑施工噪声污染的行政处罚权；对在人口集中地区和其他依法需要特殊保护的区域内，焚烧产生有毒有害烟尘、恶臭气体的物质的行为的行政处罚权；对向城市水体排放、倾倒工业废渣、城市垃圾和其他废弃物行为的行政处罚权;对建设施工造成大气污染行为的行政处罚权。

(6)工商行政管理方面法律、法规、规章规定的对在城市道路、公园、广场等公共场所无照商贩和违反规定随意摆摊设点行为的行政处罚权;对违反规定设置户外广告行为的行政处罚权。对涉嫌无照经营行为查处时,可以查封、扣押专门用于从事无照经营活动的工具、设备、原材料、产(商)品。

(7)公安交通管理方面法律、法规、规章规定的对侵占城市道路行为的行政处罚权。

(8)承办县委、县政府交办的其他事项。

三、人员编制

高青县城市管理和行政执法局行政编制总额20名,配备局长1名、副局长3名。

四、其他事项

与县住建部门的有关职责分工。县住房和城乡建设部门负责城区市政设施(道路设施、排水设施、桥涵设施)建设及建设中的安全、质量监督管理等。市政设施竣工验收后,县住建部门牵头交由县城市管理和行政执法部门负责维护管理。

第三节　科室设置及职能

2015年,高青县城市管理和行政执法局设6个内设机构。

一、办公室

主　任:张　超

副主任:李新龙

成　员:赵　迪

职　责:组织协调局机关日常工作;负责局机关文电处理、会议组织、综合性文稿起草、年度工作计划和总结拟定等工作;负责机要、保密、档案、督办、信访、政务公开、安全保卫、对外联络、接待、行政后勤等工作;负责指导全县城市管理和行政执法服装、装备工作。承担新闻宣传报道工作,督促、指导本系统新闻宣传报道,策划、组织有关宣传活动;负责精神文明建设工作;负责划入城市管理和行政执法的社会动员工作,组织社会志愿者活动;负责收集、分析与城市管理和行政执法相关的舆情并提出对策建议。

二、政工科

科　长:方谅庆

副科长:焦成涛

组　成:孙　凯　满文韬

职　责:负责局机关和直属单位党的组织建设、思想政治、机构编制、干部人事、劳动工资、工青妇联及计划生育工作;协助局党组做好局属干部的考察、任用和管理工作,承办局机关和直属单位党员干部教育培训工作;负责离退休人员管理服务工作;负责全县城市管理和行政执法队伍的宏观协调管理工作。

三、财务审计科

科　长:周淑华

成　员:姚　红　聂菽青

职　责:负责编制年度城建维护费计划,编制城市管理维护费及有关专项经费的使用计划,依法管理和使用城市维护资金;参与对城市维护资金的征收使用、投资和收益情况进行审计监督;负责城市管理维护资金决算、审计工作;负责罚缴分离和罚没票据管理,负责罚没财物的管理和拍卖工作;负责全局财务和国有资产管理工作,指导、监督直属单位的财务和国有资产管理工作;会同有关部门拟订城市管理有关规费征收标准并监督实施。

四、法制科(挂行政许可科牌子)

科　长:郭　凯

成　员:苏琳琳

职　责:组织拟订全县城市管理和行政执法的地方性法规、规章草案,负责综合性政策的调研、起草工作;负责政策法规宣传、依法行政和行政执法监督工作;负责局机关规范性文件的合法审查、备案工作;负责行政执法文书的制定与管理工作;负责行政执法案件的审核工作,承办行政处罚听证、行政复议和应诉工作;负责人大代表建议、政协委员提案办理工作；负责城市管理和行政执法人员业务培训和执法证件的管理工作。

负责行政审批管理制度落实工作，抓好户外广告空间资源运营、环境卫生、园林绿化、城市占道、渣土处置、市政等相关行政许可审批事项的办理；制定对城区内道路两侧的户外广告牌匾的统一规划，加强对户外广告设施的安全监督检查。

五、执法科（挂监察科牌子）

科　长：殷　雷

职　责：负责全县城市管理行政执法工作的年度计划安排；指导、监督、协调全县的城市管理行政执法工作；牵头组织全县年度专项执法检查，统一调度、组织全县城市管理行政执法重大活动。

负责监督全县城市管理行政执法人员文明执勤、队容风纪情况、行风建设工作；承办行政执法过错责任追究工作；负责对城市管理和行政执法部门及其工作人员违规违纪行为投诉的受理、查处；负责指导、调度全局安全生产、信访稳定和应急管理工作。负责对各镇、街道和经济开发区城市管理和行政执法工作的业务指导、培训、考核和监督检查。

六、城市管理科

职　责：负责市容环境卫生、城市园林绿化、市政管理、城乡环境综合治理、数字化城市管理等工作；指导、监督环卫作业和生活垃圾、建筑垃圾、建筑渣土、餐厨废弃物等相关管理工作；指导城区主次道路两侧和重点区域的建筑物外立面保持整洁监督管理工作；指导、监督环卫设施、市政设施的养护管理工作；指导、监督城市排水管理、污水处理、城市防汛工作。

高青县城管局内设科室历任负责人任职情况表

表14—1

机　构	职务	姓　名	任职时间	备　注
办公室	主任	刘　霞	2006.06～2013.03	
			2009.03～2010.10	兼原监控指挥中心主任
		张　超	2013.03～	
政工科	科长	方谅庆	2014.02至今	政工科原为组织人事科，2014年2月成立，2015年2月改为政工科。
财务审计科	科长	刘红雁	2012.01～2013.04	
		周淑华	2013.04～	
法制科	科长	马　兴	2005.08～2009.06	原法制督查科，2009年6月分为法制科、督查科。
		樊　晴	2009.06～2012.01	
		殷　雷	2012.01～2014.02	户外广告管理办公室，2014年2月并入法制科。
		张　超	2012.01～2013.02	法制宣教科，2014年2月改为法制科。
		周　昕	2013.02～2014.02	法制宣教科，2014年2月改为法制科。
		郭　凯	2014.02～	
		马德康	2013.12～2015.02	行政许可科，2012年2月成立，2015年2月月并入法制科，挂法制科牌子。
监察科	科长	马　兴	2005.08～2012.01	原法制督查科，2009年6月分为法制科、督查科。
		翟国庆	2012.01～2015.02	原督查科，2015年2月改为监察科。
		殷　雷	2015.02～	

续表 14—1

机　构	职务	姓　名	任职时间	备　注
质监科	科长	翟国庆	2015.02～	
“智慧高青”指挥中心	主任	刘　霞	2009.03～2010.10	“智慧高青”指挥中心原为监控指挥中心，2015年3月改为“智慧高青”指挥中心。
		周　昕	2010.10～2012.01	
		刘永光	2012.01～2015.02	
		樊　晴	2015.03～	
交通联合执法办公室	主任	翟恩友	2015.02～	
国土联合执法办公室	主任	李玉国	2015.02～	
文体中心	主任	李　政	2015.02～	
“爱我家园”志愿者协会	名誉主席	李　勇	2012.08～	
	会长	曹国孝	2012.08～	
	副会长	陈国华	2012.08～	
		曹建民	2012.08～	
		王智平	2012.08～	
		刘国华	2012.08～	
		邵珠军	2012.08～	
	秘书长	刘国华	2012.08～2014.05	
		孙旭光	2014.05～	

第四节　直属部门

一、城市管理行政执法大队

大 队 长：冯加强

副大队长：李　政　周　昕　马德康

职　责：一中队负责市容环境卫生、园林绿化、市政行政执法；二中队负责市容管理、市场管理；三中队（女子中队）负责市容管理；四中队负责市容管理、户外广告监管；五中队负责建筑垃圾与渣土管理；六中队负责规划管理。

二、环境卫生管理局

局　长：赵宗新

副局长：刘　霞　徐　伟　王　兵

职　责：负责全县市容和环境卫生管理工作。负责环境卫生作业和生活垃圾、建筑垃圾、建筑渣土、餐厨废弃物、粪便处置相关管理工作；负责环卫设施的建设、管理、维护工作；指导、监督建筑物外立面保持整洁管理工作；负责餐厨废弃物收集、运输服务审批和处置服务审查。

三、园林绿化管理局

局　长：魏学锋

副局长：郑成庆　栾曰华　窦爱国

职　责：负责全县城市园林绿化建设与管理工作。负责城市园林绿化的建设、养护管理工作；组织创建国家生态园林城市；监督城市公园的管理工作；承担城市园林行业生物多样性保护工作；负责古树名木保护管理和迁移审查工作；负责省级花园式单位（小区）的评选申报工作；负责城区临时占用城市园林绿地、城市树木修剪、移植、砍伐和改变绿化规划、绿化用地的使用性质的审批；

负责全县风景名胜区的审核报批和保护监督工作。

四、市政管理处

主　任:王卫平

副主任:尹俊峰　翟国庆　刘福娥

职　责:负责城市市政设施养护及维护管理工作。指导、监督城市排水管理和污水处理工作,负责城市规划区内排水许可;负责城市防汛工作;负责城市临时占用、挖掘城市道路和在城区桥梁上设置大型广告、悬挂物、附着物、架设各类市政管线的审批;根据养护管理工作情况提出对有关设施改建、扩建的意见。

五、城乡环境综合整治办公室

主　任:张　超

副主任:刘红雁

职　责:组织开展全县城乡环境综合整治工作。制定城乡环境综合整治年度工作计划,并组织实施;指导全县城乡环卫一体化建设管理工作。

高青县城管局直属部门历任负责人任职情况表

表 14－2

机　构	职　务	姓　名	任职时间	备　注
执法大队	大队长	张卫军	2003.05～2007.11	
		冯加强	2007.11～	
	副大队长	孙　海	2004.04～2005.08	
		冯加强	2006.02～2007.11	
		马　兴	2006.06～2015.08	
		董保国	2007.03～2014.12	
		李　政(主持工作)	2015.02～	
		马德康	2015.02～	
		周　昕	2015.02～	
环卫局	局长	孟庆进	2012.10～2014.09	
		赵宗新	2014.12～	
	副局长	孟庆进	2012.02～2012.10	
		刘　霞	2013.03～	
		徐　伟	2011.12～	
		王　兵	2013.03～	
园林局	局　长	魏学锋	2014.09～	
	副局长	郑成庆	2012.02～	
		窦爱国	2013.02～	
		王卫平	2013.03～2015.06	
		栾曰华	2015.06～	
	千乘湖生态文化园管理处主任	孙拥军	2013.02～	
	芦湖公园管理处主任	孙　慧	2013.02～	

续表 14—2

机　构	职　务	姓　名	任职时间	备　注
市政管理处	主　任	王卫平	2015.06～	
	副主任	栾曰华	2006.10～2015.06	
		尹俊峰	2015.02～	
		翟国庆	2015.02～	
		王福娥	2015.08～	
城乡环境综合整治办公室	主　任	王　兵	2011.12～2015.06	
		张　超	2015.06～	
	副主任	刘永光	2012.04～2013.02	
		樊　晴	2013.02～2014.11	
		张　超	2014.11～2015.06	

第五节　组织领导

一、党组成员及领导分工

表 14—3

姓　名	职　务	任职时间	分　工
孙旭光	党组书记、局长	2013.12～	主持城管执法局全面工作，分管财务审计科。
周克建	党组副书记、副局长	2013.07～2015.07	负责“联勤联动”工作机制建立与落实，协助孙旭光负责队伍建设。
	副局长(挂职)	2015.07～	
赵宗新	党组成员、环卫局局长	2014.12～	主持环卫局全面工作。
魏学锋	党组成员、副局长、园林局局长	2014.08～	主持园林局全面工作，协助孙旭光分管财务审计科。
孙　海	党组成员、副局长	2005.08～	分管综治办、办公室、监察科。
刘　霞	党组成员、环卫局副局长	2009.03～	分管政工科，协助赵宗新分管环卫局工作。
孙　勇	党组成员、副局长	2014.12～	分管县“智慧高青”指挥中心、国土联合执法办公室、交通联合执法办公室。
臧奎民	党组成员、副局长	2013.08～2015.07	分管市政管理处、质检科。
	副局长(挂职)	2015.07～	
邵　峰	党组成员、副局长	2013.08～2015.07	分管城市管理行政执法大队、城镇管理行政执法大队、法制科。
	副局长(挂职)	2015.07～	

二、局领导班子成员任职时间

1. 局长

孙光远　2005.07～2010.03

王建永　2010.03～2011.07

刘国华　2011.07～2013.12

孙旭光　2013.12～

2. 党组副书记

孟庆进　2012.02～2014.08

周克建　2013.07～2015.06

3. 副局长

蔡杰年　2005.07～2009.03

谷可勇　2006.10～2013.03

孟庆进　2012.02～2014.08

周克建　2012.11～2015.07

赵宗新　2013.02～2014.12

魏学锋　2014.08～

孙　海　2005.08～

孙　勇　2014.12～

臧奎民　2013.08～2015.07

邵　峰　2013.08～2015.07

4. 党组成员

刘　霞　2009.03～

5. 挂职副局长

周克建　2015.07～

臧奎民　2015.07～

邵　峰　2015.07～

三、党总支、党支部

2012 年 5 月 20 日～2013 年 3 月 9 日，谷可勇任党支部书记，刘霞、马兴任支部委员。

2013 年 3 月 10 日～2015 年 7 月 27 日，刘霞任党支部书记，马兴、张超任支部委员。

2015 年 7 月 28 日，中共高青县城市管理和行政执法局召开党员大会，选举产生新一届党总支委员会，孙旭光、孟庆进、刘霞、马兴、张超、徐伟、郑成庆当选为新一届党总支委员。选举产生的党总支举行了委员会第一次会议，孙旭光当选为党总支书记，刘霞当选为党总支副书记。

2015 年 8 月 5 日至 6 日，县城管执法局党总支组织各党支部召开党员大会，选举产生各党支部书记、委员。下设四个支部：

机关支部：方谅庆当选为机关党支部书记，殷雷为纪检委员，郭凯为组织委员。

环卫支部：徐伟当选为环卫党支部书记，艾长胜为纪检委员，芦传辉为组织委员。

园林支部：郑成庆当选为园林党支部书记，孙拥军为纪检委员，孙慧为组织委员，窦立柱为宣传委员。

执法大队支部：马兴当选为执法大队党支部书记，马海港为组织委员，王永强为宣传委员。

第六节　群团组织建设

一、工会

2015 年 3 月，高青县城市管理和行政执法局成立由刘霞、方谅庆、焦成涛 3 人为成员的工会筹备组，刘霞任筹备组组长。同月 30 日，高青县总工会正式批准高青县城市管理和行政执法局工会委员会成立，下设机关科室、执法大队、环卫局、园林局、“智慧高青”智慧中心 5 个工会小组，焦成涛负责工会具体工作。

二、共青团

宋海涛，2008 年 3 月至 2010 年 1 月任团支部书记。

石　磊，2010 年 1 月至 2013 年 5 月任团支部书记。

第七节　机关管理工作

一、机关文明工作规范

（一）办公室来人来话文明用语

1. 基本用语：“好”字开头，“请”字优先，“谢谢”和“再见”结尾。常用语：你好、麻烦您、对不起、请稍等、请进、请坐、请问、请转告、再见、谢谢等。

2. 接待用语：

(1)请进、请坐、请喝水。

(2)请问您找哪位？对不起，×××同志不在，需要我帮忙吗(或转告吗)？

(3)请讲，有什么事？(您好，有事吗?)

(4)对不起，我没听清楚您的话，请再讲一遍。

(5)对不起，你的事情只能按××政策(规定)办理。

(6)对不起，您还缺××、××资料(手续)，请您补齐后再来办理(要指出哪些手续不全)。

(7)您还有什么不清楚的问题，请讲！

(8)对不起，您的这个问题我们需要向领导汇报(或我们商量一下)，稍后给您好答复好吗？

(9)别着急，我来帮您联系(或我马上帮您办理)

(10)您好，请稍等。

(11)请您到××科询问(办理)。

(12)请您先看一下政策(规定)好吗？不明白的我来解释。

(13)请您根据要求先填好表。

(14)需要我帮您填吗？

(15)这里填错了，请重新填一份。

(16)请不要着急，我尽快给您办。

(17)对不起，让您久等了。

(18)请慢走，再见！

3. 电话文明用语：

(1)来电找人的：您好！这里是×××单位。请稍等，我帮您找他。×××在×××科，请你拨打××××××××电话号码。对不起，我们这里没有这个人，请您再核实。对不起，他已经调到×××(单位)，请您拨打××××××××(电话号码)找他。

(2)来电咨询的：对不起，请您稍等，稍后即给您答复。对不起，请您留下姓名和电话号码，待我问明后给您回复。对不起，这事由×××(单位)答复，请他们解释好吗？

4. 会议或其他事务通知可根据需要使用的用语：

(1)您好，我是××(单位、部门)××科×××。

(2)有个会议通知(或有件事)麻烦您记一下。

(3)请问有否不明之处需要我复述。

(4)请问您贵姓，……谢谢！

5. 找某人或转告某事可根据需要使用的用语：

(1)请帮忙找一下×××同志接电话。

(2)有件事请您帮助转告×××同志，(说清事情)谢谢。

(二)城市管理和行政执法职业道德准则

1. 刻苦学习，钻研业务，联系实际，提高技能；

2. 服从命令，听从指挥，尊重领导，令行禁止；

3. 举止端正，礼貌待人，着装整齐，风纪严整；

4. 严格执法，热情服务，内强素质，外树形象；

5. 忠于职守，爱岗敬业，廉洁自律，无私奉献；

6. 团结同志，维护集体，听取意见，接受监督；

7. 保守机密，遵守纪律，维护公德，爱护财务。

(三)城市管理和行政执法局文明公约

爱党爱国守法，明理诚实守信；

牢记服务宗旨，恪守职业道德；

敬业奉献爱岗，廉洁勤政务实；

客观秉公办事，依法行政为民；

公开办事程序，自觉接受监督；

注重政治修养，精通本职业务；

保守国家机密，抵制歪风邪气；

文明礼貌待人，热情诚恳周到；

遵守制度规章，爱护公共环境；

团结理解尊重，勤俭自强创新；

举止品行端正，树好公仆形象。

二、学习制度

(一)党组成员学习制度

1. 党组成员坚持自学和集中学习相结合。学习的主要内容包括党的路线、方针和政策；马列主义、毛泽东思想、邓小平理论、“三个代表”重要思想、科学发展观及党的十八届三、四中全会精神；上级党组织的指示、决定和会议精神；有关法律、法规和规章等。

2. 党组每半年制定一次学习计划，组织和指导党组成员进行学习，并督促和指导各党支部的党员学习。

3.党组成员集体学习每周不少于半天，由书记或书记委托的其他党组成员召集和主持。党组成员因故不能参加的，要向主持人请假。

4.在学习中，党组成员要做好学习笔记。集体学习时，由局办公室负责记录学习、交流的内容及党组成员的出勤情况。

(二)干部职工学习培训制度

1.学习培训分为理论学习和执法业务培训两个方面。

2.理论学习内容包括：

(1)党和国家的路线、方针、政策；

(2)国家有关城市管理和行政执法的法律、法规、规章及有关政策规定；

(3)国家、省、市、县等上级有关部门的重要会议及文件精神；

(4)本局制定的内部规章制度和有关文件。

3.理论学习实行集体学习与个人自学相结合。集体学习由局办公室会同法制科组织安排，每月一次(时间为每月月底)；个人自学以各事业单位、科室为单位组织进行，每周一次(时间为每周五下午)。理论学习要做好个人学习笔记，学习时间每人每周不得少于半天。

4.所有执法人员业务培训每年组织两次。

(1)培训形式：分为领导干部培训、业务骨干培训、行政执法队员培训及新考(调)入人员培训。

(2)培训时间和参加人员，根据工作实际，由法制科研究确定。

(3)培训内容：包括法律基础理论知识、相关法律法规、执法业务知识、城市管理综合执法制度等。

5.新颁布的有关城市管理法律、法规、规章和新增加的城市管理相对集中行政处罚权内容所涉及的法律、法规和规章要及时组织培训。

6.新考(调)入的行政执法人员，必须经培训考试合格，并取得山东省行政执法证件后，方可上岗执法。

三、会议制度

(一)局党组会

1.党组会议由局全体党组成员、办公室主任参加，办公室主任负责做好会议记录。

2.党组会议根据工作需要不定期召开。会议由党组书记召集并主持，党组成员须按时出席党组会议，因故不能出席，要事先请假。

3.会议的主要内容：

(1)贯彻执行党的路线方针政策和县委、县政府的重大决策、重要工作部署和重要会议精神，结合本局实际情况研究制定具体的工作部署和贯彻意见。

(2)讨论研究党的建设、精神文明建设、机关自身建设和发展计划等重大事项。

(3)研究决定内部机构设置、变动，人员调动或职务任免，向上级推荐提拔干部人选。

(4)研究决定工作人员的奖惩。

(5)研究处理突发性重大事项。

(6)研究决定由党组会议决定的其他事项。

4.党组会议形成决定(决议)，实行少数服从多数的原则，如对重大问题有不同意见，除在紧急情况下，必须按多数人的意见执行外，一般应当暂缓作出决定，待进一步作调查研究、交换

执法局职工加强业务学习 (2014年 摄)

意见后，提交下一次党组会讨论表决。

党组形成的决议，党组成员个人无权改变，必须无条件执行，少数人的不同意见允许保留。在讨论决定重大问题时党组成员因故缺席，由书记或委托有关人员事先征求意见，会后通报情况。

5.每次党组会议要完整准确地做好记录，并整理出会议纪要。关于暂不宜公开的事项，未经批准公开时，党组成员及列席会议人员不得以任何形式向外泄露。

（二）局长办公联席会

1.局长办公联席会议由局长决定并主持召开，一般一周一次，召开时间为每周一8:30，特殊情况可随时召集。

2.局长办公联席会议一般由党组成员参加，并可根据会议议题确定其他列席人员参加。

3.会议的主要内容：

（1）听取各分管领导的上周工作汇报和本周工作打算；研究确定本周工作计划要点。

（2）传达贯彻上级有关文件及领导指示精神。

（3）研究落实上级领导交办的重要事项，讨论研究重要工作、重大事项的部署实施。

4.局办公联席会议由局办公室负责记录，会议议定的重要事项，由各分管领导向各事业单位、科室做出传达、部署，贯彻落实情况应及时向局主要负责人汇报。

（三）局党务工作会议

1.支部委员会议。由支部书次，如工作需要可随时召开。主要内容是：学习上级党组织的有关文件和研究贯彻落实的具体措施；讨论加强支部自身建设问题，对需要提交支部党员大会讨论决定的问题提出初步意见；讨论决定职责范围内的其他重要问题。召开支部委员会议，要有明确的议题，充分发扬民主，做到议而有决。支部委员会议决定事项时，到会委员必须超过委员半数，作出的决定方能有效。

2.支部党员大会。由支部书记主持，每季度一次，特殊情况可临时决定召开。主要任务是：学习贯彻党的路线、方针、政策，传达上级党组织的有关文件和指示；总结报告支部工作，征求党员意见；讨论加强党的自身建设的有关问题等。开会前，要把会议的内容、开会的时间、地点通知全体党员，让党员充分酝酿，做好准备。开会时，议题要明确，充分发扬民主，做到有议有决。决议问题时，必须有支部半数以上有表决权的党员出席，并经支部半数以上有表决权的党员同意，决议方为有效。

四、廉洁勤政制度

为进一步加强城管执法队伍的廉政建设，使全局工作人员做到自重、自省、自警、自励，廉洁勤政，忠于职守，根据上级有关规定，制定本制度。

1.严格贯彻执行中央“八项规定”及省、市、县等有关改进工作作风密切联系群众规定的意见、规定，遵守工作纪律，强化廉政意识，确保工作廉洁高效。

2.严格遵守廉政守则，加强领导干部职工党风党纪和廉政教育，强化党风廉政法规学习，努力做到廉洁勤政。

3.严格执行国家财政和预算外资金管理规定，不得拖欠、截留、坐支、挪用、私分行政、事业性收费和罚没收入，严格实行收支两条线管理。

4.不得滥发奖金、补贴、津贴、购物券和实物等，不得借召开各种会议及纪念、庆祝等活动的名

开展道德大讲堂活动（2014年 摄）

义发放纪念品或礼物。

5.自觉抵制拜金主义、享乐主义和极端个人主义等非马克思主义思想的侵蚀，树立勤俭节约、艰苦朴素的工作、生活作风。

6.严禁到经营性娱乐活动场所从事与正常接待工作无关的活动。严禁借工作之机向服务管理对象吃、拿、卡、要、报。

7.树立鲜明的干事创业用人导向，严格按照规定选拔任用、培养推荐干部，防止和纠正用人上的不正之风。

8.加强对所承办工程的审计、监督，强化工程建设领域的预防犯罪工作。

9.全局干部职工要互相监督，敢于举报，切实维护本制度的严肃性。违反规定者，一经发现将按有关规定严肃处理；情节严重者，采取组织措施处理。

五、工作纪律

1.认真学习国家法律法规和内部管理制度，坚持依法办事，按制度办事，做到大事讲原则，小事讲风格。

2.严格按各项工作制度开展工作。工作汇报要逐级反映；在工作与他人业务有关时，要及时加强联系协调，不得擅做主张，造成不良后果的，责任自负。

3.执行民主集中制原则。局领导班子在重大问题决策上，要充分酝酿、讨论、研究，集体作出决定，提高决策的科学性和可行性。

4.严格落实执行局领导班子会议作出的各项决定，做到令行禁止。

5.工作人员在工作时间要坚守岗位，上班期间不得做与工作无关的事情，不准串岗、闲聊，不准浏览购物网站、网上聊天、玩游戏、炒股等。

6.工作日工作人员外出办事，要向科室负责人说明去向及事由，并经科室负责人同意。各科室负责人外出办事，需向分管领导说明去向及事由，如分管领导不在应向局办公室打招呼。局领导班子成员外出应向局主要负责人请假。

7.所有配发制式服装的工作人员，工作期间要按着装规定配套穿着。

8.工作人员要爱护公物，对自己使用的办公用品妥善保管，保管不当造成损坏的，由责任人照价赔偿。

9.工作人员要讲团结、顾大局，不利于团结的话不说，不利于团结的事不做，形成团结协作、真诚友爱的良好工作氛围。

10.落实“五个严禁”。严禁工作日中午饮酒；严禁粗暴执法；严禁着标志服进入营业性酒店饮酒或娱乐场所活动；严禁利用工作之便吃、拿、卡、要；严禁参与赌博、打架斗殴等活动。违者予以纪律处分，造成后果的，予以组织处理。

六、人事管理

为了规范县城管执法局人事管理工作，保障全体工作人员的合法权益，建设高素质工作队伍，促进公共服务发展，县城管执法局坚持党管干部、党管人才原则，全面准确贯彻民主、公开、竞争、择优方针，加强人事管理工作，为工作顺利开展提供坚实的队伍保障。主要开展了以下工作：

1.制定和完善内部人事管理制度。根据国家、省、市有关人事管理条例，结合城管执法局机构设置、人员编制等情况，制定和完善执法局人事管理规定，严格按规定开展招聘、竞聘、考核、培训、奖励与处分、工资福利与社会保险等工作。严格按照国家有关规定进行交流工作，做好人事争议处理工作。

2.优化机构设置，提高工作效能。2015年4月，县政府批准《高青县城市管理和行政执法局主要职责内设机构和人员编制规定》，对高青县城市管理和行政执法局职责调整、主要职责、内设机构及职能、人员编制等事项作了规定，进一步优化县城管执法局机构、岗位及职能设置，提高了工作效能。

3.管理与服务并重，做好劳动关系对接工作。根据国家有关人事管理条例及内部管理规定，对招聘、录用、新调入干部职工做好劳动关系对接。

七、财务管理

为进一步加强财务管理，强化内部监督，维护财经纪律，管好用好资金，使有限的资金发挥更好的效益，依据《中华人民共和国会计法》及相关法律法规，结合局工作实际，制定本制度。

1.资金管理。资金管理遵循统收统支、专款专用、勤俭节约、合理开支的原则,各有关事业单位、科室的各项专款及收入,统一使用财政印制的发票和收据,统一存入局财务账户进行管理,不得设置账外账。

2.项目资金管理。批准立项的规划编制经费、财政拨入的项目资金及争取的专项资金等,根据资金到位和项目进度情况,由经办单位和科室提出意见,分管领导审查、局主要负责人签字后交财务科办理资金集中支付和拨款手续。

3.资金申报程序。严格实行资金申报制度,各单位根据各自的职责范围和业务需要提前申报用款计划,并说明资金的用途和理由,财务科结合财政预算情况合理安排资金。各单位每半月申报一次,财务科根据各单位的申请提出审核意见,分管领导同意后交局主要负责人审批。如遇特殊情况可及时提出报局主要负责人审批。

4.申报内容。局办公室负责申报局机关办公用品的购置,报刊征订、会议及公务接待费、车辆燃修审验、考察培训、政治学习及与业务相关的资料等;财务科及其他业务科室负责申报与本科室业务相关的费用。

5.报销程序。财务报销实行一支笔签字。局机关每月报销一次,业务经办人必须持有财税部门印制的正式发票或收据,签字后交由各科室负责人汇总填报,经财务科长审查、分管领导签字同意后,报局主要负责人签字报销,手续不全不得报销。

6.借款审批。因业务工作需要临时借款,经局主要负责人签字同意后到财务科办理借款手续。原则上不得私人借款,确因特殊情况或家庭困难需临时借款的,经分管领导同意、局主要负责人批准后方可借款。所有借款必须在业务结束后一周内到财务科办理结算和还款手续,对恶意拖欠不还者将追究相关人员责任。

7.合同管理。对外签订有关经济方面的合同,应吸纳财务人员参加,具体负责合同的结算形式、价款计算及财务职责范围内的其他内容,并在合同签订后交财务科一份存档备案。

8.固定资产审批及管理。固定资产按工作需要购买,由各事业单位、科室提出意见、分管领导签字同意后,报经局主要负责人批准,由局办公室统一按规定购置。

八、公文处理制度

(一)公文处理遵照国务院颁布的《国家行政机关公文处理办法》和省人民政府办公厅发布的《国家机关公文处理细则》执行,做到准确、及时、保密、安全。

(二)公文由办公室专人签收、登记和分发,下列公文必须进行登记;

1.中共中央、全国人大、国务院、中央军委、全国政协、中央纪委及其办公厅;省委、省政府及其办公厅的文件;

2.国家住建部、省住建厅,以及与其它部门联合下发的文件;

3.市、县党委、政府、人大、政协、纪委及其办公室和其组成部门、职能部门的文件;

4.群团组织的公文;

5.下级机关的请示、报告;

6.重要的函件、抄件和参阅件;

7.涉密公文;

8.与城市管理执法工作密切相关的文件。

(三)公文要及时分发,并按拟办意见和领导批示意见迅速传递。公文运转要做到以下几点:

1.凡属专业科室承办的期限性文件、报表直接送达;

2.公文传到阅文人手中停留时间原则上不得超过二天,看完签字及时退回;

3.领导指示交办的事,由办公室和有关职能科室负责督办和催办,承办人要签署办理意见,并按指定的期限回报办理结果和未尽事项。办公室主任每月检查、登记、汇总一次。

(四)公文制发按以下程序:

1.草拟。以局名义制发的公文,按业务归口由各科室负责拟稿。公文草拟后打印出清样并填写发文稿纸。

2.文稿审核。文稿审核由业务科室负责人和办公室主任双层把关。涉及法律层面的,另送法制科宣教科把关。

3.呈领导签发:审核后的公文原则上由局长(党组书记)签发。局长(党组书记)外出时由临时主持工作的副局长签发，或由受局长委托的副局长签发。领导签发文件只能用黑色或兰黑色钢笔水书写，签发人姓名和时间要用全称。

4. 公文制作。公文签发后原则上在一个工作日内制作完成。未经以上程序的公文不得制作。

5. 盖章封发：有下列情况之一的不予盖章封发：

（1）公文手续不全或没有按审批程序办理的公文；

（2）公文模糊不清或正式公文与底稿不一致；

（3）公文格式不规范；

（4）用圆珠笔、铅笔、彩色笔书写；

（5）缺少公文底稿的；

（6）为了公文的安全、保密、规范，在外面打字的。

6. 公文分发：局机关发文要严格按工作需要发到有关单位，既要防止过多、过滥，又要防止漏发、少发。局机关制发的公文应送局领导每人一份。密级文件分发按保密制度执行。

7. 立卷归档：

（1）局发文件原则上都要留 2 份与签发稿一并归档；

（2）对于无保存价值的一般性公文，年终按要求销毁。

九、印鉴管理制度

（一）局党组、局行政、局办公室印鉴由办公室主任保管。

（二）非公文用印实行用印登记审批制度。

使用局党组、行政印鉴按以下规定办理：

1. 经局党组、行政集体研究决定的事，可以直接盖章；

2. 使用局党组印鉴需经党组书记批准；

3. 使用局行政印鉴需经局领导批准；

4. 不准在空白纸上、介绍信上盖章，特殊情况非盖不可的，须按上述权限批准后盖章；

5. 印鉴必须做到“六不盖”，即没签批的不盖，可疑的不盖，不规范的不盖，不整洁的不盖，违反政策的不盖，担保经营性的不盖；

6. 印鉴保管人应妥善保管印鉴，严禁未经批准擅自用印。

（四）单位法人代表印鉴由财务科保管。

（五）局属各单位、科室的印鉴由各科室指定专人保管。

十、考勤及请销假制度

为切实加强机关效能建设，增强工作人员组织纪律观念，改进机关工作作风，提高工作效率，强化考勤管理，制定本制度。

1. 局全体工作人员考勤实行上（下）班签到（退）和科室日常考勤、监察科抽查相结合制度。

2. 工作人员每天上班前及下班后分 4 次分别到指定地点考勤机签到（退）。根据工作需要，可分类设定签到时间。若遇特殊情况不能签到的，需经分管领导同意后，报监察科登记。

3. 局机关工作人员的日常考勤由办公室负责，其他各单位工作人员的日常考勤由各单位安排专人负责，每月 3 日前将上月签到情况及日常考勤情况进行汇总，报分管领导签字后报监察科备档。

4. 对各单位、科室工作人员上下班情况，局领导、监察科将不定期抽查，抽查情况作为考勤的依据。

5. 工作人员因公外出实行登记制度，各单位、科室人员分别到指定地点填写登记薄，作好记录报监察科备档。

6. 工作人员应准时上下班，上班晚到 15 分钟以内为迟到，提前 15 分钟内下班为早退，超过规定时间视为缺勤。每月累计迟到早退 3 次者，扣除考勤一天，并给予通报批评。

7. 工作人员工作时间因私事需脱离工作岗位的，应按规定申请事假，填写书面请假申请并经批准后方可离岗。特殊情况不能事前书面申请的，经电话申请批准后，上班第一天及时补办手续。因故需要延长假期的，应该提前补办续假手续，情况特殊的应事前说明原因，事后办理补假手续。

8. 工作人员因病必须治疗休养的，需持县级及县级以上医院（急诊除外）开具的病假病历证明，经领导批准后方可休息。

9. 局党组成员请假由局主要负责人批准。其他副科级以上领导干部及机关科室主要负责人请假一天以内（含一天）的，由分管领导批准；请假一天以上的，需经局分管领导同意并签字后，报局主要负责人批准。

工作人员请假一天以内（含一天）的，由各单位、科室负责人同意，报局分管领导批准；申请事假一天以上的，需经局分管领导同意并签字后，报局主要负责人批准。

10.工作人员请假前均需填写《请假条》，报审批人签字批准后，一份交回监察科备档，一份留存所在科室作为科室考勤依据。

11.工作人员婚、丧、产假按国家法定标准执行，视为出勤。

12.工作人员请假到期上班后，应及时向准假人和监察科销假。

13.本制度如与上级出台的有关规定抵触时，按上级规定执行。

十一、公务接待管理制度

为进一步规范本局公务接待管理，厉行勤俭节约，反对铺张浪费，根据《党政机关厉行节约反对浪费条例》《机关事务管理条例》和《山东省党政机关国内公务接待管理办法》，结合本单位实际，制定本制度。

1.局办公室统一负责日常公务接待工作。上级及有关单位公务来人需要接待时，由办公室根据来客情况，向局主要负责人请示后统一安排。其他科室和个人不得擅自安排，凡未经批准私自安排者，一切费用自负。

2.所有接待（含工作餐）一律实行定点就餐。负责接待的人员事前到办公室提出就餐申请，局办公室根据情况请示局主要负责人同意后，安排到指定就餐地点就餐。

3.就餐标准由局办公室根据来客情况，参照有关规定标准确定。接待对象在10人以内的，陪餐人数不得超过3人；超过10人的，不得超过接待对象人数的三分之一。就餐应当注意节俭，供应家常菜，不得提供高档菜肴和用野生保护动物制作的菜肴，不得提供香烟和高档酒水，不得使用私人会所、高消费餐饮场所。公务接待副桌，以及一般工作人员就餐标准每人每餐不高于30元。

4.就餐结束后，由办公室陪同人员或负责接待人员在结算单据上签字，否则不予报销。

5.公务接待报销实行对口结算，除局属综合性事务接待外，各事业单位、科室因公消费账单及票据，经办人签字后，经财务科审查、分管领导签字同意，报局主要负责人同意后报销。

6.其他业务往来接待另行处理，具体由办公室拟定方案报局主要负责人同意后办理。

十二、公务用车及驾驶员管理制度

（一）车辆使用管理

1.公务车辆分为工作车辆和环卫、园林、执法、市政等其他专用车辆。工作车辆由局办公室负责日常管理，其他专用车辆分别由各事业单位、科室派专人负责管理，并实行专人定车驾驶。

2.局办公室加强对工作用车的管理、调度，保证局领导及机关科室工作用车。各事业单位、科室要指定专人负责对所属部门车辆的管理，各事业单位、科室具体负责使用。各科室（中队）负责人是第一责任人，负责车辆使用、维护及日常管理工作。因工作需要并请示局领导同意，各事业单位、科室车辆服从局办公室统一调度。县外出发须提前报办公室登记，经局主要负责人批准后方可出车，驾驶员不得私自出车。

3.工作日下班后和节假日，非执行任务的车辆一律停放到指定地点，未经批准一律不得擅自出车。

4.严禁公车私用、公车私驾，严禁领导干部驾驶公车。

（二）车辆用油管理

1.局办公室负责公务用车燃油的购买和管理，定点加油，根据车辆行驶里程和燃油消耗定期进行审核，每月上报局主要负责人一次。

2.局办公室建立车辆管理台账，载明车辆的行驶里程、耗油及审验等情况，存档备案。

（三）车辆维修管理

1.驾驶员要定期对所驾驶车辆进行保养，确保车辆整齐、车况良好。出车前后，应对所驾驶车辆进行检查，发现问题及时汇报，以确保行车安全。

2.车辆需要维修时,由驾驶员到局办公室填写车辆维修报告单,经部门车辆负责人员初审、分管领导同意后,到指定维修点维修。

3.车辆维修时,若发现维修项目以外的故障,必须事先请示同意后方可维修。

4.因个人人为原因造成车辆损坏的,由驾驶员自行维修,费用自理。

(四)驾驶员管理

1.驾驶员出车前必须带齐有关证照,按交通管理的有关规定安全行车、文明驾驶,严禁酒后驾驶。

2.驾驶员要加强责任心,爱护车辆,及时进行维护、保养,保持车容整洁、良好,停放时应整齐有序、朝向一致。

3.因违章行车被扣证、罚款以及造成交通事故的,由驾驶员承担全部法律责任。

4.未按指定地点存放,发生被盗或损坏的,损失费用由驾驶员全部承担,相关科室(中队)负责人承担连带责任。

十三、计划生育

县城管执法局始终坚持把计划生育作为一项重要工作来抓,全面贯彻落实中央有关决定和《山东省人口与计划生育条例》及《淄博市单位人口和计划生育工作责任规定》,计划生育率、独生子女领证率均达到100%。主要开展以下工作:

1.广泛宣传教育,强化计生意识,营造计生良好氛围。一是以转变干部职工观念为出发点,不断增强宣传教育工作的渗透力。二是向育龄妇女、新婚妇女以及党员干部等宣传国家计划生育政策、妇幼保健知识等,让他们了解国家的政策,计划生育的好处,努力使育龄妇女少生、优生。三是积极参加上级组织的计划生育和流动人口培训,增强自身的业务能力,提高自己的工作水平。

2.加强组织领导,落实工作目标。每年年初制定本年度计划生育考核目标责任制,把计划生育工作的范围和工作任务分解给下属各单位,每年各分管领导分别与育龄妇女签订《计划生育目标管理责任书》,做到一级抓一级,层层抓落实。

3.全面做好计划生育日常工作。一是根据社区计生办要求,建立计生台账,按时报送《计生情况月报表》、育龄妇女信息变更等有关报表,按时组织育龄妇女每年查体两次,使街道计生办能够及时掌握县城管执法局计生动态。二是积极参加社区组织的计生工作会议,做好育龄妇女各项随访服务。

十四、档案管理

1.档案管理人员认真学习档案法,执行党和国家的方针、政策,热爱档案事业,刻苦钻研业务,努力提高政治思想、科学文化和档案管理水平,以保证工作任务的顺利完成。

2.做好具有保存价值的文件材料和载体档案(文书、声像、科技或专业档案等)的归档工作,由档案室整理立卷,按照一定的要求进行分类、加工整理和保管。

3.加强档案库房的技术管理。贯彻“预防为主、防治结合”的方针,做到防盗、防火、防虫、防鼠、防潮、防尘、防高温、防阳光直射的“八防”设施,以维护档案的完整与安全。

4.定期检查档案保管情况。对破损或变质的档案及时修补、复制或做其他技术处理,最大限度地延长档案资料的寿命。

5.对档案资料进行鉴定。确无保存价值的档案资料,编制销毁目录,报请主管领导批准后予以销毁。

6.对所藏档案认真登记,对接收、移交、保管、利用等情况进行准确统计,建立全宗卷。

7.档案管理人员严格遵守档案法和保密法有关规定,确保档案的机密和安全。

十五、保密工作制度

(一)经常进行保密教育,增强保密观念,提高保密自觉性。

(二)严格文电传递、移交、销毁工作的管理。

1.本局起草密级文电要准确定密,确定发送范围。

2.密级文件和秘密刊物,由专人负责收拆、登记、传递、保管、立卷、归档。

3.机密、绝密级文件(含外单位呈请局领导圈阅的)由办公室工作人员专呈领导圈阅并负责收回,严禁复印。

4.发出密件一律密封,并标明密级。机密级以上的文件的发出要履行签收手续。

5.密件要一月一清理,定期归档,按期收退,近期销毁。

6.文件管理人员因工作变动,必须清理文件,开具文件目录,办妥交接手续,并要交接负责人和双方科室负责人签字。

(三)不该说的不说,不该听的不听,不该看的不看,不该记的不记。

(四)不准用公用电话、明码电报、普通邮局办理机密文件;不准携带机密文件入公共场所;不准带机要文件回家。

(五)提高计算机及网络信息的安全保密意识,加强计算机病毒防治工作,禁止"一机两用",严禁在互联网上传递和打印保密资料,局办公室打印室计算机禁止上互联网。

(六)借阅文件必须严格履行登记手续,并限2天内归还。

(七)外单位查阅文件,须持县处级以上单位介绍信并经分管领导审批后,到办公室办理。

第八节　包村工作

2007年2月,高青县城市管理行政执法局印发《关于开展"部门包村、支部联带、干部结亲"活动的实施意见》,按照实施意见,党员领导干部带头,深入所包村,采取"一帮一""多帮一"等形式,积极帮助老党员、困难党员、贫困户等弱势群体解决实际困难,走出机关、深入基层,贴近农村,服务农民,帮助群众解决实际困难。

2009年,高青县城市管理行政执法局帮建木李镇杨坊管区,围绕以增加农民收入为中心,结合杨坊管区实际情况,普及致富科技技术,协助管区加强文化建设,通过基础文化站、宣传栏为群众提供致富信息和科技,建设富裕文明和谐管区。

2011年4月,根据《中共高青县委关于选派机关干部担任村党支部"第一书记"的实施方案》,选派县城管执法局冯加强担任田镇街道马家村党支部"第一书记"。

6月,为认真贯彻落实县委、县政府关于开展"千名干部下基层"活动的精神以及开展"千百十"为民主题实践活动的要求,县城管执法局围绕"为民、利民、安民、富民"目标,制订《县执法局创新社会管理打造"民生城管"构建和谐社会大格局实施方案》,组织开展"行政执法干部下基层包村(居)"活动,实现"农村社会更加稳定、干群关系更加和谐、队伍形象更加改善、群众满意度更加提升"的目标。在活动中,县城管执法局以"排调矛盾纠纷、促进和谐稳定"为重点,扎实做好"五个一"工作,即开展一次法律宣传服务、进行一次社情民意调查、排查化解一批矛盾纠纷、建立一支群防群治队伍、办好一批民生实事。本次活动由局党组统一领导、统一部署、统一督查,成立由局党组书记、局长王建永任组长,局党组副书记、副局长谷可勇,党组成员、副局长孙海,党组成员、办公室主任刘霞为副组长的活动领导小组,领导小组下设办公室,刘霞兼任办公室主任。为保障活动顺利进行,县城管执法局制定了考核管理办法和工作要求,定期督查,确保取得实效。

7月,为进一步发挥县执法局全体党员干部帮

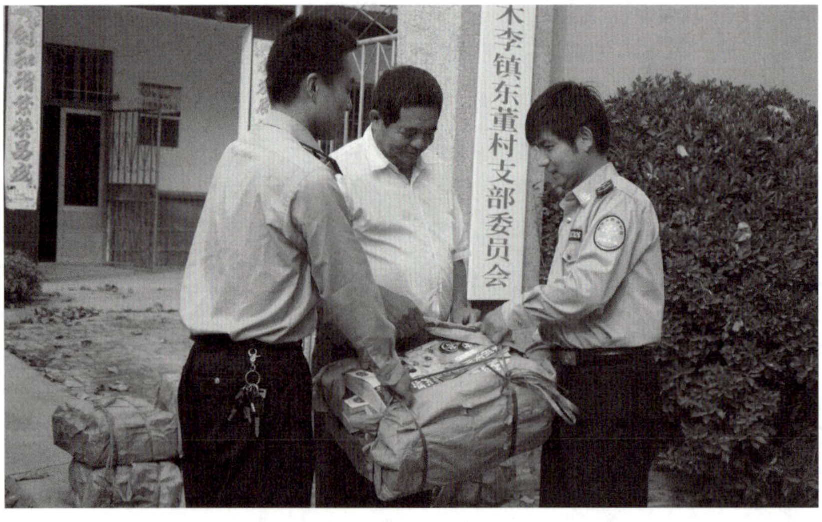

帮助挂包村建设"农村书屋"　(2014年　摄)

给挂包村建新办公场所　　　　　　（2014 年　摄）

带包建村村民致富增收的主动性和积极性，加快推进农业和农村经济发展，县城管执法局制定《关于深入推进创先争优活动实施党组织带富工程的实施方案》，紧密集合“千名干部下基层”活动，局 13 名干部职工挂包木李镇杜集管区 17 个村。没有挂包村任务的党员干部，结合自身实际，从县执法局挂包的 17 个村中选择重点帮带对象，执行重点帮富带富。为提高包建村干部群众科技致富知识，为农民致富打好基础，县执法局聘请农业专家为所包建的杜集管区 17 个村、村干部及管区人员举办“农村经济发展及农业科技致富培训班”，为群众提供技术培训服务和专门指导。

2012 年 6 月，高青县城市管理行政执法局制定马家村三年帮扶计划，成立以刘国华任组长、谷可勇任副组长、冯加强任组员的结对帮扶工作领导小组，突出抓好苗木产业、建生态家园、创文明新村三个重点，推动马家村经济、村容村貌进步发展。

9 月，县城管执法局开展“五个一”文化帮扶活动，为所包村木李镇东董村建立农家书屋，出资 7000 余元统一购置有关思想政治建设、农业科普知识、法律法规、卫生保健及各类工具书等 1700 余册，丰富了村民的精神文化生活。

2013 年 3 月，县城管执法局选派刘永光担任田镇街道西官庄村党支部“第一书记”。

4 月 8 日，县城管执法局局长刘国华、副局长孙海到所包村西官庄村实地调研。

5 月 9 日，县城管执法局各联户干部到西官庄村各贫困户进行座谈，研究扶持政策，制定帮扶方案。与西官庄村民结成帮扶对子 9 个，送去慰问物资折价 4000 元。

5 月 25 日，县城管执法局领导班子成员到所包村西官庄村研究办公场所和进村路的修建事宜。

5 月至 7 月，县城管执法局集中开展全局干部职工包村、扶贫联户工作，对 51 个贫困户进行走访慰问。

7 月 28 日、7 月 31 日、8 月 3 日，县城管执法局局长刘国华、副局长孙海先后三次到所包西官庄村查看洪涝灾害情况，帮助西官庄村排洪治涝。

是年，县城管执法局加大帮扶力度，一是协调县有关部门完善西官庄村电网、道路等基础设施，协调电力公司出资 70 余万元实施电网改造工程；协调田镇街道、县交通局出资 60 余万元铺设了进村路；协调县体育局提供一批健身器材，为村里修建健身娱乐场所；协调县文化局提供图书 1000 多

城管干部到挂包村清理卫生　　　　　　（2014 年　摄）

册，建立文化书屋。二是加大资金支持力度。出资 2 万元帮助村里修建办公场所；出资 0.85 万元购买办公桌椅；出资 1 万元安装路灯；出资 1 万元作为救灾专用款，修缮房屋 12 间，铺设排涝管道 80 米；出资 1000 元为全村所有农户购买社会治安家庭财产保险；出资 1.7 万元带领村两委成员及部分村民代表赴重庆丰都县学习肉牛养殖，新增奶牛 80 余头，可繁母牛 20 余头。

2014 年 1 月，根据县“双百工程指挥部”《关于在春节前开展走访慰问困难群众工作的通知》要求，县城管执法局干部职工共慰问走访困难户 51 个。

2015 年 5 月，根据高青县委组织部《关于印发“第一书记”工作制度的通知》，县城管执法局选派格庆军担任田镇街道西官庄村党支部“第一书记”。

是年，县城管执法局加强帮扶共建工作。一是以城乡环卫一体化工作为抓手，加强村容村貌建设。实施村庄清洁工程，对村居墙面进行 2 遍粉刷，粉刷面积 7200 立方米，沿路摆放垃圾箱 9 个，建立卫生保洁制度，设立卫生保洁员 1 名，动员村民 200 余人次，清理粪堆、垃圾堆及柴草堆 60 立方米。动用人工 20 个、洒水车 3 次，更换垃圾箱 8 个，对村容村貌进行整治。二是健全组织生活，加强村“两委”班子建设，制作党员学习、发展党员程序等各项规章制度的宣传牌匾，召开党员学习会议 3 次，不断提高党员的政治素质和理论政策水平。三是在挂包村开展广场舞比赛，丰富村民的业余生活。开展卫生防病知识宣传教育活动，引导村民养成人人讲卫生、处处讲卫生的好习惯，提高健康意识和卫生防病能力。

第九节 招商引资

2009 年 3 月，高青县城管执法局印发《关于分解 2009 年度招商引资任务指标的通知》，全局共分配任务 560 万元，争取指标 720 万元，对领导班子、各科室、执法大队各中队进行了任务分配。

2010 年 4 月，县城管执法局制定年度招商引资工作计划，实行领导挂包制度，专人联系负责，确保完成全年招商引资任务。

2011 年 8 月，高青县城管执法局引进外来投资项目落户高青台湾工业园。是年，谷可勇、刘霞、冯加强完成 2011 年度招商引资任务。

2012 年 11 月，高青县政府印发《高青县招商引资规定》，县城管执法局结合自身实际与分解任务，制订《高青县城市管理和行政执法局招商引资工作实施方案》，号召局属各科室、执法大队统一思想，提高认识，充分发挥各自优势，完成县委、县政府确定的招商引资任务。是年，谷可勇、刘霞、冯加强引进投资 1000 元的项目，该项目落户高青台湾工业园。

2013 年 3 月，根据高青县政府办公室印发的《关于开展招商引资促进月活动的通知》，县城管执法局调动全局广大干部职工的积极性、主动性和创造性，加大宣传力度，在全局形成“全员招商”的浓厚氛围。

2014 年下半年，县城管执法局协调淄博齐柴动力公司与县政府达成投资协议，项目投资 5000 万元，落户县经济开发区。

2015 年 4 月，县城管执法局与上海现代房地产实业有限公司就政策性商品住房合作（棚户区改造项目）进行意向洽谈。

2015 年 6 月 16 日，县城管执法局副局长孙海就环城河系挖土方及绿化工程与北京景天下园林绿化工程有限公司负责人韩鹏经理进行合作意向洽谈。

第十节 纪律作风建设

2005 年 10 月，县城市管理行政执法局印发《关于在全局开展全面加强党的纪律建设扎实改进工作作风的实施方案》，决定从 10 月开始至 12 月下旬，在全局集中开展严肃党的纪律，改进党的作风建设活动。

2006 年 3 月，县城市管理行政执法局印发《关于在全局开展争创人民群众满意的服务机关、服务岗位和争做人民群众满意的工作人员活动的意见》，开展争创“三满意”活动。

6 月，县城市管理行政执法局印发《高青县城市管理行政执法局2006年党风廉政建设和治理商业贿赂工作的实施意见》，在全局开展党风廉政建设和反腐败工作。

2007年3月，县城市管理行政执法局印发《关于在全局开展“解放思想、创新实干、加快发展、谋求突破”大讨论活动的实施方案》，利用3月至5月三个月的时间在全局开展大讨论活动，并安排领导挂包各科室开展活动。

9月，根据县委、县政府安排部署，县城管执法局印发《高青县城市管理行政执法局关于开展认真专业务实作风效能建设活动的实施方案》，着力解决思想状态、能力素质、行政效能和工作落实、领导班子凝聚力、廉洁勤政五个方面的问题，活动从9月上旬开始，12月底结束。

同月，县城市管理行政执法局以“树立行业新风、优化发展环境”为主题，开展民主评议政风行风活动。

2008年2月，县城管执法局印发《高青县城市管理行政执法局关于开展思想作风整顿活动的实施方案》，从2月14日起，利用两周时间，在全局开展思想作风整顿活动，召开动员大会，采取集体学习、交流研讨、自学等形式，每天上午、下午上班前1.5小时集中讨论学习，要求全体干部职工做好笔记，写出心得体会。2月26日～27日，召开全体干部职工大会，对这次思想作风整顿进行总结。

是年2月，县城市管理行政执法局印发《高青县城市管理行政执法局工作目标量化考核办法》，制定《高青县城市管理行政执法局工作目标量化考核实施细则》《高青县城市管理行政执法局行政执法过错责任追究制度》，对各科室、各中队、警察大队工作进行考评。为进一步规范执法队伍建设，树立良好执法形象，提高执法队伍整体素质，制定《高青县城市管理行政执法局执法大队目标责任制考核办法》，明确责任分工，细化考核标准，严格奖惩。

4月，县城市管理行政执法局印发《关于推进“法律进机关”集中推进年活动的实施方案》，组织全体干部职工认真学习城管执法方面的法律、法规和各项规章制度，进一步增强执法人员的法律意识，提高法制化管理水平与依法决策、依法行政、依法管理和服务社会的能力。

是年8月，县城市管理行政执法局印发《关于开展继续解放思想大讨论活动的实施方案》，活动从8月下旬开始至11月上旬，分学习讨论、查找问题、总结提高三个阶段展开。

10月，根据《中共高青县委关于开展深入学习实践科学发展观活动的实施意见》，县城管执法局印发《关于开展深入学习实践科学发展观活动的实施方案》，活动自2008年10月16日起至2009年2月底基本完成，着力解决转变思想观念、解决事关群众切身利益、领导干部责任心不强、党性党纪、服务经济和社会发展方面存在的问题。

2009年5月，为进一步加强党员领导干部党性党风党纪教育，改进作风，县城市管理行政执法局印发《高青县城市管理行政执法局关于开展“加强党性修养、弘扬优良作风”教育活动的实施方案》，5月至10月，开展集中学习、查摆问题、总结提高活动，通过此次活动，全局干部职工党性修养与工作作风得到进一步加强和改进。

执法局纪律作风整顿暨2015年重点工作动员会议召开　（2015年　摄）

6月，根据县纪委、县委组织部《关于召开2009年度基层党组织党员干部民主（组织）生活会的通知》的要求，县城市管理行政执法局6月22日召开党组民主生活会，针对存在的作风不扎实、学习不够、工作带头方面存在的问题，制定了带头学习、带头调查研究、带头抓工作落实、带头加强党性修养四个方面的整改措施。

县执法局党的群众路线教育实践活动动员会议召开　(2015年　摄)

2011年1月，县城市管理行政执法局印发《高青县城市管理行政执法局廉政风险防范管理实施方案》，活动从1月5日开始，12月20日结束，分动员部署、对照实施、检查验收三个阶段，通过活动的开展，进一步引导党员干部明确岗位职责，认清权力风险，强化廉政意识，从源头上防治腐败。

是年4月，出台《关于推进学习型机关党组织建设开展"日阅一文、月写一篇、季读一书、半年一讲"活动的实施意见》，推进学习型机关党组织建设。

是年9月16日，县城管执法局组织召开民主生活会及工作务虚会，党组、党支部成员，各科室、中队主要负责人参会。

2012年1月，县城管执法局印发《廉政风险防范管理实施方案》，在全局开展廉政风险防范活动，对局属各科室、执法大队各中队廉政风险点进行排查，据此确定风险等级，并制定相应防范措施。

5月，县城管执法局印发《高青县城市管理行政执法局2011年政风行风建设工作实施方案》，活动从5月底开始，12月下旬结束，分宣传动员、自查自评、集中整改、年度总结阶段，以"达一流执法水平、树一流执法形象，求一流执法效果"为目标，加强全局政风行风建设。

6月，为加强党内监督工作，县城管执法局制定《党内监督检查制度》《党组议事制度》《民主生活会制度》《党员干部述职述廉制度》《信访处理制度》《诫勉谈话制度》《党员领导干部廉政承诺制度》《个人重大事项报告制度》《领导干部任期》和《离任经济审计制度》10项制度。

8月，印发《2012年环境效能建设实施方案》，着力打造"为民、务实、清廉、高效"的城管形象，解决环境效能建设中存在的突出问题，发挥城市管理工作在推动经济发展方面的积极作用。

行政执法局职工在全县"三严三实"专题教育知识竞赛中获奖

9月，印发《关于在全局实行党务公开工作的实施方案》，实施方案分宣传发动、制定方案、实施、完善提高、自查迎检五个阶段开展。9月20日，党务公开领导小组召开党务公开制度落实情况会议，对党务公开活动工作落实进行总结。

10月9日，县城市管理行政执法局全体干部职工召开学习中共十七届六中全会精神会议，局长刘国华带领大家学习上级有关指示精神。

2013年1月30日，县城市

管理行政执法局领导班子召开会议，局长刘国华传达《关于贯彻落实习近平同志重要批示》文件精神，带领领导班子成员学习县委、县政府《关于开展厉行勤俭节约反对铺张浪费专项行动的实施意见》。

执法局举办庆建党90周年法律知识竞赛 （2011年 摄）

2月26日至3月26日，全局开展“作风纪律整顿月活动”，从思想作风、廉洁勤政、队容风纪、行为举止、文明执法、车辆管理五个方面进行整顿。

4月，印发《关于进一步落实中央“八项规定”改进工作作风的规定》，在全局开展落实中央“八项规定”活动。

5月4日，县城市管理行政执法局印发《关于在全局开展“严纪律、转作风、提效能、促发展”活动的实施意见》，从5月至10月开展活动。5月10日，县城市管理行政执法局全体干部职工召开“严纪律、转作风、提效能、促发展”学习活动会议，强调通过治庸提能力、治懒提效率、治散提干劲、治奢提正气，激发全局干部职工干事创业热情。同日，印发《全局党风廉政建设和反腐败工作实施方案》，着力加强党风廉政建设。

6月，印发《2013年民主评议政风行风工作实施方案》，从6月至10月，在全局开展民主评议政风行风工作，主要从转变作风、履行职责、反腐倡廉、求真务实四个方面进行评议，通过民主评议政风行风工作，人民群众对城管执法局行业作风的满意和基本满意率达到95%以上。

10月，县城市管理行政执法局印发《关于在全局开展“慵懒散”专项治理突出解决办事效率低下问题的实施方案》，重点治理贯彻不到位、行政不作为、行政乱作为、行政慢作为的问题。

同月，为落实《关于在全局开展“慵懒散”专项治理突出解决办事效率低下问题的实施方案》相关要求，县城市管理行政执法局印发《关于在全局开展学习教育培训周活动的实施方案》，10月28日至11月1日，利用一周时间，在全局范围内开展转变作风、提高素质主题教育培训活动。

12月25日，县城市管理行政执法局党组、党支部全体成员、副科以上领导干部召开民主生活会，从遵守党的政治纪律、为民务实清廉、反对“四风”三个方面进行对照检查。

“立足本职、创先争优、争做城管执法先锋”演讲比赛

2014年3月21日，县城市管理行政执法局印发《关于领导班子深入开展党的群众路线教育实践活动的实施方案》，决定在局领导班子中深入开展党的群众路线教育实践活动。

3月24日，县城市管理行政执法局印发《关于深入开展党的群众路线教育实践活动的实施意见》，活动时间为3月至9

月，分学习教育、听取意见，查摆问题、开展批评，整改落实、建章立制三个环节，着力解决“四风”、关系群众切身利益、联系服务群众的突出问题。

4 月 3 日，召开领导班子党的群众路线教育实践活动交流研讨会。

8 月 19 日，根据县委党的群众路线教育实践活动的总体安排，县执法局党组班子召开专题民主生活会，会议由执法局党组书记孙旭光主持。会上，孙旭光代表执法局领导班子进行对照检查，其他班子成员逐一提出意见。班子成员逐人进行对照检查，接受批评意见，作出表态发言，确保党的群众路线教育实践活动切实取得实效。

8 月 25 日，县城市管理行政执法局召开党支部党的群众路线教育实践活动，组织生活会及民主评议工作动员会议。

8 月 29 日，县城市管理行政执法局召开党支部党的群众路线教育实践活动组织生活会及党员大会。

2015 年 2 月，县城管执法局印发《关于集中开展作风纪律整顿月活动的实施方案》，2015 年 2 月 28 日至 3 月 31 日，从思想作风、廉洁勤政、工作作风、行为举止、文明执法、文明服务、车辆管理七个方面着手，按照认真学、仔细查、深刻摆、扎实改的方法开展专项作风纪律整顿活动，全局工作作风得到进一步改进。

4 月，全局开展从严治党主题学习教育活动，局属各单位、机关各科室根据从严治党主题学习教育活动的总体要求，紧密结合实际，研究制定学习计划，利用课余时间，采取以个人自学、集中学习培训为主的方式进行。全体党员干部按照规定，认真开展从严治党主题学习教育活动，做好自学笔记，切实做到入脑入心，学有所获，学有提高。县委组织部于 4 月底前分类分批次组织部分党员干部对应知应会知识进行集中测试。

5 月，根据《中共高青县委办公室印发〈关于在全县科级以上领导干部中开展“三严三实”专题教育实施方案〉的通知》要求，县城市管理行政执法局印发《关于在副科级以上领导干部中开展“三严三实”专题教育实施方案》。“三严三实”专题教育从 5 月开始，12 月结束，不分批次、不划阶段、不设环节，重点抓好党组书记带头讲专题党课，认真开展学习教育、研讨、进行党性分析，高质量召开专题民主生活会和组织生活会，强化整改落实和立规执纪工作。

5 月，为贯彻落实中共高青县委《关于开展“考勤治懒、评绩试能、树德述廉”活动进一步加强和改进干部队伍作风建设的意见》《关于在全县机关开展向县政务服务中心学习活动的通知》文件精神，凝聚干事创业正能量，树立部门勤政、务实、廉洁、高效的良好形象，提升经济发展、服务项目建设的能力和水平，为实现“走到前列”目标提供坚强保障，县城市管理和行政执法局制定《关于开展以县政务服务中心为榜样“考勤治懒、评绩试能、树德述廉”干部作风建设活动的实施意见》，成立机关作风建设活动领导小组和“考勤治懒”活动专项督查组，结合各部门职能，列举整改事项清单，严格自查自纠，狠抓落实。

7 月，县委组织部、宣传部印发《关于做好历史文献纪录片〈筑梦中国〉》学习收看工作的通知》，县城管执法局认真制定学习计划，组织广大党员干部以支部为单位集中收看并进行讨论交流，全局副科级以上领导干部结合“三严三实”专题教育和纪录片收看情况撰写心得体会，进行发言，学习好、宣传好、使用好《筑梦中国》，深化学习效果。

8 月，县城市管理和行政执法局印发《关于开展“解放思想、艰苦创业”大讨论活动实践方案》，对照“三严三实”专题教育“五个见实效”的标准，围绕市委“一个定位、三个着力”要求，从守纪律讲规矩、真抓实干艰苦创业、转变干部作风、服务群众、强化机制建设五个方面开展“解放思想、艰苦创业”大讨论活动。大讨论活动从 2015 年 8 月开始，11 月结束，分“严以修身、严以律己、严以用权”三个专题展开。

第十一节　精神文明建设

一、思想文化建设

2006 年 9 月，县城市管理行政执法局、县教育局、县团委联合印发《关于开展“建文明高青，城管

"最美城管环卫工"摄影大赛参赛人员　　（2014年　摄）

举行"立足本职创先争优、争做城管执法先锋"演讲比赛，激发党员和干部职工的工作热情，展现城管人爱岗敬业、文明执法、热情服务的精神风貌。

4月，清明节前夕，县城管执法局开展"无烟祭扫"宣传活动，号召广大市民文明祭扫，维护生活环境。

2011年7月，开展以"恪守职业道德、做敬业奉献好人"为主题的机关道德讲堂活动，组织全局干部开展主题演讲、集中学习讨论等活动。

进校园"活动的通知》，各中小学校以建设"活力高青、实力高青、魅力高青、和谐高青"为总抓手，开展征文、绘画、诗歌朗诵等系列活动，激发青少年热爱家乡、建设家乡的热情，以学生带动家长、以家庭带动社会，全面提高居民的文明意识、卫生意识和城市意识。

2007年7月，县城市管理行政执法局联合县精神文明建设委员会办公室、县教育局、县广播电视局印发《关于开展"同住一个城，共建一个家"活动的实施意见》，围绕"环境立县"这一战略，从7月至12月开展主题演讲比赛、"用心执法每一天"、实施"门前五包"责任制等活动，广泛发动全体市民参与，用实际行动为建设"活力高青、实力高青、魅力高青"做出贡献。

2008年9月，县城市管理行政执法局开展职业道德教育法律知识讲座，邀请县检察院专业人员授课，全体干部职工参加培训。

2009年9月，为庆祝国庆60周年，县城管执法局开展"庆国庆·执法队伍大练兵"活动，整顿执法队伍纪律作风，提高为民服务意识，为市民营造良好的生活环境。

2010年2月，在深入开展争先创优活动中，县城管执法局

2012年8月16日，在县领导的关心支持下，经过城市管理行政执法局的精心筹备，高青"爱我家园"志愿者协会成立，共吸收会员144人。

2013年3月1日至31日，为全面贯彻落实全市深化"四德"工程建设工作，深入推进"四德"主题教育实践活动，根据县委安排和部署，县城市管理行政执法局以"感恩""诚实""敬业""友善""爱国""责任"为主题，开展典型报告、大讨论、"爱我家园"等系列公益活动。

8月，为提高县城市文明指数，加强未成年人思想道德建设，县城管执法局在城市公共设施、公共环境、公共卫生、公共秩序、户外广告设置等方面细化要求，严格落实，为全县城市文明指数和未成年人思想道德建设测评工作顺利开展提供了保

篮球比赛　　（2014年　摄）

庆"五四"联谊会　　(2014年　摄)

2014年，高青"爱我家园"志愿者协会组织环境保护调研活动2次，参与生态宣传1次，发放宣传材料6000余份。

2015年7月1日，为迎接建党94周年，活跃干部职工文化生活，提高集体凝聚力、战斗力，组织全体职工举行内容丰富的趣味运动会。

8月，开展全员"读书月"活动，号召全体干部职工在业余时间阅读各类书籍，助推学习型机关建设。

9月1日，为纪念中国人民抗日战争暨世界反法西斯战争胜利70周年，高青县文明单位红歌会在高青县国井体育场隆重举行，县城管执法局组织100人演出阵容参加，演唱了经典抗日歌曲《地道战》《黄河船夫曲》。

12月17日，县文化局、县图书馆、县城管执法局联合举行"县城管执法局流动图书室"启动仪式，县文化局、图书馆向城管执法局赠送各类法律法规类、科普类、人文类、历史类等书籍630册，成立县城管执法局流动图书室，城管执法局副局长孙海、文化局副局长于振祥为流动图书室揭牌。"城管书屋"拥有各类藏书1500余册。

12月，县城管执法局被县文化局列入"书香高青"建设合作单位。

障。

2013年，高青"爱我家园"志愿者协会共组织活动9次，制作宣传专题片1部，营造了"爱我家园、从我做起"的良好氛围。

2014年4月，根据高青县委《关于在清明节期间广泛开展悼念革命烈士活动的通知》，县城市管理行政执法局组织全体干部职工开展缅怀革命先烈交流研讨活动。

4月，县城市管理行政执法局中层以上领导干部参加县委、县政府"城乡人居环境建设转型——走向美丽高青"专题报告会。

7月1日，开展庆党建93周年"党在我心中"主题活动，回顾党的奋斗历史，讴歌党的光辉业绩，展示县城管执法局精神风貌和时代风采。

7月，筹建"城管书屋"，购置图书900余册，方便干部职工业余借阅书籍，充电学习。"城管书屋"由局文体中心管理。

8月1日，开展庆八一"展军姿、健体魄"活动，展示转业军人团结、积极、向上的精神风貌。

10月，举办庆祝第十二届环卫工人节暨"爱我家园"志愿者协会摄影大赛。

11月，"智慧高青"微信公众平台启动。

高青县城管执法局流动图书室一角　　(2015年　摄)

二、服务群众

2006年5月，为进一步强化城市管理执法工作的社会监督，切实转变城管执法人员的工作作风，提高文明执法水平，更好服务群众，高青县城管执法局向社会各界聘请10名县人大代表、政协委员担任城管执法社会监督员，聘任期两年，公布联系电话，方便为民服务。

2006年中高考期间，高青县城管局实施学校周边环境专项整治活动，集中整治学校周围流动摊贩，规范学校门前车辆停放，专门安排一个执法中队进行夜间噪声监督检查工作，改善学校门前秩序。

2007年1月～2月，为迎接新春到来，给城区广大居民创造欢乐、祥和、有序的节日氛围，县城市管理行政执法局开展“市容整治月”活动，对城区市容环境进行整治。

10月，县城管执法局开展整治占道晾晒秋粮活动，执法人员分布到各个路段辖区进行巡查，及时发现，及时制止。对已经把秋粮晾晒到路面的群众，耐心劝说，确保道路畅通安全。遇到孤寡老人和行动不便的群众，执法队员找来木锨、袋子，帮助他们一起堆粮、装粮，并为其寻找合适的晾晒场地，解决晒粮难问题。

2008年3月，县执法局开展城管进小区活动，以小区物业公司为依托，先后在银领世家、齐林家园等小区成立“城市管理行政执法所”，由执法所受理小区内群众投诉和小区内各类违反城管工作的案件投诉，所长由执法局派出执法人员担任。

9月，由县执法局牵头组织公安、工商、卫生等部门开展历时两个月的市容市貌整治活动，重点解决城区范围内存在的“乱拉乱挂、乱搭乱建、乱停乱放、乱贴乱画”行为及多年来未解决的探头市场问题，重新规划布局蒲台路市场，新设天鹅商城南段停车场一处，并与130余个单位签订《门前五包责任书》。

2009年3月，县执法局建立城市管理监控指挥中心，开通城管执法热线“6712319”，把“监控中心”“指挥中心”“投诉举报中心”三个中心整合为一体，实现受理、发现问题，中心指挥调度，执法人员现场管理“三位一体”的城市管理新模式。

5月，针对夏收时节城区占道打场晒粮现象，县城管局采取“三个及时”严控占道打场晒粮，共纠正占道打场晒粮79起，取得良好效果。

9月22日，县城市管理行政执法局参加由县纪委、县监察局、县广播电台组织的政风行风热线，现场及下线后为群众解答落实投诉事项13件。

2009年，对城区内乱搭乱建行为进行集中治理，共拆除破旧报刊亭9处，违章棚房7处，拆除面积达572平方米，确保省级园林城市的顺利验收。

2010年3月～5月，集中开展施工工地、“三大堆”物料场扬尘污染治理活动、油烟污染治理活动、城区道路扬尘污染、带泥上路污染治理活动、市政园林绿化专项执法检查活动，累计综合治理建筑立面粉刷改造2986平方米，查处撒漏污染运输车辆11辆，查处餐饮油烟治理6处，查处露天木炭烧烤4处。

5月，为解决季节性果菜销售难题，县城市管理行政执法局设立城东农贸市场，将瓜农菜农引导至东部农贸市场内经营，正确处理果菜销售与城市管理的矛盾。

7月13日，县城市管理行政执法局参加由县纪委、县监察局、高青人民广播电台组织的政风行风热线，现场及下线后为群众解答落实投诉事项7件。

8月～9月，针对县城区流动商贩占道、经商业户店外经营、车辆乱停乱放等社会关注、市民关心的问题，县城市管理行政执法局在县城规划区内各主要路段、市场入口处分别设立20余块天蓝色城管温馨提示标牌，发放《致广大沿街商户一封信》《致广大驾驶员朋友的一封信》6000余份。

2010年中秋节、国庆节期间，集中开展县城区市容市貌综合整治活动，以整洁、优美的城市市容市貌迎接省运会召开。

2011年1月16日～2月26日，县城市管理行政执法局开展迎新春市容环境集中整治月活动，以整洁优美的城市环境迎接2011年春节、元宵节。

2月21日，在实验幼儿园门口开展“建文明高青、城管进校园”专题教育活动，通过开展专项整治活动和设立“助学护校岗”等有效措施，重点规范接送学生车辆停放秩序，清理学校周边违规零食摊点，收到良好效果。共计清理乱摆摊点300余起、跨门经营店60余户、收缴宣传单2000余张、乱堆乱放30起。

节日慰问环卫工人　　（2014年　摄）

3月，县城市管理行政执法局印发《关于开展城管执法“进社区、进学校、进企业”活动的实施方案》，局领导班子成员选定扳倒井集团、青苑纸业、鲁群纺织、侨牌集团作为联系点，各中队共选择7所幼儿园、中小学校，3处小区，4个企业作为“三进”联系点，保证落实到位。

6月，县城市管理行政执法局印发《县执法局创新社会管理打造“民生城管”构建和谐社会大格局实施方案》，从听民意、从民愿、顺民望、解民忧、赢民心五个方面落实为民办实事项目，分解到各科室、中队，责任到人。

6月1日至6月30日，开展在中高考期间噪声污染集中整治活动。

是年7月19日，县城市管理行政执法局参加由县纪委、县监察局、高青人民广播电台组织的政风行风热线，通过与广大听众直接交流，听取了广大听众所提意见和建议，现场共接听电话6个，其中咨询3个，投诉3个。

9月，制订《关于规范城区占道晒粮行为的建议方案》，规范占道晒粮行为，明确县城及各镇道路的规范标准。县城黄河路、中心路、文化路、芦湖路、高苑路、青城路、清河路、青苑路、齐东路、六号路、七号路、南外环、北外环、西外环、东环路及各镇驻地中心地段严禁打场晒粮。其他路段仅限慢车道晒粮，且不允许摆放石块、木头、秸秆等障碍物。晒粮结束后必须清扫现场，不留任何杂物。

是年，开展户外广告集中普查、大型户外广告集中监测活动，成立由谷可勇任组长，孙海、冯加强任副组长的领导小组，以中队执法辖区为依据，对辖区内的户外广告进行普查摸底，全面普查县城区内所有的大型立柱户外广告牌、楼（屋）顶广告、墙体广告、立式平面广告等大型广告牌、路灯杆广告、公交站牌广告等标牌类广告、沿街门头招牌、字体广告、电子显示屏等。在对大型户外广告进行检测的同时健全安全检查、安全检测的文书资料，做好了检查记录。对户外广告设施进行的安全检查，检查率达100%。

春节慰问贫困户　　（2013年　摄）

2012年3月，制定《大型超市周边环境秩序管理办法》，县城大型超市周边环境整治有了具体可行管理办法。

5月，制定领导干部信访接待日制度，从8月开始，每月10

日、25 日为局领导信访接待日。

6 月 4 日至 6 月 23 日，集中整治噪声污染，为参加中高考学生创造安静的学习、考试环境。

2013 年 5 月，根据民主评议代表提出的意见和建议，县城管执法局加强市容环境集中整治活动，安排专人对城区 56 个垃圾箱（桶）进行排查和维修。

6 月，为保障道路畅通，维护行人和车辆安全，高青县城管局加大宣传和治理力度，坚决向城区占道打场晒粮现象说“不”。专项治理行动开展以来，共清理占用城市道路打场晒粮行为 130 多起，有力地维护了城区交通秩序。

7 月 16 日，县城市管理行政执法局参加由县纪委、县监察局、县广播电台组织的政风行风热线，现场及下线后为群众解答落实投诉事项 5 件。

9 月 15 日至 19 日，县城管执法局对中心路小学、实验中学及幼儿园、双语学校、一中等学校周边交通拥堵问题和环境问题进行专项综合整治，每日出动执法人员 30 余名，采取专人定岗与巡查相结合，严禁随意摆放商品占道经营行为，共计清理 100 多处占道行为，依法处罚 10 余起。

9 月，根据《高青县人民政府办公室关于实施放心早餐工程的意见》，县城市管理和行政执法局积极配合县住建局、工商局、卫生局等有关部门，做好早餐工程的市场管理和执法工作，为项目顺利实施提供保障。

是年，共受理来访人员 80 余人次，办理各类信访投诉件 4 件（其中政协、人大提案 2 件，群众信访举报 2 件），政风行风热线投诉问题 10 件，接访率及办结率均达 100%。

2014 年 5 月 20 日至 6 月 30 日，中高考期间，集中整治县城区噪声污染。

9 月，县城管局针对县实验中学门口商贩占道经营严重影响交通安全现状，开展学校周边市容环境整治专项行动，共取缔校园周边道路占道经营近 200 处，纠正在学校门口乱发教育宣传资料现象 6 起。

是年，按照网格管理办公室的统一要求，对具体负责的第 103 网格内的 2 处市场均配备环卫保洁员与市容协管员，加强市场秩序监管。积极协调相关街道及职能部门，在完成李星耀农贸市场建成投入使用的基础上，投资近 20 万元对齐东路便民市场进行提升改造。

2015 年 3 月，县城管局执法大队针对学校周边流动摊点、乱停乱放、垃圾遍地、噪音污染等问题进行整治，共出动执法车辆 3 辆，执法人员 32 名，取缔流动摊点 29 处，规范校园周边越门经营 19 户。

6 月中高考期间，县城管局执法大队制定中高考期间管理工作方案，加强市容环境管理，强化服务保障，发放《关于加强中高考期间环境噪声管理的通知》，每日出动执法车 5 辆，执法工作人员 49 名，加强噪声管控。

8 月，为消除校园及周边安全隐患，为广大学生创造安静、舒适的学习环境，根据淄博市《关于集中开展校园周边秩序综合治理专项行动的通知》（淄城管字〔2015〕17 号）要求，县城管局加强对责任区域内的学校周边环境治理，共出动执法人员 35 人次，车次 13 车次，驱散无证商贩 30 人，处罚无证商贩 23 人，收缴各类违规经营物品 16 件。

三、奉献送温暖活动

2006 年 11 月，县城管执法局积极响应县委、县政府“送温暖、献爱心”社会救灾捐助活动的要

“慈心一日捐”活动　　（2014 年　摄）

慈心一日捐　　　　（2014年　摄）

求，踊跃捐款捐物。

2007年5月，县城管执法认真落实县委、县政府办公室《关于进一步开展"慈心一日捐"活动的通知》精神，精心组织"慈心一日捐"活动。

10月，县城管执法局在全局党员中开展"一帮一献爱心"活动，为第一批18户特困家庭赠送面粉和卫生油等慰问品。"一帮一"活动是县城管执法局开展的作风效能建设活动的一部分，即由一名党员帮助一个贫困户。活动中要求每名党员做到：一是经常与帮扶对象进行联系、走访，每月不少于1次。二是为帮扶对象出点子、想办法解决经营、生活中碰到的实际困难和问题，为他们办几件看得见、摸得着的实事、好事。对那些遭遇天灾人祸的经营户，采取捐款、捐物等形式进行帮助。三是发挥各自优势，采取多种方式，帮助经营业户掌握一技之长，变"输血"为"造血"，使他们通过辛勤劳动自我发展、自我致富。四是在职责范围内，力所能及地帮助他们选择合适的经营项目、经营场所，使他们尽早脱贫致富。五是进行动态管理，随时了解和掌握帮扶对象家庭成员工作变动、经济收入等情况，有针对性的进行帮扶。

2008年5月，为支援汶川抗震救灾，县城管执法局组织全体干部职工开展募捐活动，为震区人民带去温暖和精神力量。

2009年9月，县城管执法局开展致富信息进村活动，协助木李镇杨坊管区加强文化建设，通过基础文化站、宣传栏为群众提供致富信息和科技，建设富裕文明和谐管区。

2010年1月，县城市管理行政执法局开展新春送暖活动，为局属困难职工进行慰问走访，向他们发放米面、食用油等慰问品。

4月，县城市管理行政执法局组织全局干部职工开展为玉树灾区人民捐款捐物活动。

2011年7月，庆祝建党90周年之际，县城管执法局开展建党90周年慰问退伍军人活动，对局属退伍军人进行走访慰问，帮助他们解决工作、生活方面存在的问题。

2012年3月，响应县妇联"爱我高青爱我家"捐资献绿添彩活动，捐助社会公益基金2000元，为植绿献绿添一份力。

7月1日，响应县委、县政府号召，组织全体干部职工举行献爱心"慈心一日捐"捐款活动，局领导以身作则，广大干部职工踊跃捐赠，共募集捐款3000余元。

是年，县城管执法局积极开展"五个一"文化帮扶活动，为所包村木李镇东董村建立农家书屋，出资7000余元统一购置有关思想政治建设、农业科普知识、法律法规、卫生保健及各类工具书等1700余册。

9月，中秋佳节来临之际，县城管执法局对在一线辛勤工作的环卫工人进行慰问，为他们送去月饼、食用油、面粉等慰问品。

2013年7月，根据县政府《关于做好2013年"八一"建军节期间拥军优属工作的通知》，县城管执法局加大宣传力度，积极走访慰问局退伍军人及家属，帮助解决工作、生产、生活方面存在的困难，开展"爱心献功臣"活动。

10月，根据县政府《关于在全县开展敬老月活动的通知》，县城管执法局开展以"宣传贯彻老年法，关爱造福老年人，积极构建和谐高青"为主题的敬老月活动，对局属环卫工人进行慰问走访，发放米面等慰问品。

是年，对纳入省级扶持的30个贫困村、10个市级扶持贫困村，按照要求分别配备了垃圾收集箱和人力三轮车等设备，并组织镇（办）相关部门对各村环境卫生进行集中清理。

2014年11月，根据县委办公室《关于开展2014年“慈心一日捐”活动的通知》，县城市管理行政执法局积极响应，组织全体干部职工进行捐款活动，募集捐款3000余元。

2015年春节期间，县城管执法局开展走访慰问生活困难党员、老党员和老干部活动。

3月5日，县城管执法局联合团县委组织开展“青春志愿我先行——关爱环卫工人学雷锋志愿服务活动”，开展文明宣传、心理咨询、卫生义诊、发放急救物品等活动。

8月7日上午，县城管执法局联合县总工会举办为环卫工人“夏送清凉”慰问活动，现场向100余名环卫工人发放水杯、毛巾、矿泉水、风油精、藿香正气水等慰问品。

11月17日，县城管执法局响应县委、县政府号召，组织全体干部职工开展“慈心一日捐”活动，班子领导带头，干部职工踊跃参与，共募集善款5000余元。

附：

中共中央　国务院
关于深入推进城市执法体制改革
改进城市管理工作的指导意见（节选）

（2015年12月24日）

一、总体要求

（一）指导思想。深入贯彻党的十八大和十八届二中、三中、四中、五中全会及中央城镇化工作会议、中央城市工作会议精神，以“四个全面”战略布局为引领，牢固树立创新、协调、绿色、开放、共享的发展理念，以城市管理现代化为指向，以理顺体制机制为途径，将城市管理执法体制改革作为推进城市发展方式转变的重要手段，与简政放权、放管结合、转变政府职能、规范行政权力运行等有机结合，构建权责明晰、服务为先、管理优化、执法规范、安全有序的城市管理体制，推动城市管理走向城市治理，促进城市运行高效有序，实现城市让生活更美好。

（二）基本原则。一是坚持以人为本；二是坚持依法治理；三是坚持源头治理；四是坚持权责一致；五坚持协调创新。

（三）总体目标。到2017年年底，实现市、县政府城市管理领域的机构综合设置。到2020年，城市管理法律法规和标准体系基本完善，执法体制基本理顺，机构和队伍建设明显加强，保障机制初步完善，服务便民高效，现代城市治理体系初步形成，城市管理效能大幅提高，人民群众满意度显著提升。

二、理顺管理体制

（四）匡定管理职责。城市管理的主要职责是市政管理、环境管理、交通管理、应急管理和城市规划实施管理等。

（五）明确主管部门。各地应科学划分城市管理部门与相关行政主管部门的工作职责，有关管理和执法职责划转城市管理部门后，原主管部门不再行使。

（六）综合设置机构。按照精简统一效能的原则，住房城乡建设部会同中央编办指导地方整合归并省级执法队伍，推进市县两级政府城市管理领域大部门制改革，整合市政公用、市容环卫、园林绿化、城市管理执法等城市管理相关职能，实现管理执法机构综合设置。

（七）推进综合执法。重点在与群众生产生活密切相关、执法频率高、多头执法扰民问题突出、专业技术要求适宜、与城市管理密切相关且需要集中行使行政处罚权的领域推行综合执法。

（八）下移执法重心。按照属地管理、权责一致的原则，合理确定设区的市和市辖区城市管理部门的职责分工。

三、强化队伍建设

（九）优化执法力量。执法力量要向基层倾斜，适度提高一线人员的比例，通过调整结构优化执法力量，确保一线执法工作需要。区域面积大、流动人口多、管理执法任务重的地区，可以适度调高执法人员配备比例。

（十）严格队伍管理。加强领导班子和干部队伍建设。根据执法工作需要，统一制式服装和标志标识，制定执法执勤用车、装备配备标准，到

2017年年底，实现执法制式服装和标志标识统一。

（十一）注重人才培养。加强现有在编执法人员业务培训和考试，严格实行执法人员持证上岗和资格管理制度，到2017年年底，完成处级以上干部轮训和持证上岗工作。

（十二）规范协管队伍。各地可以根据实际工作需要，采取招用或劳务派遣等形式配置城市管理执法协管人员。

四、提高执法水平

（十三）制定权责清单。到2016年年底，市、县两级城市管理部门要基本完成权力清单和责任清单的制定公布工作。

（十四）规范执法制度。各地城市管理部门应当切实履行城市管理执法职责，完善执法程序，规范办案流程，明确办案时限，提高办案效率。积极推行执法办案评议考核制度和执法公示制度。健全行政处罚适用规则和裁量基准制度、执法全过程记录制度。严格执行重大执法决定法制审核制度。

（十五）改进执法方式。坚持处罚与教育相结合的原则，根据违法行为的性质和危害后果，灵活运用不同执法方式，对情节较轻或危害后果能够及时消除的，应当多做说服沟通工作，加强教育、告诫、引导。

（十六）完善监督机制。强化执法监督工作，坚决排除对执法活动的违规人为干预，防止和克服各种保护主义。

五、完善城市管理

（十七）加强市政管理。市政公用设施建设完成后，应当及时将管理信息移交城市管理部门，并建立完备的城建档案，实现档案信息共享。

（十八）维护公共空间。及时制止、严肃查处擅自变更建设项目规划设计和用途、违规占用公共空间以及乱贴乱画乱挂等行为，严厉打击违法用地、违法建设行为。

（十九）优化城市交通。坚持公交优先战略，着力提升城市公共交通服务水平。加强不同交通工具之间的协调衔接，倡导步行、自行车等绿色出行方式。

（二十）改善人居环境。切实增加物质和人力投入，提高城市园林绿化、环卫保洁水平，加强大气、噪声、固体废物、河湖水系等环境管理，改善城市人居环境。规范建筑施工现场管理，严控噪声扰民、施工扬尘和渣土运输抛洒。推进垃圾减量化、资源化、无害化管理。

（二十一）提高应急能力。提高城市防灾减灾能力，保持水、电、气、热、交通、通信、网络等城市生命线系统畅通。

（二十二）整合信息平台。积极推进城市管理数字化、精细化、智慧化，到2017年年底，所有市、县都要整合形成数字化城市管理平台。加快数字化城市管理向智慧化升级，实现感知、分析、服务、指挥、监察“五位一体”。整合城市管理相关电话服务平台，形成全国统一的12319城市管理服务热线，并实现与110报警电话等的对接。

（二十三）构建智慧城市。加强城市基础设施智慧化管理与监控服务，加快市政公用设施智慧化改造升级，构建城市虚拟仿真系统，强化城镇重点应用工程建设。依托信息化技术，综合利用视频一体化技术，探索快速处置、非现场执法等新型执法模式，提升执法效能。

六、创新治理方式

（二十四）引入市场机制。发挥市场作用，吸引社会力量和社会资本参与城市管理。鼓励地方通过政府和社会资本合作等方式，推进城市市政基础设施、市政公用事业、公共交通、便民服务设施等的市场化运营。推行环卫保洁、园林绿化管养作业、公共交通等由政府向社会购买服务，逐步加大购买服务力度。

（二十五）推进网格管理。建立健全市、区（县）、街道（乡镇）、社区管理网络，科学划分网格单元，将城市管理、社会管理和公共服务事项纳入网格化管理。明确网格管理对象、管理标准和责任人，实施常态化、精细化、制度化管理。

（二十六）发挥社区作用。加强社区服务型党组织建设，充分发挥党组织在基层社会治理中的领导核心作用，发挥政府在基层社会治理中的主导作用。

（二十七）动员公众参与。倡导城市管理志愿服务，建立健全城市管理志愿服务宣传动员、组织管理、激励扶持等制度和组织协调机制，引导志愿者与民间组织、慈善机构和非营利性社会团体之间的交流合作，组织开展多形式、常态化的志愿服务活动。

（二十八）提高文明意识。把培育和践行社会主义核心价值观作为城市文明建设的根本任务，融入国民教育和精神文明创建全过程，广泛开展城市文明教育，大力弘扬社会公德。

七、完善保障机制

（二十九）健全法律法规。加强城市管理和执法方面的立法工作，完善配套法规和规章，实现深化改革与法治保障有机统一，发挥立法对改革的引领和规范作用。有立法权的城市要根据立法法的规定，加快制定城市管理执法方面的地方性法规、规章，明晰城市管理执法范围、程序等内容，规范城市管理执法的权力和责任。

（三十）保障经费投入。城市政府要将城市管理经费列入同级财政预算，并与城市发展速度和规模相适应。严格执行罚缴分离、收支两条线制度，不得将城市管理经费与罚没收入挂钩。各地要因地制宜加大财政支持力度，统筹使用有关资金，增加对城市管理执法人员、装备、技术等方面的资金投入，保障执法工作需要。

（三十一）加强司法衔接。建立城市管理部门与公安机关、检察机关、审判机关信息共享、案情通报、案件移送等制度，实现行政处罚与刑事处罚无缝对接。

八、加强组织领导

（三十二）明确工作责任。加强党对城市管理工作的组织领导。各级党委和政府要充分认识推进城市管理执法体制改革、改进城市管理工作的重要性和紧迫性，把这项工作列入重要议事日程，按照有利于服务群众的原则，切实履行领导责任，研究重大问题，把握改革方向，分类分层推进。

（三十三）建立协调机制。建立全国城市管理工作部际联席会议制度，统筹协调解决制约城市管理工作的重大问题，以及相关部门职责衔接问题。

（三十四）健全考核制度。将城市管理执法工作纳入经济社会发展综合评价体系和领导干部政绩考核体系，推动地方党委、政府履职尽责。

（三十五）严肃工作纪律。各级党委和政府要严格执行有关编制、人事、财经纪律，严禁在推进城市管理执法体制改革工作中超编进人、超职数配备领导干部、突击提拔干部。

（三十六）营造舆论环境。加强对城市管理执法先进典型的正面宣传，营造理性、积极的舆论氛围，及时回应社会关切，凝聚改革共识。

第十五章　典型经验　新闻报道

第一节　典型经验

明确任务　狠抓落实
加快城市园林绿化建设步伐

一、2008 年绿化工作完成情况

2008 年是我县绿化工作跨越发展的一年。我们以打造“环保型、生态化，河环水抱的园林城市”为目标，解放思想，创新机制，完善措施，全力加快园林绿化工作步伐，城市绿化工作取得了突破性进展，全年累计概算投资 9934 万元，新增绿地面积 102.8 公顷。

我们主要抓了六项重点工作，一是北支新河城区段综合治理工程。该工程西起中心路东至东环路，东西长 2260 米，占地面积约 1500 亩，是一项集环保治污、平原水库、生态恢复、景观建设于一体的综合性工程，完成绿地建设面积 100.2 公顷，栽植苗木 15000 多株，概算投资 8500 余万元；二是街头游园绿化工程。结合老城区改造，通过拆迁建绿等形式，开工建设了金都景观园、芦湖景观园、高苑景观园等一批便民活动游园绿地，绿化面积 2.6 公顷，概算投资 621 万元；三是改造充实原有绿地。投资 650 万元对芦湖公园、高苑路西段街头游园、青城路东段、黄河路东段、高苑路东段等游园进行了高标准改造充实；四是加强城区园林绿地养护管理。加强养护队建设，从社会上招聘专业性强、素质过硬的技术人员，组成养护队伍。建立健全养护管理制度，实行定期检查、考核、评比，提高了城区绿化养护的档次和质量；五是狠抓城区美国白蛾防治。实行分片分段分工负责制，划定责任区，明确责任人，层层抓落实，取得了较好地效果；六是提升风景名胜区工作。我县风景名胜区工作在上级部门的正确指导下，按照《城市绿化、风景名胜区工作目标责任书》的要求，进一步提高风景名胜区整体水平和景区品位，有力地推动了风景名胜区事业可持续发展。

二、2009 年城市绿化工作打算

2009 年，我县城市园林绿化工作将以北支新河城区段综合治理为重点，以道路景观绿化为突破口，大力强化精品建设，突出城市绿量的增长，逐步把高青县城建设成为环保型、生态化，河环水抱的园林城市。我们将重点抓好以下几点工作。

（一）城市绿化重点工程建设。一是北支新河城区段综合治理二期工程。主要进行拆迁、污水淤泥处理、驳岸砌筑等重点工作，绿化面积 15 公顷，概算投资 1000 万元。二是西一路绿化工程。该工程南起高苑路，北至黄河路，全长 668 米，绿化面积 2.8 公顷，概算投资 138 万元。三是四号路绿化工程。该工程南起潍高路，北至北一路，全长 900 米，绿化面积 2.97 公顷。概算投资 150 万元。四是东外环路绿化工程。南起北一路，北至广青路，全长 3120 米，绿化面积 19.2 公顷，概算投资 360 万元。五是文体游园改造工程。该工程位于青苑路与青城路交叉口东北角，主要改造原有地形、园路、植物配置，绿化面积 2.2 公顷，概算投资 270 万元。六是原有绿地升级改造。主要对北支新河城区段综合治理工程充实完善，绿化面积10公顷；黄河路（芦湖路—东外环路）充实完善，绿化面积10公顷；城区沿街门前绿化改造提高，绿化面积4.95公顷。

（二）加强城区绿地养护管理工作。一是做好原有绿地的充实提高工作；二是全面推行精细化管理，建立健全精细化管理体制，通过招标引进水平高、信誉好的养护公司，实施划片管护，严格落实“包片、包苗、包栽、包活、包管理”绿化责任制；三是完善养护管理工作机制，做好考核、检查、评比、奖惩工作。

（三）加强病虫害防治工作。明年我们将重点做好防治美国白蛾工作，成立防治美国白蛾工作领导小组，完善工作机制，借鉴先进防治技术和经验，加大宣传和巡查检查力度，把防治美国白蛾各项工作切实落到实处。

（四）增强全民绿化意识，深入开展社会绿化活动。采取多种形式广泛宣传城市绿化的重要意义，不断增强全民绿化意识，动员和鼓励县城各单位大搞绿化，并把绿化工作与每一个单位、每一个人联系起来，以绿化塑美景，以绿化促文明，全面提高社会绿化质量和水平。

（五）做好风景名胜区绿化和管理保护工作。认真做好《风景名胜区条例》宣传工作，进一步创新工作思路，强化工作措施，细化分解工作任务。一是做好风景名胜区绿化和保护管理工作，提升景区绿化水平和档次；二是积极开展好文明景区创建活动，进一步优化景区环境；三是严格落实风景区建设项目选址审批制度，坚持依法行政，强化依法治理，实现依法保护，把建设项目纳入法制化管理轨道。

（六）加强园林绿化工程质量监督管理工作。一是实行阳光操作，各项绿化工程标段全部向社会招标，做到公开、公正、公平，择优选择绿化施工单位；二是聘请信誉好、要求严、有实力的工程监理公司对所有园林绿化、土建工程进行监理，确保工程质量；三是加强园林绿化队伍建设，明确分工，各负其责，切实提高干部职工的专业技术能力和工程质量监督水平。

（2008年12月，高青县政府在全市城市绿化工作会议上的发言材料）

众志成城　全力以赴
精心打造生态宜居园林城市

2006年，高青县提出创建省级园林城市目标以来，县委、县政府把加强园林绿化建设，改善生态环境，实现人与自然和谐共生，作为抓经济、促发展、增强城市凝聚力和综合竞争力、建设和谐社会的重大举措，以所前未有的力度，依法治绿、规划建绿、科学护绿，大力推进城市基础设施建设、园林绿化建设和环境综合整治，全县城市基础设施建设日趋完善，绿地面积大幅度增加，城市管理水平显著提高，城市品位明显提升。截止2008年底，县城建成区绿化覆盖面积451.32公顷，绿地面积406.21公顷，公共绿地面积122.72公顷，绿化覆盖率、绿地率分别为39.52%、35.57%，人均公共绿地面积18.07平方米。

一、强化组织领导，倾全县之力争创省级园林城市

一是领导重视靠上“抓”。成立了由县长任组长、有关部门和镇主要负责人为成员的创建工作领导小组，制定下发了创城《实施方案》和《任务分配方案》，将新增绿化任务逐一落实到了责任单位。创城领导小组对创建工作落实情况进行密集式督查，通过《“创城”简报》等形式及时在全县公开通报。二是部门积极配合“管”。把创建工作列入各镇、各部门年度工作目标责任考核，实行包片责任制，分片分段包干，分工负责到底。要求各镇、各部门成立专门的工作班子，明确专人靠上抓，落实职责任务，细化分解到人。三是资金多方筹集“足”。2006年到2008年的三年中，县政府先后投入园林绿化资金1.81多亿元，并保持了资金投入逐年增长的态势。在以政府投入为主建设大型公共绿地、道路绿地的同时，积极动员社会各界力量，采取BT等方式多渠道筹措资金，用于园林绿化建设，逐步建立了多元化绿化投资机制。四是群众自觉参与“建”。充分发挥电视台、广播电台、互联网等新闻媒体的舆论宣传优势，积极宣传创建园林城市的意义、城市绿化工作对改善人居环境的好处和有关绿化美化的法律法规等，形成了浓厚的创建氛围。公众爱绿、建绿、护绿意识明显提高，群众积极开展庭院、屋顶、阳台和室内绿化，目前单位或个人认建、认养、认管的绿地达9.7万平方米。

二、坚持“三高”标准，着力提高城市园林绿化水平

（一）着眼长远，用高起点的规划指导城市园林绿化。规划是城市园林绿化的“龙头”，是指导绿化建设合理有序发展的根本依据。近年来，我们结合新一轮城市总体规划的修编，坚持超前性、科学性和以人为本的理念，综合了林业、环保、旅游、文物等因素，编制完成了《高青县城市绿地系统规划》、《生物多样性保护规划》，规划建设“一轴一廊三园、一环五湖水润绿城”的绿化网络体系。同时将“绿线管制”、植物多样性保护与建设、古树名木保护等新内容纳入其中，明确了绿线范围，并按500米服务半径的原则调整了公共绿地系统布局。在总体绿化框架的指导下，牢固树立精品意识，按照统一规划、分期实施的原则，聘请美国夏威夷设计公司、同济大学设计公司等高层次设计单位，深化完善了居住区、街道、公园绿化等各项详细规划。对每一项规划的设计，既借鉴外地的先进经验，又突出自己的特色，大到一块绿地，小到一个花坛和植物造景，都考虑到与周围环境的和谐统一，精雕细琢、精益求精，充分体现“绿、水、城、亮”相结合的北方水城特色。

（二）提升品位，用高标准的建设打造园林绿化精品。一是在城市道路绿化上，按照“大绿线、大色块、流线型，突出整体性、统一性”的设计理念，对黄河路、芦湖路、高苑路、青城路等街道实施了精品绿化，乔灌花草合理搭配，根据路形地貌选树配草造绿，达到了一街一个特色，一路一道景观。各类行道树达到了4万株，街道绿化普及率达到100%。二是在公共绿地建设上，先后建设了芦湖公园、千乘湖生态文化园两处综合性公园，其中芦湖公园被授予山东省园林绿化优质工程奖，千乘湖生态文化园2009年被评为国家级水利风景名胜区、“AA”级风景旅游区。严格按照500米服务半径的要求，建成了文体游园、芦湖景观园、金都景观园、高苑景观园等多处规模适宜的高档次街头游园绿地。三是在庭院绿化上，将详细的规划设计方案和绿化美化标准分解到各部门和单位，强化业务技术指导和调度督促，搞好了各单位内部的绿化美化建设，目前，我县省、市级“花园式单位”32个，市级“花园式居住区”3个。四是为增加绿化面积，改善人居环境，在全县范围内深入开展了“破硬造绿”工作，项目实施以来，共完成投资2600万元，动用混凝土切割机、风镐等机械800多台次，补植各类苗木12万株，增加绿化覆盖面积7.7万平方米，被推荐参加“山东人居环境范例奖”评选。五是本着勤俭节约、因地制宜、科技兴绿、生态环保的原则，研究制定了“节水、节资、节地”等措施，全面开展了节约型城市绿化工作，采用节能措施和节能材料的绿色建筑占到了98%以上。六是加快生产绿地建设，通过积极推进农业产业结构调整，我县生产绿地不断涌现，建成区现有苗圃总面积29.55公顷。在积极抓好苗圃基地建设，提高苗木自给率的同时，注重加强园林绿化植物引种、育种工作，不断培育和生产适应本地区自然条件，具有特性、抗性优良的品种。七是扎实做好大环境绿化建设，完成了滨博高速公路高青段两侧26米宽和总长度46公里的小清河高青段北岸40米宽的绿化建设任务；建成黄河生态经济林26.67公顷；护滩、护坡造林666.67公顷；以“保护母亲河行动”为载体，建成了青少年生态体验基地2万亩和共青林1.2万亩；营造防护林634.5公顷；完成环城林带建设234.5公顷；在外环路两侧建有绿化隔离带50多米宽；2006年以来，群众参加义务植树累计达54万人次，植树180万株。目前全县林网绿化面积4.1万公顷，森林覆盖率21.3%。我县被评为“中国最佳改善人居环境范例县”、“山东省投资环境十佳县市”，并被省住房和城乡建设厅推荐参加全国“农村地区可再生能源示范县”评选。

（三）健全机制，用高效能的管理确保园林绿化实效。不断探索和完善城市园林绿化管理措施，努力提高依法治绿水平。一是加强绿化行业管理。严格落实城市绿线管制和绿色图章制度，明确了城区道路绿化控制范围，建立了绿化公示制度，严格控制城市规划区内的所有新建、改建、扩建项目。在规划审批、竣工验收时，必须经城市园林部门同意后，加盖绿色图章，否则一律不予办理相关手续。对擅自降低绿化率或达不到规划设计标准的责令限期整改。二是推行绿化管理的市场化、规范化运作。在绿化建设上，规范了工程立项、审核、招投标、资金拨付等各项工作程序。建立健全了项目决策、预算预审、材料采购、建设监理、竣工验收等各项制度，设立了工程建设指挥部，对工期、质量和造价进行了有效监管。形成了建设、施工和监理单位各司其职、各负其责的质量监督体系，有效提高了园林绿化工程质量。三是加大绿化管护力度。对单位所属绿地，按照“包绿化、包管理、包政策”的三包责任制要求，落实管护责任；县园林部门建档立卡，统一监督指导。对公共绿地和林地，在园林部门内部实行责任区挂牌管理，“定岗、定量、定人、定规范、定奖惩”，建立起宝塔式的管理责任制，提高了管理效率。同时，引导市民群众积极参与监督，专门设立了绿化管护监督电话，绿化管护步入制度化、规范化轨道。四是强化园林绿化执法监察。把包括城市园林绿化行政处罚权在内的行政处罚权，全部交由执法局统一行使。县执法局与县建设局定期开展联合执法，杜绝了侵占绿地、乱伐树木、破坏绿化的行为的发生，确保了绿化成果。

三、统筹协调推进，全力推动创建工作配套完善

在集中精力抓好城市园林绿化的同时，按照“统筹推进、配套完善、全面提升”的工作思路，围绕增强城市功能、优化城市环境，突出抓好了三个方面的工作。

(一)不断提高生态环境质量。先后对广润化工、东亭化工、华赛旺工贸公司等5家化工企业化工异味进行了治理；对方中化工、联友化工、李官冶炼厂等5家不符合国家产业政策及环保要求的企业进行了关停取缔，对67家土(小)企业下发了取缔关停文件。在污水处理厂、青苑纸业公司、钜创纺织公司、联昱纺织公司、德元制革公司完成COD、氨氮在线监测装置的安装，在丽村、虹桥两家热电公司完成烟气在线监测装置的安装，共安装在线监控设备12台，均已联网上传数据。加强机动车排气污染防治，建成机动车排气污染简易工况法检测线，上线检测车辆5100余辆。2008年，我县符合国家环境空气质量标准中二级标准的天数达到366天，地表水环境质量标准达到三类以上。城市生活垃圾无害化处理率达86.7%，城市污水集中处理率达98%。

(二)深入开展城乡环境综合整治活动。2006年以来，紧紧围绕创建省级园林城市的任务要求，以开展专项整治和落实“门前五包”责任制为主要手段，精心组织，统筹安排，确保各项创建工作任务落到实处。经过大力整治，目前我县沿街建筑和户外广告规范有序，背街小巷、交通秩序、城市水环境、大气环境、亮化等专项整治都取得明显成效，城乡面貌有了极大改善，人民群众生活环境质量显著提高。为进一步改善群众住房条件和生活环境，采取有效措施积极加快脏乱差问题较重的“棚户区”和“城中村”改造工作，目前棚户区改造工程中的三联家园多层住宅楼和商业楼已基本完成，“城中村”开发改造中的民主街村安置房众益花园现已建成入住、官庄村安置房千乘园小区已开工2.6万平方米，主体工程已完成。

(三)加快城市基础设施建设。一是县城道路建设。先后实施了黄河路东西段改造、芦湖路建设、青城路升级改造、文化路改造等20多项城建工程，使县城道路整体水平迅速提高。目前，县城主次干道总长76公里，初步形成了“九纵五横”棋盘式路网格局。二是城市公交体系建设。城市公共交通运营能力得到增强，截止2008年底，我县共拥有城市公共交通企业3家，公交线路44条，公交车145台。三是集中供水、供气、供热设施建设。城区燃气普及率达到90%以上；埋设供水管道75公里，用水普及率达到99%，供水水质始终保持高标准，水质合格率达到100%。制订了城市供水、城市供热、城市供气、城市防汛应急预案，确保了城市安全，有力保障了城市公共事业的健康发展。四是灯饰亮化建设。积极实施城市亮化工程，通过安装轮廓灯、霓虹灯、射灯、地灯，对城区沿街建筑物进行高标准的灯饰亮化。城市主次干道安装路灯3062基(盏)，道路照明装置率和亮灯率均达到了100%。

(2009年9月16日，高青县政府在全市园林绿化工作会上的发言材料)

打造靓丽整洁市容　服务经济社会发展

——高青县执法局全力做好环卫工作

10月26日山东省第十九届环卫工人节来临之际，县执法局以多种形式开展关心关爱环卫工人的主题活动，为辛勤工作在环卫一线的“城市美容师”庆贺节日。县执法局领导班子深入环卫工人工作一线，详细了解他们的工作和生活情况，发放节日慰问品、慰问金，并祝他们节日快乐；在一线工人中选出业绩突出的环卫工人评为县级“城市美容师”，并发放奖金，以此奖励他们为环卫事业做出的突出贡献。

今年以来，县执法局以“推进城市管理科学发展，创优质发展环境”为目标，立足我县环卫工作实际，将城乡环境综合整治与迎接省级卫生县城复审工作相结合，围绕中心，服务大局，认真履职践诺，各项工作扎实推进。

该局狠抓组织领导，健全管理机制，成立迎接省级卫生县城领导小组，实行“主要领导亲自抓，分管领导靠上抓，基层科室具体抓”，制定具体工作方案，完善监督管理考核制度，分解任务，责任到人，层层抓落实。坚持宣传先行，广造声势，充分利用广播电视、《高青工作》、高青政务网、内部《简报》和其他宣传载体报道、刊登新闻信息，整体上营造了浓厚的舆论氛围，有效促进了城市环卫工作的良性发展。

人机结合，分级管理，提高城区环卫保洁质量。优化保洁人员年龄结构，针对人员年龄普遍偏大的问题(县城内共有保洁人员200人，其中65岁以下的有105人.65岁到70岁的有61人，70岁以上的有34人)，年初对70岁以上和体弱多病的人员进行了稳妥清退，进一步优化了年龄结构，及时吸纳周边村居农民工、下岗职工充实保洁队伍，进一步健全了环卫保洁进退机制。加大机扫力度，每日洒水降尘，出动7台环卫作业车对县城区19条主次干道施行机械保洁、降尘作业，城区道路保洁率达到95%以上，洒水降尘作业覆盖率达到98%，着力打造黄河路、芦湖路等城区道路保洁精品路段。城区道路分级管理，推行网格负责制，把全县所有道路划分三个等级，重点路段实行一日两扫全天保洁，重点区域进行专人管理，全天在位巡回检查，发现问题第一时间解决，确保道路卫生干净整洁无死角。把所有道路划分成七个网格，实行道路网格管理，对区域网格人员、道路卫生清扫及垃圾箱(桶)等设备进行监管。加大投资，配备配齐环卫设施，根据城区环卫保洁面积扩大及环卫设施配备标准，今年加大投资力度，累计购置660升垃圾桶175个，240升垃圾桶4000个，总投资120万元。同时，对城区38个垃圾收集箱进行修整改造，目前已全部完成，并在迎接省级卫生城市复审期间对县城所有地下垃圾池进行了加盖遮挡改造.城区公厕改造有序推进，今年以来该局陆续接管了房管局、文化局和住建局所属的3座公厕。直管公厕由原来的8座增加到13座。大部分公厕由于年久失修已无法正常使用。总投资90万元对公厕进行集中改造和建设，其中13座现有公厕整修改造投资55万元，新建2座公厕投资35万元。目前，13座公厕改造提升工程已全部完成，2座新建环保公厕正在建设中。

城乡环境综合整治及城乡环卫一体化顺利推进。扩面提效，严格考核。在去年城乡综治取得显著成效的基础上，今年将全县所有行政村全部纳入整治范围，按照示范村、重点村、一般村三级整治标准，重点对“三大堆”及垃圾死角进行清理，对路域两侧进行修复治理，实施绿化美化。按照《关于建立和完善城乡环境综合整治长效管理机制实施意见》(高办发〔2012〕27号)的要求，强化属地全责管理原则，落实“日巡查、周督查、月通报”的督查方式，突出重难点问题治理，将考核落到实处，提高各镇(街道)常态化治理的积极性。建立环卫保洁长效机制，按照“村集、县运、市处理”的一体化处理模式，在各镇(办)驻地、村居按人口比例及路域长度合理配备保洁员和垃圾收集设施，实现农村环卫保洁管理长效机制。加大资金投入，搞好环卫配套基础设施建设。截至目前，全县环卫基础设施及设备累计投资3000余万元，购置5吨侧装式垃圾收集车11台，8吨后装式垃圾收集车6台，8吨密闭垃圾转运车4台，10吨吊装式垃圾收集车2台，大型扫路车3台，大型洗扫车1台，多功能道路冲洗洒水车3台。加快中转站建设，在田镇街道办、青城镇垃圾中转站建成运行的基础上。今年上半年加快芦湖街道办、唐坊镇、花沟镇、高城镇、常家镇、木李镇6处垃圾中转站建设。截至目前,6处中转站已完成完工,可投入运行。届时,全县城乡环卫一体化处理体系将全面建立。对城区出入口、城乡结合部、城区重点部位等进行集中整治,清理垃圾死角、建筑(工业)垃圾堆60余处18000立方.认真落实“门前五包”责任制,完善监督考核办法,督导相关责任单位抓好落实。

谈到下一步环卫工作打算,县执法局局长刘国华介绍:“一是稳中求进,突破难点,深入实施城乡生活垃圾一体化工程。理顺工作体制,加强镇村保洁队伍建设,配备配齐各类环卫设施,提升保洁质量;实施城区垃圾收集箱升级改造,布设高档进口全封闭、景观式垃圾桶,彻底解决生活垃圾二次污染,影响币容问题;进一步加强环卫保洁队伍建设,完善进退机制,提高保洁效率。二是加强宣传,积极引导,不断提高群众环保意识、城市意识。加强环境卫生及城市管理相关法规宣传,提高市民法律意识,规范市民行为;积极开展城管执法进学校、进社区、进企业‘三进’宣传活动,拉近与群众的心理距离,发挥各主流新闻媒体宣教作用,积极引导全社会共创生态文明和谐家园。”

(《高青工作》2013年10月25日)

第二节　新闻报道

尊重环卫工人劳动　共创文明卫生城

夜已静,喧闹的青城路早已恢复平静,拥挤的车辆、喧闹的人群也早巳散去,这时的街道上只有零星几个穿着黄色工作服的环卫工人,在用自己的双脚,在寒夜中丈量着城市的每一条街巷,清除着垃圾,清扫着灰尘。无论是污秽满地的商场门口,还是寸步难行的垃圾池周边,哪里有污垢,哪里就有他们合战的身影;哪里有卫生死角,哪里就有他们劳动的笑声。

环卫工人,是市容环境卫生的排头兵和主力军,他们在“迎审”工作中肩负着了最大的压力,承担着最重的任务。他们起早贪黑,默默无闻,承担城市垃圾的清扫清运、桶箱台厕的清掏管护、主次干道的日常保洁等最脏、最苦、最累的工作,为“迎审”而辛勤劳作,无始无终,无怨无悔,从而确保了我县市容环卫质量的长期巩固与提高.因此,尊重环卫工人的辛勒劳动,减轻环卫工人劳动强度,珍惜环卫工人的劳动成果,最大限度的调动环卫工人的积极性,使其努力发挥排头兵和主力军作用,应是创建和谐秀美新高青过程中的一项重要工作,需要全社会共同关注,全力配合。

从“迎审”工作开展以来,县委县政府对环卫工作就一直高度重视,主要领导形成共识,努力营造“珍惜环卫工人辛勤劳动、争做文明市民”的良好宣传氛围。在环卫工人切身利益方面,提高了环卫工人的工资福利待遇,临时工工资逐年增长。在环卫经费预算方面,不断加大投入,增添环卫设施、购置环卫设备、改造城区公厕等。寒暑天气及传统节日,主要领导都要到环卫一线亲自慰问、发放慰问品等。这些举措,极大的调动了环卫工人的劳动积极性,稳定了环卫职工队伍,环卫工人由衷高兴,备感欣慰,干劲倍增,市容环境整体卫生因而始终保持良好状态。

在市民群体中,大多数的市民心中都有“创城”意识,能把市容环卫当成自己的身边事,讲公德,讲卫生,做文明市民,从点滴做起。但总有少数市民,主观意识不清,个人利益至上,认为市容环卫的事情都应该归结于环卫工人,不尊重他们的辛勤劳作,做出一些不文明之事;早晨,一些行人边吃边随意将装早点的塑料袋、剥下的鸡蛋皮、擦嘴的餐巾瓶、瓜果皮核丢在地上。这些东西在刚刚清扫干净的街面上尤其显眼。环卫工人清晨5时上班,清理垃圾,清扫地面,至7点,刚刚清扫完,还来不及歇息,就得赶快捡拾,大大增加了劳动量;有的人提着垃圾袋,即使环卫部门设置的垃圾桶或果皮箱近在咫尺,却仍随手一甩,丢在一旁,风一刮满天飞扬,以至于桶内空着,而桶的周围却搞的垃圾遍地、臭不可闻,周围居民又反过来怨声载道,直怨环卫工人没做到位;有的人为发泄私愤或是发酒疯,把路边设置的垃圾桶踢倒、破坏,既给管理维护造成了困难,又加大了环卫设施设备的投入，造成严重的资金浪费；有的餐饮店利用夜晚把垃圾泔水混倒进垃圾桶，搞的垃圾桶油污遍身，无法擦洗，环卫工人清运时遍地泔水流淌，气味难闻，污染街道环境，影响环卫装卸工身体健康；一些吸烟的人，在街道行走时，习惯性的把吸完的烟头随意一扔，认为大不了一个烟头嘛，殊不知你扔我扔大家扔，街头到处是烟头；建筑工地个别拉土车装载过满，不遮盖，不封闭，沿街飞扬土粒，加大了清扫难度.如此等等，不一而足。

这些不文明的行为，严重影响了市容环境卫生整体效果，花费了环卫工人大量的时间和气力，这些随意性、自由性、顽劣性的举动，是素质低下的具体表现。对于这些现象，各相关部门应坚持开展日常街道巡回宣传教育活动，建立日常的巡查处罚机制，设立监督处罚流动岗，注重长期性、实效性，促使其最终做到自我约束、自我管理。

对于环卫工人来说，市容环境卫生不是一项一劳永逸的工作，而是一项永不竣工的工程，环卫工人的苦与乐，关乎这项工程能否长期保持优良、永久延续，从这个意义上说，尊重环卫工人劳动，提升市容环卫整体水平，进而创建省级卫生城市，必须是人人有责.所以，要在学校、机关、企事业单位、沿街门店、市民群体中不断进行广泛的宣教活动，提高大家对环卫工作的认识，求得大家对环卫工人的尊重和理解，支持其本不容易的工作。要使其充分认识到市容环卫事

业不仅仅是环卫工人的清扫保洁和清运，它直接关系到城市形象、投资环境和大家的日常生活，需要大家共同参与，更需要大家自觉参与，这不只是环卫部门的事，而是在政府的领导下，各相关部门和社会各界全力支持配合下的一个有机整体，共同创造一个更好的生活、工作、学习和居住环境，真正受益的还是广大市民本身。

总之，每个人的心中都应该树立良好的环卫的意识，全社会都应该行动起来，关心环卫事业，关注环卫工人，少扔一片纸屑，少泼一盆污水，不随地吐痰，不乱堆孔放杂物，垃圾入桶，果皮入箱，与环卫工人一道，共建美好城市，共享碧水蓝天。

（《高青工作》2013年10月25日通讯员李新龙）

创新管理　重心下移　全员参与
以城市管理长效机制提升高青城市新形象

去年以来，在市委、市政府的正确领导下，我县创新“网格化”管理机制，按照“统一领导、属地管理、条块结合、以块为主”的原则，切实把加强城市管理作为一项重要的民生工程来抓，坚持高标准施治，多部门参与，深入推进城乡环境综合整治，顺利通过省级卫生县城复审验收，城乡环境面貌显著改善。今年以来，为巩固放大去年的整治成果，建立全面覆盖、科学精细、运行顺畅的城市管理长效机制，我县重点抓了以下工作：

一、加强领导，强化考核，把城市管理列为年度目标管理考核重要内容

城市管理工作面广量大，情况复杂，为此我县专门成立由县政府主要领导任主任分管县领导任副主任，城市管理职能部门主要负责人、各镇（街道）主要负责人、县直各有关部门负责人为成员的县城市管理委员会，设立城市管理委员会办公室（以下简称城管办），抽调精干人员集中办公，专职负责城市管理的综合协调及调度工作，并定期对全县城市管理工作进行督查和考评，对市考评通报的问题及时进行专项督促整改。为提高各单位对城市管理工作的重视程度，我县把城市管理工作纳入县委县政府年度目标考核管理，考核比重占到对单位千分制考核的150分，并作为单位年终评先树优的重要依据。县财政专门拿出600万元用于城市管理考评奖励，每月进行考评，兑现奖惩。同时，以城市管理长效机制建设为总抓手，统筹推进生态高青建设和国家级卫生县城、国家级园林县城、全国绿化模范县“三城同创”工作，建立完善“大城管”体制机制，全面提升城市管理水平。

二、创新机制，狠抓落实，推进城市管理工作再上新台阶

在认真调研，广泛征求意见的基础上，制定出台了高青县委、县政府《关于加强城市管理长效机制建设的意见》和《高青县城市管理考评办法》，积极创新城市管理体制机制，推动工作高效落实。一是创新工作机制。认真总结去年开展城乡环境综合整治的经验，继续深化“网格化”管理，将城区

划分为工作量相当的114个网格，每网格确定一个挂包牵头单位，形成以相关镇（街道）、职能部门为“条”，以网格牵头单位为“块”，“条块”结合、无缝覆盖的城市管理网络。各网格牵头单位全面排查网格内问题，积极主动配合职能部门进行整改。相关镇（街道）、职能部门作为城市管理工作主体，按照《高青县城市管理考评细则》，明确任务，重心下移，认真细致查摆问题，迅速彻底进行整改，进一步夯实城市管理长效机制建设基础，实现城市管理的科学化、规范化。二是创新协调机制。按照我县《2014年度指挥部重点工作项目化分解明细》，城市管理工作由城市开发管理与新型城镇化指挥部进行统筹协调。指挥部对城市管理工作实行每月一调度、每季度一点评通报、年终考核总评，做到掌握动态及时，发现问题及时，问题督办及时。同时，计划投入1000余万元建设高青县智慧城市基础平台，综合协调城市管理资源配置、利用，利用现代信息技术手段，提升城市管理工作水平。三是创新考评机制。由县城管办负责组织对城市管理工作的考评和奖惩。对职能部门的考评，根据市考评结果，对照反馈问题，依据《高青县城市管理考评细则》进行排名、奖惩，每月考评结果由县委、县政府进行通报。月考评连续两次排名末位的，向县委、县政府书面说明原因；月考评连续三次排名末位的，县委、县政府主要领导约谈单位主要负责人。对网格牵头单位的考评，分四个片区每月打分、排名，每季度进行奖励。片区前十名单位各奖励1万元；片区排名后三位的不予奖励；其他单位各奖励5000元。每月考评排名后三位的，向县委、县政府书面说明原因；月考评连续两次排名后三位的，县委组织部约谈网格牵头单位主要负责人；月考评连续三次排名后三位的，县委、县政府主要领导约谈单位主要负责人。四是创新监督机制。为确保考评结果公平公正，专门组建高青县城市管理考评专家库，具体负责城市管理考评工作。聘请党代表、人大代表、政协委员、市民代表等为监督员，参与监督考评过程。县考核办、县重点工作考核办、县政府督查室对市民投诉、领导交办事项以及考评人员日常工作进行定期和不定期督查。

三、全民参与，共建共享，营造城市管理浓厚氛围

坚持走群众路线，充分发动群众参与城市管理，广泛宣传“人民城市人民管，管好城市为人民”的工作理念，形成全社会关心、理解、支持、参与城市管理的浓厚氛围。一是加强舆论宣传。在高青电视台、广播电台、政府门户网站、《高青工作》等县内新闻媒体开辟城市管理专栏，总结推广典型经验，宣传先进典型，曝光反面案例，引导市民关注、参与城市管理工作。二是组织全民参与。充分发挥县工会、共青团、妇联等群团组织的作用，组织成立“城市管理志愿者”、“城市管理义务监督员”队伍，发挥“工人先锋号”、“青年文明号”、“巾帼文明岗”等的模范带动作用，以“爱我家园”志愿者协会等志愿者组织为载体，积极开展城市管理实践活动，广泛发动社会力量参与城市管理。三是发动群众监督。畅通群众建议、投诉渠道，设立城市管理24小时投诉专线电话，及时处理市民反映的问题。

尽管我们在建立形成城市管理长效机制方面做了大量工作，但与市委市政府的要求比，与人民群众的期盼比还有不少差距，今后，我们将以此次会议为契机，认真贯彻落实市委市政府对城市管理的新要求，学习借鉴兄弟区县的先进经验做法，进一步完善措施，健全长效机制，确保城市管理工作再上新水平。

（2014年3月21日，高青县政府在全市城市管理长效机制建设工作会议上的交流材料）

高青县城管公安联勤联动促进城市管理

为全面加强城市管理，构建“服务、管理、执法”三位一体大城管格局，遏制城区违法犯罪和阻碍行政执法案件的发生，在增强群众的安全感的同时提升城市形象，淄博市高青县实行公安与城管“联勤联动”工作机制，成效初显。

建立领导保障机制，根据工作需要，县委任命县公安局副局长1名兼任县执法局党组副书记，抽调县公安局直属大队、治安大队各1名副大队长任职县执法局党组成员、副局长，主要负责全面协调城市管理部门与公安部门关系，整合城管与公安的资源优势，整体上达到“保障有力，管理提升”的管理效果。建立信息共享机制，本着节约资金、提高效能的原则，出现问题集中调度，一旦发生警情，能够一呼百应，迅速集结，果断处置。建立联勤联动机制，起以110报警服务台为龙头，以县城管执法局街面执法队伍为依托，以公安机关出警迅速为保障的“布局合理、协调配合、优势互补、联勤联动”的治安防控新格局，行政执法队员能够协助警方对路面违法行为早发现、早制止，执法时遇到拒绝查处或是暴力抗法的情况，民警能确保执法力度。建立监督制约机制，聘请社会各界人士作为两局的执法监督员，定期听取对执法工作的意见和建议，同时，公安机关与城管执法部门之间相互监督，避免执法不严、执法不公、乱用职权甚至徇私枉法行为，促进公正文明执法。

（2014年6月4日《淄博日报》第二版，作者张超　李新龙）

高青县着力打造“水绿高青”

（有删节）

一、转变发展理念，坚定不移地走生态环保可持续发展的路子

高青县在贯彻落实中央、县市转方式调结构部署要求的过程中，经过不断探索和痛苦抉择，毅然决然地决定，坚决摒弃粗放的发展模式，坚定不移地走生态环保可持续的发展路子。

1.工作指导向生态环境聚焦。高青县始终坚持把生态环境作为最大的后发优势和宝贵资源，把绿色发展、可持续发展作为加快县域发展的重要举措，努力将生态资源优势转化为加快发展的后发优势和第一竞争力。2014年以来，县政府主要领导已先后4次召开专题调度会协调相关工作，并2次对生态建设进行专题调研；县人大、县政协组织了3次专题调研督导活动，

2.工作力量向生态环境聚焦。县里专门成立了以县政府主要领导为组长的生态高青建设工作领导小组。领导小组下设生态高青建设工作办公室（简称生态办），并高规格配备了领导力量，由县政府主要领导任主任，县委政法委书记、县政协分管副主席任副主任，日常工作由县政协分管副主席牵头主抓，从相关部门抽调6名专职工作人员，实行集中办公实体运作，并拨付专门经费，统一协调调度生态高青建设工作。

3.工工作导向向生态环境聚焦。科学运用考核“指挥棒”，将生态高青建设工作涉及的6个方面、100余项重点任务全部纳入年度目标管理考核，并赋予较大考核权重，在千分制考核办法中生态高青建设占到150分。县生态办定期会同组织部、纪委、考核办等相关单位，同时聘请省市专家组进行联合督导检查，每月进行排名通报，对存在问题及时下发督办单，限期整改，确保生态高青建设各项任务落到实处。

二、坚持问题导向，开展专项治理行动

1.开展大气污染专项治理。

2.开展建筑渣土专项整治。专门成立建筑渣土办公室，对建筑渣土清运实行保证金制度，强化对建筑渣土、建筑垃圾乱倒和撒漏等行为的查处，累计办理建筑渣土处置手续3件，渣土处置量6000立方米，查处违章清运渣土行为4起。

3.大力实施“洗城”工程。加大城区主要道路冲洗保洁力度，提高机械保洁率；完善垃圾收集转运系统，加强城区道路人工保洁及生活垃圾清运、处理管理，做到建成区垃圾日产日清。

4.开展城乡环境专项整治。对生活垃圾处理、扰民噪音、扬尘污染等进行专项整治，累计依法下达书面整改通知120余份，查处焚烧垃圾8起，受理生活噪音投诉17起，查处违法扬尘作业13处，取缔露天烧烤4处，取缔建成区内废品收购点2处。2014年以来，全县主要大气污染物排放量显著下降，重点工业企业烟尘、烟气废气全部达标排放，扬尘和机动车尾气污染得到有效控制，重点区域环境空气质量持续改善。进入6月份以来，该县已连续四周空气质量良好以上天数位居全市前列。

三、坚持水绿统筹规划，着力打造“水绿高青”

高青县始终把人民群众的生态利益作为生态建设的出发点和落脚点，通过优化改善生态环境提升群众生活品质。他们充分发挥毗邻黄河、水资源丰富、辖区内沟渠纵横的特点和优势，坚持把加强水系、绿化、路网建设作为改善环境质量的重要基础，统一编制水系、绿化、路网建设规划，以路带渠、因路植绿、因河植绿、管线配套，实现了路

网、水网、绿网、管网“四网合一”，为环境质量不断改善提供了良好保障。

1.打造功能景观水系。启动实施现代水网工程，充分利用2个引黄闸与遍布全县的灌排沟渠，通过清淤除污、深挖改扩建水库以及修建联通工程，着力打造河渠相连、河库相连、多元互补、丰枯调剂、覆盖全域的现代水网，实现水资源调配、防洪调度和水系生态保护的有机融合。围绕建设环城水系，启动实施清水润城工程，依托城区东环水系、干二排景观水系、东外环水系、滨河路景观水系等9条水系，通过深挖扩面、引水入城、沿河绿化，着力打造城区生态景观水系。目前，全长45公里的环城水系已全部贯通。以大芦湖温地修复保护为龙头，集中建设一批小型湿地，开成星罗棋布的湿地格局。年内新造湿地2400亩，力争打造全省湿地公园最多的地方。

2.提升全域绿化水平。围绕建设环城绿廊，打造沿河、沿路绿化景观，开展庭院绿化和水域、路域绿化工程。依附水系、路网打造环城绿廊，总长105公里的环城绿廊2013年建成55公里，2014年新完成庆淄路、广青路等沟渠道路绿化1.98万株，累计新增绿地面积924公顷，种植各类苗木350万株，基本建设“点成景、线成荫，片成林”的绿色城市。

3.完善县域路网建设。三年累计投资9亿元改造升级省级道路66公里，除潍高路之外其余省道全部完成改造。2013年成功争取到总投资2.73亿元的全市唯一一个“全省村级公路网化示范县”，计划用3年时间改造村级公路428金里，小桥涵24座，453个村的20多万群众将直接受益。

四、对全市加强生态文明建设的有益借鉴

1.要切实把发展理念转变到促进生态建设上来，守住生态底线。各级政府要正确处理加快发展与生态环境保护，眼前利益与长远利益，局部利益与全局利益的关系，加强对生态文明建设的组织领导和统筹协调，努力形成人与自然和谐发展的局面。

2.要坚决维护人民群众的生态利益，通过生态建设提升人民群众生活品质。坚持生态建设成果由人民共享，推进还湖于民、还河于民、还绿于民等工程，努力给人民群众提供一个优雅舒适的生活环境。

3.要坚持生态文明与城市建设有机结合。在市政建设工程中，不论是“开发”工程，还是“整治”工程等，都要作为保护环境的“生态工程”来抓，始终坚持“积极保护”方针，实现生态效益、社会效益和经济效益的最大化、最优化。

（2014年6月30日，中共淄博市委办公室、政研室《决策参考》）

高青城管:坚持人性化执法落实服务保障

“马路市场”一直是居民感到困扰的一大难题，尤其在上下班车辆高峰期，沿街摆摊的菜农商贩占道经营是造成交通拥挤的一大病因。但一个小摊有可能就是菜农商贩们维系一家老小的生计，这种情形下，若采取简单取缔的方法，很容易引发商贩不满，甚至会发生暴力抗法。为此，高青县城管执法局坚持“以人为本、执法为民”的原则，以教育引导为主，全民共建，形成互动，建立了“摊主自治、执法督导”的机制，在一些商贩比较集中的道路，遵循不影响居民正常生活的原则，实行规定经营区域，规定经营时间，规定经营范围的管理方式，为商贩统一制作带有编号的便民摊点服务牌，利用摊主们“行业自律”的办法，实行统一督导管理。

通过实施新的管理办法，既让商贩们提高了合法经营的自觉性，又为附近居民买早餐、买菜提供了便利，改变了县城街道脏乱差的状况，改善了交通堵塞、交通不安全的状况，不但保障了居民的“安全通道”，还让下岗失业人员重新获得了谋生条件，保障了农民的“绿色通道”，维护了社会的稳定和谐，拉近了城管部门与群众间的距离。实现了管理成本最小化、管理效果最大化的目标，而且还赢得了管理对象实际行动的支持与参与。

（2014年8月3日《淄博日报》第二版，作者李新龙）

环卫节里话真情深入一线送温暖

他们是城市的清道夫，大街小巷随处可见他

们打扫卫生的身影；他们的工作简单而平凡，用自己的双手将城市扮靓，年复一年，日复一日；他们是最普通、最基层的劳动者，更是可亲可敬的劳动群体——环卫工人。在山东省第20届环卫工人节来临之际，山东省高青县、沂源县城管执法局组织开展了多种形式的活动，营造关爱环卫工人的良好氛围，切实帮助环卫职工解决实际困难和问题。

高青县通过召开第20届环卫工人节最美城管环卫工·园丁表彰暨“爱我家园”摄影展览仪式，对在城管、环卫、园林工作中涌现出的先进个人进行表彰，并展览环卫工人为主题的摄影比赛作品。会后，高青县领导亲切看望慰问了辛勤工作在第一线的城管、环卫、园林工作者，并和群众一起观看了摄影比赛展览。

沂源县城管执法局邀请县中医院的医护人员，为常年工作在一线的环卫工人进行义诊。包括内科、外科、心电图、血糖、血压，每一项医护人员都进行了认真、细致地检查，并根据情况对发现疾病的环卫工人提供了治疗方案，保障了他们的身体健康。淄博三雅城市设施有限公司则给环卫工人送来了环卫节礼物，感谢他们为城市的美丽而付出的辛勤劳动，使环卫工人倍感温暖。

（2014年11月2日《淄博日报》第二版，作者李新龙）

大城管体制的高青尝试

“将城市建设和管理职责分开，实行城市管理、执法、服务‘三位一体’大城管体制”，是《中共淄博市委淄博市人民政府关于淄博市人民政府职能转变和机构改革的实施意见》（淄发201413号）描绘的未来淄博城市管理的新格局。

在这幅蓝图下，一个新的城市管理和行政执法局诞生，城市管理与行政执法职能并重，原来的“九龙治水”变成“政出一家”，将在很大程度上减少推诿扯皮，提高行政效率。事实上，这样的画面并非遥不可及的愿景。通过几年来的数次改革，今年9月份，高青县已经初步建立起了城管大部门制。11月20日，记者实地探访了高青县“大城管”治城模式。

环卫工参与城市管理

11月20日一早，高青县城市管理行政执法局执法大队四中队中队长李政像往常一样上路巡查。行至该县高苑路与齐东路路口附近时，一名占道经营的卖布商贩引起了他的注意。“你这布摊摆到路边，一来影响交通安全，二来丢弃的烂布头也影响周边环境卫生啊！”负责该路段环境卫生的环卫工人劝说着。

“是啊，环卫工人打扫卫生也很辛苦，您得理解和体谅！占道经营确实不对，您可以去便民市场经营。”李政与环卫工人一起，耐心劝说这名商贩搬到便民市场进行经营。

最终，商贩撤掉摊位，搬到便民市场经营。短短几分钟，这起占道经营有了圆满结果。

不过，此前类似的城管执法工作很难像如今这样顺利。“清理占道经营绝非仅靠城管部门就能解决。商贩清走了，留在地上的垃圾怎么办？”李政坦言，以前，环卫是环卫，城管是城管，一个负责清扫卫生，一个负责城管执法。想要协调各方力量共同处理占道经营及后续问题，并非想象中那么简单。

“现在，环卫工人发现问题，自己能劝说的就积极劝说，同时第一时间与我们执法队员取得联系。这样也有利于我们及时发现问题、解决问题。”李政对这种变化的肯定溢于言表。

李政所说的变化，始于2011年11月。从那时起，高青县城管局与环卫局就不再是跨部门的联合行动，而变成了一个单位内部科室之间的协调配合。换句话说，环卫工人站在了城市管理的第一个环节。

环卫工人的工作性质决定了其及时发现问题的便捷性，而这也在很大程度上弥补了城市管理人员不足的短板。通过第一个环节的及时发现，并无缝对接片区城管行政执法队员监督管理，这已成为高青县城市管理工作的亮点。

事实上，高青县城市管理行政执法局是淄博市各区县成立最晚的行政执法局，但其现代城市管理体制迈出的步子却最大。

20日，高青县城市管理行政执法局局长孙旭光介绍，2005年根据省法制办要求，将高青县住建局城管执法大队升格为正科级县城市管理行政执法局，行使相对集中的行政处罚权。2011 年 11 月，县委、县政府审时度势，根据城市管理的需要，将原县住建局环境卫生管理处升格为正科级县环境卫生管理局，编入城市管理行政执法局。原环卫局的所有人员、设备、职能全部纳入城管局管理。

首创公安城管联勤联动

“身份尴尬，时有无奈。”这是受访城管执法人员对于遭遇暴力抗法最无奈的陈述。记者了解到，淄博市各区县城市管理行政执法人员多是事业单位身份，在执法过程中遇到暴力抗法时，很难使用“妨碍公务执行罪”这一利器。

正是基于这样的现实情况，面对一些疑难案件，与公安部门联合执法，成为城管部门最理想、最有效的执法方式。不过，二者之间如何协调、配合，同样是困扰城市管理的一大难题。

或许正是得益于起步晚，高青城管在建立现代城市管理体制的过程中，少了诸多利益羁绊。在借鉴外地经验的基础上，2013 年 7 月，高青县在淄博城市管理历史上，又一次第一个吃螃蟹。为遏制城区违法犯罪和阻碍行政执法案件的发生，在增强群众的安全感的同时提升城市形象，高青县创建了公安与城管联勤联动工作机制，构建了“服务、管理、执法”三位一体的“大城管”格局。

孙旭光介绍，所谓公安与城管联勤联动工作机制，即根据工作需要，县委任命县公安局副局长 1 名兼任县执法局党组副书记，抽调县公安局直属大队、治安大队各 1 名副大队长任职县执法局党组成员、副局长，主要负责全面协调城市管理部门与公安部门的关系。整合城管与公安的资源优势，整体上达到“保障有力，管理提升”的管理效果。

高青县城市管理行政执法局党组成员、副局长邵峰就是从公安来到城管部门任职的干部。当然，他另外一个身份一高青县公安局治安大队副大队长仍然保留。11 月 20 日，接受采访时，邵峰告诉记者，根据上级要求，2013 年 7 月他在县公安局任职的同时，到县城管执法局上班，主要负责协调联勤联动工作。

“这项工作的实施，最大的好处还是便于整合力量，提高行政执法效率。同时城管队员也能协助维护社会治安。”邵峰表示，联勤联动机制运行以来，在保障城市管理正常执法秩序及维护社会治安管理等方面发挥了重要作用，累计依法处理阻碍正常行政执法行为 20 余起，办理阻碍正常行政执法案件 2 起，刑事拘留 2 人；城市管理街面巡查人员向公安部门提供治安线索（信息）34 条（次），有价值线索 5 条。

通过建立联勤联动机制，建立起以 110 报警服务台为龙头，以县城管执法局街面执法队伍为依托，以公安机关出警迅速为保障的“布局合理、协调配合、优势互补、联勤联动”的治安防控新格局。行政执法队员能够协助警方对路面违法行为早发现、早制止，执法时遇到拒绝查处或是暴力抗法的情况，民警能确保执法力度。

拼图渐全大城管成型

如果说公安与城管联勤联动解决了执法保障问题，成为城管大部门制的基石，那么，理顺城市管理条块关系不协调，解决管理体制上政出多门、多头管理、职能交叉、管理效能不高，则成为城管大部门制的核心。

长期以来，城管与城建、规划、环卫、园林、市政、房产等相关职能部门协作性不强，存在统筹协调不够、职责不清、职能不到位、督促检查不力和措施不落实的情况。针对这一现状，高青县委、县政府经过充分调研，根据中央、省关于落实机构改革的文件精神，再一次重新整合城市管理各方力量。

2014 年 9 月，根据省委推进市县五领域大部制改革精神，在城市管理领域，高青县推行“大城管”体制。将县园林绿化管理局和市政处的市政管理职能由县住建局编入县执法局，充实完善城市管理职能，理顺城市管理与城管执法机构关系。建立寓管理、执法、服务于一体的“大城管”体制。

当前正值高青县争创国家卫生县城、国家园林城市、全国绿化模范县的关键节点，加快推进“三城同创”的工作，之前多是由县委、县政府办公室牵头组织各部门参与。而通过机构改革，原来需要组织十几个部门参与的会议，如今只需要 3 至 4 个部门来承担，行政效率有了显著提高。

“下一步，高青县还将在城市管理方面作出更大探索。”孙旭光说。目前县委、县政府正在探索将属县交通局的交通稽查大队和属国土局的稽查大队，调整到城管执法局合署办公，进一步整合执法力量。

（2014 年 11 月 25 日，《鲁中晨报》记者孙银峰 张 楠）

飒爽英姿，柔性“亮剑”

——高青县首支城管“娘子军”成立

飒爽的英姿、亲切的笑容、柔和的劝导，2015 年 3 月，一支城管“娘子军”在高青县黄河路亮相。这是县城市管理和行政执法局为充分发挥女性在城管执法工作中特有的耐心、细心和善于沟通的特点，着力打造的高青县首支城管执法女子中队。该女子中队有 8 名队员，主要负责对高青县黄河路的占道经营及乱贴乱画、乱摆乱放、乱拉乱挂等“六乱”问题进行整治，并宣传城市管理方面的法律法规。

微笑劝导、柔性执法，女子城管最大的优势莫过于改变了以往男性城管冷峻、严厉的一面，通过女性特有的亲和力和感染力去教育、劝导、纠正，展现出特有的爱心、耐心。用爱心服务，能更好地为店主、摊贩的利益着想，体会到他们的难处，让群众体会到城市管理的最大意义；用耐心执法，在劝导过程中保持微笑，用笑容感化店主、摊贩，为群众提供最人性化的管理服务。

坚持文明执法、柔性执法，女子城管中队塑造了高青县城管执法队伍的崭新形象，成为高青县街道上有一个靓丽的“风景线”。

（《今日高青》2015 年 3 月 19 日，第 37 期）

创建国家园林县城　建设大悦至美高青

傍晚时分，千乘湖公园游人如织，有的健步疾走，有的闲庭信步，还有的市民三五成群在绿树下分享一天的工作和生活。清风袭来，绿树摇曳，碧水盈动，美不胜收。这是我县创建国家园林县城带给市民的福利。

现在的高青，出门见绿，移步见景，满城绿色，用“城在绿中，绿在城中”来形容一点都不为过。自 2011 年我县创建“国家园林县城”建设拉开帷幕后，县园林局“高起点规划、高标准建设、高质量管理”，不断加大园林绿化、生态环保、节能减排、市政设施的投资建设力度，各项工作有了突破性进展。截至目前，县城建成区绿化覆盖面积 521.96 公顷，绿地面积 464.49 公顷，公园绿地面积 155.59 公顷，绿化覆盖率、绿地率分别为 42.23%、37.58%，人均公园绿地面积 22.19 平方米。

因地制宜，打造城市名片

享受绿色成为高青人值得炫耀的幸福。走出家门，人们很快就会被满眼的绿树、绿地包围。

水是高青的风情，绿是高青的妩媚。县园林局充分挖掘地域优势，突出城市特色，坚持“水网、绿网、路网、管网”四网合一的建设思路，大力实施“水绿高青”建设。利用滨黄河而兴的优势，依托外环路建设，对河道拓宽开挖，连接成环状，进一步将城内湖泊串联，建设 42 公里的环城水系。已完成北支新河城区段、东环水系、西外环水系、北外环水系建设、支六排提升改造工程，现在正在建设的北支新河城区下游段拓宽改造工程、东外环水系提升改造工程、东环水系北延工程、支十七排水系拓宽改造等 4 个景观水系项目，建设面积 121 公顷，概算投资 2.26 亿元，目前，已完成土方量 220 万方，园路、广场铺装 1.5 万平方米，种植各类苗木 3.5 万株，种植地被 16 万余平方米，完成投资 9000 万元。实施了东外环、南外环、西外环、北外环和县域内潍高路、庆淄路、广青路、唐北路、田翟路等省道、县道 11 条道路分别沿路建设 150 米和 50 米宽的绿色长廊，建设总长度 105 公里，绿化面积 1728 公顷，真正把水和绿打造成高青城市建设的名片。

科学规划，突出人文关怀

“我们住在造纸厂附近，以前傍晚根本不敢出来散步，垃圾遍地，杂草丛生，谁也没有心思在这样的环境里散步，现在可好了，唐北路游园修好了，我们再也不用羡慕挨着公园近的小区了，家门口就可以散散步溜溜弯。”刘女士对唐北路游园的修建赞不绝口。

县园林局为满足公园绿地服务半径的要求，实施公园、游园建设，近年来，相继建设了李星耀游园、唐北路游园、李官游园、共建林游园等 4 处游园。目前，我县有芦湖公园、千乘湖生态文化园、文体游园等19处公园（游园），公园绿地面积155.59公顷。按照“规划先行，以人为本”的原则，按照“增绿量、建精品、创特色”的工作思路，先后完成了芦湖路南延、东外环路北延、高苑路西延、青城路西延、唐北路中段、七号路北段、六号路南段、青苑路中段等道路绿化建设，新增道路绿化面积56万平方米，道路绿化普及率达100%。

依法治绿，保障绿荫成果

炎热的夏天，行走在县城几条主干道上，一点都感觉不到夏日灼热的阳光，成排的绿树犹如一个天然的保护伞，让市民真正实现了走在绿荫下。

近年来县园林局实施了绿荫行动“五大工程”和裸露土地治理，让城市绿荫不留一处死角。

林荫路建设。在道路两侧实施双排或多排行道树种植，目前，我县黄河路、中心路、齐东路等13条道路已具备林荫路标准，推广率达68%；

林荫公园（游园）建设。现有县财政局、教育局、法院、粮食局等单位门前林荫停车场17处，林荫停车场推广率达70%；林荫公园（游园）绿化面积均达到占陆地总面积的75%，乔木覆盖率达到60%；

林荫庭院和小区建设。采取破硬造绿、见缝插绿、垂直绿化等措施，使县芦湖花园、银岭世家、齐林家园、地税局宿舍区、国税局宿舍区等多处（庭院）小区达到了良好的林荫效果；

林荫停车场建设。充分利用“绿色图章”管理，建设林荫停车场17处；

立体绿化。对芦湖桥桥体、城区电线杆、硬质驳岸、透明墙、实体墙采取安装花容器，种植蔷薇、北海盗黄杨、爬墙虎等攀援植物进行绿化，提高立体空间绿化效果。治理裸露土地100余块，绿化裸露面积31.1万平方米，达到了裸露土地全覆盖效果，有效控制了城市扬尘，改善了生态环境。

营造氛围，提高护绿意识

“我们以家庭为单位认养了一棵小树苗树，女儿还小，正是学习行为习惯的好时候，我们希望身体力行，让女儿和小树一起成长，培养她从小养成护绿意识。”市民李先生对认养活动非常支持。

创建国家园林县城的创建离不开全县人民的广泛参与，为增强社会各界爱绿护绿意识，以创建国家园林县城为依托，园林局实施社会共建活动，印发了“认养认领认管园林树木倡议书”及“认养认领认管实施办法”，全县共100个单位及个人参与捐资，社会共建捐资159万元，建设总面积6万平方米。共138人在芦湖公园、千乘湖生态文化园开展了树木认养活动。活动引导广大市民自觉从身边的小事做起，推动市民素质的提高和城市管理水平的提升，让广大市民共创园林城市，共享园林城市成果。

2009年我县成功创建“省级园林城市”，同时被授予“山东人居环境范例奖”，2011年创建“国家园林县城”建设拉开帷幕，2012年我县被授予“山东省绿化模范县”称号。近年来，我县把创建“国家园林县城”作为经济发展、改善生态、服务民生的首要任务来抓，通过近四年的努力，我县城市布局日趋合理，城市面貌大为改观，人居环境更加优美，已形成一座碧水绕城、绿树融城、水绿交融的园林城市格局。

（2015年8月14日，高青政务网）

第十六章 荣 誉

高青县城管执法局单位荣誉

序号	荣 誉	颁发单位	获奖时间
1	全市城市管理行政执法工作先进单位	淄博市城市管理行政执法局	2004 年 12 月
2	全市城市管理行政执法工作先进单位	淄博市城市管理行政执法局	2005 年 12 月
3	全市城市管理行政执法系统军训达标班队列会操二等奖	淄博市城市管理行政执法局	2006 年 11 月
4	全市城管执法系统第一届运动会体育道德风尚奖	淄博市城市管理行政执法局	2006 年 11 月
5	全市城市管理行政执法规范化管理先进集体	淄博市城市管理行政执法局	2007 年 1 月
6	全市城市管理行政执法工作先进单位	淄博市城市管理行政执法局	2007 年 1 月
7	全市城市管理行政执法系统军事训练班队列会操三等奖	淄博市城市管理行政执法局	2007 年 11 月
8	全市城市管理行政执法工作先进单位	淄博市城市管理行政执法局	2008 年 1 月
9	全市城市管理行政执法宣传信息工作先进单位	淄博市城市管理行政执法局	2008 年 1 月
10	2008 年度全市城管执法工作优秀单位	淄博市城市管理行政执法局	2009 年 1 月
11	2008 年度全市城乡环境综合整治工作先进单位	淄博市城乡环境综合整治活动领导小组	2009 年 2 月
12	2008 年度重点项目建设先进单位	中共高青县委 高青县人民政府	2009 年 2 月
13	庆祝新中国六十周年华诞法律知识竞赛优秀组织奖	淄博市城市管理行政执法局	2009 年 9 月
14	全市城管执法系统体育竞赛体育道德风尚奖	淄博市城市管理行政执法局	2009 年 9 月
15	2009 年度全市城管执法工作优秀单位	淄博市城市管理行政执法局	2010 年 1 月
16	2009 年度城乡环境综合整治工作先进单位	高青县人民政府	2010 年 3 月
17	创建省级园林城市先进单位	中共高青县委 高青县人民政府	2010 年 3 月
18	2009 年度依法行政工作先进单位	高青县人民政府	2010 年 3 月
19	2010 年度全市城市管理行政执法工作先进单位	淄博市城市管理行政执法局	2011 年 2 月

续表

序号	荣 誉	颁发单位	获奖时间
20	2010 年度目标管理考核先进集体	中共高青县委 高青县人民政府	2011 年 2 月
21	2010 年度城乡环境综合整治工作先进单位	高青县人民政府	2011 年 2 月
22	2010 年度依法行政工作先进单位	高青县人民政府	2011 年 2 月
23	2011 年度目标管理考核先进集体	中共高青县委 高青县人民政府	2012 年 1 月
24	2011 年度行政审批工作先进单位	中共高青县委 高青县人民政府	2012 年 1 月
25	2011 年度城乡环境综合整治工作先进单位	中共高青县委 高青县人民政府	2012 年 1 月
26	2011 年度全市城管执法工作先进单位	淄博市城市管理行政执法局	2012 年 3 月
27	文明单位	中共淄博市委 淄博市人民政府	2013 年 2 月
28	2012 年度全县重点工作先进指挥部办公室	中共高青县委 高青县人民政府	2013 年 2 月
29	2012 年度人口和计划生育工作先进单位	中共高青县委 高青县人民政府	2013 年 2 月
30	2012 年度城乡环境综合整治工作先进集体	中共高青县委 高青县人民政府	2013 年 2 月
31	2012 年度政府门户网站政民互动先进集体	中共高青县委 高青县人民政府	2013 年 2 月
32	2013 年度全县重点工作先进指挥部办公室	中共高青县委 高青县人民政府	2014 年 2 月
33	2013 年度环境综合整治及卫生县城复审工作先进集体	中共高青县委 高青县人民政府	2014 年 2 月
34	2013 年度“水绿高青”建设先进集体	中共高青县委 高青县人民政府	2014 年 2 月
35	2013 年度省级卫生县城复审工作先进集体	中共高青县委 高青县人民政府	2014 年 2 月
36	2013 年度业务工作先进集体	中共高青县委 高青县人民政府	2014 年 2 月
37	2013 年度应急管理工作先进集体	中共高青县委 高青县人民政府	2014 年 2 月

续表

序号	荣　　誉	颁发单位	获奖时间
38	2013 年度政府门户网站内容保障及政民互动工作先进集体	中共高青县委 高青县人民政府	2014 年 2 月
39	2013 年度全市城市管理行政执法工作先进单位	淄博市城市管理行政执法局	2014 年 3 月
40	全市爱国卫生工作先进集体	淄博市爱国卫生运动委员会	2014 年 4 月
41	2014 年度城市管理工作先进集体	淄博市城市管理行政执法局	2015 年 2 月
42	2014 年度县直部门目标管理考核先进集体	中共高青县委 高青县人民政府	2015 年 2 月
43	2014 年度人大代表建议、政协委员提案办理工作先进单位	中共高青县委 高青县人民政府	2015 年 2 月
44	2014 年度安全生产工作先进集体	中共高青县委 高青县人民政府	2015 年 2 月
45	2014 年度全县普法工作先进集体	中共高青县委 高青县人民政府	2015 年 2 月
46	2014 年度环境保护工作先进集体	中共高青县委 高青县人民政府	2015 年 2 月
47	城市管理先进网格牵头单位	中共高青县委 高青县人民政府	2015 年 2 月
48	2014 年度高青政务网政民互动及内容保障工作先进集体	中共高青县委 高青县人民政府	2015 年 2 月
49	2014 年度妇女儿童工作先进集体	中共高青县委 高青县人民政府	2015 年 2 月
50	2014 年度房屋征收(拆迁)工作先进集体	中共高青县委 高青县人民政府	2015 年 2 月
51	2014 年度现代水网建设工作先进集体	中共高青县委 高青县人民政府	2015 年 2 月
52	2014 年度全县重点工作先进指挥部项目组	中共高青县委 高青县人民政府	2015 年 2 月
53	2014 年度干事创业先进集体	中共高青县委 高青县人民政府	2015 年 2 月
54	2014 年度城乡环境综合整治工作先进集体	中共高青县委 高青县人民政府	2015 年 2 月
55	2014 年度服务经济社会发展部门	中共高青县委 高青县人民政府	2015 年 2 月

续表

序号	荣 誉	颁发单位	获奖时间
56	2014年度城市开发管理与新型城镇化优秀指挥部	中共高青县委 高青县人民政府	2015年2月
57	2014年度扶贫奔康包村先进单位	中共高青县委 高青县人民政府	2015年2月
58	2014年度营商环境及作风效能建设先进集体	中共高青县委 高青县人民政府	2015年2月
59	2014年度精神文明建设先进集体	中共高青县委 高青县人民政府	2015年2月
60	第三届中国(高青)黑牛杰暨“黄金周”先进单位	中共高青县委 高青县人民政府	2015年2月
61	2014年度县直部门管理考核先进集体	中共高青县委 高青县人民政府	2015年2月
62	2015年度干事创业先进集体	中共高青县委 高青县人民政府	2016年2月
63	2015年度县直部门目标管理考核(服务经济社会发展部门)先进集体	中共高青县委 高青县人民政府	2016年2月
64	2015年度招商引资先进集体	中共高青县委 高青县人民政府	2016年2月
65	2015年度“双百工程”创建优秀党组织	中共高青县委 高青县人民政府	2016年2月
66	2015年度部门包村先进单位	中共高青县委 高青县人民政府	2016年2月
67	2015年度城乡环卫一体化工作先进集体	中共高青县委 高青县人民政府	2016年2月
68	2015年度空气异味综合整治专项行动先进集体	中共高青县委 高青县人民政府	2016年2月
69	2015年度节能减排工作先进集体	中共高青县委 高青县人民政府	2016年2月
70	2015年度营商环境及作风效能建设先进集体	中共高青县委 高青县人民政府	2016年2月
71	2015年度党风政风行风建设社会评价先进集体	中共高青县委 高青县人民政府	2016年2月
72	2015年度“四德工程”建设先进集体	中共高青县委 高青县人民政府	2016年2月

续表

序号	荣　　誉	颁发单位	获奖时间
73	2015年度文化工作先进集体	中共高青县委 高青县人民政府	2016年2月
74	2015年度旅游工作先进集体	中共高青县委 高青县人民政府	2016年2月
75	2015年度综治维稳工作先进集体	中共高青县委 高青县人民政府	2016年2月
76	2015年度信访工作先进集体	中共高青县委 高青县人民政府	2016年2月
77	2015年度人口和计划生育工作先进集体	中共高青县委 高青县人民政府	2016年2月
78	2015年度群众满意度提升工作先进集体	中共高青县委 高青县人民政府	2016年2月
79	创建国家园林县城先进集体	中共高青县委 高青县人民政府	2016年2月
80	2015年度人大代表建议、政协委员提案办理工作先进单位	中共高青县委 高青县人民政府	2016年2月
81	2015年度普法工作先进集体	中共高青县委 高青县人民政府	2016年2月
82	2015年度民兵预备役工作先进集体	中共高青县委 高青县人民政府	2016年2月
83	创建“三最城市”工作先进集体	中共高青县委 高青县人民政府	2016年2月
84	2015年度市民投诉办理工作先进集体	中共高青县委 高青县人民政府	2016年2月
85	2015年度科普示范县创建工作先进集体	中共高青县委 高青县人民政府	2016年2月
86	2015年度征收(拆迁)工作先进集体	中共高青县委 高青县人民政府	2016年2月

第十七章　人　物

第一节　历任领导简介

孙光远　男，1957年3月生，高青县唐坊镇孙集村人，1976年7月入党，大学学历。2005年7月到2009年3月，任高青县城市管理行政执法局局长、党组书记。

1975.08～1977.11，高青县唐坊镇和店村知青，任和店村团支部书记、知青组组长。

1977.12～1985.01，高青县基建局人事秘书股文书、副股长、团总支书记。

1985.01～1990.06，县城建委党组成员、人事秘书股股长。

1990.06～1991.12，县城建委党组成员、办公室主任。

1991.12～1992.11，县城建委党组成员、县城市管理监察大队队长兼黄河水厂党支部书记。

1992.11～1995.12，县城建委党委委员、副主任兼城管处主任。

1995.12～1998.03，常家镇党委副书记、镇长。

1998.03～2003.03，常家镇党委书记、人大主席。

2003.03～2005.07，县农业局党组书记、局长。

2005.07～2009.03，县城市管理行政执法局局长、党组书记。

2009.03～2010.03，县政法委第一副书记，县城市管理行政执法局局长、党组书记。

2010.04，离岗。

第十二、十三、十四届高青县人大代表；第十二届高青县政协委员；第十、十一、十二次高青县党代会代表；淄博市第九次党代会代表。1994年3月被淄博市委、市政府评为“精神文明建设先进工作者”；1995年2月受高青县委、县政府嘉奖；1996年9月被高青县委、县政府记三等功；1997年6月、1999年6月、2004年6月、2008年6月，被高青县委授予“优秀共产党员”称号；1998年、1999年3月连续两年被高青县委、县政府给予嘉奖；2003年3月，被县政府授予“建设高青特殊贡献奖”；2008年1月，被淄博市人事局、市行政执法局评为“先进工作者”；2009年2月，被县委、县政府评为“重点项目建设先进个人”；2009年4月，荣获振兴淄博劳动奖章。

王建永　男，1964年1月生，滨州市高新区人，北京师范大学毕业，大学学历，1985年6月入党。2010年3月至2011年7月，任高青县城市管理行政执法局党组书记、局长。

1982.07～1985.07，

滨州市滨城区旧镇初中教导主任。

1985.07～1987.07，山东师范大学学习。

1987.07～1992.09，高青一中团委书记、教务主任。

1992.09～1993.10，县教育局团工委书记。

1993.10～1999.11，县委组织部副局级组织员。

1999.11～2003.03，高城镇党委副书记。

2003.03～2007.05，高城镇党委副书记、镇长。

2007.05～2010.03，高城镇党委书记、人大主席。

2010.03～2011.07，高青县城市管理行政执法局党组书记、局长。

2011.07～2012.11，高青县环境保护局党组书记、局长。

2012.11～　高青县水务局党组书记。

2013.12～　高青县水务局局长。

刘国华　男，1965年9月生，高青县芦湖街道于家村人。1987年8月入党。2011年7月至2013年12月，任高青县城管执法局党组书记、局长。

1981.01～1984.07，高青师范读书。

1984.07～1995.12，高青县委办公室工作。期间，1984.08～1985.06，山东省委办公厅机要中专培训班培训；1988.08～1991.06，中央党校函授学院学习经济管理专业。

1995.12～1998.12，县直机关工委副书记。

1998.12～2001.11，原樊林乡党委副书记、纪委书记。

2001.11～2007.04，花沟镇党委副书记、镇长。期间，1999.09～2002.07，山东省政法管理干部学院学习法律专业；2002.07～2005.07，山东师范大学学习中国现当代文学专业。

2007.04～2011.07，高青县统计局党组书记、局长。

2011.07～2013.12，高青县城管执法局党组书记、局长。

2013.12～　高青县商务局党组书记、局长。

1988年至1990年，连续三年荣获全国机要能手荣誉称号，分别受到省委办公厅和中央办公厅表彰；1989年被县委表彰为优秀共产党员；1991年被市委表彰为优秀信息工作者；1993年被县委、县政府表彰为先进个人；2002年被山东省第五次人口普查领导小组表彰为先进个人，授予创建文明城市先进个人；2003年县委、县政府授予非典防治工作先进个人，受县委、县政府嘉奖；1997年、2004年、2005年、2012年，县委、县政府记三等功；2006年至2008年连续三年考核荣获优秀等次，记三等功一次；1995年、2010年、2011年、2013年，受县委、县政府嘉奖；2012年，县政府人口普查记三等功，县委、县政府授予重点工作先进个人，授予淄博先锋共产党员。

第二节　现任领导班子成员简介

孙旭光　高青县城市管理和行政执法局党组书记、局长。

男，1963年4月生，高青县田镇镇和平街人，山东农业大学毕业，农技推广专业，大学学历，高级农艺师。1991年1月入党。

1982.09～1985.07，北镇农校读书。

1985.07～1989.04，高青县农业区划办公室工作。

1989.04～1991.07，高青县农委工作。

1991.07～1994.04，县农业综合开发办公室副主任。

1994.04～1997.04，县黄淮海农业开发办公室主任。

1993.09～1996.07，山东农业大学农技推广专业在职学习。

1997.04～2002.05，县黄淮海、黄河三角洲开发办公室副主任。

2002.05～2005.07，黑里寨镇党委副书记、纪委书记。

2005.07～2006.10，常家镇党委副书记、副镇长。

2006.10～2007.04，常家镇党委副书记。

2007.04～2008.05，县农委副主任、党组成员，县黄淮海、黄河三角洲开发办公室副主任。

2008.05～2013.12，县农业综合开发办公室党组书记、主任。

2013.12～　高青县城市管理和行政执法局党组书记、局长。

2007年～2012年，连续6年被淄博市农开办评为全市农业综合开发先进个人，被高青县委、县政府评为对上争取支持先进个人。2011年2月，被高青县委、县政府授予“优秀共产党员”荣誉称号。2012年2月，淄博市政府授予“全市科技兴农先进个人”荣誉称号。2014年2月，淄博市总工会授予振兴淄博劳动奖章。2015年2月，被县委、县政府授予认真、专业、务实标兵。2016年2月被县委、县政府授予目标管理考核三等功，目标管理考核工作先进个人（嘉奖），认真、专业、务实标兵，创建国家园林县城先进个人。

孟庆进　男，1964年5月生，高青县黑里寨镇东孟村人，山东广播电视大学土木建筑专业毕业，大专学历。1993年12月入党。

1981.12～1984.09，县砖瓦厂办事员。

1984.09～1987.11，就读于山东广播电视大学。

1987.11～1988.08，县城建委办事员。

1988.08～1989.02，县城建开发公司副经理。

1989.02～1996.02，县建筑设计院院长。

1996.02～2009.03，县建筑管理处副主任（期间2002.03～2005.10，兼任高青县建筑安装总公司总经理；2005.07～2009.03，任县建设局党委委员）。

2009.03～2012.02，县住建局副局长、党委委员。

2012.02～2014.08，先后任县城管执法局党组副书记、副局长、环卫局局长。

2014.08～　县城管执法局享受正科级待遇。

多次被县委、县政府评为先进个人，2014年10月被市政府评为全市环卫工作先进个人，记三等功。

周克建　高青县城市管理和行政执法局副局长（挂职）。

男，1966年4月生，高青县芦湖街道赵店人，山东省委党校法律专业毕业，大学学历，1990年12月入中党。

1987.09～1989.07，山东省淄博人民警察学校读书。

1989.07～1990.09，高青县公安局樊林派出所办事员。

1990.09～1993.03，高青县公安局户政科办事员、科员。

1993.03～1997.03，高青县公安局田镇派出所、唐坊派出所副所长，唐坊派出所指导员、所长。

1997.03～1998.02，高青县公安局巡警大队中队长。

1998.02～2002.08，高青县公安局黑里寨派出所指导员、所长，常家派出所所长。

2002.08～2006.08，高青县公安局花沟派出所所长、副科级侦查员。

2006.08～2007.04，高青县公安局指挥中心主任。

2007.04～2013.08，高青县公安局党委委员、指挥中心主任，主任科员。

2013.08～　高青县公安局副局长、主任科员。

2015.06～　高青县城管执法局副局长（挂职）。

1990年12月，市委、市政府授予第四次全国人口普查市级优秀工作者；1994年2月，高青县委、县政府授予全县优秀人民警察；2000年2月，市委、市政府授予创满意先进个人；2003年7月，市委、市政府记个人三等功；2006年2月，县委、县政府授予全县政法系统公正执法标兵；2006年5月，市公安局给予嘉奖；2006年6月，县委授予优秀共产党员称号；2011年6月，省公安厅记个人二等功；2012年4月，省公安厅授予全省公安机关信访矛盾化解工作先进个人；2012年6月，被县委、县政府评为高青县"六小警务"标兵，同时授予高青县劳动模范荣誉称号。

赵宗新　高青县城管执法局党组成员、环卫局局长。

男，1963年8月生，高青县田镇镇人，山东省委党校法律专业。1987年12月入党。

1981.07～1992.08，木李乡杜集初级中学校长。

1992.08～2011.11，先后任田镇镇李星耀管区党支部书记、教育办公室业务主任、寨子管区书记、崔张管区书记、城区管区书记。

2001.11～2011.12，田镇镇副镇长、镇人大副主任。

2011.12～2013.02，高青县城管执法局主任科员。

2013.02～2014.12，高青县城管执法局党组成员、副局长。

2014.12～　高青县城管执法局党组成员、环卫局局长。

2003年，在防治"非典"工作中记三等功；2004年、2005年、2008年受县政府嘉奖；2007年，县委、县政府记三等功；2013年，县委、县政府授予"认真、专业、务实标兵"称号；2015年2月，被县委、县政府授予指挥部重点工作先进个人、环境保护工作先进个人、目标管理考核优秀；2016年2月被县委县政府授予目标管理考核三等功、创建国家园林县城先进个人。

魏学锋　高青县城市管理和行政执法局党组成员、园林局局长。

男，1965年6月生，高青县芦湖街道人，山东省经济管理干部学院经济管理专业，大学学历，会计师。1990年2月入党。

1985.11～1999.11，高青县财政局先后任科员、副科长、科长。

1999.11～2007.11，高青县财政监督局局长。

2007.11～2012.08，县人力资源和社会保障局党委成员、副局长。

2012.03～2014.08，县住房和城乡建设局党委成员、副局长、园林局局长。

2014.08～　县城市管理和行政执法局党组成员、园林局局长。

2011年、2012年，年度岗位目标管理考核中受嘉奖；2012年、2013年，被县委、县政府评为全县重点工作先进个人；2013年，年度岗位目标管理考核中记三等功；2014年，被县委、县政府授予目标管理考核工作先进个人；2016年2月被县委县政府授予目标管理考核工作先进个人(嘉奖)、创建国家园林县城先进个人。

孙　海　高青县城市管理和行政执法局党组成员、副局长。

男，1971年9月出生，高青县高城镇人，山东省委党校经济管理专业，本科学历。1992年5月入党。

1988.12～1989.05，县自来水公司办事员。

1989.05～1992.05，县建设局办公室办事员。

1992.05～2004.04，县建设局城管处副主任。

2004.04～2005.08，县建设局城管执法大队大队长助理。

2005.08～　县城管执法局党组成员、副局长。

2012年2月，被市委、市政府评为全市实施固本强基维稳工程先进个人；2010年3月，被县政府评为依法行政先进个人；2012年1月，被县委、县政府评为目标岗位管理先进个人；2012年2月，受县委、县政府嘉奖；2012年2月，县委、县政府授予行政审批工作先进个人；2013年，被县委、县政府评为平安高青建设先进个人；2016年2月被县委、县政府授予认真、专业、务实标兵。

刘　霞　高青县城市管理和行政执法局党组成员、环卫局副局长。

女，1972年7月出生，山东省委党校毕业，大学学历，2007年7月入党。

1989.08～1993.03，高青县商业局工作。

1993.03～2003.08，县建设局环卫处工作。

2003.08～2005.09，县建设局执法大队工作。

2005.09～2013.02，县城管执法局党组成员、办公室主任。

2013.02～　县城管执法局党组成员、环卫局副局长。

1997年至2004年，多次被县建设局评为先进工作者；2006年至2008年，连续三年被县执法局评为先进工作者；2006年至2008年，连续三年被县委、县政府记三等功；2007年、2008年，被评为全县党委信息工作先进个人；2010年至2013年，受县委、县政府嘉奖；2011年2月，被县委、县政府评为全县社会治安综合治理先进个人；2010年至2013年，被县妇联授予"三八"红旗手；2001年、2014年，被市委、市政府授予"优秀城市美容师"称号；2016年2月，被县委县政府授予目标管理考核工作先进个人(嘉奖)、"四德工程"建设先进个人。

臧奎民　高青县公安局直属大队副大队长、高青县城市管理和行政执法局副局长(挂职)。

男，1973年5月生，张店区南定镇人，山东省委党校法律专业毕业，本科学历。1993年12月入党。

1994.08～1996.12，高青县青苑染织厂下派锻炼。

1996.12～1999.12，高青县公安局户籍科工作。

1999.12～2009.09，高青县公安局治安大队工作。

2009.09～2013.10，高青县公安局花沟派出所副所长。

2013.08～2015.07，高青县公安局直属大队副大队长，高青县城管执法局党组成员、副局长。

2015.07～　高青县城管执法局副局长(挂职)。

2009年，被市公安局授予夏季严打先进个人。

邵　峰　高青县公安局治安大队副大队长、高青县城管执法局副局长(挂职)。

男，1978年7月生，高青县青城镇人，山东省委党校法律专业毕业，本科学历。2001年6月入党。

1997.08～2001.09，高青县公安局巡警大队科员。

2001.09～2006.09，高青县公安局巡警大队二中队副中队长。

2006.09～2008.02，高青县公安局黑里寨派出所副所长。

2008.02～2013.07，高青县公安局治安大队油区治理中队中队长。

2013.08～2015.07，高青县公安局治安大队副大队长、高青县城管执法局党组成员、副局长。

2015.07～　高青县公安局治安大队副大队长、高青县城管执法局副局长(挂职)。

1999至2001年,连续三年在全县岗位目标管理考核中评为优秀;2002年,授予高青县"十佳卫士"称号;2003年、2010年,受县政府嘉奖;2005年、2006年,被评为全市公安系统"大练兵建设"先进个人;2008年,被评为山东省"卫星电视广播整治行动"先进个人;2012年,被评为高青县"模范油区建设"先进个人;2016年2月被县委县政府授予目标管理考核工作先进个人。

孙　勇　高青县城市管理和行政执法局党组成员、副局长。

男,1974年4月出生,高青县人,山东省委党校研究生学历。1999年12月入党。

1992～2007,高青县交通局科员。

2007～2012,高青县航运管理处主任、交通局财务科科长。

2012～2013,高青县港航管理局副局长、交通局办公室主任、木李镇内清村"第一书记"。

2013～2014,高青县港航管理局副局长、交通局办公室主任。

2014.12～　高青县城管执法局党组成员、副局长。

1995年、1997年、1999年,被评为交通局先进个人;2000年12月,受县委、县政府嘉奖,交通局先进工作者;2002年12月,交通局优秀共产党员;2003年,市政府记二等功、县三等功,交通局先进工作者,安全生产先进工作者;2004年12月,交通局安全先进个人、优秀共产党员;2005年12月,市安全先进个人、县三等功、县安委会安全先进工作者、交通局先进工作者;2006年12月,县三等功、局优秀工作者;2008年,获全省港航系统奥运安保工作先进个人;2009年,获全省港航系统安全管理工作先进个人、港航系统劳动技能先进个人;2010年,获"高青十大杰出青年"称号、市局聘请为安全生产专家;2011年,被市交通运输局评为2010～2011年度文明创建工作先进个人;2012年,被县委评为高青先锋优秀共产党员、市交通运输局评为"节能减排"组织工作先进个人、"安康杯"竞赛先进个人、省港航局"金牌员工"、县对上争取支持先进个人、县优秀农村党支部第一书记、受县政府嘉奖;2013年,县综治维稳工作先进个人。

第三节　副科级干部简介

徐　伟　男,1967年3月出生,高青县田镇镇人,山东工程学院毕业,建筑工程专业,大专学历。1997年12月入党。

1986.08～1990.09,青海省公路局果洛总段技术员。

1990.09～1992.03,高青县城乡建委城建办公室技术员。

1992.03～1993.03,县城建委市政维修队技术员。

1993.03～2004.03,县市政工程公司副经理、经理。

2004.03～2004.04,县人民防空办公室副主任,主持工作。

2004.04～2011.12,县环境卫生管理处主任。

2011.12～　县环境卫生管理局副局长。

1996年2月,被高青县精神文明委评为高青县"十佳职工";1996年5月,被高青县青年联合会评为高青县"十大杰出青年";2001年4月,被淄博市青年联合会评为"淄博优秀青年";2001年7月,被淄博市委评为"优秀共产党员";2003年7月,被山东省建设厅评为"山东省建设系统劳动模范"。

王 兵 男，1969年11月出生，高青县高城镇人，山东省委党校毕业，经济管理专业，大专学历。1995年7月入党。

1987.10～1990.11，武警江苏总队徐州市支队服役。

1991.03～2011.12，高青县住房和城乡建设局工作。

2011.12～2013.02，县综治办主任。

2013.02～ 县环卫局副局长。

2004年10月，被市政府评为淄博市市容环卫工作先进个人并颁发银质奖章；2011年7月，山东绿化委员会颁发2010年度山东省绿化奖章；2012年2月，山东省住房和城乡建设厅授予山东省住房和城乡建设系统劳动模范称号；2016年2月，被县委县政府授予目标管理考核工作先进个人（嘉奖）、城乡环卫一体化工作先进个人。

冯加强 男，1971年11月生，高青县田镇街道冯郭村人，高青县劳动局技工学校建筑专业毕业，中专学历。1994年加入中国共产党。

1988～1991，高青县劳动局技工学校学习。

1991.09～1991.12，县水利建安公司工作。

1991.12～1994.12，山东莱阳54686部队电缆班副班长。

1995.02～1995.08，高青县公路局路面队技术员。

1995.08～2005.07，县建设局综合执法大队中队长。

2005.09～ 县城管执法局执法大队大队长。

2012.04～2013.03，田镇街道马家村第一书记。

2013.05～ 县招商局挂职副局长。

服兵役期间受嘉奖3次、优秀士兵称号1次；建设局工作期间多次被评为先进个人，受市管理工作先进个人2次、受市政府表彰1次；2005年、2006年、2007年、2010年、2011年、2012年，在全县岗位目标管理年度考核中评为优秀等次；2005年至2007年，被市城管执法局评为先进个人；2012年，被评为全国文明城市先进个人；2014年，被县政府授予招商引资先进个人。

郑成庆 男，高青县常家镇郑家村人，1972年9月生，省委党校毕业，大学学历。1999年11月入党。

1994.09～2008.07，高青县建管处工作，先后任科员、办公室副主任、办公室主任、主任助理。

2008.07～2011.07，高青县住建局办公室主任。

2011.07～2012.02，县千乘湖生态文化园管理处主任。

2012.02～ 高青县园林局副局长。

2012年10月，高青首届“黑牛节”活动中被县委、县政府记三等功；2013年2月、2014年2月，被县委、县政府授予重点工作先进个人；2013年2月、2014年2月受县委、县政府嘉奖；2014年2月，县委、县政府授予“水绿高青”建设先进个人；2016年2月，县委县政府授予创建国家园林县城先进个人。

窦爱国 男，高青县木李镇蔡家村人，1969年1月生，毕业于山东农业大学，园林专业，本科学历。1997年5月入党。

1993.07～1997.02，高青县园林处工作。

1997.02～2011.07，高青县园林处副主任。

2004.04～2013.02，高青县风景名胜区办公室主任。

2011.07～2014.02，淄博馨泽园林公司经理。

2013.02～　高青县园林局副局长。

2009年2月、2011年2月、2012年2月，分别受县委、县政府嘉奖；2012年7月，荣获高青县优秀共产党员荣誉称号；2012年10月，在高青县首届“黑牛节”上受嘉奖；2013年2月，被县委、县政府记三等功。2015年2月，被县委、县政府授予现代水网建设先进个人；2016年2月，被县委县政府授予认真、专业、务实标兵、创建国家园林县城先进个人。

栾曰华　男，高青县高城镇堤西李村人，1964年2月生，山东省委党校毕业，大专学历。1999年11月入党。

1980.12～1992.11，高青县副食品公司临时工。

1992.12～1996.12，高青县购物中心副经理。

1996.12～2015.07，高青县市政管理处副主任。

2015.07～　高青县园林局副局长。

2007年、2011年、2013年受县政府嘉奖；1998年至2013年，高青县住房和城乡建设局授予先进个人和模范党员；2010年至2013年，获淄博市市政管理处排水先进个人称号；2016年2月被县委、县政府授予创建国家园林县城先进个人。

孙拥军　男，高青县高城镇杨庄村人，1971年7月生，毕业于山东省林业学校，本科学历。1997年12月入党。

1991.07～1994.09，高青县建委环卫处综合科工作。

1994.09～2007.11，高青县园林处副主任。

2007.11～2011.07，高青县芦湖公园管理处主任。

2011.07～2012.02，县住建局审图办主任。

2012.02～2013.02，县千乘湖生态文化园管理处副主任。

2013.02～　千乘湖生态文化园管理处主任。

2010年、2011年、2012年，在年度考核中获优秀等次；2010年，县委、县政府记三等功；2011年、2012年，受县委、县政府嘉奖；2016年2月，县委县政府授予创建国家园林县城先进个人、科普示范县创建工作先进个人。

孙　慧　女，1968年8月生，高青县高城镇人，山东省委党校毕业，经济管理专业，大学学历。1996年8月入党。

1988.08～1989.11，高青县城建委人事秘书股文书兼打字员。

1989.11～2013.02，历任县城建委妇委会副主任、主任，建设局办公室副主任、政工科科长、组织人事科科长等职务。

2013.02～2014.10，县芦湖公园管理处主任兼住建局人事科科长。

2014.10～　高青县芦湖公园管理处主任。

2011年2月，县委、县政府记三等功，被评为计划生育先进个人；2012年2月，受县委、县政府嘉奖；2012年4月，被县政府评为高青县第六次人口普查先进个人，记三等功；2012年5月，被市政府残疾人工作委员会评为全市扶残助残先进个人；2013年12月，被市住建局评为全市住建系统先进个人；2013年2月，受县委、县政府嘉奖；2016年2月被县委县政府授予创建国家园林县城先进个人、科普示范县创建工作先进个人。

张　超　男，高青县黑里寨镇人，1985年6月生，中央广播电视大学毕业，本科学历。2010年6月入党。

2007.03～2012.01，高青县城管执法局执法大队队员、副中队长、中队长。

2012.01～2013.03，县城管执法局法制宣教科科长。

2013.03～2015.06，县城管执法局办公室主任。

2014.11～2015.06，兼县综治办副主任（主持工作）。

2015.06～2016.02，县综治办主任，县城管执法局办公室主任。

2016.02～　高青县综治办主任。

2008年、2009年，全县岗位目标管理年度考核中评为优秀等级；2011年、2014年、2015年，受县政府嘉奖；2016年2月，县委县政府授予"四德工程"建设先进个人、文化工作先进个人、创建国家园林县城先进个人。

王卫平　男，1971年6月生，高青县花沟镇花三村人，1991年7月毕业于山东城市建设学校园林规划设计专业，大学学历，高级政工师。1997年5月入党。

1991.07～1993.06，高青县城建委环卫所技术员。

1993.01～1993.11，淄博市规划局挂职学习。

1993.06～1993.11，高青县园林处技术员。

1993.11～2011.08，高青县园林处副主任。期间，1997.09～1999.12，山东省委党校学习经济管理专业。

2011.08～2013.02，县住建局芦湖公园管理处主任。

2012.08～2013.03，木李镇南李村第一书记。

2013.03～2015.06，木李镇新董村第一书记。

2013.02～2015.06，高青县园林绿化管理局副局长。

2015.06～　高青县市政管理处主任。

1992年、1993年，获市城建系统年度先进工作者；2007年、2010年、2012年、2014年，受县政府嘉奖；2010年，获全市城乡环境综合整治先进个人；2012年，获县优秀农村党支部第一书记；2014年，被县委、县政府授予县现代水网建设先进个人；2016年2月，县委、县政府授予空气异味综合整治专项行动先进个人、创建国家园林县城先进个人。

第四节　其他在职职工简介

郭　凯　男，1981年5月生，高青县黑里寨人2002年9月至2006年7月，西安政治学院学习，本科学历。2005年11月入党。2007年3月至2007年7月，高青县城管执法大队队员；2007年7月至2012年1月，县城管执法局法制科科员、副科长；2012年1月至2013年5月，县城管执法大队副中队长、中队指导员；2013年5月至2014年2月，县城管执法局广告科科长；2014年2月至2015年2月，县城管执法局法制科科长；2015年2月至2016年2月，县城管执法局城镇执法大队副大队长、法制科（行政许可科）科长；2016年2月至今，县城管执法局办公室主任。2014年2月，被县委、县政府授予"2013年度营商环境及作风效能建设先进个人"；2016年2月，县委县政府授予目标管理考核工作先进个人（嘉奖）、创建"三最城市"工作先进个人。

赵　迪　女，1991年8月生，淄博市沂源县人，共青团员，2010年9月至2014年7月，在山东理工大学法学院学习法学专业，大学本科学历。2015年3月参加工作，高青县城管执法局办公室科员。

李俊杰　男，1990年3月出生，桓台县索镇人，本科学历。2008年9月至2012年6月，海南大学广告学专业学习。2012年8月至2013年9月，交通银行珠海支行工作；2013年10月至2015年2月，“三支一扶”计划服务于沂源县大张庄镇人民政府；2015年3月至2016年2月，县环卫局综合科科员；2016年2月至今，县城管执法局办公室科员。

周淑华　女，1974年3月出生，济宁市金乡县人，毕业于沈阳大学，1998年7月入党。1993年7月至2011年12月，在高青县住房和城乡建设局工作；2012年1月至今，高青县城市管理和行政执法局财务审计科科长。2005年9月，在山东省第一次经济普查工作中，被评为省级先进个人；2016年2月，县委县政府授予群众满意度提升工作先进个人。

姚　红　女，1989年9月出生，高青县青城镇姚家村人，2014年毕业于青岛理工大学会计学专业，本科学历。2015年3至今，在高青县城市管理和行政执法局财务审计科工作。

聂菽青　女，1990年11月生，淄博市博山区人。2014年毕业于青岛农业大学学习会计学专业，本科学历。2015年3月至今，在县城市管理和行政执法局财务审计科工作。

方谅庆　男，高青县唐坊镇人，1975年5月出生，大专文化。1993年12月参加工作，1997年3月入党。1993年12月至2006年7月在部队服役；2006年8月至2007年12月待业；2008年1月至2009年12月，县住房和城乡建设局办公室科员（副股级）；2010年1月至2011年12月，县住房和城乡建设局综合科副科长；2012年1月至2014年2月，县城市管理和行政执法局法制宣教科副科长；2014年3月至2015年2月，县城市管理和行政执法局组织人事科科长；2015年3月至今，县城市管理和行政执法局政工科科长。2015年2月，县委、县政府授予2014年度目标管理考核工作先进个人并嘉奖。2016年2月，县委、县政府授予目标管理考核工作先进个人并嘉奖。

焦成涛　男，1965年2月生，高青县常家镇水牛李村人，济南陆军学院军事指挥管理专业毕业，大专学历。1989年3月入党。1985年3月至1986年7月，26军138师412团副班长；1986年7月至1989年7月，就读于济南陆军学院；1989年7月至1998年10月，16军1389师412团先后担任排长、政治指导员；1999年10月至2005年3月，县建设局市政处职工；2005年3月至1009年5月，县建设局市政处市政管理科科长；2009年5月至2015年3月，市政处副主任；2015年3月至今，县城管执法局政工科副科长，负责工会工作。1992年10月，立三等功一次，团政治处颁发。

孙　凯　男，邹平县韩店人，1990年8月生，2013年5月入党。2010年9月至2014年7月，青岛农业大学上学，本科学历。2014年9月至10月，在青岛石化检修安装工程有限公司工作；2015年3月至今，高青县城市管理和行政执法局政工科科员。

满文韬　男，张店区人，1993年6月生，2011年9月至2015年7月，中国海洋大学法政学院读书，大学本科学历。2011年6月入党。2015年8月至今，在高青县城市管理和行政执法局组织人事科工作。

周　昕　男，1981年9月生，高青县人，2010年6月入党，本科学历。2001年9月至2005年6月，烟台师范学院读书，民族传统体育专业；2006年2月至2011年12月，高青县城管执法局办公室科员、副主任、监控中心主任；2012年1月至2013年4月，督查科副科长；2013年4月至2014年2月，法制宣教科科长；2014年3月至2015年2月，借调至高青县台湾工作办公室；2015年2月至2016年2月，执法大队副大队长；2016年2月至今，法制科科长兼执法大队副大队长。2007、2008年获全市城市管理行政执法宣传信息工作先进个人；2008年获高青县委、县政府年度考核优秀等次；2011年获淄博市城市管理行政执法局年度城市管理行政执法工作先进个人；2014年获高青县委、县政府年度目标管理考核嘉奖；2016年2月，县委县政府授予目标管理考核工作先进个人（嘉奖）、征收（拆迁）工作先进个人。

苏琳琳　女，周村区人，1986年11月生，山东理工大学法学院研究生学历，思想政治教育专业。2010年11月入党。2011年8月至2013年10月，在周村区南郊镇政府工作；2014年3月至今，在高青县城市管理和行政执法局法制科工作。2015年7月，获高青县委组织部举办的“三严三实”专题教育知识竞赛二等奖。

殷　雷　男，高青县唐坊镇殷家村人，1973年11月生，2006年7月入党。1989年9月至1992年9月，在高青县劳动技校学习，大专学历。1992年9月至2005年10月，在县住建局工作；2005年至今，县城管执法局执法科科长。2016年2月，县委县政府授予安全生产工作先进个人。

翟国庆　男，滨州市旧镇西刘村人，1964年7月生，高中学历。1980年至1987年，在邹平亚视集团工作；1987年至1992年，在高青县粮食局工作；1992年至2006年，在高青县建设局工作；2006年至2012年，在县建筑管理处工作；2012年至2016年2月，县执法局质监科科长。2016年2月至今，任城市管理科科长。

李启军　男，1974年10月生，高青县花沟镇新立村人，大专学历。1996年9月入党。1992年12月至2005年4月，先后任广东潮州市75220部队60分队列兵、73分队驾驶员、司机班长；2001年9月至2004年6月，在广西桂林军事学院进修军事法学；2006年8月至2015年5月，高青县住建局园林绿化管理局科员、绿化养护管理科副科长；2015年5月至2016年2月，高青县执法局绿化养护管理科科长；2016年2月至今高青县城管执法局行政许可科科长兼园林局绿化养护管理科科长。2010年、2011年，被住建局评为年度先进工作者、优秀工作者；2012年被县政府评为首届“黑牛节”优秀志愿者；2013年被评为政务服务中心优秀服务明星。

刁忠俊　男，1976年9月生，高青县黑里寨镇刘镇村人，中专学历。2001年5月入党。1994年12至1997年7月，湖南省长沙警备区服役；1997年7月至1999年9月，桂林通信士官大队服役；1999年9月至2010年12月，广西龙州75485部队司令部自动化室工作；2012年2月至2013年4月，高青县执法局规划中队、渣土中队、一中队队员；2013年4月至2013年9月，综合中队副中队长；2013年9月至2016年2月，一中队副中队长；2016年2月至今，城管执法局城市管理科副科长。2006年12月、2009年12月，广西龙州75485部队政治部记三等功；2013年12月，淄博市执法局授予先进个人；2016年2月，县委县政府授予环境保护工作先进个人、节能减排工作先进个人。

李　政　男，1978年7月出生，高青县人，大专学历。1998年10月入党。1999年9月至2001年7月，安徽蚌埠汽车管理学院27队学员；2001年7月至2005年12月，宁夏68612部队汽车连排长、修理连连长；2005年12月至2010年3月，高青县城管执法局科员；2010年3月至2014年3月，高青县城管执法局监控指挥中心副主任；2014年3月至今，高青县城管执法局文体中心主任。

李 政 男，高青县黑里寨镇人，1975 年 10 月生，大专学历，1996 年 5 月入党。1993 年 11 月至 1996 年 9 月，新疆和田军分区服役；1996 年 9 月至 1998 年 9 月，乌鲁木齐陆军学院读书；1998 年 9 月至 1999 年 9 月，新疆步兵四师服役；1999 年 9 月至 2004 年 10 月，吐鲁番军分区服役；2004 年 10 月至 2005 年 9 月，在高青县住建局工作；2005 年 9 月至今，高青县城管执法大队副大队长。服役期间荣获三等功、优秀士兵、优秀学员各 1 次；在执法局工作期间多次受到市局表彰，多次荣获优秀执法标兵；2016 年 2 月，县委县政府授予目标管理考核工作先进个人（嘉奖）、空气异味综合整治专项行动先进个人。

马海港 男，1976 年 12 月生，高青县田镇街道韩连村人。北京市理工大学毕业，会计专业，大专学历。1999 年 9 月入党。1996 年 12 月至 1997 年 3 月，河北省丰润县电子对抗营新兵连；1997 年 3 月至 2008 年 12 月，第二炮兵司令部警卫三连、96637 部队服役；2010 年 6 月至 2011 年 12 月，高青县城建局环卫站、建管处、办公室工作；2011 年 2 月至 2012 年 2 月，县城管执法大队二中队指导员；2012 年 2 月至 2014 年 2 月，一中队指导员、中队长；2014 年 2 月至今，执法大队一中队中队长。1996 年至 2008 年部队服役期间，先后获得优秀士兵 5 次、嘉奖 6 次，记三等功 4 次，荣获安全月先进个人、二炮司令部优秀士兵、二炮司令部优秀班长等荣誉；2013 年 2 月、2014 年 2 月，获淄博市城市管理十佳队员称号；2016 年 2 月，县委县政府授予目标管理考核工作先进个人（嘉奖）。

张 勇 男，1977 年 10 月生，高青县木李镇人，大专学历，1998 年 10 月入党。1995 年 12 月至 2007 年 12 月，济南坦克乘员训练基地服役；2009 年 5 月至 2011 年 12 月，高青县住建局工作；2012 年 1 月至 2015 年 8 月，高青县环卫局工作，先后任环境卫生服务站站长、运管科科长；2015 年 9 月至 2016 年 2 月，执法大队四中队中队长；2016 年 2 月至今，执法大队二中队中队长。服役期间先后荣获嘉奖 2 次、优秀士兵 6 次、三等功 3 次。2011 年 2 月，获县住建局先进工作者；2012 年 7 月，县委授予优秀共产党员；2013 年 2 月、2014 年 2 月，被县委、县政府授予目标管理考核先进个人；2014 年 10 月，获全市优秀城市美容师称号。

王圣津 男，高青县高城镇人，1976 年 5 月生，中共党员，高中文化程度。1994 年 12 月至 1996 年 5 月，总参陆航局四团机务三中队战士；1996 年 5 月至 1998 年 1 月，总后通信总站汽车连战士；1998 年 1 月至 2011 年 6 月，总后司令部管理保障局汽车二队班长；2012 年 2 月至 2012 年 4 月，县城管执法局渣土中队队员。2012 年 4 月至 2014 年 2 月，县综治办科员；2014 年 2 月至 2015 年 2 月，县城管执法局渣土中队副中队长；2015 年 2 月至 2016 年 2 月，县城管执法大队五中队中队长；2016 年 2 月至今，县城管执法大队三中队中队长。

2002 年 12 月，荣立三等功 1 次；2006 年 6 月，被总后勤司令部管理保障局评为“总后士官优秀人才奖”1 次；2007 年 6 月，被总后勤司令部管理保障局评为士官优秀人才三等奖 1 次；2008 年至 2011 年，被总后勤司令部管理保障局评为“优秀党员”2 次、“优秀士兵”4 次、受嘉奖 2 次。

李拥军 男，1978年6月生，高青县木李镇人，海军蚌埠学校毕业，通信专业，中专学历。2003年9月入党。1998年12月至2010年12月，海军北海舰队服役；2012年2月至2014年2月，高青县城管执法大队二中队队员；2014年2月至2015年2月，城管执法大队三中队副队长；2015年2月至2016年2月，城管执法大队六中队中队长；2016年2月至今，县城管执法大队四中队中队长。2013年12月、2014年12月，获淄博市城管执法先进个人称号；2015年12月，获淄博市“最美城管”荣誉称号。

赵　磊 男，1982年3月生，张店区沣水镇张二村人，专科学历。2005年10月入党。2000年12月至2005年12月，武警江苏总队司令部车队；2005年12月至2009年9月，审计署驻南京特派员办事处；2009年9月至2012年10月，执法大队一中队队员、二中队副中队长；2012年10月至2013年5月，执法局办公室副主任；2013年5月至2013年10月，执法大队市容中队中队长；2013年10至2016年2月，县组织部选派到高青县房屋征收办公室挂职；2016年2月至今，县城管执法大队一中队指导员。

王　瑞 男，1986年9月生，高青县高城镇大王村人，淄博市体育运动学校毕业，摔跤专业，本科学历。2005年4月至2014年7月，高青县城管执法大队队员；2015年2月至2016年2月，县城管执法大队四中队副中队长；2016年2月至今，执法大队四中队指导员。

李　雷 男，高青县花沟镇人，1978年9月出生，中共党员，本科。1996年12月至2013年4月，中国人民解放军69243部队战士、班长、代理排长；2014年1月至今，高青县城管执法大队工作，现任综合科副科长。在部队服役期间荣获优秀“四会教练员”“优秀共产党员”“全军优秀士官人才二等奖”等荣誉称号，被评为优秀士官6次，荣立三等功3次。2014年12月获市“优秀城管执法队员”称号。

方小涛 男，1980年12月生，高青县唐坊镇人，大专学历。2003年3月入党。2000年12月至2013年1月，在北京军区66220部队服役；2014年至2016年2月，高青县城管执法局执法大队二中队队员；2016年2月至今，城管执法大队三中队副中队长兼市场管理办主任。服役期间立二等功1次、三等功3次，全军优秀士官人才奖三等奖，多次获优秀士兵嘉奖。

陈　刚 男，高青县青城镇人，1977年4月生，海南大学法律专业毕业，大专学历。1999年10月入党。1997年12月至1998年3月，步兵第132师坦克团服役；1998年3月至1998年6月，在132师450仓库进行弹药保管培训；1998年6月至2002年2月，132

师装甲团装备处保管员；2002 年 2 月至 2002 年 10 月，在广州军区坦克训练基地学习；2002 年 10 月至 2013 年 12 月，步兵第 132 旅坦克营修理排；2015 年 1 月至 2016 年 2 月，高青县城管执法大队五中队队员，2016 年 2 月至今，执发大队三中队副中队长。1998 年被评为优秀士兵，2000 年转为一级士官，2002 年被评为优秀学员 1 次，2006 年在军区军事比武竞赛中评为军事训练尖子，荣立三等功 1 次，2008 年被评为优秀士兵。

张海兵　男，1979 年 5 月生，高青县花沟镇张家村人，大专学历。2000 年 7 月入党。1997 年 12 月至 1998 年 8 月，在海南军区原 132 师 396 团二营五连服役；1998 年 8 月至 2003 年 11 月，海南省军区原装甲团装步营任文书兼军械员；2003 年 11 月至 2008 年 6 月，海南省军区 132 旅摩步四营营部任文书兼军械员、司务长、代理营部管理员等职；2008 年 6 月至 2013 年 12 月，在海南省军区预备役师高炮一团任财务股出纳；2014 年 4 月从部队转业；2015 年 1 月至 2016 年 2 月，高青县城市管理执法局交通联合执法办公室工作；2016 年 2 月至今，执法大队二中队副中队长。在部队期间先后 8 次被师、旅、团评为"优秀士兵""优秀士官"；2000 年 5 月被团政治处评为"优秀团员"；2005 年 7 月旅政治部评为"优秀党员"；2007 年 9 月被旅后勤部评为"红管家"；2005 年 12 月、2007 年 12 月两次荣立"三等功"。

王永强　男，1978 年 3 月生，高青县芦湖街道新五合人。2001 年 3 月入党，本科学历，在部队学习通信光缆、配线与市话电缆专业。1997 年 12 月至 1998 年 12 月，驻香港部队步兵旅新兵十三连战士；1998 年 12 月至 2003 年 12 月，驻香港部队步兵旅通信连班长；2003 年 12 月至 2011 年 3 月，驻香港部队深圳基地通信站班长；2011 年 3 月至 2014 年 5 月，驻香港部队通信站九龙东机务站班长；2014 年 5 月至今，高青县行政执法大队工作。服役期间，荣获"优秀士兵"称号 6 次、嘉奖 8 次；2010 年被驻军评为"优秀士官"；2011 年 3 月荣获广州军区"优秀人才"、三等奖，多次参与驻港部队轮换通信保障工作，在香港工作 8 年，培养了特别讲政治、高度重使命、严格守法纪的品质。

张　循　男，1982 年 6 月出生，江西经济管理学院经济管理专业毕业，本科学历。2003 年 7 月入党。2000 年 12 月至 2001 年 5 月，27 集团军 66075 部队 66 中队战士；2001 年 6 月至 2004 年 12 月，武警天津总队第四支队塘沽中队班长；2004 年 12 月至 2012 年 12 月，武警天津总队三大队司务长、第四支队司务长；2014 年 1 月至 2015 年 9 月，高青县城管执法局执法大队队员；2015 年 9 月至今，高青县城管执法局田镇执法中队副中队长。2001 年 6 月，被评为优秀学员；2002 年 6 月，被评为优秀团员；2002 年 11 月，被评为优秀士兵、受嘉奖；2004 年、2005 年被评为优秀士官、优秀士兵；2008 年、2009 年，被支队评为优秀司务长；2010 年 7 月，被中国武装警察部队评为优秀人才三等奖；2010 年 12 月，荣获个人三等功；2011 年 6 月，被支队评为优秀共产党员；2011 年 12 月，荣获个人二等功。

刘元超 男，滨州市旧镇镇后刘村人，1982年1月生。2004年7月，莱阳农学院园林花卉技术专业毕业，本科学历；2007年至2015年2月，高青县住建局芦湖公园管理处工作；2015年2月至2016年2月，高青县芦湖公园管理处副主任；2016年2月至今，常家镇执法中队副中队长。

付　萌 女，东营市东营区人，1989年10月出生，2014年7月毕业于苏州大学，硕士研究生。2015年3月至今，高青县城市管理行政执法大队工作。

肖康生 男，1989年1月生，济宁市汶上县人，本科学历。2013年7月毕业于山东理工大学；2013年7月至2014年6月，淄博银力轻工业制品有限公司工作；2015年3月至今，高青县城管执法大队一中队队员。

彭　程 男，1989年3月生，桓台县新城镇人，本科学历。2011年6月，湖南工业大学艺术设计专业毕业，2012年8月至2014年8月，桓台县唐山镇进行“三支一扶”服务；2015年9月至今，高青县城管执法大队一中队队员。

张蕾蕾 女，1991年11月生，滨州市滨城区人，本科学历。2014年6月毕业于山东艺术学院，公共事业管理专业；2015年9月至今，高青县城管执法大队三中队队员。

刘永光 男，1974年4月生，高青县唐坊镇人，1996年8月入党，中专学历。1993年12月至2003年7月，部队服役；2003年7月至2005年8月，等待安置；2005年8月至2011年12月，高青县住建局工作；2011年12月至2012年4月，高青县执法局办公室副主任、监控指挥中心主任；2012年4月至2013年2月，县综治办副主任；2013年2月至2015年4月，监控指挥中心主任；2015年4月至2015年9月，“智慧高青”指挥中心副主任；2015年9月至今，高青县环卫局综合科科长。2013年度被县政府评为优秀第一书记并给予嘉奖；2015年2月获年度考核嘉奖；2016年2月，县委县政府授予目标管理考核三等功。

李　华 男，1955年2月生，滨州市邹平县人，1985年6月入党，初中学历。1972年12月至1979年11月，高青县黄河航运社黄航101轮轮机工；1979年12月至1980年10月，高青县基建局砖瓦厂发货场统计；1980年11月至1990年12月，基建局秘书股办公室科员，负责打字、司务会计、档案管理、劳动工资

管理等工作；1991年1月至2011年11月，高青县环卫处科员；2011年12月至今，县环卫局综合科科员。2000年、2003年、2006年、2008年，被县建设局评为先进工作者；2002年10月、2010年10月、2011年10月、2015年10月，被市住建局评为优秀城市美容师；2004年10月，被市政府评为市容环卫工作先进个人；2007年，受县委、县政府嘉奖；2009年、2010年，被县住建局评为优秀共产党员；2015年2月，年度考核中受嘉奖。

芦传辉 男，1967年3月生，高青县花沟镇人，1989年7月入党，初中学历。1986年10月至2002年7月，部队服役；2003年5月至2005年9月，高青县建设局城管处队员；2005年10月至2008年11月，高青县执法局执法中队副中队长；2008年12月至2010年4月，法制科副科长；2010年5月至2011年3月，督查科副科长；2011年4月至2011年10月，户外广告管理办公室副主任；2011年11月至2012年5月，规划中队副中队长；2012年6月至今，县环卫局综合科副科长。2008年荣获市文明执法标兵称号，2014年荣获市优秀城市美容师称号；2016年2月县委县政府授予目标管理考核工作先进个人（嘉奖）。

艾长胜 男，1969年3月生，1990年10月入党，山东建筑工程学院毕业，大专学历。1987年10月至1990年10月，中国人民武装警察部队江苏丰县中队服现役；1990年10月至1995年10月，高青县建设局城市管理执法大队队员；1995年10月至1998年10月，高青县委住高城工作组工作；1998年10月至2005年9月，县建设局综合执法大队副中队长；2005年10月至2006年10月，县城管执法大队副中队长；2006年10月至2007年7月，规划科科长；2007年7月至2015年3月，城管执法大队中队长、指导员；2015年3月至今，县环卫局综合四科科长。2013年2月，被评为年度全市城市管理行政执法工作先进人员；2014年2月，被评为全市优秀城市管理行政执法人员。

张道新 男，1974年4月生，高青县木李镇人，大专学历。1997年1月入党。1994年12月至2006年7月，天津武警8师部队服役；2006年7月至2011年11月，高青县住建局环卫处科员；2011年12月至2013年2月，高青县城管执法局执法大队三中队中队长；2013年3月至今，县城管执法局环卫局征收办主任。

王 晶 女，1969年10月生，高青县青城镇人，中共党员，大学学历。1989年12月至1995年9月，高青县购物中心营业员；1995年10月至2005年5月，高青县城建委城管处科员；2005年5月至2011年12月，高青县城管执法局环卫处科员；2011年12月至今，县环卫局综合科科员。

阎恩会 男，1990年2月生，高青县田镇街道西阎家村人，本科学历。2009年9月至2013年7月，山东师范大学行政管理专业；2014年5月至2015年2月，山东扳倒井股份有限公司工作；2015年3月至今，高

青县环卫局综合科科员。

陈献美　女，1967年3月生，高青县青城镇人，山东经济学院会计专业毕业，大专学历。2003年7月入党。

1986年4月至2012年1月，高青县环卫处工作；2012年1月至2015年3月，高青县执法局财务科工作；2015年3月至今，在高青县环卫局综合科工作。

张吉顺　男，1966年7月生，高青县高城镇东郭村人，1986年10月入党。1982年至1984年，务农；1984年10月至1993年4月，54704部队服现役；1993年5月至1998年11月，54751部队后勤部；1998年12月至2005年10月，高青县城建委工作；2005年10月至2015年7月，先后任市容中队中队长、规划中队中队长、督察科副科长、设备科科长；2015年8月至今，环卫局市容科科长。1986年6月，在26集团军军械比武中获先进个人；1986年12月，在54704部队荣获二等功1次；1987年6月，在54704部队荣获团嘉奖1次；2013年3月，受县委、县政府嘉奖1次；2014年被评为“全市优秀城市美容师”。

杨维涛　男，1976年2月生，高青县青城镇人，大专学历，1997年12月入党。1995年12月至2008年7月，先后在54857部队、71677部队服役；2008年8月至2009年4月，待业；2009年5月至2011年12月，高青县住建局工作；2012年1月至2015年8月，县执法局市容环卫管理科科长；2015年9月至今，高青县环卫局保障科科长。2012年10月，高青首届“黑牛节”活动中被评为先进工作者；2013年2月，全县目标管理考核中授予嘉奖；2013年10月，被评为全市优秀城市美容师。

齐海鹏　男，1979年8月生，高青县樊林人，防化指挥工程学院环境工程专业毕业，本科学历，2001年11月加入中国共产党。1997年12月至2014年4月，71345部队服役，担任班长。2014年12月至2015年1月，待业。2015年1月至今，高青县环卫局保障科科员。

马　兴　男，1970年1月生，高青县魏堡村人，1989年10月入党，大学学历。1987年10月至1991年12月，部队服役；1992年12月高青县环卫所工作；1994年5月至2005年8月，历任高青县环境卫生管理处副主任、监察处副主任、法制督查科科长；2007年7月任城市管理执法大队副大队长；2012年2月至2015年5月，历任执法大队副大队长兼渣土中队中队长、建筑渣土管理办公室主任、执法大队副大队长兼建筑渣土管理办公室主任、芦湖公园管理处副主任等职；2015年8月，任县环卫局环境卫生服务中心主任。1996年9月25日被山东省政府授予“山东省环卫系统”劳动模范称号；2016年2月县委县政府授予空气异味综合整治专项行动先进个人。

秦　峰　男，1976年3月生，高青县木李镇河沟马村人，木李中学毕业，初中学历。1996年9月入党。1994年12月至1998年10月，北京军区52877部队服役；1998年10月至2011年4月，广州军区75225部队服役；2011年4月至2012年2月，在家待安置；2012年2月至2012年5月，高青县城市管理行政执法局设备科科员；2012年5月至2015年1月，执法大队二中队队员、副中队长；2015年1月至2016年2月，执法大队三中队中队长；2016年2月至今，县环境卫生服务中心副主任。1995年、1996年、1998年分别获优秀士兵称号；1997年12月，受部队嘉奖；1999年、2001年，在部队记三等功；2014年3月，获市优秀城市管理行政执法人员荣誉。

董　波　男，高青县高城镇赵王村人，1970年5月生，中共党员，大专学历。1990年3月至2006年，甘肃酒泉95948部队服役；2005年6月毕业于北京现代管理培训学校；2009年4月至今，高青县园林局工作。2010年被评为县住建局优秀党员。2016年2月被县委、县政府授予目标管理考核工作先进个人（嘉奖）。

董秋芬　女，1975年8月20日生，高青县花沟镇中十村人，本科学历。1997年7月毕业于滨州农业学校，园艺专业。1998年3月至2014年8月，在县住建局园林处工作。1999年9月至2001年12月，山东工程学院法学系学习建筑工程专业。2014年8月至今，县园林局工作。

2016年2月县委县政府授予创建国家园林县城先进个人。

董保国　男，高青县木李镇内董村人，1969年12月生，大专学历。1989年10月加入中国共产党。1987年10月至1990年12月，皖西生产基地83125部队服役；1991年6月至2005年10月，高青县建设局工作；1995年山东省委党校毕业；2005年10月至2015年9月，先后任执法大队中队长、副大队长。2015年9月至今，高青县园林局千乘湖生态文化园管理处副主任。2011年、2013年、2014年，荣获高青县个人优秀奖。

格庆军　男，高青县格家村人，1988年1月生。

2011年毕业于青岛农业大学园林专业；2011年7月至2012年4月，青岛零零一园林绿化工程有限公司工作；2012年10月至2014年8月，高青县住建局工作；2014年9月至今，高青县园林局工作。

2016年2月，县委县政府授予目标管理考核工作先进个人（嘉奖）、创建国家园林县城先进个人。

栾玉洁　女，高青县高城镇堤西李村人，1987年6月生。2009年6月，济宁学院毕业，专科学历；2012年6月，山东理工大学毕业，本科学历；2009年至2012年，木李镇初级中学工作；2015

年8月至今，高青县园林局工作。2016年2月，县委、县政府授予创建国家园林县城先进个人。

石　厂　男，高青县唐坊镇石家村人，1973年7月生。1994年9月至今，高青县园林绿化管理局工作，现任园林绿化管理局绿化工程科副科长。

朱巧娜　女，枣庄市峄城区峨山镇前夏庄村人，1990年2月3日生。2014年7月毕业于聊城大学，学习旅游管理专业。2015年3月参加工作，高青县园林局工作。

尹俊峰　男，1973年10月生，高青县黑里寨镇王半升村人，大专学历。1993年6月入党。1990年12月至1991年3月，北京房山区通信团新兵连战士；1991年4月至1993年8月，总后直属分部机关战士、班长；1993年9月至1995年7月，重庆通信学院电子工程系三队学员；1995年8月至2003年7月，总后直属分部机关政治协理员办公室文书（期间1998年9月至2000年7月北京经济贸易管理干部学校学习）；2004年4月至2007年4月，县园林处科员；2007年5月至2009年3月，县园林处工程施工科科长；2009年4月至2013年9月，县园林处副主任；2013年9月至2015年1月，县园林局办公室主任；2015年2月至今，县市政管理处副主任。1990年12月至2003年7月，在部队服役期间荣获三等功2次、嘉奖多次；优秀士兵多次；2011年、2013年、2014年获县政府嘉奖各一次；2012年被县住建局评为优质服务明星；2013年被县政府评为全县重点工作先进个人；2016年2月，县委、县政府授予目标管理考核嘉奖、三等功、创建国家园林县城先进个人。

王福娥　女，1971年4月生，高青县黑里寨镇外王村人，本科学历。2008年2月入党。1994年7月，山东建筑工程学院城建系毕业，供热通风与空气调节专业；1994年7月至2010年7月，高青县建筑设计院工作，1999年12月晋升中级职称，2005年2月晋升副高级职称。2010年7月至2011年9月，高青县住建局综合科工作；2011年9月至今，高青县市政管理处副主任。1995年、1996年、1999年、2004年，分别获县城建系统先进工作者；2010年、2013年，获县住建系统优秀党员；1994年至2010年，参加设计的多项工程获淄博市优秀设计奖，2008年组织开展的水源热泵QC小组获淄博市建设工程（勘察设计）优秀QC小组一等奖，山东省建设工程（勘察设计）优秀QC小组二等奖；2009年4月被山东省勘察设计协会评为山东省勘察设计行业优秀工作者。2013年度淄博市市政环卫系统市政管理工作先进个人；2015年初，全县“五个好”家庭成员评选活动中被授予“好女儿”荣誉称号。

马　帅　男，1986年10月生，高青县高城镇人，2012年7月入党。

2010年，山东工商学院毕业，信息管理与信息系统专业，本科学历。2015年3月至今，高青县城管执法局城乡环境综合整治办公室工作。

樊　晴　男，1983年10月生，高青县田镇街道邹家村人，本科学历，中共党员。2002年9月至2006年6月，鲁东大学学习。2007年3月参加工作，历任高青县城市管理和行政执法局综合科科员、办案中心副主任、法制科科长、县城乡环境综合整治办公室副主任、“智慧高青”指挥中心副主任等职务。2007年3月至2013年3月，高青县城市管理和行政执法局办公室；2013年3月至2013年11月，高青县网格化管理办公室借调；2014年3月至2014年9月，高青县城市管理委员会办公室；2014年9月至2015年2月，高青县委考核办公室；2015年3月至2016年1月，高青县城市管理和行政执法局“智慧高青”指挥中心副主任。2016年2月至今，任指挥中心主任兼城管办主任。2013年、2014年，获县委、县政府年度岗位目标管理考核嘉奖；2016年2月县委县政府授予目标管理考核工作先进个人（嘉奖）。

李新龙　男，1989年10月生，滨州市高新区青田街道南李村人，2014年12月加入中国民主促进会，延边大学美术学专业毕业，本科学历。

2007年9月至2011年6月，就读于延边大学；2011年8月至2012年11月，县实验中学教师；2012年11月至2013年7月，县城管执法局办公室科员；2013年7月至2014年3月，县环卫局办公室科员；2014年3月至2016年2月，县城管执法局办公室副主任；2016年2月至今，县“智慧高青”指挥中心副主任。

2012年4月，全县中小学美术专业优质课评选一等奖；2012年6月，全县中小学书法比赛优秀指导教师；2012年6月，全县中小学美术教师课件评选二等奖；2012年6月，全县中小学美术教师论文评选二等奖；2012年8月，全县中小学美术教师专业基本功比赛二等奖；2016年2月，县委县政府授予科普示范县创建工作先进个人。

李世杰　男，1991年12生，高青县常家镇蹁古张村人，共青团员，本科学历。

2009年9月至2014年6月，山东大学（威海）学习电子信息科学与技术专业；2015年3月至今，高青县城市管理和行政执法局“智慧高青”指挥中心工作。

翟恩友　男，1967年8月生，高青县常家镇翟家寺人，本科学历。1986年12月至2009年6月，先后在高城、花沟、木李交管所，黄河浮桥管理处从事会计、交管员工作；2009年6月至2014年12月，高青县交通监察大队中队长；2014年12月至今，县城市管理和行政执法局交通联合执法办公室主任。2006年2月，被县交通局评为先进工作者；2008年2月，县政府记三等功；2012年2月，被县交通局评为先进个人；2012年2月，受县政府嘉奖。

李金清　男，高青县高城镇明理村人，1960年2月生。1992年7月入党。1978年6月至2002年10月，高青县委组织部工作；2002年10月至今，高青县国土资源局工作；2014年12月至今，高青县国土执法联合办公室副主任。

李玉国 男，高青县田镇街道南侯家村人，1972年1月生，大学学历。1995年7月入党。1989年9月至1993年6月，滨州农业学校学习；1993年7月至2007年8月，高青县花沟镇政府工作；2007年8月至今，高青县国土资源局工作；2014年12月至今，高青县国土联合执法办公室主任。

芦　凯 男，高青县花沟镇人，1982年1月生，2000年12月参军，中央广播电视大学工商企业管理专业，在职专科学历。2004年6月入党。2000年12月至2003年11月，中国人民解放军66365部队战士、班长；2003年12月至2013年4月，66481部队班长；2014年1月至2014年9月，高青县城管执法局执法大队四中队队员；2014年10月至2015年9月，高青县城市管理委员会办公室工作（借调）；2015年10月至2016年2月，高青县经济开发区执法中队副中队长；2016年2月至今，高青县城管执法局城管办副主任。2003年荣立班集体三等功1次，2006年荣立个人三等功1次，2008年荣立班集体三等功1次，2009年被旅评为优秀共产党员，2011年荣获优秀士官人才三等奖1次。

马德康 男，高青县高城镇马庄村人，1978年10月生，石家庄陆军指挥学院毕业，装步指挥专业，大专学历。1999年12月入党。2005年10至2012年12月，高青县城管执法大队二中队队员、副中队长；2013年1月至2013年12月，执法大队办公室主任；2014年1月至2015年3月，县城管执法局行政许可科科长；2015年4月至2015年10月，县城管执法局市场管理办公室主任（二中队中队长）；2015年10至2016年2月，县城管执法大队副大队长；2016年2月至今，县城管执法局煤炭管理办公室副主任。2008年10月，获局先进个人；2011年，获市优秀执法队员；2012年，获县先进个人；2013年，获市优秀执法队员；2016年2月，县委县政府授予目标管理考核工作先进个人（嘉奖）。

后 记

城市化进程浩浩荡荡、势不可挡，是人类社会发展的必然。

随着城市化进程的加快，城市越来越大，人口越来越多，城市病也越来越重，城市管理成为全世界，无论东方还是西方的难题。

2015年，是高青县城市管理和行政执法局成立10周年，回顾10年来走过的风雨路程，我想每一位城管人都百感交集，千头万绪涌上心头。10年来，在县委、县政府的正确领导下，局党组一班人亲临一线，团结和带领全体干部职工加班加点，日夜奋战，默默无闻地在工作岗位上奉献，实现了"一年打基础，两年上水平，三年大变样"的奋斗目标，成功创建了省级园林城市、国家级园林县城，实施了城乡环境综合整治、城乡环卫一体化、网格化管理、城市"六乱"治理等专项工作，完成了芦湖公园、千乘湖文化生态园、环城水系等工程建设，高青县因之荣获城乡环境综合整治先进区县、中国最佳改善人居环境范例县、山东省人居环境范例奖、山东省绿化模范县等荣誉称号；县城管执法局多次荣获全省文明城市管理监察队伍、全省城管执法系统优秀单位、市级文明单位、市级城乡环境综合整治先进单位、创建全国文明城市工作先进集体、县级先进单位等荣誉称号。一个个荣誉，每一项工作，每一个成绩，都凝聚着城管人的心血和汗水，也是全体城管人集体智慧的结晶。这里有成功的喜悦，有付出的心血，也有误解和委屈，这不是几句话就能表达清楚的，真正是才下眉头又上心头，此情无计可消除。

由此上溯到1985年成立高青县城建设管理领导小组，并一直上溯到1975年成立高青县基本建设局之初，40年来，城市管理的体制有变化，历史沿革有变化，一代代城管人的面孔有变化，但每一位城管人热爱家乡的拳拳之心没有变，无私奉献的精神没有变，满腔热血、艰苦努力的工作热忱没有变，顽强坚韧的工作毅力没有变，我们的行动受到上级领导和广大群众的充分肯定，我们付出了许多，同时也收获了许多，我们见证了高青的发展，得到一项项嘉奖和荣誉，高青美了、亮了、净了、绿了，成为最适宜居住和创业的地方，这是县委、县政府正确领导的结果，是广大市民理解和积极参与的结果，是兄弟单位协同配合的结果，更是全体城管人辛苦努力、无私奉献、默默耕耘的结果，我们无怨无悔。

在长期的工作实践中，全体城管人同甘共苦、风雨同舟、共度难关，结成了兄弟般的深厚友谊，对此我深感欣慰，我与大家一样，认为这是人生中最为宝贵的财富。在此，对长期战斗在城管战线上的战友们表示深深的感谢！

在长期的工作实践中，我们也探索出一些成功的经验和做法，这是一笔宝贵的财富，需要发扬和传承。在城管局成立10周年之际，经局党组充分研究，确定编纂《高青县城管志》，从科室抽调来尹俊峰、李新龙、付萌、李士杰、闫恩会、赵迪6位业务骨干，投入材料搜集整理工作，园林局安排格庆军、王宁、朱巧娜、尹莉、杨慧娟5位同志参与园林绿化方面的材料搜集整理工作。

志书编纂辛苦而乏味。从2015年3月24日起动编纂工作至今日，全体编辑人员在顺利完成本职工作之余，利用节假日和休息日，加班加点，奋战了180多个日日夜夜，一点点搜集整理资料，进行业务探讨，许多资料一直追溯到1975年成立高青县基本建设局之初，甚至更早，这些资料弥足珍贵，通过这次编纂活动得到有效保护和抢救，这是最有意义和价值的。为确保这项工作顺利开展，县城管执法局副局长孙海、城乡环境综合整治办公室主任张超（兼局办公室主任）两位同志靠上抓，具体协调负责编纂工作。为保证志书质量，符合行文规范，专门聘请县委党校郭峰老师作为顾问和专家进行指导，在资料征集、编辑、排版、设计等全过程做了大量工作，在志书编纂过程中充分参考了孟庆尧老师主编的《高青县城建志》，高青县摄影家协会为本志书提供了大量精美照片，在此一并表示衷心的感谢。

本志书共分十七章，包括综述、大事记、法制工作、监察工作、行政执法、环境卫生管理、市政管理、园林绿化、智慧城管、“爱我家园”志愿者协会、机关建设、人物、荣誉等，工作量巨大，头绪繁杂，时间跨度大，是一项庞大的系统工程。本志书篇目设置合理，内容全面详实，重点突出，图文并茂，还涉及到城市建设、房地产管理、水利河务、国土管理、环保执法等工作，既有较高的史料价值，又有现实指导意义，还有较强的可读性，是一部准确反映高青县城市管理和行政执法工作的佳作。

在志书编纂过程中，得到许多老领导、老同志，有关部门和社会各界的广泛支持和帮助，淄博市政协副主席、高青县委书记徐培栋为本志题词，县长刘忠远、市执法局局长刘丙伦为本志作了序，在此表示由衷的感谢。

由于本志涉及内容繁杂，时间跨度大，前期资料缺乏，加之编写水平有限，缺点和错误难免，恳请广大读者批评指正。

高青县城市管理和行政执法局局长

2015年10月12日

《高青县城管志》编写分工一览表

章　节	分管局长	负责人	供稿人
大事记	孙　海	李新龙　阎恩会	李新龙　阎恩会
第一章　法制工作	邵　峰	郭　凯	赵　迪
第二章　监察工作	孙　海	殷　雷	赵　迪
第三章　行政执法	邵　峰	马　兴	付　萌
第四章　环境卫生管理	赵宗新	徐　伟	李新龙　阎恩会
第五章　城乡环境综合整治	孙　海	马　帅　樊　晴	李新龙　李士杰
第六章　网格化管理	孙　海	樊　晴	李士杰
第七章　园林绿化	魏学锋	郑成庆	尹俊峰　格庆军 王　宁　尹　莉
第八章　水系绿化	魏学锋	郑成庆	格庆军　杨惠娟
第九章　创建园林城市	魏学锋	郑成庆	王　宁　杨惠娟
第十章　公园　街道游园	魏学锋	郑成庆	杨惠娟　朱巧娜
第十一章　市政管理	臧奎民	栾曰华	尹俊峰
第十二章　智慧城管	孙　勇	樊　晴	李士杰
第十三章　“爱我家园”志愿者协会	刘　霞	焦成涛	赵　迪
第十四章　机关建设	孙　海　刘　霞	方谅庆	阎恩会
第十五章　典型经验　新闻报道	孙　海	张　超	李新龙
第十六章　荣　誉	孙　海	李新龙	李新龙
第十七章　人　物	孙　海	李新龙	李新龙
摄　影	孙园园		
指导老师	郭　峰		

图书在版编目（CIP）数据

高青县城管志 / 高青县城市管理和行政执法局编
. --北京 ：方志出版社，2016.4
ISBN 978-7-5144-1973-3

Ⅰ. ①高… Ⅱ. ①高… Ⅲ. ①城市管理—概况—高青县 Ⅳ. ①F299.275.24

中国版本图书馆 CIP 数据核字(2016)第 064636 号

高青县城管志

编　　者：高青县城市管理和行政执法局
责任编辑：王笃银

出 版 人：冀祥德
出 版 者：方志出版社
地址　北京市朝阳区潘家园东里 9 号（国家方志馆四层）
邮编　100021
网址　http://www.fzph.org
发　　行：方志出版社发行中心
(010) 67110500
经　　销：各地新华书店
印　　刷：济南黄氏印务有限公司

开　　本：889×1194　1/16
印　　张：24.25
字　　数：734 千字
版　　次：2016 年 4 月第 1 版　2016 年 4 月第 1 次印刷
印　　数：0001～1000 册

ISBN 978-7-5144-1973-3　**定价**：388.00 元